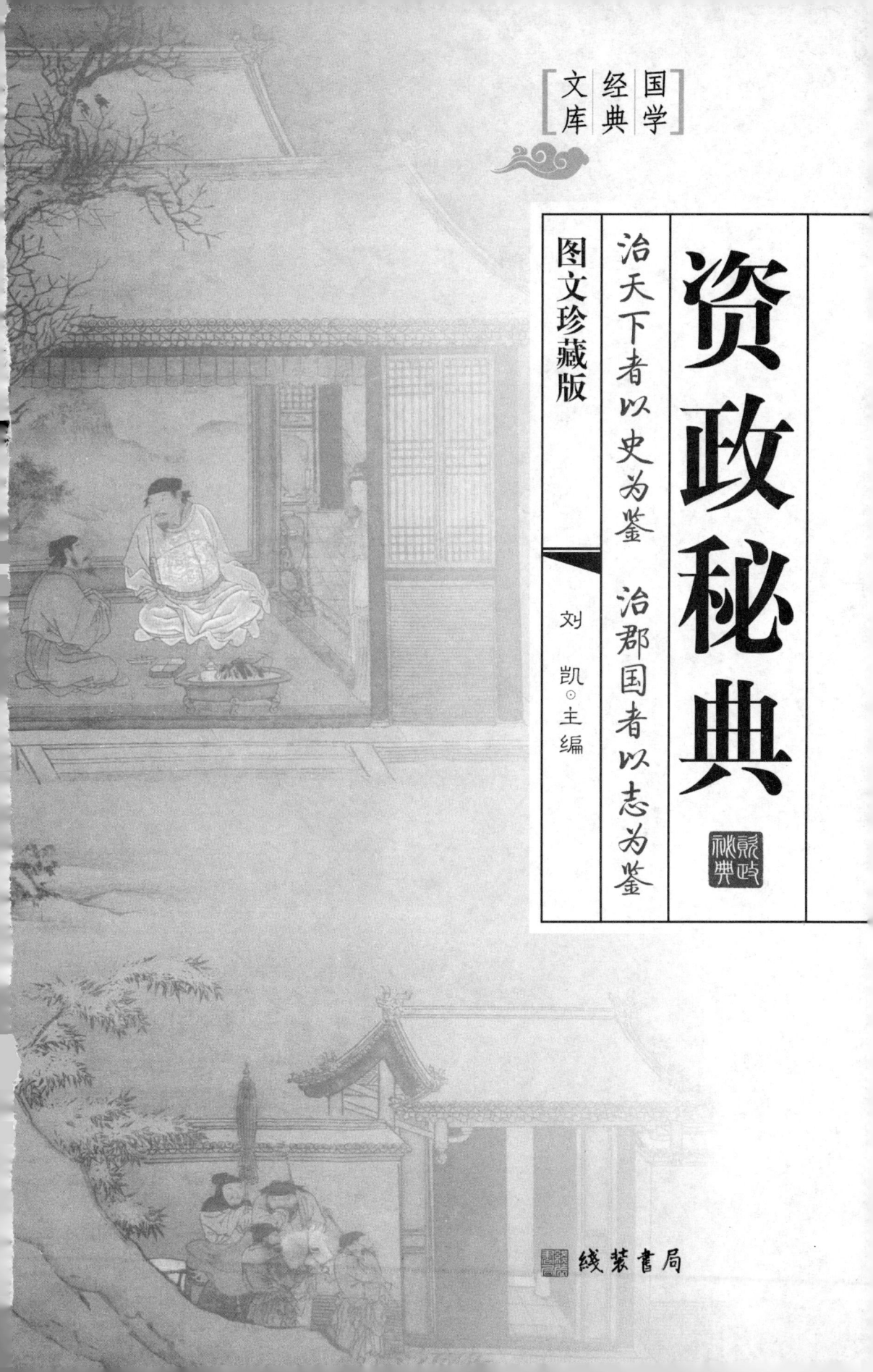

国学经典文库

图文珍藏版

治天下者以史为鉴　治郡国者以志为鉴

资政秘典

刘　凯◎主编

线装书局

目　录

国学经典文库

资政秘典

·目录·

图文珍藏版

国学经典文库

资政秘典

·目录·

图文珍藏版

国学经典文库

资政秘典

● 图文珍藏本 ●

唐　鉴

[宋] 范祖禹 ◎ 著

导读

　　《唐鉴》二十四卷，宋代范祖禹撰，吕祖谦注。祖禹字淳父，华阳人。嘉祐八年进士，历官龙图阁学士，出知陕州。事迹附载《宋史·范镇传》中。祖谦有《古周易》，已著录。初，治平中司马光奉诏修《通鉴》，祖禹为编修官，分掌唐史。以其所自得者，著成此书。上自高祖，下迄昭宣，撮取大纲，系以论断，为卷十二，元祐初表上於朝。结衔称著作佐郎，盖进书时所居官也。后祖谦为作注，乃分为二十四卷。

　　蔡绦《铁围山丛谈》曰："祖禹子温，游大相国寺，诸贵珰见之，皆指目曰，此《唐鉴》之子。"盖不知祖禹为谁，独习闻有《唐鉴》也。则是书为当世所重可知矣。张端义《贵耳集》，亦记高宗与讲官言，读《资治通鉴》，知司马光有宰相度量；读《唐鉴》，知范祖禹有台谏手段。惟《朱子语录》谓其议论弱，又有不相应处。然《通鉴》以武后纪年，祖禹独用沈既济之说，取武后临朝二十一年系之中宗。自谓比《春秋》"公在乾侯"之义。且曰虽得罪君子，亦所不辞。后朱子作《通鉴纲目》，书帝在房州，实仍其例。王懋竑《白田杂著》亦曰："范淳父《唐鉴》，言有治人无治法。朱子尝鄙其论，以为苟简。而晚年作《社仓记》，则亟称之，以为不易之论，而自述前言之误。盖其经历既多，故前后所言有不同者。读者宜详考焉，未可执一说以为定也。"然则《朱子语录》之所载，未可据以断此书矣。

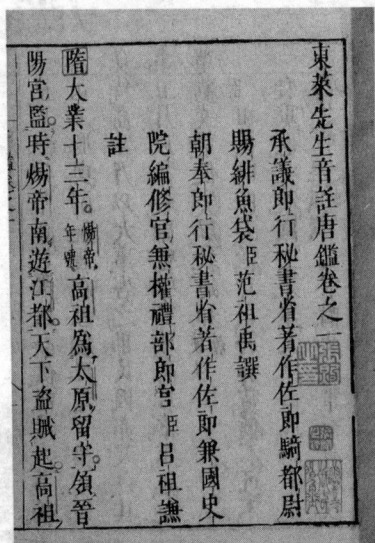

《唐鉴》书影

进唐鉴表

【原文】

臣祖禹言:臣窃以自昔下之戒上,臣之戒君必以古验今,以前示后。禹益之于舜①,则言其所无于佚于乐②,傲虐之作③,防于未然。周召之于成王④,则相古先民历年坠命。日陈于前,皆所以进哲德而养圣功也。臣祖禹诚惶诚惧,顿首顿首。臣昔在先朝承乏书局,典司载籍,实董有唐。尝于铨次之余,稽其成败之迹,折以义理,缉成一书,思与庶人传言,百工执艺,献之先帝⑤,庶补万分。比臣赴职,不幸先帝遽扬末命。伏遇皇帝陛下嗣膺大统⑥,睿智日跻,详延耆儒,启沃圣学。监于前代,宜莫如唐仪刑祖之典则。四方承式,万世永赖。臣之此书,虽不足以发挥德业,广助聪明,拳拳之忠不能自己。苟有所得,不敢不告。辄以狂愚,尘玷日月,罪当诛死。伏惟清闲之燕,少赐省觉。其唐鉴十二卷,缮写成六册,谨随表上进以闻。臣祖禹诚惶诚惧,顿首顿首谨言。元绍元年二月二十八日⑦,承议郎行秘书省著作佐郎骑都尉赐绯鱼袋臣范祖禹上表。

【注释】

①禹益之于舜:禹,名文命,姒姓,舜时大臣,治水有功,舜崩受禅而继天子位,国号曰夏后。益,舜时大臣,主管牧业,舜死事禹,有功,禹晚年授禅于益。舜,名重华,尧时大臣,有功,尧死授命于舜为天子国号虞。

②于佚于乐:《书·大禹谟》:"益曰:'吁戒哉。罔游于逸,罔淫于乐。'""罔"通"无",意为勿。

③傲虐之作:《书·益稷》:"禹曰:'无若丹朱傲,惟曼逆是好,傲虐是作。'"丹,朱尧之子。

④周召之于成王:周公旦,召公奭,两人共辅成王。成王诵,武王之子,年幼继位,周召公共辅之以定天下。

⑤先帝:指宋神宗赵顼。

⑥嗣:继承;膺,受。大统,指天下。

⑦元绍:宋哲宗赵煦的年号(公元1086—1094年)。

【译文】

臣范祖禹禀告：我认为从古到今下之戒上，臣之戒君，都是用古代的人和事来检验今天的人事是非，用过去历史的经验启示后人。禹益对于舜，则说不要贪于安逸，淫于音乐；不要像尧之子丹朱那样只知道漫游享乐。这些话都是事先告诫，防患于未然。周公、召公对于成王诵，尽心竭力辅佐他，天天告诫他记住前代失去天命亡国的教训，这些都是加强道德修养增强聪明才智的举措。臣范祖禹诚惶诚恐小心谨慎，三拜九叩。我在神宗时期，主管书局，所阅典籍文献，主要是唐代一段，曾于编撰之余，把唐代政治成败得失的史料，加以编撰评论，编成一本书，想让臣庶百士读后，仿此谏戒，以此献给神宗皇帝，希望有补万一之不足。等到我编好此书，将要呈奉之时，先帝神宗不幸逝世。现在幸遇皇帝陛下，继承皇位统卒天下，聪明才智一天比一天高，聘请有学识的人，启发教导，切磋琢磨，增强才智。如果以前代为借鉴，唐代最好。学习仿效老祖宗们的典章制度，作为标准。颁布天下，代代相传。我的这部《唐鉴》，虽然不能够完全开启圣智，有助于皇帝之治道大业，但是，诚挚之心无法表达。若是有一点点收获，也不敢不禀报。于是我冒既狂且愚之罪，献上此书，有辱皇帝观览，我的罪过该死。臣伏俯敬请皇帝陛下，茶余饭后之间空闲随便翻览一下。《唐鉴》十二卷，缮写完毕装成六册。现连同报告一起奉上。臣范祖禹小心谨慎，诚惶诚恐，顿首再拜，特此禀报。时哲宗元绌元年二月二十八日，承议郎引秘书省著作佐郎骑都尉赐绯鱼袋臣范祖禹敬上表章。

唐鉴第一卷

高祖上①

【原文】

隋大业十三年②,高祖为太原留守,领晋阳宫监。③时炀帝南游江都,天下盗贼起。高祖子世民,知隋必亡④,阴结豪杰谋举大事。惧高祖不听,与副监裴寂谋⑤。寂因选晋阳宫人私侍高祖,乃以大事告之。世民因亦入白其事。五月,以诈杀副留守王威高君雅,遂起兵。遣刘文静使突厥约连和⑥。

臣祖禹曰⑦:匹夫欲自立于乡党,犹不可不自重也,况欲图王业,举大事,而可以不正启之乎!太宗陷父于罪,而胁之以起兵。高祖昵裴寂之邪,受其宫女而不辞,又称臣于突厥,倚以为助,何以示后世矣。夫创业之君,其子孙则而象之,如影响之应形声,尤不可不慎举也。是以唐世人主无正家之法,戎狄多猾夏之乱⑧,盖高祖以此始也。或曰:太宗苟不为此,则高祖或终不从,而突厥将为后患,二者权以济事也。臣窃以为不然。古之王者,行一不义,杀一不辜,而得天下不为也⑨。太宗恐高祖之不从,惧突厥之为患,终守臣节可也,岂有胁父臣虏以得天下而可为欤?此而可为,则亦无所不至矣。惜乎太宗有济世之志,拨乱之才,而不知义也。

【注释】

①高祖:唐朝开国皇帝李渊的庙号。李渊字叔德,陇西成纪人。

②大业:隋炀帝杨广的年号十三年即公元617年。

③晋阳:地名,在今山西太原市南。

④世民:唐朝皇帝李渊的儿子李世民,即唐太宗。

⑤裴寂:玄真,蒲州桑泉人。隋大业中,与李渊一块起兵,入唐官大丞相府史,封魏国公。

⑥刘文静:字肇仁,京兆武功人。隋大业末年,官晋阳令。后与李渊起兵反隋,入唐官纳言,后被杀。突厥:古代北方少数民族。隋唐时建都都斤山,曾与李渊联合反隋。

⑦祖禹:范祖禹,字淳甫,一字梦得,成都华阳人,宋朝史学家,与司马光同修《资治通鉴》,分工唐朝部分,著有《唐鉴》等书。

⑧戎狄:指少数民族。猾:扰乱、侵犯。夏:指中原地区。

⑨行一不义,杀一不辜:语出《孟子·公孙丑上》行一不义,杀一不辜而得天下,皆不为也。

【译文】

隋炀帝大业十三年,唐高祖李渊担任太原留守,兼领晋阳宫监。当时隋炀帝南游江都,政治黑暗,天下盗贼四起。

高祖之子李世民,知道隋朝一定会灭亡,暗中结交英雄豪杰谋利起兵夺取天下。害怕高祖反对,于是和晋阳宫副监裴寂策划。裴寂挑选了晋阳宫女去私下服侍高祖,并且把准备起兵的大事告诉了高祖。

李世民也向他父亲说明起兵的事。五月,用欺骗的手段杀了太原副留守王威、高君雄,发生兵变。

同时,派遣刘文静出使突厥联合起兵。

范祖禹评说:一个人要想自立于乡里街坊,还不能不自重,何况要想成帝王之业,夺取天下这样的大事,怎么可以用不正当的手段开始呢?

太宗设计让他的父亲犯罪,并且胁迫他起兵。

高祖默认了裴寂的邪佞,接受了他选送的宫女,又称臣于突厥,借突厥的兵力以为助,怎么给人做榜样呢?凡开创天下的君王,他的子孙就以他为标准学着做,这就好比影子随形,音之应声,尤其不可不慎重行事。正由于此,唐朝的各代君王在处理家务方面都做得不好,戎狄等外族多侵扰中原,这可能就是从高祖开的头。

有人说:如果太宗不用欺诈手段胁迫他父亲起兵,高祖也许不会那样做,突厥也许可能成为后患,这两点是临时用以成大事而做的。我范祖禹却不这样认为。

古代的君王,做一件不义之事,杀一个无罪的人去夺取天下都不行。

唐太宗当心他父亲不同意起兵夺天下,又害怕突厥为后患,坚守大臣的节操也行,怎么能做胁迫父亲,称臣突厥这种事呢?这种事都能做,那就什么事都可干了。可惜啊!唐太宗有拯救国家治理天下的大志,拨乱反正的才能、但却不知道仁义特事哩。

【原文】

高祖使建成、世民将兵击西河郡①,攻拔之,执郡丞高德儒。世民数之曰:"汝指野鸟为鸾,以欺人主,取高官,吾与义兵,正为诛佞人耳②。"遂斩之,自余不戮一人,秋毫无犯。

臣祖禹曰:昔武王克商③,释箕子之囚④,封比干之墓⑤,式商容之闾⑥。戮蜚廉恶来于海隅⑦,显善除恶,如恐不及,何哉?使民知响方,示以征伐之本意也。故海内莫不革心易虑,以听上之所为。去商之污俗,被周之美化,如水之走下⑧。草之从风也。太宗始起兵而戮一佞人,民知所好恶矣。如是则谁不欲为忠,而不为佞,宜其成王业之速也。德儒佞于隋而戮于唐,为佞者果何利哉!

【注释】

①建成:李建成,唐高祖李渊的长子,隋李渊起兵,后与世民争权,在玄武门之变中被杀。河西郡:今山西太原市南面介休一带。

②佞:谄媚。

③武王:周武王,姓姬名发,西周开国之君。商:商朝。

④箕子:商纣王时大臣,向纣王进谏,不听,详狂为奴,后被囚禁。

⑤封：筑土。比干：商纣王时大臣，给纣王提意见，触怒纣王，杀死挖心。

⑥商容：商纣王时掌管音乐的官，名容，故名商容。

⑦蜚廉恶来：蜚廉善走，恶来谄媚。父子两人俱事殷纣王，武王克商时被杀。

⑧水之走下：水从高处向低处流。语出《孟子·离娄上》："民之归仁也，如水之就下。"

【译文】

唐高祖派长子李建成和三子李世民领兵去攻打西河郡，很快攻克了，并且俘获了郡丞高德儒。

李世民批评他说：

"你把野鸟变鸾凤，来欺骗皇帝，谋取高官，我们兴义兵，正是为了诛杀溜须拍马的人。"于是就把他杀掉。其余不杀害一人，不侵犯老百姓的一丝一毫利益。

范祖禹评说：古代周武王攻灭商纣，从监狱里放了箕子，修缮了比干的坟墓，凭吊了商容所居之处，杀掉蜚廉恶来这两个坏人，表彰好人，清理坏人，生怕做得不够好，这是为什么呢？目的是让老百姓知道提倡什么反对什么，表示为什么要灭商。

因此，天下人没有不转变观念，接受周武王的所作所为的。除掉商朝的恶习，实行周朝的美好教化，就如同水从高处往低处流，草随风倒一样。

唐太宗开始起兵就先杀掉一个谄媚之人，老百姓就知道他提倡什么反对什么了。

这样做，谁不愿意对他忠心耿耿，不去做佞邪之事。所以，太宗夺取天下这么快是很自然的。

高德儒讨好隋而被唐杀掉，干佞邪之事的人有什么好下场呢！

【原文】

高祖以书招李密①。密自恃兵强，欲为盟主。复书曰：所望左提右挈，勠力同心，执子婴于咸阳②，殪商辛于牧野③。高祖得书曰："密妄自矜大，非折简可致，若遽绝之。乃是更生一敌，不如卑辞推奖，以骄其志。"复书曰："天生丞民，必有司牧，当今为牧，非子而谁。老夫年逾知命④，原不及此，欣戴大弟，攀鳞附翼，惟弟早膺图，以宁兆庶，宗盟之长，属籍见容，复封于唐，斯荣足矣"。密得书甚喜曰："唐公见推，天下不足定矣。"

臣祖禹曰：晋文公谲而不正⑤，孔子讥之。当是时，李密方围洛邑⑥，高祖乘虚席卷入关。密进则前有太原之敌，后有东都之师，是以聚兵洛口而不能西，其势亦可见矣。然则高祖何赖于密，而招之以纳侮。及其自欲为盟主也，又何惮于密，而骄之以行诈哉。且始举义兵而劝进于叛人，非所为名也。臣以为此非太宗、刘文静之谋，必出于高祖与裴寂之徒，怯惧之计，得已而不已者也。

【注释】

①李密：字玄邃。隋末起兵反隋，后与李渊争夺天下，被杀。

②子婴：秦二世胡亥的侄子，二世被赵高杀死后，立子婴为王，后项羽又入咸阳杀子婴。

③殪：杀死。商辛：即商纣王，名辛。牧野：地名，在今河南新乡市北，周武王与

商军大战的地方。

④年逾知命：人年到五十叫知命之年，语出《论语》："五十而知天命。"

⑤晋文公：春秋时晋献公之子，名重耳。周内部争权出奔，流亡在外多年，后返晋执政，晋国强大，成为五霸之一。

⑥洛邑：洛阳，当时是东都。

【译文】

唐高祖发文招降李密。

李密自恃兵强，想做盟主。给高祖复信说："我希望左右支持，同心协力，打到咸阳去捉住子婴，在牧野杀掉殷纣王（本意是我当盟主，大家支持我夺取隋朝天下）"。

唐高祖接到信后说：

"李密妄自尊大，不是去封信就会来的。如果马上和他断绝关系，等于给自己增加一个对手。不如对他说些客气话称赞他一番，以骄其志。"

又给他写信说：

"天生下老百姓，一定有人管他们。如今能够管他们当首领的人，除了你还有谁？我已年过五十，没有这个想法了，高高兴兴拥护你，当你的助手。只希望你早受天命，以安天下，解救百姓，你当盟主，我归附于你，仍旧还把我封于唐，就非常荣幸了。"

李密得到复信很高兴，说：

"李渊推我为盟主，夺取天下就没有什么问题了。"

范祖禹评说：

晋文公谲诈不正，孔子曾讥讽他。当时，李密之兵正图困洛阳，李渊乘虚打进漳关占领关中。李密前进会遇到李渊的兵，后面又有东都洛阳隋朝的军队，因此聚兵洛口进不了关，当时的形势是很明显的。那么、高祖有什么依赖于李密的？并且招来李密的侮辱。既然自己想当盟主，又何必害怕李密，而故意用欺诈手段去骗李密。况县一开台举义兵先劝叛人李密为首领，这样做不是堂堂正正名正言顺的。我认为如果这不是太宗、刘文静的主意，就一定是高祖与裴寂的主意，想举义兵而又装作惧怕样子，看来是应当不用而又不得不用的吧？

【原文】

武德元年三月①，隋恭帝诏以唐王为相国②，加九锡③。王谓僚属曰："此谄谀者所为耳。孤秉大政而自加宠锡，可乎？必若循魏晋之迹彼皆繁文伪饰，欺天罔人，考其实不及五霸④，而求名欲过三王⑤，此孤常所非笑，窃亦耻之。"或曰："历代所行，亦何可废？"王曰："尧舜汤武各因其时，取与异道，皆推其至诚以应天顺人，未闻夏商之末，必效唐虞之惮也。若使少帝有知，必不肯为，若其无知，孤自尊而饰让，平生素心所不为也。"但改丞相府为相国府，其九锡殊礼，皆归之有司。

臣祖禹曰：魏晋之君，欺孤蔑寡，以夺天位。考其实无异于寒浞王莽⑥。王必欲唐虞之文，后世因袭而莫之改，其君臣皆不以为羞也。惟唐高祖知其出于谄谀者所为，故繁文伪饰有所不行，亦可谓不自欺者矣。然以兵取，而必为之交曰受禅于隋。是亦未免袭衰世之迹也。虽不能正其名实，如三代之王，而优于晋魏则还矣。

【注释】

①武德:唐高祖李渊开国后年号。武德元年即公元 618 年。

②唐王:李渊于隋大业十三年十一月被封为唐王。

③九锡:古代帝王赐给有大功的大臣的九种物品:即车马、衣服、乐则、朱户、纳陛、虎贲、弓矢、铁钺,秬鬯。

④五霸:春秋时的五个相继称霸的诸虞,即齐桓公、晋文公、秦穆公、宋襄公、楚庄王。

⑤三王:指尧、舜、禹。

⑥寒浞:传说中夏代东夷族的首领,为其君伯明所逐,后羿用为助手,继而又夺取后羿的政权,后被少康所杀。王莽,汉孝文皇后的侄子,西汉末以外戚身份掌权。公元 8 年称帝,国号曰新。

【译文】

高祖武德元年三月,隋恭帝诏拜唐王李渊为相国,并加给最高的九锡之礼。

唐王李渊对他的官员们说:

“这是对谄谀讨好我的人所干的事。我执掌国家大政而自己给自己加九锡行吗? 一定要按照魏晋的办法做,那都是花架子假现象,欺天骗人,考核他们的实际远远赶不上五霸强大,而他们求名还想超过尧、舜、禹,这是我常常讥笑的,同时也羞于这样做。”

有人说:

“历代所做的,怎么可以废除呢?”

高祖说:

“尧、舜、汤、武得天下各有各的情况,所以办法不一样,但都是真心真意以顺从天意,没有听说夏朝、商朝的末年,一定要学尧舜让位的办法。倘若恭帝懂得这些,那就成了我自己抬高自己而表面上还装作谦虚,这是我这一生本意所不愿做的。”下令把丞相府改为相国府,所加的九锡珠礼,都分给下属各部。

范祖禹评说:魏晋的君主,都是欺负小皇帝,不把太后放在眼里,夺取天下和帝位的。考察他们的实际,就和寒浞、王莽篡位一样。

唐高祖一定要效法唐虞的禅让做法,后人因袭也不去改变,那他们君臣也都不以为耻辱。只有唐高祖知道加九锡是谄媚之徒所干的事,所以虚假的一套他不干,这也可以说是实事求是。然而他用兵夺取了隋朝的天下,而且还一定说这是隋恭帝禅位给他,这也未免还是走的过去衰世的老路。

他虽然不能堂堂正正把夺权说成是象三王那样禅位,但比魏晋还是好多了。

【原文】

五月诏曰:近世以来,时军迁革,前代亲族,莫不诛夷,与亡之效,岂伊人力,其隋蔡王智积等子孙①,并付所司,量才选用。

臣祖禹曰:《诗》曰:“商之孙子,其丽不亿。上帝既命,侯于周服。侯服于周,天命靡常②。”武王数纣曰:“昏弃厥遗,王父母弟不迪,故致讨焉。”诛其罪人之身,而立其子,天下之公义也,况其父兄宗族乎? 自晋魏以来,强臣篡夺,除君之族而代其位,以非道得之,亦非道失之,易姓之祸,如循一轨。传曰:"君以此始,亦必以终。"信矣。唐高祖始即位,而录隋之子孙③。由汉以来最为忠厚,其享国长世,宜哉。

【注释】

①蔡王智积:隋文帝杨坚弟弟整的儿子。其父战死,文帝时追封为蔡王,智积袭其位,故称蔡王。

②商之孙子,……无命靡常:语出《诗经·大雅·文王》。商,商朝。丽,数,多。不亿:不止于一亿《古代十万为亿》。侯:惟,周服:臣服于周。靡常:无常。

③录隋之子孙:唐建国后,武德元年,即秦隋帝为隽国公;并任命蔡王智积等子孙为官。

【译文】

武德元年五月下诏令说:近代以来,时势命运都在变化,前代帝王的亲戚族人,没有不被杀的,国家兴亡,哪里单单是人力所为,隋朝的子孙蔡王智积等人,都交有关部门,根据他们的才能安排做事。

范祖禹评说:《诗经》上说:

"商代的子孙,其人数不少于一亿。老天爷命令他们,让他们向周朝称臣。臣服于周,天命无常。"

周武王斥责殷纣王说:

"你昏庸无道,抛弃你的叔伯兄弟不用,专门相信依赖那些亡命之徒,所以我才讨伐你。"杀掉犯罪的人,用他们的子孙,这是天下的公义,何况是用他们叔伯兄弟及族人呢?

自魏晋以来,强臣篡位夺权,杀掉君主的宗族亲人而夺取了他们的位子,都是用了不正当的手段才得天下,也由此失掉天下,改朝易姓造成祸害,一模一样。

传书上说:

"君主用什么办法得天下,也必然是什么办法失天下,"真的。

唐高祖一当皇帝就任用隋朝的子孙后代,从汉朝以来,最为忠厚,他们唐朝传了近三百年,是应该的啊。

【原文】

万年县法曹孙伏伽上表①,以为隋以恶闻其过亡天下,宜易其覆辙②务尽下情。人君言动,不可不慎。陛下今日即位,而明日有献鹞雏者。又百戏散乐,亡国淫声。近太常于民间借妇女裙襦以充妓衣③,拟五月五日玄武门流戏,非所以为子孙法也。又言太子诸王参僚,宜谨择其人。帝省表大悦,下诏褒称,擢为治书御史④。赐帛三百匹,颁示远近。

臣祖禹曰:国将兴必赏谏臣,国将亡必杀谏臣。故谏而受赏者,兴之祥也;谏而被杀者,亡之兆也。天下如人之一身。夫身必气血周流,无所壅底,而后能存焉。谏者使下情得以上通,上意得以下达,如气血之周流于一身也。故言路开则治,言路塞则乱,治乱者系乎言路而已。高祖鉴隋之所以亡,王业初基,庶事草创,而首辟言路,以通下情,可谓知所先务矣。是以海内闻风,如热者之得濯,废者之得起。民知上之忧已,而疾痛将有所赴朔也。唐室之兴,不亦宜乎!

【注释】

①法曹:官名管,地方治安、审讯等事。
②覆辙:翻车之路,前事失败,后人记取教训引以为戒。
③太常:官名,也是机构名称。唐代称太常寺卿,主管宗庙祭祀之事。
④治书御史:官名,又叫治书侍御史,掌管中央档案及图书秘籍。

【译文】

万年县法曹孙伏伽上书,认为隋朝是怕听人说它的错误,最后丢失政权。

现在应该接受它灭亡的教训,尽量知晓民情。

皇帝一言一行,事关重大,不可不慎。陛下今天登上宝座,而明天有人进献鹞雏讨好。又喜欢看戏听音乐,这都是亡国的靡靡之音。最近太常寺又到民间借妇女的裙襦来充当歌妓的衣服,准备于五月五日在玄武门游戏,这可不是给子孙作好榜样。又说太子诸王及他们的幕僚,应当谨慎选拔合适的人。

高祖看了他的上书后很高兴,下诏表扬称赞,并提拔他为治书御史,赐给帛三百匹,通报远近。

范祖禹评说:国家要兴盛一定表彰敢于谏诤的大臣,国将将要灭亡一定杀戮敢于谏诤的大臣。

所以,提建议受表彰这是昌盛的好兆头;提建议而被杀是亡国的兆头。天下如同一个人的身体一样。身体要没气血流动,不能阻塞,这样才能生存。提建议敢劝谏的人能够把下边的情况汇报上来,皇帝的意旨能转达到下面,如同气血流转全身一样。

所以,广开言路则国家大治,堵塞言路则国家混乱,治和乱完全取决于能否广开言路。

唐高祖借鉴隋朝所以灭亡的原因,刚创帝业,万事初具规模,首先广开言路,以了解下情,可以说是懂得先抓什么了。

因此,天下都听说高祖这样做,好比发热的人得到洗澡,残废的人又能站起来。百姓知道朝廷关心自己,有了痛苦将有地方去申诉。这样,唐朝兴旺发达,不是很正常的吗?

【原文】

十一月。徐世勣降①,赐姓李氏。

臣祖禹曰:古者天子建国,赐姓命氏。

姓氏,所以别其族类之所出也。自三代之衰,称姓者或以国,或以族,或以地,或以官。子孙各本于其祖,不可改也。汉高祖赐娄敬姓为刘②,鄙陋无稽。而唐世人主遂以为法。非其亲者附之属籍,或加于盗贼夷狄,以逆族异类为同宗。然则古之赐姓者别之,而后之赐姓者乱之也。夫惟天亲不可以人为,而强欲同之,岂理者乎。上渎其姓,下忘其祖,非先王之制,不可为后世法也。

【注释】

①徐世绩:唐初大将,从翟让起义,参加瓦岗军。后降唐,屡立战功,赐姓李,避李世民讳,改名李勣。

②娄敬:汉代齐人,汉刘邦谋士,有功,赐姓刘,又名刘敬。

【译文】

武德元年十一月,徐世勣降唐,高祖恩赐他姓李。

范祖禹评说:

古代天子建国,给有功之臣赐姓命氏。姓氏是用来区别一个家族的来源的。自尧舜禹三代以来,标名姓氏或用国名,或用族名,或用地名,或用官名,他们的后代子孙都按其祖先的姓氏不再改变。

汉高祖赐娄敬姓刘,改名刘敬,这本是一件丑陋无法考核的事,而唐朝的皇帝却以此为根据效法,不是他们亲近的也赐姓李,成他们的属籍,或者把姓氏赐给盗贼及少数民族,以异族异类作为他们的李氏本家。

古代赐姓是用来区别家族的,而后来的赐姓却把不同宗族搞乱了。只有血统姓氏不能随人的意志改变,而勉强把他搞成一样,这怎么能合于情理呢?

天子不尊重自己的姓氏随意赐人,接受赐姓的人忘记了自己祖宗姓氏的渊源,这不是先王的制度,是不能够成为后世效法的依据的。

【原文】

二年闰二月。隋宇文士及、封德彝来降①。帝与士及有旧,时士及妹为昭仪②,由是授上仪同。帝以封德彝隋室旧臣,而诐巧不忠,深诮责之,罢遣就舍。德彝以秘策干帝,帝悦,寻拜内史舍人③,俄迁侍郎。

臣祖禹曰:高祖以女宠进士,及责德彝之诐巧。既斥之矣,复悦其计策,而骤用之,甚矣,佞人之难还也。自古君子易疏,小人易亲。盖君子难于进而果于退,小人不耻于自正售,而戚于不见知,其进也无所不至。人君一为所惑,不能自解,鲜有不至祸败者也。

【注释】

①封德彝:名封伦,字德彝,初为隋官,后降唐,以秘策于帝,被封为内史舍人。

②昭仪:女官名,皇妃的一个等级。

③内史舍人:官名,内史掌帝王书命,舍人是内史下的属官。

【译文】

武德二年闰二月。

隋朝的大臣宇文士及和封德彝降唐。高祖与宇文士及本来有旧交情,当时宇文士及的妹妹是皇宫内的昭仪,由于宇文士及的关系改授上仪同。

高祖因为封德彝是隋朝的老臣,可是他奸猾不忠,就狠狠地斥责了一顿,免掉他的官让他回家去。封德彝给高祖献了一个密谋,高祖很高兴,很快又封他为内史舍人官,接着又升为侍郎。

范祖禹评说:唐高祖因为喜欢女宫官而给他的亲属封官,及斥责了封德彝的谄媚奉迎。既然斥责了,又喜欢他的密策,并且很快封官重用,太过分了,看来奸佞之人是不易摆脱疏远的。

古来君子容易疏远,不正派的小人容易接近。这是因为君子直言规谏而难以进升却勇于退却;不正派的人不以讨好拍马求官为耻辱,而整天愁眉苦脸埋怨不重用自己,他的钻营进取手段无所不用。

皇帝一旦被他迷惑就不能自己解脱,这样,很少有不造成祸害而失败的。

【原文】

三年五月。晋州人吉善行,自言于羊角山见白衣老父谓善行曰:为我语唐天子,吾为老君,吾而祖也。诏于其地立庙。

臣祖禹曰:商祖契①,周祖后稷②,皆本其功德所起,不可诬也。唐之出于老子,由妖人之言,而谄谀者附会之。高祖启其原,高宗、明皇扇其风,又用方士诡诞之说,跻老子于上帝③,卑天诬祖,悖道甚矣。与王莽称王子乔为皇祖叔父何以异哉?

【注释】

①商祖契:商代的祖先,名契。
②周祖名稷:稷为周代祖先,名弃。
③跻老子于上帝:唐高宗李治、乾元二年到亳州祭祀老子(李耳)并追谥为玄元皇帝。

【译文】

武德三年五月。晋州人吉善行,说他在羊角山见到一白衣老人对他说:

你替我对唐朝天子说,我是老君李耳,我是他的祖先。

高祖下令在羊角山修建了老君庙。

范祖禹评说:商的祖先契,周的祖先后稷,都是依靠自己功德兴起的,这是否认不了的。

唐朝的祖先是老子李耳,这是根据妖人的胡言乱语,而那些谄媚讨好的人又添油加醋。

唐高祖开了头,高宗、明皇又加以渲染放大,又听信方士们诡谲荒诞的编造,把老子追谥为玄元皇帝。既降低了天的威望,又诬蔑了自己的祖宗,荒谬极了!这和王莽称王子乔是皇祖的叔父,有什么不同呢?

【原文】

四年十月,赵郡王孝恭、李靖围江陵,萧铣降①,帝数之。铣曰:"隋失其鹿②,天下共逐之,铣无天命,故至此。若以为罪无所逃死。"竟斩于都市。

臣祖禹曰:萧铣故梁子孙,屯难之世,民思其主。铣因隋乱,保据荆楚,欲复其考之业,虽僭大号③,非唐之叛臣也。唐师伐而取其地,执其主,亦足矣。而铣以百姓之故,不忍固守而降。完府库,奉图籍,而归之唐。然则唐初割据之主,铣最无罪。高祖诛之,淫刑甚矣。我太祖太宗削平四方,僭伪之国系悬其主,致之阙下,虽无道如刘长,拒命如继元④,穷天下之力而后取之,不诛一人,皆死牖下。自三代以来,未之有也。此所以祈天永命者欤。

【注释】

①肖铣:后梁宣帝曾孙,隋时任罗川令。义宁二年,僭称皇帝。武德四年降唐被杀。

②隋失其鹿:隋朝末年混乱,各地纷纷起兵,争夺隋朝的天下。好比一匹野鹿,猎人共逐,未有归属。

③僭:超越身份,如不应当皇帝而称皇帝叫僭称。

④刘𬬺、继元:五代时僭伪称皇帝的两个人。

【译文】

武德四年十月,赵郡王李孝恭和大将李靖围攻江陵,萧铣投降了,高祖斥责他的错误。

萧铣回答说:

"隋朝的天下乱了,天下人都在争夺政权,我萧铣无天命保佑,战败投降于你。你苦因此作为我的罪过,我不怕死。"

最终还是把他杀掉了。

范祖禹评说:萧铣是梁朝的后代,社会混乱的时候,百姓想念他的主人,萧铣是因为隋末混乱,占据荆楚之地,想复辟他祖先的王业,于是就僭称帝号,他不是唐朝的叛臣。

唐朝的军队进攻他并且占有其地,抓获了他也就罢了。而萧铣怕打起仗来百姓遭殃,不忍心固守而投降唐朝。把完好的官府、仓库,和图书典籍全交给唐。那么要说唐初割据抗命独霸一方的人,萧铣是最没有罪过的人。

高祖杀了他,滥用刑罚太过分了。

我们宋太祖、宋太宗平定天下以后,那些私自假冒名号占据一方的小国,都把他们的主人捆绑起来,送到朝廷来,就连很坏的如刘𬬺,抗命如继元等人,用尽国家的全部兵力才攻下来,也没有杀一个人,他们都死在室内。

自从尧舜禹以来,没有这样的事。这就是尚书上所说的祈天长命吧!

【原文】

五年。太子建成与齐王元吉共倾秦王世民①,引树党友,中允王珪、洗马魏征说太子曰②:"秦王功盖天下,中外归心,殿下但以年长,位居东宫,无大功以镇服海内。今刘黑闼散亡之余③,众不满万,资粮匮乏,以大军临之势如拉朽,殿下宜自击之,以取功名,因结纳山东豪杰,庶可自安。"太子乃请行,帝许之。

臣祖禹曰:立子以长,不以有功,以德不以有众,古之道也。晋献公使太子申生伐东山,里克入而谏君④,出见太子,而勉之以孝。君子曰:善处父子之间矣。王魏以辅导东宫为职,当劝建成以孝于高祖,友于秦王,则储位安矣。秦王有定天下之功,高祖苟欲立之,能为泰伯⑤,不亦善乎?且建成既为太子,则国其国也,安在于有功,乃使之击贼以立威,结豪杰以自助,是导之以争也,祸乱何从而息乎?夫以王魏之贤其为建成谋犹如此,况庸人乎?

①元吉:李渊的四子,与建成同党,共同反对李世民,在玄武门事变中被杀。

②中允:官名,属东宫,掌侍从赞相,校正启奏,总司经典,膳药。王珪:太原祁县人,支持建成与李世民争权,事败,流放嶲州。太宗即位后,召拜谏议大夫。洗马:官名,属东宫,掌经史子集四库图录刊辑之事。魏征:巨鹿人,武德末为太子洗马,每劝建成早为之谋,后建成败,归世民,为谏官,是唐代有名的谏官。

③刘黑闼:贝州漳南人。隋末亡命为盗,后从李密起兵为裨将。密败从王世充,后又归窦建德。

④伐东山:指伐东山皋落氏。

⑤泰伯:事见《史记·吴世家》。泰伯、仲雍、季历三兄弟皆周太王之子。泰伯,仲雍年长,而季历贤。太王欲立季历,伯、仲二人奔之荆蛮文身断发,示不可用,以让位于季历。季历果立是为王季。

【译文】

武德五年,太子李建成与齐王李元吉两人合谋排挤秦王李世民,并且还拉帮结伙联络了一帮人。

中允王珪,洗马魏征对太子建成说:

"秦王开国之功最大,朝廷内外都同情支持他,太子你只是年长,位居东宫,没有什么大功能威慑天下。现在刘黑闼的残余兵员不到万人,后勤辎重粮草十分缺乏,若用大兵追杀,摧枯拉朽。太子你要亲自带兵围剿,取得战功,并以此结纳太行山以东河北山东的英雄豪杰,才能站住脚。"

于是建成把这事向皇帝报告,高祖同意了他的请求。

范祖禹评说:立太子是按年龄,不是按功劳大小,是按德行好坏,不是按势力大小,这是自古以来的规矩。

晋献公让太子申生伐东山皋落氏,里克上朝去对献公提意见。退朝后见到申生,勉励他要奉祀社稷,朝夕侍君以尽孝道,不要去干帅师征伐之事。有识之士评论说:里克是善于处理父子之间关系的。

王珪、魏征是管辅佐引导太子的,应当规劝建成侍奉高祖,和兄弟世民友好相处,那么当太子继承王位就顺理成章。

秦王李世民有打天下的功劳,高祖如果要想立他为太子当继承人学习泰伯让位于贤不是很好吗?并且建成已立为太子,天下已成为他的天下,怎么还论有无功劳,再去让他统兵讨贼树立威信,结交豪杰作为势力,这是引导他去与兄弟争斗,必然导致祸乱。这怎么能安定呀?王珪、魏征这种贤能之士,他们还为建成出这种主意,就不要说一般平庸的人了。

唐鉴第二卷

高祖下

【原文】

七年，初定令。以太尉、司徒、司空为三公。次尚书、门下、中书、秘书、殿中、内侍为六省。次御史台，次太常，至太府九寺。次将作监，次国子学，次天策上将府，次十四衙。东宫置三师，至十率府。王公置府佐国官。公主置邑司，并为京职事官。州县镇戍为外职事官。自开府至将仕郎，二十八阶，为文散官。自骠骑至陪戎，三十一阶，为武散官。上柱国至武骑尉，十二等，为勋官。

臣祖禹曰：三公论道经邦，变理阴阳，故不以一职名官①。太尉掌武，盖古者大司马之职也。司徒主民，司空主土，皆六卿之任②，非三公之官也，自汉以来失之矣，唐不能革正，而复因之，是以官名之紊，莫甚于唐。且既有太尉、司徒、司空，而又有尚书省③，是政出于二也。既有尚书省，而又有九寺④，是政出于三也。夫天地之有四时，百官之有六职⑤，天下万事，备尽如此。如网之在纲，裘之挈领，虽百世不可易也。人君如欲稽古以正名⑥，苟舍周官，臣未见其可也。

【注释】

①故不以一职名官：太傅，太三公，参与天子议政，无此不统，故不以一职名官。
②六卿：冢宰、司徒、宗伯、司马、司寇、司空，是为六卿。
③尚书省：尚书省设尚书令一人，掌典百官。其下有六尚书，吏部、户部、礼部、兵部、刑部、工部尚书。
④九寺：太常寺、光禄寺、卫尉寺、宗正寺、大仆寺、大理寺、鸿胪寺、司农寺、太府寺，是为九寺。
⑤六职：灭官冢宰、地官司徒、春官宗伯、夏官司马、秋官司寇、冬官司空。
⑥正名：语出《论语·马路》："必也正名乎。"循名责实。

【译文】

唐高祖下

武德七年，高祖下令决定：太尉、司徒、司空为三公。以下按次序是尚书、门下、中书、秘书、殿中、内侍为六省。

再往下依次是御史台、太常，一直到太府为九寺。

再往下是将作监、国子学、天策上将府，十四卫。东宫设置三师，到十率衬。

各王公设置府佐国官。公主设置邑司,并作京职事官。

各州县镇戍是外职事官。自开府官到将仕郎共二十八个等级,是文散官。自骠骑到陪戎三十一个等级是武散官。上柱国到武骑尉十二个等级,是勋官。

范祖禹评说:三公是出主意掌管天下,协理阴阳的,所以不能确定主管事事的官名。太尉是掌管军队的,相当于古代的大司马一职。

司徒是管理百姓,司空是管理经济土地,都是属于六卿这类官,不是属于三公一类的官。自汉朝以来官职及任务就混乱了。

唐朝也没有恢复原样,还是遵循汉朝以来混乱的局面。正因如此,官名及职责的混乱唐朝最厉害。

况且既设太尉、司徒、司空,而又设尚书省,这是双重机构一种任务。既设尚书省而又有九寺,这是一项任务三重机构。天地有春夏秋冬四季,百官有冢宰、司徒、宗伯、司马、司寇、司空六职,天下的事,全都管理。

这好比渔网系之于纲,提皮衣抓领子,就是一百代也不会变更的。

皇帝如果要考核一下古代的官职设置情况,用以正名,如果不用周朝的官制,我看其他都是不行的。

【原文】

初定均田租、庸、调法①。丁中之民给田一顷②。笃疾减什之六③。寡妻妾减七。皆以什之二为世业④,八为口分⑤。每丁岁入租粟二石。调、随土地宜绫绢施布。岁役二旬。不役,则收其庸,日三尺。有事而加役者,旬有五日,免其调,三旬,租调俱免。水旱虫霜为灾,什损四以上免租。六以上免调,七以上课役俱免。凡民赀业分为九等。百户为里,五里为乡,四家为邻,四邻为保,在城邑者为坊,田野者为村。食禄之家,毋得与民争利。工商杂类,无预士伍。男女始生为黄,四岁为小,十六为中,二十为丁,六十为老。岁造计帐,三岁造户籍。

臣祖禹曰:唐初定均田,有给田之制,盖犹有在官之田也。其后租、庸、调法坏而为两税⑥。给田之制,因不复见。盖官田益少矣。自井田废而贫富不均⑦,后世未有能制民之产,使之养生送死而无憾者也。立法者,未尝不欲抑富,而或益助之。不知富者所以能兼并,由贫者不能自立也。贫者不能自立,由上之赋敛重,而力役繁也。为国者必曰财用不足,故赋役不可以省,盍亦反其本矣。昔哀公以年饥用不足⑧,问于有若⑨。有若曰:"盍彻乎⑩?"夫彻,非所以裕用,然欲百姓与君皆足,必彻而后可也。后之为治者,三代之制虽未能复,惟省其力役,薄其赋敛,务本抑末,尚俭去奢。占田有限,困穷有养,使贫者足以自立,而富者不得兼之,此均天下之本也。不然,虽有法令,徒文具而已,何益于治哉。

【注释】

①均田:均田是唐代实行的一种土地分配制度,按照人们的年龄、性别分配不同数量的土地,同时也是纳税的依据。租:租粟。均田户每丁岁缴二石。庸:力役。均田户每丁岁役二旬。调:调绢。随土地所宜缴纳一定数量的绫、绢、施、布。

②丁:均田户人口按年龄所分的等级。二十岁为丁。

③笃疾:重病人、残疾人。

④世业:唐代均田规定分给百姓的土地十分之二可传给后代,叫世业田,人口

可变,田地不变。

⑤口分:随人口的变化而变化的田叫口分田,增丁增田,减人减田。

⑥两税:唐代租庸调税收制破坏后新实行的收税办法,由杨炎提出,即均田户应交纳的税按夏、秋两季交纳。

⑦井田:传说西周时实行的一种土地分配制度方里而井,井九百亩,其中为公田,八家私百亩(孟子语)。

⑧哀公:春秋时鲁国的国君,《春秋》所记最后一位。

⑨有若:孔子的学生名。

⑩彻:古代实行的一种十分之一税制叫彻。

【译文】

武德七年,朝廷颁布均田制度及租庸调税法。成丁和半成丁的人分给田地一百亩。有病的丁口给田四十亩。

守寡的妇女给田三十亩。都以其中十分之二为世业田,可传之后代;十分之八是口分田,人在田在。

每个成丁每年给国家缴纳租粟二石;调布绢,按当地实际情况缴纳绫绢絁布;每年一个成丁服役二十天。

如果不服役,那么每天就交纳布帛三尺。国家有事而必须增加服役时间,达到十五天,免除他的调绢,如果达到三十天,租调全免。

遇到水旱虫霜灾害,庄稼十分之四以上被损害,免除全年租税;灾害六成以上,免交调绢;七成以上灾害,租庸调全免。

按百姓的财产多寡分为九等。百户人家为一里,五里为一乡。四家为邻,四邻为保。居住在城中的叫坊。居住在农村的叫村。拿国家俸禄的人,不得和老百姓争利。职业是工商杂类的人,不得当官当兵。

男女刚生下来叫黄,四岁称小,十六岁称中,二十岁称丁,六十岁称老。每年登记一次,三年造一次户籍。

范祖禹评说:

唐朝初定均田,规定给百姓授田的制度,还规定了官田制度。以后,租庸调税法遭到破坏而改成了两税法,给田制度,不再存在,这样官田越来越少。

自从古代井田制度破坏后,贫富差距越来越大。后世未有能保障百姓的资产,让百姓养生送死有保障无后顾之忧。制定法律,没有不想抑制富者的,但结果有的却帮助了他们更富。不知道富者之所以能兼并,是因为贫者不能自立。贫者为什么不能自立呢?是因为国家赋敛重而让百姓服役太多。治国的人都说财政开支困难,所以服役与赋不能减少。

为什么不抑本重末呢?古代鲁哀公因为荒年所收赋税不足,专问孔子的学生有若。

有若回答说:

"怎么不实行收十分之一的'彻'税法呢?"十分之一的税法,并不是为了多开支,如果想让老百姓与国君都富裕,非得这样做不行。后来治理国家的人,尧舜禹时代的赋役制度虽然不能实行。只减少百姓夫役,少收租税,加强农业,控制商业,提倡勤俭节约,反对浪费。富者占田有限制,贫穷之人能生活,能自己养活自己,富人不得侵占他们的土地财产,这才是使天下百姓生活大体公平的根本办法。

不然,虽然有法令,也是徒有其名的一纸空文罢了,对治理好国家没有什么好处的。

【原文】

太子建成欲图秦王世民,擅募骁勇为东宫卫士①,号长林兵。又密使发幽州突骑三百置东宫诸坊。使庆州都督杨文干募壮士送长安。帝幸仁智宫建成居守,使郎将尔朱焕等以甲遗文干。焕等至幽州上变,告太子使文干举兵,欲表里相应。帝遣宇文颖召文干②,颖以情告之,文干遂举兵反。

臣祖禹曰:建成为太子,而擅募兵甲于东宫,又使杨文干反于外,以危君父,此天下之恶也。罪孰大焉。高祖不以公义废之,乃外或于奸臣之计,内牵于妃嫔之请。至使兄弟不相容于天下,此高祖不明之过也。

【注释】

①东宫:太子居住的地方。
②宇文颖:初归李密,降唐,为农圃监,封化政郡公。与李元吉结好,举兵反世民,败斩。

【译文】

太子李建成想杀秦王李世民,擅自招募勇猛强悍的士兵作为东宫的卫兵,叫长林军。又秘密调来幽州突骑兵三百,安派到东宫的各个院内。又让庆州都督杨文干招募勇士送到长安城。

唐高祖仁智宫,太子建成守护,派郎将尔朱焕等人给杨文干送兵器铠甲。尔朱焕等离开幽州上告,告太子唆使杨文干起兵,要里应外合。

高祖派宇文颖去召杨文干,并且把情况告诉了杨文干,杨文干于是举兵反叛。

范祖禹评说:李建成当太子,擅自募兵安置在东宫,又唆使杨文干从外举兵反叛,用以危害唐高祖,这是天下最坏的事,还有比这罪大的吗?

唐高祖还不以公义废掉太子,外面迷惑于奸臣的计谋,内里又接受嫔妃的谗言请求,造成兄弟水火不容,这实在是唐高祖的不明智啊!

【原文】

八年,西突厥统叶护可汗遣使请昏①。帝问裴矩②,矩对早曰:"今比虏方强,为国家今日计,且当远交而近攻,臣谓宜许其昏,以威颉利③。数年之后,中国完实,足抗比夷,然后徐思其宜。"帝从之。

臣祖禹曰:自汉以女嫁匈奴,而后世习为故常,结昏戎狄,不以为耻,以为畏之邪?则是以天下之大而畏人。至于纳女,耻也以为谋之邪,则是以女为间,而欲夺人之国,亦耻也。高祖不谋于众贤,而问诸亡国之臣,宜其不知耻也。且西突厥不若颉利之强,弱者犹许其昏,则强者何以制。此不足以示威,适足取侮于四夷而已。其后太宗以女分妻诸夷酋长④,中宗以后,皆嫁公主于番国⑤。夫匹士庶人求配偶,犹各以其类,况王姬公族,而弃之远裔,变华为夷,岂不哀哉。而终唐之世,人君行之不以为难也,其臣亦不以为非。高祖太宗实启之,是中国与夷狄无异也。

【注释】

①西突厥:唐时突厥分为东西突厥两大部分,西突厥地处今新疆北部、西部,及巴尔喀什湖周围地区。统叶护可汗:唐初西突厥首领。

②裴矩:字弘大,绛州闻喜人。初仕隋。入唐,为殿中侍御史,爵安邑县公。高祖曾遣使约西突厥联合,突厥因请婚。

③颉利:唐初东突厥首领。

④太宗以女分妻诸夷酋长:唐与周边各少数民族多有和亲,如帝许以女新兴公主嫁薛延陀。

⑤中宗嫁公主于蕃国:唐中宗以女金城公主妻赞普。蕃国,少数民族建立的政权。

【译文】

武德八年,西突厥统叶护可汗派使者来请求联姻。

高祖问大臣裴矩,裴矩回答说:

"现在这支突厥正当强盛,为着国家今天的形势和利益,需要结好远的进攻近的,我说可以答应他们的联姻请求,这样对东突厥颉利可汗是一个威慑。经过几年以后,我们唐朝国力强大了,能够抗击北边的突厥势力,然后再考虑应该怎么做。"高祖同意这样做。

范祖禹评说:

自从汉朝开始与匈奴通婚,以后各代都以为这是正常的事,与外族联姻,不以为耻,反认为这是没办法的方法,就是以一个大国而怕人家。说到送女子去结亲,这是耻辱。

如认为这样做是计谋策略,那就是把女儿当间谍,想征服人家的国家,这也是耻辱。唐高祖不去与贤臣商量,而去问隋朝投降的臣子,他也是不知羞耻。况且西突厥不如东突厥颉利可汗强大,对弱小者还答应嫁女联姻,那对强者用何办法控制他们,这不能显示自己的国力强大,恰好是让各外族看不起。

自此以后,唐太宗把他的女儿分别嫁给外族的酋长,唐中宗以后,都把公主嫁给外族政权的首领。一般老百姓士人求婚配偶,还讲究门当户对,何况是朝廷皇帝的女儿和皇族的女人,而远远嫁出去,把汉人变成外族,这不是很悲哀的事吗? 整个唐朝,各代君王都这么做还不觉得这丢人,大臣们也不认为这样做不对。

这是唐高祖唐太宗开的头,这样中华和外族就没有什么不同了。

【原文】

九年六月,秦王世民杀皇太子建成,齐王元吉①。立世民为皇太子。诏军国庶事无大小,悉委太子处决。八月,高祖传位于太子。

臣祖禹曰:建成虽无功,太子也。太宗虽有功,藩王也。太子君之贰②,父之统也。而杀之,是无君父也。立子以长不以功,所以重先君之世也。故周公不有天下,弟虽齐圣,不先于兄久矣。论者或以太宗杀建成元吉,比周公诛管蔡③,臣窃以为不然。昔者象日以杀舜为事④,舜为天子也,则封之。管、蔡启商以叛周,周公为相也,则诛之,其迹不同,而其道一也。舜知象之将杀己也,故象忧亦忧,象喜亦喜,尽其诚以亲爱之而已矣。象得罪于舜,故封之。管蔡流言于国,将危周公,以间王室,得罪于天下,故诛之。非周公诛之,天下之所当诛也。周公岂得而私之哉。后世如有王者,不幸而有害兄之弟如象,则当如舜封之是也。不幸而有乱天下之兄如管、蔡,则当如周公诛之是也。舜处其常,周公处其变,此圣人所以同归于道也。若夫建成、元吉,亦得罪于天下者乎?苟非得罪于天下,则杀之者,已之私也,岂周公之心乎?或者又以为使建成为天子,又辅之以元吉,则唐必亡。臣曰,古之贤人,守死而不为不义者,义重于死故也。必若为子不孝,为弟不弟,悖天理,灭人伦,而有天下,若亡之愈也。故为唐史者书曰:"秦王世民杀皇太子建成、齐王元吉,立世民为皇太子。"然则太宗之罪著矣。

【注释】

①秦王世民杀皇太子建成:武德九年六月玄武门之变,李世民与其兄建成争权,杀建成。其弟元吉与建成同党亦被杀。

②太子君之贰:《国语·晋语》:"夫太子,君之贰也。"贰:副职,副手。

③周公诛管蔡:周公姓姬名旦,周武王之弟。武王死,周公辅武王子诵为王。当时管叔蔡叔率淮夷反,周公兴师东伐,诛杀管、蔡。

④象日以杀舜为事:象,舜之弟,与父谋杀舜,分其财产妻子,未果。

【译文】

武德九年六月,秦王李世民在玄武门杀死了太子李建成和他弟弟李元吉。

唐高祖立世民为太子。下令国家军政之事不论大小,全部由太子掌管。

八月,高祖把帝位传给了太子李世民。

范祖禹评说:李建成虽无开国功勋,但他是太子。

太宗李世民虽开国立功,但他是藩王。

太子乃君王之下第一人,国家之本,君王大业的继承人。杀掉太子,是无君父。立太子是按长不按功劳,这样做是尊重先君的世系。这也是周公不当君主的原因。

他虽然是圣贤,但不能先于其兄。

评论的人说:唐太宗杀死建成、元吉,如同周公杀管叔、蔡叔一样。

我范祖禹却以为不能这样看。

古代象天天谋划杀死哥哥舜,等大舜当了天子还把象封了官。管叔、蔡叔教唆纣王之子反叛周朝,当时周公辅佐成王,所以杀掉了管叔、蔡叔,他们情况不一样,而道理是一样的。舜知道弟象要谋害自己,所以他就与象同忧同喜,以此去诚心感化他。管叔、蔡叔散布了很多流言于朝廷,将要危害周公辅政,用以挑拨周公成王的关系,得罪了天下人,所以杀掉他。这不是周公要杀他,是天下人认为应当杀他。

周公怎么能不听天下人的意见而自己决定杀与不杀呢?后世如果有当君王的人,不幸也出现像象那样谋害兄长,那就应当像舜一样封他弟弟。

如果不幸有乱天下的兄弟像管叔、蔡叔那样的,就应当像周公一样杀掉其兄管叔、蔡叔。舜所处的情况是一般,周公所处的情况是反常,这就是圣人处理问题不一样,但他遵循的原则道理却是一样的。

那样建成、元吉也得罪天下人吗?如果不是得罪了天下人,那么李世民杀了他,就是自己争位的私心,这哪里是周公为国之心呢?

又有人说：

如果李建成当了天子，李元吉辅佐他，唐朝一定会亡。

我说：

古代的贤人宁死也不干不义之举，为什么？是由于义重于死的缘故。如果一定是为子不孝亲，为弟弟不顺从兄长，伤天害理，践踏人伦而占有天下，还赶不上亡国好呢！所以写唐史的人说：

"秦王李世民杀死皇太子李建成和齐王李元吉，立自己为皇太子。"那么唐太宗的罪过就是很明显的了。

【原文】

初，洗马魏征常劝太子建成早除秦王。及建成败，世民召征谓曰："汝何为离间我兄弟？"众为之惧。征举止自若对曰："先太子若早从征言，必无今日之祸。"世民素重其才，改容礼之，引为詹事主簿①。亦召王珪，韦挺于州②，皆以为谏议大夫。

臣祖禹曰：齐桓公杀公子纠③，召忽死之④，管仲不死⑤，又相桓公以霸何哉？桓公子纠，皆以公子出奔，子纠未尝为世子也。桓公先入而得齐，非取诸子纠也。桓公既入而杀子纠，恶则恶矣，然纳桓公者，齐也。《春秋》书公伐齐，纳纠，称纠而不称子，不当立者也。齐小白入于齐，以小白系之，齐当立者也。又曰：齐人取子纠杀之，称子纠，所以恶齐也。是以管仲不得终雠桓公，而得以之为君。今建成为太子，且兄也。秦王为藩王，又弟也。王、魏受命为东宫之臣，则建成其君也。岂有人杀其君，而可北面为之臣乎。且以弟杀兄，以藩王杀太子，而夺其位。王、魏不事太宗可也。夫食君之禄，而不死其难，朝以为雠，暮以为君，于其不可事而事之，皆有罪焉。臣之事君，如妇之从夫也，其义不可以不明。苟不明于君臣之义，而委质于人，虽曰不利，臣不信也。

【注释】

①詹事主簿：古代官名，是辅导太子的官。《旧唐书》称：詹事统东宫三寺、十率府之政令，多任用文官。

②韦挺：韦挺，京兆万年人。与李建成友好，被流放越巂。贞观初召挺为谏议大夫。

③齐桓公：名小白，姓姜，春秋时齐国的国君，治国有方，成为五霸之首。公子纠：姜小白之兄，齐襄公之弟。内讧奔鲁，后被小白所杀。

④召忽：春秋时齐人，曾辅佐公子纠奔鲁，子纠死，召忽自杀。

⑤管仲：又名管敬仲，字仲。颍上人。春秋时齐桓公的相，是有名的政治家，对齐的政治、经济、军事、官制均有改革，使齐成为五霸之首。

【译文】

起初，洗马魏征曾劝说太子李建成早早铲除李世民。等到玄武门之变李建成失败被杀，李世民召见魏征对他说：

"你为什么离间我们兄弟之间的关系？"众大臣皆为之提心吊胆。

魏征泰然自若地回答说：

"如果建成太子早听我的话，一定不会有今天的杀身之祸。"

李世民平时就重视魏征的才能，态度和蔼非常有礼貌，并把魏征封为詹事主簿。也把王珪、韦挺从隽州召回，都封他们为谏议大夫。

范祖禹评说：

齐桓公杀了公子纠，召忽自杀效忠于主，而管仲却没有死，并且还辅佐齐桓公成为春秋的霸主，为什么？齐桓公、公子纠，都是以公子身份逃难，公子纠没有被确定为继承人。齐桓公先回去而掌握齐国政权，并不是从公子纠手中得到的。

桓公已掌权又杀死公子纠，坏是很坏了，但是，接纳桓公的是齐国。

《春秋》这部史书写明庄公伐齐接纳子纠避难，称纠而不称公子，是因为他不是太子。齐小白（桓公）回到齐国，《春秋》以小白位统纪事，是齐国应当立他。

又说：齐国要讨回纠杀掉。称呼子纠，这是对齐不满。正因如此，管仲不把桓公当仇敌，并且还侍奉他为君主。

现在李建成是太子，且是兄长。秦王李世民是藩王，又是弟弟。

王珪、魏征受命给李建成太子当臣，那么李建成就是他们的君主。哪里有人家杀了他的君主，而投降尊敬杀人者，自己面北称臣的呢？况且是弟弟杀兄长，藩王杀太子，而夺了君主之位。

王珪、魏征不给太子当臣是可以的。拿君主的俸禄，有难不殉，早上是仇人，晚上又把人家当君主事奉，这是对不能侍奉的人而去侍奉，都是有罪啊！人臣效忠于君，就像妇众侍奉丈夫，其道义一定要清楚。如果不顾君臣之义，而去投靠效忠人家，要说不是为了私利，我是决不相信的。

【原文】

九月，太宗引诸卫将卒习射于殿庭，谕之曰："戎狄侵盗，自古有之。患在边境，小安则人主逸游忘战，是以寇来莫之能御。今朕不使汝曹穿池筑苑，专习弓矢。居闲则为汝师，突厥入寇则为汝将，庶几中国之民，可以少安乎。"于是日引数百人教射于殿庭，帝亲临试，中多者赏以弓刀布帛。其将帅加以上考，群臣多谏，帝皆不听。由是人思自励，数年之间，悉为精锐。

臣祖禹曰：有国家者，虽不可忘战①，然而教士卒习射者，有司之事，殿庭非其所也。苟将士得其人，何患乎士之不勇，技之不精乎。夫以万乘之主②，而为卒伍之师，非所以示德也。且人君始即位，不以教化礼乐为先务，而急于习射，志则陋矣。虽士励兵强，征伐四克，威加海外，非帝王之盛节，亦不足贵也。

【注释】

①有国家者，虽不可忘战：司马法曰：天下虽安，不可忘战。

②万乘之主：古代的兵车，一车四马为一乘，万乘是言兵车多，大国。万乘之主即国君、皇帝。

【译文】

武德九年九月太宗领着宫廷卫队的将士,在殿廷上练武演习,并对他们说:"外族侵犯边境,古来就有。为患在边境,一平静安定那么国君就贪玩忘记了备战,所以寇盗来了就抵挡不住。现在我不让你们挖池塘修公园,专门练武,无事给你们当老师教练习武。突厥侵犯我就统帅你们去打仗。这样或许中国的老百姓可以安定了吧!"

于是天天领着几百人在殿廷上练武。

李世民亲自参加测试,谁射中多就赏给他弓刀布帛,他们的将帅升一级官。大臣对此提意见的很多,李世民不听。从这以后人人都刻苦练武,几年之间,全部都成为精锐部队。

范祖禹评说:

君主虽然不能忘记备战,然而操练士兵习射,这是他们主管部门的事,宫廷之上不该是练兵的地方。如果将士选拔得当,怎么还愁他们不勇敢,武艺不精良呢?凭一个大国的国君,去给士兵们当教官。这不是给他们做榜样。况且人君刚刚继位执政,不用礼乐去教化百姓,而忙于先去练武,这主意就不高明。虽然士卒勇敢,能打胜仗,威加海内外,这也不算是帝王的英明,也不值得尊崇提倡。

【原文】

十一月,太宗与群臣论止盗,或请重法以禁之。帝哂之曰[1]:"民之所以为盗者,由赋繁役重,官吏贪求,饥寒加身,故不暇顾廉耻耳。朕当去奢省费,轻徭薄赋,选用廉吏,使民衣食有余,则自不为盗,安用重法邪?"自是数年之后,海内升平,路不拾遗,商旅野宿焉。

臣祖禹曰:季康子患盗,问于孔子[2]。孔子曰:"苟子之不欲,虽赏之不窃。"信哉斯言也。盖君者本也,民者末也,君者原也,民者流也,本正则末正,原清则流清矣。是以先王之治,必反求诸己,己正而物莫不应矣。夫重法以止盗,法繁而盗愈多,则有之矣,未见其能禁也。去奢省费,轻徭薄赋。此清原正本,止欲之道也。太宗行之,其效如此。君人者,无以迂言为难行,而以峻法为足恃,则知致治之方矣。

右高祖在位九年,传位于太宗,贞观九年崩,年七十一。

【注释】

①哂:冷笑、讥笑、微笑。
②季康子:春秋时鲁国的大臣,与孔子同时,曾问政于孔子。事见《论语》。

【译文】

武德九年十一月,太宗和大臣们研究怎样防止盗贼发生。有人主张用重刑来禁止。

太宗微笑着说:

"老百姓之所以去当盗贼,是因为国家赋役太多太重,官吏贪得无厌,百姓吃不饱穿不暖,所以也就顾不上讲究廉耻了。我应当勤俭节约,去掉铺张浪费,减轻百姓负担,任用清廉的官吏,让老百姓丰衣足食,那他就不会做强盗,怎么可以用重刑对待老百姓呢?"

从此几年以后,国家大治,天下太平,路上没有人拾别人丢失的东西,商人们放心地走到哪里就宿在哪里。

范祖禹评说:

鲁国季康子对国家有盗贼发愁,去问孔子怎么办?

孔子说:

"如果人们不贪财,就是送给他也不要。"

这话说得真好啊!君主是国家的根本,老百姓是随从;君主好比源头,老百姓是河流,君主正了老百姓就正,源头清了河水就会清。正是因为这样,古代的君王治理国家,一定先检查自己,以身作则,自己正了其他人都会学他的样子。若用重法去防止盗贼,法越多而盗贼越多,恐怕是禁止不了的。不铺张浪费,减轻百姓负担,这才是正本清源防止贪欲的良策。

唐太宗就是这么做的,效果很好。领导别人的人,不要以为别人的正当话迂阔难行,而依恃严刑峻法。这样,他就知道治理国家的方法了。

前面所记是唐高祖在位九年的事。高祖传位给儿子李世民,贞观九年去世,享年七十一岁。

唐鉴第三卷

太宗一

【原文】

贞观元年①，帝谓太子少师萧瑀曰②："朕少好弓矢，得良弓十数，自谓无以加，近以示弓工，乃曰皆非良材。朕问其故，工曰：木心不正，则脉理皆邪，弓虽劲而发矢不直。朕始寤乡者辨之未精也③。朕以弓矢定四方，识之犹未能尽，况天下之务，其能偏知乎？乃命京官五品以上更宿中书内省④，数延见，问以民间疾苦，及政事得失。

臣祖禹曰：传曰，国之将兴也，君子自以为不足；其亡也，若有余。太宗因识弓之未精，而知天下之理已不能尽，询谋于众，而不自用，此其所以与也。

【注释】

①贞观：唐太宗年号（公元627—649年）。

②萧瑀：字时文，后梁明帝子。爱经术，善属文。隋为河池郡守。入唐拜左仆射、御史大夫。

③乡：过去。

④中书省：古代中央的行政总机构，长官是中书令。隋唐时改为中书内史省。

【译文】

唐贞观元年，太宗对太子少师萧瑀说：

"我从小喜欢弓箭，并且有十几张好弓，自认为是最好的。"

最近我拿给造弓箭师傅看，他们说都不是好材料制成的。问为什么？他们说，木心不正，纹理歪斜。弓虽然很有劲，但射出去的箭却不走直道。我现在才认识到过去看弓是不精的。

我是凭弓箭打下天下的，对弓箭的辨别尚且不精，何况天下事务那么多，怎么能什么都懂呢？于是下令让五品以上的官员，轮流在中书省值班。经常召见他们，询问老百姓的疾苦和国家政务的得失。

范祖禹评说：

传书上说，国家将兴盛，君子之人很谦虚，小心谨慎；国家败亡时，人们都很骄傲，自以为是。

唐太宗用识弓未精之理，悟出天下事那么多自己不可能都懂，必须向大臣询问请教,而不自以为是的道理。这是他治天下兴旺发达的原因。

【原文】

有上书请去佞臣者,帝问:"佞臣为谁?"对曰:"臣居草泽,不能的知其人,愿陛下与群臣言,或扬怒以试之,彼执不屈者,直臣也;畏威顺旨者,佞臣也。"帝曰:"君原也,臣流也,浊其源而求其流之清,不可得矣。君自为诈,何以责臣下之直乎?朕方以至诚治天下,见前世帝王好以权谲小数接其臣下者[1],常窃耻之,卿策虽善,朕不取也。"

臣祖禹曰:太宗可谓知君道矣,夫君以一人之身而御四海之广,应万务之众,苟不以至诚与贤,而役其独智,以先天下,则耳目心志之所及者,其能几何?是故人君必清心以莅之[2],虚己以待之,如鉴之明,如水之止,则物至而不能罔矣。夫权衡设而不可欺以轻重者,唯其平也。绳墨设,而不可欺以曲直者[3],唯其正也。我以其正,彼以其颇,我以其真,彼以其伪,何患乎邪之不察,佞之不辨,而必行诈以试之哉?一为不诚,则心且蔽矣,邪正何能辨乎?是故鉴垢则物不能察也,水动则形不能见也[4],已不明故也。且待物以诚,犹恐其不动也,况不诚而能动物乎?夫为君而使左右前后之人,皆莫测其所为,虽欲不欺,不可得也。唯能御以至诚,则忠直者进而憸邪无自入矣[5]。

【注释】

①谲:诡诈,欺诳。
②莅:到,临。
③绳墨:木工画直线用的工具。
④见:同"现",显见。
⑤憸:邪佞。

【译文】

有人上书给太宗,请求远离奸邪之臣。

太宗问:

"谁是佞臣?"

回答说:

"我在乡间,说不准谁是佞人。希望陛下与大臣们谈谈,或者装作发脾气试探一下,那些坚持己见而不屈服你的人,是正直的臣;那些见你发脾气而顺从你的人,就是佞臣。"

太宗说:

"君王好比源头,大臣好比河水,源头混浊而希望河水清澈,是办不到的。君王自己搞欺诈,怎么可以批评大臣们不正直呢?我以诚心诚意治理天下,见到过去帝王好以权术欺诈这种小动作对待臣下,经常以此为耻。你的主意虽然好,但我不能采纳的。"

范祖禹评说:

唐太宗可算是懂得当皇帝的道理。君主一人而统御天下,处理千千万万的事务,如果不以至诚与大臣共谋,而专凭自己的小聪明,自作主张,那么他能听到见到想到的事能有多少呢？正因如此，君王必须是头脑清醒君临天下，虚怀若谷对待事物，像镜子一样明亮，像静水一样映像，那样，什么事都能办好而不会产生偏差。有了秤作标准，就不能随意说物之轻重；有了绳墨作标准，就不能随意论线之曲直。我用正道，他用偏颇；我用真实，他用虚假，怎么还愁看不清奸邪，辨不清奸佞，而一定要用欺诈手段去试探呢？一次用不正当的心术，那心思就被蒙蔽了，怎么还能去分辨正邪呢？因此，镜子脏了就不能照物，水搅浑了就显不出影子来，是因为本身不明的缘故。更何况待人以诚心，还怕不能感动人，不诚心怎么能使人感动呢？作为君王，让前后左右的人都不知道他的意图要干什么，虽然想不被欺骗，那是办不到的。只有用诚心诚意去驾驭群臣，那么忠心耿耿作风正派的大臣就会被任用，而那些邪佞的人就没有办法靠近你了。

【原文】

帝与侍臣论周秦修短。萧瑀对曰："纣为尤道武王征之，周及六国无罪[1]，始皇灭之。得天下虽同，人心则异。"帝曰："公知其一，未知其二，周得天下，增修仁义，秦得天下，益尚诈力，此修短之所以殊也。盖取之或可以逆，得而守之不可以不顺故也。"瑀谢不及。

臣祖禹曰：太宗于是失言矣，《易》曰："汤武革命，顺乎天而应乎人[2]。"取之以仁义，守之以仁义者，周也。取之以诈力，守之以诈力者，秦也。此周秦之所以异也。后世或以汤武征伐为逆取，而不知征伐之顺天应人，所以为仁义也。太宗曰："取之或可以逆"，非也。既谓之逆矣，则无时而可也。

【注释】

①六国：战国时代的齐、楚、燕、韩、赵、魏六国。
②汤武革命：汤，商汤。武，周武王姬发。汤革夏命，武王革殷命，连称汤武革命。

【译文】

太宗与侍臣们谈论周朝秦朝的长短。
萧瑀答道：
"殷纣王暴虐无道，周武王征伐了他；东周及其他六国没有罪，秦始皇灭亡了他们。同样都是夺得天下，但人心不一样。"
太宗说：
"你只知其一，但不知其二。周朝得天下，依靠的是仁义；秦得天下，依靠的是欺诈与武力，这是他们长短所不同的地方。取天下或可以不顺，而守天下不可以不顺啊。"
萧瑀逊谢表示不如太宗。
范祖禹评说：
太宗上面的话是不对的。
《易经》上说：
"商汤武王夺取天下是顺乎天命而得人心的。"
凭仁义取天下，凭仁义守天下的是周朝。用诈力取天下，而又用诈力守天下的是秦朝。

这是周秦取守不同的地方。后世有人以为商汤武王征伐是用不正当的手段，而不知他们的征伐是顺天应人，所以被称为是仁义。

太宗说"取天下的办法有时可以用不正当的手段"，这是错误的。既然说它是不正当，那么什么时候这样做都是不对的。

【原文】

二年正月。帝谓魏征曰："人生何为而明？何为而暗？"对曰："兼听则明，偏听则暗。昔尧清问下民，故有苗之恶得以上闻①。舜明四目，达四聪，故共、鲧、驩兜不能蔽也②。秦二世偏信赵高③，以成望夷之祸④，梁武帝偏信朱异⑤，以取台城之辱，隋炀帝偏信虞世基⑥，以致彭城阁之变。是故人君兼听广纳，则贵臣不得壅蔽，而下情得以上通也。"帝曰："善。"

臣祖禹曰：善哉太宗之问，魏征之对也，可谓得其要矣。夫圣人以天下为耳目，故聪。庸君以近习为耳目，故暗蔽。明暗之分，惟在于远近大小而已矣。

【注释】

①有苗：又称三苗，唐尧时代南方的部落政权。在今湖南洞庭湖一带。

②共：共工、穷奇。鲧：传说中我国原始部落的首领，号崇伯，奉尧命治水，最后被杀。驩兜：尧时南方部落领袖。

③赵高：秦宦官，赵国人。任秦中车府令兼管符堂，与李斯合谋伪造遗诏逼始皇长子扶苏自杀，立少子胡亥为二世皇帝。后杀李斯，任中丞相，杀二世。后为子婴所杀。

④望夷：秦咸阳宫殿名，二世被杀死的地方。

⑤梁武帝：萧衍，字叔达。南朝梁朝正权的建立者。朱异：字彦和，吴郡钱塘人。梁武帝时任右卫将军等职，掌权三十余年，善窥人主之意，阿谀承上特被宠任。

⑥虞世基：字茂世，会稽余姚人。博学高才，善草隶，隋炀帝时为官。

【译文】

贞观二年正月。

唐太宗对魏征说：

"皇帝怎么做才算英明？怎么做才是昏庸？"

魏征说：

"兼听就英明，偏听就昏庸。古代尧耐心地听老百姓的反映，所以才能发现三苗的罪恶。舜善于观察，虚心倾听百姓意见，所以共工、鲧、驩兜才不能蒙骗他。秦二世胡亥偏信赵高之言，最终酿成了望夷宫杀身之祸。梁武帝萧衍偏信朱异的话，结果得到南京城的侮辱（詹景乱梁时肖衍饿死在台城）。隋炀帝偏信虞世基，导致了彭城阁之祸。所以，人君多听多纳群臣意见，那么权臣就不可能蒙蔽他，下面的情况才知道得清清楚楚。"

太宗说：

"好。"

范祖禹评说：

唐太宗的发问和魏征的回答真好啊,可以说是把握了要领。圣人以天下人为耳目,所以聪明。昏庸之君以近臣为耳目,所以黑暗。这只在于是听广大群众的意见,还是只听身边几个人的意见罢了。

【原文】

四月,突厥颉利可汗请入朝①。帝谓侍臣曰:"向者突厥之强,控弦百万,凭陵中夏,用是骄恣,以失其民。今自请入朝,非困穷肯如是乎?朕闻之,且喜且惧。何则?突厥衰则边境安矣,故喜,然朕或失道,他日亦将如突厥,能无惧乎?卿等宜不惜苦谏,以辅朕之不逮也②。"

臣祖禹曰:《易》曰:"其亡其亡,系于苞桑③。"《书》曰:"儆戒无虞。"夫戒所以励善而进德也。太宗见突厥入朝,而知惧如此,其能致贞观之治,宜哉。

【注释】

①颉利可汗:唐初突厥的一代首领。

②逮:到。

③系于苞桑:《易经》否卦九五:"其亡其亡,系于苞桑。"意指身处安静而常存危难,即居安思危之意。

【译文】

贞观二年四月,突厥颉利可汗请求到唐朝见。

唐太宗对侍臣说:

"过去突厥很强大,控弦之兵上百万,经常侵犯中原华夏,实在是骄悍得很,这样就脱离了他的老百姓。现在他请求来朝见,如果不是没出路没办法,他能这样做吗?我听说这事后,又高兴又忧虑,为什么?突厥衰败,那么我们的北边边境就安定了,所以高兴。但是,我也担心我搞不好,以后也像突厥一样衰败,所以害怕?你们应当什么都不怕坚持谏净,以辅佐我的不到之处。"

范祖禹评说:

《易经·否卦》上说:"其亡其亡,系于苞桑。"(意为身居安而思危)。

《尚书·大禹谟篇》说:

"儆戒无虞。"(意为经常小心谨慎就没有什么可忧虑的)。时常提高警惕,就能够发扬长处而增长德行。唐太宗看到突厥入朝,而从中悟到自己要警诫自己。

他能把他掌权的贞观年间搞得政治清明天下大治,是可以理解的。

【原文】

帝谓侍臣曰:"古语有之,赦者小人之幸,君子之不幸。"一岁再赦,善人喑哑。夫养稂莠者害嘉谷①,赦有罪者贼良民②。故朕即位以来,不欲数赦,恐小人恃之轻犯宪章也。

臣祖禹曰:"数赦之害,前世论之详矣③。夫良民不被泽,而罪人获宥④,政之偏党,莫甚于此。欲以致和而措刑⑤,不亦疏乎?而人君每以赦为推恩,或祈阴德之报。太宗惩之,可谓善治矣。

【注释】

①稂莠:形似禾苗的害草,常用以表示坏人。
②贼:害。
③数赦之害前世论之详矣:语出《后汉书·王符传》:"贼民之大者莫大于数赦,数赦赎刑,则恶人昌而善人伤矣。"
④宥:宽宥;赦罪。
⑤措:废置,搁置。

【译文】

唐太宗对大臣们说:

"古代有个说法,赦罪对小人说是好事,但对君子来说却是不幸。一年如果有两次赦罪,好人就默不作声了。任毒草生长必然损害庄稼,对有罪的人赦免就是损害老百姓。所以,从我当皇帝以来,不想连续赦罪,害怕的是这样做会纵容小人轻易犯罪。"

范祖禹评说:

多次赦免的坏处,前人说得很多很透彻了。

老百姓得不到国家恩惠,而犯罪的人得到赦免,政治不正,偏向一方,再没有比这严重的了。这样做想天下太平,百姓安康而刑罚不用,不是背道而驰吗?皇帝还常常以赦罪作为对百姓的关怀,想这样做能得到好报。

唐太宗不这样做,可以说是最懂得治国的方法了。

【原文】

三年,帝谓房玄龄、杜如晦曰①:"公为仆射②,当广求贤人,随才授任,此宰相相之职也。比闻听受词讼③,日不暇给,安能助朕求贤乎?"因敕"尚书细务属左右丞,唯大事应奏者,乃关仆射④。"

臣祖禹曰:太宗责宰相以求贤,而不使之亲细务,能任相以其职矣。《书》曰:"惟说式克钦承,旁招俊义,列于庶位。"此相之职也。苟不务此,而治簿书期会,百吏之事,岂所谓相乎?

【注释】

①房玄龄:名乔,字玄龄,齐州临淄人。贞观元年任中书令,三年拜尚书左仆射,封梁国公。十六年,拜司空。是唐初有名的好官。杜如晦:字克明,京兆万年人。唐初为秦王府兵曹秀军,后迁兵部尚书,封蔡国公。贞观三年拜尚书右仆射兼吏部选事,是唐初有名的好官。人称房、杜。
②仆射:仆射是主任或领班的意思。唐设尚书左右仆射各一人,与尚书令不相上下,共同执政。
③比:近来。
④关:涉及、牵连。

【译文】

贞观三年,唐太宗对房玄龄、杜如晦说:

"你们二位是尚书仆射,应当多多物色德才兼备的人,依据他们的才能分配任务,担任合适的官职,这是宰相应该干的事。近来听说你们光听汇报、诉讼,整天很忙,这怎么能帮助我找到贤人呢?"

因而命令把尚书的琐碎事务交左右丞去做,只有大事应当向尚书仆射报告的,才告诉仆射。

范祖禹评说:

唐太宗指令宰相物色贤才,而不让他们整天忙于琐碎的事务,这是让宰相去做宰相应做的事。

《尚书》上说:"用才能秉承君王的意图,广求贤才俊杰,让他们干他们该干的事。"

这才是宰相的责任。如果不能致力于这种职责,而从事处理文书,实施政令这些百官之事,那还称得上是宰相吗?

【原文】

四月,帝谓侍臣曰:"中书门下①,机要之司,诏敕有不便者,皆应论执。比来睹顺从,不闻违异。若但行文书,则谁不可为,何必择才也。"房玄龄等皆顿首谢。

臣祖禹曰:朝廷设官分职②,非徒使上下相从,欲交修其所不逮也。故《书》曰:"百官修辅。"苟取充位,而奉行上令,则是胥史③而已。不明之君,自以无过,恶人之言,是以政乱而上不闻。太宗敕责而使之言,虽欲不治,不可得也。

【注释】

①中书门下:唐代处理政务的中央行政机构为尚书省、中书省、门下省,即所谓三省。中书决策、门下审查,尚书执行。

②设官分职:古代朝廷设各种官吏,执掌不同的职责,叫设官分职。

③胥史:官府中掌管案牍小吏,即文书。

【译文】

贞观三年四月,太宗对侍臣们说:

"中书省、门下省是掌管国家机密的重要部门。诏书敕文有不利于国家,不便于实行的地方,都应该讨论取舍。近来只看到顺从君命,听不到不同意见。如果只是发文行事,那谁不能做,为什么还要选拔人才呢?"

房玄龄等人都行礼谢罪。

范祖禹评说:

朝廷设立官位各司其职,不是只让他们上下相从,只想让他们互相修正他们的不足。

所以《尚书》里说:"百官各司其职,辅佐君王。"如果只占据官位,奉行上级的命令,那就成了只会处理文书的小吏了。不英明的君主,自己认为没有过失,自己什么都对,讨厌别人不同的意见。

因此,朝政混乱了君王也不知道。

唐太宗下令要求百官提出不同意见,这样国家即使想治理不好,也是不可能的。

【原文】

四年,灭突厥。四夷君长诣阙①,请帝为天可汗②。帝曰:"我为大唐天子,又下行可汗事乎?"群臣及四夷皆称万岁。是后以玺书赐西北君长,皆称天可汗。

臣祖禹曰:孔子曰:"夷狄之有君,不如诸夏之亡也③"。以其无君臣之礼也。太宗以万乘之主,而兼为夷狄之君,不耻其名,而受其佞。事不师古,不足为后世法也。

【注释】

①四夷:四夷,周边的少数民族。阙:宫阙,朝廷。

②天可汗:可汗,古代北方少数民族的君王称可汗。天可汗,最高的君王、皇帝。

③夷狄之有君,不如诸夏之亡也:语出《论语》:"子曰:夷狄之有君,不如诸夏之亡也。"亡通"无"。

【译文】

贞观四年,灭东突厥。周边各外族的君王到长安朝拜,请求太宗为天可汗。

太宗说:

"我是大唐的天子,还做你们的可汗吗?"

群臣及各民族首领都呼万岁。从这以后,给西北各民族发文盖章,都是用天可汗这个称号。

范祖禹评说:

孔子说:

"各外族有君王,还不如华夏没有君王好呢。"因为他们虽然有君长,但无君臣之礼。唐太宗以一个大国的君主,而兼有外族的可汗称号,不但不以为耻,反而还接受他们的谄谀。做事不以古代为师,怎么能为后世之人做出学习的榜样,作为他们的准则呢?

【原文】

突厥部落分散,其降唐者尚十万口。诏群臣议区处①之宜。朝士多言宜悉徙之河南充豫之间,散居州县,教之耕织,可以化为农民。颜师古请皆实之河北②,分立酋长,领其部落。李百乐以为宜因其离散③,各即本部署为君长,不相臣属,国分势敌,各自保全,必不能抗衡中国。窦静以为宜假之王侯之号④,妻以宗室之女,分其土地,析其部落,使其权弱势分,易为羁制。温彦博请准汉武故事,置降匈奴于塞下,使为中国扞蔽。魏征以为宜纵之,使还故土,不可留之中国。帝卒用彦博策,置四部督府六州以处降众⑤。酋长至者,皆拜将军,中郎将布列朝廷,五品以上百余人,殆与朝士相半,因而入居长安者近万家。

臣祖禹曰:先王之制,戎狄荒服,夷不乱华,所以辨族类,别内外也。孔子美齐桓之功曰:"微管仲吾其被发左衽矣⑥。"圣人之惩戎狄如此。太宗既灭突厥,而引诸戎入中国,使殊俗丑类,与公卿大夫杂处于朝廷。苟欲冠带四夷,以夸示天下,而不知乱华亦甚矣。然则,中国几何不胥而为夷也。是以唐室世有戎狄之乱,岂非太宗之所启乎?

国学经典文库

资政秘典

· 唐鉴 ·

【注释】

①区处:安置。

②颜师古:颜师古字籀,京兆万年县人,唐初大学问家,注《汉书》,官至中书侍郎。

③李百药:唐初史学家,字重规。河北安平人。任中书舍人,著有《北齐书》。

④假:借。

⑤四都督府六州:指唐时在北方设立的瀚海、金微、燕然、幽陵等都督府及鸡田、皋兰、鸡鹿、高阙等六州。

⑥微:无,没有。左衽:穿左边开襟的衣服。衽:衣襟。

【译文】

突厥部落分散,降服唐朝的部分有十万多人。

太宗下令群臣讨论怎样安置他们最好。很多大臣说全部把他们安置在河南、兖州之间,分散在各州县最合适,让他们种田织布,可以转化成农民。

颜师古请求全部安置在河北,分别任命酋长,各自统领其部落。

李百药认为应该根据他们分散的情况,各个部落分别任命君长,互不统属,彼此对立,各自保全自己,这样肯定不会与大唐抗衡。

窦静认为应给他们封王侯的称号,把宗室之女嫁给他们,把他们的土地分掉,把部落拆散,使他们力量分散,这样就容易统治。

温彦博请求仿照汉武帝的办法,把降服的匈奴安置在长城内外,让他们给中国当外围。

魏征认为应把他们放掉,让他们回原地,不能让他们留在内地。

唐太宗最后采纳温彦博的谋划,设置了四个都督府六个州,安排突厥降众。

他们酋长到长安来的,都拜将军,有中郎将之职者朝廷各部都有,五品以上官一百多人,差不多占了唐朝朝廷上官员的一半,居住在长安城中的有近万家。

范祖禹评说:

先王的规定,戎狄等外族住在周边,使他们不能与华夏相处相混,这样做是分辨族类,内外有别。

孔子赞美齐桓公的功劳说:"如果不是管仲,我们早就披发左衽象外族一样了。"

惩戒戎狄能这样做吗? 太宗既然打败了突厥,又把他们招引到中国,让风俗习惯不一样的民族,与公卿大夫们同处于朝廷。若是给四周少数民族作统帅,用以向天下夸耀,却不知道这样就把中华搞乱了。那么中国就差不多都成了外族的,正因为如此,唐朝代代有戎狄之乱,不是太宗开的头吗?

【原文】

诏自今讼者有经尚书省判不服,听于东宫上启,委太子裁决。若仍不服,然后闻奏。时太子年十二岁。

臣祖禹曰:太子之职,在于视膳问安。古之教者,必以礼乐。而置师保以辅翼之,苟问学明,而德性成①,何患乎不能听讼也。且年十二,而使之裁决,民事不已早乎? 若其才,则将不学而能,不才,则宫臣必教之以欺其君父,非所以养德也。

【注释】

①问学明德性成:《中庸》:"尊德性,道问学。"指品德学问俱佳。

【译文】

太宗下令:

从现在起凡是诉讼经过尚书省判决仍不服的,他们可以再到东宫上告,叫太子裁决,如果还不服,然后再告到皇帝。当时太子才十二岁。

范祖禹评说:

太子的职责是关心皇帝的起居饮食和健康。古代教育太子,一定是先教他懂礼乐,而安排好老师辅导教育,若是太子学问、品德都好,怎么还愁他不能判决诉讼呢? 况且年纪轻轻才十二岁,就让他去断案,这样做不是太早了吗? 若是他有天才,那么不学就会;如果不才,那么宫中之臣必然教他欺骗君父,这不是教太子修养德性的做法。

【原文】

六月,发卒修洛阳宫,以备巡幸。张玄素①谏曰:"陛下初平洛阳,凡隋氏宫室之宏侈者,皆令毁之。曾未十年,复加营缮,何前日恶之,而今日效之也。且以今日财力,何如隋世? 陛下役疮痍之人,袭亡隋之弊,恐又甚于炀帝矣。"帝谓玄素曰:"卿谓我不如炀帝,何如桀纣?"对曰:"若此役不息,亦同归于乱。"帝叹曰:"吾思之不熟,乃至于是。"顾谓房玄龄曰:"朕以洛阳土中,朝贡道均,意俗便民,故使营之。今玄素所言诚有理,宜即为之罢役。后日或以事至洛阳,虽露居亦无伤也。"仍赐玄素采二百匹。

臣祖禹曰:上之所好者,下之所竞也。太宗虚己以求直言,故群臣争救其失,唯恐其言之不切。太宗不唯悦而从之,又赏以劝之,此人君之所难能也。夫如是,何患于有过乎?

【注释】

①张玄素:唐虞乡人。仕隋为景城县户曹。太宗擢拜为侍御史,迁给事中。

【译文】

六月,调遣兵卒修缮洛阳宫殿,以作临时行宫。

侍御史张玄素谏诤说:

"陛下刚刚收复洛阳时,凡是隋朝的宫室修建宏大华丽的,都下令毁掉,以示俭朴。至今还不到十年,又要重新修建,为什么开始厌恶而现在又效法他们呢? 况且,今天国家的财力,还赶不上隋朝。皇帝您役使疲惫的兵卒,承袭灭亡了的隋朝的弊端,恐怕比隋炀帝还严重哩!"

太宗对张玄素说:

"你说我不如隋炀帝,比桀纣怎么样?"张玄素回答说:"如果这件事不停止,也会一样亡国。"

太宗叹息说：

"我没有考虑好，竟弄到这个地步。"

看了一下房玄龄说：

"我以为洛阳在中原，各地贡奉路近，只想着这样做对百姓方便，所以才修缮洛阳宫，现在张玄素讲的确卖有道理，应当立即停止这件事。以后如果有事到洛阳，就算露天休息也没有关系。"

于是，表彰张玄素的谏净，赐给他彩绸二百匹。

范祖禹评说：

上面喜欢的，下面必然竞争竞相去做。唐太宗虚心听取大臣的直言规谏，所以大臣们都争相提意见指出他的不对，唯恐自己的意见不中肯。

唐太宗不但欣然接受，而且赏赐彩绸以表彰他，这实在是一个君王难以做到的。这样做，还怕考虑不周犯过失吗？

【原文】

帝问房玄龄、萧瑀曰："隋文帝①何如主也？"对曰："文帝勤于为治，临朝或至日冥。五品以上，引坐论事，卫士传餐而食，虽性非仁厚，亦励精之主也。"帝曰："公得其一，未得其二。文帝不明而喜察，不明则照有不通，喜察则多疑于物，事皆自决，不任群臣。天下至广，一日万机，虽复劳神苦形，岂能一一中理。群臣既知主意，唯取决受成，虽有愆违，莫敢谏争，此所以二世而亡也。朕则不然，择天下贤材，实之百官，使思天下之事，关由宰相，审熟便安，然后奏闻，有功则赏，有罪则刑，谁敢不竭心力以修职业，何忧天下之不治乎。"因敕百司，自今诏敕行下，有不便者，皆应执奏，毋得阿从，不尽己意。

臣祖禹曰：《书》曰："元首明哉，股肱良哉，庶事康哉。"又曰："元首丛脞哉，股肱惰哉，万事怪哉。"此舜皋陶所以赓歌而相戒也②。夫君以知人为明，臣以任职为良。君知人，则贤者得行其所学。臣任职，则不贤者不得苟容于朝，此庶事所以康也。若夫君行臣职，则丛脞矣，臣不任君之事，则惰矣，此万事所以坠也。当舜之时，禹平水土，稷③播百谷，土谷之事，舜不亲也，契④敷五教，皋陶⑤明五刑，教刑之事，舜不治也。伯夷典礼⑥，夔典乐礼乐之事，舜不与也。益⑦为虞，垂⑧作共工，虞工之事，舜不知也。禹为一相，总百官，自稷以下，分职以听焉。君人者，如天运于下。而四时寒暑各司其序，则不劳而万物生矣。君不可以不逸也，所治者大，所司者要也，臣不可以不劳也。所治者寡，所职者详也，不明之君，不能知人，故务察而多疑，欲以一人之身，代百官之所为，则虽圣智，亦日力不足矣。故其臣下，事无大小，皆归之君，政有得失，不任其患，贤者不得行其志，而持禄之士，得以保其位，此天下所以不治也。是以隋文勤而无功，太宗逸而有成，彼不得其道，而此得其道故也。

【注释】

①隋文帝：名杨坚，隋朝建立者（581—604）在位28年，被太子杨广（即隋炀帝）杀死。

②皋陶：一作咎繇，舜时大臣，掌刑狱之事。

③稷：又叫后稷，舜时主管农事的官。

④契:传说中商的始祖,助禹治水有功。被舜任为司徒,掌管教化。
⑤伯夷:舜的大臣,主管礼仪。
⑥夔:舜时大臣,主管音乐。
⑦益:舜时大臣,主管狩猎、放牧。
⑧垂:舜时大臣,主管百工之事。

【译文】

太宗问房玄龄、萧瑀:

"隋文帝杨坚这个君主怎么样?"

房、萧二人回答说:

"隋文帝在工作上很勤勉,临朝处事往往过了中午还不休息。五品以上的官员,都召到朝廷参与议论朝政大事。卫兵们给他送饭。虽然不能说德性纯厚,也可算是励精图治的君王了。"

太宗说:

"你们只知其一,不知其二。隋文帝不英明但喜欢了解情况。不英明就有些事看不见,喜欢观察了解就对于有些事物不放心,事事都是自己决断处理,不信任大臣们。天下这么大,一天处理那么多事,虽然自己辛辛苦苦,怎么能事事处理好呢?大臣们已经知道他想怎么办,只有按他的旨意做,虽然有的事处理不当,也不敢谏诤,这就是二世而亡的原因。我却不是这样,选拔天下贤能之人,任命他们做官,让他们主管天下的事务,大事报告宰相,让他们审查处理,然后把结果汇报给我。处理得当有功我就表彰赏赐他们,处理失误就予以治罪惩罚。这样做谁还敢不尽心竭力去做好他的本职工作,还忧虑天下治理不好吗?"

于是给百官下达诏令,从现在起朝廷发布的诏令,如有不便不恰当的,都应该提出意见,不能阿谀奉承,不把自己的意见讲清楚。

范祖禹评说:

《尚书》里说:"国君英明,大臣忠良,天下安康。"

又说:"国君烦琐,大臣懒惰,天下垮台。"这就是舜与皋陶连续歌唱用以相戒的事。君主以知人为明,大臣以称职为贤。君主知人善任,那么贤人就能发挥才能;大臣要称职,那无德无才的人就不能留在朝廷做官。这就是国家事务之所以康泰的缘故。如果君王去干大臣的事,那就烦琐了。大臣不替君主办事,那就太懒惰,这是天下万事所以搞坏的原因。当帝舜执政时,大禹治水,后稷管农业,治水耕种的事,舜不亲自去做。契掌教化,皋陶管司法,教化司法之事,舜也不亲自去管。伯夷主管礼仪祭祀之事,夔主管音乐教化太子,礼乐之事舜不参与。益主管牧业狩猎,垂作百工,放牧狩猎与百工之事,舜也不过问。大禹辅佐舜为相,总管百官,自后稷以下,各干各的事。君王管理百姓,如上天自然运行一样,春夏秋冬循环往复,那么不用辛劳万物都自然生长。君王不可不轻松,因为他所治理的是天下大事,他所管的是天下要事。大臣不可不勤劳,因为他所管的事少,他所做的是具体的事。不英明的君王,不了解大臣好坏强弱,所以天天处理具体事务而拿不定主意。要想以一个人的力量,去替百官做该做的事,就算他有圣人的智慧,也会显得力量不足。这样,他的大臣们不管大事小事都去请示君王决定,对国家政事搞好搞坏不承担责任。好人能人不能发挥他们的聪明才智,而那些只拿俸禄的人,却不丢官。"

这就是天下治理不好的原因。正因如此,隋文帝虽勤劳而无功;唐太宗虽清闲但天下治理得好,是因为隋文帝不得法,而唐太宗得法的缘故。

【原文】

　　帝之初即位也,尝与群臣语及教化,帝曰:"今承大乱之后,恐斯民未易化也。"魏征对曰:"不然。久安之民骄佚,骄佚则难教,经乱之民愁苦,愁苦则易化。譬犹饥者易为食,渴者易为饮也。"帝深然之。封德彝非之曰:"三代以还,人渐浇讹,故秦任法律,汉杂霸道。盖欲化而不能,岂能之而不欲邪?魏征书生,未识时务,若信其虚论,必败国家。"征曰:"五帝、三王不易民而化①,昔黄帝征蚩尤②,高阳征九黎③,汤放桀④,武王伐纣,皆能身致太平,岂非承大乱之后邪?若谓古人淳朴,渐致浇讹,则至于人今日,当悉化为鬼魅矣。人生主安得而治之?"帝卒从征言。元年,关中饥米斗直绢一匹。二年,天下蝗。三年,大水。帝勤而抚之,民虽东西就食,未尝嗟怨。是岁天下大稔,流散者咸归乡里,米斗不过三四钱,终岁断死刑才二十九人。东至于海,南及五岭⑤,皆外户不闭,行旅不赍粮,取给于道焉。帝谓长孙无忌曰⑥:"贞观之初,上书者皆云人主当镯运威权,不可委之臣下。又云:"宜震耀威武征讨四夷。"唯魏征劝朕偃武修文,中国既安四夷自服,朕用其言,今颉利成擒,其酋长并带刀宿卫,皆袭衣冠,征之力也。但恨不使封德彝见之耳。"征再拜谢曰:"突厥破灭,海内康宁,皆陛下威德,臣何力焉!"帝曰:"朕能任公,公能称朕所任,则其功岂独在朕乎!"

　　臣祖禹曰:太宗可谓能审取舍矣。魏征仁义之言也。欲顺天下之理而治之。封德彝,刑罚之言也,欲咈天下之性而治之。夫民莫不恶危而欲安,恶劳而欲息,以仁义治之则顺,以刑罚治之则咈矣。故治天下在顺之而已,咈之而能治者未闻之也。太宗从魏征,而不从德彝,行之四年,遂致太平,仁义之效,如此其速也。故治道在人主所力行耳,孰不可为太宗乎及其成功复归美于下,此前世帝王之所不及也。

【注释】

①五帝:传说中的上古帝王即黄帝、颛顼、帝喾、唐尧、虞舜。

②蚩尤:上古黄帝时诸侯。好兵喜乱,暴虐天下,黄帝率诸侯之师征之,战于涿鹿蚩尤作大雾,黄帝用指南车破之,遂诛蚩尤。

③九黎:上古部落名。孔安国曰:"九黎君号蚩尤"。

④桀:夏朝末代帝王,暴君。

⑤五岭:在广东与江西、湖南交界处东西走向的五个山岭,即大庾岭,骑田岭,萌诸岭,都庞岭,越城岭。

【译文】

唐太宗刚继位时,曾与大臣们议论教化天下之事。

他说:

"如今是大乱之后,怕老百姓不易教化。"

魏征说:

"并不是这样。社会长期安定老百姓骄纵享乐,骄纵之民才难以教化;经过离丧动乱的老百姓盼太平,愁苦之民才容易教化。好比饥饿的人给他吃饭容易,干渴的人给他喝水容易。"

太宗非常赞成他的说法。

封德彝反驳说:

"三代以后,人们越来越不厚道。所以秦朝靠法律,汉朝王霸之道并用,这是因为想靠教化而不行,哪里是不想靠教化啊!魏征是个书生,不识时务。要听从他说的那些空话,一定毁坏国家。"

魏征说:

"五帝三王都是对一样的百姓实施教化。黄帝征讨蚩尤,高阳讨伐九黎,商汤把夏桀赶下台,周武王灭掉纣王,最后都把天下搞得太平安定,难道不是在大乱之后吗?如果古人淳朴,而后越来越变坏,那么到了今天,老百姓就该全部变成鬼魅啦,皇帝怎么能管理他们呢?"

太宗最终还是听从了魏征的话。贞观元年,关中歉收闹饥荒,一匹绢才买一斗米。贞观二年天下遭蝗灾。

贞观三年,又遭水灾。太宗非常关心安抚百姓。老百姓虽然也东奔西逃找饭吃,也没有太大牢骚怨言。

这一年天下大丰收,逃亡的百姓都返回老家,一斗米不过三四文钱,一年判死刑的人才二十九人。东边到海滨,南边到五岭,老百姓夜不闭户,旅客也不用自己带干粮,走到哪里都有饭吃。

太宗对长孙无忌说:

"贞观初年,大臣上书都说,皇帝应当大权独揽,不能权力下放给大臣。应当耀武扬威,征讨四夷。只有魏征劝我大搞文治不用武力,中国安定了,四夷自然会臣服。

我采纳了他的意见。如今突厥颉利可汗被俘,他的手下将领都全副武装守卫宫廷,都做了官。这是魏征的功劳。只是遗憾没有让封德彝看见罢了。"

魏征再拜表示谦谢并说:

"突厥破灭,天下太平,都是靠陛下威德所致,我魏征有什么功劳呢?"

太宗说:

"我能任用你,你能尽心竭力完成我所交给你办的事,那么功劳怎么只能是我的呢?"

范祖禹评说:

太宗皇帝可以说是懂得政治取舍啊。魏征的话是仁义之言,想循天下之理而治天下。

封德彝是主张靠刑罚治国的,想乖逆天下之性而治天下。老百姓没有不厌恶动乱而希望安定太平的。厌恶烦劳而想宁静,以仁义治理则服,以刑罚治理则悖逆。

所以治理天下在于顺乎人性。背道而治天下会实现太平,没有听说过。

太宗听从魏征而没有听从封德彝之言,实行了四年,天下达到太平。仁义治政的效果,竟然这么快。所以治理天下之道在于皇帝的举措得当与否罢了。谁能成为唐太宗呢? 等到他成功了,又把功劳归于大臣,这是近世帝王所不能做到的。

唐鉴第四卷

太宗二

【原文】

五年。初，帝令群臣议封建，魏征李百乐以为封建不便。颜师古以为不若分王宗子，勿令过大，间以州县，杂错而居。十一月，诏"皇家宗室及勋贤之臣，宜令作镇藩部。贻厥子孙，非有大故无或黜免，所司明为条例，定等级以闻。"至十一年六月，诏荆王元景等二十一王①，长孙无忌等十四人刺史，皆令世袭无忌等皆不愿之国，上表固让。其明年诏停袭封刺史。

臣祖禹曰：柳宗元有言曰②："封建非圣人意也，势也"，盖自上古以来有之，圣人不得而废也。故制其爵位之等，为之礼命之数，合之以朝观会同，维之以长帅牧伯而后可治也。周室既衰，并为十二，列为六七，而封建之礼已亡。秦以诈力一天下，划灭方国以为郡县，三代之制不可复矣。后世唯知周之长久，而不知所以长久者，由其德不独以封建也。必欲法上古而封之。弱则不足以藩屏，强则必至于僭乱。此后世封国之弊也。且尧舜有天下犹不能私其子③，不以一人而害天下也。况诸侯之后嗣或贤或不肖，而必使之继世乎？是以一人而害一国也。然则如之何？记曰："礼时为大，顺次之。"尧舜禅授，汤武征伐，三代封国后世郡县，时也。先王之礼，或损或益，因时制宜，以便其民，顺也。古之法不可用于今，犹今之法不可用于古也。后世如有王者，亲亲而尊贤，务德而爱民，慎择守令以治郡县亦足以致太平，而与礼乐矣。何必如古封建乃为盛哉。

【注释】

①荆王元景：唐高祖李渊的儿子，为莫嫔所生。
②柳宗元：（773—8119），字子厚，河东（今山西永济）人，唐杰出文学家、哲学家。著有《柳河东集》。
③尧舜有天下，犹不能私其子：尧之子月朱，舜之子商均不肖，故尧舜把天下传贤而不传子，史称禅让。

【译文】

唐太宗二。
贞观五年，太宗下令大臣们讨论对诸太子封王建藩之事。
魏征、李百药认为封建不好。颜师古认为最好把诸王宗子们分散开，不能让他们权势太大,让他们分在州县之间,互不相连。十一月,诏令皇家的宗亲和有功勋的大臣。应该做镇藩部,传之子孙后代,如果没有大事,不能撤免罢黜。主管此事的部门,制定条例规定,确定等级报告皇上。

贞观十一年六月,诏令荆王李元景等二十一王,长孙无忌等十四人为刺史,全部让他们代代继承世袭。长孙无忌等人都不想到分封的地方去就职,给皇帝上表坚持推辞。

到了第二年,下令停止袭封刺史。

范祖禹评说:

柳宗元曾写《封建论》论文说:封建一事,不是先王圣人的原意,是当时形势发展的必然,这种事自古以来就有,圣人也没有办法废止啊!不能废止怎么办?所以制定等级,为他人规定应对君王朝廷遵守的礼节,加之定期的到中央来上朝汇报,并给他们派去帅长牧伯官员制约他们,这样才能统治他们。

周王朝衰落以后,春秋十二诸侯并峙,到了战国时期分为七国独霸一方,分封制的规定条例废除消亡。

秦朝凭借诈力统一天下,灭掉六国改建郡县制,夏商周三代的封建制不再推行了。后代人只知道周朝天下传了三十七世八百六十七年之久,而不知道他们之所以传那么久,是因为他们实行德政,不单单只靠分封子弟宗室为方园诸侯。如果一定效法上古而搞分封制,弱小了则不能够捍卫中央,强大了又必然导致尾大掉头对抗中央,这就是后来分封制出现的弊端。尧舜为帝执掌天下,还不把政权王位传给他们的儿子,何况诸侯们的继承人,有的贤能,有的不好,而一定让他们继承封爵,这是让一个人去害一个方国啊!那么怎么办呢?

《礼记》上说:礼制首先是根据形势确定,因时制宜次之。

三代时分封方国,秦汉以后改为郡县,这都是形势决定的。因时制宜,是为了方便百姓,这是合乎常理的。

古代的法不能在今天执行,谁当君王临天下,亲近其宗族,尊敬贤人能人,对老百姓施行仁治,严格选拔郡守县令去管郡县,也完全能够把天下治好,国泰民安,礼乐教化兴盛,为什么一定要像古代一样搞分封制才天下太平呢?

【原文】

康国求内附①。帝曰:"前代帝王,好招来绝域,以求服远之名,无益于用,而糜敝百姓。今康国内附,倘有急难,于义不得不救。师行万里,岂不疲劳!劳百姓以取虚名,朕不为也。"遂不受。

臣祖禹曰:太宗知招来绝域之弊,而不为。然以兵克者,则郡县置之。其为疲劳百姓也,亦多矣。岂先行其言而后从之者欤。然其不受康国,足以为后世法,使其行事每如此,其盛德可少贬哉。

【注释】

①康国:古国名,其地在今乌兹别克斯坦撒马尔罕一带,是唐朝的附属国。

【译文】

康国请求向唐朝称臣。

太宗说：

"前代帝王，好招来最边远的国家，以求得能附远的名声，这样做没有实际效果，反而却使百姓遭受祸殃。现在康国称臣，倘若有迫切的困难，从道义上讲不得不救助。军队长途跋涉，岂不是增加百姓负担，使之困弊，而只换得个虚名，我不能做这种事。"

终于不接受。

范祖禹评说：

太宗皇帝懂得招来西域弊病而不去做。但是用军队攻克的地方，却设置郡县，用兵之事给百姓增加负担也是足够多的了。这岂不是先做后说而后又继续干吗？然而不受康国之附，那不是可以为后世效法的。要是他做事却是像这样，那他的盛德怎么可以贬低呢？

【原文】

六年初，群臣表请封禅。帝曰："卿辈皆以封禅为帝王盛事，朕意不然。若天下乂安，家给人足，虽不封禅，庸何伤乎？昔秦始皇封禅，而汉文帝不封禅。后世岂以文帝之贤为不及始皇邪？且事天扫而祭，何必登泰山之颠，封数尺之土，然后可以展其诚敬乎？群臣请不已，帝亦欲从之，魏征独以为不可，乃止。

臣祖禹曰：古者天子巡守至于方岳，必告祭柴望，所以尊天而怀柔百神也。后世学礼者失其传，而诸儒之谄议者为说以希世主，谓之封禅①。实自秦始古无有也。且三代不封禅而王，秦封禅而亡，人主不法三代，而法秦。以为太平盛事，亦已谬矣。太宗方明朝，多贤臣，而佞者犹倡其议。独魏征以为时未可，而亦不以其事为非也。其后使颜师古议其礼，房乔载定之②。征亦预焉，贞观之末屡欲东封，以事而止。高宗明皇③遂踵行之。终唐之世，唯柳宗元以封禅为非。以讳愈④之贤，犹劝宪宗⑤，则其余无足怪也。呜呼！礼之失也久矣，世俗之惑可胜救哉！

【注释】

①封禅：帝王登泰山筑坛祭天曰"封"，在山南梁父山上辟基祭地曰"禅"。

②房乔：房玄龄，字乔，唐初大臣，杰出政治家。齐州临淄人，（今山东淄博市），贞观元年为中书令，后为尚书左仆射，封梁国公。

③唐明皇：即唐玄宗，名李隆基，公元712~756年在位。英武有才略，开元年间，用姚崇、宋璟为相，一度出现"开元之治"。后期天宝年间，先后任用李林甫、杨国忠执政，沉湎声色，朝政日益腐败，导致安史之乱。

④韩愈：字退之，邓州南阳（今属河南省），唐杰出散文家，诗人，号昌黎，著有《韩昌黎集》。

⑤宪宗：名李纯，唐代皇帝，公元805—820年在位。

【译文】

贞观六年年初，大臣们上表请求行封禅之礼。

唐大宗说：

"你们都认为举行封禅之礼是皇帝的一桩大事，我可不这么看。若是天下太平，百姓富足，虽然不行封禅之礼，又有什么坏处呢？古代秦始皇封禅，汉文帝不封禅,后代人难道认为汉文帝不如秦始皇吗?况且祭礼天地,为什么一定要到泰山顶上去,筑起几尺高的土堆,那才算是对天地的诚心敬意吗?"

大臣们再三请求,太宗也想那就答应他们的请求吧。唯独魏征坚持认为不行,于是停止举行封禅之事。

范祖禹评说:

古代天子到各地视察,到达四岳,一定烧柴祭天,那是为了尊天而敬百神。后代学礼的人不了解原来烧柴祭天之本意,而喜欢拍马溜须献媚求好的儒生们编造理由以讨好君王,叫作封禅。

这是从秦朝开始的,古代是没有的。况且三代不搞封禅也照样当帝王,秦朝搞封禅照样灭亡。为人之主不效法三代而去效法秦朝,认为这样做会导致太平盛世,也就算是够荒唐的了。

太宗皇帝英明果断治天下,拥有很多贤臣。而谄媚之人提出封禅祭天之事,只有魏征认为时间不行,没到时候,他也不认为这件事是错的。后来颜师古议论封禅祭天地之礼,房玄龄参与修订,魏征也参与了此事的。

到了贞观末年,太宗多次想登泰山封禅,因为其他的事而未去。

唐高宗李治、唐明皇李隆基都到泰山举行过封禅祭天地之事。整个唐朝,只有柳宗元认为封禅不对。韩愈算是个贤能之人,他还劝唐宪宗去泰山封禅。那么其他人就没有什么可怪的了。哎哟!天子之礼失传很久了,一般人迷惑不解,怎么能挽救得了呢?

【原文】

帝谓魏征曰:"为官择人,不可造次。用一君子,则君子皆至;用一小人,则小人竞进矣。"对曰:"然。天下未定,则专取其才,不考其行;丧乱既平,则非才行兼备不可用也。"

臣祖禹曰:太宗以治乱在应官,欲进君子退小人。此王者之言也。而魏征之所谓才行者,不亦异乎?夫才有君子之才,有小人之才,古之所谓才者,君子之才也。后世之所谓才,小人之才也。高阳氏有子八人①,天下以为才;其所以为才者曰:"齐圣、广渊明允笃诚。"高辛氏有子八人②,天下以为才。其所以为才者曰:忠肃、共懿、宣慈、惠和。周公制礼作乐,孔子以为才。然则古之所谓才者,兼德行而言。后世之所谓才者,辩给以御人,诡诈以用兵,僻邪险波,趋利就事。是以天下多乱职,斯人之用于世也。在易师之上六曰:'开国承家小人勿用③。'象曰:"小人勿用必乱邦也。"既济曰④:"高宗伐鬼方⑤,三年克之。"小人勿用,王者创业垂统,敷求哲人以遗后嗣,故能长世也。岂其以天下未定,而可专用小人之才欤?夫有才无行之小人,无时而可用。退之犹惧其或进也,岂可先用而后废,乃取才行兼备之人乎?征之学驳而不纯、故所以辅导其君者,卒不至于三王之治也。

【注释】

①高阳氏：名颛顼，黄帝之孙，传说中古代部族首领，号高阳氏。有子八人：有才子八人：苍舒、隤敳、梼戭、大临、庞降、庭坚、仲容、叔达。齐圣广渊，明允笃诚，天下之民谓之八恺。

②高辛氏：高辛氏：名帝喾，黄帝之曾孙，传说中古代部族首领，号高辛氏。郕八人：有才子八人，伯奋、仲堪、叔献、季仲、伯虎、仲熊、叔豹、季狸、忠肃共懿，宣慈惠和天下之人谓之八元。

③《易·师之上六》：《易经》师卦上六："大君有命，开国承家，小人勿用，必乱邦也。"王弼注："小人勿用，非其道也。"

④既济：六十四卦之一。离下坎上。《易·既济》："象曰：水在火上，既济，君子以思患而豫防之。"

⑤鬼方：古代北方的一个部族，在蒙古草原。

【译文】

太宗对魏征说：

"做官选人，不可草帅。用一个好人，则好人都来啦。用一个小人，则坏人都想方设法做官。"

魏征回答说：

"但是在打天下的时候，有一技之长就可以了，不需过多地强调他的德行。天下平定以后，如果不是德才兼备，那就不能任用。"

范祖禹评说：

太宗皇帝认为天下治乱在于百官，因此，想用君子退小人，这是皇帝该说的话。而魏征所说的才，是小人之才。

古代高阳氏有才子八人，天下人都认为是有才，他们之所以是有才，是行为高尚知识渊博，办事公道诚心诚意。高辛氏有才子八人，天下人都认为是有才，他们之所以是有才，是忠诚肃穆谦虚美好，态度和蔼心地善良。

周公旦制礼作乐，孔子认为他有才。但是古代人所说的才，是指德才兼备而说的。后人所说的才，是嘴上说好听的，用兵以诡道，阴险狡猾，唯利是图。所以，天下用人不当，多不称职。

这种人要是掌握国家大政，如同《易经·师卦上六》所说："开国承家，不用小人，用则天下大乱。"

《易经·既济卦》说：

"殷高宗攻代鬼方部落，三年就取得胜利，是不用小人的缘故。"当皇帝要创业并把帝位传下去，要选好人辅佐太子，才能代代相传。怎么可以因天下未定就可以用有才无德的人呢？有才无德的小人，无论什么时候都不能用。不用他还生怕他钻进来，怎么可以先用他而后再免掉他，再去用德才兼备的人呢？魏征的主意，杂乱不纯正，所以他辅佐的唐太宗终究达不到尧舜禹那样的境界。

【原文】

九年十一月，以光禄大夫萧瑀为特进，复令参预政事。帝曰："武德六年以后，高祖有废立之心而未定,我不为兄弟所容,实有功高不赏之惧。斯人也,不可以利诱,不可以死胁,真社稷臣也①。"因赐瑀诗曰:"疾风知劲草,板荡识诚臣②。"

臣祖禹曰:太宗以萧瑀无贰心于巳,而嘉之,可谓能知臣矣。且太子在而私于藩王者,明君之所甚恶也。或诱以利,或胁以死,而从之者不亦多乎!惟瑀介然自立,有陨无贰。太宗所以知其临大节而不可夺也。人君以此取于人,岂不得忠正之士乎?

【注释】

①社稷:古代帝王诸侯所祭的土神和谷神。又作国家的代称。

②板荡:《诗经》中的两篇,内容讲国家动荡,社会不安,天老爷发怒。

【译文】

贞观九年十一月,任命光禄大夫萧瑀为特进官,并下令让他参与朝廷政事。

唐太宗说:

"武德六年以后,高祖有废立太子之心而未定,我又不受兄弟建成、元吉的宽容,非常担心功高不赏。这个人啊,不能以私利收买,又不能用死去威胁,真正是国家的忠臣。"

因而赐诗给萧瑀,其文曰:"疾风知劲草,板荡识忠臣。"

范祖禹评说:

唐太宗认为萧瑀对自己无二心而嘉奖他,可以说是了解大臣了。太子尚在而私下与藩王友善的人,英明之君对此是很讨厌的。或者以利收买,或者以死威胁,在利诱威胁之下而投降的人不是有许多人吗?只有萧瑀坚贞不屈而中立,就是受害也不负心。唐太宗据此知道他是临大节而不可夺志的人。当皇帝以此取人,难道还不能得到忠心之士的拥护吗?

【原文】

十年八月,帝谓群臣曰:"朕开直言之路,以利国也,而比来上封事者,多讦人细事①,自今复有为是者,以谗人罪之。"

臣祖禹曰:"太宗欲闻直言而恶告讦,不唯圣才而又罪之。可谓至明且远矣,此为君为长之道也。"

【注释】

①讦人细事:讦攻人阴私。细事:小事。

【译文】

贞观十年八月,太宗对大臣们说:

"我提倡直言劝诫的做法,为的是有利于国家。而最近到朝廷汇报工作的人,很多都是指责别人的细碎小事。从今以后如再有这样干的人,均以谗言害人定罪。"

范祖禹评说:

唐太宗想提倡直言,而痛恨告发别人阴私的人和行为。不只是熄灭谗言,而又判罪,可以说是看得清看得远,这才是为君王的正道哩!

【原文】

文德皇后①崩。十一月葬昭陵②。帝念后不已,于苑中作层观以望昭陵,尝引魏征同登使视之。征熟视曰:"臣昏眊,不能③见。"帝指视之,征曰:"臣以为陛下望献陵④,若昭陵,则臣固见之矣。"帝泣为毁观。

臣祖禹曰:"魏征可谓能以义正君矣。造次不忘纳之于善,恐其薄于孝而厚于爱也。"孟子曰:"唯大人为能格君心之非⑤。"若魏征近之矣。

【注释】

①文德皇后:唐太宗皇后,长孙氏,河南洛阳人。

②昭陵:唐太宗陵墓。在陕西醴泉东北九峻山。贞观十年(公元636年)埋葬长孙皇后时始建,贞观二十三年葬唐太宗于此。

③昏眊:《孟子·离娄上》:"胸中不正,则眸子眊焉",赵歧注"眊者,蒙,目不明之貌。"形容蒙昧不明。

④献陵:唐高祖李渊及窦皇后死后葬埋的陵墓称献陵。

⑤格:纠正。

【译文】

唐太宗文德皇后长孙氏死后,于十一月葬于昭陵。

太宗很想念皇后,在苑中修造高楼登楼观看昭陵。曾招魏征一起登楼观看。

魏征看了好久说:

"我头昏眼花看不清。"

太宗指给他看。

魏征说:

"我原以为陛下看的是窦皇后和高祖的献陵,那我已看清楚了。"

太宗听了这话后感到内疚,流着泪拆掉了新修的楼观。

范祖禹评论说:

魏征可以说是能够以道义来匡正君王啊。仓促之间也不忘记对皇帝劝善,恐怕皇帝落于孝亲而厚于爱自己的皇后。

孟子说:"只有高尚伟大的人才能匡正君王的错误。"像魏征就属于这种人。

【原文】

十一年二月,帝自为终制。初文德皇后疾笃,言于帝曰:"妾生无益于人,不可以死害人,愿勿以丘垄劳费天下,因山为坟,器用瓦木而已。"及葬,帝复为文刻之石,称"皇后节俭,遣言薄葬,以为盗贼之心止求珍货,既无珍货复何所求。朕之本志,亦复如此。主者以天下为家,何必物在陵中,乃为己有。今因九峻山为陵①,凿石之工才百余人,数十日而毕。不藏金人马、器皿,皆用土木,形具而已,应几奸盗息心,存没无累,当使百世子孙奉以为法。"至是帝以汉世豫作山陵②,免子孙苍猝劳费,父志在俭葬,恐子孙从俗奢靡。于是自为终制,因山陵,容棺而已。

臣祖禹曰:厚葬之祸,古今之所明知也。夫藏金玉于陵。是为大盗积而标示其处也。岂不殆哉？是以自汉以来，无不发之陵。后之人主，知其有害无益而姑为之，以贾祸迹相接而莫之或戒也。太宗虽为终制以戒子孙而昭陵之葬亦不为俭。及唐之末，不免暴露之患，岂非高宗之过乎？

【注释】

①九峻山：在长安之西北，是唐代皇帝修坟陵的地方，太宗及文德皇后葬于此。

②汉世豫作山陵：汉代皇帝生前即预修坟陵，以备死后葬于其中。

【译文】

贞观十一年二月，太宗自定死后丧葬之制。开始，文德长孙皇后病重，对太宗说：

"我活着也没有对别人做多少善事，千万不要死了以后增加别人的负担。希望不要为修坟墓而花百姓的钱，靠山修坟，殉葬品用瓦木制作就行啦。"

等到埋葬以后，太宗又做了一篇祭文，刻在石碑上，表彰皇后十分节俭，死前叮嘱薄葬，认为盗墓贼都是为了珍宝盗墓，说明昭陵里边没有葬珍宝，他们也就无所求而不盗墓。太宗的本来意思就是这样。

君王以天下为家，为什么要埋在陵墓中才算是自己的东西呢？现在靠九峻山修陵墓，打石料的石匠才百十来人，干了几十天就修好了陵墓。里面不藏金石人马器皿，都是土木制成，有那个形状样子而已。希望盗墓贼们丢掉盗墓之心。陵墓存不存不给后代找麻烦，这样可以给后代子孙们做个榜样。

这是太宗仿效汉代帝王预先修坟陵免得子孙们仓促花很多精力和金钱的做法。这样做意在节俭，恐怕后代子孙随世俗铺张浪费，于是自己给自己死后丧葬做出规定，靠山修陵，能容放棺材就可以了。

范祖禹评说：

厚葬的弊病，古人今人都是清楚明白的。把金玉宝物藏到陵墓中，这是为盗墓贼准备的，而且还把坟墓修得高大富丽堂皇唯恐他们不知道地方，这是很危险的？正因如此，自汉朝以来，没有皇陵不被盗的。后来的君主，知道大修陵墓有害无益，而且招来祸害，但一个跟着一个学而没有停止这么做的。

唐太宗虽然给自己死后埋葬规定了标准和办法，用以告诫子孙后代。

可是昭陵之葬也不算节俭。到了唐朝的晚年，也脱不掉陵墓被盗之祸，这难道不是唐高宗的错误吗？

【原文】

帝幸洛阳，至显仁宫①。官吏以阙储侍，有被谴者。魏征谏曰："陛下以储待谴官吏，臣恐承风相扇，异日民不聊生，殆非行幸之本意也。昔炀帝讽郡县献食，视其丰俭以为赏罚，故海内叛之。此陛下所亲见，奈何欲效之乎！"帝惊曰："非公不闻此言。"因谓长孙无忌曰："朕昔过此，买饭而食，僦舍而宿；今供顿如此，岂得犹嫌不足乎！"

臣祖禹曰：富而不忘贫，则能保其富矣。贵而不忘贱，则能保其贵矣。夫以万乘之贵，四海之富，而犹以为不足。何哉？忘其始之贱贫，而欲大无穷也。是以高宗旧劳于外爰暨小人②及其即位，卒为贤君。文王卑服即康功田功③，周公作书以戒成王,恐其不知稼墙之艰难④,而骄逸也。汉文有言曰⑤:"朕能任衣冠,念不至此,是以恭俭爱民,唯恐烦之。"呜呼! 其可谓有德者矣。若太宗闻谏而能自省,不亦贤乎。

【注释】

①显仁宫:隋朝炀帝继位以后,耗用人力财力在阜涧修的豪华富丽的宫殿。

②高宗旧劳于外:商朝高宗小时,其父小乙把他送到民间去,让他和百姓同出入辛劳,学种庄稼,知道百姓疾苦,使之当了帝王后不敢荒迫奢侈。见《尚书·无逸》。

③文王卑服即康功田功:《尚书·无逸》:"文王卑服,即康功田功。衹柔懿恭,惠鲜鳏寡。"孔安国注:"文王节俭,卑其衣服,以就安人之功,以就田功。"

④稼穑:农业生产,庄稼。

⑤汉文:即汉文帝,名刘桓。

【译文】

唐太宗到洛阳显仁宫,有的官吏因为宫里缺少储备而被贬官。

魏征净谏说:

"陛下因为缺储备而罢官,我恐怕今后官吏争相贡奉成为风气,以后老百姓承担不起会被弄得穷困疲惫,这恐怕不是陛下到洛阳显仁宫的本意吧! 过去隋炀帝让郡县给他贡奉食品,根据献的多少决定赏罚,以致天下大乱群起反叛,这是陛下你亲眼看到的。怎么还要仿效他呢?"太宗大惊,说:

"如不是你我听不到这样劝谏之言。"

接着对长孙无忌说:

"我过去从这里走,自己买些饭吃,找间旅舍住宿。现在供奉这么好,怎么能还嫌不充裕不好呢?"

范祖禹评说:

富了不忘贫,才能保住他的富贵;贵了不忘卑贱,不能保住他的尊贵。

皇帝拥有天下这样的尊贵,天下的全部财富,还不满足,啥原因? 这是忘却了他早先的贫贱,而私欲横流贪得无厌。正因为这个,商代的高宗小时到百姓中去种庄稼,体察百姓的辛苦,等到后来当了国君,终究成为好君王。

周文王十分节俭,穿着旧衣服与百姓一同劳动种田,周公旦把这写出来用以警戒成王,恐怕他不知百姓种庄稼的艰难辛苦而贪图安逸享受。

汉文帝说过:

"我能满足自己的穿戴。"

如果不想到这些就会贪婪,所以对老百姓恭敬、节俭、爱护,生怕增加他们的麻烦负担。哎哟! 这可算是有德之君了。如果唐太宗听到谏净之言而能自己反省一下,不也是很好的吗?

【原文】

三月,帝宴洛阳宫西苑,泛积翠池①,顾谓侍臣曰:"炀帝作此宫苑,结怨于民,今日悉为我有,正由宇文述②、虞世基、裴蕴之徒③内为谄谒,外蔽聪明故也,可不戒哉！"

　　臣祖禹曰：太宗可谓不忘戒矣，睹隋之宫苑，而以谄谀掩蔽戒群臣，夫知彼之所以亡，则图我之所以存，而不敢怠矣。此三王之所由兴也。

【注释】

①积翠池：隋宫苑中的池塘，供皇帝游览观赏。
②宇文述：字伯通，代郡武山人，本姓破野头，后改姓宇文。隋朝功臣。
③裴蕴：隋河东闻喜人。任隋朝洋、直、棣三州刺史。炀帝时任民部侍郎。后升御史大夫，参掌机密。

【译文】

　　贞观十一年三月，太宗与大臣们在洛阳宫西苑宴饮，在积翠池泛舟。对一起游湖的侍臣们说：

　　"隋炀帝修造了这个宫苑，耗费了民力，得罪了老百姓，现在全部为我所有。正是由于宇文述、虞世基、裴蕴这些人，对炀帝谄谀奉承，弄得他糊涂昏庸才失去天下的，这能不警惕吗？"

　　范祖禹评说：

　　唐太宗算是一个不忘自我警戒的人。看到隋朝的宫苑豪华，而能看出这是大臣们谄谀造成灭亡以戒大臣。明了隋朝之所以亡的原因，就是为了保住自己的天下，而不敢怠惰松懈啊！这就是尧舜禹三王之所以兴盛的缘故。

【原文】

　　八月，马周上疏①。其略曰："贞观之初，天下饥歉，斗米直匹绢，而百姓不怨者，知陛下忧念不忘故也。今比年丰穰，匹绢得粟十余斛，而百姓怨咨者，知陛下不复念之，多营不急之务故也。自古以来，国之兴亡不以畜积多少，在于百姓苦乐。且以近事验之，隋贮洛口仓②而李密因之，东都积布帛而世充资之③，西京府库亦为国家之有，至今未尽。夫畜积固不可无，要当人有余力，然后收之，不可强敛以资寇敌。夫俭以息人陛下已于贞观之初亲所履行，在于今日为之，固不难也。陛下必欲为长久之谋，不必远求上古，但如贞观之初，则天下幸甚。"

　　臣祖禹曰：纣积钜桥之粟④，武王发之。人主不务德而务聚使敛者，民散而国亡。太宗在位浸久，将外事四夷，内治宫室，聚财积谷，欲以有为。马周先事而谏，欲如初年之节俭。可谓将顺其美而救其恶矣。

【注释】

①马周：唐初大臣。字宾王，博州荏平（今山东）人。贞观五年代常何上书，所论二十余事，为太宗所赏识，授监察御史，后为中书令。他劝谏太宗以隋亡为鉴，少兴徭役，反对实行世封制。
②洛口仓：又名兴洛仓。隋大业二年（公元606年）筑。在今河南巩义市东北，因地处洛水入黄河之口而得名。周围二十余里，穿窖三千，每窖可容粮食八千石。大业十三年瓦岗农民起义军攻克此仓。
③王世充：隋新丰人（今陕西临潼东北），字行满，本姓支，祖籍西域。炀帝时

国学经典文库

资政秘典

· 唐鉴 ·

图文珍藏版

任江都郡丞。后升江都通守。大业十四年,炀帝死,他在东都拥立杨侗为帝,不久击败瓦岗军。后废杨侗,自称皇帝,国号郑。武德四年(621年)兵败降唐,在长安为仇人所杀。

④钜桥:商代粮仓名。许慎曰:"钜鹿水之大桥。有漕粟也。"

【译文】

贞观十一年八月,马周上疏,主要内容是:贞观初年,天下农业歉收,一斗米值一匹绢,这么贵而老百姓不埋怨的原因,是他们知道您对荒年十分忧虑关怀。

现在连年丰收,一匹绢可买粟十几斛,而老百姓意见很大,是发现陛下不再关心这些,而去干了很多不当紧的事。自古以来,国家兴亡,不在于积蓄多少,而在于老百姓是苦是乐。就拿近事来验证一下吧。

隋朝洛口仓蓄积了很多布帛,而被王世充占有成了起兵的军需。长安的国库蓄积,也为我唐占有,至今还没用完。积蓄之事不能没有,重要的是老百姓都富足,然后国家收储一部分,不能强征暴敛,拿来储存,反而成了帮助敌人的物资。节俭能使百姓安定,贞观之初陛下就是这样做的。

现在还应该那样做,本来也没有什么困难。陛下如果一定考虑使国家长盛不衰,不必远追上古如何做,就像贞观初年那样,天下黎就好多啦!

范祖禹评说:

殷纣王在钜桥储存了那么多粮食,周武王用以赈济百姓,取得百姓拥戴。君王不用德治而专靠聚敛财富,这样老百姓就离散而去,国家就会亡国。唐太宗在位时间久了,想对外扩展用兵四夷炫耀武威,而对内大修宫室好大喜功,聚财积谷,想大干一番以显国威。

马周在他尚未大干而刚刚开始的时刻就先劝谏,提出要像贞观之初那样节俭,可以说是鼓励表彰唐太宗的长处而避免他的缺点失误啦。

【原文】

十二年九月,帝问侍臣:"创业守成孰难?"房玄龄曰:"草昧之初,与群雄并起,角力而后臣之,创业难矣!"魏征曰:"自古帝王,莫不得之于艰难,失之于安逸,守成难矣!"帝曰:"玄龄与吾共取天下,出百死,得一生,故知创业之难。征与吾共安天下,常恐骄奢生于富贵,祸乱生于所忽故,知守成之难。然则创业之难①,既已往矣。守成之难,方当与诸公慎之。"

臣祖禹曰:自古创业而失之者寡,守成而失之者多。周公曰:"相小人,厥父母勤劳稼墙,厥子乃不知稼墙之艰难。"故祸乱未尝不生于安逸也。然非特创业之君守成为难,其后嗣守成尤难也。可不慎哉。

【注释】

①相小人……厥子乃不知稼穑之艰难:语出《尚书·无逸》,相,视也。父母勤劳,子女却不知道种庄稼的艰难辛苦,这样就容易骄逸腐败。

【译文】

贞观十二年九月,太宗问侍臣们,打天下守天下哪个难? 房玄龄回答说:

"刚刚起兵之时,和各地起兵的人一块争天下,经过一场厮杀而后才夺得政权,实在不易,所以说打天下难。"

魏征说:

"自古以来帝王得天下没有不经过一番艰难困苦的,但失掉天下也都是由于君王及其子弟骄奢淫逸,看来还是守天下难啊?"

太宗说:

"房玄龄与我一起打天下,身经百战,九死一生,所以他知道打天下难;魏征和我一起治理天下,常常怕富贵了就会骄奢淫逸,祸乱就是从人们不注意的小地方发生,因此他知道守天下的困难。但是,打天下的艰难已经过去了。知道守天下的难处,好和大家一块小心谨慎才是。"

范祖禹评说:

自古以来亲自打天下而又亲自失天下的人不多,守天下而失天下的人多。

周公旦说:

"看看子孙后代吗,他们的父母辛辛苦苦劳动种庄稼,他们的儿子却不懂得种庄稼的艰苦辛劳。"

所以祸乱没有不是从安逸引起的。不是说只有打天下的君王守天下才难,他们的后嗣继承人守天下更难。能不小心谨慎吗?

【原文】

十三年五月,旱。诏五品以上上封事。魏征上疏,以为:陛下志业,比贞观之初,渐不克终者①凡十条。其间一条,以为:"比年以来,轻用民力,乃云,'百姓无事则骄逸,劳役则易使。'自古未有因百姓逸而败劳而安者也。此恐非兴邦之至言。"帝深加奖叹,云:"已列诸屏障,朝夕瞻仰,并录付史官。"仍赐征黄金十斤,厩马二匹。

臣祖禹曰:"有国者不忧百姓之贫,而疑其财之有余,取之不已。不恤百姓之劳,而疑其力之有余,使之不已。此二者亡之道也。人主曷不反诸己,己欲富而恶贫,则富者民之所欲也。己欲逸而恶劳,则逸者民之所欲也。与其所欲去其所恶,而不王者未之有也。以太宗之明而养民不及其初,宜魏征以为渐不克终也。

【注释】

①渐不克终:渐,徐徐,慢慢。克,能够。渐不克终,开始很好,慢慢松懈不能坚持底,善始善终。

【译文】

贞观十三年五月,大旱。太宗诏令五品以上官员上书奏事。

魏征上表,认为陛下治理天下之志,与贞观初年相比,渐渐松懈不能坚持到底,其表现有十条。

其中一条是:认为近年以来,轻易役使民力,还说老百姓没事做就产生骄逸;经常让他们服役劳动就容易管理。自古以来,没有因为百姓安逸而失去天下的,也没有因天天让百姓安逸而丢失天下的。这种说法(百姓无事则骄逸,劳役则役使)恐怕不是振兴天下的良言。

太宗对此非常赞叹褒奖,说我已经把魏征的十条意见写到屏风上,早早晚晚都看看想想,并且抄给了史官让他们载之史册。此外,为了奖励魏征,还赐给他黄金十斤,好马两匹。

范祖禹评说:

有天下的人不忧虑老百姓贫困反而忌恨他们很富足,征敛不停;不忧虑老百姓辛劳,而不愿他们很安逸,征调役使不停,这点,是亡国之道。为人君王的,为什么不想想自己,自己也是想富不愿贫的。那么富足都是老百姓想追求的。自己想安逸而不愿辛劳,那么安逸也都是老百姓想追求的。让他们得到想得到的富足与安逸,去掉他们厌恶的贫穷与辛劳,这样做反而不当王的人,天下是不存在的。

凭太宗之英明而让百姓休养生息,还不如贞观初年那样重视,看来魏征所说的"渐不克终"是十分恰当的。

唐鉴第五卷

太宗三

【原文】

贞观十四年,帝大征天下名儒为儒官,数幸国子监①,使之讲论,增学生满三千二百六十员。自屯营飞骑,亦给博士②,使授以经,有能通经者,听得贡举③。于是四方学者云集京师,乃至高丽、百济、新罗、高昌、吐蕃诸酋长亦遣子弟请入国学,升讲筵者至八千余人。

臣祖禹曰:古之教者,家有塾党有痒④,遂有序⑤,国有学⑥。士修之于家,而后升于乡,升于乡而后升于国,升于国而后达于天子。其数之有素,其养之有渐,故成人有德,小子有造,贤才不可胜用,由此道也。后世乡里之学废,人君能教者不过聚夫下之士而乌合于京师,学者众多,眩耀一时而已非有教养之实也。唐之儒学,惟贞观开元为盛,其人才之所成就者亦可睹矣。孟子曰:"学所以明人伦也。"无学则人伦不明。故有国者以为先,如不复三代之制,臣未知其可也。

【注释】

①国子监:中国封建时代的最高学府。晋武帝咸宁二年(公元276年)始设,与太学并立。南北朝时设国子学,北齐改名国子寺。隋炀帝时改国子寺为国子监。唐以国子监总辖国子、太学、四门等学。

②博士:官名,源于战国。秦官、掌通古今汉初,博士职责是掌管图书。自汉武帝后博士专掌经学传授。唐置国子、四门等博士。

③贡举:古代官吏向君王荐举人员,泛称贡举。其名始于西汉。

④痒:古代学校名。《汉书·儒林传序》:"乡里有教,夏曰校,殷曰痒,周曰序。"

⑤序:古代学校名。

⑥学:学校。《汉书·平帝纪》"郡国曰学,县道邑侯国曰校。"

【译文】

贞观十四年,太宗下诏大征天下名儒为儒官。多次亲自到国子监,听儒官们讲学,并把生员增加到三千二百六十人。在军队中屯营飞骑,必派博士官,让他们讲经。学员中如有能通晓五经者,也把他们推荐给中央。

这样一来,各地学者都聚集到中央。于是高丽、百济、新罗、高昌、吐蕃等国的国王,也派遣他们的子弟到国子监来学经,当时学员济济众达八千余人。

范祖禹评说:

古代的教育,村中有私塾,乡党设有庠,远郊设有序,国有国子监。学生先在村中读书,而后随学问的增长,升到乡庠。其中优秀者,再升到国子学。国子学之优秀者,天子召见。

这样各级学校对学员教之有素,逐步提高修养。所以,士大夫们思想品德都很高,他们的子弟皆有所为,国家的贤才用不完,都是重视教育形成的。后世乡里的学校教育荒废,人君能够亲自教育选拔的,不过是把天下的所谓学员,集中到中央。

表面看起来学员不少,只是表面文章徒有形式炫耀一番罢了,并非脚踏实地地培养人才啊!唐代的儒官,只有贞观、开元年间最好,培养出来的有学问有成就的人才,是很多很可观的。

孟子说过:

"学校教育,主要是讲明人伦关系的。"不学不教人伦关系就不清不明,所以当了皇帝君临天下必须把办学培养人才放在第一位。如果不实行夏商周的学校教育制度,我就不知道行不行了。

【原文】

八月,侯君集灭高昌①。帝欲以高昌为州县,魏征谏曰:"陛下初即位,高昌王文泰夫妇首来朝,其后稍骄倨,故王诛加之。罪止文泰可矣,宜抚其百姓,存其社稷,复立其子,则威德加于遐荒,四夷皆悦服矣。今若利其土地以为州县,则常须千人镇守,数年一易,往来死者十有三四,供办衣资,违离亲戚,十年之后,陇右虚耗②矣。陛下终不得高昌撮粟尺帛以佐中国,所谓散有用以事无用,臣未见其可。"帝不从,九月,以其地为西州③,置安西都护府于交河城④,留兵镇之。于是唐地东极于海,西至焉耆⑤,南尽林邑⑥,北抵大漠,皆为州县,东西九千五百里,南北一万九百一十八里。

臣祖禹曰:魏征之言其利害非不明也,也太宗之智,岂不足以知之。惟其好大而喜远,矜功而徇名,不能以义制心。故忠言有所不从,而欲前世帝王皆莫我若也。

【注释】

①侯君集灭高昌:侯君集:唐初大将,初从李世民作战,太宗继位,历任右卫大将军,兵部尚书等职。贞观十四年(640年)带兵平定高昌。高昌:唐朝时鞠氏政权,国号高昌。地点在今新疆吐鲁番市。

②陇右:古地区名。泛指陇山的西地区。古代以西为右。约当今甘肃六盘山以西,黄河以东一带。

③西州:州名。唐贞观十四年灭鞠氏高昌以后设置。贞观十四年至显庆四年,设安西都护府于此。

④交河城:古城名。在今新疆吐鲁番西北约五公里处雅尔湖村之西,处于两条小河交叉环抱的一个柳叶形小岛上。今故址犹在。

⑤焉耆:西域古国名,地址在今新疆焉耆一带。

⑥林邑:即占城。

·唐鉴·

图文珍藏版

【译文】

贞观十四年八月，侯君集领兵攻打灭了高昌鞠氏政权。太宗想把高昌改为州县。

魏征谏说：

"陛下初即位时，高昌王鞠文泰夫妇最先来朝拜，以后慢慢骄慢无礼，所以陛下发兵消灭了它，这个罪只加给国王鞠文泰就行啦。应当安抚他们的老百姓，保存他们的国家，把他的儿子立为国王继续执政，这样你的威德就在周边各政权百姓中体现出来，各个外族都会心悦诚服。现在要是看上他的土地设立州县直接统辖，而且作为州县必须派千人镇守，几年轮换一次，路途遥远，来来回回于路途辛苦的人得达到十分之三四。这样供应解决衣食费用，远离父母兄弟，十年以后，陕甘一带就会耗费空虚。陛下你最终连高昌一把粮食一尺布帛也得不到，不能用来供给国家使用。这样做就叫作徒劳无益，白费钱财，我魏征认为不可行。"

太宗不听。

九月，下令把高昌故地改为西州，把安西都护府设置在交河城，派兵镇守。这样唐朝的版图东边到海，西边到焉耆，南边到林邑，北边达大漠，都成为州县。

从东到西九千五百里，从南到北一万九百一十八里。

范祖禹评说：

魏征的建议，已把利害关系说得很清楚。凭太宗的聪明才智，他是很明白这个道理的呢？只是因为他好大喜功，夸耀自己的功劳而邀名，不能用道义来约束自己，所以不听魏征的忠言，而想的是前代帝王谁也比不上我。

【原文】

十一月，礼官奏请加高祖父母服齐衰①五月。嫡子②妇服期，嫂、叔、弟妻、夫兄、舅皆服小功③，从之。

臣祖禹曰：人莫不有本，自高祖以上推而至于无穷，苟或知之，何可忘其所从来也。既远矣，则服有时，而绝先王之意岂以服尽而亲绝乎？而后世不达于礼者，或益之，或损之，出于私意，不足以为法也。嫂步之无服，古之人岂于其嫂独无恩乎？传曰："其夫属乎父道者，妻皆母道也。其夫属乎子道者，妻皆妇道也。"至于嫂不可以为母，则无属乎妻道者也。故推而远之，以明人伦，加之而无义不若不加之为愈，凡丧服从先王之礼则正矣。

【注释】

①齐衰：旧时的丧服名。
②嫡子：正妻所生的长子，古代王位继承立嫡立长。
③小功：旧时丧服名，五服的第四等。

【译文】

贞观十四年十一月，礼部官员奏请曾高祖父母死了穿丧服五个月。嫡长子妻按规定期限穿丧服。嫂叔、弟妻、夫兄、舅都按小功穿丧服。太宗同意这个奏请。

范祖禹评说：

人都有血统宗亲。自高祖以上，一直向上推，如果能知道，怎么可以忘掉是怎么传下来的呢？如果很远，那么丧服穿一定时期就不穿啦。先王们的意思，哪里是不穿丧服了而血统就绝了呢？是后人不通晓丧礼，有的增加，有的减少，这些都是个人的主张爱好，不能算作是标准。嫂嫂与弟弟没有穿丧服的规定，古代的人难道对嫂嫂就无思念之情吗？借书上说：丈夫与他们的伯伯叔叔按及亲辈穿丧服，那叔叔伯伯的妻子也得按母亲辈的服礼穿丧服。丈夫的侄儿们应该按儿子辈丧礼服丧服，那么侄儿们的媳妇也得按侄辈的丧礼服丧服。至于嫂嫂死不能按母道服丧服，那不能联属妻道丧礼，这样做是符合古代左昭右穆之礼的。

所以，按这个规定推延，明确人们之间的关系，随便增加穿丧服的时间不合乎义，还不如不增加的好。穿丧服还是按先王的规定制度，那就是最合标准的了。

【原文】

十二月，魏征上疏，以为委大臣以大体，责小臣以小事，为治之道也。今委之以职，则重大臣而轻小臣，至于有事，则信小臣而疑大臣。信其所轻，疑其所重，将以致治，其可得乎？帝纳之。

臣祖禹曰：昔卫献公舍大臣而与小臣谋[1]，故失国出奔。且大臣之所任者大，小臣之所任者小，而以小谋大，以远谋近，此人君偏听之蔽。鲜有不败事者也。

【注释】

[1]卫献公：春秋时卫国的国君，穆公之子，名衎，执政听小人之诡言，最后被逐出国奔齐，失掉君位。

【译文】

贞观十四年十二月。

魏征上奏说：

"应当给大臣以大任务，给小臣以小任务，这是治国之正道。现在给臣子们封官设职，重大臣而轻小臣，但是办事时，又听信小臣而猜疑大臣。相信的是他所不重视不加任的小官，怀疑的是官大职重的大官，这样怎么能把天下管好呢？"太宗采纳了这个意见。

范祖禹评说：

古代卫献公舍弃大臣不用而与小臣谋划，所以丢掉了政权而逃亡到齐国去。况且大臣职高权大任务大，小臣职卑权轻任务小，而用小臣谋大事，用疏远贤臣谋机密大事，这是国君偏听偏信的毛病，这样做，肯定会失败的。

【原文】

帝谓侍臣曰："朕虽平定天下，其守之甚难。"魏征曰："臣闻战胜易，守胜难，陛下之言及此，宗庙社稷之福也！"

臣祖禹曰：《书》曰："后克艰厥后，臣克艰厥臣[1]。"又曰："无轻民事惟难[2]。"孔子曰："为君难[3]夫？知所难而后可以有为也。"传："君以为易则其难也将至矣，君以为难则其易也将至焉。"太宗知守之之难，所以能有终也。

【注释】

①后克艰厥后,臣克艰厥臣:语出《尚书·大禹谟》,其意是君不敢易其为君之道的,臣不敢易其为臣之道。

②无轻民事惟艰:语出《尚书太甲下》艰乃难字之误。意思是不要把百姓之事看得容易,老想看很难很不容易。

③为君难:语出《论语》为君难,为臣不易。

【译文】

太宗对侍臣们说:我虽然夺得了天下,但是守天下却很不容易。

魏征说:

"我听说打天下易,守天下难。陛下的话能说到这件事,这是宗庙社稷的福啊!"

范祖禹评论说:

《尚书》上说:"君不敢易其为君之道,臣不敢易其为臣之道。"

又说:"不要把老百姓的事看很得容易,这就很不易。"

孔子也说过为君难为臣不易的话。要是先懂得难,而后才能有所作为。

传书上说,如果君王把事情看得太简单,那困难就会出现;如果把事情看得困难些,反而会克服困难。唐太宗懂得守天下之难,所以他能有好结果。

【原文】

言事者多请帝亲览表奏,以防蔽。帝以问魏征。对曰:"斯人不知大礼,必使陛下一一亲之,岂唯朝堂①、州县之事亦当亲之矣。"

臣祖禹曰:人主之职在于任贤,得贤则万事治,何忧乎瓮蔽而防之哉。苟知其非贤而姑用之,既用而复疑之,以一人之聪明而欲周天下之务;则君愈劳而臣愈惰,此治功所以不成也。且君臣日与相处,而眄眄然防其欺蔽之不暇,则是左右前后皆不可信也,然则谁与为治乎。

【注释】

①朝堂:古代称朝廷亦曰朝堂。

【译文】

上朝的许多大臣建议太宗亲自审阅报告奏章,以防止不了解下情。

太宗问魏征的看法。魏征回答说:

"这些人不懂得抓大事,一定要请陛下大事小事都要亲自过问处理。哪里有既管天下朝廷大事,又连州县小事也应亲自过问处理的道理。"

范祖禹评说:

君王的职责在于任用贤才,得到贤才则啥事都能管好,还愁什么不了解下情而提心吊胆的呢?不知道他好不好,而姑且先任用他,既用了他而又怀疑他,以一个人的聪明才智?而想把天下所有事都办好,那么君王越管的多,而大臣们就越懒惰,这就是管不好的原因。况且君臣天天在一起,而你看我我看你互不信任,怕受骗上当,那么左右前后之人谁还可信呢? 那么,谁还替你去治天下呢?

【原文】

十五年,帝遣职方郎中陈大德使高丽[1],八月自高丽还。大德初入其境,欲知其山川风俗,所至城邑,以绫绮遗其守者,曰:"吾雅好山川,此有胜处,吾欲观之。"守者喜,导之游历,无所不至,往往见中国人,自云:"家在某郡,隋末从军,没于高丽,高丽妻以游女,与高丽错居,殆相半也。"因问亲戚存没,大德给之曰:"皆无恙。"咸涕泣相告。数日后,隋人望之而哭者,遍于郊野。大德言于帝曰:"其国闻高昌亡,大惧,馆候之勤,加于常数。"帝曰:"高丽本四郡地耳,吾发卒数万攻辽东,彼必倾国救之,别遣舟师出东莱,自海道趋平坏,水陆合势,取之不难。但山东州县凋瘵未复,不欲劳之耳!"

臣祖禹曰:大德出使绝域,当布宣德泽,以怀远人,使声教所及,无思不服,此其职也。而以赂遣觇其险阻,诡诈诱其民人,以为奇能。藉口归报,启人主征伐之志,罪之大者也。且天子之使,四夷之所想望,而为谍于外国,失使之职,岂不辱乎?

【注释】

①东莱:郡名(今属山东莱州市)。隋大业及唐太宗、至德年间改莱州为东莱郡。古代山东的出海口。

【译文】

贞观十五年,太宗派遣职方郎中陈大德出使高丽。八月陈从高丽回来。陈大德刚到高丽境内时,想了解高丽的山川风情,他所到之处,都送给当地地方官绫罗绸缎并对他们讲:

"我非常喜欢山川风景,如果你们这里有好风景,我很想看看。"

地方官很高兴,引导他游览,无所不至。游历时常常见到中国人,自己说家是什么地方,是隋朝末年从军征伐高丽时留下来的,找了高丽妻子,和当地人杂处,差不多有半数。他们向陈大德探问中国家中亲戚存亡情况,大德欺骗他们说:"都好着哩。"

大家都哭哭啼啼互相转告。几天以后,隋朝时去了高丽的中国人见面就哭遍于郊野。

陈大德对太宗汇报说:

"高丽人听说高昌被攻灭,都很恐惧。对我们的招待,比平时好得多。"

太宗说:

"高丽这地方,本来是四郡之地,我们要是派几万兵攻辽东,他们一定调全国之兵去相救,我们可另外派一支海军从山东东莱海上去攻平壤,水陆夹击,攻下高丽不难。只是山东各州县兵荒马乱造成的灾害还没恢复,我不想去烦劳他们增加他们的负担。"

范祖禹评说:

陈大德出使高丽,应当宣传唐朝的恩德好处,以招徕他们,使唐朝教化所达到的地方郡心悦诚服,这才是他的职责。他却用贿赂的办法,侦察人家的地势险阻,采取欺骗手段引诱高丽老百姓,以为这才是他的本领,以此为资本回国向皇帝汇报,鼓动太宗生伐高丽之心,陈大德的罪行不小啊!况且是天子派出的使者,四夷都非常盼望欢迎,而他以使臣身份出现,暗中却搞间谍活动,实在是失去了使臣的职责,这不是很丢人很耻辱的吗?

【原文】

帝谓侍臣曰:"朕有二喜一惧。比年丰稔,长安斗粟直三四钱,一喜也;北虏久服,边鄙无虞二喜也。治安则骄侈易生,骄侈则危亡立至,此一惧也。"

臣祖禹曰:太宗乐而不忘忧,喜而不忘惧,可谓能持盈守,成矣。夫惟忧于未然,惧于无形,故卒乎无忧惧也。

【译文】

太宗对侍臣们说:

"我有二喜一怕。连年丰收,长安一斗粟才值三四文钱,这是一喜;北边的外族(突厥)归顺已久,边境没有需要担心的事,这是二喜。然而天下太平则骄奢淫逸会出现。一旦骄奢淫逸出现,那危亡也就快来了,这是我所害怕的。"

范祖禹评说:

唐太宗乐不忘忧,喜不忘惧,可以说是能够处太平而治天下。只有在未发生危难时忧虑在先,在未出现危亡时就先想到恐惧,所以他终究没有忧惧,因为他知道如何防患于未然。

【原文】

帝尝临朝谓侍臣曰:"朕为天子,常兼将相之事。"给事中张行成退而上书[1],以为:"禹不矜伐而天下莫与之争。陛下拨乱反正,群臣诚不足望清光;然不必临朝言之。以万秉之尊,乃与群臣校功争能,臣窃为陛下不取。"帝甚善之。

臣祖禹曰:人主不患有过,患不能改过也。太宗一言之失,而其臣已救正之。惟能亲贤以自辅,听谏以自防所以为美也。虽过庸何伤乎?

【注释】

[1]张行成:字德立,定州义丰人。唐太宗自举他为宫殿中侍御史转刑部侍郎、太子少詹事,给事中等官。

【译文】

太宗曾上朝对侍臣们说:

"我当天子,经常兼做将相该做的事。"

给事中张行成退朝后给太宗写了一份报告,认为:"禹从不夸大自己的功劳,而天下没有人能和他争功。陛下拨乱反正,大臣们实在不能与您相比。但是你不需要在朝堂上讲。凭一个天子去和大臣们争论贡献高低,我实在不赞成你这样做。"

太宗认为他说得很好。

范祖禹评说:

为天下之君王不怕有过错,怕的是不能改过。唐太宗一句话说得不恰当,而他的臣下就谏诤纠正。只有亲近贤人让他们匡辅佐自己,听听大臣的谏诤以警惕自己,所以才能算好。虽然有过错,又有什么可怕的呢!

【原文】

十六年四月,帝谓谏议大夫褚遂良曰:"卿犹知起居注所书,可得观乎?"对曰:"史官书人君言动,备记善恶,庶几人君不敢为非,未闻自取而观之也!"帝曰:"朕有不善,卿亦记之邪?"对曰"臣职当载笔,不敢不记。"黄门侍郎刘洎①曰:"借使遂良不记,天下亦皆记之。"帝曰:"诚然。"

臣祖禹曰:人君言行被于天下,炳若日月,众皆睹之。其得失何可私也?欲其可传于后世,莫若自修而已矣,何畏乎史官之记而必自观之邪。刘洎以为天下亦皆记之,斯言足以儆其君心,而全其臣职矣。

【注释】

①刘洎:唐江陵人,字思道,贞观中为尚书右丞,累加银青光禄大夫。

【译文】

贞观十六年四月,太宗对谏议大夫褚遂良说:"你知道起居注所记,可以看吗?"褚回答说:"史官所记人君的言行,都是记载他行的好事和坏事,这是希望人君不干坏事,没听说过君王自己记看载自己事的起居注的。"

太宗说:

"我有不好的地方,你也记下来吗?"回答说:

"这是我的职责应当记载,不敢不写。"

黄门侍郎刘洎说:

"假使褚遂良不记,天下人也都明白。"

太宗说:

"确实是这样。"

范祖禹评说:

人君做好事天下人受益,光明如日月,大家都能看见,其中对与不对怎么能隐瞒呢?要想流传后世,最好加强自修,又怎么怕史官记载,而一定要自己看呢?刘洎以为天下人也都知道,这话也很可以警诫君王之心,而尽到他臣子的职责啦!

【原文】

八月,帝曰:"当今国家何事最急?"褚遂良曰:"今四方无虞,唯太子、诸王宜有定分最急。"帝曰:"此言是也。"时太子承乾失德,魏王泰①有宠,群臣日有疑议。帝闻而恶之,谓侍臣曰:"方今群臣,忠直无逾魏征,我遣傅太子,绝天下之疑。"九月以征为太子太师。时征有疾小愈,诣朝堂表辞,帝手诏谕以:"周幽晋献废嫡立庶②,危国亡家,汉高祖几废太子③,赖四皓然后安④,我今赖公,即其义也。知公疾病,可卧护之。"征乃受诏。

臣祖禹曰:魏征之于太宗,知无有不言,言无有不尽也。当是时,太子魏王方争,群臣有党,征不知之是不明也,知而不言是隐情也。且君使之为太子师,倚其正直以重太子也。外不闻告其君以嫡应之别,内不闻训太子以祸败之戒,受君之托而无所补救,处父子兄弟疑危之际依违而已。岂其疾而耄⑤

61

乎？卒之身没，而见疑谗人得以闻之，惜哉！

【注释】

①魏王泰：太宗第四子，字惠褒。时太子承乾病，泰以计倾之，两人结怨。帝喜泰，阴欲立之，大臣谏遂止。后降为东莱王。

②周幽、晋献废嫡立庶：西周幽王，昏庸残酷压迫百姓。因宠爱褒姒，废太子宜血，又废太子申母后，后申侯联合犬戎等攻周，被杀于骊山下。晋献公废太子而引起内讧，公子重耳出逃，后归国执政，是为晋文公。

③汉高祖几废太子：汉朝初年刘邦认为太子不能继承位，欲立赵王如意为太子，后在张良的谋划下，转危为安。

④皓：东园公、角里先生、倚里季、夏黄公隐于商山，汉初刘邦欲废太子，吕后让太子请四皓为傅，遂不废。

⑤耄：七十、八十、九十岁曰耄，泛指老年人。

【译文】

贞观十六年八月。

太宗问大臣：

"现在国家哪一件事最重要需要先做？"褚遂良回答说：

"现在天下太平，只有太子诸王明确规定他们的职责最急。"

太宗说：

"这话说对了。"当时太子李承乾失德，魏王李承泰有宠，大臣们天天忧虑议论，太宗听到后很反感。对大臣们说："当今大臣忠心直谏的人，没有一个能赶过魏征，我把太子交给他教导，以他为师，杜绝天下人们的议论。"

九月，派魏征为太子太师。当时魏征有点病，稍稍好转，就上表推辞。

太宗亲自批示讲明：

"周幽王、晋献公废掉长子，确立庶子继承王位，最后国破家亡；汉高祖刘邦差点废掉太子，全赖东园公、角里先生、倚里季、夏黄公四位老先生辅佐而后才没有被废掉。我现在依赖你，就是这个意思。我知道你有病，可以好好休养护理。"

魏征才接受了给太子当老师这职务。

范祖禹评论说：

魏征对于唐太宗，可以说做到了知无不言，言无不尽。他们君臣之间的关系，别人是没有办法离间的。就在那个时候，太子与魏王争权，群臣各树私党，魏征不知这事，这不算是英明；知道而不讲，是隐瞒事实。况且太宗让他当太子的老师，是借重他的正直以稳固太子的地位。对外，未听他向皇帝讲嫡庶之别，对内，未听提醒太子接受祸败的教训。接受君王的委托，而没有尽到责任，处于父子兄弟互相疑危关系紧张的时候，应付差事这哪里是因为有病和老呢？结果一直到死还让人家怀疑，挑拨离间的人钻了空子，可惜啊！

【原文】

初，高昌既平，岁发兵千余人戍其地。褚遂良上疏曰："陛下兴兵取高昌，数郡萧然，累年不复；岁调千余人屯戍，远去乡里，破产办装。又谪徙罪人，皆无赖子弟，适足骚扰边鄙,岂能有益行陈?所遣多复逃亡,徒烦追捕。加以道途所经,沙碛千里,冬风如割,夏风如焚,行人往来,遇之多死。设使张掖、酒泉有烽燧之警①,陛下岂得高昌一夫斗粟之用,终当发陇右诸州兵食以赴之耳。然则河西者②,中国之腹心;高昌者,他人之手足;奈何糜敝本根以事无用之土乎!且陛下得突厥、吐谷浑③皆不有其地,为之立君长以抚之,高昌独不得与为比乎!叛而执之,服而封之,刑莫威焉、德莫厚焉。愿更择高昌子弟可立者,使君其国,子子孙孙负荷大恩,永为唐臣,内安外宁,不亦善乎!"帝弗听。及西突厥入寇,帝悔之曰:"魏征、褚遂良劝我复立高昌,吾不用其言,今方自咎耳。"

　　臣祖禹曰:有国者丧师之祸小,而或以霸,秦穆公④越王勾践是也⑤;得地之祸大,而或以亡,楚灵王、齐湣王是也⑥。是故广地不若广德,强兵不若强民。先王患德之不足而不患地盘不广,患民之不安而不患兵之不强。封域之外声教所不及者,不以烦中国也。太宗不从忠谏,卒自咎悔,况不若太宗之强盛而可为乎。

【注释】

　　①张掖,酒泉:郡名,今甘肃张掖市、酒泉。以上两郡均在汉武帝时设置,是河西要郡。

　　②吐谷浑:古族名,鲜卑慕容部的一支。

　　③秦穆公:春秋时秦国君,公元前659—前621年在位,泰国大治,为春秋五霸之一。

　　④越王勾践:春秋末年越国国君。公元前497—前465年在位。曾被吴打败屈服求和,入臣于吴。回国后,卧薪尝胆,任用范蠡文种等人整顿国政,经过十年转弱为强,灭吴。后成为霸主。

　　⑤楚灵王:楚共王子康王之弟名围,春秋时楚国的诸侯。

　　⑥齐湣王:齐宣王子,名地。在位时欲并周室为天子,诸侯恐,合谋伐齐,出亡国外,后被杀。

【译文】

　　当初,攻克高昌以后,每年调发一千多兵去驻守其地。

　　褚遂良上疏说:

　　"陛下发兵取高昌,好多郡都冷落萧条,几年都不能恢复。现在每年都调兵千余人去屯戍,背井离乡,耗费资财去购买戎装,又调遣罪犯去开垦,而这些多是无赖子弟。这样做正好扰乱边邻,增加混乱。这怎么能对调年戍屯有好处呢?而所谓遣征发的士兵许多半路逃亡,还得派人去追捕,增加麻烦。又加上道路所经,沙碛千里,冬天的风吹人如刀割,夏天的风像火烧,来往行旅过客,遇上多数死亡。即使张掖酒泉传来高昌的军事警报,陛下难道能够获得高昌一个人一斗粟的帮助吗?最后还得调发陇右各州郡的兵马和给养去救援。再说,河西走廊是中国的心腹地,而高昌是别人的手足。为什么耗费自己的资财,用于戍守无用的地方啊?何况,陛下打败突厥、吐谷浑,都没有把他们的地方据为己有,给他们设立君长用以统辖其地,唯独高昌就不能这么办吗?叛乱了就征服他,降服后就委之以官,这样对于国家有利,对于他们有德,希望挑选高昌国王的后代子孙可立者,让他统领其国,子子孙孙,接受君王的大恩大德,永远做唐朝的臣民,内外安宁,不是很好吗?"

　　太宗不听。

等到西吐突厥入侵,太宗后悔地说:

"魏征、褚遂良劝我复立高昌,我没有听他们的话,现正在检讨哩!"

范祖禹评说:

拥有天下的人,损失军队的祸小,而有的可能称霸。秦穆公,越王勾践就是这一类;得人之地祸大,而有可能亡国,楚灵王、齐潜王属于这类人。

所以,拓广地盘不如广施恩德,加强军队不如让人民富足。先王忧虑的是德行不足,而不忧患地盘不广,忧虑的是老百姓不安定,不忧患军队不强大。国家直接管辖的疆土之外,教化达不到的地方,不能给中国增加负担。

唐太宗不听忠谏之言,最终内疚后悔,何况赶不上太宗的强大的人而能去做吗?

【原文】

帝尝指殿下树爱之,殿中监宇文士及从而誉之不已,帝正色曰:"魏征尝劝我远佞人,我不知佞人为谁,意疑是汝,今果不谬!"士及叩头谢。

臣祖禹曰:大禹曰:"何畏乎巧言令色孔壬。"孔子曰:"佞人殆①。"佞人者止于谀悦顺从而已,近之必至于殆,何也?彼佞人者不知义之所在,而惟利之从故也。利在君父则从君父,利在权臣则附权臣,利在敌国则交敌国,利在戎狄则亲戎狄,利之所在则从之,利之所去则违之,于君父何有哉!忠臣则不然,从义而不从道而不从父,便君不陷于非义,父不入于非道;故虽有所不从其命,将以处君父于安也。君有不义不从也。而况于权臣乎;父有不义不从也,而况于他人乎。古之佞者其始莫不巧言令色,未必有悖逆之心,及其患失则无所不至,终于杀君亡国者,皆始之谀悦,顺从者也。是故尧舜畏之,以比谀兜有苗。而孔子以为殆人君,可不远之乎。

【注释】

①殆:危险。

【译文】

太宗曾指着殿下一棵树赞叹不一,殿中监宇文士及随声附和称赞树好。

太宗严肃地说:

"魏征曾劝我远离小人,我不知道小人是谁,心中怀疑是你。现在看来果然不错。"

宇文士及叩头谢罪。

范祖禹评说:

大禹说:"可怕啊巧言会色的大佞人!"孔子也说:"佞人危险。"佞人只会阿谀奉承随声附和,接近他就会产生祸害。这是为什么?那些谄谄献媚之徒不知道办事仁义着眼,而从自己私利着眼。利在君父从君父,利在大臣从大臣,利在敌国,就从敌国,利在戎狄,就亲戎狄,利在哪里就服从那里;利没有了他就背离而去,这种人对于君父有什么用呢?忠臣就不是这样,办事仁义而不唯君之命是从;遵从道而不从父亲,他能让君王不陷入非义的行列,使父亲不陷入非道之境地。所以,虽然有时不听君王父亲之命,那是为了使君父平安无事。君王做的不合乎义,就不执行不随从,何况对于大臣呢?父亲有不合道义之举,不随声附和,而何况是别人呢?

凡是佞臣，开始没有不是巧言令色的，但是未必有意专门违逆君王。等到他害怕失去自己地位自己利益时，那他啥事都能干出来。最后杀君亡国的，都是开始谄谀献媚而非常驯服的人。所以虞舜害怕这种人，用来比做驩兜有苗。孔子认为这种人危险，为人之君可以不离他远远的吗？

【原文】

十七年二月，帝问褚遂良曰："舜造漆器，谏者十余人。此何足谏？"对曰："奢侈者，危亡之本；漆器不已，将以金玉为之。忠臣爱君，必防其渐，若祸乱已成，无所复谏矣。"帝曰："然。朕有过，卿亦当谏其渐。朕见前世帝王拒谏者，多云：'业已为之'或云'业已许之'终不为改。如此，欲无危亡，得乎！"

臣祖禹曰：所贵乎贤者，为其能止乱于未然，闲邪于未形也。若其已然，则众人之所能知也，何赖于贤乎？危亡之言，惟明主能信，而暗主忽焉，是以自古无事之时，常患乎谏之难入也。今有康强而无疾，或告之以多言之损气，多食之致死；彼爱其身者，闻之必惕焉，兢兢而不忘，则疾疢何自而生矣。彼恃其强者，闻之不惟不信，而又艴然，是人也，不病则已病则忽马而死，虽欲救之无及矣。从谏之与拒谏者，何以异于是？故圣主能从谏于未然，贤主能改过于已然，谏而不听者斯为下矣。忠臣之事上君也，亦谏其未然；事中君也，多谏其已然；事暗君也，救其横流。故有以谏杀身者矣。唐虞之时，君圣聚于朝，无过举矣，忧其所当忧，戒其所当戒而已。故常有儆惧之言，其虑患豫也。至于后世令王，其贤臣多谏其已然，而防其未然。太宗求谏于群臣，其有意于防未然者乎？

【译文】

贞观十二年七月，太宗问褚良：

"舜造一种漆器，提意见的就有十多人，这有什么可谏诤的？"

褚遂良回答说：

"人君奢侈是国家危亡的主要原因。漆器不停止造，随之便是以金玉为器。忠贞之臣爱其君，必然预防他慢慢奢侈，若是祸乱已经出现，那就谏诤也已经晚了。"

太宗说：

"要是我有过错，你也应当在开始时就谏诤。我看到前世帝王不听谏诤的人，多数都说，我已经这么做啦，或者说我已经答应他们这样办啦，终究是谏而不听不改。像这样，要想不危险不亡国，是不可能的？"

范祖禹评说：

贤者之所以可贵，主要是因为他防患于未然，约束限制坏事于未出现之前。若是已经发生了，那么大家都可以知道，还依靠贤人干什么？指出国家危亡的话，只有英明之主才能听得进去，而昏君就不重视。正因如此，自古以来天下平安无事的时候,经常忧虑听不进谏诤之言。

现在有的人健康强壮没有病,有人告诉他说你要是话多会伤元气,贪吃会导致死亡。那些爱护自己身体的人听见后,一定警醒谨慎地不忘记,那么疾病就不会生。那些自恃身体康强的人,听了后不但不信,而且还不高兴。这种人,不病则已,要是一病很快就会死,即使想救也来不及了。接受谏诤和拒绝纳谏的人,与这相比有什么不一样?所以,英明之主能在事物未发生时接受谏诤,贤能之主能在犯了过错以后而纳谏改正。谏诤而听不进去,是最差的了。

忠贞之臣为好皇帝办事,也在事物未发生时进言;给一般君王办事,多在事物发生后进谏。遇上昏君,在事物发展到不可收拾时进谏,所以就有因为进谏而遭杀身之祸的。

尧舜的时候,若干有识之士都集中在朝中,就很少把事情弄糟,忧虑所当忧虑的,戒止所当戒止的。

所以,经常能听到警诫的谏言,是把忧患想到前头了。至于后世君主,他的贤能之臣多数是在事情发生后进谏,以预后来事情之发生,唐太宗向君臣求谏,他是想防患于未然的吗?

【原文】

帝曰:"人主惟有一心,而攻之者甚众。或以勇力,或以辩口,或以谄谀,或以奸诈,或以嗜欲,辐辏攻之,各求自售,以取宠禄①。人主少懈,而受其一,则危亡随之,此其所以难也。"

臣祖禹曰:人主不可以有偏好,偏好者,奸邪之所趋而谗贼之所入也。书曰:"惟精惟一,允执厥中②。"夫如是,则众莫得而攻之矣。

【注释】

①辐辏:车轮中凑集于中心毂上的直木。比喻人或物集聚一处。
②允执厥中:语出《尚书·大禹谟》:"人心惟危,道心惟微,惟精惟一,允执厥中。"意为人心要正,道心精妙,要精要一执中办事,则人无所攻。

【译文】

太宗皇帝说:

"人主只有一个心,而进攻它的有很多。有的用勇力,有的用巧辩,有的进谗言,有的用奸诈,有的投其所好满足你的嗜欲,从四面八方向你进攻,各自表现自己来求你的宠爱和俸禄。为人之主如果稍稍放松自己而接受其所攻,那失败灭亡也就随之而来。这就是人主比较难的地方。"

范祖禹评说:

作为君主不可以有偏好,有了偏好,奸邪之人就来包围你接近你,谄媚谗言就会得逞。

《尚书》中说:"人心要正,道心精妙,要精要一,公允执其中。"如果能这样,那谁也没有办法近犯你攻倒你。

【原文】

太常丞^①邓素使高丽还,请于怀远镇,增戍兵以逼高丽。帝曰:"远人不服,则修文德以来之,未闻一二百戍兵,能威绝域者也。"

臣祖禹曰:"太宗以增戍兵不若修文德,其言岂不美哉。然非能行之,直以辩折其目下而已。其始不欲增戍而卒亲征之,不为其小而为其大,岂大者足以胜德乎。书曰:"非知之艰,行之惟艰。"太宗之谓矣。

【注释】

①太常丞:宫廷主管内部事务的官员。也是朝廷各主管官员的佐贰官。

【译文】

太常丞邓素出使高丽回来后,请求在镇远镇增加军队以威慑高丽。

太宗说:

"如果偏僻荒远处的人不归服,那就应该修德感化他们使他们归服,没有听说增加一二百戍兵,就能把偏远之国的人威慑住的。"

范祖禹评说:

太宗认为增加戍兵不如修文德,这话说得很好啊!但是这是做不到的,只是用来对臣下说说而已。他开始不想增兵,但后来却亲自率兵征伐高丽。不去干增戍的小事,而干了帅兵征高丽这种大事,难道亲征高丽比修文德还好吗?

《尚书》上说:"不是知道难,真正做起来更难。"说的就是太宗啦。

资政秘典

·唐鉴·

图文珍藏版

唐鉴第六卷

太宗四

【原文】

初,帝谓监修国史房玄龄曰:"前世史官所记,皆不令人主见之,何也?"对曰:"史官不虚美,不隐恶,若人主见之,必怒,故不敢献也。"帝曰:"朕之为心,异于前世。帝王欲自观国史,知前日之恶,为后来之戒,公可撰次以闻。"谏议大夫朱子奢上疏谏,帝不从。玄龄乃与给事中许敬宗等①,删定为《高祖今上实录》,书成,上之。帝见书杀建成元吉事,多微隐,谓玄龄曰:"昔周公诛管、蔡以安周,季友鸩叔牙以存鲁②,朕之所为,亦类是耳,史官何讳!"命削去浮词,直书其事。

臣祖禹曰:古者官守其职,史书善恶,君相不与焉。故齐太史兄弟三人死于崔杼③而卒不没其罪,此奸臣贼子所以惧也。后世人君得以观史,而宰相监修,欲其直笔不亦难乎,司马迁有言曰:"文史星历近乎卜祝之间"盖止于执简记事直书其实而已,非如春秋有褒贬赏罚之文也④。后之为史者,务褒贬而忘事实,失其职矣。人君任臣以职,而宰相不与史事,则善恶应乎其可信也。

【注释】

①许敬宗:唐太宗时给事中。
②朱子奢:唐太宗时谏议大夫。
③崔杼:《史记·齐世家》载:崔杼杀齐君庄公,太史简书曰:"崔杼弑庄公。"崔杼杀之;其弟复书,崔杼乃舍之。
④春秋有褒贬赏罚之文:《春秋》孔子所写鲁国历史,对人事多所褒贬以别善恶,以儆后世乱臣贼子。

【译文】

唐太宗四

开始,太宗对监修国史官房玄龄说:"前代史官所记,都不让君主看,这是因为什么?"

房玄龄回答说:

"史官所记不夸大好事,也不隐晦错误,实事求是有啥写啥。如果皇帝看了一定会生气,所以不能让君主看。"

太宗说:

"我的想法,与前代君王不同。想亲眼看看国史所记,了解过去我做得不对的地方,作为未来行事的借鉴,请你整理一些让我看看。"

谏议大夫朱子奢上疏谏议,太宗不听。房玄龄于是和给事中许敬宗等人,把《高祖今上实录》删改了一下,写好后呈给太宗。太宗看到杀太子建成、弟弟元吉这件事写得含含糊糊,并为太宗遮掩祖护。

对房玄龄说:

"过去周公杀管叔、蔡叔以安国家的天下,季友毒死叔牙来救存鲁国。我所干的也是和他们一样,史官们为什么忌讳?"

下令删去遮掩不实的话,有啥写啥,把事情原原本本写上。

范祖禹评说:

古代官司其职。史书上记善恶的,君相不得参与。所以齐太史简三人被崔杼杀死,而终竟不能不记崔杼杀齐庄公之罪,这就是奸臣贼子所害怕的地方。后代的君王能够亲自看史官所记,而宰相、修史官想直书其史实事求是不就太困难了吗?

司马迁说过:"文史历法,这些事近乎卜祝之间。"只能是拿着简册记事,有啥写啥直书其事而已。这不像《春秋》一书那样可以评论人事,有褒有贬。

后代人写史,专门从事评论史事,褒贬人物是非,这就是失职不务正业。人君对臣子任职交代任务,而宰相不参与其事,那么史官所记善恶差不多可以相信是实事求是的。

【原文】

十八年正月,帝欲伐高丽。褚遂良谏,李世勣追咎魏征谏讨薛延陀①。帝欲自征高丽,遂良上疏,以为天下譬犹一身:两京心腹也,州县四肢也,四夷身外之物也。高丽罪大,诚当致讨,但命猛将将四五万众,仗陛下威灵,取之如反掌耳。今太子新立,年尚幼稚,自余藩屏,陛下所知,一理弃金汤之全,逾辽海之险,以天下之君,轻行远举皆遇目之所甚忧也②。帝不听。

臣祖禹曰:高丽臣属于唐,而其主为贼臣所杀,为大国者不可不讨,然高丽之大未如突厥,其险远不过于高昌、吐谷浑,此三国者皆命将帅以偏师取之,遂墟其国。何独至于高丽而欲自征之乎,太宗若从遂良之言,虽伐而不克亦未失也。

【注释】

①薛延陀:中国古代的部落,属铁勒,由薛、延两部组成。唐贞观三年受封,建牙郁督军山,四年助唐灭突厥。
②金汤:金城汤池的省略语,守卫坚固的城池。

【译文】

贞观十八年正月,太宗想征伐高丽。褚遂良劝谏,李世勣追咎魏征谏净讨伐薛延陀的事。

太宗想亲自征讨高丽,褚遂良上疏,认为:

"天下好比一个人的身体,两京是心腹,州县是四肢,周边四夷是身外之物。高丽有罪,确实应该讨伐,派猛将领四五万兵,仰仗陛下的神威,战胜攻取易如反掌。现在太子刚立,年龄还小,其他屏藩,陛下知道,一旦放弃固守的城池,跨过辽海之险去讨伐高丽,作为一国之君,随便亲自出征远行,这是我们这些不明之臣的忧虑。"

太宗不听。

范祖禹评说:

高丽臣属于唐,而他的国王被贼臣杀掉,作为一个大国不可以不去讨伐,以伸张正义。但是高丽的强大不像突厥,其险远也比不上高昌、吐谷浑。这三个国家,都是派将帅兵去征讨就把他们征服了。为什么唯独高丽一定皇帝陛下亲自去征讨呢?太宗若是听信褚遂良的谏言,即使是征伐不能获胜,也没有多大损失!

【原文】

八月帝谓司徒无忌等曰:"人苦不自知其过卿可为朕明言之。"对曰:"陛下武功文德,臣等顺之不暇,又何过乎可言?"帝曰:"朕问公以已过,公等乃曲相谀悦。朕欲而举公等得失以相戒而改之,何如?"皆拜谢。帝曰:长孙无忌善避嫌疑,应物敏速,决断事理,而总兵攻战非其所长。高士廉涉猎古今①,心术明达,临难不改节,当官无朋党。所乏者,骨鲠规谏耳②,唐俭言辞辨捷③,善和解人事。朕三十年,遂无言及于献替。杨师道性行纯和④,自无愆失,而情实怯懦,缓急不可得力。岑文本性质敦厚⑤文,章华赡,而持论常据经远,自常不负于物。刘洎性最坚贞,有利益,然其意尚然诺,私于朋友。马周见事敏速,其性贞正,论量人物,直道而言朕,比任使,多能称意。褚遂良学问稍长,性亦坚正,每写忠诚,亲附于朕。譬如飞鸟依人,人自怜之。

臣祖禹曰:君臣以道相与,以义相正者也。故先王以群臣为友,有朋友之义,非徒以上下之分相使而已。太宗欲闻过于无忌,而无忌纳谄以悦之,君好直而臣不忠。其罪大矣。而太守论群臣之得失,其言皆中于理哉?褚遂良直道事君,犯颜谏争,盖忠无隐,王魏之比也,而譬之飞鸟依人,轻侮其臣,不恭孰甚焉?

【注释】

①高士廉:字显,敏捷有度量,观书一见成诵。武德中为右庶子,益州大都督府长史,后为吏部尚书,封许国公。

②骨鲠:比喻刚直,刚劲。

③唐俭:唐晋阳人,字茂系。爽迈少绳检。然事亲以孝闻。少与太宗游,见隋政乱,因说以建大计,后佐太宗定天下,为天策府长史,封莒国公。

④杨师道:字景献,尚桂阳公主,封吏部侍郎,改太常,封安德郡公。

⑤岑文本:字景仁,邓州棘阳人。性沉敏,善文辞,贞观初,封秘书郎,兼中书省。随太宗伐高丽死于幽州。

【译文】

贞观十八年八月,太宗对司徒长孙无忌等大臣说:

"人最怕的是自己不知道自己的过失,你们可以给我明讲。"

他们回答说:

"陛下武功文德,我们顺之还来不及,又有什么错误可说的。"

太宗说:

"我问你们我有什么错,你们却不说真话讨我的喜欢,而我却要当面讲讲你们的不对,用以互相警惕自己怎么样?"大臣们都拜谢。

太宗说:

"长孙无忌善避嫌疑,遇到事情反应极快,能够决断处理,但是统帅军队打仗,却不是他的长处;高士廉涉猎古今,读书很多,心明眼亮,思维聪敏,遇到大事不变节,在朝廷也不结党营私,但是不足的地方是不善直言极谏;唐俭言辞敏捷,很会协调人们之间的矛盾冲突,跟我三十年,却从来未对我说过劝善改过的话;杨师道性行纯和,自己从不犯错误,却小心翼翼胆小怕事,不管事缓事急他都提不出办法和主意,难以用力;岑文本性情敦厚,文章写得很好,而议论问题时却引经据典,不联系实际,不能自己认真负责处理事物;刘洎性格坚贞,遇到利益,喜欢表态,但是却偏袒朋友;马周看问题敏捷深刻,他的性格品行善良端正,品评人物,有啥说啥,我给他交办的事情,多数能办好称心如意;褚遂良学问丰富,性情也刚强正派,每次表达自己的忠诚,都是顺从朕意,围着我转,好象飞鸟依人,让人看了怪可怜的。"

范祖禹评说:

君臣之间是以道相互支持,以义互相纠正。所以先王都是把群臣当朋友,以朋友的友情交往,不是上下等级森严,只是使唤,俯首听命。

太宗皇帝想从长孙无忌那里听到自己的过失,而无忌却谄媚讨好,太宗很直爽而无忌却不忠,他的罪过就大了。

太宗评论其他大臣们的长短得失,说的话都是切中要害,言之有理。褚遂良以直道对太宗,敢于犯颜直谏,忠心耿耿,没有任何私心任何保留,是王珪、魏征一类人物,而太宗却把他比做飞鸟依人,这是对遂良的轻侮怠慢,不尊重人还有比这伤人的吗?

【原文】

十九年,帝亲伐高丽。六月,车贺至安市城,进兵攻之。高丽北部耨萨延寿真帅高丽、靺鞨兵十五万救安市①帝谓侍臣曰:"今为延寿,策有三:引兵直前,连安市城为垒,据高山之险,食城中之粟,纵靺鞨掠吾牛马,攻之为可猝下,欲归则泥潦为阻,坐困吾军,上策也。拔城中之众,与之宵遁,中策也。不度智能,来与吾战,下策也。卿曹观之,彼必出下策,成擒在吾目中矣!"高丽有对卢,年老习事,谓延寿曰:"秦王内芟群雄,外服戎狄,独立为帝,此命世之材,今举海内之众而来,不可敌也。为吾计者,莫若顿兵不战,旷日持久,分遣奇兵断其运道。粮食既尽,求战不得,欲归无路,乃可胜也。"延寿不从,引军进战,大败,遂来降。

臣祖禹曰:传曰:"国无小不可易也。"盖虽小国必有智者为之谋,勇者致其死,则虽以天下之大,百万之众,未可恃以为必胜也。高丽对卢之谋,正合于太宗所谓上策。使延寿而能听用,唐师岂不殆哉!

【注释】

①靺鞨:古代族名,源于肃慎,唐时称靺鞨,在松花江、牡丹江流域居住,归顺唐,任其酋长为伯力剌史,后来溃变女真。

【译文】

贞观十九年,太宗亲自统兵伐高丽。

六月,太宗的车驾抵安市城,进兵攻之。高丽北部来辱隆延寿真,统领高丽靺鞨兵十五万人救安市。

太宗对随身侍臣们说:

"现在我分析一下延寿的对策有三种可能:一是引兵直来,连接安市城为营垒,占据高山险要之地。以城中的储粮为军粮,放纵靺鞨之兵来抢掠我们的牛马,我们进攻不能很快攻下,想回去却道路泥泞难行,把我们的军队围困起来,这是上策;二是将安市城中的军民全部转移撤退,这是中策;不自量力,来和我们打仗,这是下策。你们看着吧!他一定是采用下策,眼看就会被我们俘获。"

高丽有个智士名对卢,年纪很大经验很多,对延寿说:

"秦王李世民在国内芟除群雄,外面把戎狄都征服了,自己称帝,这是一个天命之材,现在统领国内大兵来讨伐我们,不可抵挡啊。我给你出个主意,最好是屯兵不与他打,时间长了另外派遣轻骑兵截断他们的后路,他们军粮吃完后,想和我们打打不成,想回去路被我们截断没有归路,这样我们就会胜利。"延寿不听从对卢的计谋,领兵来近攻,大败,于是来投降。

范祖禹评论说:

传书上说:国不论大小,不可轻视。虽小国,也一定有聪明之士给他出谋划策,勇敢的人为之卖命。就是以大国百万之众,也不可自恃一定胜利。

高丽对卢的谋略正是符合太宗所说的上策。倘延寿能听从用他的计策,唐朝的军队岂不就危险了吗?

【原文】

高丽既败,举国大骇。后黄城、银城,皆自拔遁去,数百里无复人烟,帝驿书报太子。仍与高士廉等书曰:"朕为将如此,何如?"

臣祖禹曰:太宗之伐高丽,非独恃其四海之富,兵力之强也;本其少时,奋于布衣,志气英果,百战百胜,以取天下治安。既久,不能深居高拱,犹思所以逞志。扼腕踊跃,喜于用兵。如冯妇搏虎[1],不能自止。非有理义以养其志,中和以养其气,始于勇敢终于勇敢而已矣。记曰:"所贵于勇敢。"强有力者贵其敢行礼义也。天下无事则用之于礼义,天下有事则用之于战胜,用之于战胜,则无敌;用之于礼义,则顺治。太宗于天下无事不知用之于礼义,而惟以战胜为美也。是故以天子之尊,而较胜于远夷,一战而克,自以为功,矜其智能。夸示臣下,其器不亦小哉。

【注释】

①冯妇搏虎:语出《孟子·尽心》:"晋人有冯妇者善搏虎。有众逐虎,虎负嵎,英之敢撄,望见冯妇,趋而迎之,冯妇攘臂下车,众皆悦之,其为士者笑之。"

【译文】

高丽被打败后,全国惊骇,接着黄城、银城都自己撤兵逃走,数百里之内空无人烟。太宗通过驿站传书与太子及高士廉等说:

"我当大将像这样,你们说怎么样?"

范祖禹评论说:

太宗统兵伐高丽,并不是只依仗天下的富足,兵力强大,主要是靠他年轻时努力,志气英武果敢,百战百胜,以兵取得天下。天下太平,不能深居养尊处优,还想着要表现自己的才能,扼腕踊跃,喜欢用兵打仗,真好比冯妇搏虎,自己不能控制。不是靠理义去修养意志,靠中和去养其气,仅仅是始于勇敢,终于勇敢而已。

《礼记》上说:"勇敢有力之所以可贵,主要可贵在是敢行礼义。"

天下太平无事则从事礼义,天下有事从事于战争取胜则无敌。用之于礼义则天下太平。太宗在天下太平的时候,不知去行礼义,而以战争胜为能。所以,靠天子之尊崇而去和周边外族国家打仗。一仗打胜,自己认为有功,对大臣们夸耀自己的聪明和本领,他的胸怀器量未免太小了点吗?

【原文】

凡征高丽,拔玄菟等十城①,徙辽、盖、严三州户口入中国者七万人。新城、建安、驻跸三大战,斩首四万余级,战士死者几三千人,战马死者什七八。帝以不能成功,深悔之,叹曰:"魏征若在,不使我有是行也!"命驰驿祀征以少牢②,复立所制碑,召其妻子诣行在,劳赐之。

臣祖禹曰:太宗比擒颉利,西灭高昌,兵威无所不加。四夷震慑,而玩武不已。亲击高丽,以下天之众困于小夷,无功而还,意折气沮。亲见炀帝以勤远亡国,而袭其所为,目以为太宗之征高丽,无异于炀帝;但不至于乱亡耳。惟不能慎终如始,日新其德;而欲功过五帝,地广三王,是以失之。然见危而思直臣,知过而能自悔,此所以为贤也。

【注释】

①玄菟:古代郡名。治沃沮城,今朝鲜境内咸静道,府治后来移高丽。
②少牢:古代祭礼用的猪与羊,是大臣卿大夫所用祭品。

【译文】

唐太宗征高丽,攻下玄菟等十城,迁移辽、盖、卢三州七万多人进入中国。新城、建安、驻跸三大战役,杀死敌兵四万多人,自己战死了二千余人,损失了十分之七八的战马。

太宗认为这一仗没有打好,很是后悔叹息说:

"如果魏征还活着,就不会同意我出兵伐高丽啊!"下令让驿站传书用少牢之礼祭祀魏征,又立了所制的碑,召他的妻子到皇帝行宫,慰劳赏赐。

范祖禹评说:

唐太宗北边擒颉利可汗,向西灰尘掉鞠氏高昌王朝,军威无所不加,周边外族国家慑服震惊,而自己却征战不已,亲自征伐高丽,凭全国之兵力,被困于小国,没有成功而回来,遭到挫折意志沮丧。他是亲自见到隋炀帝征伐远国而亡国的,自己还步他的后尘。

我认为唐太宗之征高丽,和隋炀帝没有什么不同,但是他还不至于灭亡。只是不能始终如椰天天发扬其德政,而还想着其功赶过五帝,土地赶过三王,因此说他做错了。

但是看到危害而想起了直臣,知道自己犯了过错而能自己检查追悔,这也算是他的长处。

【原文】

二十年六月，诏江夏王道宗①等击薛延陀②，又遣李世勣图其诸部。帝手诏："自诣灵州③招抚敕勒④。"八月，道击延陀，破之。敕勒诸部皆请入朝。车驾至浮阳⑤，回纥各遣使入贡⑥，帝大喜，诏以："戎狄与天地俱生，上皇并列，流殃构祸，乃自运初。朕聊命偏师，遂擒颉利，始弘庙略，已灭延陀。铁勒百万余户，散处北溟远遣使人，委身内属，请同编列，并为州郡；混元以降，殊未前闻，宜备告庙，仍颁示薄天⑦。"九月，帝至灵州⑧。敕勒诸⑨部俟斤遣使相继诣灵州者数千人。帝为诗序其事曰："雪耻酬百王，除凶报千古。"明年正月，诏以回纥等诸部为府及州，各以其酋长为都督及刺史。诸酋长请于回纥以南，突厥以北开一道，谓之参天可汗⑩道，置六十八驿，各有马及酒肉以供过使，岁贡貂皮以充租赋，帝许之。于是北荒悉平，然吐迷度已⑪私自称可汗，官号皆如突厥故事。

臣祖禹曰：昔武王克商，通道于九夷、八蛮，西旅献獒⑫，太保作训曰："不矜细行，终累大德，为山九仞功亏一篑。"因事而戒，恐其骄也。太宗不得志于东夷，欲收功于比荒，因延陀破亡以兵临之，如疾风之报稿，左衽之民⑬解辫内附，自以为开辟以来，未之有也。昔之有天下者，莫不以冠带四夷为盛德大业，何哉？故尝试论之曰：中国之有夷狄如画之有夜，阳之有阴，君子之有小人也。中国失政，则四夷交侵，先王所以御之者，亦可得而略闻矣。舜曰："而难任人蛮夷率服。"又曰："无怠无荒四夷来王⑭。"然则欲其率服莫若难任人，欲其来王，莫若无怠荒。柔远能迩治内安外，而殊俗之民，乡风慕义不以利诱，不以威胁，而自至矣。欲附者则抚之，不欲者不强致也，故不劳民，不费财。至于后世之君或仇疾而欲珍灭之⑮，或爱悦而欲招来之，是二者，皆非也。何则？彼虽夷狄亦犹中国之民也。趋利避害，欲生恶死，岂有异于人乎？王者于天地之间无不养也，鸟兽草木犹当爱之，况人类而欲残之乎？残之固不可，况不能胜而自残其民乎？仁人之所不为也。为之者，秦始皇是也，山川之所限，风气之所移，言语不通，嗜欲不同，得其地不可居，得其民不可使也；列为州县，是崇虚名而受实弊也。且得之既以为功，则失之必以为耻，其失不在于己则在于子孙，故有征讨之劳，馈饷之烦，民不堪命而继之以亡，隋炀帝是也。且中国地非不广也，民非不众也，曷若无得元失，修其礼乐，政刑以惠养吾民，使男有余粟，女有余布，兵革不试，以致太平，不亦帝王之盛美乎？故有求于外，如彼其难，何哉？忽近而喜远，厌故而谋所，不入于秦则入于隋，虽不至于亡，而常与之同事，其累德岂细哉？太宗矜其功能，好大无穷，华夷中外欲其为一，非所以遗后嗣安中国之道。此当以为戒而不可慕也。

【注释】

①江夏王道宗：江夏，唐称鄂州，即现在湖北武汉一带。李道宗是唐宗室封江夏王。

②薛延佗：古代部落名。铁勒诸部之一。

③灵州：州名。唐辖境，相当于今宁夏中卫，中宁以北地区。

④铁勒：古族名。汉称丁零。后音变为狄历，敕勒，铁勒等。贞观末，于东部铁勒分设都督府、州、隶燕然都护府。

⑤浮阳：县名。西汉置，因在浮水之阳而得名。今河北省沧县。

⑥入贡:周边各族向中央王朝奉献的礼品,又称进贡。

⑦溥天:溥:普遍。溥天即全天下。

⑧敕勒:即铁勒的变音,代部族,在中国北部内蒙古、宁夏、河西一带。

⑨俟斤:唐代回纥的官名。

⑩参天可汗道:贞观年间,唐朝在回纥以南,突厥以北开辟一条道叫"参天可汗道"。

⑪吐迷度:回纥首领吐迷度。公元630年(贞观二十年)联合仆固、同罗等部配合唐军残灭薛延陀,尽收其地,自称可汗,同时率铁勒十三部,遣使入唐请设置官吏,统兵北方。唐太宗接受回纥归附,在其驻地设六府七州,府置都督,府置刺史。在回纥部设潮海都督府,拜吐迷度为怀化大将军,兼潮海都督。

⑫西旅献獒:獒,犬。西旅献獒语出《尚书》指武王走商以后,各地贡物,西旅(西戎)献了一种大犬。

⑬左衽之民:少数民族衣襟向左,古代称为左衽之民。

⑭四夷来王:周边各外族的首领都来朝见君王。

⑮殄灭:尽灭,消灭光。

【译文】

贞观二十年六月,下诏令江夏王李道宗等统兵攻打薛延陀,又派遣李世绩征伐薛延陀其他部落。

太宗亲自出诏说他亲自要到灵州,招抚铁勒。

八月,李道宗攻打薛延陀,破之。铁勒其他部落都请求归服唐朝。

太宗的车驾到达浮阳,回纥各部也都遣使老到唐朝进贡。

太宗非常满意,下诏说外族也是和天地一块生来就有,与上皇并列,后来构乱酿成祸害。

自从唐初,我随便派遣偏师讨伐,于是擒获颉利可汗,开始弘扬庙堂的策划。已攻灭薛延陀、铁勒上万户,分散在漠北草原。

他们派遣使臣委身内附,服从管理,要求像内地一样编民列户产为州郡。自古以来,从来没有听说过,应当备礼告祀老祖宗,公告天下。

九月,太宗到灵州,敕敕诸部的首领俟斤们,派遣使臣陆陆续续到灵州朝见的有几千人。

太宗写诗描述这件事,诗云:"雪耻酬百王,除凶报千古。"

第二年下诏回纥等众多部落改为府州,并且委托他们酋长为都督刺史,这些酋长们请求于回纥以南,突厥以北修一条大道,叫参天可汗道,设置六十六个驿站,各站配备马及酒肉供应使者,而且年年向唐进贡貂皮,用来充当赋税,太宗同意这么办。

这样,整个北部边境完全平定,但是回纥的吐迷度又私自称可汗,其他的官吏称号都和过去突厥官号一样称呼。

范祖禹评说:

古代武王克商以后,对边境的各个部族九夷八蛮,都修通了道路,西戎献大犬。

太保官作训示说:"不注意小的行为,最终究会影响德政。筑土山九仞高,最后因少一筐土而没有修成。因事而提出警戒,主要是怕功高自满。"

唐太宗征讨高丽事失败了,想通过北部边境的开拓以夸功,因薛延陀破亡,以兵临之，这处局势就像大风摇动枯木。空左大襟的外族，散开自己扎着的辫子内服唐朝。

这样，太宗以为自从开天辟地以来，没有这种盛况。

古代的帝王们，都是统领四夷之民的，都干出一番盛德伟业，这是为什么？所以我曾谈论论过这个问题：中国周边有外族，好比有白天就有黑夜，有阳就有阴一样。中国政治昏乱，那么周边外族就内侵。

古代君王们用什么办法驾驭统领他们呢？这也能够听到过一些。

舜曾说过：

"只要采取怀柔政策，充分相信人家，周边外族，都来归顺听命。"

又说：

"不要怠慢，不要荒嬉，谨慎处之，四周外族都拥护你为王。"那么要想人家都来归服，就应不怀疑人家；要想让人家尊敬你为王，最好是不怠慢不荒嬉，怀柔远者使之接近，治好内部，安定外部。这样那些习俗不同的民族，都向往和羡慕你的风习和道义，不用利引诱，不用武威胁，他们会自动来归服你的。自己自愿归服你的就接受他归服，不想归服你的不要去强制他归服，所以也不劳民，也不费财。

至于后代的君王，有的把他们视为仇敌而消灭掉，有的喜欢他们而招来归顺，这两种做法都不对。为什么？他们虽然是夷狄外族，也如同中国之民一样。趋利避害，贪生恶死，没有和别人不同的。君王对于天地之间的民众，没有不爱护他们使他们能生存的。对于鸟兽草木还应当爱护它，况且是人，能够杀害他们吗？残害本来就不应当，况且出兵征伐不胜而自己却劳民伤财残害了自己的老百姓，这是仁德的君王所不愿做的事情。

只有秦始皇这样做。远距万里，山川阻隔，风俗不同，语言不通，爱好不一，得到他们的地盘也不能居住，得到他们的百姓也难以使唤管理。把他们编列州县，是贪图虚名而受实害。况且得到以后还自夸是有功；那么失掉呢，肯定认为是耻辱。失掉不一定是在自己这一代，而可能是在后代子孙，所以再去征讨，供给粮饷，老百姓忍受不了负担，接着会把自己灭亡，隋炀帝就是这个样子。

中国地不是不广大，百姓不是不多。怎如无得也无失，好好地治理，加强礼乐教化和管理，给百姓以恩惠，让男子粮食多多的，女子布帛多多的，不兴兵动众，天下太平，这样不也是帝王的盛大美德吗？所以有求于外是那样的困难；不求于外，又是这样的容易。然而有的君王却常常舍其所易而又去其所难，这是为什么？这是不重视近的喜欢远的，厌烦旧的而想占有新的。

这样，不像秦朝一样就像隋炀帝一样，虽然暂时不灭亡，而经常这样做，损害自己的德行也就不小了。唐太宗夸大自己的功劳才能，好大喜功，中华外夷，想使之变成一样，这不是给后代留下使国家太平安定的办法，应当引以为戒，而不应当效法羡慕啊！

【原文】

二十一年二月，帝将复伐高丽，朝议以为："高丽依山为城，攻之不可猝拔，前大驾亲征，国人不得耕种，所克之城，悉收其谷，继以旱灾，民太半乏食。今若数遣偏师，更迭扰其疆场，使彼疲于奔命，释来入堡，数年之间，千里萧条，则人心自离，鸭绿之北[①]，可不战而取矣。"帝从之。三月，以牛进达李世勣为大总管，伐高丽[②]。

臣祖禹曰：太宗以盖苏文杀其君[③]，故举问罪之师，当诛其贼臣，吊其国人置君,而后去之,则德刑举矣。而唐师入境,贪其土地,虏其民人,使其父兄子弟流为饿殍,且杀君者盖苏文也,彼高丽之民何罪?岂王者之师乎?伐而不克益发忿兵,乃更欲扰其疆场,害其耕稼,则是利于为寇,非御寇也。

【注释】

①鸭绿以北:鸭绿以北的地方,当时高丽的势力范围已达到这里。
②牛进达:太宗朝大将,官左武卫士将军,伐高丽,任青正道行军大总管。
③盖苏文:高丽人,号盖金,姓泉氏,杀高丽王建武,主其弟藏为王,自为莫离支。

【译文】

贞观二十一年二月,太宗欲再次讨伐高丽。朝廷大臣们认为高丽依山为城,若进攻不可能很快攻克。前次皇帝亲自帅军征讨,他们国家的老百姓没有办法耕种,所攻克的城都把他们的粮食拿走,随后又遇旱灾,老百姓多数没得吃。

现在要是频繁地派遣小股军队,轮番扰乱他们的农村,使他们疲于奔命,放下他们的农具进城。这样经过几年,必然会千里荒芜萧条,那样就会使人心背离,鸭绿江以北地方,就可以不战自取。

太宗采纳了这个建议,三月,以牛进达、李世勣为大总管,率兵讨伐高丽。

范祖禹评说:

太宗因为盖苏文杀了他的国王,所以兴兵讨伐高丽。应当杀掉盖苏文,慰问他们的百姓,扶立他人的君王而后收兵,这样做都不合乎道义。而唐朝的军队侵入其境,贪占他们的土地,掳掠他们的百姓,让人家父兄子弟到处逃亡饿死冻死。况且杀害他们君王的是盖苏文,高丽的老百姓有什么罪?这还算是大国王者的军队吗?讨伐以失败告终,又增加军队,去扰乱他们的农村,破坏他们的生产。这样做是促使他们为寇,而不是防止他们做盗贼啊。

【原文】

八月,立皇子明为曹王①,明母杨氏②,王之妃也。有宠于帝。文德皇后之崩也,欲立以为后,魏征谏曰:"陛下方比德唐虞③,奈何以辰嬴自累!"乃止。寻以明继元吉后。

臣祖禹曰:太宗手杀兄弟,曾不愧耻,而复纳元吉之妃,恶莫大焉。苟非用魏政之言过,而遂立以为后,何以视天下之人乎。以明继元吉后,是章其母之为弟妇也,其渎人伦,亦甚哉。

【注释】

①曹王:李明,李元吉妃子杨氏所生,贞观二十一年封曹王,后被杀。
②杨氏:李元吉的妃子,太宗欲立为后,后魏征谏乃止。
③唐虞:唐尧、虞舜,简称唐虞。

【译文】

贞观二十一年八月,立皇子李明为曹王。

资政秘典

·唐鉴·

图文珍藏版

李明的母亲杨氏被太宗皇帝宠爱是李元吉的妃子。

文德皇后长孙氏死后,太宗想立她为皇后,魏征劝谏说:

"陛下正与尧舜比仁义道德,怎么又去干不合礼义的事,纳辰嬴为后,给自己找麻烦呢?"

太宗采纳魏征的意见,停止纳妃为后这件事。不久,让李明作李元吉的后嗣。

范祖禹评说:

唐太宗亲自杀死自己的弟弟元吉,自己不觉得惭愧羞耻,而又纳元吉的妃子,这是最大的坏事。如果不是听了魏征的话,真的立杨氏为皇后,如何去见天下老百姓啊?让李明去继承元吉的统系,这是明白告诉人们杨氏是太宗弟弟元吉的妻子。太宗亵渎人伦,也太过分啦!

【原文】

二十二年六月,帝以高丽困弊,议明年发三十万众,一举灭之,或以为大军东征,须备经岁之粮,非畜乘所能载,宜具舟舰为水运。隋末剑南独无①寇盗,属者辽东之役,剑南复不预及,其百姓富庶,宜使之造舰。帝从之。七月,遣右领左右府长史缰伟于剑南伐木造舟舰,大者或长百尺,其广半之。别遣使行水道,自巫峡抵江、杨②趋莱州。伟等发民造船,役及山獠③,雅、邛、眉三州獠反。九月,遣张士贤④梁建方发陇右、峡中兵二万余人以击之。蜀人苦造船之役,或乞输直雇潭人造船;帝许之。州县督迫严急,民至卖田宅,鬻子女不能供,谷价踊贵,剑外骚然。帝闻之,遣长孙知人驰驿往视之。知人奏称:"蜀人脆弱,不耐劳剧,大船一艘,庸绢二千二百三十六匹。山谷已伐之木,挽曳未毕,复征庸绢,二事并集,民不能堪,宜加存养。"帝乃敕潭州船庸⑤皆从官给。

臣祖禹曰:昔舜命禹征有苗,三旬。苗民逆命,乃班师振旅。夫以舜禹征伐犹无功,故用兵非美事也。老子曰:"佳兵者,不祥之兆⑥。"不得已而用之,太宗之伐高丽其得已而不已者乎。圣人有不能服,则反求诸己,故舜干羽而格有苗。未闻以苗民逆命为忿也。太宗不能反己,而耻其无功,欲倾天下之力,逞志于远夷,何其学而不复也。夫天下如人之一身,四方犹四肢也;师役四肢之病也,以高丽之役不及于蜀而必欲疲之,是一肢病而使别肢皆被其痛也。此岂爱身之道乎?

【注释】

①剑南:唐剑南道在现在的云南境内。

②江杨:江陵、扬州。

③雅邛眉:雅安、邛崃、眉州都在四川。

④张士贤、梁建方:唐贞观年间的武将,贞观二十二年九月统兵镇压四川雅邛眉三州山獠。

⑤潭州:唐潭州在今湖南长沙一带。

⑥佳兵者不祥之兆:出自老子《道德经》:"夫佳兵者,不详之器。"佳兵:精兵。

【译文】

贞观二十二年六月,太宗认为高丽已经被困,在朝议论明年发三十万大军一举歼灭它。

有的认为大军东征,应准备一年多的粮食,这不可能用牲畜大车能运去的,应当用大船从水上运输。

隋朝末年,剑南地方没有发生农民造反的事,征辽东,剑南人也没有参加,那里的百姓富庶,应当让他们造船。

太宗听从了这个意见。七月,派遣右领左右府长史强伟在剑南伐树造船。大船长百尺,宽五十尺。让他们从水道航行,自巫峡经江陵到扬州,再到莱州。强伟等发动百姓造船,也征调了山獠。雅安、邛崃、眉州的山民造了反。

九月,派遣张士贤、梁建方调发陇右峡中兵二万多人去镇压雅邛眉山民。蜀人承受不了造船的负担,有的请求出钱雇潭州人造船。

太宗同意这么办。州县官监督逼迫又严又急,老百姓不堪负担,只得卖掉田宅,卖掉子女,还是不能供奉。粮食价格上涨很快,剑南以外百姓骚乱。

太宗听说后,派遣长孙知人赶去查看。长孙知人奏称蜀人脆弱,受不了辛苦。买一艘大船,花费二千二百三十六匹绢。山上已伐之木,还没有运完,又征收庸绢。这两项加在一起,老百姓受不了,应当让他们休养生息。太宗乃下令潭州造船的费用都由官府支付。

范祖禹评说:

古代舜命令禹征三苗,三十天,苗民叛乱,于是禹就班师回朝。舜禹圣王征伐都没有功劳,所以,战争不是一件好事。

老子在《道德经》上说:"好的军队,是不祥的兆头。"在迫不得已时才用。

唐太宗讨伐高丽,他是可以不伐而去伐啊!圣人是如果人家不服你,那他就检查自己。所以舜动用武力,很快格正三苗之乱,没有听说因苗民叛乱而生气。太宗不能反求诸己,而以征伐无功为耻,想调动天下之力,以伐高丽来实现自己的想法,为何这么迷惑而不知停止啊?天下就像一个人的身体,四海好似四肢。出兵征伐,是四肢得病,由于征高丽的战事,没有涉及蜀地,而一定要使蜀人凋敝。这是一肢生病,而使别的肢体也受到痛苦,这难道是爱护自己身体的办法吗?

【原文】

二十三年四月,帝谓太子曰:"李世勣才智有余,然汝与之无恩,恐不能怀服。我今黜之,若其即行俟我死,汝于后用为仆射[①],亲任之;若徘徊顾望,当杀之耳。"五月,以同中书门下三品李世勣为叠州都督[②];世勣受诏,不至家而去。

臣祖禹曰:太宗以李世勣为何如人哉?以为愚也,则不可以托幼孤而寄天下矣。以为贤也,当任而勿疑,何乃忧后嗣之不能怀服,先黜之而后用邪?是以大马畜之也。夫欲夺其心而折之以威,欲得其力而怀之以恩,此汉祖所以驭黥彭之徒[③]。狙诈之术也。五伯之所不为也[④]。岂尧舜亲贤之道乎?苟以是心而待其臣,则利禄之士可得而使也,贤者不可得而致也。若夫禄之以天下而不顾,击马千驷而不视者,太宗岂得而用之哉?

【注释】

①仆射:原为主任或领班之意。汉朝时在军政中均设仆射,主管本部门的事。后来改为专职官,副职,与主官并列。

②同中书门下三品:唐朝初期称宰相为同中书门下三品。宰相官三品,选派地位低的官来执宰相之职,故加"同"字。叠州:唐州名。在现在的甘肃南部四川西

北部白龙江上游一带。

③黥彭之徒:秦末起兵反秦的黥布、彭越的简称、连称。他们有勇无谋,出尔反尔,后被刘邦擒杀。

④五伯:指春秋时的齐桓公、晋文公、秦穆公、宋襄公、楚庄王,史称五霸。

【译文】

贞观二十三年四月,太宗对太子说:

"李世勣才智双全,但是你与他关系不密切且对他无恩惠,恐怕他不会服从你。我现在把他免职罢官。若是他果真接受免职外出,等我去世以后,你再命他为仆射,亲自用他。若是他犹豫不定徘徊不去,你就应把他杀掉。"

五月,任命同中书门下三品李世勣为叠州都督。李世勣接到诏书,没有回家直接上任。

范祖禹评说:

唐太宗把李世勣当什么样的人看待?假如认为他愚钝,就不能把太子交给他辅佐,把天下大权交给创建。如果认为他贤能,应当放心任用无疑。为什么忧虑太子不能怀服他,先把他罢掉而后再用他? 这是把他当犬马一样看待。要想夺其心,就应当折之以威;要想得其力,就应当怀之以恩,这是汉高祖刘邦驾驭黥布、彭越之徒的

狡诈手法。五霸不干这种事,何况是克舜亲贤之道呢? 若是用这种心术来对待大臣,对于那些追求利禄的人可以行,但是对于贤者就不行。若是把天下交给他,给他四千匹马连看都不看的人,唐太宗怎么还能相信任用他呢?

【原文】

右太宗在位二十四年,崩年五十三。

臣祖禹曰:太宗以武拨乱,以仁胜残,其材略优于汉高①,而规模不及也。恭俭不若孝文②,而功烈过之矣。亦其性本强悍,勇不顾亲,而能畏义而好贤,屈巳以从谏,刻厉矫揉力,于为善,此所以致正观之治也。夫贤君不世出,自周武成康历③八百余年,而后有汉;汉人百余年而后有太宗;其所成就如此,岂不难得哉。人主之所行,其善恶是非在后世,当其时不可得而辨也。故几太宗之行事其善与不善,臣皆举其大略矣。老子曰:"善人者不善人之师,不善人者善人之资④。"人君择其善者而从之,足以得师。其不善者而戒之足以为资矣。

【注释】

①汉高:指汉高祖刘邦,汉代闯天下当皇帝的第一人,善于用人。

②孝文:汉文帝刘恒,崇尚黄老,与民休养生息,天下大治,史称文景之治。

③周武成康:西周初年武王打天下,周公定典章制度,而后成王、康王继之,天下大治,史称"成康之治"。

国学经典文库

资政秘典

·唐鉴·

图文珍藏版

④不善人者，善人之资：出自老子《道德经》："善人者，不善人之师；不善人者，善人之资"。

【译文】

上面所记载的是太宗在位二十四年的事，死时五十三岁。

范祖禹评说：唐太宗以武力拨乱反正，用仁德替代残杀，他的才智谋略比汉高祖刘邦还高，而所创事业规模赶不上刘邦。他在恭俭方面赶不上孝文帝，但功勋劳绩比孝文帝大。考察一下他的本性，慓勇强悍，不顾及兄弟关系，但是能畏义好贤，委屈自己接受谏诤，克制自己的骄纵，全力去做好事，这就是他所以能在贞观年间搞好的原因。明君不是代代有，自周武王、成王、康王而后，过了八百年才出现了汉朝，汉朝起又经历了八百多年而后出现了唐太宗，他的事业成就这么大，那不是很难得了吗？君王的行为政绩，是好是坏由后代人评说，当他在位时还很难分辨判断清楚。因此太宗的行事，好与不好，我都把大的方面列举出来了。

老子在《道德经》上说："好人，是不好的人的老师；不好的人，是好人的借鉴。"为君王的人挑选好的方面向他学习，这样就能够得到老师；对于他不好的地方，引以为戒，这样就能够得到一面镜子了。

唐鉴第七卷

高宗　中宗

高宗

【原文】

永徽元年正月①,太宗女衡山公主应适长孙氏,有司以为服既公除②,欲以今秋成昏。于志宁上言:"汉文立制③,本为天下百姓。公正服本斩衰④,纵使服随例除,岂可情随例改,请俟三年丧毕成婚。"帝从之。

臣祖禹曰:"君丧三年,古未之有改也。汉文率情变礼,虽欲自损以便人,而不知使人入于夷狄也。自是以后,民不知戴君之义,而嗣君遂亦不为三年之服。唐之人主,鲜能谨于礼者,故有公除而议婚,亮阴而举乐,忘父子之亲,固不可矣⑤。然如汉文之利,志宁之义,是亦有父子而无君臣也。内无父子。外无君臣,而欲教化行礼俗成难矣,夫君者,父道也,臣者子道也,无君是无父也,况人君而可以无父乎?若君服于内,于外是有父子无君臣也。为国家者必务革汉文之薄制,遵三代之隆礼,教天下以方丧三年,则众著于君臣之义矣。"

【注释】

①永徽:唐高宗年号,公元 650—655 年。

②服:指丧服。公除:古代礼制,父母去世,子女应服丧守丧达三年之久,但帝王或大臣担负国家重任,因公免除服丧,称为公除。

③汉文立制:西汉文帝崇尚俭约,简化礼制,提倡薄葬,缩短服丧期限。

④斩衰:古代五种丧服中最重的一种,用粗麻布作成,左右和下边都不缝。

⑤亮阴:帝王居丧。

【译文】

唐高宗

永徽元年正月,唐太宗的女儿衡山公主应该嫁给长孙家。有关的官员说公主的丧服可以因公免除,打算在今年秋天完婚。

于志宁说:

"汉文帝改建礼制,本来是为了老百姓。公主的丧服本来可以援例除去,但怎能让感情随着前例改变呢?请等待三年服丧完毕以后再完婚。"

皇帝听从了他的话。

范祖禹评说:

为国君服丧三年,古代从没有改变过。汉文帝顺从人情改变礼制,虽然想要损降自己而使人民方便,却不知道这是使人民进入未开化的夷族狄族的行列。

从此以后,人民不知道拥戴国君的道义,而继任的国君也就不实行三年的服丧。

唐朝的君主,很少能在礼制方面谨慎的,所以有的因公除服而谈论婚姻,在服丧期间而弹奏音乐,忘掉父子间的亲情,当然不应该了。然而像汉文帝的礼制,于志宁的言论,这也是只有父子而没有君臣。里面没有父子,外面没有君臣,而要想施行政教风化,实现礼制习俗,就很难了。治理国家的人,一定要改变汉文帝的菲薄礼制,遵守夏商周三代的隆重礼法,用正道教导天下,服丧三年,人们就重视君臣间的道义了。

【原文】

三年正月,梁建方大破处月①。朱邪孤注御史劾奏建方逗留不进,高德逸敕令市马,自取骏者。帝以建方等有功,释不问。大理卿李道裕奏言②:"德逸所取之马,筋力异常,请实中厩③。"帝谓侍臣曰:"道裕法官,进马非其本职,妄希我意;岂朕行事不为臣下所信邪!朕方自咎,故不欲黜道裕耳。"二月,甲寅,帝御安福门楼,观百戏④。乙卯,谓侍臣曰:"昨登楼,欲以观人情及风俗奢俭,非为声乐。朕闻胡人善为击鞠之戏⑤,尝一观之。昨初升楼,即有群胡击鞠,意谓朕笃好之也。帝王所为,岂宜容易⑥。朕已焚此鞠,冀杜胡人窥望之情,亦因以自诫。"

臣祖禹曰:高宗即位之初,日引刺史问民疾苦,尊礼辅相,恭己以听,故永徽之政,有正观之风,察道裕希旨,而自责行己之不足取信;赌胡人进戏,而知所好之不可不慎。率是道也。岂不足为贤君哉?不数年,而悖谬昏惑,忠臣不可谏,骨肉不相保,虽享国之日久⑦,卒成武氏之篡⑧,何哉?初亲贤后用佞也。书曰:"孺子其朋⑨。"孺子其朋,其往,周公所以戒成王也。况高宗乎!

【注释】

①处月:外族部落名。
②大理卿:即大理寺卿,中央负责刑法的长官。
③中厩:国君的养马房。
④御:皇帝驾临。百戏:杂技。
⑤胡:古代统指西部、北部的外族人。鞠:古代一种皮制的球。
⑥容易:轻易,忽视。
⑦享国:帝王在位。
⑧武氏:指武则天。
⑨朋:同"凤",这里意为奋飞。

【译文】

永徽三年正月,梁建方领兵击败处月部。

朱邪孤注御史上本弹劾梁建方逗留不进军；高德逸奉皇帝命令买马，自己占有好马。皇帝由于梁建方等人有功劳，放下不过问。大理寺卿李道裕启奏说：

"高德逸所购进的马匹，筋骨气力不同寻常，请充实皇上的养马房。"

皇帝对陪侍官员说：

"李道裕是法官，进言马匹，不是他的本职。他胡乱揣度我的心意。难道我做事不被臣下相信吗？我正在责备自己，所以不想黜免李道裕罢了。"

二月甲寅这一天，皇帝驾临安福门楼观看杂技。

第二天乙卯日，皇帝对陪侍官员说：

"昨天我登上安福门楼，是想借此机会察看人情和风俗的奢侈或俭朴，并不是为了声色乐舞。我听说胡人擅长打球的技艺，曾经看过一次。昨天刚刚上楼，就有一些胡人打球，意思是说我非常爱好打球。帝王的所作所为，怎能忽视呢？我已经烧掉了这些皮球，希望杜绝胡人窥视的想法，也借以警诫自己。"

范祖禹评说：

唐高宗即位的初期，每天召见刺史询问民间疾苦，尊敬礼遇辅政的大臣宰相，自己谦恭地听从他们的意见，所以永徽年间的政治，具有贞观年间的风范。察觉李道裕揣度自己的心意，而自己责备自己行为的不能取信于人；观看胡人献演技艺，而知道对所爱好的事物不可不慎。遵循着这条道路，难道不能成为贤明的君主吗？而没有几年竟然谬误荒唐糊涂惑乱，忠臣不能进谏，骨肉不能保全，虽然在位的时间很长，最后酿成武则天的篡位，为什么呢？是因为起先亲近贤良的人，后来任用奸佞的人。

《书经》上说："孩子奋奋起吗！孩子奋起前往吧！"这是周公用来告诫周成王的话，何况是唐高宗呢？

【原文】

五年九月，帝谓五品以上曰："顷在先帝左右，见五品以上论事，或仗①下面陈，或退上封事，终日不绝；岂今日独无事邪？何公等旨不言也？"

臣祖禹曰：太宗嘉纳直言，导群臣以谏争②，是以论阙失者日相继也。后嗣承其余列，以高宗之暗而求言于臣下，如此由其祖宗为之法也。诗曰："诒③厥孙谋，以燕④翼子。"太宗之谓矣。

【注释】

①仗：帝王朝会时的仪仗护卫。
②争：通"诤"，规劝。劝导。
③诒：遗留。厥：他的。孙：通"逊"，顺应。
④燕：安定。翼：辅助，保护。

【译文】

永徽五年九月，皇帝对五品以上的官员说：

"不久前在先帝身边，见到五品以上的官员议论事情，有的在仪仗护卫之下当面陈述，有的退朝后呈上密封的奏章，整天不断。难道现在就没有事情吗？为何你们都不发言呢？"

国学经典文库

资政秘典

·唐鉴·

图文珍藏版

范祖禹评说：

唐太宗嘉奖并采纳端正的言论，引导群臣直言规劝自己。因此，议论皇帝缺漏失误的人，一天接着一天。子孙继承他留下来的事业。以唐高宗的糊涂，而如此向臣下要求直言，这是因为他的祖先为他做出了榜样。

《诗经》上说："留下他顺应人心的谋略，来安定和翼护子孙。"这说的就是唐太宗了。

【原文】

帝欲废王皇后立武昭仪①，畏大臣不从，乃与昭仪幸太尉长孙无忌第②，酣饮极欢，席上拜无忌宠姬子三人皆为朝散大夫，仍载金宝缯十车以赐无忌。帝因从容言皇后无子以讽无忌，无忌对以它语，竟不顺旨，帝及昭仪皆不悦而罢。昭仪又令母杨氏诣无忌第，屡有祈请，无忌终不许。卫尉卿③许敬宗亦数劝无忌，无忌厉色折之。

臣祖禹曰：高宗欲废后而立妾，故官无忌妾子，又重赂以悦之，诱之以利，非德赏也。而无忌受其官与赐，岂未之思乎？夫大臣欲以义正君，而先没于利，则不足以为重矣。无忌苟辞其官，反其赐而不受，使其君知大臣之不可诱以利，亦足以格其非心，而益见惮矣。无忌不知出此，卒使武后怨其受赐，而不助已，奸臣得以入其谋。高宗无足讥焉，惜乎，无忌之不学也。

【注释】

①武昭仪：指武则天。"昭仪"是妃嫔名号。太尉：全国最高军事长官。
②幸：封建帝王到某地。第：官僚贵族的宅院。
③卫尉卿：掌管皇宫军器仪仗帐幕等事的长官。

【译文】

皇帝打算废掉王皇后，把武昭仪立为皇后，恐怕大臣们不顺从，就和武昭仪一同去到太尉长孙无忌府里，畅饮以后极为观乐。

在宴席上任命长孙无忌所宠爱姬妾的三个儿子都做朝散大夫，又运去黄金宝物丝绸锦缎十车赏赐长孙无忌。皇帝乘机从容地说皇后没有儿子，以此暗示长孙无忌。长孙无忌用别的话答对，始终没有顺从皇帝的意旨。皇帝和武昭仪都很不高兴而作罢。

武昭仪又让母亲杨氏到长孙无忌府上多次要求，都被长孙无忌拒绝。卫尉卿许敬宗也多次劝说长孙无忌，长孙无忌神色严厉地驳斥他。

范祖禹评说：

唐高宗想要废掉皇后而立姬妾，所以让长孙无忌姬妾的儿子做官，又用丰厚的财物来使他高兴，用私利来引诱他，不是因为他的德行赏赐他。而长孙无忌接受皇帝的官职和赏赐，就没有考虑这个问题吗？大臣想要用道义使君主端正，而自己先沉溺于私利，就不值得把他看重了。

长孙无忌如果拒绝那些官职，退回那些赏赐而不接受，使他的君主知道大臣不可以用私利引诱，也就足以阻止君主不正当的想法，而使君主更加有所忌惮了。长孙无忌不知道这样考虑，结果使得武后怨恨他接受赏赐而不帮助自己，奸臣得以实现他们的计谋。唐高宗是不值得责备的。长孙无忌没有见识,可惜啊!

【原文】

六年九月,帝召大臣,欲废皇后立武昭仪。李勣称疾不入,褚遂良以死争。帝大怒,长孙无忌曰:"遂良受先朝顾命①,有罪不可加刑。"韩瑗涕泣极谏,又上疏谏,来济上表谏,帝皆不纳。它日李勣独入见帝,问之曰:"朕欲立式昭仪为后,遂良固执以为不可。遂良既顾命大臣,事当且已乎?"对曰:"此陛下家事,何必更问外人!"帝意遂决。

臣祖禹曰:高宗欲废立,而犹难于顾命大臣,取决于李勣之一言,勣若以为不可,则武氏必不立矣。勣非惟不谏,又劝成之。孽后之立,无忌遂良之死,唐室中绝,皆勣之由,其祸岂不博哉!太宗以勣为忠,托以幼孤,而其大节如此。书曰:"知人则哲,惟帝其难之②。"信矣。

【注释】

①顾命:帝王临死前的遗言。
②帝:指帝尧。

【译文】

永徽六年九月,皇帝召见大臣们,欲废掉皇后,立武昭仪为皇后。李勣假托有病不上朝。褚遂良以死相抗争,皇帝大为恼怒。长孙无忌说:"褚遂良受先朝皇帝遗命,有罪也不可以施加刑罚。"

韩瑗痛哭流涕极力讲谏,并呈上表章规劝。来济也上表进谏。皇帝都不采纳。有一天,李勣单独进朝拜见。皇帝问他说:"我想要立武昭仪做皇后,褚遂良固执地认为不行。褚遂良既然是受先帝遗命的大臣,事情该当暂且罢了吗?"

李勣回答说:"这是陛下自家的事情,又何必再问外人呢?"皇帝的意见于是就决定了。

范祖禹评说:

唐高宗想要废旧立新,而仍然对顾命大臣觉得难办,取决于李勣的一句话。李勣如果认为不可以,武昭仪就一定不能立为皇后了。李勣不只不规劝,反而又鼓励促成这件事。罪恶的武后的被立,长孙无忌和褚遂良的去世,唐朝中断,都是因为李勣,他的罪过不是很大吗?

唐太宗认为李勣忠心,把年幼的孤儿托付给他,而他的大节却是这样。《书经》上说:"了解人就是聪明,帝尧也难以这样。"的确如此啊!

【原文】

麟德二年二月①,帝语及隋炀帝,谓侍臣曰:"炀帝拒谏而亡,朕常以为戒,虚心求谏;而竟无谏者,何也?"李绩对曰:"陛下所为尽善,群臣无得而谏。"

臣祖禹曰:甚矣!李绩之佞也。陷君于恶,又谄以悦之,君有求谏之心,而臣无纳忠之志,其罪大矣。绩本群盗,不学无我,可为将,而不可为相以辅少主,居伊周之地②,非其任矣。

【注释】

①麟德:唐高宗年号,公元664—665年。

②伊、周:指伊尹、周公。伊尹:商代初期著名大臣,曾辅佐少立太甲。周公:周代初期著名大臣,辅佐少主成王。

【译文】

麟德二年二月,皇帝谈到隋炀帝,对陪侍官员说:"隋炀帝因拒绝劝谏而亡国,我常常引以为戒,虚心征求规劝。但没有进谏的人,是为什么呢?"

李绩答道:"陛下所做的事都很完美,百官没有什么可以规劝的。"

范祖禹评说:

李绩的巧言谄媚太厉害了!他使君主陷入恶境,又花言巧语来让君主高兴。君主有征求谏言的心意,而众臣没有进献忠言的意志,他的罪过可就大了。李绩本来是强盗,没有学问,没有识见,可以做将领而不可以做宰相。让他来辅佐年轻的君主,居于伊尹、周公的地位,就不是他所能够承担的了。

【原文】

总章元年四月①,彗星见于五车②。帝避正殿,减常膳,撤乐。许敬宗等奏请复常,曰:"彗星见东北,高丽将灭之兆也③。"帝曰:"朕之不德,谪见于天,岂可归咎小夷,且高丽百姓,犹朕之百姓也。"不许,戊辰,彗星灭。

臣祖禹曰:天垂象,圣人则之,三辰之眚④,天所以警戒人君也。昔齐景公欲禳慧星⑤,晏子曰:"彗所以除秽也,君无秽德又何禳焉;若德之秽,禳之何损。"而许敬宗谄谀人主,归咎高丽。岂不矫诬上天乎!高宗庸昏而犹能出人君之言,其至诚足以动天矣。然则自古失道之君,未必其身亲为不善也。奸佞之臣纳之于恶者,盖多矣,亦可以为戒哉!

【注释】

①总章:唐高宗年号,公元668—670年。

②见:通"现"。五车:星名,属毕宿。

③高丽:古代东北国名。

④眚:灾异。

⑤禳:祈祷消除灾祸。

【译文】

　　总章元年四月,彗星在五车星旁出现。皇帝避开正殿,减少平时的膳食,撤掉乐舞。许敬宗等人启奏请求恢复正常,说:

　　"彗星出现在东北方,是高丽国将被灭亡的征兆。"

　　皇帝说:

　　"我没有德行,谴责出现在天上,怎么可以把罪归给外邦小国呢? 何况高丽的百姓,也像是我的百姓啊。"

　　不同意灭掉高丽。戊辰这一天彗星消失。

　　范祖禹评说:

　　天上显现物象,圣人效法它们。日月星辰的异常现象,是上天用来警戒人间君主的。

　　从前齐景公想要祭祷彗星消除灾祸,晏子说:"彗星是用来扫除污秽的东西的。国君没有污秽的德行,又何必祭祷它呢? 如果德行污秽,祭祷它又能减轻什么呢?"而许敬宗谄媚奉承君主,归罪于高丽,难道不是捏造和诬陷上天吗? 唐高宗平庸糊涂,而仍然能够说出君主应该说的话,他的诚恳也足以感动上天了。

　　这样看来,自古以来失去道义的君主,否定是他本身亲自做不好的事情;狡诈的臣子把君主送到恶劣处境的情况,看来也就很多了,也真应该引以为戒啊!

【原文】

　　二年八月,诏以十月幸凉州①。时陇右虚耗②,议者多以为未宜游幸。帝闻之,御延福殿,召五品以上,谓曰:"自古帝王莫不巡守,故朕欲巡视远俗。若果以为不可,何不面陈,而退有后言,何也?"自宰相以下莫敢对。详刑大夫来公敏独进曰:"巡守虽帝王常事,然今高丽新平,余寇尚多,西边经略,亦未息兵。陇右户口雕弊,銮舆所至,供亿百端③,诚为未易。外间实有窃议,但明制已行④,故群臣不敢陈论耳。"帝善其言,为之罢西巡。未几,擢公敏为黄门侍郎。

　　臣祖禹曰:自褚遂良、韩瑗、来济之逐,长孙无忌之死,天下以为言讳以矣,而高宗责群臣之不言,若贤主之所为,何哉? 盖亲见太宗孜孜求谏,听受直言,于心不忘,而欲慕其名,是以时亦为之。及溺于所爱,不顾礼义,则虽以元舅之亲,顾命之臣,以先帝遗言争之,确乎其不可入⑤。凉州之不行,得非武后之意乎? 何其从谏之易也? 且不从其大而从其细,虽曰能昕谏,而谨其细行,亦不免陷于大恶也。

【注释】

①凉州:州名,治所在现在甘肃省武威市。
②陇右:唐设陇右道,辖今陇山以西至新疆东部一带。
③供亿:按需要提供的东西。
④明制:指诏令。
⑤元舅:大舅父。长孙无忌是唐高宗的大舅父。

【译文】

　　总章二年八月,皇帝下令在十月间到凉州去,当时陇右地区财力空虚枯竭,议论此事的人多数认为皇帝不应该去巡游。

皇帝听说以后,驾临延福殿,召见五品以上的官员,对他们说:

"自古以来的君王,没有不出外巡狩的,因此我想要巡视远方习俗。如果认为不可以,为何不当面陈说,而退朝以后有人乱说,这是为什么呢?"

宰相以下的官员没有人敢答话。详刑大夫来公敏独自进前说:

"出外巡狩虽然是帝王经常的事情,但现在高丽国刚刚平定,余留下来的贼寇还很多;西部边境的治理,也没停止军事行动。陇右地区户口衰减民力衰颓,銮驾车马所到之处,需要供应的东西各种各样,实在是不容易。外面确实有人窃窃私语,只是因为诏令已经发布,所以官员们不敢陈说意见罢了。"

皇帝认为他的话说得对,为此停止西巡。不久,提升来公敏做黄门侍郎。

范祖禹评说:

自从褚遂良、韩瑗、来济被贬逐,长孙无忌死去以后,天下人们把议论作为忌讳已经很久了。然而唐高宗责备众官员不进言,好像是贤明君主的作为,为什么呢?可能是他亲自见到唐太宗勤勉认真地征求规劝,聆听并接受耿直的话,放在心里不忘掉,而想仰慕太宗的名声,所以有时也这样做一下。等到他沉溺于所爱的人,就不顾礼制道义,即使凭大舅父的亲情,受先帝遗命的大臣,用先帝的遗言规劝他,他也的确听不进去了。凉州没有去成,也可能是武后的意思吧?为什么他听从规劝这样容易呢?何况不听从那些重大意见而听从细小意见,虽说能够听从规劝而对小事谨慎,也是不能避免沉溺在大恶大劣之中的。

【原文】

十一月,李勣寝疾,谓弟弼曰:"我见房杜平生勤苦①,仅能立门户,遭不肖子荡覆无余。吾有子孙,今悉付汝,我死,谨察视之,其有志气不伦,交游非类者②,皆先勣杀,然后以闻。"自是不复更言。

臣祖禹曰:易曰:"积善之家,必有余庆;积不善之家,必有余殃。"君子如欲泽及其子孙,世守其门户,则莫若积善以遗之而已矣。房杜事君以忠,其子孙不肖,覆宗绝祀,出于不幸,非其积不善也。李勣一言而废母后③,立孽子④,杀忠臣,罪不容诛,得死牖下。幸矣。至于其孙,率群不逞⑤以起兵,以兴复为辞,而希觊非望之福,戮及父祖剖棺暴尸,岂非余殃哉。而绩之将死,乃以房杜为戒,可谓不能省已者矣。古者父子之间不责善,骨肉之亲无绝也。而有志气不伦交游非类者,遽使杀之,残忍无亲何异于夷貊⑥乎?非所以为训也。

【注释】

①房、杜:指唐太宗时贤相房玄龄、杜如晦。
②非类:行为不端正的人。
③废母后:指唐高宗废王皇后。
④孽子:庶子,姬妾所生的儿子。拒武后的儿子,即唐中宗。
⑤孙:指李敬业。率群:指李敬业起兵反对武则天。不逞:做不应做的事。
⑥夷、貊:外族名。

【译文】

十一月,李勣卧病,对弟弟李弼说:

"我见到房玄龄、杜如晦一生勤劳,只能建立门户,碰上不争气的子孙,使得家庭覆没荡然无存。我所有的子孙,现在全部托付给你。我死以后,你要认真地监督他们。其中如果有志气不伦不类、同行为不正的人交往的人,都先打死,然后上报。"从此不再说话。

范祖禹评说:

《易经》上说:"积累善德的人家,一定有余留的福气;积累恶行的人家,一定有余留的灾祸。"

君子如果想要恩泽施及他的子孙,世世代代保住他的门户,就不如把积累善行遗留给他们了。房玄龄、杜如晦忠心侍奉君主,他们的子孙不成器,宗族覆灭,祭祀断绝。这是因为不幸,不是他们的积累不好。李勣一句话而使得皇帝废掉皇后,立下庶子,贬杀忠臣。

他的罪行极重,处死也不能抵偿,得以死在家里已经很幸运了。至于他的孙子率令部众乱来,以起兵振兴恢复唐王朝为借口,企图非分的幸福,结果耻辱殃及父亲祖父,破开他们的棺材,暴露他们的尸骨,这难道不是他遗留的祸害吗?然而李绩快要死的时候,却把房玄龄、杜如晦作为警戒,可以说是不能反省自己的了。古代父子之间不责求善美,是为了骨肉的亲情不至于断绝。而有志气不伦不类、同行为不正的人交往的子孙,就马上记打死他们,这样残忍没有亲情,与不开化的夷族貊族没有什么不同。这不是用来作为准则的说法。

【原文】

上元二年四月①,太子弘薨。五月,下诏:"朕方欲禅位太子,而疾遽不起,宜申往命,加以尊名,可谥为孝敬皇帝②。"

臣祖禹曰:皇帝者,有天下之号,苟无其位,非所以为赠谥也。父没而后子立,今父在而追尊其子,岂礼也哉?李泌以为武后欲谋篡国,鸩太子洪。盖高宗不之知,而后复加之尊名以掩其迹。是时政出于后,高宗尸位而已③。其后明皇追谥宁王宪,代宗追谥建宁王逾,以此为故事④。皆不正之礼,不可为后世法人。

【注释】

①上元:唐高宗年号,公元 674—676 年。
②谥:封建帝王、大臣或其他有社会地位的人死后被追加的称号。
③尸位:如同尸体在位子上,不理事。
④故事:以往的典章制度,先例。

【译文】

上元二年四月,太子李弘去世。

皇帝五月颁布诏令:

"我正想要帝位让给太子,他却身患重病竟然不能治愈。应该重申以前的命令,给他加上尊贵的名号。可以追称他为孝敬皇帝。"

范祖禹评说:

皇帝是拥有天下者的称号。假如没有在过皇帝的位子上,它就不应该是用来作为追赠的称号。父亲去世以后儿子即位。如今父亲在位而给他的儿子追加尊号，难道合乎礼制吗？李泌认为武后想要阴谋篡国，用毒酒害死太子李弘。

大概唐高宗不知道这种情况，然后又给太子追加尊贵的名号，来掩盖这种迹象。这时政事由武后取决，唐高宗只是在位不理事罢了。

后来唐明皇给宁王李宪追加皇帝称号，唐代宗给建宁王李逾追加皇帝称号，拿这作为先例，都是不正当的礼仪，是不能用来作为后代的规范的。

【原文】

弘道元年二月①，右庶子②、同中书门下三品李义琰改葬父母使其舅氏迁旧墓。帝闻之怒曰：义琰倚势乃陵其舅家，不可复知政事③。义琰闻之，不自安以足疾乞骸骨④。庚子以义琰为银青光录大夫致仕⑤。

臣祖禹曰：高宗责义琰，为宰相而陵其母家，不可以率天下，斯言当矣。然已以才杀元舅，而不自知其恶，何以责臣下之薄于母党乎？由此观之，高宗内牵嬖阴，外劫诡言，以无忌之亲，一旦诛斥，诈移后家哀哉！右高宗在位三十三年崩年五十六。

【注释】

①弘道：唐高宗年号，公元 683 年。
②右庶子：官名。同中书门下三名：官衔名，相当于宰相。
③知：主持。
④乞骸骨：古代官吏因年老请求退职，称作"乞骸"。
⑤银青光禄大夫：散官名，无专职。致仕：辞官回乡。

【译文】

弘道元年二月，右庶子、同中书门下三品李义琰改葬父母，让他舅父家迁移旧坟。皇帝听说了这件事，生气说：

"李义琰凭借权势，竟然欺负他舅父家，不能再主持政事。"

李义琰听说这话，自己很担心，假借脚上有病请求退职。庚子这一天，让李义琰做银青光禄大夫，让他辞官回乡。

范祖禹评说：

唐高宗责备李义琰身为宰相竟然欺凌他舅父家，不可让他统领天下，这话说得太合适了。然而高宗自己由于听信谗言贬杀大舅父，却不知道自己做得不对，凭什么责备臣下对母亲娘家的亲族薄情呢？由此看来，唐高宗里面被宠爱的女人控制，外面被谗言左右，凭长孙无忌那样的亲情关系，一下子加以贬杀，结果帝位转移到武后家里，悲惨啊！

以上唐高宗在位三十三年，去世，享年五十六岁。

中宗

【原文】

嗣圣元年①，春正月，甲辰朔，改元，赦天下，帝欲以皇后父韦玄贞为侍中②，宰相裴炎固争,帝怒曰:"我以天下与玄贞何不可!而惜侍中邪!"炎白太后③,二月,戊午,废帝为庐陵王,幽之。立豫王旦为皇帝。政事皆决于太后,豫王居别殿,不得有所预。立来平王成器为皇太子,赦天下,入元文明。秋九月,甲寅,赦天下,入元光宅。已巳,追尊武氏祖考,皆为王,妣皆为妃。冬十月,柳州司马李敬业举兵于杨州,以匡复为辞,太后遣李孝逸、李知本率兵三十万讨之,复敬业徐氏④。十一月,敬业为其党王那相所杀。

二年春正月⑤,太后赦天下,改元垂拱。三月,丙辰迁帝于房州。三年,春正月,帝在房州。冬十月,有山出于新丰县,太后改新丰为庆山。

四年,秋九月,号州人杨初成自称郎将,募人迎帝于房州,太后杀之。

【注释】

①嗣圣:唐中宗年号,公元 684 年。

②侍中:官名,门下省的长官。

③太后:指武后。

④复敬业姓徐氏:李敬业祖父李绩原来姓徐,投降唐后赐姓李。恢复敬业原来的徐姓,意思是说收回赐姓。

⑤二年:公元 684 年,唐中宗改元嗣圣,只在位两个月,被武后废囚,以后一连二十年,使用的都是武后所定的年号,所以事实上没有嗣圣元年,没有嗣圣二年、三年……。但《唐鉴》作者从正统思想出发,不用武后的年号,仍以嗣圣编年。

【译文】

唐中宗

嗣圣元年,春天正月,申辰这一天初一,改用新年号,大赦天下罪犯。

皇帝想要让皇后的父亲韦玄贞做侍中,宰相裴炎坚决反对。

皇帝生气说:

"我把天下都交给韦玄贞又有什么不可以的呢?却舍不得侍中吗?"

裴炎报告太后。

二月戊午这一天,太后废掉皇帝,让他做庐陵王,把他软禁起来。立豫王李旦为皇帝,政治事务都取决于太后。让豫王住在便殿中,对政事不允许有所干预。立永平王李成器为皇太子,大赦天下,改年号为文明。秋天九月甲寅这一天,大赦天下,改年号为光宅。已巳这一天,追封武后的祖父、父亲都为王,祖母亲都为王妃。冬天十月,柳州司马李敬业在扬州起兵,以匡救恢复唐朝为借口。太后派李孝逸、李知本率兵三十万讨伐他。恢复李敬业本来的徐姓。十一月,李敬业被他的同伙王那相杀害。

嗣圣二年春天正月,太后大赦天下,改用新年号为垂拱。三月丙辰这一天,迁移皇帝到房州。

三年春天正月,皇帝在房州。冬天十月,丰县冒出来一座山,太后改新丰为庆山。

四年秋天九月,赣州人扬初成自称为郎将,招募人马到房州去迎接皇帝,太后把他杀了。

【原文】

五年春正月,帝在房州。太后毁乾元殿,作明堂①。夏五月,太后加号曰圣母神皇。秋八月,琅邪王冲举兵于博州,太后遣丘神绩率兵拒之,冲为其下所杀。越王贞举兵于豫州。九月,太后遣崇裕、岑长倩率兵拒之,削贞冲属籍②,改其姓为媛虺氏,贞自杀。冬十二月,太后杀霍王元轨、江都王绪,大杀唐宗室,流其幼者于岭南,改明堂为万象神宫。

【注释】

①明堂:古代帝王皇位宣明政教举行仪礼的殿堂。
②属籍:家族的名册。

【译文】

五年春天正月,皇帝在房州。太后毁掉乾元殿,重建明堂。

夏天五月,太后加上称号"圣母神皇"。

秋天八月,琅邪王李冲在博州起兵。太后派丘神绩率兵抵挡他,李冲被他的部下所杀。越王贞在豫州起兵。

九月,太后派麴崇裕、岑长倩领镇压他。从家族名册上除掉李贞、李冲的名字,把他们的姓改成虺。李贞自杀。冬天十二月,太后杀掉霍王李元轨和江都王李绪,大肆杀戮唐朝皇族,把其中年幼的流放到岭南,把明堂改为万象神宫。

【原文】

六年,春正月,帝在房州。太后享于万象神宫①,赦天下,改元来昌,追尊考曰皇,妣曰后。夏四月,杀汝南王炜、鄱阳公铁等宗室十二人,秋七月,流纪王慎于巴州,改其姓为虺氏,冬十月,杀嗣郑王等六人,流嗣滕王修琦等六人于岭南。十一月,太后大赦,改元载初以十一月为元年正月,十二月为腊月来岁正月为一月,除唐宗室属籍。

【注释】

①享:设宴招待诗人。

【译文】

六年春天正月,皇帝在房州。太后在万象宫摆宴,大赦下天下罪犯,改年号为永昌,追认尊奉死去的父亲为皇帝,死去的母亲为皇后。夏天四月,杀掉汝南王李炜、鄱阳公等皇族十二人。秋天七月,把纪王李慎流放到巴州,把他的姓氏改成虺。冬天十月,把嗣郑王李敬等六个人杀掉,把流放嗣滕王李循琦等六个人到岭南。十一月,太后大赦天下,改年后为载初,把十一月作为元年正月,十二月为腊月,来年正月为一月,从家族名册上除去唐朝皇族的名字。

【原文】

七年,春正月,帝在房州。夏五月,太后杀梁郡公孝逸。秋七月,流舒王元名于

国学经典文库

资政秘典

·唐鉴·

图文珍藏版

93

和州,杀豫章郡王柜、泽王上金、许王素节。八月,杀南安郡王颖等宗室十二人。九月,壬年,太后改国号曰周,大赦,改元天授,加尊号曰圣神皇帝。以豫王为皇嗣,赐姓武氏,永平王为皇孙,立武氏七庙①,追尊祖考皆曰皇帝,妣皆曰皇后,武氏亲属皆为王,女皆为公主。冬十月,杀许王素节之子瑛等八人。十一月,改置社稷②纳武氏主于太庙③,改唐太庙为享德庙。乙酉,日南至,祀昊天上帝于明堂以武祖配④。

【注释】

①七庙:古代天子建七庙,供奉七代祖先。
②社稷:指祭祀土地神和五谷神的祭坛。
③主:供奉死人的牌位,又称神主。太庙:皇帝的祖庙。
④配:配享,附祭。

【译文】

七年春天正月,皇帝在房州。夏天五月,太后杀掉梁郡公李孝逸。
秋天七月,流放舒王李元名到和州,杀掉豫章郡王李宣、泽王李上金、许王李素节。八月,杀掉南安郡王李颖等皇族十二人。九月壬午这一天,太后国号为周,大赦天下;改年号为天授,给自己加上尊号叫圣神皇帝;让豫王李旦当皇位继承人,赐他姓武,让永平王当皇孙;建武家七庙,追尊祖父、父亲都称皇帝,祖母、母亲都称皇后;让武氏家族近亲男的都称王,姑娘都称公主。冬天十月,把许王李素节的儿子李瑛等八人杀掉。十一月,改建社稷坛,把武家的祖宗牌位供进太庙,改太庙为享德庙。乙酉这一天,太阳从南方升起。在明堂祭祀昊天上帝,以武氏祖先附祭。

【原文】

八年,春正月,帝在房州。
九年,春正月,帝在房州。夏四月,太后赦天下,改元如意。秋九月赦天下,改元长寿,更以九月为社冬,十二月杀豫王妃刘氏,德妃窦氏。
十年,春正月,帝在房州。
十一年,春正月,帝在房州。夏五月,太后杀天下,改元延载,十一月,赦天下,改元证圣。万象神宫火。
十二年,春正月,帝在房州。秋九月,太后合祭天地于南郊,赦天下,改元天册万岁。十二,月封于神岳①,赦天下,改元万岁登封,禅于少室②。
十三年,春正月,帝在房州。三月,太后复作明堂,改曰通天宫。赦天下,改元万岁通天。冬十一月,享于通天宫,族刘思礼等三十六家,流其亲属千余人。

【注释】

①封:帝王建土坛祭天。神岳:指泰山。
②禅:帝王祭地。少室:山名,在今河南省登封市北。

【译文】

八年春天正月,皇帝在房州。

　　九年春天正月,皇帝在房州。夏天四月,太后赦免天下罪犯,定年号为如意。秋天九月,大赦天下,改年号为元寿,改在九月祭祀土地神。冬天十二月,杀死豫王的王妃刘氏和德妃窦氏。

　　十年春天正月,皇帝在房州。

　　十一年春天正月,皇帝在房州。夏天五月,太后大赦天下,定年号为延载。十一月,大赦天下,改年号为延载。十一月,大赦天下,改年号为证圣。万象神宫失火。

　　十二年春天正月,皇帝在房州。秋天九月,太后在南郊同时祭天祭地,大赦天下,改年号为无册万岁。十二月,到泰山祭天,大赦天下,改年号为万岁登封,到少室山祭地。

　　十三年春天正月,皇帝在房州。三月,太后重新修建明堂,改名称为通天宫;大赦天下,改年号为万岁通天。冬天十一月,在通天宫摆宴。族灭刘思礼等三十六家,流放他们的家属千人。

【原文】

　　十四年,春正月,帝在房州,夏四月,太后作九鼎①。秋九月,享于通天宫。赦天下,改元神功。冬十一月,甲子,享于通天宫,赦天下,改元圣历。

　　十五年,春三月,戊午,帝至自房州。冬十一月,太后以豫王旦为相王。

　　十六年,春正月,帝在东宫。

　　十七年,春正月,帝在东宫。冬十月,太后复以正月为十一月,一月为正月,赦天下。

　　十八年,春正月,帝在东宫。太后改元大足。冬十月,太后如京师,赦天下,改元长安。

　　十九年,春正月,帝在东宫。冬十一月,太后祀南郊,赦天下。

　　二十年,春正月,帝在东宫。冬十一月,太后如东都②。

　　二十一年,春正月,帝在东宫。

【注释】

　　①九鼎:古代象征国家政权的传国之宝。相传夏禹铸九鼎,象征九州(全国)。
　　②东都:唐朝以洛阳为东都。

【译文】

　　十四年春天正月,皇帝在房州。夏天四月,太后铸造九鼎。秋天七月,在通天宫设宴。大赦天下,改年号为神功。冬天十一月,甲子这一天,在通天宫摆宴。大赦天下,改年号为圣历。

　　十五年春天正月,戊午这一天,皇帝从房州到京城。冬天十一月,太后任豫王旦为相王。

　　十六年春天正月,皇帝在东宫。

　　十七年春天正月,皇帝在东宫。冬天十月,太后又以正月为十一月,十月为正月,大赦天下。

　　十八年春天正月,皇帝在东宫。太后改年后为大足。冬天十月,太后到京城,大赦天下,改年号为长安。

十九年春天正月,皇帝在东宫。冬天十一月,太后在南郊祭祀。

二十年春天正月,皇帝在东宫。冬天十一月,太后去东都。

二十一年春天正月,太后在东宫。

【原文】

神龙元年春正月①,癸卯,张东之、崔玄彻、敬晖、桓彦范、元恕巳、李湛、薛思行、赵承恩、杨元琰、李多祚、崔泰之、朱敬则、冀仲甫、翟世言、王同皎率左右羽林兵,迎帝于东宫。诛张易之、张昌宗、张同休、张昌仪、张景雄,甲辰,大赦,改元。丙午,帝复于位,徙太后于上阳宫,二月,甲寅,复国号曰唐。

臣祖禹曰:昔季氏出其君②,鲁无君者八年,《春秋》每岁必书公之所在,及其居乾侯也,正月必书曰:"公在乾侯,不与季氏之专国也。"自司马迁作吕后本纪,后世为史者因之故,唐史亦列武后于本纪③,其于记事之体则实矣。春秋之法,则未用也。或曰:"武后母也,中宗子也。母虽不慈,子不可以不孝。中宗欲以天下与韦元正,不得为无罪;武后实有天下,不得不列于本纪;不没其实,所以著其恶也。"臣以为不然,中宗之有天下,受之于高宗也。武后以无罪而废其子,是绝先君之世也,况其革命乎?中宗曰:"我以天下与韦元贞何不可!"此乃一时拒谏之忿辞,非实欲行之也。若以为罪,则汉哀帝之欲禅位董贤,其臣亦可废立也,春秋吴楚之君不称王④,所以存周室也,天下者唐之天下也,武氏岂得而间之。故臣复击嗣圣之年,黜武氏之号,以为母后祸乱之戒。窃取春秋之义,虽获罪于君子而不辞也。

【注释】

①神龙:唐中宗年号,公元705—707年。

②李氏:指春秋时期鲁国的当权贵族。

③唐史:指《旧唐书》与《新唐书》。

④《春秋》吴楚之君不称王:春秋时期吴国、楚国的国君自称王,而《春秋》不称他们为王。

【译文】

神龙元年春天的正月,癸卯这一天,张柬之、崔玄晖、敬晖、桓彦范、李湛、袁恕己、薛思行、赵承恩、李多祚、杨元琰、崔泰之、冀仲甫、朱敬则、翟世言、王同皎率领左右羽林军去东宫迎接皇帝。诛杀张易之、张昌宗、张昌仪、张同休、张景雄。甲辰这一天,大赦天下,改用新年号。丙午这一天,皇帝恢复帝位,把太后迁徙到上阳宫。二月甲寅这一天,恢复国号为唐。

范祖禹评说:

从前季氏把他的国君逼走,鲁国八年没有君主,《春秋》每年一定写出鲁国国君的所在地。直到他住在乾侯的时候,每年正月一定写上:"国君在乾侯。"这是不承认季氏专断国政。

自从司马迁写作《吕后本纪》,后代写史书的人沿袭这种做法,所以唐朝史也把武后列在本纪中。

这样做对记述事实的本体来说是真实了,而《春秋》的笔法,却是没有使用。

有人说：

"武后是母亲，中宗是儿子。母亲虽然不仁慈，儿子却不能不孝顺。中宗想要把天下交给韦元贞，不能说是没有罪过。武后实际上拥有天下，不能不列在本纪中。不湮没她的实际情况，是以此来显露她的罪恶的。"

我认为不对。

唐中宗拥有天下，是从唐高宗那里承受下来的。武后废除她没有罪过的儿子，这是割断先皇的世代，况且她还变革天命呢？唐中宗说：

"我把天下交给韦元贞，有什么不行呢？"这是一时拒绝谏言的激愤言辞，并不是实际想要这样做的。如果认为这是他的罪过，那么汉哀帝想要让位给董贤，他的臣下也可以把他废掉吗？《春秋》对吴国和楚国的国君不称王，这是尊重周王朝的办法。

天下是唐朝的天下，武后怎么可以过问呢？因此我仍然使用嗣圣的年号，黜免武后的年号，以此作为母后祸乱国家的警戒。私下里取用《春秋》的用意，即使得罪了君子也是不推辞的。

【原文】

二年四月，处士韦月将上书①，告武三思潜通宫掖②，必为逆乱。帝大怒，命斩之。黄门侍郎宋㻂固执不奉诏，苏瑰等皆以为方夏行戮，有违时令。帝乃命与杖流岭南。过秋分一日，平晓广州都督周仁轨斩之。

臣祖禹曰：自古杀谏臣，未有不亡国者。中宗愚暗，足以取亡。而高祖太宗德泽未远，人心天命未厌唐也，故祸及其身而已矣。

【注释】

①处士：没有做官的士人。
②武三思潜通宫掖：武三思是武则天的侄子，与中宗后韦后私通。宫掖：宫廷。

【译文】

神龙二年四月，处士韦月将呈上书表，告发武三思暗地私通宫廷，必会叛逆作乱。

皇帝大怒，命令杀了韦月将。黄门侍郎宋璟坚决不奉行诏命。苏珦等人都认为在夏天杀人，违背天时节令。皇帝就命令杖打之后流放到岭南。过了秋分后一天，拂晓的时候，广州都督周仁轨把韦月将杀害了。

范祖禹评说：

自古以来，杀死进谏官员，没有不灭亡的。唐中宗愚蠢糊涂，足以自取灭亡。而由于唐高祖和唐太宗的恩德不远，人心和天命都没有厌弃唐朝，所以实祸只降临到他自己的身上罢了。

【原文】

景龙四年四月①，定州人郎岌上言："韦后宗楚客将为逆乱。"韦后白帝杖杀之。五月许州司兵参军燕钦融复上言："皇后淫乱，干预国政，宗族强盛；安乐公主、式延秀、宗楚客图危宗社。"帝召钦融面诘之。钦融顿首抗言，神色不挠；帝默然。宗楚客矫制令飞骑扑杀之,投于殿庭石上,折颈而死,楚客大呼称快。帝虽不穷问,意颇怏怏不悦。由是韦后及其党始忧惧。

臣祖禹曰:《易》恒之初六曰②:"系于金欜③,贞吉,有攸往④,见凶羸豕孚蹢躅⑤。"恒之初六阴柔之始也,以刚德制之,则得正吉;纵之以往,则无所不凶;若羸豕之孚,无时而自止也。夫女子小人放而不制,其恶必至于滔天,弑父与君而后已,是以圣人戒之。中宗一怏怏不悦,而其身已不保,虽欲制之其可得乎。

右中宗即位之明年,为武后所废,凡二十二年而复位。复位六年,为韦后及安乐公主,马秦客、杨均所毒而崩,年五十五。

【注释】

①景龙:唐中宗年号,公元707—710年。
②恒:恒卦。初,下爻(组成卦的符号)。六:阴爻的名称。
③金欜:制动车轮的木块。
④攸:所。
⑤羸:通"累",束缚,被束缚。豕:猪。孚:通"浮",浮躁。

【译文】

景龙四年四月,定州人郎岌上奏说韦后和宗楚客欲将谋返作乱。韦后告诉皇帝,用棍杖打死了郎岌。

五月,许州司兵参军燕钦融又上奏说皇后淫乱,干预国家政事,她娘家宗族强盛,安乐公主、武廷秀、宗楚客企业图危害宗庙社稷。皇帝召见燕钦融当面追查。燕钦融磕头头大声说话,神色不变。皇帝默默无语。

宗楚客假传圣旨派人快马杀害他,把他抛到宫殿庭院石头上面,折断脖子死去。

宗楚客大声喊叫表示快意。皇帝虽然不追究责问,神色却非常不满意不高兴。从此韦后和她的同党开始担忧害怕起来。

范祖禹评说:

《易经》恒卦的"初六"爻辞说:"好像牵动制动车轮的木块,吉利。如有所往,会遇见凶险。像被捆绑住的猪那样浮躁不安。"

恒卦的"初六"爻辞是阴柔的开始,以刚强控制它就能吉利,放开它走去就无处不凶险。就像是被捆绑的猪那样浮躁,没有止住自己的时候。那些女人和小人,放纵他们而不加管束,他们的罪行必定会大得达到极点,直到杀死父亲和君主以后才停下来。因此圣人戒备他们。

唐中宗一旦不满意不高兴,他已经不能保全自身,即使想要约束他们,又怎么能够呢?

以上唐中宗即位的第二年,被武后废掉,长达二十二年才恢复帝位。恢复帝位六年,被韦后和安乐公主、马秦客、杨均毒害而去世,终年五十五岁。

唐鉴第八卷

睿宗　玄宗上

睿宗

【原文】

景云元年十二月①,帝以二女西城、隆昌公主为女官,以资天皇天后之福②。

臣祖禹曰,孔子曰:"生事之以礼,死葬之以礼,祭之以礼,可谓孝矣。"未闻以女子为女官,而可以资福于其亲者也。天子之女,下之所取则也,不从先王之礼,而从方士③之言,袭非法之服,奉不享之祠,以是为孝,非所以率天下也。夫古之人岂不欲舍其子,而厚其亲,若其可为,则先王为之矣,不待后世而始能行也。至于明皇亦以女追福于睿宗,皆废人伦,蔑典礼,不可为后世法也。

【注释】

①景云:唐睿宗年号,公元710年。

②天皇天后:指唐高宗和武后。

③方士:从事求仙、炼丹的人。

【译文】

景云元年十二月,皇上让两个女儿西城公主、隆昌公主当宫中的女官,以此来增添天皇和天后的福德。

范祖禹评说:

孔子说:"父母活着的时候按照仪侍奉他们,死去以后按照礼仪安葬他们,按照礼祭奠他们,就可以说是孝顺了。"没听说过让女儿当宫中的女官,而能给他的父母增添福德的。天子的女儿,是天下人拿来作为效法的对象。不依从先王的礼制,而听从方士的谎话,穿着不合礼法的服饰,供奉不该享祭的神灵。用这样的办法尽孝道,不是为天下做表率的办法。

古代的人们并非不想舍弃他们的子女来厚待他们的父母? 如果可以那样做,先王早就那样做了,是不会等到后代才能做的。

到了唐明皇,也让女儿当宫中女官来给唐睿宗增添福德,都是废灭人间伦理,无视典章礼制,不可以被后代效法的。

【原文】

二年正月,追立妃刘氏曰肃明皇后,陵曰惠陵;德妃窦氏曰昭成皇后,陵曰靖陵。皆招魂葬于东都城南,立庙京师,号仪坤庙。

臣祖禹曰:人之死也,魂气归于天,形魄归于地;葬所以藏体魄也,若魂气则无不之也;苟无体魄则立庙以祀之而已,魂气不可得而葬也。夫棺椁所以掩形也,墓所以藏棺椁也;其形气既无有矣,而必为之陵墓,不亦虚乎。

右睿宗在位四年,传位于玄宗。开元四年崩,年五十五。

【译文】

景云二年正月,追认皇妃刘氏为肃明皇后,陵墓称作惠陵;德妃窦氏为昭成皇后,陵墓称作靖陵。都为她们招魂,埋葬在东都城南,在京城建立庙堂,称为坤仪庙。

范祖禹评说:

人死以后,魂气归到天上,形体归到地下。埋葬是用来收藏形体的。至于魂气却是无所不至的。如果没有形体,就建庙来祭祀它罢了,魂气是不可能埋葬的。棺椁是用来掩蔽形体的,坟墓是用来埋藏棺椁的。人的形体和气息已经没有了,而一定要为他建立陵墓,不也是空的吗?以上唐睿宗在位四年,传位给唐玄宗,开元四年去世,享年五十五岁。

玄宗上

【原文】

开元元年七月①,以高力士为右监门将军,知内侍省事②。初,太宗定制,内侍省不置三品官,黄衣廪食③,守门传命而已。天后虽女主,宦官亦不用事。中宗时,嬖幸猥多,宦官七品以上至千余人,然衣绯者尚寡④。帝在藩邸,力士倾心奉之,及为太子,奏为内给事⑤,至是以诛萧岑功赏之。是后宦官稍增至三千余人,除三品将军者寝多,衣绯紫者千余人⑥,宦官之盛自此始。

臣祖禹曰:自古国家之败,未有不由子孙更变祖宗之旧也。创业之君,其得之也难,故其防患也深,其虑之也远,故其立法也密。后世虽有聪明才智之君,高出群臣之表,然未若祖宗更事之多也。夫中人不可假以威权⑦,盖近而易以为奸也。明皇不戒履霜之渐⑧,而轻变太宗之制,崇宠宦官,增多其员。自是以来,浸干国政,其原一启,末流不可复塞,唐室之祸,基于开元。书曰:"监于先王成宪,其永无愆。"为人后嗣,可不念之哉!

【注释】

①开元:唐玄宗年号。
②内侍者:宫廷内官署名,掌管宫廷事务,官员由宦官担任。

③廪食:官府供给饮食。

④衣绯:指穿红色官服。唐朝制度,四品和五品官穿红色官服。

⑤内给事:宫内官名,掌管宫中事务。

⑥紫:指紫色官服。唐制,三品以上官员穿紫色官服。

⑦中人:宦官。

⑧履霜:《易经·坤卦》:"履霜坚冰至。"意思是行走在霜上而知严寒冰冻将至,比喻防微杜渐,及早警惕。

【译文】

唐玄宗上

开元元年七月,让高力士做右监门将军,主管内侍省事务。

当初,唐太宗定下制度,内侍省不设置三品官,只是穿着黄色衣服,由官府供应饭食,把守门户传达命令罢了。

天后武则天虽然是女君主,但当时宦官不掌权。

唐中宗的时候,受宠的宦官众多,宦官七品以上的达到一千多人,然而穿红色官服的四品五品官尚还不多。

皇帝在藩王府的时候,高力士一心一意侍奉他。到了成为太子的时候,奏请让他做了内给事。到了这时,由于诛杀萧岑的功劳赏赐他。

这以后宦官渐渐增加到三千多人,任命为三品将军的逐渐多起来,穿红色紫色官服的五品到一品官有一千多人。宦官的兴盛从此开始。

范祖禹评说:

自古以来国家的衰败,没有不是由于子孙变更祖宗的旧制度的。开创基业的君主,他们得到天下很困难,所以他们极力防止祸害,他们的深谋远虑,他们建立的法制周密。后代虽然有聪明才智的君主,高出于群臣之外,但是经历世事不如祖宗那样多。宦官不能给他们威势权力,是因为他们接近皇帝并且容易干坏事。唐明皇不及早戒备防微杜渐,而轻易改变唐太宗的制度,提高宦官的地位,宠信宦官,增加他们的人数。

从此,宦官渐渐干预国家政事。这种源泉一打开,末流就不能再堵住。唐朝的祸乱,根源在开元年间。

《书经》上说:"借鉴先王制定的法制,永远没有过错。"作为人君的后代,可以不记住这句话吗?

【原文】

十月,姚崇为相,尝奏请序进郎吏①,帝仰视殿屋,崇再三言之,终不应。崇惧,趋出。高力士谏曰:"陛下新总万机,宰相奏事,当面加可否,奈何一不省察!"帝曰:"朕任崇以应政,大事当奏闻共议之;郎吏毕秩,乃一一烦朕邪!"会力士宣事至省中②,为崇道帝语,崇乃嘉。闻者皆服帝识人君之体。

臣祖禹曰:人君劳于求贤,逸于任人,古者畴咨金谐③,然后用之。苟得其人则任而勿疑,乃可以责成功。明皇既相姚崇,而委任之如此,其能致开元之治,不亦宜哉!

・唐鉴・

【注释】

①郎：官名，唐时中央机关中、上层官员。

②省：中央官署名。

③畴：谁。咨：问。佥：都。谐：谐和。

【译文】

十月，姚崇做宰相，曾经奏请按照顺序进用郎官属吏，皇帝抬头仰视殿堂。

姚崇再三说到这件事，皇帝始终不答应。姚崇害怕了，疾步走了出去。高力士劝皇帝说：

"陛下刚刚统领国家各种事务，宰相奏请事情，应该当面加以认可或者否定。为什么总是不加理睬呢？"

皇帝说：

"我把各种政务大事委托姚崇办理，他应当奏请报告共同商议。郎官属吏品级低微，还要一个一个地来麻烦我吗？"

正好高力士到官署中传达事情，对姚崇说出皇帝的话，姚崇这才高兴起来。听说这件事情的人都佩服皇帝懂得君主的本分。

范祖禹评说：

君主在寻求贤能人才方面很辛劳，在任用人才方面很安逸。古代问谁都说可以的人，然后才任用他。如果得到这样的人，就任用他而不加怀疑，这样才可以要求他办成事情。

唐明皇既然让姚崇做宰相，而且这样委托任用姚崇，他能够实现开元年代的太平兴盛，不也是应该的吗？

【原文】

二年正月，并州长史薛讷奏请击契丹①，帝亦以冷陉之役，欲讨之，群臣姚崇等多谏。甲申，以讷同紫微黄门三品将兵击契丹②，群臣乃不敢言。

臣祖禹曰：姚崇等以其君讨契册为是邪？当成之；为非邪？当争之；不可微谏而止也。明皇既不听谏，又益甚之，遂相薛讷，而使之将兵，崇等乃不敢言。则是人君可以威胁群臣，而遂其非也。然则君有大过，将何以止之？夫人臣谏而不听，则当去位，苟不能强谏，而视其君之过举，至于天下咸怨，其臣则曰："非我不谏君，不能用我也。"始则择利以处其身，终则引谤以归于君，此不忠之大者也。使君骄其臣，而轻于用武，天下不胜其弊，崇之罪也。

【注释】

①契丹：少数民族，在东北。

②紫微黄门：紫微省和黄门省，当时中央机构，这里是紫微令和黄门令的意思。

【译文】

开元二年正月，并州长史薛讷上奏请求攻打契丹，皇帝也由于冷陉之战失败，想要讨伐契丹。众臣和姚崇等人大多进行劝阻。甲申这一天，封薛讷同紫微黄门三品率兵攻打契丹,大臣们才不敢再说什么。

范祖禹评说:

姚崇等人如果认为他们的君主讨伐契丹是对的,应当促成这件事;明知不对就应当争论这件事,不可以稍微劝阻就停下来。唐明皇既不听从规劝,又变本加厉,竟然让薛讷当宰相,派他率领军队,姚崇等才不敢再进言。

这是由于君主可以用皇威压制群臣,来实现他的错误想法。然而君主犯了重大错误,将要怎样制止他呢?规劝君主而君主不听从,自己就应当离开职位。

如果不能极力劝阻,而眼看着他的君主犯错误,以至于天下都怨恨,那些臣子却说:

"不是我不规劝君主,是君主不能任用我。"开始的时候选择有利的地方使自己站得住脚,最后把罪过归到他的君主身上,这是最大的不忠。使得君主对他的臣子骄横,轻易地使用武力,天下承受不了他的弊端,都是姚崇的罪过啊。

【原文】

帝素友爱,近世帝王莫能及。初即位,为长枕大被,与兄弟同寝。听朝罢,多从诸王游在禁中①,拜跪如家人礼,饮食起居,相与同之。于殿中设五幄,与诸王更处,其中,谓之五王帐。宋王成器尤恭慎,未尝议及时政,与人交结;帝愈信重之,故谗间之言无自而入。

臣祖禹曰:文王孝于王季②,故友于兄弟,睦于太姒③,故慈于子孙以及其家邦,至于鸟兽草木无不被泽者,推其心而已矣。先王未有孝而不友,友而不慈者也。至于后世帝王或能于此,则不能于彼,何哉?非其才不足以为圣贤,不能举斯心加诸彼而已,明皇以藩王有功④,成器居嫡长能而辞位以授之,故明皇之心笃于兄弟;盖成器之行有,以养其友爱之心也。是以能全其天性,而谗间之言无自入焉。呜呼!苟能充是心,则仁不可胜用也。至于为人父则以谗杀其子,为人夫则以嬖黜其妻,为人君则以非罪殄戮其臣下,是皆还不能充其类也。也苟不能充其类,则其为善岂不出于利心哉!

【注释】

①禁中:皇宫。

②王季:周文王的父亲。

③太姒:周文王的妻子。

④藩王:指唐玄宗最初被封为楚王。

【译文】

皇帝一向对人友好,近代帝王没有谁能赶得上他。刚即位的时候,制作长枕头大被子,和兄弟们一起睡觉。上朝处理朝政以后,常常跟各位王爷一起在皇宫里游玩。拜和跪都像家里人一样行礼,饮食起居互相在一起。在殿堂中设置五座帐幕,和各位王爷轮番呆在里面,称作五王帐。宋王李成器特别谦恭谨慎,未曾谈到当时政事,也不同外人交往,皇帝更加信任重视他,所以陷害他和离间他的话都无孔可钻。

范祖禹评说:

周文王对父亲王季孝顺,所以对哥哥弟弟友爱;对妻子太姒和睦,所以对子孙慈祥,并波及他的家族国家。以至于鸟兽草木都承受他的恩德的,只是由于推广他的情意罢了。

先前的帝王没有孝顺而不友爱,友爱而不慈祥的。至于后代帝王,有的在这一方面做得好,在那一方面却做得不好,为什么呢?不是他的才能不足以成为圣贤,只是不能把这种情意施加给别人罢了。

唐明皇在当楚王的时候有功劳,李成器居嫡长子的地位,能够把帝位让给他,所以在唐明皇的心里,对兄长弟弟很厚道。大概是李成器的行为,是培养他友爱之心的因素。因此能够保全他的天性,而陷害、离间的话就没有地方进来了。唉!如果能够推广这种情意,那么仁德就是不可能用完的了。至于那些做父亲的却由于听信谗言而杀掉他的儿子,做丈夫的却由于宠爱别人而黜弃他的妻子,做君主的没有罪过而杀戮他的臣下,这都是因为不能推广类似的善心。如果不能推广类似的善心,那么他做好事,岂不是从贪图私利的想法出发的吗?

【原文】

三年十二月,或上言按擦使徒烦扰公私[①],请精选刺史、县令,停按察使。帝命召尚书省官议之[②]。姚崇以为:"今止择十使,犹患未尽得人,况天下三百余州,县多数倍,安得刺史县令皆称其职乎!"乃止。

臣祖禹曰:姚崇之辩,虽能折议者之言,然亦未为得也。夫天子者,择一相而任之;一相者,择十使而使之;十使者,择刺史县令而置之;贤者举之,不肖者去之;则君不劳而天下治矣。故有一相则有十使矣,有十使则有刺史、县令矣,何患乎不得其人哉?任相者,天子之事也;选使者,相之职也;察史者,使之责也;郡县之广,守令之众,焉得人人而择之,苟相得其人,则委之择大吏而已矣,吏非其人,则是相之不才也,退之而已矣。崇不论此,乃以为刺史县令不可偏择,岂宰相之体乎!

【注释】

①按察使:官名,负责巡察各地。
②尚书省:中央官署名,唐代与中书省、门下省合称三省,长官为尚书令,负责宰相职务。

【译文】

开元三年十二月,有人上奏说按察使只是麻烦扰乱公家和私人,请求精心选择刺史和县令,停止设置按察使。

皇帝命令召集尚书省的官员讨论这件事。姚崇认为现在只选择十个按察使,尚且发愁没有完全得到称职的人才,况且天下三百多个州,县比州又多出几倍,哪里能够得到都称职的刺史和县令呢?事情就没有办成。

范祖禹评说:

姚崇的说法,虽然能够折服建议人的意见,但是也不是很恰当的。天子选择一个宰相来任命他,一个宰相选择十个按察使来使用他们,十个按察使选择刺史、县令来安排他们。推举贤良的人;铲除不好的人,那么君主不辛劳而天下就太平了。

所以有一个宰相只要有十个按察使,有十个按察使就有刺史和县令了。愁什么不能得到称职的人呢？任命宰相是天子的事情，挑选按察使是宰相的职责，考察官吏是按察使的任务。

州县繁多，刺史、县令众多，怎么能够一个一个地选择他们呢？如果宰相一职得到了合适的人，那么委托他选择大官吏就行了。大官吏是不称职的人，这就是宰相没有才能，把他退免掉就行了。

姚崇不能指出这个道理，却认为刺史、县令不可能普遍选择，难道尽到宰相的职责了吗？

【原文】

四年，姚崇荐广州都督宋璟自代。十二月，帝将幸东都，以璟为刑部尚书、西京留守，遣内侍将军杨思勖迎之。璟在途竟不与思勖交言。思勖素贵幸，归诉于帝，帝嗟叹良久，益重璟。

臣祖禹曰：昔申枨以欲不得为刚①，宋璟所以能刚，其唯无欲乎？明皇以此重之，可谓能知贤矣。

【注释】

①申枨：春秋时人，孔子的弟子。

【译文】

开元四年，姚崇推荐广州都督宋璟代替自己。十二月，皇帝将要驾临东都洛阳，任命宋璟为刑部尚书、西京留守，派遣内侍将军杨思勖迎接他。宋璟在路上一直不与杨思勖交谈。杨思勖一向尊贵受宠，回去告知皇帝。皇帝感叹很长时间，更加器重宋璟。

范祖禹评说：

从前申枨由于有私欲而不能算是刚直。宋璟之所以能够刚直，只是因为没有私欲吧？唐明皇由于这一点器重他，可以说是能够了解贤良的人才了。

【原文】

宋璟为相。突厥默啜自则天世为中国患①，朝廷旰食②，倾天下之力不能克。郝灵荃得其首，自谓不世之功。璟以天子好武功。恐好事者竞生心侥幸，痛抑其赏，逾年始授郎将；灵荃恸哭而死。

臣祖禹曰：宋璟可谓贤相矣，见其始而知其终，沮其胜而忧其败，惩人主之好武为天下患之深也。其后明皇卒以黩武至于大乱，何其智之明欤，其可谓贤相矣。

【注释】

①突厥：古代我国西部、北部民族名。默啜：当时突厥的首领。
②旰食：很晚才吃饭。

【译文】

宋璟做宰相。突厥默啜从武则天时代就成为中国的祸患，朝廷忙得很晚才吃饭，竭尽全国的力量也不能打败他。

郝灵荃取下默啜的首级,自认为这是当代少有的功劳。宋璟认为皇帝爱好动武,恐怕好事的人争着产生侥幸的心理,就压制对郝灵荃的赏赐,过了一年,才授予郎将的职衔。郝灵荃痛哭而死。

范祖禹评说:

宋璟可以说是贤良的宰相了。他见到唐玄宗的开始就知道他的终结,阻止他的胜利而担心他的失败,警戒君主爱好武事,为天下深深地担忧。后来唐明皇终于因为任意发动战争弄得国家大乱。为什么宋璟的智慧这样高明啊?他可以说是贤良的宰相了。

【原文】

姚宋相继为相,二人每进见,帝辄为之起,去则临轩送之①。及李林甫为相,虽宠任过于姚宋,然礼遇殊卑薄矣。

臣祖禹曰:三公坐而论道②,天子所与共天位,治天职者也③。故其礼不可不尊,其任不可不重。自尧舜至于三代尊礼辅相,诗书著矣;汉承秦敝,崇君卑臣,然犹宰相进见天子。御坐为起,在舆为下,所以体貌大臣,而风厉其节也④。开元之初,明皇励精政治,优礼故老,姚宋是师;天宝以后⑤宴安骄侈,倦求贤俊,委政群下;彼小人者唯利是就,不顾国体,巧言令色,以求亲昵;人主甘之,薄于体厚于情;是以林甫得容其奸,故人君不体貌大臣,则贤者日退,而小人日进矣。

【注释】

①临轩:帝王不坐正殿而来到殿前。
②三公:辅助国君掌管军政大权的最高官员。
③天位:指官位。天职:指政事。
④体貌:以礼相待。
⑤天宝:唐玄宗年号,公元742—756年。

【译文】

姚崇、宋璟相继做宰相。二人每次上朝拜见,皇帝总是站起身来迎接,离去时就走到殿前送别他们。到了李林甫做宰相,虽然宠爱信任超过姚崇、宋璟,但是尊敬有礼的待遇却很微薄了。

范祖禹评说:

同三公一起坐下来谈论治国的办法,是天子和他们一起共有官位并治理政事的行动。

所以对他们的礼节应该尊敬,给他们的任务应该重大。

从尧、舜到三代,尊敬礼遇辅佐天子的大臣,《诗经》《书经》上记载得都很明显了。汉朝承袭秦朝的弊端,崇敬君主,把臣子看得很低下。但是宰相进朝拜见皇帝,皇帝在坐着的时候仍然为了他而站起来,在车子里的时候仍然为了他而下车,这是用来礼遇大臣并且激励他们的节操的。

开元的起初,唐明皇振作精神治理政事,以优厚的礼遇对待过去的元老,把姚崇、宋璟看作老师。

天宝以后,安逸享乐骄横奢侈,厌倦寻求贤才俊杰,把政事交付给一些德才低下的人。那些小人只图私利,不顾国家。他们花言巧语,眉飞色舞,以此希求亲近君主。君主觉得他们很好,在礼节方面很菲薄而在感情方面很深厚,因此李林甫得以施展他的奸诈。所以君主不礼遇大臣,贤良的人就会一天天退出,小人就会一天天进前了。

【原文】

十年四月,以兵部尚书同中书门下三品张说兼朔方军节度使①。

臣祖禹曰:宰相之职,无不总统,而兼节制一道,此开元之乱制也。孔子曰:"必也,正名乎。"夫宰相百官之首也,名且不正,则何以正百官矣。自古官制之紊,未有如开者也。然则后世何所法乎。

【注释】

①同中书门下三品:官衔名,相当于宰相职位。朔方:朔方道,唐时把全国行政区域划分为十道,朔方道是其中之一。

【译文】

开元十年四月,命兵部尚书同中书门下三品张说兼任朔方道军事节度使。

范祖禹评说:

宰相的职责,却是总管全国事务的。而让宰相同时调度管束一个道,这是开元年间的混乱制度。

孔子说:"一定要弄清名分啊!"宰相是百官的首领。名分尚且不清,又凭什么正百官呢?自古以来官吏制度的紊乱,没有像开元年间那样的。这样一来,那么后代又效法什么呢?

【原文】

六月,制①增太庙为九室。

臣祖禹曰:《书》曰:"七世之庙,可以观德。"荀卿曰:"有天下者,事七世天子。"七庙,自古以来未之有改也。其祖宗有功德而其庙不毁,则无世数充之三宗②,周之文武是也,然则三昭三穆之外③,犹足以祖有功而宗有德矣。明皇始为九庙,过其制矣。夫礼不可多也,可寡也,三代之礼,所以为后世之法者,尽矣。唐制何所取乎!

【注释】

①制:诏命。
②三宗:指商代帝王中宗、高宗、太甲。
③三昭三穆:周代规定天子设置七庙祭祀祖先。太祖的庙设在当中。二世、四世、六世的庙设在左边,叫作"昭"。三世、五世、七世的庙设在右边,叫作"穆"。

【译文】

六月,下令增加太庙为九座庙堂。

范祖禹评说:

《书经》上说:"在七代祖先的宗庙里,可以看到他们的功德。"

荀卿说:

"拥有天下的人奉祭七代祖先,天子设七座宗庙。"

自古以来,未曾改变过这样的礼制。如果祖宗有功德,他们的宗庙就不毁掉,没有世代的限制。商代的三宗和周代的文王、武王就是这样的。

这样看来,那么除了三昭三穆以外,仍然可以敬祀有功绩的并尊奉有德行的了。唐明皇开始设九座庙堂,是超过以前的礼制了。礼制不可以多,也不可少。夏商周三代的礼制之所以成为后代规范的原因,是因为它已经尽善尽美了。唐代的礼制有什么可取的呢?

【原文】

初,诸卫府兵自成丁从军①,六十而免,其家又不免杂徭,浸以贫弱,逃亡略尽,百姓苦之。张说建议,请召募壮士充宿卫②,不问等色,优为之制,逋逃者必争出应募;帝从之。旬日,得精兵十三万,分隶诸卫,更番上下。兵农之分,自此始矣。

臣祖禹曰:唐制诸卫府有为兵之利,而无养兵之害,田不井③而兵犹藏于民,后世最为近古有便于国者也。开元之时,其法寝隳,非其法不善,盖人失之也。张说不究其所以而轻变之,兵农既分,其后卒不能复古,则说之为也,夫三代之法,出于圣人,及其末流亦未尝无弊,救之者举其偏以补其弊而已,若并其法废之,而以私意为一切,苟简之制则先王之法其存者几何!天下之务,常患于议臣之好改旧章,此所以多乱也。

【注释】

①诸卫府兵:唐初沿用隋朝的府兵制度,全国共置六百三十四军府,各府兵士编入州县户籍,轮流征行和到京师宿卫。宿卫时分别隶属于各警卫部队。成丁:可服户役的成年男子。唐代天宝三年以男子二十三岁以上为成丁。

②宿卫:在宫禁中值宿警卫。

③不井:不使用井田制,这里是不荒废的意思。

【译文】

当初,皇宫警卫部队中的府兵从二十三岁当兵,直到六十岁才服满兵役;他们的家里也不免除各种劳役,因而渐渐贫穷衰弱,逃亡得都快光了。

张说建议召募健壮勇敢的人充任宫廷警卫,不管是哪一等的人都可以,给他们定下优厚的规章,逃亡的人一定会争着来应募。

皇帝听从了他的建议。十天以后,得到精兵十三万人。他们分别隶属于各个宫禁警卫部队,轮流上去下来。兵士和农民从此开始分开了。

范祖禹评说:

唐朝的制度,各宫禁警卫部队和军府有用兵的好处,而没有养兵的害处。田地不荒废,而兵士仍然属于在民间。这是后代最为接近古代,有利于国家的办法。开元年间的时候,这种方法渐渐被破坏。不是这种办法不好,而是人们不用它。张说不探求它的道理而轻率地改变了它。兵士和农民分开以后,终于不能恢复古代的办法,这是张说造成的。

夏商周三代的法制,出于圣人之手。

到了它的末期,也未尝没有弊病。挽救他的人举出它的偏差来弥补它的弊病就行了。如果连圣人的法制都废除掉,而凭自己的想法制定一切都苟且随便的制度,那么前代贤王的法制,能够保存下来多少呢? 天下的事情,经常担心议论政事的大臣喜欢改变旧规章,这是发生很多祸乱的原因。

唐鉴第九卷

玄宗中

【原文】

开元十三年。初,隋国马皆为盗贼及戎狄所掠,唐初才得牝牡三千匹于赤岸泽,徙之陇右,命太仆张万岁掌之①。万岁善于其职,自贞观至麟德,马蕃息及七十万匹,分为八坊、四十八监,各置使以领之。是时天下以一缣易一马②。垂拱以后马潜耗太半。帝初即位,牧马有二十四万匹,以太仆卿王毛仲为内外闲厩③,使少卿张景顺副之。至是有马四十三万匹,牛羊称是。帝之东封,以牧马数万匹从,色别为群,望之如云锦。帝嘉毛仲之功,加开府仪同三司。

臣祖禹曰:《诗》美卫文公曰:"秉心塞渊④,骍牝三千⑤。"夫塞故能诚,渊故能通,诚止已而通于人,所以致物之多也。唐之国马,惟得一能臣而掌之,不数十年,而其多过于二百倍,由其任职之专也。传曰:"冀之北土,马之所生。"夫马必生于边隅,而养于苦寒之地,稍迁之中国则莫能壮也。三代诸侯之国,虽皆有马,以秋之时考之,未若晋之强也。郑之小驷,出于河南,故不可秉。唐养马于陇右,非独就其水草之美,盖置之西戎之地,以求其健也。凡欲制事,得其人而善其法,岂有不盛者乎。

【注释】

①太仆:官名,掌管朝廷车马及牧畜之事。

②缣:用双丝织成的细绢。

③太仆卿:即太仆寺卿,官名。闲厩指闲厩使,专掌车辇马匹牧畜。

④塞:实在,厚道。渊:深。

⑤骍:身高七尺的马。

【译文】

开元十三年。

当初,隋朝的马匹都被盗贼和戎狄外族掠夺走了,唐朝初年才从赤岸泽得到母马公母共三千匹,把它们转移到陇右地区,命令太仆张万岁管理它们。张万岁很擅长管理马匹,从太宗贞观到高宗麟德年间,马繁殖到七十万匹。分做八坊四十八监,分别安排使官来掌管它们。

这时天下用一匹细绢可换一匹马。武后垂拱年间以后,马匹悄悄损耗一大半。玄宗皇帝刚即位的时候,牧马有二十四万匹。让太仆寺卿王毛仲当内外闲厩使,派太仆寺少卿张景顺做副职。到这时有马四十三万匹,牛羊和这个数字差不多。

皇帝到东方封禅的时候,带着牧马数万匹,按毛色分别编成群,远远望去好象云彩一和织锦一样。

皇帝嘉奖王毛仲的功劳,加封他开府仪同三司的官衔。

范祖禹评说:

《诗经》赞美卫文公说:"用心厚道深远,牧养大马、母马三千匹。"能厚道所以能诚实深远,所以能够把诚实通过自己,推及别人,这就是得到很多东西的道理。

唐朝的国家马匹,得到一个有才能的官员管理它们,不过几十年,不断繁殖超过原先二百倍,这是由于他任职专一的缘故。

《左传》上说:"冀州的北方,是马生长的地方。"马一定生长在边远地区,牧养在严寒的地方。逐渐把它们转移到中原地带,就不健壮了。

夏商周诸侯的国家虽然都有马,按照春秋的时代考查他们,是不如晋国强盛的。郑国的小马,产于黄河以南,因此不能乘用。

唐朝在陇右地区牧养马匹,不只是因为那里的水草好才去,是为了把它们放到西戎地区,来求得它们健壮。凡是想要做事,得到合适的人才并且运用完善的办法,哪里有不胜利的呢?

【原文】

十四年四月,岐王范薨,赠谥惠文太子。

臣祖禹曰:太子君之贰①,将以付畀宗庙社稷之重②,非官爵也。而以为赠,何哉?虽亲爱其弟,欲以厚之,然不正之礼,不足为后世法也。

【注释】

①贰:副职。
②畀:交给。

【译文】

开元十四年四月,岐王李范去世,赠谥号惠文太子。

范祖禹评说:

太子是君主的副职,将要交付给他宗庙社稷的重任,不是官职爵位,而用它来作为赠品,是为什么呢?虽然对他的弟弟很亲近,想要用来厚待他,但是这是不正当的礼仪,是不值得仿效的。

【原文】

十七年八月，帝以生日宴百官于花萼楼下。源乾曜、张说帅百官上表，请以每岁八月五日为千秋节，布于天下，咸令宴乐。寻又移社就千秋节①。

臣祖禹曰：太宗不以生日宴乐，以为父母劬劳之日也②。乾曜等乃以人主生日为节，又移社以就之。夫节者，阴阳气至之，候不可为也。社者，国之大祀，不可移也。明皇享国既久③，骄心寝生，乾曜、说不能以议正君，每为谄首以逢迎之。后世犹谓说等为名臣，不亦异乎。

【注释】

①社：指社日，祭祀社神的日子。这里指秋社。
②劬：劳苦，劳累。
③享国：在帝位。

【译文】

开元十七年八月，皇帝在生日那一天，在花萼楼下面设宴款待文武百官。源乾曜和张说率领百官呈上表章，请求把每年八月五日定为千秋节，向天下宣布，让人们都饮宴欢乐。

不久又改变秋祭的社日，靠近千秋节。

范祖禹评说：

唐太宗不庆祝生日，认为这一天是父母辛苦劳累的日子。源乾曜等人却把君主的生日作为节日，并改变社日来靠近它。时节是阴气阳气来到的征候，是不可以人为的；社祭是国家的大事，是不可以改变的。

唐明皇在位已经很久，骄傲的心情逐渐滋生。源乾曜和张说不能以道义纠正他们的君主，常常奉承首肯来逢迎他。后代有人还说张说等人是著名的大臣，太奇怪了。

【原文】

十九年正月，王毛仲赐死。自是宦官势益盛。高力士尤为帝所宠信，尝曰："力士上直①，吾寝则安。"故力士多留禁中，稀至外第。四方表奏，皆先呈力士，然后奏御；事小力士即决之，势倾内外。

臣祖禹曰：明皇不鉴石显之事②，而宠任力士，至使省决章奏，以万机之重委之阉寺③，失君道甚矣。其后李林甫、杨国忠皆因力士以进，亦其祸乱，所从来者渐矣。传曰④："存亡在所任。"人君可不慎其细哉。

【注释】

①直：值班，值勤。
②石显：汉宣帝、元帝时宦官，专断朝政，势倾朝野。
③阉寺：阉人和寺人，都指宦官。
④传：指《汉书·刘向传》，文中有言："治乱荣辱之端，在所信任。"

【译文】

开元十九年正月,王毛仲被皇帝赐死。从此宦官的势力更加强大。

高力士尤其被皇帝宠信。

皇帝曾说:

"力士上来值勤,我睡觉才安稳。"

所以高力士常常留在皇帝宫中,很少到外面府第里去。各地的表章奏本,都先呈送给高力士,然后才奏明皇帝。事情小的,高力士就决断了。他的权势倾倒朝廷内外。

范祖禹评说:

唐明皇不借鉴汉朝石显的事情,而宠信任用高力士,甚至于让他察看决断表章奏本。把各种重要的国家事务委托给宦官,丧失君主的道义太过分了。这以后李林甫和杨国忠都凭靠高力士而进入朝廷。追究祸乱的迹象,时间已经很久了。前人的传记中说:

国家存亡在于所任用的人。君主应该慎重对待那些细小的事情吗?

【原文】

二十四年,武惠妃潜太子瑛、鄂王瑶、光王琚。帝大怒,以语宰相,欲皆废之。张九龄谏曰:"陛下践阼垂三十年^①,太子诸王不离深宫,日受圣训,天下之人皆庆陛下享国久长,子孙番昌。今三子皆已成人,不闻大过,陛下奈何一旦以无根之语,喜怒之际,尽废之乎!且太子天下本,不可轻摇。昔晋献公听骊姬之谗杀申生,三世大乱;汉武帝信江充之诬,罪戾太子,京城流血;晋惠帝用贾后之潜,废愍怀太子,中原涂炭^②;隋文帝纳独孤后之言,黜太子勇,立炀帝,遂失天下。由此观之,不可不慎。陛下必欲为此,臣不敢奉诏。"帝不悦。李林甫初无所言,退而私谓宫官之贵幸者曰:"此主上家事,何必问外人!"帝犹豫未决。惠妃密使官奴牛贵儿谓九龄曰^③:"有废必有兴,公为之援,宰相可长处。"九龄叱之,以其语白帝;帝为之动色,故终九龄罢相,太子得无动,明年,将废太子,帝召宰相谋之。林甫对曰:"此陛下家事,非臣等宜预。"帝意乃决。

臣祖禹曰:明皇三子之废,系于李林甫之一言,其得未废,系于张九龄之未罢。相贤则父子得以相保,相佞则天性灭为仇雠置相可不慎哉!

【注释】

①践阼:皇帝登位。垂:临近。

②涂炭:烂泥和炭火,比喻陷入极端困苦的境遇。

③官奴:没入官府的奴隶。

【译文】

开元二十四年。

武惠妃诬陷太子李瑛、鄂王李瑶、光王李琚。皇帝大怒,告诉宰相,想要把他们都废掉。

张九龄规劝说:

"陛下登位近三十年,太子和各位王子不曾离开深宫,每天接受圣上的教导。天下的人都庆贺陛下在位久长,子孙昌盛。现在三位王子都已长大成人,没有听说有大过错。陛下怎么能仅仅凭着没有根据的话,一时发怒,把他们都废掉呢?况且太子是天下的根本,不可以轻易动摇。从前晋献公听信骊姬的谗言,杀死太子申生,结果三代大乱;汉武帝听信江充的诬告,归罪太子,使得京城流血;晋惠帝听信贾后的诬陷,废掉愍怀太子,后来中原陷入水深火热之中;隋文帝接纳独孤皇后,废黜太子杨勇,立隋炀帝为太子,结果失掉了天下。从这些情况看来,废立太子应十分慎重。陛下一定要这样做,臣下我不敢奉命。"

皇帝不高兴。

李林甫起先没有说话。退朝以后对宦官中一个尊贵并受宠幸地说:"这是皇上家里的事情,何必问别人呢?"皇帝犹豫不决。武惠妃暗地派宫中官奴牛贵儿对张九龄说:

"有废必定有立。您为武惠妃做后援,宰相可以长期当下去。"

张九龄大声申斥他,把他的话告诉皇帝,皇帝为此变了脸色。所以直到最后张九龄被免除相位,太子没有变动。第二年,准备废掉太子,皇帝召见宰相商量。李林甫答道:"这是陛下家事,不是臣下们应该参与的。"

范祖禹评说:

唐明皇三个儿子被废掉,跟李林甫的这一句话有关系。宰相贤良,父子就得以互相保全;宰相奸佞,天性就会泯灭,父子成为仇敌。任用宰相更应慎重。

【原文】

二十五年四月,监察御史周子谅弹牛仙客非才①,引谶书为证②。帝怒甚,命左右捽于殿庭③,绝而复苏;仍杖之朝堂,流蚩州,至蓝田而死。李林甫言:"子谅,张九龄所荐也。"贬九龄荆州长史。

臣祖禹曰:古之杀谏臣者,必亡其国。明皇亲为之,其大乱之兆乎。开元之初,谏者受赏,及其末也而杀之,非独于此而异也,始诛韦氏、抑外戚④、焚珠玉锦绣、纸神仙、禁言详瑞,岂不正哉? 其终也,惑女宠、极奢侈、求长生、悦吉祥,以一人之身而前后相反如此,由有所陷溺其心故也。可不戒哉!

【注释】

①牛仙客:当时任宰相。
②谶书:预言吉凶得失的图书。
③捽:掷打。
④外戚:帝王的母族、妻族。

【译文】

开元二十五年四月,监察御史周子谅弹劾牛仙客不是贤才,援引预言吉凶祸福的图书做证。皇帝非常愤怒,命令身边的人把周子谅扔到殿前庭中打死,断气以后又苏醒过来,仍然在朝堂用杖打他,然后流放襄州,走到蓝田就死了。

李林甫说:周子谅是张九龄举荐的。贬张九龄为荆州长史。

范祖禹评说:

古代杀谏官的君主，一定使他的国家灭亡。唐明皇亲自这么做，是大乱的预兆？开元年代的初期，规劝皇帝的人受奖赏，到了开元末期却杀掉他们。不只是在这件事情上前后不同。开始的时候，诛灭韦后亲族，压制外戚，焚烧珠玉锦绣，否定神仙，禁止谈论吉祥符瑞现象，难道不正吗？到了后来，被宠爱的女人所迷惑，极端奢侈，寻求长生不老，喜欢吉祥征兆。一个人本身，前后反差如此大，这是由于他的思想感情有所沉溺的缘故。可以不戒备吗？

【原文】

废太子瑛、鄂王瑶、光王琚皆为庶人，寻赐死。七月，大理卿徐峤奏："今岁天下断死刑五十八，大理狱院，由来相传杀气大盛，鸟雀不栖，今有鹊巢其树。"于是百官以几致刑措①，上表称贺。帝归功宰辅，赐李林甫爵晋国公，牛仙客豳国公。

臣祖禹曰：明皇一日杀三子，而李林甫以刑措受赏，谗谄得志，天理灭矣，安得久而不乱乎！

【注释】

①刑措：刑法搁置不用，意为无人犯法。

【译文】

废掉太子李瑛、鄂王李瑶和光王李琚，让他们都做平民，随后又赐他人死。七月，大理寺卿徐峤上奏说：

"今年天下判决死刑只有五十八人。大理寺监狱院子里从来相传杀气太盛，鸟鹊都不在那里停留，现在有喜鹊在那里的树上搭窝。"

于是官员们认为快达到了没有人犯法的境地，都上表庆贺。皇帝把功劳归于宰相，赏赐给李林甫晋国公爵位，牛仙客豳国公爵位。

范祖禹评说：

唐明皇一天杀掉三个儿子，而李林甫反而因为无人犯法受奖赏。谗言诬陷谄媚逢迎的小人得志，天性灭绝，怎么能够长期不乱呢？

【原文】

二十七年二月，群臣上尊号曰："开元圣文神武皇帝。"

臣祖禹曰：三皇称皇①，五帝称帝②，三王称王③，岂其德不足欤？名号一而已矣。及兼皇、帝之号④，固已僭矣⑤。后世因而不改，以为法后王也。汉哀惑于妖谶，始有陈圣刘太平之号⑥。周宣骄恣⑦，自称天元⑧。高宗称天皇，武后称天后，尊号之兴盖本于此。开元之际，主骄臣谀，遂著以为故事，其臣子生而加谥于君父，岂不悖哉。

【注释】

①三皇：传说中的三个远古帝王。说法不一，有的说是天皇、地皇、泰皇，有的说是天皇、地皇，人皇，有的说伏羲、神农、黄帝，等等。
②五帝：传说中的五个古代帝王，有的说是黄帝、颛顼、帝喾、尧、舜，有的说是伏羲、神农、黄帝、尧、舜，等等。

③三王:指夏禹、商汤、周文王,一说指夏禹、商汤和周代的文王、武王。
④兼皇帝之号:指秦始皇称始皇帝。
⑤僭:僭越,超越本分,过分。
⑥太初始有陈圣刘太平之号:汉哀帝太初元年(公元前5年),号称陈圣太平皇帝。"陈圣"意为广泛宣扬圣明的刘(汉)家。
⑦周宣:指北朝北周宣帝。
⑧天元:天元皇帝。

【译文】

开元二十七年二月,百官给唐玄宗奉上尊号,称为开元圣文神武皇帝。

范祖禹评说:

三皇称为皇,五帝称为帝,三王称为王。难道他们的功德不够不能兼称吗?只是由于名号应该专一罢了。到了秦始皇兼用皇、帝的称号,原本已经超过本分了。

后代沿袭不改,以此作为后代帝王的法式。汉哀帝被预言吉凶的妖邪图书所迷惑。太初年间才有陈圣太平皇帝的称号。

唐高宗称为天皇,武后称为天后。尊后的兴起,源始于开元之时。君主骄傲,臣下奉承,于是明显地用来作为先例,使得他的臣子在君主活着的时候给他们加上谥号,太荒谬?

【原文】

二十九年正月,帝梦玄元皇帝告云①:"吾有像在京城西南百余里,汝遣人求之,吾当与汝兴庆宫相见。"帝遣使求,得于 030 031 楼观山间。闰四月,迎置兴庆宫。五月,命画玄元真容,盆置诸州开元观。

臣祖禹曰:《中庸》曰:"诚则形,形则著。"扬雄曰:"人心其神矣乎。"人之有梦也,盖亦诚之形,而心之神也。今夫入无人之室,而其心惴焉,则或闻肃肃之声,见罔象之形也②,何心之动也。梦亦如是矣。昔高宗恭默思道③,诚心求贤,故梦帝赉之良弼,果求而得之。此其心之神也。开元之末,明皇怠于庶政,志求神仙,惑方士之言,自以老子其祖也。故感而见梦,亦其诚之形也。自是以后,言祥瑞者众,而迂怪之语日闻。谄谀成风,奸宄得志,而天下之理乱矣。人君心术可不慎哉!

【注释】

①玄元皇帝:指老子。唐高宗追封老子为太上玄元皇帝。
②罔象:传说中的水怪。此指奇形怪状。
③高宗:指商代商王武丁。

【译文】

开元二十九年正月。皇帝梦见玄元皇帝告诉他说:"在京城西南一百多里的地方有我的肖像,你派人去找,我会跟你在兴庆宫相见。皇帝派人去找,在 030 031 县楼观山里面找到了它。

闰四月,迎接肖像放到兴庆宫里。五月,皇帝画出玄元皇帝的肖像,分别放到各州的开元观中。

范祖禹评说：

《中庸》里说："心诚就会表现出来，表现出来就会明显。"

扬雄说：

"人心真是太神秘了！"人们有梦，也是心诚的表现，又是人心的神秘所致。譬如进入没有人的房子里，心里就会害怕。有时候听到肃肃的声音，看见奇怪的形状，就心动。梦也与这一样。从前商代高宗恭敬稳重思念正道，诚心寻求贤能的人才，所以梦见天帝送给他贤良的辅佐人才，果然寻求到了那个人。这是他的心诚所致。开元年代的末期，唐明皇对各种政务懒得过问，一心寻求神仙。为方士的话所迷惑，自己认为老子是他的祖先。所以心想而在梦里见到，也是他心诚的表现。从此以后，报告吉祥现象的很多，荒诞怪异的话天天都有，谄媚奉承成了风气，奸邪的坏人得志，而天下的治理就混乱了。君主的心思和想法，可以不慎重吗？

【原文】

天宝元年①。时天下声教所被之州三百三十一，羁縻之州八百②，置十节度、经略使以备边③。镇兵四十九万人，马八万余匹，开元之前，每岁欠边兵衣粮，费不过二百万；天宝之后，边将奏益兵寝多，每岁用衣千二十万匹，粮百九十万斛④，公私劳费，民始困苦矣。

臣祖禹曰：海内之地非不广也，生民之财非不多也，人君苟能清心以治之，恭俭以守之，岂有不足之患？哉守成之君，不能无为以持太平，于其安也而劳之，于其富也而刻之。是以天下之祸，常基于太平之时，至于乱已成，而人主犹不悟也。岂非好大多欲、任失其人之咎欤！

【注释】

①天宝：唐玄宗年号，公元742—756年。

②羁縻之州：羁縻州，是在边疆各族地区设置的地方行政单位。

③置十节度经略使：天宝元年，唐玄宗在沿边地区设九个节度使、一个经略使，各自总揽一区的军政大权。

④斛：古代量器，十斗为一斛。

【译文】

天宝元年。

当时全国声威教化所覆盖的州三百三十一个，羁縻州八百个。设置十个节度、经略使去防卫边疆出事，总共有藩镇兵四十九万人，马八万多匹。开元年代以前，每年供应边境军队衣服粮食费用不超过二百万。

天宝以后，边疆将领奏请增加兵力，费用逐渐增多，每年需用做衣服的布帛一千零二十万匹，粮食一百九十万斛。公家私人劳作耗费，人民就开始困苦了。

范祖禹评说：

四海之内的土地不是不广，人民的财物不是不多，君主如果能够清心寡欲地来治理它们，恭敬节俭地来保护它们，怎么发生祸患呢？保持前人开创下来的基业的君主，不能守住天下的基业，在安乐的时候使天下疲劳，在富裕的时候使搜刮百姓。

因此，天下的祸患，经常起源于太平的时候，直到混乱已经形成，君主还不觉醒。难道不是好大喜功，任用不该任用的人的结果吗？

【原文】

陈王府法曹参军田同秀上言[①]："见玄元皇帝于凡凤门外之空中，告以：'我藏灵符在尹喜故宅[②]。'"帝遣使于故函谷关求得之。群臣上表，以"函谷宝符，潜应年号；请于尊号加天宝字，从之。二月，帝享玄元皇帝于新庙。甲午，享太庙。丙申，合祀天地于南郊。改桃林县曰灵宝，田同秀除朝散大夫[③]。

臣祖禹曰：孟子曰："上之所好，下必有甚者矣。"明皇崇老喜仙，故其大臣谀小臣欺，盖度其可为而为之也。不惟信而惑之，又赏以劝之，则小人孰不欲为奸罔哉？昔汉文一为新垣平所诈，而终身不复言神仙之事，可谓能补过矣。

【注释】

①法曹参军：官名。
②尹喜：周朝函谷关的关令。相传老子西游经函谷关，尹喜强留，老子把《道德经》传给了他，然后离去。
③朝散大夫：官名。

【译文】

陈王府的法曹参军田同秀上奏说："看见玄元皇帝在丹凤门外天空中，告诉我，他收藏的灵符在尹喜过去的住宅里面。"

皇帝派人到原先的函谷关找到了灵符。官员们上表章，因为函谷关的宝符暗中与年号相合，请求在尊号上加上"天宝"字样。皇帝听从了他们。二月，把玄元皇帝供奉在新庙。

甲午这一天，供奉到太庙里。丙申这一天，在南郊把玄皇帝与天、地合在一起祭祀。更改原来的桃林县为灵宝县，田同秀被任命为朝散大夫。

【原文】

四载正月，帝谓宰相曰："朕比以甲子日于宫中为坛，为百姓祈福，朕自草黄素置案上，俄飞升天空中，语云：'圣寿延长。'又朕于嵩山炼药成，以置坛上。及夜，左右欲收之，又闻空中语云：'药未须收，此自守护。'达旦乃收之。"太子诸王、宰相皆上表贺。

臣祖禹曰：明皇假于怪神，以罔天下，言之不怍，而居之不疑，何以使其臣下不为欺乎？是率天下而欺己也。昔汉武封太室[①]，而从官诣谀，言有呼万岁者。明皇乃自为诈，又甚于汉武矣。

【注释】

①太室：太室山，即中岳嵩山，在今河南省登封市北。

【译文】

天宝四年正月。

皇帝对宰相说:甲子日我在宫中建立祭坛,为百姓祈求幸福。我自己在黄绸子上起草祭文,把它放在几案上,顷刻间它飞了起来,升到天空中,有声音说:'圣上寿命延续长久。'还有,我在嵩山炼成了丹药,把它放在坛上。到了夜晚,身边的人要收起它,又听到空中说道:

"丹药不要收起来,这里自会守护。"

到了第二天天明才收起来。太子、各位王和宰相都呈上表章庆贺。

范相禹评说:

唐明皇假借神灵来欺骗天下,说的时候脸不红,并且对自己的话不怀疑,凭什么使他的臣下不做欺骗别人的事情呢? 这是让天下的人来欺骗自己啊。从前汉武帝到太室山祭天,随从的官员说话谄媚奉承,有呼喊万岁的。唐明皇竟然自己干诈骗别人的事,比汉武帝更严重了。

【原文】

二年三月追尊周上御大夫为先天太皇①,皋繇为德明皇帝②。

臣祖禹曰:老子之父,书传无见焉。取方士附会之说,而追尊加谥,不亦诬乎? 皋陶作士③。而作史者以为大理④,既不经矣,又以为李氏所出而尊之,尤非其族类也。唐之先祖出于陇西狄道非⑤,有世次可考。而必诧之上古以耀于民,非礼之礼,适所以为后世笑也。

【注释】

①周上御大夫:指老子的父亲。
②皋繇:即皋陶,传说是舜的大臣,掌刑法。
③士:官名,即法官。
④大理:掌刑法的官名。《史记·五帝本纪》:"皋陶为大理。"
⑤狄道:县名,今甘肃省临洮县。

【译文】

天宝二年三月,追认尊奉周朝上御大夫为先天太皇,皋陶为德明皇帝。

范祖禹评说:

老子的父亲,古书和注解里都见不到。引用方士牵强附会的说法,而追认尊奉他,给他加上谥号,不也是太骗人了吗? 皋陶当的是"士",而写历史的以为是"大理",已经不合常理了,又把他作为李氏的来源而尊奉他,尤其是不伦不类。唐朝皇帝的先祖出在陇西狄道县,没有世系可以考证。而一定要把他们假托到上古时代来向人们炫耀,使用不合乎礼制的礼制,恰好成为被后代讥笑的话柄。

【原文】

初,武惠妃薨,帝悼念不已,后宫数千,无当意者。或言寿王妃杨氏之美①,绝世无双。帝见而悦之,乃令妃自以其意乞为女官②,号太真;更为寿王娶左卫郎将韦昭训女。潜内太真宫中,不期岁,宠遇如惠妃。七月,册昭训女为寿王妃③。八月,册太真为贵妃。

臣祖禹曰:卫宣公纳伋④之妻,国人恶之。明皇杀三子,又纳子妇于宫中,用李林甫为相,使族灭无罪。父子、夫妇、君臣人之所以立也,三纲绝矣⑤,其何以为天下乎!

【注释】

①寿王:玄宗的儿子。
②女官:即"女冠",女道士。
③册:古代帝王封爵的诏书,册封。
④伋:卫宣公长子的名字。
⑤三纲:古代认为君为臣纲,父为子纲,夫为妻纲。

【译文】

当初,武惠妃去世,皇帝念念不忘,后宫嫔妃几千人,没有一个满意的。有人说寿王王妃杨氏艳丽,当代再没有第二个比得上。皇帝见了她就喜欢上她了,就让王妃说是自愿请求做女道士,道号太真,重新给寿王娶了左卫郎将韦昭训的女儿。暗地把太真弄到皇宫里面,不过一年,对她宠爱优待就像对武惠妃一样。七月,册封韦昭训的女儿为寿王的王妃。八月册封太真为贵妃。

范祖禹评说:

卫宣公娶儿子伋的妻子,全国的人都憎恨他。唐明皇杀死三个儿子,竟把儿子的妻子娶到宫里,任用李林甫做宰相,派人族灭没有罪过的人。父子、夫妻、君臣,是人们立身的所在。连这三方面的关系都断绝了,又凭什么治理天下呢?

【原文】

六载十月,帝欲使王忠嗣攻吐蕃石堡城①,忠嗣上言:"右堡险固,吐番举国守之,今顿兵其下,非杀数万人不能克;臣恐所得不如所亡,不如且厉兵秣马,俟其有衅,然后取之。"帝意不快。将军董延光自请将兵取石堡城,帝命忠嗣分兵助之。忠嗣不得已奉诏,而不尽副延光所欲。延光怨之,李光弼言于忠嗣曰:"大夫以爱士卒之故,不欲成延光之功,虽迫于制书,实夺其谋也。何以知之? 今以数万众授之而不立重赏,士卒安肯为之尽力乎! 然此天子意也,彼无功,必归罪于大夫,大夫军府充牣②,何爱数万段帛不以杜其谗口乎!"忠嗣曰:"今以数万之众争一城,得之未足制敌,不得亦无害于国,故忠嗣不欲为之。今受责天子,不过以金吾、羽林一将军归宿卫③,其次不过黔中上佐④;忠嗣岂以数万人命易一官乎!"延光过期不克,言忠嗣沮挠军计。帝怒,李林甫因使人诬告忠嗣,敕征入朝,贬汉阳太守。八载,帝使哥舒翰攻石堡城,拔之。唐士卒死者数万,果如忠嗣之言。

臣祖禹曰:王忠嗣可谓贤将矣,不为无益害有益,不以所得易所亡,不顾一身之危,而惜士卒之命,其可谓贤将矣。然忠嗣知石堡之不可取,莫若固守前议,而勿分兵以助延光,均之得罪不亦直乎! 既黾勉奉诏,予之兵,而复挠其谋,使谗人得以藉口,岂忠嗣思之未至邪!

【注释】

①吐蕃：古代藏族建立的政权。

②牣：满。

③金吾：指执金吾，和羽林一样，都是保卫京城治安的皇家军队。

④黔中：开元年间所设全国十五道之一。上佐：州郡长官部下属官。

【译文】

天宝六年十月，皇帝想要派王忠嗣攻打吐蕃的石堡城。

王忠嗣上奏说：

"石堡城险要巩固，吐蕃全国守卫它。如今派兵去到它城下，非死掉几万人不能攻克，臣下恐怕得到的不如失去的多。不如暂且磨好兵器喂饱马，等到它有破绽的时候再去夺取它。"

皇帝心里不愉快。将军董延光自己请求带兵攻打石堡城，皇帝命令王忠嗣分给兵力帮助它。王忠嗣不得已接受诏令，却不完全满足董延光的心意，董延光很怨恨他。

李光弼对王忠嗣说：

"将军您因为爱护士卒的缘故，不想成就董延光的功劳，虽然由于诏令所迫，实际上是要毁了他的计划。凭什么知道是这样呢？现在把几万兵马交给他，却不设立重赏，士卒们怎么肯为他尽力呢？但是这是天子的意思。他没有功劳一定归罪于将军，将军军中府库充实，为什么要吝惜几万段丝帛，不拿来堵住他的嘴呢？"

王忠嗣说：

"现在拿几万兵马争夺一座城池，得到它不足以制服敌人，得不到它也对国家没有坏处，所以我不愿意干这件事情。如果受到责罚，不过是从执金吾、羽林军一个将军到皇宫警卫，其次也不过做个州郡的属官。我王忠嗣难道能拿几万人的性命来交换一个官职吗？"

董延光超过期限不能攻克石堡城，说王忠嗣阻碍作战计划。皇帝恼怒。李林甫乘机会派人诬告王忠嗣。皇帝下令召王忠嗣进朝，把他贬做汉阳太守。

天宝八年，皇帝派哥舒翰攻打石堡城，攻占了它。唐朝士兵死去的有几万人，果然像王忠嗣所说的那样。

范祖禹评说：

王忠嗣应该说是贤能的将领了。他不做无益的事损害国家不拿所得交换所失，不顾自身的危险，而爱惜士卒的性命，他实在是个贤能的将领了。然而王忠嗣明知道石堡城的不可以攻取，还不如坚持以前的意见，而不分给兵马去帮助董延光，和得到罪过比起来，不是也很合适吗？已经勉强接受诏令，给了董延光兵马而又阻挠他的计划，使说坏话的人得以有所借口，难道王忠嗣没有想到这一点吗？

【原文】

十二月，以高仙芝为安西四镇节度使自唐兴以来，边帅皆用忠厚名臣，不久任，为遥领，不兼统，功名著者往往入为宰相。其四夷之将，虽才略如阿史那、社尔契苾、谉何力，犹不专大将之任，皆以大臣为使以制之。及开元中，天子有吞四夷之志，为边将者十余年不易,始以任矣;皇子则庆、忠诸王,宰相则萧嵩、牛仙客始遥领矣;盖嘉运、王忠嗣专制数道,始兼统矣。李林甫欲杜边帅入相之路,以胡人不知书,乃奏言:"文臣为将,怯当矢石,不若用寒族胡人;胡人勇决习战,寒族则孤立无党,陛下诚以恩洽其心,彼必能为朝廷尽死。"帝悦其言,始用安禄山。至是诸道节度使尽用胡人,精兵咸戍北边,天下之势偏重,卒使禄山倾覆天下,皆出于林甫专宠固位之谋也。

臣祖禹曰:李林甫巧言似忠,明皇故信而不疑,然以胡人为制将,则不必聪明圣智之主而后能知其非也。明皇蔽于吞灭四夷,欲求一切之功,是以林甫得行其计,以中其欲。人君苟不能以义制欲,迷而不复。何所不至哉!

【译文】

十二月,任命离仙芝为安西四镇节度使。

自从唐朝兴起以来,边疆统帅都任用忠厚大臣,不长期任职,不在外地统领,不兼管,功绩名声卓著的,往往入朝做宰相。那些四方外族的将领即使才能谋略像阿史那社尔契、逸何力,仍然不能独自执行大将的任务,都派大臣为节度使去控制他们。

到了开元年间,天子有并吞四方外族的心意,做边疆将领的十几年不更换,才开始长期任职了。皇子有李庆忠,王爷宰相有萧嵩、牛仙客,他们才开始在外地统领;盖嘉运、王忠嗣独自控制几个道,他们才开始兼管。李林甫想堵塞边疆统帅进朝做宰相的道路,认为胡人不识字,就上奏说:

"文臣做将领,害怕抵挡箭和石头,不如任用门第寒微家族中的胡人。胡人就勇敢坚决熟悉战斗,门第寒微就孤立没有朋党。陛下如果用恩惠滋润他们的心田,他们一定能够为朝廷尽忠效死。"

皇帝同意他的话,开始任用安禄山。到了这时,各个道的节度使完全任用胡人,精锐部队都戍守在北部边疆,国家的力量偏重在一个方面,终于使得安禄山颠覆国家,这都是由于李林甫独占恩宠巩固地位的阴谋造成的啊。

范祖禹评说:

李林甫花言巧语好象很忠诚,唐明皇所以听信而不怀疑。然而认为胡人不识字就可以任用,就不必是聪明圣智的君主才能知道他的阴谋的。

唐明皇被吞灭四方外族的想法所蒙蔽,想要求得一切的功劳,所以李林甫得以用自己的诡计投合他的欲望。君主如果不能用道义约束私欲,迷途而不知返,这样会走到尽头?

【原文】

八年二月,引百官观左藏①,赐物有差。帝以国用丰衍,故视金帛如粪壤,赏赐贵宠之家,无有限极。

臣祖禹曰:财者天地之所生,而出于民之膏血,先王知稼穑之艰难,杼柚之勤劳②,故取之有制,而用之有节。明皇暴敛而横费之,其不爱惜如此,安得无祸乎!

【注释】

①左藏:国库在左边的叫左藏,右边的叫右藏。左藏收藏钱币、丝织品和赋税

征调之物。

②杼:织布机上用的梭子。柚:织机上卷织物的轴。

【译文】

天宝八年二月,皇帝率领百官参观国库的左库,赏赐给大家的东西各不相同。皇帝由于国家的财物丰盛繁多,所以把金钱绸帛看得如同粪土一般,赏赐给尊贵受宠的人家,没有限度。

范祖禹评说:

财物是天地之间生产出来的东西,同时也是从百姓的民脂民膏。

先代的帝王知道耕种的艰难,纺织的勤苦,所以取它们有限度,用它们有节制。唐明皇残暴地搜刮而胡乱地浪费财物,像这样的不爱惜财物,怎么能没有祸患呢?

【原文】

帝以符瑞相继,皆祖宗休烈①,六月,上圣祖号曰大道玄元皇帝②,上高祖谥曰神尧大圣皇帝,太宗谥曰文武大圣皇帝,高宗谥曰天皇大圣皇帝,中宗谥曰孝和大圣皇帝,睿宗谥曰玄真大圣皇帝,窦太后以下,皆加谥曰顺圣皇后。十三载二月,朝献太清宫,又上圣祖尊号曰大圣祖高上大道金阙玄元太皇大帝。享太庙,上高祖谥曰神尧大圣大光孝皇帝,太宗谥曰文武大圣大广孝皇帝,高宗谥曰天皇大圣大弘孝皇帝,中宗谥曰孝和大圣大昭孝皇帝,睿宗谥曰玄真大圣大兴孝皇帝,以汉家诸帝皆谥孝故也。

臣祖禹曰:自尧舜禹汤文武之君,谥号惟一而已,既称天以谥之,则子孙不可得而改也。高宗不师古昔,始改祖宗旧谥,天宝以后,增加复重,至繁而不可纪。夫祖宗苟有高世之功德,则曰文、曰武足矣;若其无功德,而子孙妄加之则是诬之;而使天下后世以为讥玩也。故夫孝子慈孙之欲显其亲,莫若使名副其实而不浮,则天下心服之矣。未闻以谥号繁多为贵也。唐之典礼不经亦其哉。

【注释】

①休烈:美好的事业。

②圣祖:指老子。

【译文】

皇帝认为当时吉祥的现象相继出现,都是由于祖宗的功业带来。

六月,给圣祖老子献上称号叫大道玄元皇帝,给唐高祖献上谥号叫神尧大圣皇帝,太宗谥号叫文武大圣皇帝,高宗谥号叫天皇大圣皇帝,中宗谥号叫孝和大圣皇帝,睿宗谥号叫玄贞大圣皇帝。窦太后以下,都加上谥号叫顺圣皇后。

天宝十三年二月,朝释献祭太清宫,给圣祖献上遵号叫大圣祖高上大道金阙玄元太皇大帝。献祭太庙,给唐高祖献上谥号叫神尧大圣大光孝皇帝,太宗谥号叫文武大圣大广孝皇帝,高宗谥号叫天皇大圣大弘孝皇帝,中宗谥号叫孝和大圣大昭孝皇帝,睿宗谥号叫玄贞大圣大兴孝皇帝,这是由于汉朝各位皇帝的谥号都加上"孝"字的缘故。

范祖禹评说:

自从尧、舜、夏禹王、商汤王、周文王、周武王这些君主以后,谥号只有一个也就行了。已经称作天来给他们追赠谥号了,子孙们就不应该改动了。唐高宗不效法古代,开始改动祖宗的旧谥号。天宝以后,增加的更多,以至于繁复而不易记忆。祖宗如果功德盖世,称为文或武就够了。如果他们没有功德,而子孙给他们胡乱加上,那就是欺骗他们,使天下后世认为这是在讥讽和戏弄他们。所以孝子贤孙们想要显扬他们的父亲祖父,应该做得名副其实而不过分,天下人们就都心服口服了,没有听说过以谥号繁多为贵的。唐朝的典礼不规范,也太不象话了啊!

【原文】

九载十月,太白山人王玄翼上言:见玄元皇帝,言宝仙洞有妙宝真符命①。刑部尚书张均等往求,得之。时帝尊道教,慕长生,故所在争言符瑞,君臣表贺无虚月。李林甫等皆请舍宅为观以祝圣寿,帝悦。

臣祖禹曰:昔秦始皇削平六国,汉武帝驱攘四夷,皆雄才之主也,及其为方士之所欺玩,无异于婴儿。人君唯恭俭寡欲清虚以居上,则邪诌无自而入矣,其心一有所蔽,鲜不为惑也。明皇不正其心,故小人争为幻以惑之,其神明精爽既夺矣②。此所以养成大乱也。

【注释】

①符命:君主得到天命的凭证。
②神明:精神。精爽:灵魂。

【译文】

天宝九年十月,太白山人王玄翼上奏说:他见到玄元皇帝,说宝仙洞里面有绝妙的宝物,真正的天赐符命。刑部尚书张均等去找到了它。

当时皇帝尊奉道教,羡慕长生不老,所以到处争着说有吉祥的征兆,官员们上表庆贺无休无止。李林甫等人都请求舍弃住宅做道观,用来祝祷圣上长寿。皇帝很高兴。

范祖禹评说:

从前秦始皇消灭六国,汉武帝驱除四方外族,都是具有杰出才智的君主。到了他们被方士欺骗玩弄,却和婴儿没有什么两样。君主只要谦恭节俭少有私欲,清静虚无地居于上位,奸邪奉承就空子可钻了。他的心意一有被蒙蔽的地方,就很少不被迷惑的。

唐明皇不端正他的心意,所以小人争着弄虚作假来迷惑他。他的精神和灵魂已经被夺去了,这就是造成大乱的原因。

唐鉴第十卷

玄宗下

【原文】

十载,帝命有司为安禄山起第于亲仁坊,敕令但穷壮丽,不限财力。既成,具幄幄器皿①,充牣其中,虽禁中服御之物,殆不及也。禄山生日,帝及贵妃赐衣服、宝器酒馔甚厚。后三日,召禄山入禁中,贵妃以锦绣为大襁褓裹禄山②,使宫人以采舆舁之。帝观之喜,赐贵妃洗儿金银钱③,复厚赐禄山,尽欢而罢。自是禄山出入宫掖不禁,或与贵妃对食,或通宵不出,颇有丑声闻于外,帝亦不之疑也。

臣祖禹曰:昔辛有适伊川④,见被发而祭者,知其将为戎,明皇不信其子,而宠胡人以为戏,至使出入宫禁而不疑,亵慢神器⑤,亦极矣。岂天夺其明,将启戎狄以乱华欤! 何其惑之甚也。

【注释】

①幄:小帐幕。
②襁褓:包婴儿的小被子。
③洗儿:古代习俗,婴儿生后三天或满月,举行洗身礼,观者往盆中撒钱表示祝贺。
④辛有:周代平王时的太史官。
⑤神器:指帝位、政权。

【译文】

唐玄宗下

天宝十年,皇帝命令有关官员为安禄山在亲仁坊建造府第,下令必须尽量壮丽辉煌,不考虑花费的财力。建成以后,摆设帷帐器皿,放得满满的,即使皇帝使用的物品,恐怕也比不上这里。安禄山的生日这一天,皇帝和杨贵妃赏赐给他衣服宝器美酒美食很多很多。后三天,召见安禄山进宫,贵妃用锦绣织品做成大大的包婴儿似的被子裹着安禄山,让宫女用彩轿抬着他。

皇帝看了很喜欢,赏赐贵妃洗儿金钱,又多多地赏赐安禄山,尽情欢乐以后才散去。从此安禄山进出皇宫不受禁忌,有时候和贵妃面对面吃饭,有时候通宵不出宫,很有一些不好听的话被外面听到,皇帝也不怀疑他。

范祖禹评说:

从前辛有到伊川，看见披散着头发祭祀的人，就知道那里将会变成戎族居住的地方。

唐明皇不相信自己的儿子，却宠信胡人，待他当作戏要的对象，甚至让他出入宫禁而不怀疑他。亵渎怠慢皇帝的权威，也真达到顶峰了。难道是上天夺去他的明智，将要启发戎、狄等外族来扰乱中国吗？为什么他迷惑得这样严重呢？

【原文】

安禄山。

十一载,户部侍郎王鉷聚敛刻剥,岁贡额外钱帛百意万,贮于内库,以供宫中宴赐,曰此皆不出于租、庸、调中①,外嗟怨。帝以鉷为能富国,益厚遇之。权宠日盛,领二十余使②。宅旁为使院,文案盈积,吏求署一字,累日不得前;中使赐赍不绝于门,虽李林甫亦畏避之。鉷弟户部郎中焊,凶险不法,召术士任海川③,问:"我有王者之相否?"海川惧,亡匿。鉷恐事泄,捕得杀之。王府司马韦会,定安公主之子也,话之私庭。鉷又杀之。焊所善邢滓,与右龙武万骑谋杀龙武将军,以其兵作乱,杀李林甫、陈希烈、杨国忠;有告之者,帝使鉷捕之,鉷意焊在滓所,先遣人召之,乃捕滓。滓格滓且走,禁军击斩之。国忠言:"鉷必预谋。"敕陈希烈与国忠鞠之,于是任海川韦会等事皆发,鉷赐自尽,焊杖死于朝堂,鉷子准称流岭南,寻杀之。籍其第舍④,数日不能遍。

臣祖禹曰:昔荣夷公好专利,厉王悦之。召穆公芮良夫知王室之将军卑,以为王人者,将导利而布之上下者也。而或专之,其害多矣。夫利百物之所生,而天地之所以养。人也专之必壅,壅则所害者多,故凡有利必有害,利于已必害于人,君子不尽利以遗民,所以均天地之施也。圣王宁损已以益人,不损人而益已。记曰:"与其有聚敛之臣,宁有盗臣。"是以兴利之臣,鲜不祸败。自桑洪羊以来,未有令终者也。唐世言利,始终宇文融,融既流死,而韦坚、杨慎矜、王鉷继起,又益甚之,极于杨国忠,皆身首异处,宗族涂地。其故何哉? 壅利而所害者众也,天下之怨归之,故其恶必复,其祸必酷,而唐室几亡。其后,以刘晏之能,犹不免。况其非道者乎! 必若公刘之厚民⑤,管仲之富国⑥,李悝之平籴⑦,耿寿昌之常平⑧,不为掊克⑨,上下皆济,则身享其荣,后嗣蒙其庆矣。吉凶祸福之效如此,可不戒哉!

【注释】

①租庸调:唐代的赋税制度。租是田租粮赋,庸是代替劳役的赋税,调是绫绢布麻等实物税。
②使:朝廷特派去地方上负责某种政务的官员,如节度使、兼观察使等。
③术士:以星象、巫祝、占卜为业的人。
④籍:又叫籍没,没收财产入官。
⑤公刘:古代周部族的祖先。
⑥管仲:春秋时代齐国的国相。
⑦李悝:占国初期魏国的国相。平籴:官府在丰年以平价购存粮食,以备荒年平价出售。
⑧耿寿昌:汉宣帝时官员,主管农业。常平:指常平仓,谷贱时增价购进,谷贵时减价售出。
⑨掊克:残暴聚敛,搜刮民财。

【译文】

天宝十一年。

户部侍郎王鉷搜刮钱财剥削百姓，每年进献额外的钱帛上百亿万，收藏在皇家仓库里面，以供宫中宴饮赏赐使用，说这些东西都不出在租庸调赋税项目下面。朝廷内外都叹息怨恨。

皇帝却认为王鉷能够给国家带来财富，更加优厚地对待他。他的权势一天比一天大，一天比一天受宠幸，兼任二十多个使的职务。他家宅院旁边就是使院，文件案牍都堆满了。办事属员想请他签署一个字，一连几天都不能近前。宫中的使者带着皇帝的赏赐不断来到门前，即使是李林甫也害怕并回避他。王鉷的弟弟户部郎中，凶狠阴险不守法制，召见术士任海川，问道："我有帝王的相貌吗？"任海川很恐惧，逃走藏了起来。王鉷害怕事情泄露，搜捕到任海川杀了他。王府司马韦会是定安公主的儿子，在私人庭院里说到这件事，王鉷也把他杀了。王鉷所交好的邢璹和右龙武万骑计划杀掉龙武将军，带领他的军队作乱，杀掉李林甫、陈希烈、杨国忠。有人告发了他们，皇帝派王鉷逮捕他们。王鉷认为王鉷在邢璹那里，先派人召唤他出来，就逮捕邢璹，邢璹一面格斗一面逃跑，禁卫军击打杀死了他。杨国忠说王鉷一定参加了预谋。皇帝下诏令陈希烈和杨国忠审问他，于是任海川、韦会等人的事情都暴露了。王鉷被赐自尽，王鉷在朝廷殿堂上被用杖打死。王鉷的儿子准备流放岭南，不久杀掉了他。把他们的府第房舍财物没收入官，用了好几天时间才没收完。

范祖禹评说：

以前荣夷公爱好独占财利，周厉王也喜欢这样。召穆公知道朝廷将要衰败；认为君王应该开发财利并且散布到全国上下的人，如果有人独占它，危险就多了。财利是各个方面生产出来，天下用来养活人的东西。独占它一定会阻塞它，一阻塞所损害的就多了。所以凡是有利一定有害，对自己有利，一定对别人有害。君子不完全占有财利，把它留给人民，这是用来平衡天地的办法。圣明的君王宁愿损害自己而对别人有利，不损害别人而对自己有利。

《礼记》里说："与其有聚敛的官员，不如有盗窃的官员。"

所以振兴财利的大臣，很少有不遭祸败亡的。

自从汉朝桑弘羊以来，没有善终的人。唐朝谈论财利，从宇文融被流放死去以后，韦坚、杨慎矜、王鉷相继出来，又比宇文融更变本加厉，到杨国忠达到登峰造极的地步。后来他们都身躯和头颅分开两处，宗族的鲜血流满地上。其中的根源是什么呢？是阻塞财利而所损害的众多的缘故。天下的怨恨都归到他们身上，所以他们的恶行一定会受到报应，他们的灾祸一定很残酷，而唐朝他几乎灭亡。以后凭刘晏那样有才能，尚且不能避免灾祸，何况那些不讲道义的人呢？一定要像公刘对人民厚道，管促使国家富强，李悝创立平籴法，耿寿昌建立常平仓那样，不聚敛搜刮，对全国上下都有利，那么本身就会享受荣耀，后代就会蒙受他的福荫了。吉凶祸福的效果就像这样，可以不戒备吗？

【原文】

十二载正月，帝欲加安禄山同平章事[①]，已令张垍草制杨国忠谏而止。时垍为太常卿翰林院供奉[2]。唐初,诏敕皆中书、门下官有文者为之。乾元以后,始召文士元万顷、范履水等草诸文词,常于北门候进止。谓之北门学士。中宗之世,上昭容专其事[3]。帝即位,始置翰林院,密迩禁廷文章之士,下至僧、道、书、画、琴、棋、数术之工皆处之,谓之待诏。"

臣祖禹曰:中书门下,出纳王命之司也,故诏敕行焉。明皇始置翰林,而其职始分。既发号令预谋议,则自宰相以下进退轻重系之矣,岂特取其词艺而已哉释老之徒、方外之士[4]、书画琴棋数术执技以事上,不与士齿者也,而使与文学之臣杂处,非所以育材养贤也。上失其制,下怀其利,为之者,不亦可羞哉。

【注释】

①同平章事:官名,相当宰相。
②供奉:官名。
③上昭容:官名。
④方外:世俗之外。

【译文】

天宝十二年正月,皇帝想加给安禄山同平章事的职衔,已经让张渐起草好诏令,由于杨国忠规劝而作罢。当时张渐是太常卿和翰林院供奉。

唐朝初年皇帝的诏令,都是中书省和门下省官员中有文才的人起草的。乾封年代以后,开始召见文人元万顷、范履水等起草各类文辞。他们经常在北门等候进退,人们称他们为北门学士。

唐中宗的年代,上昭容专门负责这件事。

玄宗皇帝登位,开始设置翰林院,紧紧靠近宫院,邀请擅长文辞的人士,下至僧人、道士和擅长书法、绘画、弹琴、下棋、天文历法、占卜的人士,都把他们安排在这里,把他们称为待诏。

范祖禹评说:

中书省、门下省,是接受和发出帝王命令的官署,所以诏令从这里发出。唐明皇开始设置翰林,他们的职责开始划分,既发布号令,又参与计划议事,自从宰相以下,官员的进退和政事的轻重,就都同他们有了联系了。难道只是取用他们的文辞技艺就算了吗? 释迦牟尼和老子的门徒,世俗之外的人士,擅长书画、琴棋、天文历法、占卜的人,凭借技艺来侍奉上面,是不能与士人并列的人。让他们同擅长文学辞章的官员杂处在一起,这不是用来培养贤能人才的办法。

上面失去体统,下面想着利益,这样做的人,不是太可耻了吗?

【原文】

先是,剑南节度使鲜于仲通过南诏蛮[1],大败于泸南,士卒死者六万人,仲通仅以身免。杨国忠掩其败状,仍叙其战功。六月,剑南留后李宓[2],又将兵七万击南诏。阁罗凤诱之深入,卒罹瘴疫饥死什七八,乃引还,蛮追击之,宓被擒,全军皆没。国忠隐其败,更以捷闻,益发中国兵讨之,前后死者二十万人。

臣祖禹曰:《管子》有言曰:"堂上远于百里,堂下远于千里,君门远于万里。"言壅蔽之为害深也。明皇信一杨国忠,丧师二十万,而不得知以败为胜,其不亡岂不幸哉！国忠欺蔽如此，而举朝亦无一人敢以实告君者，盖在位者皆小人，无一贤也。当是时，明皇享国四十余年，自以为太平，有万世之安，而不知祸乱将发于朝，莫由置相非其人也。可不戒哉！

【注释】

①南诏：当时云南一带部族建立的地方政权名。蛮：古代对南方部族污蔑性的称呼。

②留后：官名。

【译文】

在这以前，剑南节度使鲜于仲通过伐南诏蛮人，在泸水南面大败，士兵死了六万多人，只有鲜于仲通逃脱。

杨国忠掩盖他失败的实情，仍然向皇帝叙说他的战功。六月，剑南留后李宓又率兵七万攻打南诏，阁罗凤引诱他深入境内，士兵感染瘴气瘟病和饿死十分之七八，就带着队伍撤退。蛮人追击他们，李宓隐瞒失败的消息，又把假造的胜利消息报告皇帝。大概出动中国军队讨伐南诏以来，前后死去的有二十万人。

范祖禹评说：

《管子》有这样的话说："殿堂上面比一百里还远，殿堂下面比一千里还远，国君门前比一万里还远。"

这是说阻塞蒙蔽危害的严重。唐明皇相信一个杨国忠，丧失军队二十万人而不知道，把失败当作胜利，唐朝没有灭亡就已经幸运了。杨国忠像这样欺骗蒙蔽皇帝，而整个朝廷上也没有一个人敢把实际情况告诉君主，这是因为在位的都是小人，没有一个贤良的人。

当这个时候，唐明皇在位四十多年，自己以为天下太平，有一万代的安定，却不知道祸乱将在早晚之间发生。这是由于任用了不该用的人做宰相。可以不戒备吗？

【原文】

帝曾谓高力士曰："朕今老矣，朝事付之宰相，边事付之诸将，夫复何忧！"力士对曰："臣闻云南数丧师，又边将拥兵太盛，陛下何以制之！臣恐一旦祸发，不杲复救，何谓无忧。"帝曰："卿勿言，朕徐思之。"自去秋水旱相继，关中大饥。杨国忠恶京兆尹李岘不附已①，以灾沴归咎于岘②，九月，贬岘长沙太守。帝忧雨伤稼，因忠取禾之善者献之，曰："雨虽多，不害稼也。"帝以为然。扶风太守房琯言所部水灾，国忠使御史推之。是岁，天下无敢言灾者。高力士侍侧帝曰："淫雨不已，卿可尽言。"对曰："自陛下以权假宰相，赏罚无章，阴阳失度，臣何敢言！"帝默然。

臣祖禹曰："明皇之言未为失也，其失者，任非其人也。诚使朝事付之相如姚宋，边事付之将如王忠嗣，夫复何忧哉！而以奸究为贤能，巨猾为忠良，是以祸乱成而不自知也。自李林甫之时，言路塞绝，以妄言为实，以实言为妖。杨国忠知其君之可欺也，而欺之，公卿大夫、百执事之人宴安宠禄，谀佞成风③，大乱将作。凡民且能知之，而无一人敢言者，盖其君子皆去，其立于朝者皆小人也。高力士帷幄之臣，非有深谋远虑，心知其事而不忍嘿默④，此非其忠义过人，盖朝廷无贤，百官失职而至于宦者言天下之事。明皇亦可以悟矣，而曾不之省，以及于乱，不亦宜哉！

【注释】

①京兆尹：官名，管辖京都地区。
②峴：水灾。
③执事之人：官员。
④噤：闭口，不说话。

【译文】

玄宗皇帝曾经对高力士说：

"我现在老了，把朝廷政事交给宰相，把边疆军事交给各个将领，还愁什么呢？"

高力士答道：

"我听说云南屡次丧失部队，加上边疆将领拥有军队太多，陛下拿什么控制他们？我恐怕一旦祸患发生，就无法挽救了，怎么能说没有忧愁呢？"

皇帝说：

"你不要说了，我再慢慢考虑一下。"

自从去年秋天以来，水旱自然灾害接连不断发生，关中发生大饥荒。杨国忠憎恨京兆尹李峴不依附自己，把水旱灾祸归罪于李峴；九月里，把李峴贬做长沙太守。

皇帝发愁雨水损害庄稼，杨国忠把禾谷中长得好的拿来献上，说：

"雨水虽然多，仍然没有损害庄稼的。"

皇帝认为是这样。扶风太守房琯报告说他管辖的地区发生水灾，杨国忠派御史追究他的责任。这一年全国没有敢报告灾害的。高力士在旁边陪侍，皇帝说：

"连绵大雨不停地下，你可以尽量说话。"

答道：

"自从陛下把大权交给宰相，赏罚没有章法，阴阳失去尺度，我怎么敢说呢？"

皇帝沉默不语。

范祖禹评说：

唐明皇的话不算是失误，失误的是任用了不该任用的人。如果把朝廷政事交给姚崇、宋景那样的宰相，把边疆军事交给王忠嗣那样的将领，那还发愁什么呢？而把奸邪的坏人当作贤德能干的人，把非常狡猾的人当作忠诚善良的人，所以祸乱酿就自己还不知道。

从李林甫为相的时候开始，向皇帝进言的道路堵塞隔绝，把胡言乱语当作实话，把实话当作邪说。

杨国忠知道他的君主容易被欺骗，就欺骗他的君主。公卿大夫百官安逸享受恩宠利禄，谄媚奉承成为风气。大乱即将发生，平常百姓尚且能够知道，但是没有一个人敢说，这是因为那些君子都走了，那些在朝廷上站得住脚的都是小人。高力士本是宫室帷幕里面的臣子，没有深谋远虑，心里知道那些事情而不忍心闭口沉默。这不是他的忠义超过别人，而是因为朝廷里没有贤良的人，百官不履行他们的职责，以至于宦官来谈论天下的事情，唐明皇也该醒悟了。然而他竟然不能觉悟，以至于发生大乱，不也是应该的吗？

国学经典文库

资政秘典

·唐鉴·

图文珍藏版

【原文】

十五载三月，以吴王祗为灵昌太守、河南都知兵马使。贾贲前至雍丘[①]，有众二千。先是谯郡太守杨万石以郡降安禄山，逼真源令张巡使为长吏。西迎贼。巡至真源，率吏民哭于玄元皇帝庙，起兵讨贼，吏民乐从者数千人，西至壅丘与贾贲合。

臣祖禹曰：明皇之末，朝廷无忠贤，左右无正人。一旦兵起幽蓟，中原瓦解而颜杲卿首谋于常山，真卿唱义于平原[②]，张介然、崔无嵎死其城郭，李憕、卢奕、蒋清死其官守[③]，贾贲以一尉讨贼，张巡以县令起兵，郭子仪鹰扬于朔方，李光弼电击于河北，孰谓天下无人乎？盖有之而不用也。其后与复唐室，卒赖之于忠贤。夫国有人则存，无人则亡，古者万乘之国有一臣则不可得而亡，况忠贤如此其多乎！唐之不亡断可知矣。《诗》云："无竞维人[④]，四方其训之[⑤]。"苟得其人则何危乱之有！

【注释】

①都知兵马使：武官名。
②真卿：指颜真卿。
③官守：居官职守。
④竞：强。
⑤训：顺从。

【译文】

天宝十五年三月，把吴王李祗任命为灵昌太守。河南都知兵马使贾贲南前进到达雍丘，拥有队伍二千人。

在这以前，谯郡太守杨万石率领全郡投降安禄山，逼迫真源县令张巡，派他做长史向西迎接叛贼。

张巡来到真源县，率领官员百姓到玄元皇帝庙痛哭，起兵讨伐叛贼，官吏自姓乐意跟从的多达几千人。张巡挑选精兵一千人向西到达雍丘，和贾贲会合。

范祖禹评说：

唐明皇的末年，朝廷里面没有忠诚贤良的臣子，身边没有正直的人，一旦叛贼的军队从幽州蓟州出动，中原很快土崩瓦解。然而颜杲卿首先在常山制定讨贼计谋，颜真卿在平原倡导起义，张介然、崔无嵎死在他们守卫的城下，李憕、卢奕、蒋清死在他们的任职岗位上，贾贲最初以一个县尉讨伐叛贼，张巡以一个县令起兵，郭子仪在朔方像雄鹰奋飞一样大施神威，李光弼在黄河北面像雷击电闪一样奋勇搏斗，谁说天下没有人才呢？只是有人才而没有任用他们。以后振兴恢复唐朝江山，终于仰仗忠贞贤能的人。国家有人就存在，没有人就灭亡。古代拥有一万辆兵车的大国，只要有一个臣子就不可能灭亡，何况忠贞贤能的臣子如此众多呢？

唐朝不会灭亡，就绝对可以知道了。

《诗经》里说："没有比他更强的人，四面八方就会顺服。"如果得到这样的人才，那么有什么危险和祸乱呢？

【原文】

哥舒翰军于潼关，或说杨国忠曰："今朝廷重兵尽在翰手，翰若援旗西指，于公岂不危哉！"国忠大惧，乃奏："潼关大军虽盛，而无后继，万一失利，京师可忧，请选监牧小儿三千①，于苑中训练②。"使李福德领之。又募万人屯灞上，令杜乾运将之，名为御贼，实备翰也。翰亦恐为国忠所图，乃表灞上军隶潼关；六月，召乾运诣关，因事斩之；国忠益惧。帝遣使趣翰进兵复陕洛。翰奏以为未可，国忠疑翰谋己，言翰逗留将失机会。帝续遣中使趣之，项背相望。翰不得已，抚膺恸哭；引兵出关。与贼将崔乾佑战于灵宝西原，翰大败，乾佑进克潼关。蕃将火拔归仁等执翰以降贼。

臣祖禹曰：杨国忠既激安禄山使之速反，以信其言；又促哥舒翰出兵潼关，恐其为已不利；动为身计，不顾社稷之患。然所以求全者，适足以自族也。夫就利避害小人之常也，利于已而不利于人，则为之，害于国而而不害于家，则为之，自以为得计矣，而不知害于国则亦害于家，不利于人则亦不利于已，是以自古小人之败，必至于家国俱亡。此先王所以戒小人之不可用也。明皇以天下安危寄之一相，而其人如此，安得不倾覆乎！

【注释】

①小儿：唐代宫中或官署中的杂役。
②苑：帝王园林。畜养禽兽、种植树木、供帝王打猎游乐的地方。

【译文】

哥舒翰在潼关驻军。有人劝杨国忠说："如今朝廷的重兵都掌握在哥舒翰手里，他如果挥旗指向西方，对您难道不危险吗？"

杨国忠非常害怕，就上奏说潼关大军虽然强盛，但是没有后继力量，万一打败了，京城值得忧虑。请求挑选监守放牧的杂役三千人，在皇家园林里训练，派李福德带领他们；又召募一万人驻防在灞上，令杜乾运率领他们。名义上是防御叛贼，实际上是防备哥舒翰。哥舒翰也恐怕被杨国忠暗算，就上表奏请把灞上的军队归属潼关管辖。

六月，哥舒翰召见杜乾运到潼关，以某件事情为借口杀了他。杨国忠更加害怕。皇帝派遣使臣催哥舒翰进兵收复陕州洛阳，哥舒翰认为时机还不成熟。杨国忠怀疑哥舒翰谋算自己。说哥舒翰逗留不进，将会失掉机会。皇帝陆续派遣宫中使臣催促哥舒翰，使臣的脖子后部和脊背互相都能望得见。哥舒翰不得已，抱着胸膛痛哭，率领部队出关，同叛贼将领崔乾佑在灵宝县西原交战。哥舒翰大败，崔乾佑进军占领潼关。番族将领火拔归仁等拘捕了哥舒翰，带着他投降了叛贼。

范祖禹评说：

杨国忠既激怒安禄山使他很快反叛，来证实自己的话，又催促哥舒翰出兵潼关，为的是怕他对自己不利。他的行动都是为自身考虑，不顾国家的危亡。然而他所用来希求保全自己的伎俩，正好足以用来自取灭亡。趋向利益避祸害是小人的常情。对自己有利而对别人不利，就去做；对国家有害处而对家庭没有害处，就去做，自己以为计谋得以实现了。却不知道对国家有害处，也就会对家庭有害处；对别人不利，也就是对自己不利。所以自古以来，小人的失败，一定会达到家庭和国家同时败亡。这就是前代帝王之所以告诫小人不可以任用的道理。

唐明皇把天下的安危寄托给一个宰相，而这个人又是这个样子，国家怎么能不倾倒灭亡呢？

【原文】

杨国忠首倡幸蜀之策，帝然之。甲午，移仗北内①。既夕，命陈玄礼整比六军②，厚赐钱帛，选闲厩马百余匹，外人皆莫之知。乙未，黎明，帝独与贵妃姊妹、皇子、妃、主、皇孙、杨国忠、韦见素、魏方进、陈玄礼及亲近宦官、宫人出延秋门，妃、主、皇孙之在外者，皆委之而去。

臣祖禹曰：《传》曰："社稷之主③，不可以轻。"轻则失众，况为天下之主乎！古者天子巡守，必载庙主而行，明皇既不能率其民人城守，以待勤王之师，必不得已而避寇出奔，犹当告于宗庙谕众而行，为备而动，则不至于颠沛矣。乃以天子之尊，独与其所爱脱身而逃，委其子孙皆碎贼手，明皇自取之也。自是以后天下有变，则京师不守，人主先为出计。自明皇始其可丑也夫！

【注释】

①北内：北面皇宫。
②六军：泛指朝廷的军队。
③社稷之主：古代诸侯称为社稷主，天子称为天下主。

【译文】

杨国忠首先提出皇帝到蜀地去的计谋，皇帝同意了。甲午日，把仪仗转移到皇宫北门。天黑以后，命令陈玄礼整理编排朝廷的军队，多多赏赐钱币丝帛。挑选皇家马房里的好马九百多匹，外面的人都没有发觉。

第二天乙未日黎明的时候，皇帝独自和杨贵妃姊妹、皇子、皇妃、公主、皇孙、杨国忠、韦见素、魏方进、陈玄礼以及亲近的宦官宫女出了延秋门。皇妃、公主、皇孙在皇宫以外的，都被抛弃。

范祖禹评说：

《左传》里面说："诸侯不可以轻率，轻率了就会失去百姓。"何况做天子的呢？古代天子巡察外地，一定要带看宗庙的牌位出行。

唐明皇既不能率领他的人民固守京城，来等待救援王朝的军队；必不得已而逃避叛贼出走，也应该到宗庙祝告，告诉大家以后出发。做好准备再行动，就不至于颠沛流离了。竟然以天子的尊贵身份，独自和他所爱的人脱身逃走。抛弃他的子孙，使他们都死在叛贼手里。这是唐明皇自己采取的行动啊。从这以后，天下一有变故,就会京城不设防守,君主先定下出逃的计划。这都是从唐明皇开始的。真是可耻啊!

【原文】

帝遣宦者王洛卿前行,告谕郡县置顿。食时①,至咸阳望贤宫,洛卿与县令俱逃,中使征召,吏民莫有应者。日向中,帝犹未食,杨国忠自市胡饼以献②。于是民争献粝饭,杂以麦豆;皇孙辈争以手掬食之,须臾而尽,犹未能饱。帝皆酬其直,慰劳之。众皆哭,帝亦掩泣。

臣祖禹曰:臣民之位,上下之等,以势相扶而已矣。天子者,以一身而寄天下之上,所恃者众心之所戴也。合而从之则为人君,离而去之则为匹夫,天下常治则能保其人君之尊,乱则众散,众散则与匹夫何异哉?《书》曰:"予临兆民③,懔乎若朽索之御六马。"先王不敢自恃如此,故其国家可保也。明皇享国几五十年,一旦失国出奔,自长安至咸阳不四十里而已,无食。天子之贵,四海之富,其可恃乎?

【注释】

①食时:古代十二时辰之一,即辰时,相当于早上7时至9时。
②胡饼:指烧饼,因传自胡地而得名。
③兆:表示众多的数目,古以万亿为兆,今以百万为兆。

【译文】

皇帝派宦官王洛卿在前面先走,告诉沿途郡县布置安顿。辰时,到达咸阳望贤宫,王洛卿和县令都逃跑了。宫中使臣征召官吏百姓,没有应声的。接近中午,皇帝还没有吃饭。杨国忠自己买烧饼拿来进献,于是百姓争着献上粗粮做的饭,掺上麦子豆子。皇孙们争着用手捧着吃,顷刻之间就吃完了,还没有吃饱。皇帝都付给他们价钱并慰问他们。大家都哭了,皇帝也蒙住脸哭了。

范祖禹评说:

臣子百姓的地位,上下的等级,用力量相扶助罢了。天子以一个人而寄附在天下的最上头,所依靠的就是民心对他的爱戴。聚合起来听从他,他就成为君主;分散开来离去他,他就成为普通人。天下经常太平就能保住君主的尊贵地位,天下乱了人民就会离散,人民离散以后皇帝和普通人又有什么不同呢?《书经》里说:"我面对众多百姓,畏惧得如同拿着腐朽的绳子驾驭六匹马。"前代帝王就像这样不敢自恃无恐,所以他们的国家可以保全。唐明皇在位将近五十年,一旦丧失国家出逃,从长安到咸阳,不过四十里地罢了。竟然没有吃的东西,天子的尊贵,全国的富饶,难道可以依靠吗?

【原文】

有老父郭从谨进言曰:"禄山包藏祸心,固非一日,亦有诣阙告其谋者,陛下往往诛之,使得逞其奸逆,致陛下播越①。是以先王务延忠良以广聪明,盖为此也。臣犹记宋璟为相,数进直言,天下赖以安平。自顷以来,在廷之臣以言为讳,惟阿谀取容,是以阙门之外,陛下皆不得知。草野之臣②,必知有今日久矣。但九重严邃③,区区之心,无路上达。事不至此,臣何由得睹陛下之面而诉之乎!"帝曰:"此朕之不明,悔无所及。"慰谕而遣之。

臣祖禹曰:天宝之乱,国天野人皆能知之,而其君不得闻,屺不哀哉? 夫雍蔽之祸,至白刃流矢于前,六亲不能相保④而始觉不亦晚乎?

右玄宗在位四十六年,传位于肃宗。宝应元年崩,七十八岁。

【注释】

①播越:离散,流亡。
②莫野:喻指民间。
③九重:指宫禁。
④六亲:指亲近亲属,说法不一,较早的说法是父、母、兄、弟、妻、子。

【译文】

有一个老者叫郭从谨的进前说道:

"安禄山的心里怀着祸害国家的坏主意,本来不只一天了。也有到朝廷告发他的阴谋的人,陛下往往把他们杀了。才使他得以实现奸邪叛逆的阴谋,以致陛下逃亡。所以前代贤明帝王致力于聘请忠贞贤良的人,来扩大自己的聪明才智,正是为了这个道理。我还记得宋景做宰相的时候,屡次进献耿直的言论,天下靠着他得以安宁太平。

从那个时候以来,在朝廷上的大臣把直言作为忌讳,只是阿谀奉承讨好。因此宫门以外的事情,陛下都不会知道。我这个草野之间的小臣民;很久就知道必定会有今天了。只是因为宫廷严肃深远,我这小小的想法,没有办法向上送到陛下那里。事情不到这个地步,我怎么能够见到陛下并且诉说这些话呢?"

皇帝说:

"这都是由于我不明察,后悔也来不及了。"安慰他以后让他走了。

范祖禹评说:

天宝年间的混乱,田野间的农民都能够知道,他们的君主却听不到,难道不可悲吗? 堵塞蒙蔽的祸害,直到兵刃和乱箭交错在面前,六亲不能保全,才开始察觉,不也太晚点吗?

以上唐玄宗在位四十六年,传位给唐肃宗,宝应元年去世,终年七十八岁。

唐鉴第十一卷

肃宗

【原文】

至德元载①,七月甲子,帝即位于灵武城南楼,尊玄宗曰上皇天帝,赦天下,改元。

臣祖禹曰:哥舒翰守潼关,王思礼请回兵诛杨国忠,翰曰:"此乃翰反,非禄山也。"翰偾军降虏②,固无足道,然其言可为后法。肃宗以皇太子讨贼,至灵武,遂自称帝,此乃太子叛父,何以讨禄山也?唐有天下,几三百年,由汉以来,享国最为长久。然三纲不立,无父子君臣之义,见利而动,不顾其亲,是以上无教化,下无廉耻。古之王者,必正身齐家,以率天下。其身不正,未有能正人者也。唐之父子不正,而欲以正万事,难矣其享国长久,亦曰幸哉!

【注释】

①至德:唐肃宗年号,公元756—758年。
②偾:跌倒,颠覆。

【译文】

至德元年,七月甲子日,皇帝在灵武城南楼登位,尊奉唐玄宗为上皇天帝,大赦天下,改变年号。

范祖禹评说:

哥舒翰防守潼关,王思礼请求调军队诛杀杨国忠。哥舒翰说:"这样就是我哥舒翰反叛,而不是安禄山反叛了。"

哥舒翰军队败溃投降敌人,本来没什么值得说起的地方,然而他的话却可以作为后代的法式。

唐肃宗以皇太子的身份讨伐叛贼,到了灵武,竟然自称皇帝,这是儿子背叛了父亲,凭什么讨伐安禄山呢?唐朝占有天下将近三百年,从汉朝以来,享有国家最为长久。然而三纲不能确立,没有父子、君臣之间的道义,看见私利就动手,不顾父母,所以上边的人没有礼教德化,下边的人没有廉耻。古代的帝王,一定通过使自身正直家庭和睦来统率天下。如果自身不正直,就没有能够使别人正直的人。

唐朝的父子不正直,而要想凭他们来使各种事情都正常,那未免太难了!唐朝拥有国家很长久,也可以说是幸运啊!

【原文】

帝在灵武,文武官不满三十人,披草莱立朝廷。制度草创,武人骄慢。大将管崇嗣在朝堂背阙而坐,言笑自若,监察御史李勉奏弹之,系于有司。帝特原之,叹曰:"吾有李勉,朝廷始尊。"

臣祖禹曰:昔赵襄子有晋阳之难,群臣皆懈,惟高共不敢失礼,及襄子行赏,以共为先。肃宗之在朔方,唐室危如缀旒①,李勉不以正路夷险易其心,不以君父在草莽而废其职,事君若此,可谓忠正之士矣!

【注释】

①缀:结。旒:旗帜边沿上悬垂的装饰品。

【译文】

皇帝在灵武,文武官员不满三十个人,拨开杂草站在朝廷上。

各项制度开始建立,武人骄傲轻慢。大将管崇嗣在朝堂中背对着宫阙坐下,谈笑和平时一样。监察御史李勉上奏章弹劾他,把他拘押在有关官署中,皇帝特别饶恕了他,叹息说:

"我有李勉,朝廷才显得尊贵了。"

范祖禹评说:

从前赵襄子在晋阳遇有患难,官员们都懈怠起来,只有高共不敢失礼。等到赵襄子进行赏赐,单把高共放在前面。唐肃宗在朔方的时候,唐朝危险得好像旗子上缀着过多的装饰品一样。李勉不因为正路平坦或险阻改变他的心情,不因为君主在草野之间而放弃他的职责。侍奉君主像这个样子,可以说是忠诚正直的人士了。

【原文】

文部侍郎同平章事房琯喜宾客,好谈论,多引拔知名之士,而轻鄙庸俗,人多怨之。贺兰进明与琯有隙,言琯专为迂阔大言以立虚名,所引用皆浮华之党,真正衍之比也①。帝由是之。琯上疏请将兵复两京,帝许之,加持节招讨西京兼防御蒲潼两关兵马节度使。琯请自选参佐,悉以戎务委李揖、刘秩,二人皆书生,不闲军旅。琯谓人曰:"贼曳落河虽多②,安能敌我刘秩!"琯分为三军,以中军、北军为前锋,十月,二军遇贼将安守忠于咸阳之陈涛斜。琯效古法,用车战,以牛角二千乘,马步夹之。贼顺风鼓噪,牛皆震骇。贼纵火焚之,人畜大乱,官军死伤者四万余人,存者数千而已。琯自以南军战,又败,帝闻琯败,大怒。李泌为之营救,帝乃宥之,待琯如初。琯性高简,时国家多难,而琯多称病不朝谒,不以职事为意,日与刘秩、李揖高谈释老,或听门客董庭兰鼓琴,庭兰以是大招权利。明年罢琯为太子太师。

臣祖禹曰:房琯有高志虚名,而无实才。肃宗既疏之,而犹以为将帅,倚其能成克复之功,是不知其臣也。琯以才见疏而犹以讨贼为己任,是不量其君也。君不知其臣,臣不量其君,而欲成天下之务,未之闻也。且肃宗任琯,而琯任刘秩,君臣不知人如此,夫安得不败乎!

【注释】

①王衍:西晋大臣,喜空谈,居官圆滑自保。

②曳落河:契丹语,意为壮士、战士。

【译文】

　　文部侍郎同平章事房琯喜欢宾客,爱好谈论,多次引用提拔知名的人士,然而浅薄庸俗,人们大多对他不满意。

　　贺兰进明同房琯有意见,说房琯专门讲迂腐无边不切实际的空话,来建立虚名,引用的都是浮华不实的人,真是可以和晋朝的王衍并列的。

　　皇帝因此疏远房琯。房琯呈上奉请求带兵收复东、西两京,皇帝答应了他,给他加上持节招讨西京兼防御蒲潼两关兵马节度使的职衔。房琯请求自己挑选僚属,把军事事务都交给李揖和刘秩。李揖刘秩两个人都是读书人,不熟悉军队事务。

　　房琯对别人说:

　　"叛贼的兵士虽然多,怎么能敌得过我的刘秩呢?"

　　房琯把军队分成三路军,以南路军和北路军为前锋。十月,两路军在咸阳的陈涛斜同叛贼将领安守忠遭遇。房琯仿效古代战法,使用车战,用牛车两千辆,骑兵、步兵夹护着它们。贼兵顺着风击鼓喊叫,牛受到惊吓。贼兵放火焚烧,人和牲畜大乱,官方军队死伤的达四万多人,幸存的只有几千人。房琯已率领南路军交战,又败了。皇帝听说房琯被打败,十分生气。李泌替房琯营救,皇帝才宽恕了他,对待房琯像当初一样。房琯生性高傲怠慢。

　　当时国家危难很多,房琯却多次声言生病不上朝拜见皇帝,不把本职工作放在心上,每天和刘秩、李揖高谈阔论佛家、道家,或者听门客董庭兰弹琴,董庭兰因此获很大权势和很多财利。

　　第二年,罢免房琯,让他做太子少师。

　　范祖禹评说:

　　房琯有大志向和虚名声,却没有真正的才能。唐肃宗既已疏远了他,却仍然让做少帅,认为他能够成就克复失地的功业,这是不了解他的臣下。房琯由于谗言被疏远,而仍然把讨伐叛贼当作自己的任务,这是不估量他的君主。君主不了解他的臣下,臣下不估量他的君主,想要成就天下的事业,是不可能的。况且唐肃宗任用房琯,而房琯任用刘秩,君臣这样不了解人,怎么能不失败呢?

【原文】

　　帝在彭原,廨舍隘狭,帝与张良娣博打子①,声闻于外。李泌言,诸军奏报停壅。帝乃潜令刻乾树鸡为子②,不欲有声。良娣以是怨泌。

　　臣祖禹曰:明皇播迁于蜀,肃宗越在草莽,宗庙焚毁,社稷丘墟,此痛心尝胆之时也。而于军旅之中,与妇人嬉戏,岂非以位为乐乎! 肃宗之志,不及远矣,享国不水,此其兆钦。

【注释】

①打子:古代一种游戏用品。

②干树鸡:指干树皮。

【译文】

皇帝在彭原,官署房屋狭小。皇帝和张良娣赌打子玩,声音在外面都能听得到。李泌说各路军队的上奏报告都停滞积压了。皇帝就暗地命令刻干树皮做打子,不要它有声音。张良娣因此怨恨李泌。

范祖禹评说:

唐明皇逃亡到蜀地,肃宗远在草野之中,宗庙被焚毁,社稷成为废墟,这正是痛心疾首卧薪尝胆的时候。而肃宗却在军队里面,和妇人喜笑游戏,难道不是觉得登上帝位很快乐吗? 可见肃宗的志向并不远大。在位时间不长,这是它的征兆吧!

【原文】

二载四月,帝在凤翔。是时府库无蓄积,专以官爵赏功,诸将出征,皆给空名告身①,自开府、特进、列卿、大将军,下至中郎、郎将,听临事注名。其后又听以信牒授人官爵②,以至异姓王者。诸有官者,但以职任相统摄,不复计官爵高下。大将军告身一通,才易一醉。凡应募入军者,一切衣金紫③,至有朝士僮仆衣金紫,而身执贱役者。名器之滥④,至是而极焉。

臣祖禹曰:《传》曰:"不轨不物⑤,谓之乱政。"官爵者,人君所以驭天下,不可以虚名而轻用也。君以为贵,则人贵之,君以为贱,则人贱之,难得而加于君子则贵矣,易得而施之小人则贱矣,肃宗欲以苟简成功,而滥假名器,轻于粪土,此乱政之极也。唐室之不竞,不亦宜乎!

【注释】

①告身:任命官职的信符。

②信牒:委任官职的文件。

③金紫:唐时三品以上官员穿紫色官服,佩带金色鱼袋。

④名器:官员等级的称号和不同的车服仪制等。

⑤轨:指端正法度。物:指按规定制作和使用器物。

【译文】

至德二年四月,皇帝在凤翔。这时国库里已经没有积蓄,专门用官名爵号奖赏有功人员。各位将领出征,都发给空出其名的信符,从开府、特进、列卿、大将军起,往下到中郎、郎将,听任临时填上名字。以后又用委任书授予人们官名爵号,以至于出现与皇帝不同姓的王爵。那些有官职的人,只是职位任务相领导管辖,不再计较官名爵号的高低。一件大将军的信符,才换得喝醉一次。凡是应募参加军队的人,一概穿着紫色官服,佩戴着金色鱼袋,以至于有朝廷人士的僮仆穿着紫衣带着金鱼袋而干着低贱活的。名号级别和应用器物的滥用,这时达到极点了。

范祖禹评说:

《左传》里说:"不端正法度,不按规定制作和使用器物,称作混乱的政治。"官名爵号是君主用来驾驭天下的东西,是不可以虚有其名并且滥用的。君主认为尊贵,人们就认为它尊贵;君主认为低贱,人们就认为它低贱。难以得到而且加到君子头上的就尊贵了,容易得到而且加到小人头上的就低贱了。肃宗想要以随便简略成就功业,而且滥用名号器物给人,把它们看得比粪土还轻贱,这是乱政的极点。

唐朝不能强盛,不也是应该的吗?

【原文】

九月,广平王俶、郭子仪等大军收西京。初,帝欲速得京师,与回纥约曰①:"克城之日,土地士共归唐,金帛子女皆归回纥②。"至是,叶护欲如约。俶拜于叶护马前曰:"今始得西京,若遽俘掠,则东京之人皆为贼固守,不可复取矣,愿至东京乃如约。"叶护许之。十月,收东京。回纥及西域诸胡纵兵大掠三日,军士为之卿导,府库及士民之室皆空。回纥意犹未厌,俶患之。父老请率罗锦万匹以赂回纥,回纥乃止。

臣祖禹曰:肃宗欲克复唐室,苟求天下之贤,而与之共天下之功,因民之心以讨暴逆,何患乎贼之不灭,而唐之人主好结戎狄,以求其援。肃宗姑务欲速,不为远谋,至使诸胡纵掠与贼无异,其失民也,不亦甚乎!昔武王伐商,亦有微、卢、彭、濮③;春秋之时,姜、戎常佐晋征讨,皆以中国之师制之,使为掎角之助而已④。至于后世则倚戎狄以成功,与之共事,未有不为患者也!

【注释】

①回纥:隋唐时代西、北部民族名。

②子女:指女子。

③微、卢、彭、濮:上古外族名。

④掎角:配合夹击。

【译文】

九月,广平王李俶和郭子仪等大军收复西京长安。当初,肃宗皇帝想要迅速得到京城,各回纥族约定说:

"收复京城的日子,土地士人庶民归唐朝,金钱丝帛都归回纥。"到了这时,叶护要履行约定。

李俶在叶护的马前面拜见说:

"现在刚得到西京,如果马上俘捉抢掠,那么东京的人民就会替叛贼坚决守卫,就无法把东京夺回来。希望到了东京再履行约定。"叶护答应了他。

十月,收复东京。回纥和西域各族任由兵士大抢三天,唐朝的军人为他做向导,官方府库和士人百姓的家里都被抢掠一空。回纥的心意仍然没有满足,李俶很忧虑。父老们请求拿出绫罗锦乡一万匹来送给回纥,回纥才停止抢掠。

范祖禹评说:

肃宗想要恢复唐朝,如果寻求天下的贤能人才,和他们一起共同建立天下的功业,顺着人民的心意,去讨伐残暴的叛贼,定会灭除叛贼?然而唐朝的君主,却喜欢结交外族寻求他们的援助。

肃宗只想着眼前的事,不做长远打算,以至使得许多外族放任抢掠,与叛贼无异,他失去民心,也太过分了吧!从前周武王讨伐商朝,也有微、卢、彭、濮等外族参加;春秋时代,姜族、戎族经常帮助晋国征战,都不过是由中国的军队控制他们,让他们作为配合夹击的助力而已。到了后代,却依靠外族以求成就功业,和他们一起共同做事,肯定会成为祸害的。

【原文】

十二月,上皇至咸阳,帝备法驾迎于望贤宫①。上皇在宫南楼帝,释黄袍,著紫袍,望楼下马,趋进,拜舞于楼下②。上皇降楼,抚帝而泣,帝捧上皇足,呜咽不自胜。上皇索黄袍,自为帝著之,帝伏地顿首固辞。上皇曰:"天数人心皆归于汝,使朕得保余齿,汝之孝也!"帝不得已,受之。上皇不肯居正殿曰:"此天子之位也。"常固请,自扶上皇登殿。尚食进食③,帝品尝而荐之。将发行宫,帝亲为上皇习马而进之④。上皇上马,帝亲执空辔⑤。行数步,上皇止之。帝乘马前引,不敢当驰道⑤。上皇谓左右曰:"吾为天子五十年,未为贵;今为天子父乃贵耳!"

臣祖禹曰:肃宗以皇太子讨贼,遂自立于灵武,不由君父之命,而有天下,是以不孝令也。及其迎上皇于望贤宫,百姓皆注耳目,则辞帝服,避驰道,屑屑焉为末礼以眩耀于众,岂其诚乎!况其终也,用妇言而保奸谋,迁其父于西宫,卒以愤崒而殒。事亲若此,罪莫大焉!且临危则取大利,居安则谨小节,以是为孝亦已悖矣!孟子曰:"不能三年之丧,而缌小功之察⑥,放饭流歠⑦,而问无齿决⑧。"其肃宗之谓乎!

【注释】

①法驾:皇帝用的车驾。
②拜舞:一面跪拜,一面做出舞蹈动作,这是最隆重的拜见礼。
③尚食:官名,负责皇帝膳食。
④习马:试着骑马,观察马的优劣。
⑤驰道:驰马行走的道路。
⑥缌:指孝服中最轻的缌麻三月孝服,服丧三个月。小功:服丧五个月的孝服。
⑦放饭:放开口吃饭。流:长。歠:饮。
⑧齿决:用牙齿咬断。

【译文】

十二月,太上皇到达咸阳,肃宗皇帝准备好皇帝用的车驾到望贤宫去迎接。

太上皇在宫南楼上。皇帝脱下黄袍,穿上紫袍,望见了楼就下了马,快步进前,在楼下一面跪拜一面舞动。

太上皇下了楼,抚摸着皇帝哭泣。皇帝捧着太上皇的脚,低声哭着不能控制住自己。太上皇要来黄袍,亲自给皇帝穿。皇帝趴在地上磕头,坚决推辞。

太上皇说:

"天命和人心都归到你身上,让我能够安度晚年就行了,就是你的孝顺了。"

皇帝不得已接受了黄袍。太上皇不肯坐到正殿上,说:

"这是天子的位子。"皇帝坚决请求,亲自搀扶着太上皇登上正殿。尚食官进献食品，皇帝先品尝以后再进献给太上皇。将要到行宫里去，皇帝亲自替太上皇试马，然后进献给太上皇。

太上皇上了马，皇帝亲自带住马勒头，走了几步，太上皇止住了他。皇帝骑着马在前面引路，不敢在马道上走。太上皇对身边的人说：

"我做天子五十年不算尊贵，今天做天子的父亲才算尊贵了啊！"

范祖禹评说：

唐肃宗以皇太子身份讨伐叛贼，竟然在灵武自立为帝王，不是从皇帝父亲那里接受的命令，却拥有了天下，这是以不孝顺施令天下。等到他到望贤宫去迎接太上皇，百姓们都集中视听。他却推辞穿黄袍，避开马走的道路，琐琐屑屑地搞一些细枝末节的礼数，来向大家炫耀，难道是他的真心吗？况且他后来听信女人的话和奸臣的阴谋，把他父亲迁移到西宫，使父亲终于气愤抑郁而死。像这样对待父亲，罪过没有比这更严重的了。况且在危险的时候夺取大利，在安定的时候做些细节，用这样的办法尽孝道，也太荒谬了。孟子说：

"不能实行三年的丧礼，却讲究缌麻三月、小功五月的丧礼；大口吃饭、大口喝汤，却讲究不要用牙齿啃断干肉。"这说的就是唐肃宗吧？

【原文】

乾元元年六月①，史思明既降。李光弼以思明终当叛乱，而乌承恩为思明所信，阴使图之。又劝帝以承恩为范阳节度副使，赐阿史那承庆铁券②，令共图思明，帝从之。会承恩入京师，帝使内侍李思敬与之俱至范阳宣慰。承恩谋泄，思明责之。承恩谢曰："此皆李光弼之谋也。"思明乃集将佐民吏，西向大哭曰："臣以十三州十万众降朝廷，何负陛下，而欲杀臣！"遂杀承恩，连坐死者二百余人③。囚思敬，表上其状。帝遣中使慰谕思明曰："此非朝廷与李光弼之意，皆承恩所为，杀之甚善。"

臣祖禹曰：王者所以威服海内，惟其有信与义而已。匹夫一为不信，犹不可自立于乡党，况人主而为不信，天下其谁从之。肃宗既纳史思明之降，加以爵命，于时未有逆乱之节也。李光弼为国元帅，职在御侮，知其有不臣之志，终为背叛，言于君而备之可也，待其发而诛之可也，乃使传诏之臣阴与其党为盗贼之计，不亦辱王命乎！若事之捷，则反侧之人谁不怀惧事之，不捷适足以长乱，非所以耳乱也。既失信于已降之虏，又归罪于死事之臣，欲以服天下奸雄之心，岂不难哉！

【注释】

①乾元：唐肃宗年号，公元758～760年。
②铁券：帝王赐给功臣世代减免罪责的铁契。
③连坐：一个人犯了罪，别人连带受处罚。

【译文】

乾元元年六月，史思明投降以后，李光弼认为史思明最终还会叛乱，而乌承恩被史思明所亲信，就暗地让他打史思明的主意。又劝皇帝任命乌承恩做范阳节度副使，赏赐给阿史那承庆免罪铁券，叫他们共同图谋史思明。

皇帝同意了他的意见。恰巧乌承恩到京城来，皇帝派宫内侍从李思敬和他一起到范阳表示慰问。乌承恩的计谋泄漏,史思明责问他。乌承恩谢罪说:"这都是李光弼的主意。"史思明就召集将领部属官吏百姓,面向西方大哭道:"臣下我带领十三个州十万人马投降朝廷,有什么地方对不起陛下,而想要杀掉我呢?"

于是杀了乌承恩,受牵连而死的有二百多人。拘禁李思敬,上表章陈述这件事的情况。

皇帝派宫中使臣安慰史思明说:

"这不是朝廷和李光弼的主意,都是乌承恩干的,杀了他很好。"

范祖禹评说:

帝王用来威服天下的东西,只能凭信用和道义。一般人一下做了不讲信用的事情,尚且不能使自己在世上立身,何况是君主而去做不讲信用的事情,天下还有谁敢听从他呢?唐肃宗已经接受了史思明的投降,加以封爵任命,当时史思明并没有叛乱的情节。李光弼作为国家元帅,职责在于防御欺凌,知道史思明有不臣服的想法,终究会背叛朝廷,对君主说明并且防备他,是可以的;等待他发动叛乱而诛杀他,也是可以的。却派传话的使臣暗地和乌承恩的同党在一起,制定盗贼那样的计谋,不也太羞辱帝王的任命了吗?如果事情成功,那么反复无常的人谁不心怀恐惧?事情不成功,恰恰因此滋长祸乱,而不是用来防止祸乱的办法。既对已经投降的敌人失信,又把罪过归到为国事而死的臣子身上,要想用来使天下奸雄的心信服,岂不太困难了吗?

【原文】

九月,命郭子仪等九节度讨安庆绪。帝以子仪,光弼皆元勋,难相统属,故不置元帅,但以宦官鱼朝恩为观军容宣慰①。置使观军容之名自此始。明年三月,九节祺之师六十万溃于相州。

臣祖禹曰:夙沙卫殿齐师②,殖绰郭最曰:"子殿国师,齐之辱也。夫以诸侯之师使阉人殿之,犹以为辱,况天子之师而使宦者为之主帅乎!是辱天下之众也。"且庆绪穷虏,郭李不世出之将也,使朝恩节制之,犹不免于败,则庸人可知矣。肃宗初复两京,举六十万之众而弃之,其不亡亦幸哉。

【注释】

①观军容:指观军容使,监视出征将帅的最高军职。
②夙沙卫:春秋时代齐国宦官。殿:行军作战时在队伍的后面。

【译文】

九月,命令郭子仪等九位节度使讨伐安庆绪。皇帝认为郭子仪、李光弼都是有功的大臣,难以互相统领归属,所以不设置元帅,只任命宦官鱼朝恩做观军容使表示慰问。设置"使"来观察军容的名称从这时开始。第二年三月,九位节度使的军队六十万人在相州溃败。

范祖禹评说:

从前夙沙卫为齐国军队的殿后,殖绰、郭最说:"你为国军殿后,这是齐国的耻辱。"以诸侯的军队,使宦官殿后,尚且认为是耻辱,何况是天子的军队,怎么能让宦官做他们的主帅呢？这是侮辱天下的军队啊！况且安庆绪是穷途末路的敌人，郭子仪、李光弼是世上少有的将领，让鱼朝恩调度制约他们，尚且不能避免失败，那么平常的人就可想而知了。唐肃宗刚刚收复东、西二京，就把六十万军队白白扔掉，他没有使唐朝灭亡也太幸运了啊！

【原文】

上元元年十一月①，淮西节度使王仲升恶宋州刺史刘展，使监军邢延恩入奏："展倔强不受命，名应谣谶，请除之。"延恩因说帝曰："展与李铣一体之人②，今铣诛，展不自安，不去之，恐为乱。然展方握强兵，请除展江淮都统，代李峘，侯其释兵赴镇，中道执之，此一夫力耳。"帝从之，以展为江淮都统三道节度使；密敕李峘、邓景山图之。延恩授展制书，展疑之，延恩乃弛诣广陵，与峘谋，解印节以授展。展举宋州兵七千趋广陵。延恩知展已得其情，远奔广陵，与李峘、邓景山发兵拒之，移檄州县③，言展反。展亦移檄言峘反，使其将击景山，景山众溃，与延恩奔寿州，展引兵入广陵。峘悉锐兵守京口，闻展将至，军自溃，峘奔宣城。展陷润州，升州。十二月，陷苏州、常州、湖州、泗州、宣州、濠、楚、舒、和、滁、庐、等州。初帝命平卢兵马使田神功将所部精兵三千屯任城；邓景山既败，与邢延恩奏乞敕神功救淮南，未报。景山遣人趋之，且许以淮南金帛子女为赂，神功讨展，展败，神功入广陵及楚州，大掠杀商胡以千数，城中地穿掘略遍。明年，击展，斩之，平卢军大掠十余日。安、史之乱兵不及江、淮至是，其民始罹荼毒矣。

臣祖禹曰：邢延恩一言，而朝廷失信，藩臣背叛，江淮数千里罹涂炭之患。甚矣，小人之交，乱四国也④。肃宗不明，有以来，谗慝之口，岂特一延恩之罪哉！

【注释】

①上元：唐肃宗年号，公元760—761年。
②一体：关系密切，如同一个整体。
③檄：檄文，声讨的文书。
④四国：四方。

【译文】

上元元年十一月，淮西节度使王仲升恶宋州刺史刘展，派监军邢延恩进朝上奏刘展倔强不服命令，名字顺应民谣预言，请求除掉他。

邢延恩趁杨会劝皇帝说：

"刘展和李铣关系密切。如今李铣被诛杀，刘展很不自在，不除掉他，恐怕会作乱。然而刘展正在掌握着强大的军队，请任命他做江淮都统，代替李峘。等到他放下兵权去镇所的时候，在关路上抓住他，这只需要一个人的力量。"

皇帝采纳了他的意见，让刘展做江淮都统三道节度使，秘密下令李峘、邓景山算计他。邢延恩把皇帝的诏令交给刘展。刘展表示怀疑。邢延恩就飞马去广陵和李峘商量解下印绶符节交给刘展。刘展带领宋州兵士七千人赶往广陵。邢延恩知道刘展已经发现其中的实际情况，回头奔赴广陵，和李峘、邓景山一起发兵抵挡刘展，向各州县发布檄文，说刘展反叛。刘展也发布檄文说李峘反叛，派他的将领攻打邓景山。邓景山的军队溃败，邢延恩奔赴寿州。刘展带领军队进入广陵。李峘率领全部精兵守卫京口,听说刘展将要到来,军队自行溃散。李昉逃往宣城。刘展攻陷润州、升州。十二月,攻陷苏州、常州、湖州、泗州、宣州以及濠、楚、舒、和、滁、庐等州。当时,皇帝命令平卢兵马使田神功率领所属精兵三千人驻扎在任城。邓景山战败以后,与邢延恩一起上奏请求命令田神功救援淮南,并且答应拿淮南的金钱丝帛妇女作为礼物。田神功讨伐刘展,刘展战败。田神功进入广陵及楚州,大肆抢掠,杀死商人胡人数以千计,在城内穿墙挖地,掠夺殆尽。第二年,攻打刘展,斩杀了他。平卢军队大肆抢掠十几天。安禄山、史思明作乱的时候,贼兵没有到过江淮一带,到了这时江淮的百姓却遭受残害了。

范祖禹评说:

邢延恩一句话而使得朝廷信用丧失,地方大臣背叛,江淮一带几千里的地区遭受无穷的祸患。小人接连扰乱四方,真是太厉害了啊!唐肃宗不明察,有招来谗言恶语的原因,哪里只是一个邢延恩的罪过呢?

【原文】

三年五月初,李辅国与张后同谋,迁上皇于西内。是日端午,山人李唐见帝^①,帝方抱幼女,谓唐曰:"朕念之,卿勿怪也。"唐曰:"太上皇思见陛下,计亦如陛下之念公主也。"帝泫然泣下,然畏张后,尚不敢诣西内。

臣祖禹曰:阳失其所以为阳,则制于阴,刚失其所为刚,则困于柔。肃宗不君,故制于小人女子,不能雠疾^②,而反畏之,欲见其父,而且不敢,其况能保四海乎。

【注释】

①山人:隐士。
②雠疾:疾言厉色。

【译文】

上元三年五月初,李辅国和张皇后共同策划,准备把太上皇搬迁到西宫。这一日是端午节,隐士李唐觐见皇帝。皇帝正抱着小女儿玩,对李唐说:

"我想念她,你不要见怪。"

李唐说:"太上皇想见陛下,看来也像陛下想念公主一样的。"

皇帝难过地流下了眼泪,然而害怕张后,还是不敢到西宫去。

范祖禹评说:

阳失去它所依靠成为阳的凭借,就会被阴控制;刚强失去所依靠来成为刚强的凭借,就会被柔弱困住。唐肃宗不像一个君主,所以被小人女人控制,不能严厉对待,反而害怕他们。想见他的父亲尚且不敢,又怎么能够保全国家呢?

【原文】

九月,制去尊号,但称皇帝;去年号,但称元年;以建子月为岁首^①,月皆以所建为数^②;因赦天下。

臣祖禹曰:肃宗信禳祈之小数^③,以为更制、改号可以致福而弭祸。夫畏鬼神听巫觋者,匹妇之愚也,以天下之君为之,不亦异哉!

【注释】

①建子月：农历十一月的代称。

②建：北斗星斗柄所指叫建。斗柄旋转所指的十二辰（子丑寅卯辰巳午未申酉戌亥）叫月建，如正月叫建寅，二月叫建卯，馀类推。

③数：技艺。

【译文】

九月，诏令去掉尊号，只称皇帝；去掉年号，只称元年。把十一月作为一年的开头，每个月都拿北斗星斗柄所指的月建称数。同时大赦天下。

范祖禹评说：

唐肃宗相信祭神祈祷的伎俩，以为更改名号制度，就可以得到太平消除祸患了。害怕鬼神，听信巫婆巫师，是一般妇女愚蠢的表现。以一个天下君主的身份做这样的事情，不是也太奇怪了吗？

【原文】

宝应元年建巳月①，楚州刺史崔瓘表称："有尼真如，恍惚登天，见上帝，赐以宝玉十三枚，云：'中国有灾，以此镇之。'"群臣表贺。甲寅，上皇崩，帝疾转剧，乃命太子监国②。甲子，制改元；复以建寅月为正月③，月数皆如其旧；赦天下。丁卯，帝崩。

臣祖禹曰：昔尧命重黎绝地天通，盖恶神人杂揉，巫觋矫妄，而诬天罔民也。后世主昏于上，民迷于下，黩乱天地，无所不有。肃宗父子不相信妖由人兴，故奸伪得以惑之，获宝不一月，而二帝崩，吉凶之验，亦可睹矣。

【注释】

①宝应：唐代宗年号，公元762年。建巳月：四月。

②监国：代行处理国政。

③建寅月：一月。

【译文】

宝应元年四月，楚州刺史崔瓘呈上表章说：

"有个尼姑叫真如的恍恍惚惚地上了天，见到上帝，上帝赐给她宝玉十三块，说：'中国有灾难，用这镇住它。'"众大臣上表庆贺。

甲寅这一天，太上皇去世。皇帝的病情转向严重，就命令太子替他处理国政。甲子这一天，下令改用年号，又把一月作为正月，每月的数字都照旧。大赦天下。丁卯这一天，皇帝去世。

范祖禹评说：

从前帝尧命令重黎断绝地上和天上的通连，是由于厌恶神和人混杂在一起，巫婆巫师假借神鬼胡作非为，欺瞒上天欺骗人民。后代君主在上面糊糊涂涂，百姓在下面迷迷惑惑，扰乱天下，这样什么样的事情都会发生的。

唐肃宗父子没有发现妖异现象是有人故意编造的，所以奸诈的人得以迷惑他们。得到宝玉不到一个月而两个皇帝死去,吉祥和凶险的效果也就可以看出来了。

【原文】

帝疾笃,张皇后与太子谋诛辅国,太子不可,后乃召越王系,谕之授甲于长生殿。程元振知其谋,密告辅国。以兵送太子于飞龙厩,辅国、元振夜勒捕三殿,收捕越王系及宦官等百余人,迁后于别殿①。帝王长在殿,使者逼后下殿,并左右数十人幽于后宫,宦官宫人皆惊骇逃散。帝寻崩,辅国等杀后并系及衮王珣。

臣祖禹曰:李辅国本飞龙马家皂隶之流②,肃宗尊宠而任之,委之以政,授之以兵。明皇以忧崩,己以殁水没,张后二王以戮死,上不保其父,中不保其身,下不保其妻子。此近小人之祸也。可不戒哉? 可不戒哉!

【注释】

①别殿:便殿,别于正殿。
②飞龙:指天子。又为皇宫马厩名。皂隶:奴仆。按李辅国曾做过皇家马厩中的杂役。

【译文】

肃宗皇帝病重的时候,张皇后和太子商量诛杀李辅国,太子认为不能这样做。

张皇后就召见越王李系告诉他,在长生殿交给他士兵。程元振知道了他们的计谋,密告李辅国,派兵送太子到飞龙厩内。

李辅国、程元振在夜里带兵包围多座宫殿,逮捕越王李系以及宦官等一百多人,把张皇后搬到便殿里去。皇帝当时在长生殿里,派去的人逼迫张皇后下殿,并把她身边的几十人囚禁在后宫里,宦官宫女都惊慌逃跑。皇帝不久去世。李辅国等人杀死张皇后,并把李系和衮王李珣也杀掉。

范祖禹评说:

李辅国本来是皇帝马房里的仆役一类的人,唐肃宗使他的地位尊贵,宠幸并且重用他,把国政托付他,把兵权交给他。唐明皇因为他而忧虑死去,自己因为他而恐惧死去,张皇后和两个王因为他而被杀死。上面不能保全他的父亲,中间不能保全他的自身,下面不能保全他的妻子和儿子。这都是亲近小人的祸害,可以不戒备吗? 可以不戒备吗?

【原文】

初,帝召山南东道节度使来瑱赴京师;瑱讽将将吏上表留之,行及郑州,复令还镇。荆南吕铁、淮西王仲升及中使往来者言。"瑱曲收众心,恐久难制。"帝乃割商、金、均、房别置观察使,令瑱止领六州。行军司马裴茂谋夺瑱位,密表瑱倔强难制,请以兵袭取之,帝以为然。乃以瑱为淮西、河南十六州节度,外示宠任,实欲图之,密敕以茂代瑱为襄、邓等州防御使。瑱闻徙镇,大惧,又讽将吏留瑱代宗欲姑息无事,复以瑱为山南东道节度使。裴茂既得密敕,即率麾下二千趣襄阳;瑱以兵逆之,问所以来,对曰:"尚书不受朝命①,故来。若受代,谨当释兵。"瑱曰:"吾已家恩,复留镇此。"因取敕及告身示之,茂惊惑。瑱与薛南阳纵兵夹击,大破之,追擒茂于申口,送京师,赐死。

臣祖禹曰:肃宗信谗,黜陟不明^①,以藩镇为饵,欲诱反侧之臣;故刘展叛于前,来瑱乱于后,皆朝廷易置不以其道故也。且瑱未失臣节,而裴茂篡夺之谋,使茂克瑱而代其位,不若瑱跋扈之为愈也。夫藩臣倔强阻兵,得一贤相足以制之,肃宗谋及宦者,得无乱乎。

右肃宗在位七年,崩年五十二。

【注释】

①尚书:称指来。

②黜:降职。陟:升职。

【译文】

当初,肃宗皇帝召见山南东道节度使来瑱到京城去,来瑱暗示属下将领官员上表挽留他。

走到邓州,皇帝又命令他回去镇守荆南地区。吕瑱、淮西王仲升以及宫中往来的使臣,都认为来瑱想方设法收买人心,恐怕时间长了难以控制。皇帝就割去商州、金州、房州,另外安排观察使,让来瑱只管辖六个州。行军司马裴茂想夺取来瑱的职位,秘密上表说来瑱倔强难以控制,请求带兵袭击取代他。皇帝认为说得有理,就任命来瑱为淮西河南十六州节度使,外表上说是宠信任用,实际上是想谋害他。秘密敕令任命裴茂代替来瑱做襄、邓等州防御史。来瑱听说让他转移阵地,十分恐惧,又暗示属下将领官员挽留自己。代宗皇帝想要息事宁人,又任命来瑱为山南东道节度使。裴茂得到秘密敕令以后,就率领部下两千人急趋襄阳。来瑱率领军队迎战,问带兵前来的原因。

裴茂答道:

"尚书您不接受朝廷的命令,所以我来到这里。如果您接受代替的命令,我自当谨慎地收兵。"

来瑱说:

"我已经蒙受恩典又留下来镇守这里了。"

随即取出敕令和任职信符给裴茂看,裴茂十分惊讶迷惑。来瑱和薛南阳指挥军队夹击,大败裴茂。追赶到申口捉住了裴茂,送到京城,皇帝赐他死去。

范祖禹评说:

唐肃宗听信谗言,对官员的降免和提升很不明智。拿藩镇作为诱饵,引诱反复无常的臣子。所以刘展反叛在前面,来瑱作乱在后面,都是由于朝廷不按照应有的道理改变他们职务的缘故。况且在来瑱并没有失去臣子节操的时候,却实行让裴戎篡夺的阴谋。如果裴戎战胜来瑱而代替他的职位,那是不如来瑱骄傲专横为好的。藩镇大臣倔强而拥有军队,得到一个贤能的宰相,就足以控制他们。唐肃宗竟然和宦官商量,能够不乱吗?

以上唐肃宗在位七年去世,终年五十三岁。

唐鉴第十二卷

代宗　德宗一

代宗

【原文】

广德元年闰正月①，以史朝义降将薛嵩为相、卫、刑、撲、贝、磁六州节度使，田承嗣为魏、博、德、沧、瀛五州都防御使，李怀仙仍故地为幽州、卢龙节使。时河北诸州皆已降，嵩等迎仆固怀恩，拜于马首，乞行间自效②；怀恩亦恐贼平宠衰，故奏留嵩等及李宝臣李帅河北，自为党援。朝廷亦厌苦兵革，苟冀无事，因而授之。

臣祖禹曰：仆固怀恩既平河北，而除恶不绝其本，复留贼党以邀后功。亦由任蕃夷为制将故也。唐失河北，实自此始。使郭李为将，其肯遗国患乎！

【注释】

①广德：唐代宗年号，公元763年。
②行间：行伍中间，军中。

【译文】

唐代宗

广德元年闰正月，任命史朝义的投降将领薛嵩为相、卫、邢、撲、贝、磁六州节度使，田承嗣为魏、博、德、沧、瀛五州都防御使，李怀仙仍旧留在原地，做幽州、卢龙节度使。当时黄河以北各州都已经投降，薛嵩等人迎接仆固怀恩，跪拜在马头前面，乞求在军队中效力。仆恩怀恩也恐怕叛贼平定以后皇帝对自己的宠幸下降，所以奏请留下薛嵩等人以及李宝臣分别在黄河以北做统帅，作为自己的党羽和后援。朝廷也苦于战争，苟且偷安希望平安无事，因而授予他们官职。

范祖禹评说：

仆固怀恩平定黄河以北以后，消除罪恶而不斩草除根，又留下叛贼的党羽来希求以后的功效，这也是由于任用外族做统帅的缘故。

唐朝失去黄河以北，实际上由此而始。如果让郭子仪、李光弼做统帅，他们难道肯给国家留下祸患吗？

【原文】

六月,礼部侍郎杨绾上疏,论进士明经之弊①,"请令县察孝廉,取行著卿间,学知经术者,荐之于州。刺史考试升之于省②。任各占一经,朝廷择儒学之士,问经义二十条,对策三道,上第即注官③,中第得出身,下第罢归。"左丞贾至议以为:"自东晋以来,人多侨寓,士居乡土,百无一二;请兼广学校,保桑梓者④乡里举焉,在流寓者庠序推焉⑤。"刺礼部具条目以闻⑥。七月,绾上贡举条目⑦:秀才问经义二十条,对策五道;国子监举人⑧,令博士荐于祭酒⑨,试通者升之于省,如乡贡⑩。明法⑪,委刑部考试。或以为明经、进士,行之已久,不可遽改。事虽不行,识者是之。

臣祖禹曰:自三代以后,取士之法,不本于乡里、学校至唐而其弊极矣。惟杨绾贡举之议,最为近古可行,而卒为庸人沮止。况先王所以致治之,具欲举而措之天下,不亦难乎。

【注释】

①进士、明经:唐代科举考试的两种科目。

②省:中央官署名。

③第:等级。注官:授予官职。

④桑梓:喻指故乡。

⑤庠序:学校。商代地方学校叫庠,周代叫序。

⑥以闻:以之上闻,报告君主或上级。

⑦贡举:古代官吏向君主荐举人才的泛称,以指科举。

⑧国子监:封建时代全国最高教育管理机构和最高学府。

⑨博士:教授官的名称。祭酒:国子监的长官。

⑩乡贡:唐代取士之法,出自州县的,叫乡贡。

⑪明法:科举考试科目之一。

【译文】

六月,礼部侍郎杨绾呈上奏议,论述进士、明经科目考试的缺点,请求命令县令观察推举孝顺廉洁的人;挑选品行著称于乡里之间、学问熟悉经学儒术的人,向州里举荐,经过刺史考试,把他们送到省上,任凭各选一经。朝廷选择通晓儒学的人士,问他们经义二十条,时事对策三道题目,成绩上等的就授予官职,中等的得到"出身"的身份和资格,下等的就淘汰回家。左丞贾至建议,认为从东晋以来,人们大多寄居外地;读书人在本乡本土居住的,一百个里面也没有一两个。请求同时扩大学校、保全家乡的人,由地方上举荐他们;在外地寄居的人,由学校推荐他们。诏令礼部制定条目上报。七月,杨绾呈上贡举人才的条目:秀才科,提问经义二十条,时事对策题目五道;国子监选取人才,令博士举荐给祭酒。考试通过的,升到省上,像乡贡一样的办法;明法科,委托刑部考试。有人认为明经、进士科目,实行已经很久,不可以一下子改变。事情虽然没有办成,有识见的人认为这些办法是对的。

范祖禹评说:

从三代以后,选取人才的办法,不把地方学校作为根本,到了唐朝它的弊病就达到顶点了。只有杨绾的说法最为接近古代,可以行得通,却终于被平庸的人所阻止。何况是前代帝王用来达到天下大治的办法,想要拿来在天下实行,不也太困难了吗?

【原文】

二年二月,仆固怀恩叛。其子玚为其众所杀。传首诣阙,群臣入贺,帝惨然不悦,曰:"朕信不及人,致勋臣颠越[1],深用为愧,又何驾焉!"命辇怀恩毋至长安[2],给待优厚,月余,以寿然,以礼葬之,功臣皆感叹。帝之幸陕也,李光弼竟迁延不至;帝恐遂成嫌隙,其母在河中,数遣中使存问之。吐蕃退,除光弼东都留守以察其去就,光弼辞以就江淮粮运,引兵归徐州。帝迎其母至长安,厚加供给,使其弟光进掌禁兵,遇之加厚。

臣祖禹曰:传曰:"禹、汤罪己,其兴也勃焉。"代宗之责己也厚,其待人也恕,而诚不能感物,何哉?赏罚无章,而善恶不明,上下之情不通,谗巧得行于其间故也。是以,有功者不自保,无罪者恐见诛,以恩加人而人不亲,以信示人而人益疑,纪纲坏乱,恩威不立,为唐代姑息之主,由不得其道也。

【注释】

①颠越:陨落。
②辇:帝王乘坐的车子。

【译文】

广德二年二月,仆固怀恩反叛。他的儿子仆固玚被他的部下杀死,首级传送到宫门前,官员们入朝庆贺。皇帝痛苦地说:

"我的信用不能施及于人,以致功臣背叛,觉得非常惭愧,又庆贺什么呢?"命令用车辇把仆固怀恩的母亲接到长安,供给待遇十分优厚。一个多月以后,仆固怀恩的母亲因为高寿死去,朝廷按照礼节埋葬了她。功臣们都感动叹息。皇帝到陕州的时候,李光弼竟然迟迟不到。

皇帝恐怕因此酿成嫌疑隔阂。李光弼的母亲在河中郡,皇帝多次派宫中使臣去慰问她。吐蕃退兵以后,任命李光弼做东都留守,用以观察他的意图。李光弼托词说要到江淮运粮,率领军队回到徐州。

皇帝把他的母亲迎接到长安,优厚地加以供养;让他的弟弟进朝掌管禁卫军,对待他更加优厚。

范祖禹评说:

《左传》里说:"夏禹王和商汤王归罪自己,他们很快地兴盛了。"

唐代宗责备自己很严,对待别人能宽恕,然而真诚不能感动别人,是为什么呢?是赏和罚没有章程,并且对好的和对坏的不分明,上下的情况不能沟通,谗言和花言巧语能够在中间得逞的缘故。所以有功的人不能保全自己,没有罪的人害怕被诛杀;把恩惠施加给别人别人却不接近,把信用显示给别人别人却更加怀疑;法纪纲常败坏混乱,恩德威势不能确立;成为唐代姑息无能的君主,都是由于不懂得治理国家的道理啊。

【原文】

大历五年十一月①,元载以李泌有宠于帝,忌之,与其党攻之不已,会江西观察使魏少游求参佐,帝谓泌曰:"元载不容卿,朕今匿卿于魏少游所,侯朕决意除载当有信报卿,可束装来也。"乃以泌为江西判官②,且属少游使善待之。

臣祖禹曰:代宗以万乘之主,不能庇一臣,而匿之于远藩。既相元载,知其不可,则退之而已矣,乃欲稔其恶而诛之③。且载方见任,而与泌密约除载,然则人臣谁敢自佃,皆非人君之道。此天下所以多乱也。

【注释】

①大历:唐代宗年号,公元 766—779 年。
②判官:官名,地方长官的助理官员。
③稔:成熟。

【译文】

代宗大历五年十一月,元载由于李泌在皇帝跟前受宠信,忌妒李泌,和他的党羽不停地攻击李泌。适逢江西观察使魏少游需要僚属官员,皇帝对李泌说:

"元载不宽容你,我现在把你藏在魏少游那里,等到我决意除掉元载的时候,会把消息通知你,你就可以整装前来了。"就让李泌做江西道判官,并且嘱咐魏少游,命他好好对待李泌。

范祖禹评说:

唐代宗凭堂堂大国君主的身份,不能庇护一个臣子,竟然把他藏到遥远的藩镇。让元载做宰相以后,知道他不行,就把他黜退掉算了,却想要使他的罪恶成熟以后再杀掉他。况且元载刚被任用,就和李泌密谋除掉他,那么臣子们谁敢保证自己呢? 都不合乎做君主的道理。这正是天下产生很多祸乱的原因。

【原文】

六年八月,帝益厌元载所为,思得士大夫之不阿附者为腹心,渐收载权。内出制书,以浙西观察使李栖筠为御史大夫,宰相不知,载由是稍绌①。

臣祖禹曰:代宗知元载之恶,欲罢其相位,一言而已可也,谁敢不从。且载所以方命专政者②,挟君以为重也,君去之,则失其所恃,何恶之能为。乃立党自助以倾其相,视之如敌国,主势不已卑乎!

【注释】

①稍:逐渐。
②方命:违命,抗命。

【译文】

大历六年八月,皇帝不满元载的所作所为,想从官员中找出不逢迎附和的人做为心腹,逐渐收回元载的权力。从宫中发出诏命,任命浙西观察使李栖筠为御史大夫,宰相不知道。元载从此渐渐被黜退。

范祖禹评说：

唐代宗知道元载不好，想要废除他的宰相地位，一句话已经可以了，谁敢不听从呢？况且元载之所以违抗命令专断政权，是因为他要利用君主来加重威势。君主免去他的相位，他就失去所依仗的力量。还能做什么坏事呢？竟然树立党羽帮助自己，来颠覆自己的宰相，把自己的宰相看得如同敌对的国家一样，君主的权势不也是太可怜了吗？

【原文】

九年三月，以皇女永乐公主许妻魏、博节度使田承嗣之子华。帝意欲固结其心，而承嗣益骄慢。

臣祖禹曰：齐景公涕出而女于吴，以为既不能令，又不受命，是绝物也。齐与吴皆列国也①，后世且犹羞之。代宗德不足以柔服②，刑不足以御奸，以天子之尊，而以女许嫁叛臣之子，苟欲姑息而反以纳侮，君道卑替③亦已甚矣。此公卿大臣之耻也。

【注释】

①列国：古称诸侯国为列国。
②柔：安定，安抚。
③替：衰落。

【译文】

大历九年三月，把皇帝女儿永乐公主许配给魏州、博州节度使田承嗣的儿子田华。皇帝本想要牢固地笼络住田承嗣的心，而田承嗣却更加骄傲不敬。

范祖禹评说：

齐景公流着眼泪把女儿嫁到吴国去，认为既不能命令别人，又不接受别人的命令，是绝路一条。齐国和吴国都是诸侯国，后代尚且认为羞耻。唐代宗德不足以安抚臣下，刑法不足以防御奸邪，凭天子的尊贵身份，把女儿许嫁给叛臣的儿子。本想苟且姑息，反而因此受到侮辱，君主的地位低下衰落得也太不像样了。这是公卿大臣们的耻辱啊！

【原文】

十年十月，诸镇讨田承嗣，帝嘉李宝臣之功，遣中使马承倩赍诏劳之①；将还，宝臣自诣其馆，遗之百缣，承倩诟詈，掷出道中，宝臣斩其左右。兵马使王武俊说宝臣曰："今公在军中新立功，竖子尚尔，况寇平之后，以一幅诏书召归阙下，一匹夫耳，不如释承嗣以为己资。"宝臣遂有玩寇之志。

臣祖禹曰：齐寺人貂漏师于多鱼②，凤沙卫杀马以塞道，而殖绰郭最见获，皆以官寺败国丧师。承倩一忤宝臣，而诸镇解体，巨猾逋诛。终唐之世不能取魏，其为害也，过于寺人貂凤沙卫远矣。

【注释】

①赍：携带。

②寺人:宦官。貂:人名。多鱼:地名。

【译文】

大历十年十月,各路藩镇讨伐田承嗣。皇帝嘉奖李宝臣的功劳,派宫中使臣马承倩带去诏书慰问他。马承倩将要回去,李宝臣亲自到他住的宾馆里,送给他一百匹细绢。

马承倩骂了他一顿,把细绢扔在马路上。李宝臣很惭愧。他的左右兵马使王武俊劝说他道:

"现在您在军队里刚刚立了功,这小子尚且这样;何况到了叛贼平定以后,皇帝用一幅诏书把您召回到宫殿下面,您不过是一个一般人罢了。不如放掉田承嗣,把他作为后援力量。"李宝臣于是有了玩弄叛贼的想法。

范祖禹评说:

齐国的宦官貂在多鱼泄漏军情,夙沙卫杀掉马匹用来堵塞道路,而殖绰和郭最被敌人捉获,都是由于宦官而使得国家衰败军队丧失。马承倩一对李宝臣发怒,就使得各路藩镇的军队瓦解,叛贼逃脱被诛杀的命运,一直到唐代最后,也没能收取魏州。他的为害超过宦官貂、夙沙卫远多了。

【原文】

十二年,元载伏诛。杨绾为相,绾性清简俭素,制下之日,朝野相贺。郭子仪方晏客,闻之,减坐中声乐五分之四。京兆尹黎干,驺从甚盛,即日省之,止存十骑。中丞崔宽,第舍宏侈,亟毁撤之。

臣祖禹曰:上之化下,如风之靡草也。杨绾以清名俭德为相,而天下从之如此,况人君能正己,以先海内,其有不率者乎。是以先王必正其心,修其身,而天下自治。孟子曰:"君仁莫不仁,君义莫不义,君正莫不正。一正君而国定矣。"此之谓也。

【译文】

大历十二年,元载被诛杀,杨绾做了宰相。杨绾生性清廉简约节俭朴素,诏令下达那一天,朝廷和民间普天同庆。郭子仪正在宴请宾客,听到这个消息,把宴席中的声乐减少五分之四。京兆尹黎干出行时的侍从很多,当天省去一部分,只留下十人骑马随行。中丞崔宽的宅院房子宏大豪华,马上把过分奢侈的地方毁掉拆去。

范祖禹评说:

上面感化下面,好象是风吹草动一样。杨绾凭清廉的名声俭朴的品德做宰相,天下就如此地跟随他,何况是君主如能端正自己走在全国前面,难道有不跟从的吗?因此前代的贤明帝王一定先端正他的心志,修养他的本身。而后天下自然太平。

孟子说:

"君主仁,没有人不仁;君主义,没有人不义;君主正,没有人不正。一端正了君主。国家也就安定了。"说的就是这个道理。

【原文】

是秋霖雨,河中府池盐多败。户部侍郎判度支韩滉恐盐户减税①,奏雨虽多,不害盐,仍瑞盐生。帝疑其不然,遣谏议大夫蒋镇往视之。京兆尹黎干奏秋霖损稼,滉奏干不实;帝命御史按视,奏:"所损凡三万余顷。"渭南令刘澡阿附度支,称县境苗独不损;御史赵计奏与澡同。帝曰:"霖雨溥博,岂得渭南独无!"更命御史朱敖视之,损三千余顷。帝叹息之,曰:"县令,字人之官②,不损犹应言损,乃不仁如是乎!"贬澡南浦尉,计沣州司户,而不问滉。蒋镇还,奏瑞盐实如滉所言。仍上表贺,请宣付史臣,并置神祠,锡以嘉名。帝从之,赐号宝应灵池。时人丑之。

臣祖禹曰:代宗责县令职在字人,无恤隐之心,而阿党权势,黜之当矣。韩滉,掌邦计之臣,敢为面欺,乃置而不问,是刑罚止行于卑贱,而不行于贵近也。蒋镇以谏官受委,覆实而共为奸罔,人丰卒受其欺,廷臣亦无敢言。此二臣者岂非以其君虽欲恤民,而卒归于好利,受侫可以家蔽,故敢行诈,而无所忌惮也。是以虽有仁心,而民不被其泽,天下愈受其弊,由赏罚不平,听任不明故也。且在县令与御史则始疑,而终察之,在户部与谏官则始疑,而终信之,其为欺一也。明于疏远,而眩于贵近,是朝廷无公道也。《书》曰:"无偏无党,王道荡荡。若代宗者,其何责焉!"

【注释】

①判:兼任。度支:官名,掌管全国财赋征调和开支。
②字:养育。

【译文】

这年秋天雨下个不停,河中府池盐多数受损。户部侍郎兼度支韩滉恐怕盐户要求减税,上奏说雨水虽多但未损害盐,仍然有吉祥的好盐产生。皇帝怀疑不是这样,派谏议大夫蒋镇去视察。京兆尹黎干上奏说秋天的霖雨损害了许多庄稼。韩滉上奏说黎干的话不符合事实。皇帝命令御史实地考察,回奏说共有三万多顷良田受损。渭南县令刘澡奉承附和度支韩滉,声称渭南县境内的田地单单不受损害。御史赵计上奏说的和刘澡相同。

皇帝说:

"霖雨普遍广远,渭南县怎么能幸免呢?"

又命令御史朱傲去察看,结果损害三千多顷。皇帝叹息很久,说:

"县令是养育百姓的官员,不损害也应该说损害,竟然这样不仁德吗!"把刘澡贬为南浦县尉,把赵计贬为沣州司产,却不追究韩滉。蒋镇回来上奏说吉祥的好盐实在像韩滉所说的那样,仍然上表庆贺,请求宣示史官,并建立神庙,赐予美名。皇帝听从了他的话,赐名宝应灵庆池。当时人们无不认为这是一件丑事。

范祖禹评说:

唐代宗责备县令的职责在于养育百姓,没有体恤恻隐之心而奉承投靠权势,黜免他们是应当的。韩滉是掌管国家财赋计划的大臣,胆敢当面欺骗,却放过不予追究,这是刑罚只对地位低下的人施行,而不对尊贵亲近的人施行。蒋镇以谏议官员的身份接受委托复查实情,却共同做奸邪诈骗的事情,君主终于受到他的欺骗,朝廷众臣也没有人敢出来说话。

这两个当官的,难道不是因为他们的君主虽然想关心百姓,而终归喜欢财利爱听花言巧语,可以蒙蔽,所以才敢进行欺骗,而无所忌惮的吗?所以虽然有仁爱的心肠,但老百姓却受不到他的恩泽,天下就更加蒙受他的危害。这是由于赏罚不公平,听信任用不明察的缘故。

并且对县令和御史,是开始怀疑他们后来考察他们;对户部和谏议官员,却是开始怀疑他们,后来相信他们。他们欺骗朝廷是一样的。对关系疏远的人明察,对尊贵和亲近的人糊涂,这是朝廷不公道。

《书经》上说:"不要偏袒,不要结党营私,王天下的道路就会宽广平坦。"像唐太宗这样的人,还责求什么呢?

【原文】

十四年五月,德宗即位,在亮阴中,动遵礼法。闰月,诏罢省四方贡献之不急者,罢梨园使及乐工三百余人①,又诏天下无奏祥瑞,及献珍禽、奇兽、怪草、异木。内庄宅使上言诸州有官租万四千余斛,帝令分给所在充军储。放诸国所献驯象于荆山之阳,凡四十有二,及豹、闇、斗鸡、猎犬之类②悉纵之;又出宫女数百人。于是中外皆悦,淄青军士,至投兵相顾曰:"明主出矣,吾属犹反乎!"

臣祖禹曰:德宗即位之初,思致太平,知天下厌代宗之政,涤其烦秽,决其底滞,四海之内闻风震悚,以为不世出之主也。不数年而致大乱,何哉?烛理不明,而所任非人,求欲速之功,役其独智,而不本于人情故也。孟子曰:"其进锐者,其退速。"其德宗之谓乎!

【注释】

①梨园:唐玄宗教练宫廷歌舞艺人的地方。管理梨园人员的官长称梨园使。
②闇:野兽名。

【译文】

大历十四年五月,唐德宗登上帝位,在皇帝居丧期间,行动遵守礼法。闰月,诏令减免各地贡献中不急需的物品。免去梨园使以及歌舞艺人三百多人。又诏令天下不要上奏吉祥符瑞现象,以及不要贡献珍禽奇兽怪草奇树。内庄宅使上奏说,各州有公粮一万四千多斛,皇帝命令分给当地充实军事储备。把各国所贡献的驯服大象放到荆山南坡,一共四十二头;以及豹子、闇、斗鸡、猎狗之类动物,全部放掉它们。又放出去几百个宫女。这时候朝廷内外都很高兴。淄州、青州的军人甚至扔掉兵器互相看着说:

"英明的君主出现了,我们这些人还需反叛吗?"

范祖禹评说：

唐德宗即位的初期，很想实现太平；明白天下厌恶代宗的政令，于是清除其中烦琐肮脏的部分，排除其中停滞不通的部分。四海以内的人们听到消息都很受震动，认为他不是世上常有的君主。可是不到几年就招致大祸，是为什么呢？是由于领会道理不明智，所任用的是不该任用的人，想要追求速成的功效，只发挥他个人的智慧，而且不从人们常情出发的缘故。孟子说："那些前进太猛的人，他们后退也快。"这说的就是唐德宗吧？

【原文】

代宗优宠宦官，奉使者，不禁其求取。曾遣中使赐妃族，还问所得颇少，代宗不悦，以为轻我命；妃惧，遽以私物偿之。由是中使公求略遗，无所忌惮。宰相常贮钱于阁中。每赐一物，宣一旨，无徒还者；出使所历州县，移文取货，与赋税同，皆重载而归。德宗素知其弊。及即位，遣中使邵光超赐李希烈旌节①；希烈赠之仆、马及缣七百匹，黄茗二百斤。帝闻之，怒，杖光超六十而流之。于是中使之未归者，皆潜弃所得于山谷，虽与之，莫敢受。

臣祖禹曰：代宗宠宦者，而纵之受赂，虽为蠹政，其害未大也。德宗矫其失而深惩之，岂不明哉！然其终也，举不信君臣，惟宦者之从，至委以禁兵，持天下之柄而授之。其后人主废置出于其手，则其为害又甚于代宗。何其明于知父之失，而暗于知己之非乎？昔者，明王欲改其先君之过者，殆不然故。夫德宗即位之初，凡深矫代宗之政者，愚人以为喜，而哲人以为忧，盖出于一时之锐，而无忠信诚悫之昼夜以守之，未有不甚之者也。

右代宗在位十八年崩年五十三。

【注释】

①旌节：旌和节，唐代皇帝赐给节度使的仪仗。

【译文】

唐代宗优待宠幸宦官，不禁止奉命出使的索求收取财物。曾经派遣宫中使臣去赏赐一个妃子的家人，回来以后问询得知他得到的酬谢很少，代宗很不高兴，认为轻视了自己的任命。妃子很害怕，立即拿出自己的财物抵偿。

从此宫中使臣公开索要财货礼物，再没有什么忌讳的。宰相经常在阁楼里存放一些钱，皇帝每次派宫中使臣来赏赐一件东西，宣布一道圣旨，没有让空手回去的。出使外地在所经过的州县传发公文时，索取财物就像催交赋税一样，都运载很多东西回来。

唐德宗平时知道这种弊病，登位以后，派遣宫中使臣邵光超赐给李希烈旌节仪仗。李希烈送给邵光超僮仆马匹，以及细绢七百匹，黄茗二百斤。德宗皇帝听说以后很生气，打了邵光超六十大板，并把他流放到外地。当时宫中使臣在没有回去以前，都暗地把所得到的财物抛弃到山谷里，即使给他们东西也没有人敢接受。

范祖禹评说：

唐代宗宠幸宦官，放纵他们接受财物，虽然败坏政治，但它的害处还不是很大。唐德宗纠正代宗的失误而严厉惩罚贪官，难道不英明吗？然而他到了后来，完全不信任大臣们,只听从宦官,甚至把禁卫军托付给他们,把国家的权柄交给他们。以后在他们手里废掉和拥立君主,他造成的危害就又比代宗更严重了。为什么他对认识父亲的失误很聪明,却对认识自己的错误很糊涂呢?从前英明的帝王想要改正他们前代帝王的过失的,恐怕不是这样。

所以德宗登位的初期,在严厉纠正代宗政令的时候,愚笨的人觉得喜悦,聪明的人却觉得担忧。看来只从一时的急切心情出发,而没有把忠贞信守诚实谨慎的意志坚守下去,是没有不比前人更严重的。

以上唐代宗在位十八年,去世,终年五十三岁。

德宗一

【原文】

建中元年正月①,始用杨炎议,约百姓丁产,定等级,作两税法②。比来新旧征科色目③,一切罢之;二税外辄率一钱者,以枉法论。

臣祖禹曰:立法者,其始未曾不廉,而终于贪,出令者,其始未曾不戒,而终于废。法令者,人君为之,而与天下共守之者也。苟朝廷自不守其法,则天下其谁守之?德宗之政,名廉而实贪,故其令始戒而终废。其初,禁暴非不严孔,而刘剥之令,纷然继出,天下不胜其弊。盖法虽备具,而意常诛求,人君用意出于法外,天下之吏奉朝廷之意,而不奉其法,逆意有罪,奉法无功,是以法虽存,而常为无用之文也。

【注释】

①建中:唐德宗年号,公元780—783年。
②两税法:每年分夏、秋两季征收的赋税制度。
③科:科取,依法征收。色目:种类,名目。

【译文】

建中元年正月,开始采纳杨炎的建议,按照百姓的人口财产定出等级,制定两税法。近些年来的新旧征收名目,一律免除。两税以外多收一个钱的,按破坏法律论处。

范祖禹评说:

建立法律的人,他们开始未尝不清廉,但到后来开始贪污;发出命令的人,他们开始未尝不戒备,但最后又把命令废除掉。法令是君主制定,而与天下共同遵守的东西。如果朝廷自己不遵守他的法令,那么天下谁还遵守它呢?唐德宗的政治名义上清廉而实际上贪污,所以他的法令开始戒备而终于废除。

他起初严格禁止残暴的行为。然而苛刻剥削的法令,纷纷地陆续出现,天下承受不了它们的弊害。因为法令虽然完备,而意图经常在于索求,君主的用意超出法令之外;天下官吏遵守朝廷的意图,而不遵守朝廷的法令;违背意图有罪,遵守法令无功,所以法令虽然存在,却经常成为没有作用的条文。

【原文】

帝初即位,疏斥宦官,亲任朝士,而张涉以儒学入侍,薛邕以文雅登朝,继以赃败。宦官武将得以藉口,曰:"南牙文臣①赃动至巨万,而谓我曹浊乱天下,岂非欺罔邪!"于是帝心始疑,不知所倚仗矣。

臣祖禹曰:德宗之不明,岂足与有为哉?二臣以赃败,而疑天下之士皆贪,何其信小人之深,而待君子之浅!也舜不以朝有四凶,而不举元凯②;周不以家有管蔡,而不封懿亲③。夫以失于一人,而不取于众,是以噎而废食也。己则不明,不能求贤,卒委宦官者以为腹心,乃疑朝士皆不可倚仗,不自知其蔽也。

【注释】

①南牙:指能说会道。
②四凶:指共工、驩、鲧、三苗(部落长)。元、凯:指八元、八凯,即传说中高辛氏八个有德才的臣子和高阳氏八个有德才的臣子。
③管、蔡:指周武王之弟管叔、蔡叔,后叛乱,懿亲:至亲。

【译文】

德宗皇帝刚即位的时候,疏远斥退宦官,亲近信任朝中士人。张涉因为熟悉儒家的学说入朝陪侍,薛邕因为温文尔雅登上朝廷,相继由于贪赃败露。宦官、武将得以用作借口,说:

"能说会道的文官,动不动就贪赃好多万,却认为我们这些人会使得天下混乱,岂不是胡言乱语吗?"于是皇帝心里开始怀疑,不知道依靠什么人好了。

范祖禹评说:

唐德宗不能明察,哪里值得跟他一起有所作为呢?两个文臣因为贪赃败露,就怀疑天下的文士都贪污,为什么他相信小人那样深,而对待君子那样薄啊?舜帝不因为朝廷有四个凶恶的人而不重用八元、八凯,周王不因为家里有管叔、蔡叔而不封至亲。由于对一个人的任用失误,就不再从众人中选用人才,这是因噎废食。自己不能明察,不能寻求贤良的人才,最后委托宦官,把他们作为心腹,却怀疑朝中士人都不可依靠,这是不知道自己被蒙蔽啊。

【原文】

二年二月,以御史大夫卢杞为门下侍郎、同平章事,杞阴狡,欲起势立威,小不附己者,必欲置之死地。引太常博士裴延龄为集贤直学士,亲任之。

臣祖禹曰:君子与小人,莫不引其类而聚于朝。人君得一贤者而相之,为相者举其类而进之,后之进者亦举其类继之者,莫非贤也,其国未尝无人焉。则是得一贤而百姓被其德泽者,数十年而未已也。其任小人也,岂特一时之患哉?亦举其类而进之,后之进者亦举其类,继之者,莫非小人也。是以任一不肖而天下被其灾害者亦数十年而未已焉。德宗既相卢杞,而杞复引延龄用为助,则其国政可知矣。卢杞相于建中之初而延龄用于正元之后①,是始终之以小人也。故德宗之时,贤人君子常扼穷,而道不得行,由小人汇进而不已也②。人君置相,可不慎哉?

【注释】

①正元:即贞元,唐德宗年号,公元785—805年。

②汇:同类。

【译文】

建中二年二月,任命御史大夫卢杞为门下侍郎,同平章事。卢杞阴险狡猾,想要发展力量树立威势,稍稍不服从自己的人,就非把他置于死地不行。引进太常博士裴延龄为集贤直学士,很亲近信任他。

范祖禹评说:

君子和小人,都会引进他的同类人而聚集在朝廷上。君主得到一个贤能的人而任命他做宰相,做宰相的人举荐他的同类人而引进他们,后来被引进的人也举荐他们的同类人,他的国家就会人才济济。

这就是得到一个贤能的人而百姓蒙受他的恩德,几十年也不会停止。如果任用小人做宰相,那就不仅仅是一时的祸患呢?他也举荐他们的同类人,继之而来的,没有一个不是小人的。所以如果任用一个小人天下遭受他的祸害,也是几十年不会停止的。

唐德宗既然让卢杞做宰相,卢杞又引进裴延龄作为助手,那么他的国政也就可想而知了。卢杞在建中初年做宰相,而裴延龄在贞元以后被任用,这是始终用小人做宰相。所以德宗在位的时期,贤良的人才和君子经常困穷,正道不能通行,是由于小人引进同类的小人一直不停地缘故。君主任用宰相,能不慎重吗?

【原文】

三年四月,帝遣中使发河朔三镇兵讨田悦。王武俊不受诏执使者送朱滔,滔言于人曰:"将士有功者,吾奏求官勋,皆不遂。今欲与诸君共趋魏州,击破马燧,以取温饱,何如?"皆不应。三问,乃曰:"幽州之人,自安史之反,从而南者无一人得还,今其遗人痛入骨髓。况太尉、司徒皆受国宠荣,将士亦各蒙官勋,诚且愿保目前,不敢更有侥觊。"滔默然而罢。乃诛大将数十人,厚抚循其士卒。帝闻之,以力未能制滔,赐滔爵通义郡王,冀以安之。滔反谋益甚,分兵营于赵州。刘怦以书谏止之,滔不从。遣人诱张孝忠,孝忠拒之。滔将兵发深州,至束鹿,将行,士卒忽大乱,喧噪曰:"天子令司徒归幽州,奈何违敕南救田悦!"滔大惧,走匿。蔡雄等矫传滔令,谕士卒曰:"今兹南行,乃为汝曹,非自为也。"众乃共杀敕使,又呼曰:"虽知司徒此行为士卒,终不如且奉诏归镇。"雄复谕之,众然后定。滔即引军还深州,密令访察唱乱者,得二百余人,悉斩之,乃复引兵而南,众莫敢前却。

臣祖禹曰:民皆有常性,饥食渴饮以养其父母妻子,而终其天年,此人情之所欲也,岂乐为叛而沈其族哉?然自古治少而乱多,由上失其道,而民不知所从故,奸雄得以诡其众而用之也。天宝以后,幽蓟为反逆之区,中国视之无异戎狄,然朱滔劫其民,如此不得已,而后从之,亦足见其本非好乱也,君人者可以省已而修政矣。《诗》序曰:"小雅尽废①,则四夷交侵。"先王不以罪四夷,而以咎中国,反求诸己,自修而已矣。人君苟行仁政,使民亲其长爱,其上驱之为乱,莫肯从也,奸雄岂得而诈之哉?

【注释】

①小雅:《诗经》组成部分之一,多是反映西周末、东周初政治危机和批评当时政治的诗,也有一些宴会诗。

【译文】

建中三年四月,德宗皇帝派遣宫中使臣征调河朔三镇军队讨伐田悦。王武俊拒不接受诏令,拘禁使臣,把他送到朱滔那里。

朱滔对部下说:

"将士中有功的人,我上奏为他们要求官职勋爵都不能如愿。现在想和大家共同赶赴魏州,打垮马燧,从而取得衣食温饱,大家觉得怎么样?"

大家都不应声。

问了三次,才说:

"幽州的人们,自从安禄山、史思明反叛以后,跟着他们到南方去的,没有一个人能够回来。如今他们的遗族痛入骨髓。何况太尉、司徒你们都蒙受国家宠幸恩荣,将士们也各自蒙受官职勋赏。确实暂且只希望保住眼前的现状,不敢再有侥幸的企图。"

朱滔没有说什么就算了,接着却杀掉大将几十人,优厚地安抚慰勉他的士兵。

皇帝听说以后,因为力量不足以制服朱滔,就赐给朱滔爵位叫通义郡王,希望用这使他安定下来。

朱滔反叛的阴谋反而更加厉害,分派军队在赵州驻扎。刘怦写信劝阻他,朱滔不听从。派人引诱张孝忠,张孝忠拒绝了他。朱滔带领军队向深州进发。到达束鹿,将要出发,士兵们忽然大乱,喧哗道:

"天子命司徒回幽州,为什么违抗君命向南去救田悦?"朱滔非常害怕,逃跑藏了起来。蔡雄等人假传朱滔的命令,对士兵们说:

"如今这次向南行动,正是为了你们,并不是为了自己。"

大家就一起杀掉了皇帝的使臣,又喊叫道:

"虽然知道这次行动是为了士兵们,但终究不如暂且接受诏令回到镇所去。"蔡雄又劝告他们,大家然后安定了下来。

朱滔随即率领军队回到深州,秘密下令调查倡导作乱的人,发现二百多人,把他们全部杀掉,就又带兵南下,大家没有一个人敢退却不前。

范祖禹评说:

人们都有常情。饿了吃,渴了喝,养活他们的父母妻子儿女,活完他们自然的寿命,这是人性想要得到的,哪里会乐意做叛贼而遭族灭呢?然而自古以来太平时期少而混乱时期多。

由于在上位的人失去了他们的规矩,老百姓就不知道该听从谁,所以奸诈的野心家就得以欺骗他的部下群众而利用他们。

天宝代以后,幽州、蓟州成为反叛的地区,中原把它们看得和戎狄等外族没有什么不同。朱滔如此劫持他的老百姓,百姓们不得已才跟从他,也可以看出他们本来不是喜欢叛乱的。作为君主的人可以据此检查自己并治理国政了。

《诗序》说:"小雅完全废弃以后,四方外族就交错入侵。"前代贤明帝王不因此怪罪四方外族,而是归罪中国,反过来责备自己,使自己更加完美。君主如果施行仁政,使得人民亲近他们的长官,爱护他们的上级,驱赶他们去作乱,也是无人听从的,奸诈的野心家又怎么能欺骗他们呢?

【原文】

时两河用兵①,月费百余万缗②,府库不支数月。太常博士韦都宾、陈京建议,以为:"货利所聚,皆在富商,请括富商钱,出万缗者,借其余以供军。计天下不过借一二千商,则数年之用足矣。"帝从之。诏借商人钱,令度支条上。判度支杜佑大索长安中商贾所有货,意其不实,辄加搒棰,人不胜苦,有缢死者,长安嚣然如被寇盗。计所得才八十余万缗。又括僦柜钱③,凡蓄积钱粟帛者,皆借四分之一,封其柜窖;百九为之罢市,相帅遮宰相马自诉,以千万数。卢杞始慰谕之,势不可遏,乃疾驱自他道归。计弁借商所得二百万缗,人已竭矣。

臣祖禹曰:人君用天下之力,取天下之财,征伐不庭④以一海内,所以保民也。而兵革既起⑤,未曾不自虐其民,暴敛之害甚于寇盗。寇盗害民之命,而暴敛失民之心,害民命者,君得而治之,君失民心,则不可得而复收也。孔子曰:"苛政猛于虎也。"借商之事可见矣。议者必曰:"不有小害,不得大治;不有小残,不成大功;一劳而久逸,暂费而永宁。"是以人主甘心焉,而卒致大乱,此不可以不戒也。

【注释】

①两河:唐代安、史之乱后,称河北、河南二道为两河。
②缗:成串的钱,一千文为一缗。
③僦柜:设柜房收费代人保管财物叫僦柜,类似当铺。
④不庭:背叛不来王庭。
⑤兵革:战争。

【译文】

当时两河地区用兵作战,每月费用一百多万串钱,官府仓库不敷支出已经一连几个月。

太常博士韦都宾、陈京建议,认为财货积聚的地方都在富有的商人手里。请求搜借富商们的钱,出一万串的,把其余的钱都借来供应军事用度。全国不过借用一两千个商人的钱,几年的费用就足够了。

皇帝采用了他们的意见,下诏借商人的钱,命令兼度支分条陈述上报。兼度支杜佑大规模搜索长安城中商人所有的财货,认为他们不诚实,经常加以拷打。商人受不了折磨,有上吊吊死的。长安一片喧哗,好像被强盗抢劫一样。共计得到的才有八十多万串钱。又搜借僦柜的钱。凡是积存钱财丝帛和粮食的,都借走四分之一,封闭他们的柜房和窖藏。百姓们为此罢市,互相跟随拦住宰相的马申诉,数以千、万计算。卢杞开始时还安慰劝说他们,后来形势阻挡不住,就急忙赶着马取别的路回去。总计搜借商人得到的有二百万串,商人的财力已经枯竭了。

范祖禹评说:

君主使用天下的力量,取得天下的财物,征讨叛贼,统一全国,是用来保护人民的。

然而战争发生以后,未尝不残害他的人民。残暴搜刮的祸害,比匪寇强盗还厉害。匪寇强盗残害人民的生命,而残暴搜刮是失掉人民的内心。残害人命的,君主能够惩治他;君主失掉民心,却无法再收回来了。

孔子说:

"残暴的政治比老虎还凶猛。"

从商人搜借这件事就可以看到这种情况了。议论的人一定会说:"没有小害处,就不能得到大好处;没有小的伤害,就不能成就大功劳;一次辛劳而永久安逸,暂时费力而永久安宁,所以君主愿意这样做。"

然而后来终于招致大乱,这是不可不引以为戒的。

【原文】

帝初即位,崔祐甫相,务崇宽大故,故当时以为有贞观之风想望太平,及卢杞为相,知帝性多忌,因以疑似离间群臣,劝帝以天刻御,中外失望。

臣祖禹曰:"德宗性本猜克,故小易入,用崔祐甫则治,用卢杞则乱,佑甫辅之以宽大,固益其德矣;杞辅之以严刻,则合其性焉,由其本猜克敌也。当其即政之始,励精求治,犹能任贤,一为小人之所指导,而终身不复使佑甫,用于正元之后,亦岂得行其志哉!"

【译文】

德宗皇帝刚即位的时候,崔祐甫做宰相,一心崇尚宽容大度。因此当时人们认为有贞观年代的作风,希望太平盛世。到了卢杞做宰相的时候,他知道皇帝多疑心,因而用似是而非的手段挑拨离间大臣们,鼓惑皇帝用严厉苛刻的办法驾驭官吏,朝廷内外大失所望。

范祖禹评说:唐德宗生性本来猜忌刻薄,所以小人容易乘虚而入。任用崔祐甫就太平,任用卢杞就混乱。崔祐甫用宽容大度辅佐他。本已增加他的德行了;卢杞用严厉苛刻辅佐他,正符合他的性格,是由于他本来猜忌刻薄的缘故。当他执掌政权的初期,抖擞精神想把国一家治理好,尚且能够任用贤良的人。一旦被小人指点引导,就终身不再那样做。如果崔祐甫在贞元以后被任用,又如何能够实现他的想法呢?

【原文】

淮南节度使陈少游奏本道税钱每千请增二百。五月,诏它道皆如淮南,又盐每斗价增百钱。十一月,加少游同平章事。

臣祖禹曰:少游重敛加赋,以媚上求宠,此民贼也①。德宗推其法于天下,而以宰相赏之,以是百吏承风竞为刻剥,悄胜田,以至大乱。夫以天官而赏民贼②,安得无颠覆之祸乎!

【注释】

①民贼:百姓的贼害者。
②天官:宰相。

【译文】

　　淮南节度使陈少游上奏,本道淮南道的税钱每一千请求增加二百。五月,诏令别的道也都像淮南道那样。

　　又令每斗盐的价钱增加一百钱。十一月,升任陈少游同平章事职衔。

　　范祖禹评说:

　　陈少游加重搜刮增加赋税,用来献媚皇上期求宠幸,这是残害百姓的人。唐德宗把他的办法推广到全国,而且拿宰相的官职赏给他。所以官吏们成为风气,竞相苛刻剥削,老百姓忍受不了痛苦,以至于发生大乱。宰相成了祸害百姓的人,怎么能没有覆灭的祸患呢?

唐鉴第十三卷

德宗二

【原文】

建中四年正月①,关播荐李元平有将相之器,帝擢元平为汝州别驾②。李希烈袭陷汝州,擒之,伪署御史中丞③。播闻之,诧曰:"元平事济矣。"谓必覆贼而建功也。左右笑之。无何,贼伪署为宰相,有告其贰者④,元平断一指自誓。帝患希烈,问计于卢杞。杞恶颜真卿,对曰:"真卿为四方所信,使宣慰希烈,可不劳师旅而服。"帝以为然,命真卿宣慰希烈,为希烈所留,真卿叱责之,竟为希烈所杀⑤。

臣祖禹曰:关播荐李元平,卢杞陷颜真卿,宰相之所好恶如此。其事暴于天下⑥,非难见也,而德宗不知,惟其不好直而好妄所以蔽也,相非其人,欲不乱其可得乎?

【注释】

①建中:唐德宗李适年号(公元 780—783 年)。
②别驾:官名,州刺史的副手。
③伪署:非法暂任、代理。
④贰:指有二心。
⑤宣慰:宣诏安慰。
⑥暴:暴露。

【译文】

唐德宗建中四年正月,关播推荐李元平有将相的才干。德宗提拔李元平为汝州别驾。李希烈偷袭攻陷汝州,捕获了他,非法暂任为御史中丞。关播听到这事,惊讶地说:

"李元平的事成功了!"

认为一定会灭贼建功。左右的人讥笑他。没有多久,贼人又非法暂任为宰相。

有人状告李希烈有贰心,李元平却砍断一指自己发誓。德宗认为李希烈是祸患,向卢杞请教计谋。

卢杞憎恶颜真卿,就回答说:

"颜真卿为四方民众所信任,派他去宣诏安慰李希烈,可以不需让军人疲劳就能降服他。"

德宗认为卢杞说的对，就命令颜真卿去宣诏安慰李希烈，被李希烈所拘留。颜真卿叱责李希烈，终于被李希烈所害。

范祖禹评说：

关播推荐李元平，卢杞陷害颜真卿，宰相的所爱与所憎如此。他们的事情暴露在天下，并非难以发现，但是德宗不知道，因为他不爱正直的人，都喜欢花言巧语的人，这就是他受蒙蔽的原因。如果宰相不是正直的人，希望国家不乱，是不可能的。

【原文】

五月，初行税间架，除陌钱法①。时河东、泽潞、河阳、朔方四军屯魏县，神策、永平、宣武、淮南、浙西、荆南、江西、沔鄂、湖南、黔中、剑南、岭南诸军环淮宁之境。旧制，诸道军出境，则仰给度支②。帝优恤将士，每出境，加给酒肉，本道粮仍给其家，一人兼三人之给，故将士利之。各出境才逾境而止，月费钱百三十余万缗③，常赋不能供。判度支赵赞乃奏行二法：所谓税间架者，每屋两架者为间，上屋税钱二千，中税千，下税五百，吏执笔握算，入人室庐计其数。或有宅屋多而无它资者，出钱动数百缗。敢匿一间，杖六十，赏告者钱五十缗。所谓除陌钱者，公私给与及卖买，每缗官留五十钱，给它物及相贸易者，约钱为率④。敢隐钱百，杖六十，罚钱二千，赏告者钱十缗，其赏钱皆出坐事之家。于是愁怨之声，闻于远近。

臣祖禹曰：易剥之六四曰："剥床以肤，凶。"夫床者，肤之所依也，剥床不已，必侵于肤。君者，民之所戴也，剥民不已，必害于君。故象曰："切近灾也⑤。"德宗有平一海内之志，而求欲速之功，不务养民，而先用武军，食不足则暴征横敛以继之。民愁兵怨，激而成乱。自古不固邦本而攻战不息者⑥，必有意外之患，此后王之深戒也⑦。

【注释】

①税间冬、除陌钱：都是唐代税法名。

②度支：官名，掌管国家租税物产，后文判度支，判是兼任，古以大兼小为判。

③缗：古代穿铜钱的绳子。用作量词，一缗为一千铜钱。

④约钱为率：按规定的钱为准。

⑤象传原文为"剥床以肤，切近灾也。"

⑥邦本：国家的根本，指人民。

⑦深戒：深刻鉴戒。

【译文】

建中四年五月，开始实行税间架和除陌钱税法。当时河东、泽潞、河阳、朔方四军，驻守魏县，神策、永平、宣武、淮南、浙西、荆南、江西、沔鄂、湖南、黔中、剑南、岑南，诸军环绕淮宁之境。

旧制：诸路军出境，就依靠国家财政供给。皇帝优厚地抚恤将士，每次出境，多供给酒肉。

本路军粮仍旧给将士的家属。一人兼有三人的供给品，所以将士认为旧制有利。

每次出境，才越过边境就停止，月费钱有一百三十余万缗。国家正常赋税不能供给,判度支赵赞就奏请德宗实行税间架、除陌钱二种税法。所谓税间架,是说每两架为一间房,上等房每间纳税钱二千,中等一千,下等五百。官吏执笔握算,进入人家房屋,统计房屋间数。

有的人有多的宅屋却没有其他资产,出钱动辄百缗。敢于隐瞒一间的人,打六十棍子。奖赏告发的人,给钱五十缗。官方所谓除陌钱,是说凡是公私给予和买卖所得,每缗官留五十钱。供给其他物品和互相交易的人,按规定的钱为准。胆敢隐瞒一百钱的人,打六十棍子,罚钱二千。奖赏告发的人,给钱十缗。那些赏钱都出自犯法的人家。于是忧愁怨恨之声,随处都能听到。

范祖禹评说:

《周易·剥卦六四》说:"床被剥落到床面,靠近人的皮肤,危险。"床是皮肤依靠的东西,剥床不止,一定伤害皮肤;剥削百姓不止,一定危害国君。所以《象传》说:

"切近灾祸了。"德宗有平定统一天下的志向,却要求快速的功效。不致力于养育人民,却先动用武力。

军队粮食不足,就继续横征暴敛,使百姓忧愁,士兵怨恨,群情激愤而造成叛乱。

自古以来,不巩固国家根本而征战不休的人,必然会有意料之外的灾难。这是后世君王的深刻鉴戒啊!

【原文】

八月,翰林学士陆贽①,以兵穷民困,恐别生内变,乃上奏,其略曰:"将不能使兵,国不能驭将,非止费财玩寇之弊,亦有不讋自焚之灾②。"又曰:"无纾目前之虞,或兴意外之患。人者,邦之本财者,人之心。其心伤则其本伤,其本伤则枝干颠瘁矣。"又曰:"人摇不宁,事变难测,是以兵贵拙速,③不尚巧迟④。苦不靖于本而务救于末,则救之所为,乃祸之所起也。"又论关中形势,略曰:"今关辅之间,与发已甚⑤,宫苑之内,备卫不全⑥。万一将帅之中,又如朱滔,希烈,或负固边垒⑦,诱致豺狼,或窃发邻畿,惊犯城关,未审陛下复何以备之⑧!贽请追还神策六军,明敕泾、陇邠⑨、宁,但令严备封守,仍令更不微发,使知各保安居。又降德音⑩,罢京城及畿县间架等杂税,则冀已输者弭怨,见处者获宁,人心不摇,邦本自固。"帝不能用。

臣祖禹曰:贤者之知国,如良医之知疾,察其形色,视其脉理,而识死生之变,不待其颠什,而后以为病也⑪。陆贽论用兵之乱,如著龟之先见,何其智哉!夫岂如袴史之知天道乎⑫?亦观其事而知之也。非独如贽之贤者能知之,意天下之凡民亦必有知之,惟人君不觉也。天下之患,在于人莫敢言,而君不得知,言之而不听,则末如之何也,必乱而已矣。

【注释】

①翰林:即翰林院,官署名,专管写作皇帝诏书。

②颠瘁:倒下生病。

③拙速:笨拙的神速,指快速前进。

④巧迟:灵巧的迟缓,指行动缓慢。

⑤关辅:京城周围地方。

⑥备卫:守备防卫。

⑦边垒:边防营垒。

⑧未审:不知,不明白。

⑨敕:皇帝的命令、诏书。

⑩德音:指皇帝减免租税的诏令。

⑪颠仆:病倒。

⑫瞽史:周二官名。瞽,太师。掌管音乐;史,太史,掌管阴阳天时礼法。

【译文】

建中四年八月,翰林学士陆贽,由于兵穷民困,担心发生内变,就向皇帝上奏章,它的简要内容说:

"将军不能指挥军队,国家不能控制将军,这不仅有费财玩寇的弊端,也有不收敛而自焚的灾难。"

又说:

"不消除眼前的忧虑,就有可能会发生意外的灾难。人是国家的根本,钱是人的心;人的心受伤,国家的根本就受伤;国家的根本受伤,大树的枝干就倒下枯病了。"

又说:

"人心摇动不宁,事变就难以预测。因此兵贵神速,不崇尚迟缓。如果不使根本安稳,却力求挽救末节,那么挽救的所为,就是灾祸兴起的根源。"

又论述关中形势,大意说:

"如今京城周围,军阀势力发展得已经很严重,而皇宫内部,守备警卫却不足。万一将帅之中,又象朱滔、李希烈,或依靠坚固的边防营垒,引诱招纳豺狼之人;或暗中在京郊造反,恐吓侵犯京城,不知陛下又靠什么来防备?我请求陛下还神策六军的兵权,明令泾原、陇县、分县、宁县的驻军,只命令他们严肃整顿军备,守卫封疆。还命令不再征发兵丁,使他们知道各自保境安民。又下达皇帝免税的诏书,免除京城和附近县的架间等杂税。那么,希望已纳了税的人消除怨恨;被安置的人得到安宁。人心不摇动,国家的根基就自然巩固了。"

德宗不能采用。

范祖禹评说:

贤能的人了解国家,就好象良医知道病情。观察他的外形而判断病色,看他的脉理就识别生命的变化,不必等到倒下了才认为有病。陆贽论述用兵而导致国家混乱的观点,如同用龟著卜筮的先见一样,多么聪明呀!难道像瞽史的知道天道吗?那也是观察事物的变化而知道的。不仅像陆贽一样的贤人能知道,料想天下的普通老百姓也必定有知道的人,只有人君不觉悟。

天下的祸患,在于人不敢说话,而人君不得而知。说的话人君却不听,就不知该怎么办了,国家必定混乱罢了。

【原文】

李希烈围襄城①,危急。帝发泾原等诸道兵救之。十月,泾原节度使姚令言将兵五千至京师②。军士冒雨,寒甚,多携子弟而来,冀得厚赐遗其家,既至,一无所赐。发至浐水③,诏京兆尹王翃犒师④,唯粝食菜肻。众怒,蹴而覆之⑤,遂作乱。还趋京城,百姓狼狈骇走,贼大呼告之曰:"汝曹勿恐,不夺汝商货僦质矣⑥! 不税汝间架陌钱矣!"

臣祖禹曰:昔秦逐匈奴,戍五岭,而陈胜起大泽;隋伐突厥,征高丽,而杨元感乱黎阳⑦。自古攻战不已,倾国以外向者,必召内患,民疲而本摇故也。襄城之危,德宗以为至忧,故竭天下之力以救之,而不知大盗之覆都邑。譬之欲除疡疥,而疾溃于腹心,欲救四支,而祸发于头目。兵革既起,天下之变其可胜虑乎?

【注释】

①襄城:县名,在今河南省。因周襄王曾住此,故名。
②节度使:官名,镇守边疆,又称藩镇。
③浐水:关中八水之一。
④京兆尹:官名,管理京都地方的长官。
⑤蹴:踢,踏。
⑥僦:租赁。贷:抵押品。
⑦五岭:在湖南、江西南部和广东、广西北部处的五条山岭。

【译文】

李希烈包围襄城,形势危急。德宗派出泾原等诸路兵去解救。建中四年十月,泾原节度使姚令言率领五千兵到京城。军士冒雨,非常寒冷。很多军士携带子弟同来,希望得到厚赏去馈送家人。可是到了以后,一无所赐。军队行进到浐水,皇帝命令京兆尹王翃犒赏军士,只有粗粮菜饼。

众军士发怒,踏翻食物,于是作乱。反身奔向京城,百姓惊骇,狼狈逃跑。

贼人大声呼呼说:

"你们不要害怕,不夺你们的商品货物和租赁抵押品了! 不收你们的间架陌钱税了!"

范相禹评说:

从前秦朝驱逐匈奴,戍守五岭,陈胜在大泽乡起义;隋朝讨伐突厥、高丽,杨元威在黎阳叛乱。

自古以来攻战不停。倾全国的力量而向外扩张的,必然召致内患,这是因为百姓疲劳而国家的根本动摇的缘故啊。襄城的危急,德宗当作最大忧患,所以竭尽全国的力量去救援,却不知道大盗的颠覆京都。譬如想除去疥疮反而腹部心脏又病了,想救四肢而灾祸从头眼发生。战乱已经兴起,天下的变化,难道能够思虑得完吗?

【原文】

初,神策军使白志贞掌召募禁兵东征①。死亡者,志贞皆隐不以闻,但受市井富儿赂而补之,名在军籍受赐,而身居市鄽为贩鬻②。司农卿籴秀实上言:禁兵不精,其数全少③,猝有患难,将何待之! 不听,至是,帝召禁兵以御兵以贼,竟无一人至者。帝乃出幸奉天④。

臣祖禹曰:周公作《立政》以戒成王,自左右常伯至于缀衣虎贲,皆选忠良,而勿以憸人⑤。是时，齐侯吕阖掌天子之兵，故康王之立，太保命仲桓、南宫毛取二千戈，虎贲有人以逆⑥。周家以为天子心膂爪牙者⑦，太公之子也，其发之也，以宰相之命，二诸侯往焉，慎重如此，王室其可乱乎？晋悼公使弁纠御戎，荀宾为右使，训诸御知义，群驺知礼⑧，故可用也。至汉之时，宿卫者犹以忠力之臣，与公卿之子，盖古之遗法也。夫以天子之尊，必使诸侯与天下之贤者，共撵卫之，训其徒旅便知礼议，不如是不足以为固也。后世苟简人⑨，人君多疑，宁与小人而不与君子，德宗之世，所任尤非其人，至于变起京邑而无一卒之卫。其后惩前之失⑩，委之宦者，而其祸愈深。夫聚天下不义之人使执利器，而环天子之居，不以付之忠贤，臣是以知后世人主之不尊，国家之无法也。

【注释】

①禁兵：禁卫军，保卫京城、皇宫的军队。
②市廛：商店集中的地方。贩鬻：贩卖。
③全少：人数全而兵员少。
④出幸：出，出逃；幸，旧指帝王巡视。奉天：县名，今陕西乾县。
⑤憸人：花言巧语的小人，奸人。
⑥虎贲：勇士。
⑦心膂爪牙：即心腹之人，得力助手。
⑧驺：养马的人，即马夫。
⑨苟简：苟且简略。
⑩惩：警戒。

【译文】

当初，神策军派白志贞招募禁卫军东征。死亡的人，白志贞都隐瞒不让人知道，只知道接受市井里有钱青年的贿赂，补上名字。这些人的名字在军籍里受赏赐，但自己却在市场上做买卖。司农卿段秀实上奏章说："禁卫军不精，它的人数全而兵员少，一旦突然有患难，将用什么来对付敌人？"德宗不听。

到叛乱发生时，德宗号召禁卫军来抵抗贼人，竟然没有一人来到。于是德宗就逃出京城，到了奉天县。

范祖禹评说：

周公作《立政》来劝诫成王，自左右常伯到缀衣虎贲之士，都选用忠良，而不用奸邪之人。这时齐侯吕阖掌管天子的军队。所以周康王继位时，太保命令仲桓、南宫毛二大臣，手持两个干戈，率领虎贲之士百人迎接周王朝以为天子的心腹和得力助手是太公（吕尚）的儿子。当康王出发时，吕阖以宰相的命令，让两个诸侯前往那里，如此慎重，周王室怎么能乱呢？晋悼公让弁纠驾战车，荀宾作车右，并让人训导各驾战车的人懂得道义，众多马夫知道礼节，所以都可以使用。到汉朝时，保卫皇宫的人，仍用忠贞勇武的大臣和公卿的儿子。

这大概是古代遗留下来的法式呀！凭借天子的尊严，一定会使诸侯和天下的贤人共同保卫他，教育他的属下和军队，使他们懂得礼义。不这样做，就不能做到国家政权巩固。后世苟且偷安，人君多疑，宁可把大权交给小人却不给君子。

尤其德宗时代，所任用的都不是正派人，到了叛乱从京城发生，却没有一兵来保卫他。

自此以后，德宗警戒以前的过失，就把权力交给宦官，而他的祸患就更严重了。聚集天下不义的人，使他们手执锋利的武器，环绕天子的住地，却不把武器交给忠诚贤能的人。我因此知道后世人主的不尊贵，国家的没有法制了。

【原文】

翰林学士姜公辅叩马言曰[①]："朱㧑尝为泾帅，坐弟滔之故[②]，废处京师，臣尝谓陛下既不能推心待之，则不如杀之，毋贻后患。今乱兵若奉以为主，则难制矣。请召使从行。"帝仓猝不暇用其言，曰：无及矣！既而姚令言与乱兵谋，果迎㧑而立之，帝初至奉天，诏征诸道兵入援。有上言："朱㧑为乱兵所立，且来攻城，宜早修守备。"卢杞切齿言曰："朱㧑忠贞，群臣莫及，奈何言其从乱[③]，伤大臣心！臣请以百口保其不反。"帝亦以为然。又闻群臣劝奉迎，乃诏诸道援兵至者皆营于三十里外。姜公辅谏曰："今宿卫单寡，防虑不可不深，若㧑竭忠奉迎，何惮于兵多；如其不然，有备无患。"帝乃悉召援兵入城。卢杞及白志贞言于帝曰："臣观朱㧑心迹，必不至为逆，愿择大臣入京城宣慰以察之。"帝以问从臣皆畏惮，莫敢行。金吾将军兵溆独请行既至，为㧑所杀。凤翔后营将李楚琳尝事朱㧑，夜与其党作乱，杀节度使张镒。始帝以奉天迫隘，欲幸凤翔，户部尚书萧复遽请见曰："陛下大误，凤翔将卒皆朱㧑故部曲[④]，其中必有与之同恶者。臣尚忧张镒不能从，岂得以銮舆蹈不测之渊乎[⑤]！"帝曰："吾行计已决，试为卿留一日。"明日闻凤翔乱，乃止。是月，以复为吏部尚书，公辅为谏议大夫，并同平章事[⑥]。朱㧑自将逼奉天。十一月，灵武留后杜希全等四军入援，将至，上召将相议道所从出。关播、浑瑊曰："漠谷道险狭，恐为贼所邀。不若自乾陵比俯柏城[⑦]，而行营于城东北鸡子堆与城中犄角相应[⑧]，且分贼势。"卢杞曰："漠谷路近若为贼所邀[⑨]，则城中应接可也。傥出乾陵，恐惊陵寝。"浑瑊曰："自㧑围城斩乾陵松柏，以夜继昼，其惊多矣。今城中危急，诸道救兵未至，惟希全等来系非轻，若得营据要地[⑩]，则㧑可破也。"杞曰："陛下行师，岂比逆贼！若令希全等过，自惊陵寝也。"帝乃命希全等自漠谷进。希全等果为贼所邀，死伤甚众。城中出兵应接为贼所败。是夕，四军溃，退保邠州。㧑攻城益急。

臣祖禹曰：人君欲知其臣，听其言而以事验之，则忠邪、贤、不肖，可得而见矣。姜公辅策朱㧑必反，萧复言凤翔必乱，见几知变，何其明！卢杞以百口保㧑请遣大臣宣慰，而吴溆没于贼，又误援军奉天益危，宰相谋国乖剌如此[⑪]，则其人可知也。奉天之守实公辅与复是赖，德宗虽以为相，不旋踵而薨斥之[⑫]，杞几亡社稷，至死而犹以为贤，自古临祸难而不悟，鲜有如德宗者也。

【注释】

①翰林：唐以后皇帝的文学侍从官。

②坐：犯……罪或错误。

③奈何：奈之何，意思是"对……怎么样"。

④部曲：古代军队编制有部，部下有曲。

⑤銮舆：皇帝的车驾。

⑥同平章事：唐代以尚书、中书、门下三省的长官为宰相。以其他官职任宰相之职，叫作"同中书门下平章事"，简称"同平章事"。

⑦乾陵：唐高宗和武则天合葬的陵墓,在今陕西省乾县。
⑧犄角：军事术语。军分两处以待敌。
⑨邀：半路拦截。
⑩营据：军队占据
⑪乖刺：言行别扭,不合情理。
⑫旋踵：转动脚后跟,比喻极短的时间。

【译文】

翰林学士姜公辅在德宗马前叩拜说：

"朱泚曾作泾原军帅,受其弟朱滔犯罪牵连的缘故,罢官住在京城。我曾经对陛下说,既然不能推心置腹待他,就不如杀了他,省得留下后患。今天乱兵如果捧他为主,就难以控制了。请召他来让他跟随陛下同行。"

德宗在仓促慌忙之中来不及采用姜公辅的意见,说：

"来不及了!"不久姚令言与乱兵商议,果然迎朱泚而拥戴为皇帝。

德宗初到奉天县,下令征召诸路兵马来奉天救援。有人向皇帝报告说,朱泚被乱兵拥立为帝,必将来攻打奉天城,应该及早修整守城军备。卢杞咬牙切齿地说："朱泚忠贞,群臣没有谁赶得上他,怎么能说他跟随叛乱,伤害大臣的心。我请求用全家百口人的性命保他不反叛。"

德宗也认为卢杞的话有理。又听说群臣劝朱泚奉迎皇帝,于是德宗就下令到的诸路援兵,都在距城三十里外安营。

姜公辅劝谏说：

"现在保卫皇帝的军队少,防守考虑不可不深。如果朱泚竭尽忠心奉迎陛下,对兵多有何害怕? 如果他不是这样,我们有备无患。"德宗就全部召援兵入城。卢杞和白志贞对皇帝说：

"我们观察朱泚的心迹,一定不至于作叛逆,希望选派大臣进入京城宣诏安慰,以便观察他。"

德宗把这事问跟随他的大臣,都担心害怕不敢前往。金吾将军吴淑独自请求前往。

到了京城,被朱泚所杀。凤翔后营将军李楚琳曾经事奉朱泚,在夜间和他的党徒作乱,杀死节度使张镒。开始时德宗认为奉天县靠近关隘,想巡幸凤翔。户部尚书肖复急忙请求皇帝接见说："陛下大错特错了。凤翔的兵将,都是朱泚的军队,其中一定有跟朱泚同样叛逆的,我尚且担忧张镒不能长久,难道能用陛下的车驾踏入不测的深渊吗?"

德宗说：

"我出行的计划已决定,试着为你留一天。"

第二天,听说凤翔叛乱才止息。这月,命消复为吏部尚书,姜公辅为谏议大夫,并同执掌宰相职务。朱泚自己率兵逼近奉天。

唐德宗建中四年十一月,灵武县留后杜希全等四军入奉天援救。将要到达时,皇上召集将相商议援军从哪条路进兵来救。关播、浑瑊说：

"漠谷道路危险狭窄,恐怕被贼人半路阻击,不如从乾陵北经过俯柏城,而行营安在城东北鸡子堆,与城中守军犄角相应,并且分散敌人力量。"

卢杞说：

"漠谷路近,如果被贼人半路截击,那么城中兵接应就可以了。倘若从乾陵出兵,恐怕惊扰高宗陵寝。"

浑瑊说:

"自从朱泚围城,砍伐乾陵松柏,夜以继日,那惊扰多了。现在城中危急,各路救兵未到,只有杜希全等来,事关重大,如果能军队占据要地,那么朱泚叛军就可打破了。"

卢杞说:

"陛下指挥军队,怎可跟逆贼相比!如果使杜希全等军队经过,自然惊扰陵寝呀!"

于是德宗就命令杜希全等自漠谷进兵。杜希全等果然被贼人半路拦截,死伤严重。城中出兵接应,也被贼人所败。这天傍晚,杜希全等四军溃退,保守分州。朱泚攻城更加紧急。

范祖禹评说:

人君如果想了解他的臣子,就听他的话而且用事实来验证它,那么忠臣与奸邪、贤人与无才之人就可以看清了。姜公辅指出朱泚必反,肖复说凤翔必乱,发现苗头就知事情变化,多么英明啊!卢杞以百口人性命保朱泚,请求派大臣宣诏安慰,可是吴淑死在贼手,又耽误了援军,使奉天更加危险。宰相对国家谋划如此愚蠢,那么这种人就可想而知了。

奉天的守卫,只能依靠姜公辅和肖复。德宗虽然以他们为宰相,但是没有转过脚后跟就疏远排斥他们。

卢杞几乎使国家灭亡,到死仍认为是贤臣。自古以来面对祸难而不觉悟,很少有德宗这种人!

【原文】

朱泚僭号大秦皇帝①,置百官。以樊系为礼部侍郎,系为泚譔册文②,既成,仰药而死③。

臣祖禹曰:司马迁有言曰:"知死必勇。"非死者难也,处死者难。④使樊系能拒朱泚不作册文而死,岂不为忠臣乎?而文成乃死是亦为逆已矣。惜哉!其为忠与逆在于作与不作而已。系之不敢拒泚,不过畏死而怯耳,而卒不免于死,其愚岂不甚哉!能死而不能拒泚,此特臧获婢妾之引决者耳⑤,非能勇也。士有不幸而身处危乱者,其亦视此以为戒哉!

【注释】

①僭:越过本分,古代地方低下的冒用在上的名义等,叫僭越。

②譔:与"撰"同,撰写。

③仰药:服毒药。

④处死者:对待死的选择。

⑤臧获婢妾:地位低下的奴隶。

【译文】

朱泚僭越号称大秦皇帝,设置百官。任樊系为礼部侍郎。樊系为朱泚撰写册封文书,写成后,服毒药而死。

范祖禹评说:

司马迁有话说:"懂得死亡的人一定勇敢。不是死亡困难,而是如何对待死亡。"假使樊系能拒绝朱滔,不撰写册封文书而死,难道不是忠臣吗?可是他在册文写成后才死,这也是叛逆。可惜呀!成为忠臣或叛臣,在于自己作与不作册文罢了。樊系不敢拒绝朱滔,不过怕死而胆怯罢了,却终于不免于死,他的愚蠢难道不严重吗?能死却不能拒绝朱滔,这只是奴隶之人上吊自杀罢了,不能算作勇敢。士有不增而身处危乱的,他也应该看这樊系之事引以为戒吧。

【原文】

朱滔攻围奉开经月①,城中资粮俱尽。帝尝遣健步出城觇贼②,其人恳以苦寒为辞,跪奏乞一襦袴③。帝为之寻求不获,竟悯默而遣之。时供御才有籼米二斛④,每伺贼休息,夜缒人于城外,采菁跟而进之⑤。帝召公卿将吏谓曰:"朕以不德,自陷危亡,固其宜也。公辈无罪,且早降以救室家。"群臣皆顿首流涕,期尽死力,故将士虽困急而锐气不衰。

臣祖禹曰:德宗以饥羸之卒,守一县之地,而当朱滔十万之师,备御俱竭⑥,危不容喘,所恃者人心未去也。卒能克复宗社,不失旧物⑦,而况以天下之大,亿兆之众,守之以道德,用之以仁义,其谁能敌之。故人君苟得民心,则不在地之广狭,兵之众寡,王天下犹反掌也。汤以七十里,文王以百里岂不信哉!

【注释】

①经月:一整月。

②健步:善奔走的人。觇:偷看、侦察。

③襦袴:短袄和套裤。

④供御:供奉皇帝的。

⑤缒:用绳子拴住从上往下送。芜菁:菜名,又叫蔓菁。

⑥备御:防守的器械装备。

⑦旧物:指原有的政权。

【译文】

朱滔攻打包围奉天县城一整月,城中钱粮都用完了。

德宗曾派跑得快的兵士出城侦察敌情,那人以家境苦寒为辞,跪奏恳求一短袄和套裤,皇帝为他寻求没有得到,终于怜悯他,默默地打发他走了。

当时供奉皇帝的才有粗米二斛。每当贼人休息,就在夜里用绳子拴住把人从城墙上放出城外,采摘蔓菁根而进献给皇帝。德宗召集卿相将吏,对他们说:

"我因为没有德行,自陷危亡,本来是应该的。你们大家没有罪,应该及早投降来救家中大小。"

大家都顿首流泪,希望尽死力,所以将士虽然困穷危急,但杀敌锐气不减。

范祖禹评说:

德宗依靠饥饿瘦弱的士兵,守卫一个县城之地,而抵挡朱滔十万军队,守城的武器装备都用完了,危险得不容喘口气,所依赖的只是人心的凝聚呀!终于能战胜敌人，恢复宗庙社稷，不丧失政权，何况凭借天下的广大，亿万的民众，以道德守国，以仁义用人，谁能跟他匹敌？所以人君如果得民心，就不在土地的大小，士兵的多少，统一天下就易如反掌了。

商汤凭借七十里，周文王凭借百里而统一天下，难道不是真的吗？

【原文】

朱泚既据府库之富，不爱金帛以悦将士，公卿家属在城者皆给月俸。神策六军从车驾①，及哥舒曜、李晟者，泚皆给其家粮。加以缮完器械，日费甚广。及长安平，府库尚有余蓄，见者皆追怨有司之暴敛焉。

臣祖禹曰：德宗欲铲灭藩镇②，故聚天下之财，因师出以为名，而多殖货利③，以为人主可欺天下，而莫之知也。夫匹夫犹不可以家之有无欺其邻里，况人主内有余富，而可以不足欺天下乎？得财而失民，将谁与守矣。其失国宜哉！而向之所积，反为盗货资，悖④而出，犹不能竭。先王不以利为利，而以义为利，盖以此也。

【注释】

①车驾：天子。
②划灭：即铲灭。藩镇：边境地区掌管大权的节度使。
③殖货利：生殖财货。
④悖：违反，混乱。

【译文】

朱泚已经占据国家府库的财富，不喜爱金钱丝帛，用它来博得将士们的喜悦。在京城的公卿家属，都给月俸钱。

神策六军跟随天子，以及哥舒曜、李晟这类人，朱泚都供给他们家属粮食。

加上用府库金银来修理完善器械，每日费用更多。

到长安太平时，府库中还有多余的蓄积，看见的人都追怨主管官员的暴敛。

范祖禹评说：

德宗想铲灭藩镇，因此集聚天下的财富。凭借出师为名，而多生货利。认为人主可以欺骗天下，且没有人知道。平民百姓犹不可以凭借家庭的有无来欺骗邻里，何况人主朝廷内有余富，却可以借财富不足来欺骗百姓吗？

得到钱财却丧失了民众，将同谁守卫国家呢！他的国家丧失是应该的呀！而以往所积蓄的，反而成为盗贼的粮食。财货在混乱中拿出挥霍，还是不能用完。

先王不把财利当财利，而把道义当作财利，大概就因为这个缘故吧！

唐鉴第十四卷

德宗三

【原文】

帝问陆贽以当今切务①。贽以向日致乱,由上下之情不通,劝帝接下从谏,乃上蹟,其略曰:"若群情之所甚欲者,陛下先行之,所甚恶者,陛下先去之。欲恶与天下同天下不归,自古及今,未之有也。"又曰:"四方②既患于中外意乖,百辟③又患于君臣道隔,郡国之志不达于朝廷④,朝廷之诚不升于轩陛⑤。上泽关于下布,下情壅于上闻,实事不必知,知事不必实。"蹟奏旬日,帝无所施行,亦不诘问。贽又上蹟,其略曰:"人各隐情,以言为讳。至于变乱将起,意兆同忧独陛下恬然不知,方谓太平可致。"帝乃遣中使谕之曰:"朕本性甚好推试⑥,亦能纳谏⑦。将谓君臣一体,全不提防,绿推诚信不疑多被奸人卖弄。今所致患害,朕思亦无它,其失反在推诚。又,谏官论事,罕能慎密,例自矜炫⑧归过于朕以自取名,朕从即位以来,见奏对论事者甚多,大抵皆是雷同,道听涂说,试加质问,遽见辞穷。若有可才异能,在朕岂惜拔擢。朕见从前以来,事只如此,所以近来不多取次对人⑨,亦非倦于接纳。"贽上蹟,其略曰:"天不以地有恶木而废发生,天子不以时有小人而废听纳。"又曰:"唯信与诚有补无失。一不诚则心莫之保,一不信则言莫之行。"又曰:"驭之以智则人诈,示之以疑则人偷⑩。上行之则下从之,上施之则下报之。"又曰:"诚信之道,不可斯须而去身⑪。愿陛下慎守而行之有加,恐非所以为悔者也!"又曰:"仲虺替成汤,不称其无过而称其改过;吉甫诵周宣,不称其无关⑫,而美其补关。圣贤之意较然著明⑬,唯以改过为能,不以无过为贵。智者改过击迁善⑭,愚者耻过而遂非⑮。"又曰:"谏官不密自务信非忠厚其于圣德固亦无亏陛下若纳谏不违则传之适足增美;陛下若违谏不纳,又安能禁之勿传!"又曰:"陛下虽穷其辞而未穷其理,虽服其口而未服其心。"又曰:"谏渚多表,我之能好;谏者直,示我之能贤;谏者之任诬⑯,明我之能恕;谏者之漏泄⑰,彰我之能从。有一于斯皆为盛德。帝颇采用其言。

臣祖禹曰:德宗播迁⑱,几于亡国,不能反求诸己,而为失在推诚,既过而不改,又谏而不从,乃疑臣下之扬,其恶而掠其美,因不复以听纳为事,甚矣,其无人君之德! 也陆贽之言,曲尽其情,考其听从,曾无一二,臣故搒其大略⑲,以见德宗之性与其行事,以为戒焉。

【注释】

①切务:急切任务。

②四方:指四方的附属国。意乖:思想不一致。

③百辟:指各诸侯。

④郡国:指郡守。

⑤轩陛:指皇帝。

⑥推诚:至诚待人。

⑦纳谏:听取劝告,采纳善言。

⑧矜衒:夸耀。

⑨取次:同造次,匆忙,鲁莽,随便。

⑩偷:苟且,马虎。

⑪斯须:一会儿。

⑫阙:通"缺",缺点,过错。

⑬较然:明显的样子。

⑭迁善:何善,向好人好事学习。

⑮遂非:成非,干坏事。

⑯狂诬:放荡不实。

⑰漏泄:泄露秘密。

⑱播迁:流离迁徙。

⑲袴:删取。

【译文】

德宗用当前的急需解决的任务问陆贽,陆贽用从前招乱是因为上下之情不能沟通,来劝皇帝听从臣下进谏,就上奏疏,其简要内容说:

"如果百姓的情绪所非常希望的事,陛下就先实行它,所非常憎恶的事,陛下就先除去它。陛下希望与厌恶的事与百姓相同,那么天下人不归顺的事,从古至今,是从来没有的。"

又说:

"四方属国既担心朝廷内外的想法不同,各诸侯又担忧君王与臣下的思想隔离。

郡守的心意不能传达到朝廷大臣,而朝廷大臣的诚心不能上奏皇帝。

皇上的恩泽很少传布给百姓,而百姓的情绪被阻塞不能使皇上知道。

陛下不了解真实的事,而了解的事不一定真实。"奏疏上奏十天,德宗没有施行的举动,也不反问。

陆贽又上奏疏,其简要内容说:

"人都隐瞒实情,而说话忌讳,到了变乱将要发生,亿万人民共同忧虑,只有陛下安然不知,还在认为太平可以招来。"

宣宗就派中使对陆贽晓谕说:

"我的本性很爱至诚待人,也能采纳善言。又认为君王与大臣一体,完全不用提防。因为诚心待人而不怀疑,所以多次被狡诈的人出卖要弄。今天所招来的祸害,我想也没有别的,那过失反而在至诚待人。又谏官论事,很少能谨慎严密,照例自我夸耀,把过错推给我,来为自己获取声名。我从做皇帝以来,见到奏对论事的人很多,大概都是雷同,道听途说。试着加以质问,马上就无话可说。如果有特殊才能,在我难道可惜提拔?我见从前以来,事情只是如此。所以近来不敢多随便对

·唐鉴·

图文珍藏版

待人,也不是懒于接纳。"

陆贽上奏疏,其简要内容说:

"上天不因为大地有恶树而废弃草本生长,天子不因为时有小人而废弃听取劝谏。"

又说:

"只有真话和真心,才有补无失一旦不真心,那么心就没人保护;假如不说真话,那么话就没有人实行。"

又说:

"用智慧管理人,人就不欺诈;用疑心看待人,人就苟且马虎。上边做的事,下边就跟着干;上级施恩德,下级就回报他。"

又说:

"真心实话的原则,不能一会儿离身。希望陛下谨慎遵守,而且要多加实行。恐怕不是成为你后悔的原因呀。"

又说:

"仲虺赞扬成汤,不称赞他没有过错,而称赞他能纠正过失;尹吉甫颂扬周宣王,不赞美他没有缺点,而赞美他能弥补缺点。圣贤的用意,显然明白。只以改正过错为能,不以没有过错为贵。聪明的人改过而向善,愚蠢的人以有过错为耻而干坏事。"

又说:

"谏官说话不严密而且自我夸耀,确实不是忠厚的行为,但是他对于圣德本来没有损害。陛下如果听取谏言而不拒绝,那么传播开来恰恰能给陛下增添美德。如果拒绝不听取谏言,又怎么能禁止不传播?"

又说:

"陛下虽然使他无话可说,但不能使他理亏;虽然使他的口服,并不能使他的心服。"

又说:

"进谏的话多,表明我能好谏;进谏的话直,表示我能爱贤;进谏的话放荡不实,说明我能原谅;进谏的话泄露机密,显示我能听从。有一点在这里,都算是盛德。"

德宗多采用陆贽的话。

范祖禹评说:

德宗流离迁徙,几乎使国家灭亡。不能反过来从自身找原因,而认为过错在于待人至诚。

既犯过错而不改正,又对劝谏不听从。竟然怀疑臣下宣扬他的坏事,而掠夺他的美名,于是不再以听劝谏为事。

他没有仁君的德行很严重了!陆贽的话,曲尽其情,考查那听从的,还没有一两处。我所以摘取他说的简要内容,来表现德宗的品性,和他的行事,以此作为鉴戒。

【原文】

李怀光顿兵不进①，数上表暴扬卢杞等罪恶②，众论喧腾，亦咎杞等③。帝不得已，贬杞为新州司马，白志贞为恩州司马，赵赞为播州司马。

臣祖禹曰：德宗之性与小人合，与君子殊④，故其去小人也难，远君子也易。忠正之士一言忤⑤意，则终身摈斥⑥，卢杞、裴延龄之徒，至死而念之不衰，迫于危亡，不得已，然后去之。君子则于其不可去而逐之矣。夫贤之与佞，正之与邪，听其所言，观其所行，亦足以知之矣。德宗反而易，岂恶治而欲乱哉，盖其性与小人合也。

【注释】

①顿兵：使军队停止。
②暴扬：暴露宣扬。
③咎：责罪。
④殊：不同。
⑤忤：不顺从，违反。
⑥摈斥：遗弃，排除。

【译文】

李怀光让军队停止不进，多次给皇帝上奏章揭露宣扬卢杞等人的罪行，众人议论纷纷，也怪罪卢杞等人。

德宗迫不得已，贬谪卢杞为新州司马，白志贞为恩州司马，赵赞为播州司马。

范祖禹评说：

德宗的本性，与小人相同，与君子不合，所以他离开小人困难，疏远君子容易。忠庄正直的人，一句话违反了他的心意，就终身被遗弃。对卢杞、裴延龄之辈，到死而怀念之情不衰。迫于国家局势危亡，不得已然后使他们离去。对君子，在他们不愿离去时，就驱逐他们了。

那贤人之与佞人，正人之与邪人，听他们的说话、观察他们的行动，也完全能够知道了。

可是德宗与此相反，难道他习恶太平而希望混乱吗？大概他的本性与小人相投合呀！

【原文】

兴元元年正月①，萧复尝言于帝曰："宦官自艰难以来②，多为监军③，恃恩纵横。此属但应掌宫掖之事④。不宜委以兵权国政。"帝不悦。又尝言："陛下践祚之初⑤，圣德光被⑥，自用杨炎、卢杞以致今日。陛下诚能变更督志⑦，臣敢不竭力。倘使臣依阿苟免⑧，臣实不能。"又尝与卢杞同奏事，杞顺帝旨复正色曰："卢杞言不正。"帝愕然，退，谓左右曰："萧复轻朕。"戊子⑨，命复充山南东西、荆湖、淮南、江浙、福建、岭南等宣慰、安抚使⑩，实疏之也。既而，刘从一及朝士往往奏留复，帝谓陆贽曰："朕欲遣重臣宣慰，谋于宰相及朝士，金谓宜然⑪。今乃反覆如此，朕为之怅怅累日⑫。意复悔行，使之论邪？其不欲行意趋安在⑬？"贽上奏曰："若复有所请求，从一何容为隐。若从一自有回互⑭，则复不当受疑。陛下何惮而不为辩明，乃直为此怅怅也！夫明则罔惑，辩则罔冤，惑莫甚于逆诈而不与明，冤莫痛于见疑而不与辩。是使情伪相糅⑮，忠邪靡分。"帝亦竟不复辩也。

臣祖禹曰：德宗恶正直，而保奸邪，故亲卢杞，疏萧复。嫌隙既开，无事而疑。陆贽之言，盖欲救其心术，而执疑耻过，不欲辩明，宁蓄诸心，暗昧⑯不决而已，此谗贼之所由入也。孟子曰："不仁者可与言哉，安其危而利其菑⑰，乐其所以亡者。"其德宗之谓矣！

【注释】

①兴元：唐德宗年号(公元784年)。

②艰难：指朱泚叛乱。

③监军：官名。自唐玄宗始，以宦官为监军。

④宫掖：即宫中。掖，掖庭，宫中房舍。

⑤践祚：皇帝继位。

⑥被：覆盖。

⑦睿：通达，深远。

⑧依阿：附顺人言。苟免：苟求免罪。

⑨戊子：兴元元年正月戊子日。

⑩山南：山南道，唐十道之一。指终南太华山以南，东接荆楚，西抵陇蜀，控大江，北拒南商华之山地区。

⑪金：都。

⑫怅恨：惆怅恼恨。

⑬意趋：意思趋向。

⑭回互：同回护，意为庇护。

⑮情伪：真实与虚伪。糅：错杂。

⑯暗昧：昏暗，糊涂。

⑰菑：同灾。

【译文】

唐德宗兴元元年正月，肖复曾经向德宗进言说：

"宦官自朱叛乱以来，多作监军，依借圣恩横行霸道。这些人只应该管理宫中之事，不应当把兵权国政交给他们。"

德宗听了不高兴。

又曾说：

"陛下刚开始继承皇位时，圣德光芒覆盖。自从任用杨炎、卢杞，而导致今日危难。陛下假如真能改变态度和想法，大臣们怎敢不尽力？假如让我附顺人言，苟且寻求免罪，我确实不能。"

又曾与卢杞一同向皇帝报告事情，卢杞顺从皇帝心意，肖复脸色严肃地说：

"卢杞说话不正派！"

德宗很惊讶，退朝后对左右的人说：

"肖复轻视我！"戊子日，任命肖复充当山南道各地及荆湖、淮南、江浙、福建、岭南等地宣慰安抚使，实际上是疏远他。

不久刘从一和朝中士人纷纷上奏挽留肖复。

德宗对陆贽说：

"我想派遣重要大臣宣诏慰问，跟宰相和朝士商议，都说应该这样。今天竟然反复如此，我为这事几天来惆怅恼恨。料想肖复后悔远行，暗使他们议论上奏的吧？他不想远行，心中趋向在哪里？"陆贽上奏章说：

"如果肖复有所请求，刘从一哪能容得为他隐瞒？如果刘从一自己有庇护肖复之心，那么肖复就不应该受到怀疑。

陛下害怕什么而不把这事说明白，竟然一直为这事惆怅恼恨呢？说明白了就没有疑惑，分辨清楚了就没有冤屈；疑惑没有什么比受欺诈而不跟他说明白更严重了；冤屈没有什么比受怀疑而不跟他辨别清楚更痛苦了。

这样就使真实与虚伪相杂，忠诚与邪恶不分。"

德宗也终于不再辨别这事了。

范祖禹评说：

德宗一向厌恶正直的人，而保护奸邪的人，所以亲近卢杞，疏远肖复。裂缝已经出现，没有事也会产生怀疑。

陆贽的话，大概想挽救德宗的心术，可是德宗坚持怀疑，认为有过失是耻辱，所以不想辨明，宁愿贮藏在心里，糊里糊涂，不决断罢了。

这正是花言巧语的贼人钻进去的途径呀！孟子说：

"不仁的人难道可以同他商议吗？他们看见别人的危险心中安然，利用别人的灾难谋取私利，把造成国家灭亡的荒淫暴虐等当作快乐。"

大概说的就是德宗吧！

【原文】

陆贽在翰林，为帝所亲信，居艰难中，虽有宰相，大小之事，帝必与贽谋之，故当时谓之内相，帝行止必与之俱。梁、洋道险①，尝与贽相失，经夕不至②，帝惊忧泣涕，募得贽者赏千金。久之，乃至，帝甚，太子以下皆贺。然贽数直谏，迕帝意③，卢杞虽贬官、帝心庇之。贽极言杞奸邪致乱，帝虽貌从，心颇不悦，故刘从一、姜公辅皆自下陈登用④，贽恩遇虽隆未得为相。

臣祖禹曰："德宗于危乱之中，斯须不可无陆贽，及其用裴延龄之替⑤，则弃之如脱屣然⑥，于所厚如此，宜其无所不薄也。诗曰："将恐将惧维予与女，将安将乐，女转弃予。"其德宗之谓矣！

【注释】

①梁洋：梁州，地名。现在陕西汉中。洋州，现在为陕西洋县。
②经夕：一整夜。
③迕：逆，违背。
④下陈：后列，堂下，指侍妾之人。
⑤谮：说坏话，诬陷别人。
⑥屣：鞋。

【译文】

陆贽在翰林中，被德宗皇帝所亲信。处在叛乱年代，虽然有宰相，但不论大小事情,皇帝一定跟陆贽商议,因此当时叫他内相。

德宗外出或住下,一定与陆贽在一起。梁州和洋州道路险要,德宗曾经与陆贽失散,一整夜陆贽不到。

德宗惊扰流泪,招募找到陆贽的人,奖赏千金。好久陆贽才到,德宗很高兴,太子以下的人都来庆贺。然而陆贽多次直谏,违背了德宗心意,卢杞虽然贬了官,但德宗内心庇护他。陆贽极言卢杞是奸邪,招致了国家混乱,德宗虽然表面上听从,但心中很不高兴。

所以刘从一、姜公辅都从堂下侍从中提拔重用,而陆贽恩遇虽重,却没有能做宰相。

范祖禹评说:

"德宗在危乱之中,一会儿也不能没有陆贽。

到他听用了裴延龄的诬陷之言,就抛弃陆贽,如同脱掉破鞋一样。对于他应该厚待的人如此之薄,那么他就没有什么不薄了。"

《诗经》上说:

"在恐惧危难之时,只有我和你。在安乐幸福日子,你反而抛弃了我!"大概说的就是德宗吧!

【原文】

车驾至诚固①。帝长女唐安公主薨②。四月,帝至梁州,欲为公主造塔,厚葬之。姜公辅表谏,以为:"山南非久安之地,公主之葬,会归上都③,此宜俭薄,以副军须之急④。"帝使谓陆贽曰:"唐安造塔,其费甚微,非宰相所宜论。公辅正欲指朕过失,自求名耳。相负如此,如何处之。"贽上奏,极谏。帝意犹怒,甚遂黜罢公辅为左庶子⑤。

臣祖禹曰:人君置相必求天下之贤,盖欲闻其忠言嘉谋,以交修其所不逮也⑥。《书》曰:"朝夕纳诲以辅台德⑦。"而后世宰相与谏争之,目分其所职,人君失,相不预焉⑧,必责之谏臣。此谄谀之人,持禄保位之计,非贤相之职业也。姜公辅一谏德宗,而德宗以为非所宜论,卒废黜之,不明之君,岂知所以任相哉!

【注释】

①城固:县名,属陕西汉中府。
②薨:古代诸侯死叫"薨",唐朝以后二品以上官员死也叫"薨"。
③上都:京都。
④副:相称。军须:同"军需",军队中所需要的物品。
⑤左遮子:官名。
⑥交修:即交修,结交修正。
⑦纳诲:所取教诲。台:我。
⑧预:干预,参预。

【译文】

车驾到城固县,德宗长女唐安公主死了。

兴元元年四月,德宗到达梁州,想给公主造塔隆重地厚葬她。姜公辅上表规劝,认为山南不是久安之地,公主的埋葬,一定得回到京都。

这事应节俭,以便跟军需品的紧缺相称。

德宗派使者对陆贽说:

"给唐安公主造塔,所用费用很少,这不是宰相应该谈论的事。姜公辅正想指斥我的过错,为自己求取声名罢了。偈这样背弃我,如何处置他?"

陆贽上奏极力劝谏,仍不能消除德宗心中怒气,终于罢黜姜公辅宰相之职,去做左庶子。

范祖禹评说:

国君设置宰相,一定要寻求天下的贤才。大概为了想听那忠言善谋,以便接交修正。自己赶不上他人的缺点。

《尚书》说:"早晚听取教诲,来辅佐我的德行。"

可是后世宰相与谏诤之臣,分离了他们的职责。国君的过错,宰相不能干涉,一定要询问谏臣。

这是诣谀的人,为持禄保位的考虑,不是贤明宰相的职责。

所以姜公辅一劝谏,德宗就认为不是他应该谈论的,终于废黜了他。糊涂的国君,哪里知道任用宰相的目的呢!

【原文】

帝问陆贽:"近有卑官自山北来者[1],率非良士。有邢建者,论说贼势,语最张皇[2],察其事情,颇似窥觇[3],今已于一所安置。如此之类,更有数人,若不追寻,恐成奸计。卿试思之,如为便。"贽上奏,以为今盗据宫闱,有冒险远来赴行在者[4],当量加恩赏,岂得复猜虑拘囚! 其略曰:"以一人之听览而欲穷宇宙之变态,以一人之防虑而欲胜意兆之奸欺,役智弥精,失道弥远[5]。"又曰:"虚怀待人,人亦思附;任数御物[6],物终不亲! 情思附则感而悦之,虽寇雠化为心膂矣[7]。意不亲则惧而阻之,虽骨肉结为仇慝矣[8]。"又曰:"陛下智庶物[9],有轻待人臣之心,思周万机有独御区寓之意[10];谋吞众略,有过慎之防明照群情,有先事之察;严束百辟,有任刑政理之规[11];威制四方,有以力胜残之志。由是才能者怨于不任忠荩者[12],忧于见疑,著动业者惧于不容,怀反侧者[13],迫于见讨,驯致离叛[14],勾成祸灾。"

臣祖禹曰:德宗好察而不明,是以致乱,而不自知其非。陆贽欲正其心术,故必原其祸之所起,而极论之,使之惩既往之失,防未来之悔也。《诗》曰:"犹之未远,是用大谏[15]。"陆贽有焉。

【注释】

①卑官:卑贱的官。山北:指关中。
②张皇:张大军威。
③窥觇:侦察,偷看。
④行在:皇帝巡幸时居住之地。
⑤弥:更加。
⑥任数:用手段。数:技艺,手段。御物:统治人。
⑦寇雠:仇敌。膂:脊梁骨。
⑧慝:奸邪。

⑨庶物：众物，即众人。

⑩区寓：同区宇，疆土讷，即天下。

⑪致理：切合理法。

⑫忠荩：尽忠国事。

⑬反侧：反叛之心。

⑭驯致：逐渐导致。

⑮犹：图，谋划。

【译文】

德宗问陆贽：

"最近有卑贱的官吏从山北关中来，都不是好人。有个叫邢建的，说起贼人的势力，最夸大贼人军威。观察他的言行，很像前来侦察。现在已经安置在一个处所。像邢建之类，还有数人。如果不追查，恐怕中了奸计。你试着考虑这事，怎样对待为好？"

陆贽上奏，认为今天盗贼占据宫殿，有冒险远来奔赴皇帝住地的人，应当考虑加以恩德赏赐，怎么能又猜疑思虑拘囚呢。奏章简要说："凭一个人的见闻，而想穷尽宇宙千变万化之态；凭一个的防备思虑，而想胜过亿万奸人之欺诈。使用智慧更加精明，而迷失道路更加遥远。"

又说：

"以谦虚胸怀待人，人也想归顺；用技巧手段统治人，人终究不亲附。由于有情而想归顺，那么就感动而喜欢他，即使是仇敌也会变成心腹骨干了。内心不亲就害怕而阻止他，即使骨肉也要结成仇敌了。"

又说：

"陛下的智慧高出众人，有轻待人臣之心；思虑比万人周密，有独统天下之意；谋略兼并众人，有过分谨慎的防备；英明照耀群情，有事先的明察；严格管束诸侯，有用刑切合理法的规矩；威严镇服四方，有以力量战胜残贼之志。因此，有才能的人，由于不被任用而记恨；尽忠国事的人，由于被怀疑而担忧；建立勋业的人，由于不被宽容而惧怕；心怀二心的人，由于被讨伐而紧迫。逐渐导致众叛亲离，构成灾祸。"

范祖禹评说：

德宗爱观察却不精明，因此导致混乱却不知道自己的过错。陆贽想纠正他的心术，所以一定要推究那灾祸兴起的原因而尽力论述它，使德宗惩戒既往的过失，防止将来的悔恨啊。

《诗经》说："图谋不远，因此大谏"。陆贽有这样的品德。

【原文】

五月，帝使谓陆贽曰："浑瑊、李晟诸军当议规画①，令其进取。朕欲遣使宣慰，卿宜审细条蹴以闻②。"贽以为："贤君选将。委任责成，故能有功。况今秦、梁千里③，兵势无常，遥为规画，未必合宜。彼违命则失君威，从命则害军事，进退羁碍④，难以成功。不若假以使宜之权⑤，待以殊常之赏⑥，则将帅感悦，智勇得伸。"乃上奏，其略曰："锋镝交于原野⑦，而决策于九重之中，机会变于斯须⑧，而定计于千里之外,用舍相碍,否臧皆凶⑨,上有掣肘之讥⑩,下无死绥之志⑪。"又曰:"传闻与指实不同,县算与临事有异⑫。"又曰:"君上之权,特异臣下,唯不自用,乃能用人。"

臣祖禹曰:《易》师之六五曰:"长子帅师,弟子舆尸⑬。正凶。"六五为师之主,制师之命者也。长子人之帅师也,故行师则吉;弟子听于人者也,故虽正而凶。然则师之道在择人而委任之,不可以牵制也。而人君常欲权出于己,或不欲功归于人,将在外而以君命制之,兵从中御⑭,未有能成功者也。

【注释】

①规画:筹划,谋划。
②条疏:指谋划的条文。
③秦、梁:秦地(关中)、梁州(今汉中,当时唐德宗逃亡在此)。
④羁:束缚。
⑤便宜:便于公宜于私。权:变通。
⑥殊常:不同于平常。
⑦锋镝:刀锋箭镞。
⑧斯须:瞬间,一会儿。
⑨否臧:即臧否,好坏,可否。
⑩掣肘:拉胳膊,比喻阻挠他人做事。
⑪死绥:战败而退,将军当死。
⑫悬算:空想的计谋。
⑬舆尸:战败后用车载尸体。
⑭中御:从中控制。

【译文】

唐德宗兴元元年五月,德宗派使者对陆贽说:

"浑瑊、李晟诸军,应当替他们谋划,命令他们进军夺取失地。我想派使臣去宣诏慰问,你应当仔细审查规划条文,把意见报告我。"

陆贽认为紧君选将,交给他重任,要求他成功,所以能有功绩。况且现在秦地距梁州有一千里路,军事形势无常,在很远的地方替他们规划,不一定合适。

他违背命令就丧失国君威严,听从命令就害了军事,使军队进退受束缚阻碍,难以成功。不如借用公私兼顾的变通方式,以不同平常的奖赏对待,那么将帅就感激高兴。

陆贽上奏疏,其简要内容说:

"兵刃箭镞在野外交锋,而决策却在深宫殿堂之中;作战机会在瞬间发生变化,而确定计谋却在千里之外。将军们采用或不采用都受阻碍,好的决策或不好的决策,都有凶险。对上有掣肘的批评,对下没有战死的志气。"

又说:

"传闻与事实不同,空想的计谋与面临的实际有差异。"

又说:

"国君的权力,与臣特别不同。只有不随便用权力,才能正确用人。"

范祖禹评说:

《周易》师卦六五说:"长子帅领军,弟子尸体用车装载。真正凶险。"

六五是军队的主帅,控制军队命运的人。长子是人们的首领,所以带兵作战就吉利。弟子是被人领导的,所以参与军事行为虽然正确也是凶险的。

既然这样,那么用兵作战的原则,就在于选择人而委以重任,不可以牵制他呀。可是人君常想大权握在自己手中,或者不想功劳归于别人。将在外,却以君令控制他。对军事行动从中控制,从来没有能够打胜仗的事。

【原文】

六月,李晟收复京师,露布至行在①。帝命陆贽草诏赐浑瑊,使访求奉天所失裹头内人②。贽上奏,以为:"今巨盗始平,疲瘵之民③,疮痍之卒④,尚未拊循⑤,而首访妇人,非所以副惟新之望也⑥。谋始尽善,克终已稀⑦;而不谋,终则何有!所赐瑊诏,未敢承旨。"帝遂不降诏,竟遣中使求。

臣祖禹曰:德宗不能虚己以纳谏,虽勉从陆贽之言,不降诏,而遣使,是闭其门而由户出也⑧。人君苟不能强于为善,谏之为益也少哉!

【注释】

①露布:古时打了胜仗,向朝廷报告战功情况的公开文告,类似于今天的捷报。
②裹头内人:宫中供使令的女子,即使女。
③疲瘵:疲劳生病。
④疮痍:皮肤因受伤而裂开,比喻战争给人民造成的疾苦。
⑤拊循:慰问安抚。
⑥惟新之望:想创新的愿望。
⑦克终:能终,即能善终。
⑧户:单扇门。

【译文】

唐德宗兴元元年六月,李晟收复京城长安,传捷报到了皇帝居处(汉中)。

德宗命令陆贽起草诏书赐浑瑊,命他访求在奉天失散的宫中使女。陆贽上奏,认为现在大盗刚平定,疲劳生病的人民,创伤痛苦的士卒,还没有慰问安抚,却首先访求妇人,这不是用来跟陛下想开创新业的愿望相称的行为。谋划开始时很好,能够善终的已很少,开始不谋划,有什么善终?所赐浑瑊诏书,不敢领旨。

德宗于是不降诏,竟然派遣宫中使臣去访求失散的宫中使女。

范祖禹评说:

德宗不能使自己谦虚而采纳劝谏,虽然勉强听从陆贽的话,不降诏而派遣宫中使臣,这是关闭大门走小门。人君如果不能尽力做好事,进谏的收效就很少了。

【原文】

初,鱼朝恩既诛①,代宗不复使宦者典兵②。帝即位,悉以禁兵委白志贞得罪,帝复以宦官窦文场代之,从幸山南,两军渐集③。帝还长安,颇忌宿将握兵多者④,梢稍罢之。十月,以文场监神策军左厢兵马使,王希迁监右厢兵马使,始令宦官分典禁旅。

臣祖禹曰:德宗为唐室造祸之主,此宗社覆亡之本也,臣是以著之⑤。

【注释】

①鱼朝恩:唐代宦官。肃宗至德年中(公元 756—758 年),曾多次作监军。代宗时(公元 762—779 年),恃功骄横,贪得无厌,图谋不轨,被缢杀。

②典兵:王管军队。

③两军:指神策军(皇帝禁军)的左右两厢兵马。

④宿将:久经战阵的将军,老将。

⑤著:显露。

【译文】

当初,鱼朝恩已被杀,唐代宗不再任用宦官主管军队。

德宗继位后,全部把禁军交白志贞统率。白志贞行罪,德宗又用宦官窦文场代替他,跟随巡幸山南道。两支军逐渐会集。德宗返回长安后,颇畏惧老将掌握军队多,就逐渐罢免他们。

兴元元年十月,以窦文场为监神策军左厢兵马使,王希迁为监右厢兵马使,开始让宦官分别主管禁军。

范祖禹评说:

德宗是唐王朝制造灾祸之主,这是国家倾覆灭亡的根源,我因此使他的恶迹显露出来。

【原文】

萧复奉使自江、淮还,与李勉、卢翰、刘从一俱见帝。勉等退,复独留,言于帝曰:"陈少游任兼将相,首败臣节①,韦皋府下僚②,独建忠义,请以皋代少游镇淮南,使善恶者明。帝然之。寻遣中使马钦绪揖刘从一③,附耳语而去。诸相还阁。从一诣复曰④:"钦宜旨,令从一与公议朝来所言事,即奏行之,勿令李、卢知。敢问何事也?"复曰:"唐、虞黜陟⑤,岳牧金谐⑥。爵人于朝⑦,与士共之⑧。使李、卢不堪为相⑨,则罢之,既在相位,朝廷政事,安得不与之同议而独隐此事乎!此最当今之大弊,朝来主上亦有斯言,复已面陈其不可,不谓圣意尚尔⑩。复不惜怀公奏行之,但恐浸以成俗⑪,未敢以告。"竟不以事语从一,从一奏之,帝愈不悦,复乃上表辞位,罢为左庶子。

臣祖禹曰:萧复欲黜少游,赏韦皋,此朝廷之公义也。德宗苟以为然,在于一言使宰相行之而已。何疑于李勉、卢翰,而独与从一为密邪?且既以为相而不待之以诚,则疏远之臣其可信者几希矣!夫如是,忠臣贤者岂得尽其心乎?

【注释】

①节:气节,节操。

②幕府:军中将帅所住的帐幕,后泛指将帅办事的地方。下僚:小官吏。

③寻:不久。

④诣:到,专指到尊长那里去。

⑤唐虞:陶唐氏和有虞氏,即尧和舜。黜陟:罢免与提升官吏。

⑥岳牧:尧舜时所建的四岳十二牧,如同后世的公卿诸侯。金:都。

⑦爵人:有爵位的大官。

⑧士:下级官吏。

⑨堪:能。

⑩尚尔:尚且如此。

⑪浸:逐渐。

【译文】

肖复奉使命从江淮回来,与李勉、卢翰、刘从一,一块儿去朝见德宗。

李勉等人退出,肖复独自留下,对德宗说:

"陈少游职务兼将军宰相,首先败坏了为臣的节操。韦皋是幕府的小官吏,独自建树了忠义。请以韦皋代替陈少游镇守淮南,使善恶显著分明。"

德宗认为肖复说的对。

不久,派遣宫中使臣马钦绪向刘从一作揖,贴近耳旁说悄悄话而去。各位宰相回住房,刘从一就到肖复那里去,说:

"马钦绪宣旨,命令我与你议论早期时所说的事,就上奏请实行,不要让李勉、卢翰知道。我大胆地问你是什么事呀?"

肖复说:

"唐尧虞舜罢官升官,公卿诸侯都和谐。

有爵位的在朝,与下级官吏共同辅佐朝政。假使李勉、卢翰不能做宰相,就罢免他们。既然在相位,朝廷政事,怎么能不跟他们一同商议,而单单隐瞒这一件事呢? 这种行为是当今最大的不利之处。

早朝时主上也有这种话,我已当面陈述那种做法不可以。没有想到圣意尚且如此。我不吝惜与你上奏请实行,只是害怕渐渐形成习俗,不敢把这事告诉你。"

终于不把事情告诉刘从一,刘从一报告德宗,德宗愈不愉快。肖复上奏表辞中,被罢免为左庶子。

范祖禹评说:

肖复想罢免陈少游,奖赏韦皋,这是朝廷公议的事。

德宗如果认为正确,在于说一句话,让宰相办理就可以了。为什么对李勉、卢翰怀疑,而独自跟刘从一密谈呢? 再说既然让李勉、卢翰做宰相,又不以诚心对待,那么疏远了的臣子,其中可信任的就很少了。像这样,忠臣贤士难道能尽他们的心吗?

【原文】

贞元二年四月①,关中仓廪竭②,禁军或自脱巾呼于道曰:"拘吾于军而不给粮,吾罪人也!"帝忧之甚,曾韩滉运米三万石至陕③,李泌即奏之。帝喜,遽谓左右曰:"米已至陕,吾父子得生矣!"时禁中不酿,命于坊市取酒为乐④。又遣中使谕神策六军,军士皆呼万岁。时比岁饥馑⑤,兵民皆瘦黑,至是麦始熟,市有醉人当时以为嘉瑞⑥。人乍饱食⑦,死者复伍之一,数月,人肤色乃如故。

臣祖禹曰:《老子》曰:"师之所处,荆棘生焉;大军之后,必有凶年。"言民以其愁苦之气,伤天地阴阳之和,致水旱之灾。夫以兵除残⑧,如人以毒药攻,疾去而人伤亦甚矣! 其血气必久而后复,或终身遂衰⑨。一失其养则易以死亡,不若未病之完也。先王制治于未乱⑩,保邦于未危,有天下者可不务哉⑪!

【注释】

①贞元:唐德宗年号(公元785—805年)。

②仓廪:粮食仓库。

③会:正巧,恰巧。

④坊市:街市酒坊。

⑤比岁:连年。饥馑:饥荒。

⑥嘉瑞:美好的预兆。

⑦乍:忽然。

⑧除残:消除盗贼。

⑨遂衰:致衰,造成衰弱。

⑩制治:制定国家安定的良策。

⑪务:致力,从事。

【译文】

唐德宗贞元二年四月,关中粮仓空了。

皇帝禁军有的脱下头巾在路上呼叫说:

"在军队中扣留我们,不供给粮食吃,难道我们是罪人吗?"

德宗非常担忧。恰好韩滉运米三万石到了陕西。

李泌立即报告德宗,德宗高兴,马上对左右的人说:

"米已到了陕西,我父子能活了!"

当时宫中不造酒,命令到街市酒坊取酒作乐。又派遣宫中使臣告诉神策六军,军士都高呼万岁。

当时连年饥荒,军民都又黑又瘦。到这时麦子刚成熟,街市有酒醉的人。当时以为是好的预兆。

人忽然吃饱饭,死的又有五分之一。过了数月,人的肤色才恢复正常了。

范祖禹评说:

老子说:"军队住过的地方,在那里生长荆棘。大军之后,必有凶年。"

这是说百姓由于他们的愁苦之气,伤害了天地阴阳的一致,引起了水旱灾害。用军队扫除盗贼,如同人用毒药治病,病除而人也伤害严重了,他的气血必然长时间之后才能恢复。

有的人终身造成衰弱,一旦失去调养,就容易死亡,不如没有病的完好。先王在国家未乱时制定政治安定的良策,在国家没有危险时保卫国家。占有天下的国君,能不致力于此吗?

【原文】

三年闰五月,辛未,吐蕃劫盟①。初,李晟与张延赏有隙,帝召延赏入相②,晟表陈其过恶,帝重违其意,以延赏为左仆射。吐蕃尚结赞大举入寇③,游骑及好畤,京城戒严,晟遣将击败之。尚结赞谓其徒曰:"唐之良将④,李晟、马燧、浑瑊三人而已,当以计去之。入凤翔境,无所俘掠,以兵二万直抵城下曰:"李令公召我来,何不出犒我！"经宿，乃引退。晟又遣将袭击吐蕃破之。尚结赞乃引去。帝忌晟功名，会吐蕃有离间之言，延赏等腾谤于朝⑤，无所不至。晟闻之，昼夜泣，目为之肿，悉遣子弟诣长安，表请削变为僧，帝慰谕，不许⑥。韩濮素与晟善，帝命濮谕旨于晟，使与延赏释怨。晟奉诏，濮引延赏第宴谢⑦，结为兄弟，因使晟表荐延赏为相。帝以延赏为同平章事。李晟为其子请昏于延赏⑧，延赏不许，晟知延赏蓄憾⑨。未已，初，晟既破吐蕃摧沙堡，马燧、浑瑊等各举兵临之，吐蕃大惧，屡遣使求和，帝未许。乃遣使毕辞厚礼求和于马燧，燧信其言，为之请于朝。晟曰："戎狄无信，不如击之。"燧、延赏皆与晟有隙，争言和亲便。帝意遂定。延赏数言："晟不宜久典兵。"帝乃谓晟曰："大臣既与吐蕃有怨，不可复之凤翔宜留朝廷，朝夕辅朕。"乃以晟为太尉、中书令，勋、封如故，余悉罢之。延赏既罢晟兵柄，武臣皆愤怒解体，不肯为用。五月，以浑瑊为会盟使，瑊将二万余人赴盟所。李晟深戒以盟所为备不可不严。延赏言于帝曰："晟不欲盟好之成，故戒瑊以严备。我有疑彼之形，则彼亦疑我矣，盟由何成！"帝乃召瑊，切戒以推诚待虏勿自为猜贰以阻虏情。闰月，瑊奏吐蕃决以辛未盟，延赏集百官，以瑊表示之曰："李太尉谓吐蕃和好必不成，此浑侍中表也，盟日定矣。"晟闻之，泣谓所亲曰："吾生长西陲，备谙虏情，所以论奏，但耿朝廷为犬戎所侮耳！"辛未吐蕃劫盟浑瑊仅以身免。是日，帝视朝谓诸相曰："今日和戎息兵，社稷之福！"马燧曰："然。"柳浑曰："戎狄，狼也！非盟誓可结。今日之事，臣窃忧之！"李晟曰："诚如浑言。"帝变色曰："柳浑书生，不知边计，大臣亦为此言邪！"皆伏地顿首谢，因罢朝。是夕，韩游环表言："虏劫盟者，兵临近镇。"帝大惊，街递其表以示浑⑩。明且，谓浑曰："卿书生，乃能料敌如此其审邪！"帝欲出幸以避吐蕃，大臣谏而止。李晟大安国多竹，复有为飞语者，云："晟伏兵大安亭，谋因仓猝为变⑪。"晟伐其竹。六月，以马燧为司徒兼侍中，罢其副元、帅节度使初。吐蕃尚结赞恶李晟、马燧、浑瑊，曰："去三人，则唐可图也。"于是离间李晟，因马燧以求和，欲执浑瑊以卖燧，使并获罪，因纵兵直犯长安，会失浑瑊而止。张延赏惧称疾不视事。

臣祖禹曰：人君于其所不当疑而疑之，则于其所不可信而信之矣。此必然之理也。李晟有复唐室之大功，又再败吐蕃，社稷是赖，而德宗猜忌，使动贤忧惧，不保朝夕。至于才邪之诡计，戎狄之甘言，则推诚而信之不疑。一旦罢晟兵柄，中外莫不解体。行张延赏之私意，中尚结赞之阴谋，忠言至计⑫，确不可入，而奸臣敌国得以欺卖，由其心术颠倒，见善不明故也。延赏以私憾败国殄民，刑焉大马。德宗曾不致诘，使之得保首领，死牖下，幸矣！

【注释】

①劫盟：以武力劫持，使之订立盟约。

②入相：入朝做宰相。

③好畦：唐县名，今陕西乾县。

④经宿：过了一夜。

⑤腾谤：跳跃诽谤。

⑥慰谕：安慰告诉。

⑦宴谢：设宴道歉。

⑧昏：同"婚"。

⑨蓄憾：积怨。

⑩街处：在街道上传送。

⑪仓猝：急遽的样子，这里指形势危急。

⑫至计：最好的计谋。

【译文】

唐德宗贞元三年闰五月辛未日，吐蕃劫持订盟。

当初，李晟与张延赏关系不和睦。

德宗召张延赏入朝做宰相，李晟上表陈述他的过错恶行，德宗又违背李晟的意见，用张延赏为左仆射。吐蕃尚结赞大举入侵，游骑到了好畤县。京城戒严。李晟遣将击败吐蕃军。尚结赞对他的部下说：

"唐朝的良将，仅李晟、马燧、浑瑊三人罢了，应该用计谋除掉他们。"

吐蕃军进入凤翔境，没有抓人掠夺，领兵二万直达城下说：

"李令公（李晟）召我们来，为什么不出城犒劳我军？"

经过一夜就领兵退去。李晟又遣将袭击吐蕃军，打败他们。尚结赞才领兵离去。

德宗畏惧李晟的功名，正巧吐蕃有离间的话，张延赏等人就在朝迁跳跃诽谤，无所不至。李晟听到这事，昼夜哭泣，眼睛因此红肿，派遣全部子弟到长安，上表请求出家为僧。德宗安慰告诉不允许。韩滉向来与李晟友好，德宗命令韩滉向李晟传达旨意，使他与张延赏消除怨恨。李晟接受圣旨。韩滉领张延赏到李晟住宅设宴道歉，结为兄弟。于是使李晟上表推荐张延赏为相，德宗以张延赏为宰相。李晟替他的儿子向张延赏请求婚事，延赏不答应。李晟知道张延赏的怨恨没有消除。

当初，李晟已经打败吐蕃，催促沙堡、马燧、浑瑊等各举兵靠近。吐蕃大为恐惧，多次派使求和，德宗未答应。吐蕃就派使者卑辞厚礼地向马燧求和，马燧相信了他们的话，就向朝廷为吐蕃请求。

李晟说：

"戎狄没有诚信，不如攻击它。"

马燧、张延赏都跟李晟感情不和，争着说与吐蕃和亲的好处，于是德宗主意决定。张延赏多次说李晟不适宜长久掌管军队。

德宗就对李晟说：

"大臣已经跟吐蕃有怨仇，不可再到凤翔前线去，应该留在朝廷，经常辅佐我。"

就让李晟作太尉中书令，只留功勋封爵不变，其余的全部罢免。张延赏罢了李晟兵权后，武臣们愤怒解体，不肯为他们效劳。

五月，让浑瑊主持会盟，使浑瑊领兵二万余人开赴会盟处所。李晟深深地告戒浑瑊，认为会盟处所的防备，不可不严。

张延赏向德宗进言说："李晟不希望盟好成功，所以用严加防备告诫浑瑊。我们有怀疑对方的踪迹，那么对方也就怀疑我们了，结盟又如何能成功？"德宗就召来浑瑊，紧急告诫他要以诚心对待吐蕃，不要自作猜疑有二心。来阻碍敌方投降的情绪。闰五月，浑瑊上奏吐蕃决定于辛未日会盟。张延赏召集百官，以浑瑊奏表让大家看，说：

"李太尉说跟吐蕃和好一定不成功，这是浑侍中的奏表，会盟日子决定了。"

李晟听到这事，哭着对亲近的人说：

"我在西部边陲长大，很熟悉敌人性情，所以话奏，只是以朝廷被犬戎所欺负为耻辱罢了。"

辛未日,吐蕃劫持会盟,浑瑊仅独立逃脱。

这一天,德宗视朝,对各位宰相说:

"今天与吐蕃讲和息兵,是国家的福。"

马燧说:

"是的。"

柳浑说:

"戎狄是豺狼呀,是不可以结盟誓的,今日的事,我个人很为它忧虑。"

李晟说:

"确实如柳浑所说。"

德宗变了脸色说:

"柳浑书生,不懂得边关大计,大臣也说这种话吗?"

都伏地叩头道歉,于是罢朝。

这天晚上,韩游环上表说吐蕃劫寺会盟,兵临近镇。

德宗大惊,在街道传送奏表让柳浑看。第二天早上,说柳浑书生,竟然能料敌如此明白呀!德宗想逃亡巡幸来躲避吐蕃,大臣进谏阻止了。

李晟的大安园竹子多,于是有流言蜚语的人说:

"李晟伏兵于大安园,阴谋乘形势危急叛变。"

李晟就砍掉了那些竹子。六月,让马燧做司徒,兼任侍中,罢免了他的副元帅节度使职务。

当初,吐蕃尚结赞习恶李晟、马燧、浑瑊说:

"唐王朝如除掉这三个人就可谋划了。"

于是离间李晟,依靠马燧来求和;想捉住浑瑊来出卖马燧;使他们三人一同获罪。于是率兵进犯长安,恰好失掉浑瑊而停止。张延赏羞惭害怕,称有病不出来办事。

范祖禹评说:

劝君对于那不应当怀疑的人而怀疑他,那么就对于那不可相信的人而相信他了,这是必然的道理呀。李晟有恢复唐王朝的大功,又两次击败吐蕃,国家依赖他,可是德宗猜疑妒忌,使有功勋的贤才担忧恐惧,朝夕不保。至于谗邪之人的诡计,戎狄的甜言蜜语就诚心相信而不怀疑。一旦免去李晟兵权,朝廷内外没有哪里不解体。实行张延赏的私心,中了尚结赞的阴谋。

忠言和最好的计谋,确实听不入耳,而奸臣敌国能因此欺骗出卖,是由于德宗的颠倒心术,看见好人好事不明白的缘故呀。张延赏败国害民,罪恶滔天,德宗竟然不予追究,使他能够保全首领死在窗下,太幸运了。

【原文】

李泌为相,帝谓泌曰:"自今几军旅粮储事,卿主之;吏、礼委延赏;刑法委浑。"泌曰:"不可,陛下不以臣不才,使待罪宰相[1]。宰相之职,不可分也,非如给事则有兵过[2],舍人则有六押[3],至于宰相,天下之事咸共平章[4]。若各有所主,是乃有司[5],非宰相也。帝笑曰:"朕适失辞,卿言是也。"

臣祖禹曰:古之王者,惟任一相以治天下。唐虞有百揆[6],夏商官倍[7],可知也;周之冢宰[8],实总六卿[9],自司徒以下分职以听焉[10]。诏王废置者宰也,是以治出于一,政有所统,相得其职,君得其道,恭已忝为而治⑪,盖以此也。后世多疑于人,宰相之职分而不一,君以为权在于已,臣亦以为政在于君,国之治乱,民之休戚⑫,无所任责,故贤者,不得行其。所学,不肖者得以苟容于其间,由官不正任不专也。其有功烈见于世,称为贤相者,必其得君之专,任职之久,言行计从,出于一人者也。古者名与实称,而后事成功立马。后世不能正名,而其实必合于古,然后能有成功。如欲稽古以建官⑬,必以一相统天下,始可以言治矣。

【注释】

①待罪:谦辞,意思是任职。
②给事:即给事中,官名,唐代属门下省,掌管规谏,纠察弊端。吏过兵过:纠察官吏和军队过错的给事中。
③舍人:官名。六押:唐朝中书省有六名舍人,分管尚书六曹,辅佐宰相判案,所以叫六押。六押即中书舍人。
④平章:筹划,谋划。
⑤有司:主管官吏。
⑥百揆:总持国政的官。
⑦官倍:义同百揆。
⑧冢宰:周代官名,即大宰,为六卿之首。
⑨六卿:周代官名,即大宰、大司徒、大宗伯、大司马、大司寇、大司空。
⑩听:主持。
⑪恭已:政交大臣,自己不干预。
⑫休戚:喜忧。
⑬稽:考查。

【译文】

李泌做宰相,德宗对李泌说:

"从今天开始,凡是行军打仗粮草储存的事,由你主管,官吏礼法的事交张延赏,刑法的事交柳浑。"

李泌说:

"不行。陛下不因为我无才,使我任职宰相。宰相的职责,是不可以分割的。并不是像给事中就有吏过、兵过官员,中书舍人有六押官员那样。至于宰相,天下国家的事,都要共同谋划。如果各有所主管,这就是部门的主管官员,不是宰相呀!"

德宗笑着说:

"我刚才失言,你的话是对的。"

范祖禹评说:

古代的帝王,只任命一个宰相来治理天下,唐尧虞舜有百揆,夏朝商朝有官倍,可以知道了。

周朝的冢宰,实际上总管六卿。自司徒以下,分职而主管事务。按君主的命令废除和设置官员的人,就是冢宰(宰相)。因此治理出于一人,政令有所统管,宰相得到职责,君主掌握治国之道,不干涉宰相的工作,无为而治。可能由于这个原因呀。后世国君多怀疑人,宰相的职责,分割而不统一。国君认为权在于自己、大臣也认为政令在于国君,国家的太平和混乱,人民的喜乐和忧虑,没有什么人负责。所以贤能的人不能实践他所学的知识,无才的人能够苟且容身于其间。

这是由于官不正,责任不专一的缘故呀。那些有功绩显现于世、称作贤宰相的人,他一定是行到国君的专一信赖,任职时间长久,言行计从,出于一人的人。

古时名义和实际相符,然后副业成就,功名建立于世。后世不能端正名义,可是那实际一定符合古代,然后才能有所成功。如果想考查古代来建立官职,一定要用一个宰相统管天下,才可以谈得上把国家治理好了。

【原文】

鄁国大长公主女为太子妃①,或告主淫乱,且为厌祷②。帝大怒,幽主于禁中③,切责太子。太子不知所对,请与萧妃离婚。帝召李泌告之,且曰:"舒王近已长立,孝友温仁④。"泌曰:"陛下惟有一子,奈何一旦疑之,欲废之而立侄,得无失计乎⑤!陛下所生之子犹疑之,何有于侄!舒王虽孝,自今陛下宜努力,勿复望其孝矣!"帝曰:"卿不爱家族乎?"对曰:"惟爱家族,故不敢不尽言。"泌因言自古父子相疑未有不亡国覆家者,今幸赖陛下以语臣,臣敢以家族保太子。向使杨素、李林甫之徒承此旨⑥,已就舒王图定策之功矣!"帝曰:"此朕家事,何预于卿⑦,而力争如此。"对曰:"天子以四海为家。今臣独任宰相之重,四海之内,一物失所,责归于臣⑧。况坐视太子冤横而不言⑨,臣罪大矣!"帝曰:"为卿迁延至明日思之⑩!"泌抽笏叩头而泣曰⑪:"如此臣知陛下父子慈孝如初矣!"因戒帝"勿露此意于左右,露之,则彼皆欲树功于舒王,太子危矣。"明日,帝意果悟,太子由是获免。

臣祖禹曰:李泌善处父子兄弟之间,故能以其直诚正言感悟人主,卒使父子如初,可谓忠矣。谀谄之人,胁君之决者,必曰家事非他人所预,陷君于恶,率由此言⑫。泌以为天子以四海为家,则莫非家事,以君之子为己任,其知相之职业哉。

【注释】

①鄁国:古国名,周文王所封,在今山东城武县境。
②厌祷:祭祀祈祷。
③禁中:天子居住的地方。
④孝友:对父母好为孝,对兄弟好为友。
⑤得无:只怕。
⑥向使:假使。
⑦何预:为什么干预。
⑧责归:要求归还。
⑨冤横:冤枉不测的灾祸。
⑩迁延:延迟,推迟。
⑪笏:古代大臣上朝拿的手板。
⑫率:大概,大略。

【译文】

鄁国的大长公主做太子的妃子,有人告状说公主淫乱,而且搞祭祀祈祷。德宗大怒,痛斥太子,太子不知如何回答,请求跟萧妃离婚。德宗召来李泌告

诉这事,并且说:

"舒王近来已经长大成人,孝顺父母,友受兄弟,性情温顺仁慈。"

李泌说:

"陛下只有一个儿子,怎么能一旦怀疑他,就想废弃他而立侄儿?恐怕失算了吧?陛下亲生的儿子还怀疑他,对于侄儿有什么信赖?舒王虽然孝顺,从今以后陛下应该努力,不要再希望他孝顺了。"

德宗说:

"你不爱家族吗?"

回答说:

"能爱家族,所以不敢不详尽地说一说。"

李泌于是说:

"自古以来父子互相怀疑,没有不亡国覆家的。今天责好陛下把这事告诉我,我敢以家族保太子。假使杨素、许敬之、李林甫之徒接这旨意,早已就为舒王谋划定策之功了。"

德宗说:

"这是我的家事,你为何干涉,而且极力抗争?"

回答说:

"天子以四海为家,今天我独自任宰相的重任,四海之内,有一物从处所丢失,就向我要求归还,何况坐视太子冤枉不测之灾而不说话,那么我的罪过就大了。"

德宗说:

"因为你就延迟到明日考虑这事。"

李泌抽出笏板叩头而哭着说:

"像这样,我知道陛下父子慈孝如初了。"

于是就告诫德宗不要在左右露出这个意思,泄露了这事,他们就都要为舒王建功,太子就危险了。

第二天,德宗心中果然觉悟,太子因此获得免于废黜。

范祖禹评说:

李泌擅长处理父子兄弟之间的关系,因此能用那正直诚实的话使感化君主,终于使父子如初,可说是忠臣了。阿谀奉承的人,帮助国君决断这事,一定说家事不是他人所干预的。陷君于恶,大概都是由于这句话。李泌以为天子以四海为家,那么没有什么事不是家事。把国君的儿子之事当作自己的责任,看来他是知道宰相的职责啦!

·唐鉴·

图文珍藏版

唐鉴第十五卷

德宗四

【原文】

贞元五年二月,帝从容与李泌论即位以来宰相,曰:"卢杞,忠清强介,人言杞奸邪,朕殊不觉其然。"泌曰:"人言杞奸邪而陛下独不觉其奸邪,此杞之所以为奸邪也。倘陛下觉之,岂有建中之乱乎①!"帝曰:"建中之乱,术士豫请城奉天②,此盖天命,非杞所能致也③。"泌曰:"天命,它人皆可以言之,惟君相不可言。盖君相所以造命也。若言命,则礼乐政刑皆无所用矣。纣曰:'我生不有命在天!'此商之所以亡也!"帝曰:"卢杞小心,朕所言无不从。"对曰:"杞言无不从,岂忠臣乎!夫言而莫予违④,此孔子所谓,一言丧邦者也!"

臣祖禹曰《易》曰:"穷理尽性以至于命⑤。"自君臣而言之,为君尽君道⑥,为臣尽道,此穷理也。理穷则性尽,性尽则至于命矣。《孟子》曰:"莫非命也,顺受其正。"夫顺受其正者,人事也,人事极矣,而后可以言命。故'知命者,不立岩墙之下。'立岩墙之下而死者,人之所取也,非天之所为也。顺其道而死者,天之所为,非人之所取也。故曰:"命。"若夫建中之乱,有以取之乎⑦?无以取之乎⑧?若无以取之,则不穷兵⑨,不暴敛、不相卢杞而致乱,乃可谓命也。若有以取之,而曰命,岂异于纣乎?夫为人君水知相之奸邪,不省已之阙失⑩,而归之术者之言,以为命。宜其德之不建,政之不修也。李泌之论,不亦正乎。

【注释】

①建中之乱:唐德宗建中年间,朱泚等暴乱。

②术士:指方技之士,又叫方士。

③致:招致,导致,造成。

④莫予违:不违背我。

⑤穷理:推究事物的道理。尽性:彻底了解事物的本性。

⑥君道:做国君的道理。

⑦有以:有用来……东西。

⑧无以:没有用来……东西。

⑨穷兵:用兵作战不止,即穷兵黩武。

⑩省:省悟,觉悟。

【译文】

唐德宗贞元五年二月,唐德宗跟李泌从容地谈论即位以来的宰相,说:"卢杞是忠心清正廉洁、耿直的人。人们说卢杞奸邪,我很不觉得他是这种人。"

李泌说:"人们说卢杞是奸邪,可是陛下独自不觉得他是奸邪,这是卢杞之所以是奸邪的原因。倘若陛下觉得他是奸邪,哪有建中年间的叛乱呢?"

德宗说:"建中年间的叛乱,是术士参与请在奉天筑城引起的,这大概是天命,不是卢杞所能招来的。"

李泌说:"天命,其他人都可以说,但国君和宰相不能说,因为国君和宰相是控制天命的人。如果说天命,那么礼乐政刑都无处可用了。商纣王说:'我生有命不在天',这是商朝灭亡的原因。"

德宗说:"卢杞小心,我所说的无不听从。"

回答说:"卢杞对你的话没有不听从,难道就是忠臣吗?说话不违背我,这正是孔子所谓一句话丧失国家的人呀。"

范祖禹评说:

《周易·说卦》说:"探究事物的道理,彻底了解它的本性,以便达到行为符合天命。"

从君与臣的关系来说,为君的要尽力于君道,作臣的要尽力于臣道,这就是事物的道理。研究事物的道理,那么事物的本性就能彻底被了解;事物的本性被彻底了解,那么行为就可达到符合天命了。

孟子说:"没有什么不是命运,但顺理而行才可接受那正命。"

顺理而受其正命,是人事;了解透彻了人事,然后才可以谈命运。所以懂得命运的人,不站在有倾倒危险的墙壁下看。站在有倾倒危险的墙壁下而死的人,是自己找死,不是天之所为。顺着事物的规律而死的人,是上天的所作所为,不是人所采取的,所以说是天命。至于建中年间的叛乱,有用来采取的措施呢?还是没有用来采取的措施呢?如果没有用来采取的措施,那么不穷兵黩武,不横征暴敛,不使卢杞为宰相,而招致了叛乱,才可以说是天命。如果有用来采取的措施,却说是天命,难道跟纣王不同吗?作为人君,不知道宰相的奸邪,不反省自己的缺点过错,却把叛乱归罪于术士的话而以为天命,那么他的道德不能建立,政治不能修明,是适宜的呀!李泌的言论,不也是正确的吗?

【原文】

九年二月①,帝使人谕陆贽②,上以要重之事③,勿对赵憬陈论④,当密封手疏,其略曰:"昨臣所奏,惟赵憬得闻⑤,陛下已至劳神,委曲防护⑥。是于心膂之内,尚有形迹之拘⑦，职同事殊，鲜克以济⑧。恐爽无私之德⑨，且伤不吝之明。"

臣祖禹曰：凡此皆德宗心术之蔽也，故萧复谏之于前，陆贽论之于后，而终不改。盖自以为得驭下之术，而不知失为上之道，是以愈疑而愈暗也。

【注释】

①九年：唐德宗贞元九年，公元 793 年。

②谕：告诉。

③要重：重要。

④赵憬：连任中书侍郎，同中书门下平章事（代理宰相）。

⑤手疏：亲自写的奏疏。闻：上报。

⑥委曲：意思与委屈相同，降低身份。

⑦形迹：仪容动作。

⑧鲜克：少能。济：帮助、接济。

⑨爽：违背。

【译文】

贞元九年二月，德宗派人告诉陆贽，上奏重要事情，不要对赵憬陈述议论，应该密封手疏报上来。

陆贽上奏疏，简要意思说：

"昨天我所陈奏，只赵憬能知道。陛下已非常劳神，降低身份防护，这是内心深处尚有形迹的约束。我和赵憬职务相同，主持的事情不同，对他保密不利于国家。我害怕违背了陛下无私的品德，并且伤害了不吝啬的英明。"

范祖禹评说：

大凡这些都是唐德宗心术被蒙蔽，所以肖复规谏在前，陆贽议论在后，但德宗还是不改。大概他自认为更加怀疑是得到了驾驭大臣之术，却不知道丧失了做皇帝的原则，因此越怀疑而越昏暗啊。

【原文】

五月，陆贽上疏，奏论备边六失，其六曰："机失于遥制①。自顷边军去就裁断②，多出宸衷③，选置戎臣，先求易制，多其部以分其力，轻其任以弱其心，遂令爽于军情亦听命④，乖于事宜亦听命。戎虏驰突⑤，迅如风飚，驲书上闻⑥，旬月方报。守土者以兵寡不敢抗敌。分镇者以无诏不肯出师⑦，贼既纵掠退归，此乃陈功告捷。其败丧则减百而为一，其掳获则张百而成千将帅既幸于总制⑧，在朝不忧罪累⑨，陛下又以为大权由已，不究事情。"

臣祖禹曰：明君用人而不自用，故恭已而功；多疑之君自用而不用人，故劳心而败事。自古征伐，或胜或不胜，多由于此二者矣。《传》曰："师在制命而已⑩，禀命则不威⑪。"且戎事在边而人主自将，行兵于千里之外，决策于九重之中，虽有方叔、召虎之臣⑫，不得自便，此非敌国之所败，乃人主自败其师也。

【注释】

①机：指战斗机会。

②顷:顷刻,一会儿。去就:去留。离去或留下。裁断:决断。

③宸衷:君心。

④事宜:指军中的公文、法令等事务。

⑤驰突:战马奔驰突击。

⑥驲:古时驿站用来传递文书的专用车。

⑦分镇者:分兵镇守的将军。

⑧总制:总揽大权。

⑨罪累:罪行加重。

⑩制命:节制命令。意思是军队行动以命令为重,主帅有节制之权。

⑪禀命:接受命令。

⑫方叔、召虎:均周宣王的臣。

【译文】

唐德宗贞元九年五月,陆贽上奏章,奏论防备边境的六种过失,其中第六种说:"作战机会由于国君遥控而失去,从顷刻的边军调动决定,大都出自君主之意。选择任命将帅,先寻找容易控制的人。使部门增多来分散将帅的权力,使任务减轻来削弱将帅的思想。于是使他们在违背军情时也听君命,在违反军事法令时也听君命。敌兵奔驰突击,比疾风还迅速。驿车传送军情战报,十天一月才能到达朝廷。守卫边疆的军队由于兵少不敢抗敌,分兵镇守的将军因为没有皇帝命令不肯出兵。贼人已经纵兵掠夺后退回去了,这时才摆功告捷。那失败伤亡的就减百而为一,那招降俘获的就成百而上千。将帅已由于皇帝总揽大权而侥幸,在朝廷不担忧加重罪行。陛下又认为大权由自己掌握,不追究事件的真实情况。"

范祖禹评说:

英明的国君用人而不用自己,所以不干预大臣行使权力而事情成功。多疑的国君,用自己而不用他人,所以自己劳心反而事情失败。自古行军打仗,或胜或不胜,大多由于这两种原因。

《左传》说:"军队在于节制命令罢了。"

接受命令就不威严。并且战事在边境,而国君却自己用兵;行军在千里之外,而决策却在宫廷之中。即使有方叔、召虎一样的大臣,也不能自行决断。这不是被敌国所打败,而是国君自己使军队失败啊!

【原文】

七月,户部侍郎裴延龄奏:"臣判度支以来①,检责诸州欠负三十余万缗②,抽贯三百余万缗③,呈样物三十余万缗④,请别置欠负耗剩季库以掌之⑤。染练物⑥,别置月库以掌之⑦。"诏从之。欠负皆贫人无可偿,徒存其数者,抽贯给用随尽,呈样、染练皆左藏正物⑧。延龄徒置别库,虚张名数以惑帝。帝信之,以为能富国而宠之,于实无所增也,虚费吏人簿书而已⑨。京城污湿地生芦苇数亩,延龄奏称咸阳有陂泽数顷⑩,可牧厩马。帝使有司阅视,无之,亦不罪也。左补阙权德舆上奏⑪,以为:"延龄取常赋支用未尽者⑫,充羡余以为己功⑬。县官先所市物,再给其直,用充别贮。边军自今春以来并不支粮。陛下必以延龄孤贞独立⑭,时人丑正流言,何不遣信臣覆视⑮?究其本末,明行赏罚。今群情众口喧于朝市,岂京城士庶皆为朋党邪！陛下亦宜回圣虑而察之⑯。"帝不从。

臣祖禹曰：自古聚敛兴利之臣，非有生财之术，皆移东于西，指虚为实，徒张官吏置薄书，以罔惑人主，⑰取功赏而已。由明皇至于德宗，其事不谋而同，盖兴利必用小人小人莫不为欺，故其所行皆由一律也⑱。

【注释】

①判度支：见前注。
②检责：检查债和。欠负：拖欠。
③抽贯：抽取钱币，即抽税。
④呈样物：进贡的样品。
⑤季库：储存一个季度的仓库。
⑥练物：白色的熟丝绢。
⑦月库：储存一个月的仓库。
⑧左藏：国库。正物：正品之物。
⑨簿书：记账的簿册。
⑩陂泽：池塘湖泊。
⑪左补阙：官名。
⑫常赋：正常赋税。
⑬羡余：盈余的赋税。
⑭丑正：憎恶正直。
⑮覆视：即审视，详察。
⑯回圣虑：转变皇帝的思虑。
⑰罔惑：欺骗迷惑。
⑱一律：如同一例。

【译文】

贞元九年七月，户部侍郎裴延龄上奏：

"我掌管财政收支以来，检查各州债务拖欠八百余万缗，抽税三百余万缗，呈贡样品三十余万缗。请将拖欠、损耗、多余的钱物，另外设置季库来掌管；将染色的丝绢，另外设置月库来掌管。"

唐德宗下命令照办。

拖欠债务的都是贫穷人家，没有钱可偿还。空存那债务数，是为抽税供自己用，接着用完呈贡的样品。染色的丝绢都是国库的正品。裴延龄空设置另外的仓库，虚假地张扬名物数目来迷惑德宗。

德宗相信他，认为能富国而宠爱他。实际上库存钱物没有增加，白费官吏账册而已，京城污湿地生芦苇数亩，裴延龄上奏说咸阳有池泽数顷，可以放牧马厩中的马。

德宗派主管官员去查看，没有池泽，也不问他的罪。

左补阙权德舆上奏章：

"我以为裴延龄取没有用完的国家正常赋税支用。收取盈馀的赋税以为自己的功劳。县官事先所买东西，再供给他价钱，用来充当为边防军的另外贮存。自今春以来，并不支付粮食。陛下一定认为裴延龄孤直独立。现在人们厌恶正直的传言,为什么不派遣亲信的大臣去详察,考究它的本末,公开实行赏罚。现在群情众口,在朝廷街市喧闹,难道京城的官员百姓都是朋党吗?陛下也应转变思虑而明察。"

德宗不听从。

范祖禹评说:

自古以来,聚敛兴利的臣子,不是有生财的方法,都是移东到西,指虚为实,白设官吏,置账册,来欺骗迷惑国君,取功名奖赏罢了。

从唐明皇到唐德宗,所干的那些事情不谋而合。因为兴利必用小人,小人没有不干欺骗勾当的,所以他们的行为,都是遵从一种条例呀。

【原文】

十一月,宣武都知兵马使李万荣逐节度使刘士宁①。帝议除亲王充节度使②,令万荣知留后③。陆贽上奏,其略曰:"为国之道,以义训人,将教事君,先令顺长。"又曰:"若使倾夺之之徒便得代居其任,利之所在,人各有心,此源潜滋④,祸必难救非独长乱之道,亦开谋逆之端。"帝不从,以万荣为留后。

臣祖禹曰:自肃宗以求,藩镇之将⑤,有杀逐其主帅者,因而授之⑥。德宗之世,姑息尤甚,此教天下以篡也。夫以下犯上,以臣逐君,此为国者所深恶,圣王之法必诛,而无赦者也。不惟不讨,而又赏之,使天下皆无君,岂得不逼天子乎?《礼》曰:"政不正则君位危。"为国者必严上下之等,明少长之序,使不相陵越者⑦,盖君欲自安也。唐之人主坏法乱纪,无政刑矣,其何以为天下乎!

【注释】

①宣:宣布。知:主持。李万荣:刘玄佐的部将。玄佑死后,其子刘士宁自立,李万荣伺隙驱逐了他。
②除:任命,授职。
③留后:义同留守。唐代指节度使出事故后,代为统辖其众的官员叫留后。
④潜滋:潜藏生长。
⑤藩镇:唐代镇守边境的军政首领。
⑥授之:指把大权授给杀主帅的半军。
⑦陵越:侵犯超越。

【译文】

贞元九年十一月,宣武都知兵马使李万荣驱逐了节度使刘士宁。

德宗商议任命亲王充当节度使,让李万荣主持留守。

陆贽上奏疏,简要内容说:

"治国的原则,以道义教育人,对将军要让他们事奉国君,首先得让他们顺从首长。"

又说:

"如果使颠覆夺权的人,取代他所窃夺的官职,那么利益所在,人各有异心。这种根源潜藏滋长,灾祸必然难以挽救。不只是增长混乱的方式,也开了阴谋叛变的头。"

德宗不听从,使李万荣作留守。

范祖禹评说:

自唐肃宗、代宗以来,藩镇的部将,有杀害驱逐他的主帅的,因而授给他主帅之职。

唐德宗的时代,姑息这种人更厉害,这是教育天下人来篡夺呀。以下级的身份侵犯上级,以臣的身份驱逐国君,这是治国的人所深恶痛绝,是圣主的法律一定诛杀而不赦的人。可是唐德宗不仅不讨伐,反而奖赏他。假使天下人心中都没有国君,能不威胁天子吗?

《礼记》上说:"政令不正国君就危险。治国的人,一定要严格上下的等级,明确长幼的次序,使他们不互相侵犯超越,因为国君希望自己平安。唐代的人主,违法乱纪,没有政令刑法了,他凭借什么治理天下呢?"

【原文】

十年①,帝性猜忌,不委任臣下,官无大小,必自选而用之,宰相进拟②,少所称可;又群臣一有谴责,往往终身不复收用;好以辩给取人③,不得敦实之士④;艰于进用,群材淹滞⑤。陆贽上疏谏,其略曰:"以一言称惬为能⑥而不核虚实,以一事违忤为咎⑦,而不考忠邪,其称惬则付任逾涯⑧,不思其所不及,其违忤则罪责过当⑨,不恕其所不能,是以职司之内无成功⑩,君臣之际无定分⑪。"帝不听。

臣祖禹曰:昔仲弓为季氏宰,问政孔子,曰:"先有司,赦小过,举贤才。"夫为政不先有司,则君代臣职矣,不赦小过,则下无全人矣;不举贤才,则小人进矣。失此三者以为季氏宰且不可,而况为天下乎!自尧舜以来,未有不由此三者而治,盖君人之常道也,德宗反之,亦足为后世戒哉。

【注释】

①十年:唐德宗贞元十年(公元794年)。
②拟:初步的设想,计划。
③辩给:能言善辩。
④敦蔫:忠诚厚道。
⑤淹滞:水流不畅。这里指人才闲置不用。
⑥惬:心里满足,畅快。
⑦忤:不顺从。
⑧逾涯:超过边际。
⑨过当:过了顶端。
⑩职司:执掌管理。
⑪际:彼此之间。定分:固定的名分,职责。

【译文】

贞元十年。

德宗性情多疑嫉妒,不委任臣下,官职无论大小,非要亲自挑选而任用。宰相呈上的设想计划,很少称赞同意。群臣一旦受谴责,往往终身不再起用。喜欢用能言善辩的人,得不到忠诚厚道的人。

由于难以提拔进用,所以众多人才被搁置。

陆贽上奏疏劝谏,简要说:

"凭一句话称心就认为有才能,却不核查虚实;凭一件事违背心意就认为有罪过,却不考查忠邪。对那称心的就给官越过边际,不考虑他能力有限;对那违背心意的过分责罪,不原谅他的所不能。因此执掌管理事务的部门没有成功,君臣彼此之间没有固定的职责。"

德宗不听。

范祖禹评说:

从前仲弓做季氏家臣,问政。

孔子说:

"以主管官员为先,赦免小人过失,举荐贤才之人。"

管理政务不以主管官员为先,那么国君就代替臣的职务了;不赦免小过错,那么下属就没有完人了;不举用贤能之人,那么奸邪之人就进去了。失去这三条,来做季氏家臣尚且不行,何况治理天下呢!自尧舜以来,都是依据这三条而使国家治理好的。这是君主通常的治国原则。唐德宗违反它,足以成为后世的鉴戒啊!

【原文】

赞又奏请均节财赋①,凡六条,其二,请两税以布帛为额②,不计钱数,其略曰:"谷帛者,人之所为也;钱货者,官之所为也。是以国朝著令,租出粟,庸出绢,调出缯、纩、布,曷常有禁人铸钱③,而以钱为赋者也!今之两税,独异旧章,但估资产为差,便以钱谷定税,临时折征杂物④,每岁色目颇殊⑤,惟计求得之利宜,靡论供办之难易。所征非所业,所业非所征,遂或增价以买其所无,减价以卖其所有,一增一减,耗损已多。望勘会诸州初纳两税年绢布⑥,定估比类当今时价⑦,加贱减贵,酌取其中,总计合税之钱,折为布帛之数。"

臣祖禹曰:"泉货所以权物之轻重⑧,流于天下,则为用;积于府库,不为利也。何以知其然邪?谷帛出于民,而官不可为也;钱出于官,而民不可为也。取其所有,而与其所无,则上下皆济矣⑨。是故以谷帛为赋,则民不得不耕织以奉公上,此驱之于农桑也。如不取其所有,而取其所无,则民之所有,弃之必贱矣;官之所无,收之必贵矣。谷帛轻则民为之者省,钱重则物甚贱者多,是以利壅于上,民困于下,至于田野芜杵柚空,由取其所无故也。然则以钱为赋,官岂得其利乎?为法者必使民去末而反本⑩,则富国之道也。"

【注释】

①均节:平均节制。

②两税:指夏秋两税。唐代本来实行租、庸、调三种税法。租税用粮食,庸税用体力,调税用布帛。唐德宗时杨炎为相,合并租庸调为一,命令以钱交税,分夏季纳税(不超过六月),秋季纳税(不超过十一月),所以称两税。

③禁人:禁中之人,即朝廷中人。

④折征:折算征收,即本应征收物品,而折算征收银钱。

⑤色目:种色名目。

⑥勘会:核对总计。

【译文】

陆贽上奏请求平均节制财税,共计六条,其中第二条,请春、秋两税以布帛为定额,不计算钱数,其简要内容说:

"粮食布帛是人民生产的,钱币是官府制造的。所以国家朝廷明令:由朝廷中人铸造钱币,而用钱币作为赋税。现在的两税,偏偏与旧的规章不同,只凭估价资产有差错,便用钱粮定赋税,临时折算征收杂物。每年的种类名目很不同,只计算求得的利益恰当,不讲供给办理的困难。所征收的钱币不是人民生产的,人民生产的粮食布帛不是所征收的。于是有人就增价来买他没有的钱币,减价来出售他有的粮食布帛。一增一减,耗损已多。希望核对总计各州开始缴纳的一年的绢布,评估比类当前的物价,增加价钱低的,减少价钱贵的,斟酌取其中间价格,总计合算纳税的钱,折合成布帛的数字。"

范祖禹评说:

货币是用来权衡物品贵贱的,在天下流通,可是它的作用一旦堆积在府库中,就没有利了。凭什么知道它是这样的呢?粮食布帛出于人民,而官府不能生产;钱币出于官府,而百姓不能制造。收取人民所有的东西,而交给官府所没有的东西,那么官府和人民都有利了。

所以用粮食布帛为赋税,那么人民不得不耕田织布,用来奉献公家皇上,这是驱使百姓从事农桑呀。如果不收取他们所有的粮食布帛,却收取他们所没有的钱币,那么人民所有的东西就被抛弃,价钱就贱了;收取官府所没有的东西,那粮食布帛一定价钱贵了。粮食布帛被轻视,那人民从事的就少;钱币被看重,那物价很低的东西就多。因此财利堆积到上边官府,人民大众就在下边困苦,以至于田野荒芜,织布机闲置。

这是由于收取人民所没有的钱币缘故。既然如此,那么以钱币为赋税,官府怎么能得到它的利益呢?一定使人民抛弃末节(工商业)而返回根本(农业),那就是富国的方法啊。

【原文】

九月,裴延龄奏左藏库物多有失落①,近因检阅②,使置簿书,乃于粪土之中得银十三万两,其匹零杂货百万有余。此皆已弃之物,即是羡余③,应移置杂库以供别敕支用④。太府少卿韦少华不伏⑤,抗表称:"此皆每月申奏见在之物,请加推验执政⑥,请令三司详覆⑦。"帝不许,亦不罪少华。延龄每奏对,恣为诡谲⑧,皆众所不敢言,亦未尝闻者,延龄处之不疑。帝亦颇知其诡妄⑨,但以其好底里人,冀闻外事,故亲厚之。群臣畏延龄有宠,莫敢言,惟张滂、李充、李铦以职事相关,时证其佞,而陆贽独以身当之,日陈其不可用。十一月,贽上书极陈延龄奸诈,数其罪恶⑩,帝不悦,待延龄益厚。延龄日短贽于帝⑪。赵憬之入相也,贽实引之,既而有憾于贽,密以贽所讥弹延龄事告延龄⑫,故延龄益得以为计,帝由是信延龄而不直势⑬。十二月,势与憬约至帝前极论延龄奸邪,帝怒形于色,憬默而无言。壬戌势为太子宾客⑭。

臣祖禹曰:人君欲开外事,岂不有贤者可任以为耳目乎?德宗知延龄诞妄而信之⑮,是自蔽耳目也。其惑亦甚矣!夫奸臣之立于朝,非独狡佞足以惑其君心,必有大臣之不忠者附益而封植之,故不可去也。延龄之亲宠,陆势之废黜,赵憬实为之助,憬之罪大矣!必若治之,以《春秋》之法⑯,憬其为诛首欤。

【注释】

①左藏:国家仓库。
②检阅:清仓大检查。
③羡余:盈余的赋税。
④敕:帝王的诏书,命令。
⑤不伏:不屈服,不承认错误。
⑥推验:推求检验。
⑦三司:唐代审判的法庭。尚书刑部、御史台、大理寺同审案,叫三司推事。详覆:详细审查。
⑧诡谲:欺诈。
⑨诡妄:欺诈、荒诞。
⑩数:谴责。
⑪短:说人之短,即说坏话。
⑫讥弹:讥讽弹劾。
⑬不直势:不认为陆势正直。
⑭太子宾客:官名,太子的官属。
⑮附盖:增益,指暗中帮助。封植:即"封殖",栽培,培养。
⑯春秋:指孔子删定的鲁国史书。

【译文】

贞元十年九月,裴延龄上奏国库的东西丢失许多。最近因为清库大检查,派人设置账册,竟然在粪土中得银十三万两,其中布帛杂货百万有余。这些都是已经抛弃之物,就是盈余的赋税,应该移放到杂库中,以便供皇帝另下命令支用。大府少卿韦少华不认账,上奏抗表称:

"这些都是每月申奏见在的东西,请执政的人加以推求检验,请命令三司详细审查。"

德宗不同意,也不归罪韦少华。裴延龄每次奏对,故意搞欺诈,都是众人不敢说的,也是未曾听说的,裴延龄对待这些毫不怀疑。

德宗也颇知裴延龄的欺诈荒诞,只是因为他爱诋毁别人,希望听到外边的事情,所以亲近优待他。群臣害怕裴延龄得到皇帝宠爱,没有人敢说话,只有张滂、李充、李铦因为职事相关,不时地证实他的胡言乱语,而陆势独自以身抵挡,每次陈述裴延龄的不可用。

十一月,陆势给皇帝上书极力陈说裴延龄奸诈,谴责他的罪恶。

德宗不高兴,对待裴延龄更加亲近。裴延龄每天在皇帝面前讲陆势的坏话。赵憬入朝做宰相,陆势实际上是他的引荐人,不久对陆势有怨气,暗中把陆势讥讽弹劾裴延龄的事告诉裴延龄,所以裴延龄更加以为得计。

德宗从此信任裴延龄而不认为陆贽正直。十二月,陆贽和赵憬相约到皇帝面前极力认为裴延龄奸邪,德宗怒形于色,赵憬沉默不言。壬戌日,陆贽被罢官做太子宾客。

范祖禹评说:

人君想听到外边的事,难道不是有贤明的人可任用他和耳目吗?德宗知道裴延龄欺诈荒诞而信任他,这是自己遮蔽耳目,他的受迷惑也太多了!奸臣在朝,不只是他的奸猾谗佞能够迷惑君心,而且一定有大臣中不忠的人帮助而栽培他,所以不能除掉。裴延龄的受皇帝宠信,陆贽的被废黜,赵憬实际上作了帮凶。赵憬的罪恶大了!如果要按《春秋》之法来处治他,赵憬大概要被杀头了吧!

【原文】

十一年二月①,裴延龄谮陆贽、李充、张滂等失势怨望②,动摇众心。四月,贬贽为忠州别驾,充等皆贬长史。帝怒未解,中外愀恐,以为罪且不测,谏议大夫阳城,率拾遗王仲舒等守延英门,上疏论延龄奸佞,贽等无罪。帝大怒,欲加城等罪。太子为之营救,帝意乃解,令宰相谕遣之。时朝夕欲相延龄,城曰:"脱为延龄为相③,城必白麻④坏之,恸哭于廷。"七月,城改国子司业,坐言延龄故也⑤。

臣祖禹曰:韩愈作《争臣论》,当城未有言之时也。世之论者或祖袭愈之余意,讥城以在职久而不言,及陆贽之贬而后发,向若贽不贬,则无所成其名矣。岂得遂默而已乎⑥?臣以为不然,扬雄曰:"或闻贤曰'为人所不能。'"城有待而为者也。遏裴延龄为相,救陆贽将死,此人所不能,非贤孰能为之?一奋其忠名,名震四方,终身废放,死而无憾。自古处士之有益于国如城者,鲜矣⑦!后世犹责之无已,其不成人之美亦甚哉!

【注释】

①十一年:唐德宗贞元十一年(公元795年)。
②谮:说坏话诬陷别人。怨望:怨恨。
③脱:连词,倘若,如果。
④取白麻:意思是披麻戴孝。
⑤坐:囚犯……罪,错误。
⑥遂默:始终沉默。
⑦处士:不做官的贤士。鲜:少。

【译文】

贞元十一年二月,裴延龄诬陷陆贽、李充、张滂等人,说他们失势怨恨,动摇众人之心。四月,贬陆贽为忠州别驾,李充等都被贬为长史。

德宗怒气未消,朝廷内外胆战心惊,以为罪将不测。谏议大夫阳城,率领拾遗王仲舒等守候在延英门上疏,论说裴延龄奸佞;陆贽等无罪。

德宗大怒,想给阳城等人加罪,太子为此而营救,皇帝怒气才消除,命令宰相告诉他们离去。

当时很想使裴延龄为宰相,阳城说:

"如果用裴延龄当宰相,我一定披麻戴孝破坏它,在庭堂上恸哭。"

七月,阳城被降官职作国子司业,因为犯了说裴延龄之罪的缘故。

范祖禹评说:

韩愈作《争臣论》,是在阳城没有出来说话之时。社会上议论的人有人承袭韩愈的文意,讽刺阳城因为在位长久而不说话,到了陆贽被贬而后才出来说话,假如陆贽不被贬,那么他就没有地方成就他的名声了。难道能始终沉默罢了吗?我认为不是这样。

杨雄说:

"有人问贤人,回答说:'作人们所不能做的事。'"

阳城是有所等待而做事的人。他阻止裴延龄做宰相,拯救陆贽的死罪,这是他人所不能的,不是贤人谁能做出这事呢?一旦发扬忠心,名震四方,终身被废弃流放,死而无憾。

自古以来的处士象阳城一样对国有益的人很少。后世还责备他不止,那种不成人之美的行为,也太严重了!

【原文】

十二年六月①,以窦文场、霍仙鸣皆为神策护军中尉②。是时窦、霍势倾中外,藩镇将帅多出神策军,台省清要亦有出其门者矣③。

臣祖禹曰:自是宦者专国矣。外则藩镇,内则台省,而多出其门,则其易置天子不难矣。刑赏,国之大柄也,其可以假人乎?

【注释】

①十二年:唐德宗贞元十二年(公元796年)。

②窦文场、霍仙鸣:都是宦官,德宗任命监管神策左右厢兵马,权震朝廷。凡诸方节度使大将,均出其门下。

③台省:唐时尚书省为中台,门下省称东台,中书省称西台,总称台省。按:相当于中央政府的各部委。清要:达官显贵。

【译文】

贞元十二年六月,让窦文场、霍仙鸣都作神策军的护军中尉,这时窦、霍的权势压倒朝廷内外,藩镇将帅多出自神策军,台省达官显贵也出自其门下了。

范祖禹评说:

从此以后唐代宦官专制国家了。外边有藩镇,朝内有台省,而武将文官多出自其门,那么他们改换天子就不难了。刑罚奖赏是国家的大权,怎么可以假借给人呢?

【原文】

初,帝以奉天窘乏,故还宫以来,尤专意聚敛①。藩镇多以进奉市恩②,皆云:"税外方圆③",亦云"用度羡余④,"其实或割留常赋⑤,或增敛百姓,或减刻吏禄⑥,或贩鬻蔬果,往往私自入,所进才什一二。李兼在江西有月进⑦,韦皋在西川有日进。其后常州刺史裴肃以进奉迁浙东观察使⑧,刺史进奉自肃始。至是,宣歙观察使刘赞卒。判官严绶掌留务⑨,竭府库以进奉,征为刑部员外郎⑩,幕僚进奉自绶始⑪。

臣祖禹曰:古之人君,或多难以与国,或因乱而启霸,盖险阻、艰难、忧患备尝,则知民之疾苦,事之衔失;困而后发其智,惧而后惩其心,故能有为也。德宗还自与元,不知其贪、以取亡,而惟货之求,愈务聚敛,政吏骈恶⑫,纪纲大坏,德之不进,而其心谬戾,亦甚矣哉!

【注释】

①聚敛:重税搜刮民财。
②市恩:收买皇帝的恩宠。
③税外方圆:赋税以外的财物。
④羡余:见前注。
⑤常赋:平常的税收。
⑥减刻:即克扣。
⑦月进:按月进奉,即每月进奉。
⑧迁:升官。
⑨留务:遗留事务。
⑩征:征召。
⑪幕僚:幕府官员。
⑫骈:并列,共同。

【译文】

当初,德宗由于在奉天穷困,所以回宫以来,非常留心搜刮赋税。

藩镇多凭进奉得到皇帝恩宠,都说进贡的是税收以外的财物,也说是用度盈余的钱物。其实有的截留平常赋税,有的增收百姓税款,有的克扣官吏俸禄,有的贩卖蔬菜水果,往往私自收入,所进奉的才十分之一二。

李兼在江西按月进奉,韦皋在西川按日进奉。此后常州刺史裴肃,因为进奉升官为浙东观察使。刺史的进奉从裴肃开始。到这时宣歙观察使刘赞死了,判官严绶掌管遗留事务,竭尽府库财物来进奉,被征召为刑部员外郎,幕僚进奉从严绶开始。

范祖禹评说:

古代的人君,有的凭借乱世来使国家兴盛,有的依靠混乱而开始称霸。大概他们饱尝了险阻、艰难、忧患,就知道了老百姓的疾苦,事情的过失。困穷然后才能奋发他的智慧,惧怕然后才能惩戒他的心意。所以能有所作为。

唐德宗自兴元元年回宫,想不到他的贪心会自取灭亡,却只求钱财,更加致力于搜刮民财,政府官吏共同作恶。国家法制大坏,善言听不进去。

德宗心思的荒谬乖戾,也太严重了啊!

【原文】

帝不欲生代节度使①,自择行军司马以为储帅②。李景略为河东行军司马节度使,李说忌之。乃厚赂中尉窦文场,使去之。会有传回鹘入寇者,帝忧之,以丰州当虏佻③,择可守者,文场因荐景略。九月,以景略为丰州都防御使。

佻臣祖禹曰:德宗以姑息藩镇为事,然自选参佐以副之者④,犹欲出于己也。而藩臣得以计去之,官者得以术使之终不由己,惟其苟简多畏⑤,无法以自守也。夫以一人之虑,其可胜左右之欺哉⑥!

【注释】

①生:生疏的人。

②储帅:副帅。

③佻:通行大道。

④参佐:属下官吏。副之:使之为副。

⑤苟简:苟且简略。

⑥其:怎么。

【译文】

德宗不想用生疏的人代节度使,就自己选择行军司马作为副帅。李景略作了河东行军司马节度使,李说憎恨他,就重金贿赂中尉窦文场派他离去。恰好有传说回鹘入侵的消息,德宗为此忧虑,认为丰州处在敌人通行大道上。选择可以防守的人,窦文场乘机举荐李景略。九月,让李景略作了丰州都防御史。

范祖禹评说:

德宗以姑息藩镇为事,然而一定自选属下官吏使作副帅,是还想出于自己,可是藩镇能用计谋使他离去,宦官能以手段驱使,终究不由自己。只因他的苟且简略多畏惧,无法来自守。

凭借一个人的思维,怎么可以战胜左右大臣的欺骗呢!

【原文】

九月①,裴延龄卒,中外相贺,帝独悼惜之。十月,以谏议大夫崔损同平章事。损尝为延龄所荐,故用之。

臣祖禹曰:《孔子》曰:"好贤如缁衣②,取其敝又改为③,好之而无已也。"裴延龄既死,而德宗犹思其人,又用其所荐者为相,使其好贤如此,岂不善哉!夫贤之入人也难,佞之惑人也深,是以鲜有好贤如好佞者也④。

【注释】

①九月:唐德宗贞元十二年九月。

②缁衣:黑色礼服,古代卿士所穿。

③改为:更换破衣为新衣。

④入人：被人采纳。

【译文】

贞元十二年九月，裴延龄死了，朝廷内外互相庆贺，德宗独自悼念惋惜他。十月，以谏议大夫崔损代理宰相职务。崔损曾为裴延龄所举荐，所以用了他。

范祖禹评说：

孔子说："爱贤如同缁衣，它破败了就更改为新衣，爱它而无止境啊。"

裴延龄死后，而德宗独自思念那人，又用他所举荐的人为宰相。假使他像这样爱贤人，难道不是很好吗？那贤人被接纳很困难，佞人迷惑人太深。因此很少有爱贤人就像爱佞人的人了啊。

【原文】

十一月①，韦渠牟为左谏议大夫。帝自陆贽贬官，尤不任宰相，自御史刺史、刺史、县令以上，皆自选用，中书行文书而已②。然深居禁中，所取信者，裴延龄、李齐运、王绍、李实、韦执谊及渠牟，皆权倾宰相。趋附盈门，绍③谨密无损益，实狡险掊克④。执谊以文章与帝唱和，年二十余，召人翰林。渠牟形神兆躁⑤，尤为帝所亲狎。帝每对执政，漏⑥不过三刻渠牟奏事率至六刻。语笑款狎⑦，往往闻外。所荐引咸不次迁擢⑧，率皆庸鄙之士⑨。

臣祖禹曰：德宗悦人之从已，而恶人之达已，故守正之士难人，辩给之士易亲⑩。正元之间，虽忠邪贤佞杂处于朝而君子常厄穷⑪，小人当得志。韦、渠牟之徒在左右，王叔文之当事东宫，唐之小人，于是为多。其不至于亡，非不幸也。

【注释】

①十一月：唐德宗贞元十二年十一月。

②行文书：发文件。

③绍：紧密纠缠。损益：偏义复词，意为益处。

④掊克：以苛税敛取民财。

⑤悱躁：浇薄急躁。

⑥漏：古代计时用的漏壶。

⑦款狎：亲密。

⑧迁擢：升官提拔。

⑨庸鄙：庸俗鄙陋。

⑩辩给：能言善辩。

⑪厄穷：走投无路，困穷。

【译文】

贞元十二年十一月，聘任韦渠牟为左谏议大夫。

德宗自陆贽贬官以来，尤其不任用宰相。

从御史、刺史、县令以上，都自己选用，让中书发个文件决定。然而深居皇宫，所信任的人，只有裴延龄、李齐运、王绍、李实、韦执谊和渠牟，权力都超过宰相。趋炎附势的人满门，纠缠紧密没有益处，实际上狡诈阴险、苛税榨取民财。韦执谊靠写文章和德宗唱和,年龄二十多,就召入翰林院。渠牟形神轻薄急躁,特别被德宗亲近狎昵。

德宗每次上朝办理政务,时间不超过三刻钟,但渠牟奏事大概到六刻。言笑亲密,往往使外边听到。渠牟所推荐的人都不按等次提拔升官,大概都是平庸鄙陋的人。

范祖禹评说:

德宗喜欢人听从自己,而厌恶别人违背自己,所以正直的人难以被任用,花言巧语的人容易亲近。

贞元年间,虽然忠贤与邪佞的人同处于朝廷,但是君子常走投无路,小人常得意忘形。韦执谊、渠牟之徒在皇帝左右,王叔文之党事奉太子东宫,唐朝的小人,在这时算是最多。它不至于灾亡,不是不幸呀!

唐鉴第十六卷

德宗五

【原文】

十三月六月①,张茂宗许尚公主②。未成昏,茂宗母卒。遗表请终嘉礼③,帝许之。八月,起复茂宗左卫将军④。左拾遗蒋刘上疏,谏以"兵革之急,古有墨衰从事者⑤,未闻驸马起复尚主也。"帝遣中使谕之,不止,乃特召对于延英⑥,谓曰:"人间多借吉成昏者,卿何执此之坚?"对曰:"昏姻、丧纪⑦,人之大伦⑧,吉凶不可渎也。委巷之家⑨,不知礼教,其女孤贫无恃,或有借吉从人,未闻男子借吉娶妇者也。"太常博士韦彤、裴堪复上疏谏,帝不悦,命趣下嫁之期,辛巳,成昏。

臣祖禹曰:朝廷者礼义之所出也,而以丧昏习夷狄之风,使四方何观焉⑩?德宗即位之初,动必循礼,而其终如此,心无所主故也。委巷鄙慝之礼⑪,法之所当禁也,乃引以为比,苟欲拒谏,不亦惑乎?

【注释】

①十三年:唐德宗贞元十三年(公元797年)。

②尚公主:娶公主为妻。

③嘉礼:使死者魂魄快乐的丧礼。今天叫所说的红白喜事,即指婚礼和老年人的丧礼。

④起复:官吏服丧期未满而起用。

⑤墨衰:也写作墨缞,古时丧礼穿的黑色丧服。从事:从军打仗。

⑥对:答话。延英:皇宫的延英殿。

⑦丧纪:丧葬之法。

⑧伦:人伦,指封建社会人与人之间的等级关系,特指长幼尊卑之间的关系。

⑨委巷:屈曲小巷,老百姓住的地方。

⑩何观:观何,观看学习什么。

⑪鄙慝:鄙陋邪恶。

【译文】

贞元十三年六月,张茂宗被允许娶公主为妻,还没有完婚,他的母亲去世。张茂宗上奏表请办理完母亲的丧礼,德宗答应了他。八月,起用茂宗为左卫将军。左拾遗蒋刘上奏疏劝谏:

"由于战争的急迫,古代有穿孝服从军打仗的,没听说过驸马丧期未满而娶公主的。"

德宗派遣中使告诉蒋刈,蒋刈不听。于是特召见蒋刈在延英殿答话。

德宗对蒋刈说:

"人间多有借鉴吉事成婚的,你为什么坚持这种意见?"

回答说:

"婚姻丧葬,是人的大伦,无论吉凶,都不可亵渎。屈曲小巷的人家,不懂得礼教,他们的女儿孤贫无依靠,或许有借老人丧期嫁人的,没有听说男子借老人丧期娶妻的事呀。"太常博士韦彤、裴堪又上奏疏劝谏,德宗不高兴,命令快决定下嫁时间,八月辛巳日,举行了婚礼。

范祖禹评说:

朝廷是礼仪产生的地方,却以丧葬婚姻学习夷狄的风俗,使四方之人向朝廷学习什么呢? 德宗当皇帝的开头,行动一定遵循礼法,可是他的晚年竟然这样,这是心无所主的缘故。曲巷鄙陋邪恶的礼节,是法律应当禁止的,德宗竟然引来作比类,随便想拒绝劝谏,不也是糊涂吗?

【原文】

十二月①,先是宫中市物②,令官吏主之,随给其直③。比岁以官者为使④,谓之宫市,抑买人物⑤,稍不如本估⑥。其后复行文书⑦,置白望数百人于两市⑧,及要闹坊曲⑨,阅人所卖物,但称宫市,则敛手付与⑩,真伪不复可辩,无敢问所从来及论价之高下者,率用直数百钱物买人直数千物,多以红紫染故衣败缯⑪,尺寸裂而给之,仍索进奉门户及脚价钱⑫。人将物诣市⑬,至有空手而归者,名为宫市,其实夺之。商买有良货,皆深匿之。亩敕使出⑭,虽沽浆、卖饼者,撤业闭门。谏官御史数奏疏谏,不听。徐州节度使张建封入朝,具奏之,帝颇嘉纳。以问工部侍郎判度支苏弁⑮,弁希官者意⑯,对曰:"京师游手万家,无土箸生业,仰宫市取给。"帝信之,故凡言宫市者皆不听。

臣祖禹曰:《诗》云:"惠此京师以绥四国⑰。"《孔子》曰:"近者悦,远者来。"京师者,诸夏根本⑱,天子之所与共守者也,而德宗残之如此,然则远者何所望乎? 当是时刻剥遍天下,而京师甚焉。惟其委任官官,是以弊政至于如此其极也。

【注释】

①十二月:贞元十三年十二月。

②市物:买东西。

③直:同"值",价钱。

④比岁:近年。

⑤抑买:低价强买。

⑥本估:本钱的估价。

⑦文书:公文,指经商的证书。

⑧白望:唐德宗时,派人在市场上左右观望,白拿商人的东西,不给本钱的人叫白望。

⑨要闹:要道繁闹之处。坊曲:妓女居住的地方。

⑩敛手：不敢恣意，意为小心翼翼。

⑪故衣败缯：旧衣服烂丝绸。

⑫门户：出入必经之地，即经商场地。脚价：雇人背进奉物入内，要交跑腿钱。

⑬将：持，拿。诣：到。

⑭勑使：奉皇帝诏书的使者。

⑮判度支：官名，主管财政。

⑯希：观望。

⑰惠：爱。绥：安。

⑱诸夏：中国。封建时代中国分为许多诸侯国，所以称中国为诸夏。

【译文】

贞元十三年十二月，先是宫中买东西，命令官吏主管，接着给他物价。

近来让宦官作使者主管，称作宫市。以低价强买人东西，稍如他对本钱的估价，此后就不再发放文书。

在两市及热闹繁华之处，设置白望数百人，查看人们所卖的物品。只要称作宫市，那么商人们就小心地把东西给他。货物的真假不再可以辨别，没有人敢问它的来处。至于谈论物价的高下的人，大概用值数百钱的东西，买他人值数千钱的东西。多用红色紫色染的旧衣服烂丝绸，尺寸分裂后给他们，还要索求进贡门户和跑腿的钱。人们拿着东西到市场上交易，甚至有空手而回家的人。名叫宫市，其实夺取他人物品。商人有好货，都深藏起来。每当拿着皇帝诏书的使者出来，纵使卖水卖饼的人，也停业关门。谏官御史多次奏谏，德宗不听。徐州节度使张建封入朝，详细上奏，德宗颇赞赏采纳。以张建封所奏问工部侍郎判度支苏弁，苏弁看官宦的心思，回答说：

"京城游手好闲的有万家，没有固定的职业，仰赖宫市维持生活。"

德宗相信他的话。所以凡是说宫市的意见，德宗都不听从。

范祖禹评说：

《诗经》上说："爱这京都，来安定天下。"

孔子说：

"近处的人高兴，远方的人归顺。"

京都是中国的根本，天子所参与共同守卫的地方。可是德宗如此摧残它。

既然这样，那么远方的人所仰望的是什么呢？当这时，残酷剥夺遍天下，而京都更为严重。只因委任宦官，因此弊政达到如此极点。

【原文】

十六年①，义成监军薛盈珍为帝所宠信，欲夺节度使姚南仲军政，南仲不从，由是有隙。盈珍屡毁南仲于帝，帝疑之。盈珍又遣小吏程务盈乘驿诬奏南仲罪②。牙将曹文洽亦奏事长安③，知之，追及务盈于长乐驿，杀之，沉盈珍表于厕中。自作表雪南仲之冤④，遂自镣。帝闻而异之，征盈珍入朝。南仲恐才之益深，亦请入朝。四月，南仲至京师，帝问："盈珍扰卿邪？"对曰："盈珍不扰臣，但乱陛下法耳。且天下如盈珍毕，何可胜数！虽使羊、杜复生⑤，亦不能行恺悌之政⑥，成功也。"帝默然，竟亦不罪盈珍，仍使掌机密。盈珍又言于帝曰："南仲恶政皆幕僚马少微赞之也⑦。"诏贬少微江南官,遣中使送之,推坠江中而死。

臣祖禹曰:德宗信官者而疑群臣,故不分枉直,不辨是非而其心常与官者如一,疏群臣而外之,虽有实言人杀身以明之,终不信也。至于官者,则妄言必听之,以为若出诸己也,故其为害如木之有蠹,人之有膏盲之疾⑧,蠹深则木不可攻,疾久则与身为一,必俱亡而后已。原其祸由人主与之为一故也⑨,可不为深戒哉!

【注释】

①十六年:唐德宗贞元十六年(公元800年)。
②乘驿:乘驿站传送文书的马。
③牙将:低级别的武官。
④雪:洗刷。
⑤羊、杜、指羊祜、杜预,晋代大将。
⑥恺悌:快乐,和乐。
⑦赞:辅佐,辅助。
⑧膏盲:古代医学家把心尖脂肪叫"膏",心脏与隔膜之间叫"盲"。膏盲,比喻病情极为深重,无法可治。
⑨原:追究根源。

【译文】

贞元十六年,义成监军薛盈珍被唐德宗所宠爱信任,想夺节度使姚南仲的军政大权,姚南仲不听从,因此有了隔阂。薛盈珍多次在德宗面前诋毁姚南仲,德宗感到怀疑。薛盈珍又派遣小官吏程务盈,乘驿站送文件的马去诬奏姚南仲有罪。牙将曹文洽也去长安奏事,知道了这事,在长乐驿追赶上了程务盈,杀了他,把薛盈珍的奏表扔进厕所中,并自己写奏表洗刷姚南仲的冤情,于是自杀。

德宗听到后认为奇怪,征召薛盈珍入朝。姚南仲害怕谗毁他更深,也请求入朝。四月,姚南仲到了京城。

德宗问:

"薛盈珍扰乱你吗?"

回答说:

"薛盈珍不扰乱我,只是扰乱陛下的法罢了。并且天下像薛盈珍之流,怎么可数得尽呢!即使让羊祜、杜预复生,也不能实行和乐之政,完成攻取之功呀。"

德宗默然不语,居然也不怪罪薛盈珍,仍让他掌管机密。

薛盈珍又对德宗说:

"姚南仲的恶政,都是他的属下官吏马少徽辅佐的。"

皇帝下命令贬马少徽为江南官员,并派遣中使送他,推坠入江中而死。

范祖禹评说:

德宗信任宦官而怀疑群臣,所以不分曲直,不辨是非,而他的心思常跟宦官一致,疏远群臣而把他们看成外人。虽然有实话,有人自杀来使他明白,终于不相信。至于宦官,就是胡言乱语也一定当真,认为象自己说的。所以他的行为造成的危害,如树木中的蛀虫,人的有膏盲之疾。蛀虫深入树林,那么树就不可挽救;疾病久了,那么就跟身体合一,必定一块死亡而后罢休。追究那祸害的根源,是由于国君与宦官行为一致的缘故呀,能不为此深深戒备吗?

【原文】

先是诸道兵讨吴少诚既无统帅,每出兵,人自规利①,进退不一。诸军自溃于小驲水,委弃器械、资粮,皆为少诚所有。于是始议置招讨使。夏绥节度使韩全义本出神策军,素无勇略,专以巧佞货赂结宦官。中尉文场爱厚之,荐于帝,以为蔡州四面行营招讨使,十七道兵皆受节度。每议军事,宦官为监军者数十人坐帐中争论,纷然莫能决而,罢。天渐暑,士卒久屯沮洳之地②,多病疫,全义不存抚,人有离心。五月③,与吴少阳等战于驲南广利原,锋镝未交,诸军大溃。全义退保五楼。七月,少诚进击之,诸军复大败,全义夜遁,保驲水县城。

臣祖禹曰:自古宦者预军政,未有不败国丧师者,而唐为甚,后世亦可以鉴矣!犹循覆车之轨,岂非有疑于将帅,而以官者为可信乎!则莫若慎择将帅,委任而勿疑之善也。且将帅忠贤,则不必监之,苟非其人,将不顾其父母妻子,何有于官者乎?臣见其为害,未见其有益也。

【注释】

①规利:图利。
②沮洳:低下潮湿之地。
③五月:唐德宗贞元十六年五月。

【译文】

起先诸路兵马征讨叛将吴少诚,既没有统帅,每次出兵,人们只顾自己图利,进退不一致。诸路兵马各自在小驲水溃败,抛弃器械钱粮,都被吴少诚所占有。

于是朝廷开始议论设置招讨使。夏绥节度韩全义,本出自神策军,向来没有勇名,专凭巧言钱财巴结宦官,中尉窦文场厚爱他,举荐给德宗,让他作了蔡州四面行营招讨使,十七路兵马都由他指挥。每次讨论军事,宦官做监军的数十人,坐在帐中,争论纷纷,不能决断而罢休。天气渐热,士兵长久驻扎在低下潮湿的地方,多生疾病,韩全义不存恤安抚,人们有离散之心。

德宗十六年五月,与吴少阳等在驲南广利原交战,刀箭还没有交锋,诸军大溃败,薛全义退保五楼。七月,吴少诚进兵攻打,诸军又大败,薛全义夜逃保驲水县城。

范祖禹评说:

自古宦官参与军政,没有不败国丧军的,而唐朝是最严重的,后世也可引以为鉴了,如同遵循翻了车的轨迹。这是对将帅有怀疑,而认为宦官是最可信的?与其这样,真不如谨慎地选择将帅,委任而不怀疑他为好。并且将帅忠贤,就不必监视他。如果不是忠贤的人,将不顾念他的父母和妻子儿女,对于宦官有什么呢?我看了宦官们的危害,没有看见他们的有益处。

【原文】

山南东道节度使于頔因讨吴少诚,大募战士,缮甲厉兵,聚敛货财,恣行诛杀,有据汉南之志,专以慢上陵下为事①。帝方姑息藩镇,知其所为,无如之何。頔诬邓州刺史元洪赋罪朝廷不得已流洪端州,遣中使护送至枣阳。頔遣兵劫取归襄州,中使奔归。偏表责洪太重，帝复以洪为吉州长史，乃遣之。又怒判官薛正伦，奏贬峡州长史。比赦下③，怒已解，复奏留为判官。帝一一从之。

臣祖禹曰：德宗初有削平藩镇之志，其明断似刚，其不畏似勇，然非实能刚勇也。夫刚有血气之刚；夫勇有匹夫之勇，有天下之勇也，此二者不可不察也。始盛而终衰，壮锐而老消，此血气之刚也；其静也正，其动也健，此志气之刚也。血气之刚可得而挫也，志气之刚不可得而挫也。不度其可而为之，不虑其后而发之，此匹夫之勇也。居之以德行④，行之以义，此天下之勇也。匹夫之勇可得而怯也，天下之勇不可得而怯也。是故至刚与大勇人君不可不养也。德宗之初欲有为者，血气之刚，匹夫之勇也。其出之也易，则其屈也必深；其发之也轻，则其挫也必亡。是以其终怯畏如此之甚也。

【注释】

①慢：轻慢，傲慢。凌：欺侮，欺压。
②赃罪：非法获取财物之罪。
③比：等到。
④居之：处之，指处理问题。

【译文】

山南东道节度使于𬱟，借讨伐吴少诚，大肆招募战士，修缮盔甲，磨利兵器，聚敛财货，恣意行使诛杀，有占据汉南之心，专以轻慢君上欺凌百姓为能事。

德宗正姑息藩镇，知道他的所为，不知该如何是好？于𬱟诬陷邓州刺史元洪有贪赃枉法之罪，朝廷不得已，将元洪流放端州，派遣中使护送到枣阳，于𬱟派兵劫取襄州。中使奔回朝廷。于𬱟上表说，流放元洪太重，德宗又让元洪作吉州长史，于𬱟才遣送元洪赴任。于𬱟又恼怒判官薛正伦，上奏贬峡州长史，等德宗命令下达，他的怒气已消，又上奏留为判官，德宗一一听从他。

范祖禹评说：

德宗当初有削平藩镇的志气，他的明断多么刚强，他的不畏惧多么勇敢，然而不是实质上的刚强、勇敢。刚强有血气的刚强，有志气的刚强。勇敢有匹夫的勇敢，有安天下的人的勇敢。

这两个方面不可不明察。开头旺盛而末了衰竭，壮年精锐而老年衰弱，这是血气的刚强。在静止时纯正，在行动时强健，这是志气的刚强。血气的刚强，可能被挫折；志气的刚强不可能被挫折。不计算是否可行就行动，不考虑后果就发作，这是匹夫的勇敢。

依据道德处事，按照正义行动，这是安天下的人的勇敢。匹夫的勇敢，有可能变成怯懦；安天下的人的勇敢，不可能变成怯懦。所以达到顶点的刚强和最大的勇敢，国君不可不修养。

唐德宗当初想有所作为，这只是血气的刚强、匹夫的勇敢呀！它的出现容易，那么它的屈服必深；它的发作轻微，那么它的受挫折必亡。因此德宗终于以怯懦畏惧而告终！

【原文】

河东节度使李说薨，以其行军司马郑儋为节度使。帝择可以伐儋者，以刑部员外郎严绶尝以幕僚进奉①,记其名,即用为河东行军司马。

　　臣祖禹曰:昔魏献子为晋国之政,其县大夫皆以贤举。征阳人欲纳货②,其臣遽谏而辞之。德宗举藩镇之臣,乃以货利,虽为天下之主,不如列国之大夫也。

【注释】

①幕僚:幕府官吏。
②纳货:送财物,即行贿赂。

【译文】

　　河东节度使李说死了,用他的行军司马郑儋作节度使。德宗选择可以代替郑儋的人,因为刑部员外郎严绶曾经以幕僚身份进奉他财物,记着他的名字,就用他作河东行军司马。

　　范祖禹评说:

　　从前魏献子掌晋国之政,晋国的县大夫都靠贤才被举荐。梗阳人想送财物,他的臣子马上劝谏而辞掉。

　　德宗举拔藩镇的臣子,竟然凭货利,虽然作天下的君主,却不如列国的大夫呀!

【原文】

　　十七的正月①,韩全义至长安,窦文场为掩其败迹②,常礼过厚。全义称足疾,不任朝谒③,遣司马崔放入对。放为全义引咎,谢无功,帝曰:"全义为招讨使,能招来少诚,其功大矣,何必杀人然后为功邪!"闰月遣归夏州。

　　臣祖禹曰:《诗》曰:"不侮鳏寡,不畏彊御④。"惟有常德者能之⑤。德宗急于文吏缓于武夫,凡有土地甲兵者,皆畏缩而不敢治。难乎,有常德哉!

【注释】

①十七年:唐德宗贞元十七年(公元801年)。
②败迹:恶迹,干的坏事。
③不任朝谒:不能上朝进见。
④疆御:豪强有势力的人。
⑤常德:恒久之德。

【译文】

　　贞元十七年正月,韩全义到了长安。窦文场为掩盖自己的劣迹,常常以礼相待很深厚。韩全义称说脚有病不能入朝进见,派遣司马崔放入朝回答问题。崔放为韩全义引咎道歉说没有功劳。

　　唐德宗说:

　　"韩全义作招讨使,能招来吴少诚,他的功劳很大。并非杀人然后才算功劳呢?"闰月,派遣韩全义回夏州。

　　范祖禹评说:

　　《诗经》上说:"不侵侮鳏夫寡妇,不畏惧豪强恶霸。"

　　只有长久道德的人能做到。

德宗对文官抓的紧急,对武夫放得松缓。凡是有土地和军队的人,德宗都畏缩不敢去整治。有长久的德行真困难啊!

【原文】

初李齐运受常州刺史李锜,赂数十万,荐于帝,以为浙西观察使储道盐铁转运使,锜刻剥以事进奉,帝由是悦之。锜既执天下利权,以贡献固主恩。又以馈遗结权贵,恃此骄纵,无所忌惮,盗取县官财①,所部官属无罪受戮者相继。浙西布衣崔善贞诣阙上封事,言宫市、进奉及盐铁之弊,因言锜不法事。帝览之,不悦,命械送锜。锜闻其将至,预凿坑待之。善贞至,并锁械瘗坑中②。远近闻之,不寒而栗。

臣祖禹曰:德宗本恶崔善贞直言,故使李锜甘心焉。善贞之死非特以告锜也。钳天下之口而长奸臣之威,实德宗杀之。是朝廷杀谏者,非锜杀告者也。

【注释】

①县官:朝廷。
②瘗:埋葬。

【译文】

当初,李齐运接受常州刺史李锜的贿赂数十万,向唐德宗举荐他,让他作了浙西观察使和诸道盐铁转运使。李锜靠残酷剥夺用来进奉,德宗因此喜欢他。李锜既执掌天下财利权势,凭上贡巩固皇帝恩宠,又凭馈赠结交权贵,依仗这些骄傲放纵,不再有所害怕,盗取朝廷钱财。

他部下的官员,无罪而被杀戮不计其数。浙西布衣崔善贞到京城上奏章,说宫市进奉及盐铁的弊端,乘机告李锜不法之事。德宗看了奏章,很不高兴,命令将崔善贞脚镣手铐押送李锜。李锜听说崔善贞将到,预先挖坑等待。崔善到后,连锁械一起活埋入坑中。远近的人听到这事,不寒而栗。

范祖禹评说:

德宗本来厌恶崔善贞直言,所以使李锜甘心了。崔善贞的死罪,不是只因为告李锜呀,而是封住天下人的口,长奸臣的威风。

实际上是德宗杀了他,是朝廷杀进谏的人,不是李锜杀告他的人啊!

【原文】

十九年七月①,初,翰林待诏王伾善书,王叔文善棋,俱出入东宫,娱侍太子。叔文谲诡多诈②,太子尝欲谏宫市事,叔文以不宜言外事止之。由是大爱幸,与王伾相依附。叔文因为太子言:"某可为相,某可为将,幸异日用之。"密结翰林学士韦执谊,及当时有名而求速进者③,陆淳、吕温、李景俭、韩晔、韩泰、陈谏、柳宗元、刘禹锡等,定为死友。而凌准、程异又因其党以进,日与游处踪迹秘,莫有知其端者。藩镇或阴进资弊,与之相结。

臣祖禹曰:古之教太子者,必选天下之贤,使与之共处,左右前后皆正人也,其后嗣犹或不能成德,而小人之依。德宗不能选贤以辅导东宫④,而惟使技艺博弈之人入侍,岂不愚其子乎?夫有十金之产者,必欲其子守之,有一命之爵者,必欲其子继之,此常人之情也,而况天下至大,祖业至重,可不求贤以传其子而愚之乎!

《诗》曰："其谁知之，盖亦勿思。"昔之人君疑贤者导其子之为非，而不疑于小人，因之不教其子者，亦不思而已矣。

【注释】

①十九年：唐德宗贞元十九年（公元 803 年）。
②诡谲：离奇古怪。
③束进者：指改革者。
④东宫：太子所住，借指太子。

【译文】

贞元十九年七月。当初，翰林待诏王勋善于书法，王叔文善于下棋，二人都出入东宫，侍奉太子娱乐。王叔文言语离奇古怪，多欺诈。

太子曾想劝谏宫市之事，王叔文用不应该谈论外边之事而阻止，从此太子非常宠爱王叔文。王叔文和王勋互相依赖。王叔文于是对太子说某人可以做宰相，某人可以做大将，希望他日用他们。王叔文又秘密结交翰林学士韦执谊，以及当时有名而要求改革的人，陆淳、吕温、李景俭、韩晔、韩泰、陈谏、柳宗元、刘禹锡等，定为同生死的朋友。而凌准、程异又依靠他们的朋党而被提拔。王叔文每天同他们游玩相处，踪迹诡秘，无人知道他们所干之事。藩镇有人暗中奉献财物，跟他们互相勾结。

范祖禹评说：

古代教育太子的人，一定选择天下的贤人，使太子同他共处，前后左右都是正人君子。

这样他的继承人也许还不能成就德行，却去依赖小人。

德宗不能选择贤人来辅导太子，却指使技艺下棋之人入东宫侍奉，难道不是使太子愚蠢吗？人中有十斤黄金的财产的人，一定希望他的儿子守着它；有一个任命的爵位的人，一定希望他的儿子继承它。

这是人的常情呀，何况天下之大，祖业之极广，能不求贤才来教育他的儿子，却让他愚蠢吗？

《诗经》上说：

"谁知道我的忧心？大概不要思虑它。"

从前的君主，怕贤人教导他的儿子做坏事，而对小人不怕，因为小人不教育自己的儿子，也就不去思考了。

【原文】

二十年六月①，昭义节度使李长荣薨，帝遣中使以手诏授本军②，但军士所附者即授之。时大将来希皓为众所服，中使以手诏付之。希皓言于众曰："此军取人，合是希皓，但作节度使不得。若朝廷以一束草来，希皓亦必敬事③。"中使言："面奉进止④，只令此军取大将拔与节钺⑤，朝廷不别除人⑥。"希皓固辞。兵马使卢从史其位居四，潜与监军相结，超出伍言曰："若来大夫不肯受诏，从史且请句当此军⑦。"监军曰："卢中丞若如此，亦固合圣旨。"中使因探怀取诏以授之。从史捧诏，再拜舞蹈。希皓亟挥同列，北面称贺。军士毕集，更无一言。八月，诏以从史为节度使。

臣祖禹曰：藩镇不顺，未必人情之所欲也，由朝廷失御失其道，而不能服其心，是以致乱。三军之士岂不恶夫上下之相陵犯，欲得天子之帅而事之哉！废置爵赏人主之柄也，德宗不有而推以与人，失其所为君矣。岂非不能与贤人图事而至此乎！

【注释】

①二十年：唐德宗贞元二十年(公元804年)。
②手诏：皇帝的手令，即亲自写的命令。
③敬事：恭敬干事。
④进止：指皇帝的旨意。
⑤节钺：符节和斧钺，是权力的象征。
⑥别除：另外任命。
⑦句当：执掌。

【译文】

贞元二十年六月，昭义节度使李长荣死了，德宗派遣中使以手令授本军，只要军士所拥护的将军就授给军权。

当时大将来希皓被众军士所佩服，中使要把皇帝手令交给他。来希皓对众军士说：

"这军队选取人，应该是我，只是作节度使不行。如果朝廷拿一束草来，我也一定恭敬地干事。"

中使说：

"我当面奉皇帝旨意，只命令在这军队选取大将，授给他符节斧钺，朝廷不另外任命人。"

来希皓坚决推辞。兵马使卢从史，他位居第四，暗中与监军相勾结，越出队伍行列说：

"如果来大夫不肯接受皇帝命令，我卢从史暂且执掌这军队。"

监军说：

"卢中丞如果像这样，也本来符合圣旨。"

中使于是伸手从怀中取出皇帝手令授给他。

卢从史接受皇帝手令，拜了二拜，手舞足蹈。来希皓立即指挥队列面北称贺。军士全部集中，更没有一句话。八月，皇帝正式下命令以卢从史为节度使。

范祖禹评说：

藩镇不顺从，未必是人心所希望的，而是由于朝廷驾驭官吏丧失了原则，不能使官吏们心服，因此招致祸乱。

三军将士，难道不厌恶那上下互相陵压侵犯，想得到天子的将帅而侍奉他吗？废官、置官、封爵、奖赏，是人主的权力，可是德宗不去占有，反而推给他人，这就丧失了他作为国君的准则了。

难道不是不能与贤人谋划事情而到了这个地步吗？

【原文】

二十一年正月①,太子病不能言,帝疾甚,凡二十余日,中外不通,莫知两宫安否。癸巳,帝崩。苍猝召翰林学士郑絪、卫次公等至金銮殿草遗诏②。宦官或曰:"禁中议所立尚未定。"众莫敢对。次公遽言曰:"太子虽有疾,地居冢嫡③,中外属心,必不得已,犹应立广陵王。不然,必大乱。"絪等从而和之,议始定。

臣祖禹曰:昔成王将崩,命召公、毕公率诸疾相康王。凭玉几以训之,以元子付之大臣。王崩,太保命仲桓、南宫毛,俾爰齐疾吕伋④,以二干戈,虎贲百人⑤,子钊于南门之外⑥。当是时子在内特出而迎之,所以显之于众也。然则古之立君者,惟恐众之不睹,而事之不显也。何则?天子者,天下之共主也,故当与天下之人戴而君之,未有窃取诸宫中而立之,出于宦寺妇人之手,而可以正天下者也。先王于其即之书⑦,所以为万世帝王之法也。至于后世之君,以富有天下为心,惟恐失之大,利所在,天理灭焉。故父子相疑,以终事为讳,以后嗣为忌。是以继承之际,鲜有能正其礼者也。顺宗为太子二十余,既有壮子,一旦病不能言,而德宗亦寝疾弥留,中外隔绝,大臣不得闻知。德宗既崩,宦者犹有他议,或太子幼弱,储位未定,几何而不变乱也。唐之人主,惟太宗每求天下之忠贤,而托以幼孤。高宗以下无足道者。德宗在位岁久,最为猜忌,及其将没,不能召宰相而属以社稷。储君废置,系于宦者,次公等待以章诏得至禁中,遂沮其谋⑧。不然,几有赵高之事⑨,后之人主,岂可不法三代,而以唐为永鉴哉!

【注释】

①二十一年:唐德宗贞元二十一年(公元 805 年)。
②金銮殿:帝王的正殿。
③冢嫡:嫡长子。即下文"元子"。
④俾爰:俾,使。爰,于。
⑤虎贲:勇士。
⑥子钊:周康王。
⑦顾命:帝王死前的命令,即遗诏。
⑧沮:阻止。
⑨赵高之事:秦始皇死,赵高假传遗诏,杀太子扶苏,立胡亥为帝。

【译文】

贞元二十一年正月,太子生病,说不出话来,德宗病很重。共二十多天,朝廷内外音讯不通,没有人知道皇帝和太子平安与否。

癸巳日,德宗去世。匆忙召翰林学士郑絪、卫次公等到金銮殿草拟遗诏。

宦官有人说：

"宫中议论立谁为帝尚未决定。"

众人没有谁敢回答，卫次公急言说：

"太子虽然有病，地位处嫡长子，朝廷内外人心所向。逼不得已时，还应该立广陵王，不然，一定大乱。"

郑絪等跟着附和他，议论才决定。

范祖禹评说：

从前周成王将死时，命令召公、毕公率领诸侯辅佐康王，靠着玉几而训示他们，把太子交给大臣。成王死后，太保命仲桓、南宫毛出使到齐侯吕伋那里，取二干戈，求勇士百人，在南门外迎接子钊。

当这时，太子在宫内，特此使他出宫而欢迎他，用来在众人面前显耀。既然这样，那么古代立国君的，只怕众人的不能目睹，而事情的不能显耀呀！为什么？因为天子是天下人的共同之主，所以应当同天下人一块拥戴他，使他作国君。没有从宫中窃取而立的国君，出自宦官妇人之手，而可以匡正天下的。先王对于他的就位，一定用礼法匡正王位的开始；在他要死时，也一定用礼法匡正王位的终结。临终的遗诏，所以就成为万世帝王的法典。至于后世的国君，以富有天下为己心，只害怕失掉财富。大利益所在之处，天理就泯灭了，所以父子互相怀疑。把死的事当作忌讳，因此继承的时候，很少有能以礼法匡正的了。顺宗当太子二十多年，已经有成年儿子，一旦生病不能说话，而德宗也卧病将死，朝廷内外音讯隔绝，大臣不能知道。

德宗已死，宦官还有别的议论，或许太子幼弱，地位未定，而不发生变乱的情况有多少呢？唐朝的国君，只有太宗常常寻求天下忠贤，而把细小孤子托付他们。高宗以下的国君，没有值得称赞的。

德宗在位年岁长久，最是猜疑妒忌，到他将死时，不能召集宰相嘱托国家大事。太子的弃和立，全在宦官手中。卫次公等只因草拟遗诏才能到宫中，于是阻止了宦官的阴谋。不然，差不多会发生赵高之事。后世的人主，怎么可以不效法大显身手、商、周三代，却以唐代为长久的鉴戒呢！

【原文】

右，德宗在位二十六年①，崩年六十四。

臣祖禹曰：唐历世二十，历年三百，德宗享国二十有六年，亦不为不久，以其时君考之，秕政尤多②。而大弊有三，一曰：姑息藩镇，二曰：委任宦者，三曰：聚敛货财。本失志大而才小，心术而意忌，不能椎诚御物③，尊贤使能，以为果敢聪明足以成天下之务。初欲削平赞叛④，划灭藩镇⑤，一有奉天之乱，而心陨胆破，惴畏姑息，唯恐生事。既猜，防臣下，则专任宦者，思其穷窘，则聚敛掊克⑥，益甚于初矣。自古治愈久而政愈弊，年弥进而退，鲜有如德宗者，惟不知其过也。是以藩镇强而王室弱，宦者专而国命危，贪政多而民心离。唐室之亡，卒以是三者，其所从来者渐矣。

【注释】

①二十六年：自建中元年至贞元二十一年（公元780—805年）。

②粃政：即坏政，弊政。

③御物：驾驭外物，指统治。

④僭叛：犯上作乱。

⑤划：削平，铲平。

⑥掊克：以苛税榨取民财。

【译文】

以上，唐德宗在位二十六年，去世，年六十四岁。

范祖禹评说：

唐王朝经历二十代，约三百年。德宗在位二十六年，也不算短。凭他在位时间考察，他的弊政尤其多，而大弊政有三：一是姑息藩镇，二是委任宦官，三是聚敛货财。他本来志大而才小，心狭而意忌。不能诚心统治，尊重贤人使用能人。

自以为果敢聪明，足以成就天下的事务。当初想削平反叛，铲灭藩镇。一有奉天之乱，就心落胆破，害怕姑息，惟恐生事。已经猜疑提防臣下，就专任宦官。想到他经受的穷困，就聚敛搜刮，更加超过当初了。

自古统治愈久而政治愈腐败，年纪愈长而道德愈下，少有像唐德宗的。只是他不知道自己的过错，因此藩镇强而王室弱，宦官专权而国家命运危险，贪污腐败之政多而民心离散。

唐王朝的灭亡，终于因为这三条。它的由来是逐步发展的结果了。

唐鉴第十七卷

顺宗　宪宗一

顺宗

【原文】

永贞元年二月,丙戌①,加杜佑度支及诸道盐铁转运使。戊子,以王叔文为副使。先是叔文与其党谋,得国赋在手,则可以结诸用事人,取军士心,以固其权,又惧骤使重职,人心不服,藉杜佑雅有会计之名,位重而务自全,易可制,故先令佑主其名,而自除为副以专之。

臣祖禹曰:《易》曰:"咸其股②,执其随③,往吝。"象曰④:"咸其股,亦不处也,志在随人,所执下也。"《春秋传》曰:"凡师能左右之曰以。皆言制于人而无所能为也。杜佑以旧相不耻与小人共事,而为之用,其可贱也夫⑤!"

【注释】

①永贞:唐顺宗年号,公元 805 年。
②咸:卦名。股:大腿。
③随往:意指大腿随着脚行动,听从人的指挥。
④象:象辞,对《易经》卦、爻的说明。
⑤以:意为率领。

【译文】

永贞元年二月丙戌日,加封杜佑为度支和各个道的盐铁转运使。戊子日,命王叔文做副使。

在这以前,王叔文和他的私党一起策划:得到国家赋税在手里,就可以用来结交那些掌权的人,取得军队将士的欢心,从而巩固他们的权势。又恐怕突然担任重要职务,人心不能归顺,借杜佑向来有善于管理财物计算出纳的名声,职位重要而

一心保全自己，比较容易控制。所以先让杜佑在名义上主持这个职务，自己担任副职来独断专行。

范祖禹评说：

《易经》上说："人们的大腿，干的事情是随着脚行动，耻辱。"

象辞说：

"人们的大腿，也不能随意停留；它们的意志随人摆布，所干的事情是低贱的。"

《春秋》传文说：

"凡是军队能够支配得住叫'以'。"

都说的是被别人控制，而自己没有什么作为。

杜佑凭过去宰相的身份不以和小人共事为耻辱，反而被小人所利用，他也太卑鄙了。

【原文】

贾耽以王叔文党用事，心恶之，称疾不出，屡乞骸骨。丁酉诸宰相会食中书。故事丞相方食，百僚无敢谒见者。叔文至中书，欲与韦执谊计事，令直省通之①。后巡惭赧，竟起迎叔文，就其阁语良久。杜佑、高郢、郑珣瑜停筋以待，有报者云："叔文索饭，韦相公已与之同食阁中矣。"佑、郢心知不可，畏叔文、执谊，莫敢出言。珣瑜独叹曰："吾岂可复居此位！"顾左右，取马径归，遂不起。二相皆天下众望，相次归卧，叔文，执谊等益无所顾忌，远近大惧。

臣祖禹曰：孔子曰："行已有耻，可谓士矣。"孟子曰："人不可以无耻。"耻之于人大矣！贾耽、郑珣瑜当小人用事而为相，碌碌无补，知其不可，引疾而去，能知耻矣。方之杜佑、高郢岂不有间哉！

右，顺宗自正月即位，至八月传位于宪宗，明年崩，年四十六。

【注释】

①直省：在中央官署中值班。

【译文】

贾耽因为王叔文掌权，心中讨厌他，谎称有病，多次请求退职。丁酉这一天，各位宰相在中书省聚集饮宴。按照先例，宰相在吃饭的时候，百官没有敢去拜见的。王叔文来到中书省，想和韦执谊商量事情，叫值班人员通知他。值班人员把以前的事例告诉王叔文。王叔文恼怒，呵斥值班人员。值班人员害怕，进去报告。韦执谊徘徊羞惭脸红，竟然起身迎接王叔文，到阁楼里谈了很久。杜佑、高郢、郑珣瑜都停下筷子等待。有人报告说：王叔文想吃饭，韦相爷已经和他在阁楼里一块儿吃了。杜佑、高郢心里知道不对，但害怕王叔文、韦执谊，都不敢说话。郑珣瑜独自叹息说："我怎么能再呆在这个位子上呢？"让手下人带过马来径自回家，就不再出来。两位宰相都是天下非常仰望的人，相继回家卧床。王叔文、韦执谊等人更加没有什么顾忌的，远近非常恐惧。

范祖禹评说：孔子说："使自己有羞耻之心，就可以称得上是士了。"孟子说："人不可以没有羞耻，羞耻对于人类来说太重要了。"贾耽、郑珣瑜在小人当权的时候做宰相，无所作为于事无补，知道他们干不成事情，托病辞官离开，是能够知道羞耻的了。与杜佑、高郢比起来,难道不是有所不同吗?

以上唐顺宗从正月即位,到了八月,传位给唐宪宗,第二年去世,终年四十六岁。

宪宗一

【原文】

元和元年正月①,帝与杜黄裳论及藩镇,黄裳曰:"德宗自经忧患,务为姑息,不生除节帅②。有物故者③,先遣中使察军情所与则受之。中使或私受大将赂,归而誉之,即降旄钺④,未尝有出朝廷之意者。陛下必欲振举纪纲,宜稍以法度裁制藩镇,然后天下可得而理也。"帝深以为然,于是始用兵讨蜀,以至威行两河,皆黄裳启之也。

臣祖禹曰:藩镇之乱异于诸侯,诸侯自上古以来有之,皆圣贤之后,王者不得而灭绝也。王畿不过千里⑤,其外皆以封国,故王者不勤于德,则诸侯缰大,其理势然也。唐之藩镇,平起于盗贼,其始也,天子封殖之,又从而姑息之,至于不可制,人主自取之也。宪宗一裁以法,而莫不畏威,犹反掌之易,天下治乱岂有不由君相者哉!

【注释】

①元和:唐宪宗年号,公元806—820年。
②节帅:节度使的简称。
③物故:死亡。
④旄钺:指军权。
⑤王畿:都城附近所辖千里地区。

【译文】

元和元年正月,皇帝和杜黄裳谈到藩镇的问题,杜黄裳说:

"德宗自身经过忧患,尽做些姑息的事情,不活着除掉节度使。有去世的,先派宫中使臣考察军队中如有舆论赞许的就授给他节度使职务;宫中使臣有的私自接受大将的贿赂,回朝夸奖他,就把大权交给他,未曾有过出于朝廷意图的。陛下一定要振兴法纪,应当逐渐用法度制裁藩镇,然后天下才可能治理好。"

皇帝认为说得很有道理。于是开始发兵讨伐蜀地,以至于国威达到黄河南道、黄河北道地区,都是受杜黄裳启发的。

范祖禹评说:

藩镇的祸乱和诸侯不同。诸侯从上古以后就有,都是圣人贤人的后代,帝王不能灭绝他们。王城附近地区不过千里广阔,此外都拿来封给诸侯国。因此帝王在德政方面不尽力,诸侯就会强大,道理和趋势就是这样的。唐朝的藩镇本来起源于盗贼。

开始的时候天子分封扶植他们,接着又纵容他们,直到无法控制。这是君主自己招致的结果。

唐宪宗一旦用法纪制裁,没有一个不害怕威力,就像翻一下手掌那样容易。天下太平和混乱,难道有不是由君主和宰相决定的吗?

【原文】

二月,帝与宰相论自古帝王,或勤劳恭政,或端拱无为,互有得失,何为而可?杜黄裳对曰:"王者上承天地宗庙,下抚百姓四夷,夙夜忧勤,固不可自暇自逸。然上下有分,纪网有叙,苟慎选天下贤才而委任之,有功则赏,有罪则刑,选用以公,赏刑以信,则谁不尽力,何求获哉。故明主劳于求人而逸于任人,至于簿书狱市烦细之事,各有司存,非人主所宜亲也。昔秦始皇以衡石程书,魏明帝自按行尚书事,隋文帝卫士传飧①,皆无补于当时,取讥于后来,其耳目形神非不劳也,所务非其道也。夫人主患不推诚,人臣患不竭忠。苟上疑其下,下欺其上,将以求理,不亦难乎!"帝深然其言。

臣祖禹曰:晁错有言曰:"五帝神圣,其臣莫能及,故自亲事。"错之学本刑名之言也②。岂足以知帝王之道哉!然而后世或稽其说以谀人主,至使为上者行有司之事,宰相失职,天下不治,由其臣不学之过也。夫人主任一相,一相举贤才,贤者各引其类,岂不易而成功乎! 是故上不可伐其下,下不可勤其上。若为上而行有司之事,岂独治天下不可为也,一县亦不可为也。奚独一县也,一家亦不可为也。黄裳之相宪宗,其知所先务哉!

【注释】

①飧:晚饭。
②刑名:战国时期法家的一派,即刑名之学。

【译文】

二月,皇帝和宰相议论说:从古代以来的帝王,有的勤劳处理各种政务,有的端坐拱手不管事,各有得失利弊,怎么做才好呢? 杜黄裳回答说:"帝王上面继承天地宗庙,下面安抚百姓外族,从早晨到夜晚操心辛勤,本来不应该使自己空闲安逸。然而上下有分别,法纪有秩序,如果慎重选择天下贤能的人才委以重任,有功就赏,有罪就罚,选择任用公正,奖赏处罚信用,那么谁还能不竭尽力量,想要什么不能得到呢? 所以英明的君主在寻求人才方面很用心,在任用人才方面很安逸。至于簿籍文书官司市场等烦琐细小的事情,各自都有关官员过问,不是君主所应当亲自经手的。从前秦始皇用秤、石称文件定量批阅,魏明帝自己经管尚书的事务,隋文帝忙得让卫士传送晚饭,都对当时没有补救,只是被后来的人们耻笑。他们的耳朵眼睛形体精神不是不辛劳,是他们所使用的不是正确的办法。君主愁的是不推诚待人,人臣愁的是不竭尽忠心。如果上面怀疑下面,下面欺骗上面,靠这样希求治理好国家,是很困难的?"皇帝认为他的话非常对。

范祖禹评说:

晁错有这样的话说:"五帝神明圣哲,他们的臣子没有人能赶得上他们,所以亲自理事。"

晁错学习的本来是法家刑名学派的说法,怎么能够知道帝王的道理呢? 然而后代有人考究他的说法去讨好君主,以至于使做帝王的干有关官员的事情,宰相不履行自己的职责,天下治理不好,是由于他的臣子不学习的过错。君主任用一个宰相,一个宰相举荐贤能的人才,贤能的人才各自引进他们的同类人,难道不能成功吗?所以上面不可以代替下面,下面不可以让上面劳作。如果做帝王的去干有关官员的事,岂止是治理天下不可以,治理一个县也不可以。哪里只是一个县,一个家也是不可以的。杜黄裳做唐宪宗的宰相,是知道他应该先致力的事情啦!

【原文】

二年,帝尝问李绛曰:"谏官多谤讪朝政,皆无事实,朕欲责其尤者一二人以儆其余,何如?"对曰:"此殆非陛下之意,必有邪臣欲壅蔽陛下之聪明也。人臣死生,系人主喜怒,敢发口以谏者有几!就有谏者,皆昼度夜思,朝删暮减,比得上达,什无二三。故人主孜孜求谏,犹惧不至,况罪之乎!如此杜天下之口,非社稷之福也。"帝善其言而止。

臣祖禹曰:李绛言人主不可不求谏,人臣多莫敢谏,其曲尽上下之情矣。舜曰:"予违①汝弼②,汝无面从,退有后言。"以舜之圣,而求其臣下如此,唯恐其不谏也,况于后世之君乎?

【注释】

①违:违背正道。
②弼:辅助,匡正。

【译文】

元和二年,皇帝曾经问李绛道:

"负责谏议的官员有许多人诽谤诋毁朝廷政治,而没有事实,我想要责罚其中特别严重的一两个人,来警戒其余的人,怎么样?"

答道:

"这恐怕并非陛下的意思,一定是有奸邪的臣子想要堵塞蒙蔽陛下的聪明智慧。人臣的死活,决定于君主的喜好,胆敢张嘴来劝谏的有几个人呢?即使有进谏的,都是日夜反复思考,早晨删去一些,晚上减掉一些,等到呈上送到,十分里也没有两三分了。所以君主勤勉不懈地希求进谏,仍然害怕他们不来进谏,何况要治他们的罪呢?如果这样,堵住天下人的嘴,不是国家的幸福。"

皇帝认为他的话很对,就没有那样做。

范祖禹评说:

李绛说君主不可以不征求谏言,人臣大多不敢进谏。可以说是委婉透彻地表达了上面和下面的心情了。

帝舜说:

"如果我有过失,你们就帮助我。你们不要当面奉承,但是退下去以后却说我的坏话。"

凭帝舜那样圣明,而这样要求他的臣下,是恐怕他们不进谏,何况是后代的君主呢?

【原文】

十二月,帝谓宰相曰:"太宗以神圣之资,群臣进谏者犹往覆数四,况朕寡昧,自今事有违宜。卿当十论,母但一二而已。"

臣祖禹曰:宪宗以太宗纳谏厉其群臣,其有意于正观之治乎!夫能自防如此,余可以寡过矣。《诗》曰:"无念尔祖聿修厥德。"宪宗有焉①。

【注释】

①聿:句首语气词。厥:指自己的。

【译文】

十二月,皇帝对宰相说:"太宗凭借神明圣哲的天赋,群臣有进谏的,仍然来来回回再三反复,何况是我孤陋寡闻又很愚昧呢?从今天开始,事情做得有不对和对的地方,你应当谈论十次,不要只说一两次就行了。"

范祖禹评说:唐宪宗拿唐太宗采纳谏言的事勉励他的众臣,是对贞观之治有意效法吧?能够这样提防自己,差不多可以很少过失了。《诗经》上说:"应该思念你们的祖先,要培养你们的品德。"唐宪宗做到这一点了。

【原文】

山南东道节度使于頔惮帝英威,为子季友求尚主①。帝以皇女普宁公主妻之,李绛谏曰:"頔,虏族,季友余孽②,不足以辱帝女。"帝曰:"此非卿所知。"公主适季友,恩礼甚盛。頔出望外,大喜。顷之,帝使人讽之入朝谢恩,頔遂奉诏。

臣祖禹曰:天子之于天下,其为政必可继也。宪宗不爱一女,以悦于頔,天下藩镇马得人人而悦之?古之王者,所以为婚姻而嫁以女者,必先圣之后,不然,则甥舅之国也。頔方命不朝③,而天子以女妻其子,不亦赞乎?

【注释】

①尚:娶公主为妻。
②庶孽:妾生的儿子。
③方命:违命,抗命。

【译文】

山南东道节度使于頔害怕皇帝英明威严,替儿子于季友请求娶公主为妻,皇帝把女儿普宁公主许配给于季友。

李绛规劝说:

"于頔是奴虏之辈,于季友是妾生的儿子,不值得羞辱皇上的女儿。"

皇帝说:

"这不是你能明白的事情。"

公主嫁给于季友,恩惠礼物十分丰厚。于頔超出意料之外,非常高兴。不久,皇帝让人暗示他进朝谢恩,于頔就接受了诏令。

范祖禹评说:

天子对于天下,他治理国家的办法必须可以继续下去。

唐宪宗不吝惜一个女儿,拿她用来使于頔喜悦。但全国各地的藩镇,怎么能够使得每个人都喜悦呢?古代帝王结为婚姻关系把女儿嫁给的人家,一定是前代圣贤的后代,不然的话,就是甥舅关系的邦国。于頔违抗命令不朝见天子,而天子却把女儿嫁给他的儿子,不是也太软弱了吗?

【原文】

三年九月,以户部侍郎裴垍为中书侍郎、同中书门下平章事。初,德宗不任宰相,天下细务皆自决之,由是裴延龄辈用事。帝在藩邸,心固非之明,犹辅佐以成其理,况如朕不及先圣万倍者乎!"垍亦竭诚辅佐。先是,执政多恶谏官言时政得失,垍独赏之。

臣祖禹曰:古之贤相,不惟以谏争为已任,又引天下之贤者,使之谏其君,此爱君之至者也。佞相不惟谀谄其主,又恶人之谏,恐其为已不利,此贼君之大者也。人君欲知相之贤佞,曷不以此观之乎?若裴垍者可谓忠于事君,而不负相之职任矣!

【译文】

元和三年九月,任命户部侍郎裴垍为中书侍郎、同中书门下平章事。

当初,唐德宗不任用宰相,全国的细小事务都亲自处理,因此裴延龄一类人掌了权。宪宗皇帝在藩王府邸,心里本来反对这样。到了即位以后,选拔宰相,推心置腹地委任他们,曾经对裴垍等人说:

"凭太宗、玄宗那样英明,仍然凭借辅佐来成就他们的治理,何况是像我这样不如前代圣人万分之一的人呢?"裴垍也竭尽忠诚辅助。

在这以前,执掌政权的人大多厌恶谏议官员谈论当时政治上的得失问题,而裴垍唯独赞赏他们。

范祖禹评说:

古代的贤良宰相,不只把劝谏皇帝作为自己的责任,且引进天下的贤能人才让他们规劝君主,这是爱护君主的表现。奸佞的宰相不只谄媚逢迎他们的君主,又厌恶别人进谏,害怕他们对自己不利,这是伤害君主的表现。君主要想知道宰相的贤良或奸佞,为什么不从这里观察他们呢?象裴垍这样的人,可以说是忠心侍奉君主,并且不辜负宰相的职责任务了。

【原文】

四年正月,给事中李藩在门下,制敕有不可者①,即于黄纸后批之。吏请更连素纸②,藩曰:"如此,乃状也,何名批敕。"裴垍荐藩有宰相器。帝以门下侍郎、同平章事郑絪循默取容③,二月,罢絪为太子宾客,擢藩为门下侍郎、同平章事。藩知无不言,帝甚重之。

臣祖禹曰:宪宗以循默罢郑絪,以忠直相李藩,责任如此。可谓正矣。其中兴唐室,不亦宜乎!

【注释】

①制:皇帝的命令,诏命。敕:诏令。

②连素纸:一种高级纸,后代又叫连四纸、连史纸。

③循默:沉默不说话。取容:取悦于人。

【译文】

元和四年正月,给事中李藩在门下省,认为诏书中有不合适的地方,就在黄纸后面批上意见。属吏请求换成连素纸。

李藩说:

"这样不就成了'状'了,还叫什么批敕令呢?"

裴垍推荐李藩有宰相的才能。

皇帝因为门下侍郎同平章事郑絪沉默寡言讨好别人,二月,罢免郑絪为太子宾客,提拔李藩为门下侍郎同平章事。李藩知道什么没有不说的,皇帝非常器重他。

范祖禹评说:

唐宪宗因为沉默不言罢免郑絪,因为忠贞正直任命李藩做宰相,像这样要求和任用,可以说是正当了。

他使唐朝由衰微而复兴,不也是可以理解的吗?

【原文】

帝以久旱,欲降德音①。李绛、白居易上言:"欲令实惠及人,无如减其租税。"又请出宫人、禁诸道横敛以进奉及岭南、黔中、福建掠卖人为奴婢。闰月,己酉,制降天下系内,余皆如二臣之请。已未,雨。绛表贺曰:"乃知忧先于事,故能无忧事至而忧,无救于事。"

臣祖禹曰:古之救灾,必施舍已责②,逮鳏寡③,赈之绝。至汉之时,恤民者,犹赐之田租④。后世人君,惟赦有罪及有爵而也,德泽不加于百姓也。绛居易以为,欲令实惠及民,无如减其租税,使宪宗诏令不为空文,贤人之谋,岂不信哉!

【注释】

①德音:诏书的一种,下达平民的恩诏。

②责:同"债",债务。

③逮:及,达到。鳏:老而无妻的男人。

④赐之田租:指减免田租。

【译文】

皇帝因为很久大旱,想要颁布德音恩诏。

李绛、白居易上奏说:要想实惠施及百姓,应该减轻他们的租税。还请求放出宫女,禁止各个道横征暴敛来进贡奉献朝廷,以及禁止岭南、黔中、福建掠夺卖人做奴隶。闰月己酉这天,诏令减少全国关押的囚犯,其余都像两位官员请求的那样。已未这一天下了雨,李绛呈上表章庆贺说"现在才知道在事情发生以前忧愁,才能够没有忧愁;事情来到以后才忧愁,对事情是没有补救的。"

范祖禹评说：

古代救灾，一定施舍自己的债务，鳏夫寡妇，赈济贫乏绝望的人。到了汉朝的时候，关怀百姓的君主，仍然赐给他们田租。后代的君主只是赦免有罪的人及有官爵的人罢了，恩德是不会施加给老百姓的。

李绛、白居易认为要想让实惠施及百姓，不如减轻他们的租税。如果唐宪宗的诏令不单单是一纸空文，贤人的意见，就变得实实在在了？

【原文】

四月，帝欲革河北诸镇世袭之弊，乘王士真死，欲朝廷自除人[①]，不从则兴师讨之。裴垍、李绛以为未可。左军中尉吐突承璀欲希帝意[②]，夺裴垍权，自请将兵讨之。帝疑未决，宗正少卿李拭奏称："承宗不可不讨。承璀亲近信臣，宜委之以禁兵，使统诸军，谁敢不服!"帝以拭状示诸学士曰[③]："此奸臣也，知朕欲将承璀，故上此奏。卿曹记之，自今勿令得进用。"

臣祖禹曰：宪宗以李拭逢迎其意，谓之奸臣，可谓明矣。知拭之不可用，岂不知承璀之不可将哉？而必将承璀，是不能以公灭私，以义胜欲也。夫不知其非而为之，其过小，知其非而为之其过大。已为不正则邪之招也，君人之道，可不慎其在己者哉？

【注释】

①除：任命。
②希：观望，迎合。
③学士：官名，即翰林院学士，掌起草诏令，有时参与朝政。

【译文】

四月，皇帝想要革除黄河以北各藩镇首领世代相传的弊病，趁着王士贞去世，想由朝廷自己任命；如果不服从，就发兵讨伐。裴垍、李绛认为不行。左军中尉吐突承璀想迎合皇帝的意图，夺走裴垍的权柄，自己请求率领军队讨伐，皇帝迟疑不决。宗正少卿李拭上奏说：

"承宗不可以小讨伐。吐突承璀是亲近宠信的大臣，应当把禁卫军委托给他，使他统率各路军队，谁敢不服从呢？"

皇帝拿着李拭的奏状给各位学士看说："这是个奸臣！知道我想任命吐突承璀为大将，所以呈上这个奏状。你们记住：从今天以后不要让他得到任用。"

范祖禹评说：

唐宪宗由于李拭逢迎他的意图，把他叫作奸臣，可以说是明察了。知道李拭不可以任用，难道不知道吐突承璀不可以做大将吗？而一定要任命吐突承璀为大将，这是不能用公心灭除私心，用道义战胜私欲。认为对而去做，这种过错小；知道不对而去做，这种过错大。自己做事不正当，就会招来奸邪。做人民君主的道理，可以在他自己身上不慎重吗？

【原文】

七月，帝密问诸学士："今刘济、田季安皆有疾，若其物故，岂可尽如成德付授其子,天下何当平！议者皆言'宜乘此际代之,不受则发兵讨之,时不可失。'如何？"

李绛等对曰："群臣见陛下西取蜀,东取吴,易于反掌,故诙躁之人争献策画,劝开河北,不为国家深谋远虑,陛下亦以前日成功之易而信其言。臣等夙夜思之,河北之势与二方异。何则？西川、浙西皆非反侧之地,其四邻皆国家臂指之臣。刘辟、李锜独生狂谋,其下皆莫之与,辟、锜徒以货财绸之,大军一临,则涣然离耳。故臣等当时亦劝陛下诛之,以其万全故也。成德则不然,内则谬固岁深①,处则蔓连势广,其将士怀其累代养妪之恩②,不知君臣逆顺之理,谕之不从,威之不服,将为朝廷羞之,又,邻道平居或相猜恨③,及闻代易,必合为一心,盖各为子孙之谋,亦虑他日及此故也。万一余道或相表里④,兵连祸结,财尽力竭,西戎、北乘间窥衅⑤,其为忧可腾道哉？季安与承宗事体不殊,若物故之际,有间可乘,当临事图之。于今用兵,则恐未可。太平之业,非朝夕可致,愿陛下审处之。"

臣祖禹曰：人君之患在狃于一胜,而欲事所难。不知敌之强弱坚脆,而轻用其武,一战不克,丧威长寇,征伐不息,或起内患,德宗奉天之乱是也。夫根深则难拔,疾固则难攻,乱日浅者,治之亦易,乱日久者,除之亦难。先王内修政事,外攘夷狄,其为之有本末,图之有先后,是以无欲速轻举之悔孔。

【注释】

①胶固:团结巩固。
②妪:通"育"。
③平居:平时。
④表里:呼应。
⑤窥衅:觊觎,窥伺可乘之机。

【译文】

七月,皇帝秘密向各位学士：

"现在刘济、田季安都有病,如果他们去世,难道可以都像成德那样交付给他们的儿子？天下什么时候会平定呢？谈论的人都说应该趁着这个机会派人代替他们,不接受就发兵讨伐他们,机不可失。怎么样？"

李绛等人答道：

"众臣见到陛下西面取得蜀地,东面取得吴地,比把手掌翻过来还容易,所以谄媚急躁的人争着进献策略谋划,鼓动打开黄河以北,不为国家深谋远虑。陛下也由于前些日子成功的容易,而相信他们的话。

我们从早到晚都在考虑这个问题：黄河以北的形势和蜀地吴地两方面不同,为什么呢？西川和浙西都不是反复无常的地方,它们的四邻都是国家指挥得动的臣子。刘辟和李锜独自生出狂妄的阴谋,他们的部下都没有人参与。刘辟和李锜只是用财物利诱他们的部下,大军一到,就一下子离散了。所以我们当时也劝说陛下诛杀他们,因为那是绝对保险的缘故。成德却不是这样。内部团结一致时间久远,外面蔓延联系势力广大;他们的将士怀念他们历代养育的恩德,不知道君臣之间叛逆和顺从的道理,告诉他们,他们不听从,威慑他们,他们不服从,将要成为朝廷的羞耻。又加上相邻的道平日有时互相猜疑忌恨,等到听说代替更换,一定会联合起来,是因为各自替子孙考虑,也忧虑日后会落到同样地步的缘故。万一其余的道互相呼应,战争连续灾祸联结,财力穷尽人力枯竭,西部、北部外族趁机会窥伺可乘之机,他们造成的忧患就没完没了吗?刘济和田季安与承宗的事情没有什么不同的地方,如果他们去世的时候有机可乘,应当临到事情发生的时候对付他们,现在动用军队讨伐,却恐怕不行。

太平的业绩不是一朝一夕可以达到的,希望陛下周密地处理这件事情。

范祖禹评说:

君主的祸患,在于贪图一次胜利,而想不到事情的难处;不知道敌人的强弱,而轻率动用武力。

一次战争打不胜,丧失威信助长敌人,征战不停,有时引起内部祸患。

唐德宗时奉天之乱就是这样。树根深了就难拔掉,疾病顽固就难除掉。前代帝王里面整治政事,外面排除外族。他们做事情有本有末,考虑事情有先有后,所以没有欲速则不达和轻举妄动的悔恨。

【原文】

十月,制削夺王承宗官爵,以左神策、中尉吐突承璀为左、右神策,河中、河阳、浙西、宣、歙等道行营兵马使、招讨处置等使。翰林学士白居易上奏,以为:"自古及今,未有征天下之兵,专令中使统领。今承璀之任乃制将、都统也。陛下忍令后代相传云以中官为制将、都统自陛下始乎!"时谏官、御史论承璀职名太重者相属①,帝皆不听。戊子,帝御延英严,度支使李元素、盐铁使李佖、京兆尹许孟容、御史中丞李夷简、谏议大夫孟简、给事中吕元膺、穆质、右补阙独孤郁等极言其不可。帝不得已,明日,削承璀四道兵马使,改处置为宣慰而已②。

臣祖禹曰:宪宗以中官屡大将③,此乱政也,然其群臣皆以为不可,缰谏而力争者,相属于朝,此则治世之事也,亦足以见其贤臣之多矣!天下之祸,莫大于人君过举,而下莫敢言。如皆莫敢言,则至于亡而不自知也。

【注释】

①属:连接。
②宣慰:安抚。
③澡官:宦官。

【译文】

十月,诏令削去王承宗的官职爵位,任命左神策、中尉吐突承璀为左右神策,河中、河阳、浙西、宣、歙等道行营兵马使,各路招讨处置等使。翰林学士白居易呈上奏章,认为:"从古至今,没有把征召自全国的军队专门让宫中使臣统率的。如今吐突承璀的职务是皇帝任命的将领的都统。陛下忍心让后代互相传说,说任命宫中使者为皇帝任命的宰相的都统是从陛下开始的吗?"当时谏议官员、御史议论吐突承璀职务名义太重的一个接着一个,皇帝都听不进去。

戊子这一天,皇帝驾临延英殿,度支使李元素、盐铁使李佖、京兆尹许孟容、御史中丞李夷简、谏议大夫孟简、给事中吕元膺、穆质、右补阙独孤郁等人,竭力说不能这样。皇帝不得已,第二天,削除吐突承璀四道兵马使的职务,改处理为安抚罢了。

范祖禹评说:

唐宪宗让宦官做大将,这是昏乱的政治。然而他的大臣们都认为不行,并极力进谏而尽力相争的人在朝廷上一个接着一个,这是太平盛世的表现,也完全可以看出他的贤良大臣的众多了。天下的祸患,没有比国君行动错误而臣下都不敢说话更严重的。如果都不敢说话,那就直到亡国而自己还蒙在鼓里呢。

【原文】

田季安将出兵邀王师①。幽州牙将谭忠为刘济使魏,知其谋,入谓季安曰:"今王师越魏伐赵,不使耆臣宿将②,而专付中臣,不输天下之甲而多出秦甲,君谁为之谋? 此乃天子自为之谋,欲将夸服于臣下也。若师未叩赵而先碎于魏,是上之谋反不如下,且能不耻于下乎! 既耻且怒,必任智士昼长策,仗猛将练精兵,毕力再举涉河,鉴前之败,必先伐魏矣。"

臣祖禹曰:朝建伐叛讨逆,以一四方③,此天下之公义也。必与天下之贤者共为之,其克次天下,其不克以天下,天子无私焉。宪宗欲自有其功,故任中人④,而不任将相,是天子与臣争功也,何其不广哉! 夫天子之功,在于用人,而不自用。用伊尹者,汤之功;用传说者,万宗之功;用十乱者⑤,武王之功;周公者,成王之功。未闻独用家臣,而后功由已出也。宪宗一将承璀,而天下之人已见其情,知其将以夸服臣下。人君之动,可不慎哉!

【注释】

①邀:拦截。
②耆:老。
③一:统一。
④中人:宦官。
⑤十乱:《尚书·泰誓》:"予有乱臣十人。"乱臣指善于治理国家的臣子。

【译文】

田季安将要出兵阻击帝王的军队,幽州牙将谭忠为刘济出使魏州,知道了他的打算,进入魏州对田季安说:

"现在皇帝的军队越过魏州去讨伐赵州,不用老臣老将,而把军权只交给宦官;不输送各地的士兵,而多派出秦地士兵,您知道是谁的计谋吗? 这是皇帝自己制定的计谋,是想要拿来向臣下夸耀的。如果皇家军队还没有打赵州而先在魏州被打垮,说明上面的计谋反而不如下面,皇帝能不羞耻而发怒吗? 既然羞耻发怒,一定任用足智多谋的人士,谋划长远的计策,仗恃勇猛的将领,训练精锐的士兵,竭尽全力再次行动渡过黄河,鉴于上一次的失败,一定要先讨伐魏州了。"

范祖禹评说:

朝廷搜寻讨伐叛逆来统一全国,这是天下的公正道义,一定要和天下的贤能人才共同做这件事。它能成功是由于天下人,不能成功也是由于天下人,皇帝是应该没有私心的。

唐宪宗想自己占有功劳,所以任用宦官,而不任用宰相,这是皇帝同臣下争夺功劳,为什么他的心胸这样狭小呢? 皇帝的功劳,在于能任用人才而不任用自己。任用伊尹是商汤王的功劳,任用傅说是殷高宗的功劳,任用十个治理国家的能臣是周武王的功劳,任用周公是周成王的功劳。未曾听说过单单任用家里的宦官,然后功劳就由自己完成的。唐宪宗一旦让吐突承璀做大将,天下人们已经看出了他的用意,知道他将要用来向臣下夸耀。君主的举动,应当不慎重吗?

【原文】

五年,帝尝欲近猎苑中①,至蓬莱池西,谓左右曰:"李绛必谏,不如且止。"

臣祖禹曰:《书》曰:"自成汤至于帝乙②,成王畏相③。"其称中宗曰:"严恭寅畏④。"太王季曰:"克自抑畏。"《诗》曰:"惟此文王⑤,小心翼翼。"夫为人君,动必有所畏,此盛德也。不然,以一人肆于民上其何所不至哉!宪宗畏直臣之谏,而不敢盘于游畋⑥,其可谓贤矣。

【注释】

①苑:帝王游乐打猎的园林。
②成汤:即商汤王。帝乙:商代帝王,商纣王的父亲。
③成王:成就帝王之道。
④寅:恭敬。
⑤惟:句首语气词。
⑥盘:享乐。畋:打猎。

【译文】

元和五年,皇帝曾经想就近去皇家园林里打猎,到了蓬莱池西面,对身边的人说:

"李绛必定会来劝谏,不如暂且停止算了。"

范祖禹评说:

《尚书》里说:"从商汤王直到帝乙,为了成就帝王事业,都害怕(宰)相。"

其中称赞殷中宗说:

"严肃谦恭敬重恐惧。"

《诗经》里说:

"这位文王,小心谨慎。"

做君主的人,行动起来一定要有所畏惧,这是重要的品德。不然的话,凭他一个人在人民头上肆意妄为,会到什么地步呢?唐宪宗害怕正直臣子的劝谏,而不敢去游玩打猎享乐,可以说得上贤明了。

唐鉴第十八卷

宪宗二

【原文】

七年,帝尝问宰相:"贞元中政事不理①,何乃至此?"李吉甫对曰②:"德宗自任圣智,不信宰相而信它人,是使奸臣得以乘间弄威福。政事不理,职此故也。"帝曰:"然此亦未必皆德宗之过。朕幼在德宗左右,见事有得失,当时宰相亦未有再三执奏者,皆怀禄偷安③,今日岂得专归咎于德宗邪!卿毕宜用此为戒事有非是,当力陈不得已,勿畏朕谴怒而遽止也。"

臣祖禹曰:人君患不从谏,人臣患不纳忠。人君唯不从谏也,是以君子日疏,小人日亲。君子立人之趄,岂以疏而遂易其心哉!有官守者,不失其职,有言责者,不失其言,君从之,亦谏也,君不从之,亦谏而不入则去之,臣之义也。君恶正直,而说谄谀,然而示尝杀一正士、戮一谏者也,而其臣怀禄畏罪,而不言则曰,君不能从此,孟子所谓贼其君者也④。宪宗之责宰相,其以未尽人臣之义乎!

【注释】

①贞元:唐德宗李适年号(公元785—805年)。现:治。唐代避高宗李治名讳,凡应写"治"字时,都改写为"理"。

②李吉甫(758—814):字弘宪,赵郡(今河北赵县)人。德宗时任太常博士。宪宗元和二年及六年两度为相。

③怀禄偷安:贪图禄位,苟且偷安,不敢有所作为。

④贼其君:《孟子·离娄上》:"责难于君谓之恭,陈善闭邪谓之敬,吾君不能谓之贼。"贼,我害。

【译文】

唐宪宗

元和七年,唐宪宗曾向宰相问道:

"贞元年间国家政事得不到治理,怎么会竟到了如此地步?"

宰相李吉甫回答说:

"德宗自信自己的圣明,不信任宰相,而信任其他人,因此使奸臣能够作威作福。主要就是这个原因。"

宪宗说:

"但这也未必都是德宗的过错。我年幼时曾在德宗左右,发现事情做得不对,当时的宰相也没有再三坚持奏闻,都贪图官位,苟且偷安,今天哪能都归咎于德宗呢?你们应以此为戒,凡有不对的地方,应当努力表明自己的意见,并要一直坚持下去,不能畏惧我发火就马上停止进言。"

范祖禹评说:

人君怕的是不能听从臣下的忠谏,臣子怕的是不向君主贡献自己的忠言。人君只要不听从劝谏,那就会使正人君子一天天对他疏远,奸佞小人就会对他一天天亲近起来。而正人君子立身朝堂,哪能因为被疏远就改变他的初衷呢?有固定职位的,不应丧失他的职责;有进言责任的,不应放弃自己的忠言。国君听从也要谏,国君不听从也要谏。进谏了听不进去就离开,这是做人臣的道理。纵然国君不喜欢正直的人,而喜欢谗谀小人,却并没有杀一个正直之士,也没有杀一个进谏的人。而他的臣子只关心自己的禄位,害怕罪责就不敢进谏,却说国君不能听从正确意见,这就是孟子所说的贼害国君的贼啊。

宪宗对宰相的批评,大概是因为他们没有尽到人臣的责任吧?

【原文】

李绛或久不谏①,帝辄诘之曰:"岂朕不能容邪,将无事可谏也。"

臣祖禹曰:宪宗可谓能自克矣,书曰:"仆臣正,厥后克正②。"夫能求谏如此,岂非亲正直之益乎?说曰:"后克圣,臣不命其承③。"苟能悦而从之又责以求之,何患乎臣之不谏也!

【注释】

①李绛:字深之,赞皇人。宪宗元和中拜相。历仕宪、穆、敬、文诸朝,直言敢谏。

②厥后克正《尚书·同书·同命》:"仆臣正,厥后克正。仆臣谀,厥后自圣。"厥:副词,乃。后:国君。克:能够。

③说曰:"后克圣,臣不命其承"《尚书·商书·说命》:"傅说复于王曰:'惟木从绳则正,后从谏则圣。后克圣,臣不命其承。'"圣:圣明。不命其承:不用下命令就会按照国君的意思主动进谏。傅说是商代大臣。

【译文】

宰相李绛有时好长时间不进谏,宪宗皇帝便责问他说:

"是我不能容纳你们的意见呢,还是无事可谏?"

范祖禹评说:

唐宪宗应该说是做到自我约束的了。

《尚书》上说:

"仆臣正直,国君就会正直。"

宪宗能够这样求谏,岂不是亲近正直之士获得的好处吗?商代大臣傅说说过:"国君能够从谏,仆臣不用下命令他就能领会国君的意思主动进谏的。"国君如果能愉快地听从仆臣的忠谏,又能不断征求他们的意见,那还怕臣下不进谏吗?

【原文】

李吉甫尝言于帝曰:"赏罚①,人主之柄,不可偏废。陛下践作以来,惠泽深矣,而威刑未振,中外懈惰,愿加严以振之。"帝顾李绛曰:"何如?"对曰:"王者之政,尚德不尚刑,岂可舍成康、文、景②而效秦始皇父子!"帝曰:"然。"后旬余,于頔入对,亦劝帝峻刑。又数日,帝谓宰相曰:"于頔大是奸臣,劝朕峻刑,卿知其意乎?"皆对曰:"不知也。"帝曰:"此欲使朕失人心耳。"

臣祖禹曰:守位以仁,不闻以威。有罪而刑之,曰天讨。先王岂敢轻重于其心哉!故书曰:"惟我在,天下曷敢有越厥志。"言刑在人,而不在己,所以为无私也,然则人君患无德,不患无威,人臣劝之以峻刑,是纳君于恶也。《孔子》曰:"不知言,无以知人。"宪宗惩于頔③之奸谋,其可谓知言矣!夫如是,邪说何自而入哉!

【注释】

①赏罚,人主之柄:赏功罚罪,是国君行使权力的根本。柄:权力,根本。

②成康文景:指"成康之治"和"文景之治"。周成王、周康王时国家强盛清平,史称"成康之治"。文景:汉文帝刘恒,景帝刘启,历史上称文帝、景帝时的升平局面为"文景之治"。

③于頔:字允之,河南(今洛阳)人。唐德宗时任山南东道节度使,迁尚书左仆射,封燕国公。宪宗时入朝任司空、同中书门下平章事(宰相)。

【译文】

宰相李吉甫曾对宪宗皇帝说:

"有功者赏,有罪者罚,这是君主行使权力的根本,二者不可偏废。陛下继位以来,对天下施行的恩惠是很多的了。但刑罚的威严没有树立,朝廷内外一片懈怠。希望严格刑罚以便使上下振作起来。"

宪宗回头问李绛说:

"你对李吉甫的意见有什么看法?"

李绛回答说:

"王者治理天下,崇尚道德而不崇尚刑罚,岂可舍弃学习'成康之治',和'文景之治'时的宽松政治,而效法秦始皇父子的苛政?"

宪宗说:

"你说的对。"过了十多天,于頔入朝回报,也劝宪宗严刑峻法。

又过了几天,宪宗对宰相说:

"于頔定是奸臣。劝我严刑峻法,你们知道他的用意吗?"宰相都说不知道。

宪宗说:

"他这样做是让我失掉人心啊!"

范祖禹评说:

象《周易系辞》上说的,应通过施行仁政来巩固自己的地位。没听说过靠刑罚的威严能维护统治地位的。

《尚书》上说,有罪而加刑,是按天意给予应得的处罚。先王哪敢随心所欲地施行重罚或轻罚呢?所以《尚书》上又说,四方有罪者和我罪者都由我负责,普天下何人敢超越他的本分来胡作非为呢？意思是说，刑罚的轻重在于人的罪行轻重，而不在于掌权者的主观意愿来决定，所以才能做到大公无私。

因此君主应该担心的是缺乏德行，而不是担心缺乏威严。为人臣的劝国君用严刑峻法，是把国君推向危险的境地。

孔子说：

"不懂得分辨一个人的言论，就不可能认识一个人。"

宪宗警惕于偪的奸谋，他可算是知言的了。如果能做到这一点，邪说又能从哪里侵入自己自上呢？

【原文】

十月，李绛上言："魏博五十余年不霑皇化①，一旦举六州之地来归，挖河朔之腹心，倾叛乱之巢穴，不有重赏过其所望，则无以慰士卒之心，使四邻劝慕。请发内库钱百五十万缗以赐之②。"左右宦官以为"所与太多，后复有此比，将何给之？"帝以语绛，绛曰："田兴不贪专地之利，不顾四邻之患，归命圣朝，陛下奈何爱小费而遗大计，不以收一道人心！钱用尽更来，机事一失不可复追。借使国家发十五万兵以取六州，青年而克之，其费岂止百五十万缗而已乎！"帝悦曰："朕所以恶衣菲食，畜聚货财，正为欲平定四方；不然，徒贮之府库何为！"十一月，遣知制诰裴度至魏博宣慰③，以钱百五十万缗赏军士，六州百姓给复一年④。军士受赐，欢声如雷。成德、衮郓使者数辈见之，相顾失色，叹曰："偪强者果何益乎！"

臣祖禹曰：宪宗不爱府库之积⑤，以慰魏博三军之心，可谓知所取与，能用善谋矣。其德厚如此，犹不过于一传，而复失之，虽穆宗御失其道⑥，亦由人心不固，而王泽易竭也。况不怀之以德，而临之以兵，其能有之十年乎！

【注释】

①魏博五十余年不霑皇化：唐置魏博节度使，治所在魏州（今河南安阳地区），领魏、博、德、沧、瀛诸州。安禄山部将田承嗣及其后代在此统治五十余年，战乱频仍，百姓不宁。

②缗：成串的钱。一千个钱为一缗。

③裴度：字中立，河东闻喜（今属山西）人。贞元进士，由监察御史升御史中丞。历仕德、宪、穆、敬、文诸朝。

④给复一年：免除一年赋税。成德：指成德军，本史朝义所置恒阳节度使，治所在恒州（今河北省正定县）。衮郓：唐置衮郓节度使，辖地地今山东州、郓城一带。

⑤一传：宪宗的统一大业没有传下去，到他儿子穆宗时割据又起。

⑥穆宗御失其道：穆宗的统治无道。穆宗：宪宗之子李恒。他耽于宴乐，赏赐无度，国用空虚，藩镇叛乱复起。

【译文】

宪宗元和七年十月，宰相李绛进言说：

"魏州博州一带已有五十余年得不到皇恩教化，如今田兴将魏博六州之地来归顺朝廷，这就等于挖空了河北诸藩镇的心腹，倾覆了叛乱者的老巢。对有功者如不给予超出他们所预料的重奖，便无法安抚士卒的心，也不能使四邻藩镇以魏博的归降为榜样。请求发朝廷内库一百五十万缗赐给他们。"

宪宗周围的宦官认为给予的太多,以后再有类似情况,那时再给什么呢? 宪宗把宦官的话告诉了李绛,李绛说:

"田兴不贪图所占地盘的利益,不顾四邻藩镇对他的威胁,毅然归顺圣朝,陛下为何爱惜小的费用而遗失朝廷大计,不用以收取国家统一的人心呢? 钱用完了还会来的,时机一失就无法追回。假使国家发十五万兵去攻打魏博六州,一年攻下来,花费的哪里是一百五十万缗能够支付的?"

宪宗听了高兴地说:

"我所以节衣省食,积蓄钱财,正是为了平定四方,使国家统一;不然的话,把钱财白白地存放在府库之中又有什么用呢?"

这年十一月,派知制诰裴度去魏博慰问,用钱一百五十万缗赏赐军士,对六州的百姓免去赋税一年。军士受到赏赐,欢声鼓舞。

成德、衮郓等几位藩镇使者,见了这种场面,相顾失色,慨叹道:

"与朝廷对抗的到底有何好处呢?"

范祖禹评说:

唐宪宗不爱惜府库里的积蓄,用以抚慰魏博三军之心,可以说是懂得了取舍的道理了,能用善谋了。

宪宗的德行如此深厚,才不过传了一世,就把统一大业又失掉了。虽说是他儿子穆宗的统治失道,也是由于人心不稳,而君王的恩泽容易消失啊! 何况对外藩不是用恩德去关怀他们,反而以武力相加,这难道还能延续十年吗?

【原文】

帝尝于延英谓宰相曰:"卿辈当为朕惜官,勿用之私亲故。"李吉甫、权德舆皆谢不敢①。李绛曰:崔祐甫有言②:非亲非故,不谙其才。谙者尚不与官,不谙者何敢复也! 但问其才器与官相称否耳。若避亲故之嫌,使圣明朝亏多士之美,此乃偷安之臣,非至公之道也。苟所用非真人,则朝廷自有典刑,谁敢逃之!"帝曰:"诚如卿言。"

臣祖禹曰:孔子曰:"举尔所知。"宰相之于人才,苟知之也,则内虽亲不避,外虽仇不弃也。其行罚也亦然。惟其功罪所在,而无问其亲与雠,若权衡之于物③,轻重不私焉,则至公矣。安得斯人者,而相其君哉! 私亲而执怨者,固不足言矣。其有避嫌而矫枉者,亲则废之,雠则德之,岂不有心于其间哉! 是亦私而已矣。人君多疑臣下之私其亲,故而其臣亦鲜不为欺。记曰:"上人疑则百姓惑,下难知则君长劳。"是次上下两失之也。

【注释】

①权德舆:字载之,略阳(在今陕西西南部)人。键示时任左补阙、知制诰。宪宗时升礼部尚书、同中书门下平章事。

②崔祐甫:字贻孙,长安人。进士及第,曾任中书舍人,德宗时拜相,一年病卒。

③权衡:称量物体轻重的工具。权,秤锤。衡:秤杆。

【译文】

宪宗曾在延英殿对宰相说:

"你们应当帮我珍惜官职,不要用来照顾亲戚故旧。"

宰相李吉甫、权德舆都说不敢,李绛却说:

"崔祐甫说过,非亲非故,不了解他的才干;了解的尚且不给他官做,不了解的又怎么敢给他官职? 能不能做官,只看他的才干与官职是否相符就是了。若有意回避亲故之嫌疑,使圣朝蒙受损失人才的美事,这不过是苟且偷安的大臣,不是一切为公之道啊。倘若任用之人德才不称职,那朝廷自有惩罚的条例,谁敢推卸责任?"

宪宗说:

"的确如此,你说得很有道理。"

范祖禹评说:

孔子说:"举荐你所了解的人。"

宰相对于人才,如果是了解的,那么对内虽是亲戚也不回避;对外就是有嫌怨的也不抛弃。

这个道理对于赏罚也是一样,凡是有功应受赏有罪应受罚的,就不管他是亲是仇,都要一样对待。就像用秤来称物体的重量,是轻是重都是一个标准,不应有偏,这是最公平的。怎样才能得到这样的贤者来辅佐国君呢? 那些袒护亲友而报复嫌怨的人,固然不足挂齿;就是那些为了避嫌而矫枉过正的,凡是亲朋就废弃,凡是仇嫌就关照,这里边难道不是别有用心吗? 这不过也是为私而已。国君要是过多地怀疑臣下对亲故有私,那他的臣下也少有不对他进行欺骗的。

《礼记》上说:

"官长对下猜疑百姓就不知所措;下面的情况不了解,那为君主的可就发愁了"。

因此这对上对下两方面来说都蒙受损失啊!

【原文】

八年正月,李吉甫、李绛数争论于帝前,权德舆居中无所可否,帝鄙之,罢守本官①。

臣祖禹曰:德舆依违中立,无所适从,自以为是固位之术矣。且于同列犹不敢忤,而况于君乎! 苟无所发明②,则焉用相矣! 宪宗黜之,足以厉其臣下,岂不明哉!

【注释】

①罢守本官:罢免权德舆宰相职务,只做原来的礼部尚书。
②发明:发现,建树。

【译文】

元和八年正月,宰相李吉甫、李绛多次在宪宗面前发生争论,权德舆采取中立态度,对他们不同的意见不置可否。

宪宗为此很瞧不起他,罢免了他的宰相职务,使他仍作原来的礼部尚书。

范祖禹评说:

权德舆在支持谁和反对谁方面持中立态度,无所适从,自以为得到巩固地位的办法了。

这种人即使对于同僚都不敢表示反对意见,更何况对于国君呢?如果提不出什么主张,那又何必用你作辅臣呢?宪宗罢免了权德舆,足以激励臣下,这不是很英明吗!

【原文】

九年二月,李绛屡以足疾辞位。癸卯,罢为礼部尚书。初帝欲相绛,先出吐突承璀为淮南监军①,至是,帝召还承璀,先罢绛相。甲辰,承璀至京师,复以为弓箭库使、左神策中尉。

臣祖禹曰:李绛可谓大臣矣!不与承璀并立于朝,故其言足以信于君,行足以信于民,可则进,不可则退,使其君用舍以义②,而不以利,不如是,何以为国之重哉!

【注释】

①吐突承璀:字仁贞,闽人,宦官。唐宪宗时任内常侍、知内省事、左神策护军中尉。

②用舍以义:任用或罢免官吏根据道义。

【译文】

元和九年二月,宰相李绛由于脚病反复要求辞去相位。二月二十六日,免去宰相职务,仍作礼部尚书。

当初,宪宗打算让李绛当宰相,先让宦官吐突承璀出朝到淮南节度使那里当监军。

此时,宪宗又召回吐突承璀。先罢了李绛的相。二月二十七日承璀回到京师,恢复了原官,仍作了箭库使、左神策中尉。

范祖禹评说:

李绛可以称为贤臣了!他不与宦官吐突承璀并立于朝,所以他的言论可以取信于君,行为可以取信于民。能发挥作用就在朝中积极进取,不能发挥作用就从相位退下来,使国君在任免大臣方面从道义出发,而不是根据个人私利。不能做到这一点,又怎能成为国家的重臣呢?

【原文】

十年六月,裴度同平章事。初德宗多猜忌,朝士有相过者,金吾皆伺察以闻①,宰相不敢私第见客。及度为相,奏言:"今寇盗未平,宰相宜招延四方贤才与参谋议。"始请于私第见客,许之。

臣祖禹曰:《易》曰:"巽而耳目聪明②。"言人君养贤之效也。《诗》曰:"周爱咨询③。"言人臣事君之职也。德宗禁锢宰相,而使之,其宰相亦涂其耳目,以容身保位。国之治乱,民之休戚,若不闻见焉。自古以来,未有聋瞽其大臣,而可以为国者也。夫疑之则勿任,任之则勿疑,置相者,当择之于未用之前,而不当疑之于既用之后,未有可托天下,而不保其不欺君者也。然而,人君多悦人之从己,其未用也轻信之,既用也过防之。是以上下相蒙,而政愈乱也。

①金吾:执金吾的省称。汉代置执金吾,负责皇宫及京师的保卫工作。此代指禁卫军。

②《周易·鼎》:"圣人亨以享上帝,而大亨以养圣贤,巽而耳目聪明。"巽:《易经》八卦之一,卦形是三,象征风。又作和顺、恭顺,谦让讲。

③周爰咨询:遍访贤达询问良策。

【译文】

元和十年六月,裴度升任宰相。

当初,德宗对臣下猜忌过多,朝中士大夫有私人交往的,禁卫军人都要进行侦察并上报皇帝。

因此,使得宰相不敢在家里会客。到裴度做了宰相,上奏宪宗说:

"现在盗寇未平,宰相应该招纳四方贤才,参与对国事的议论。"

这才开始请求准于在家里见客,宪宗应允了。

范祖禹评说:

"《周易》上说,(君王烹饪许多食物供养贤士),臣下便会恭顺地奉献自己的聪明才智"。

这是说国君供养贤才才会得到效益的。

《诗经》说:"遍访贤达向其咨询。"是说人臣侍奉国君要尽自己的职责。德宗把宰相禁锢起来而使用他们,那些宰相也就堵住自己的耳目,以便保护生命地位,国家是治是乱,百姓是活是死,就像没有听见一样。

自古以来,没有把大臣变成瞎子聋子而可以治理好国家的。猜疑他就不要任用他,任用了就不要猜疑。

设置宰相应当在没有任命之前进行选择,而不应当在任命以后又对他怀疑。没有可以把天下委托给他,而他却不能担保对国君不进行欺骗的。然而国君大多喜欢人家顺从自己,在没有任用之前轻信于人,到既已任用之后又严加防备。

这样,上下互相蒙骗,国家的政治就越来越混乱了。

【原文】

王承宗纵兵四掠①,幽、沧、定三镇皆苦之,争上表请讨承宗。帝欲许之。中书侍郎、同平章事张弘靖以为"两役并兴②,恐国力所不支,请并力平淮西③,乃征恒冀。"帝不为之止,弘靖乃求罢。明年正月,以弘靖为河东节度使。

臣祖禹曰:张弘靖言不失职,进退以礼,有大臣之体矣。其后,卒舍恒冀,并力淮西,如其所虑。宪宗虽得之于裴度,而失之于弘靖,岂未之思乎!

【注释】

①王承宗:唐代契丹族怒皆部人,元和四年(809)献德、棣三州,于是以承宗为成德节度使,领恒、冀、深、赵四州。

②张弘靖:字元理,薄州猗氏(今山西临猗)人。历任监察御史、中书舍人、同中书门下平章事等职。

③淮西:唐置淮西节度使,又称淮守军、彰义军,治所在蔡州(今河南汝南)。

【译文】

元和十年,成德军王承宗纵兵四处劫掠,幽、沧、定三镇都受到他的残害,争着向朝廷上表,请求讨伐王承宗。

宪宗打算答应他们的请求,宰相张弘靖以为河北与中原两面出击,恐国力难以支持,请集中力量平淮西吴元济之乱,然后再征河北。宪宗不以为然,继续对成德军进兵。张弘靖请求罢去相位。

第二年正月,以检校吏部尚书、同中书门下平章事衔充任河东节度使。

范祖禹评说:

张弘靖进言不失职责,在位和去位都合儒教之礼,是得大臣之道的。后来朝廷终于放弃对河北的用兵,全力进攻淮西,局势的发展正如张弘靖所预料。宪宗在对藩镇用兵方面虽得到裴度的运筹,却失掉了张弘靖的计策,岂不是也有考虑不到的地方吗?

【原文】

十二年十月,李愬擒吴元济①。裴度入蔡州,以蔡州卒为牙兵②。或谏曰:"蔡人反仄者尚多③,不可不备。"度笑曰:"吾为彰义节度使,元恶既擒,蔡人则吾人也,又何疑焉!"蔡人闻之感泣。先是吴氏父子阻兵,禁人隅语于涂,夜不燃烛,有以酒食相过从者罪死。度既视事,下令惟禁盗贼斗杀,余皆不问,往来者不限昼夜,蔡人始知有生民之乐。

臣祖禹曰:裴度伐叛以刑,柔服以德,使百姓晓然。知贼之为暴,而唐之为仁,故能变犷戾之俗,为驭虞之民。其后取淄青如反掌,不惟乘胜用兵之易,盖人心先服故也。岂非待物以诚之效欤!

【注释】

①李愬:字元直,洮州临潭(今属甘肃)人,初任坊、晋三州刺史,随双节度使,率兵讨吴元济。封凉国公。吴元济:沧州青地(今河北省沧县东南)人,元和十二年,十月,李朔雪夜入蔡州,生擒吴元济,送京师斩首。

②牙兵:衙门中的士卒,牙通"衙"。

③反仄:同反侧,动荡不定。

【译文】

元和十二年十月,李愬活捉了吴元济。裴度进入蔡州,用蔡州降卒作衙门里的士兵,有人建议说:

"蔡州人犹豫不定的还有不少,对他们不可不加防备。"

裴度笑着说:

"我现在是彰义节度使,元凶既已被擒,蔡州的人就是我的人了,又有什么可怀疑的呢?"

蔡州人听了这番话被感动得流下泪来。吴少阳、吴元济父子约束军队,禁止两个以上的人在路上说话;不许夜里点灯;有用酒宴交往的犯死罪。裴度开始在蔡州理事,下令只禁止偷盗、斗殴、杀人,其余都不过问,不管白天黑夜人们可以自由往来。蔡州人这才尝到了生活的欢乐。

范祖禹评说:

裴度用刑法讨伐叛逆,用德行感化降人,使老百姓一下子就明白了叛贼的残暴,朝廷的仁爱,所以能使其改变犷悍习俗,成为和乐欢娱之民。

以后朝廷用兵平定淄州青州之乱就易如反掌。这不仅是乘胜用兵比较容易,也是人心先归向朝廷的缘故。难道这不是以诚恳的态度待人接物产生的效果吗?

【原文】

初,淮西之人劫于李希烈、吴少诚之威虐①,不能自拔,久而老者衰,壮者安于悖逆,不复知有朝廷矣。自少诚以来,遣诸将出兵,皆不束以法制,听各次便宜自战,故人人得尽其才。韩全义之败驲水也②,于其帐中得朝贵所与问讯书,少诚束而示众曰:"此皆公卿属全义书,云破蔡州日,乞一将士妻女为婢妾。"由是众者皆愤怒,以死为贼用。虽居中土,风俗犷戾,过于夷貊。故以三州之众,举天下之兵环而攻之,四年然后克之。

臣祖禹曰:人君之御天下,其失之甚易,其取之甚难。以宪宗之明断,将相之忠贤,竭天下之兵力,以伐三州,四年而后克。其难如此,则人君岂可不兢兢业业、慎其所,以守之者哉!

【注释】

①李希烈:燕州辽西(今北京市顺义)人。德宗时为淮宁节度使。吴少诚:幽州潞县(今北京市通州区东)人。宪宗时淮宁节度使。

②韩全义:出身行伍,因巧事宦官窦文场,成为神策行营节度使,迁夏绥银宥有节度使。

【译文】

以前,淮西的百姓遭受李希烈、吴少诚的严重祸害,不能自我解救;时间长了,年长的变成衰翁,年幼的变成壮年,逐渐习惯了在叛逆统治下生活,反而不知道还有朝廷了。自吴少诚以来,派遣诸将出兵,都不用法纪约束,听他们凭自己的意愿看情况自行战斗,因此人人得以各展其才。

前来征讨的招讨使韩全义在溵水被打败,在他的中军大帐搜得朝中权贵写给他的慰问信,吴少诚把这些信捆起来示众说:

"这都是王公大臣嘱托韩全义的信,里头说打破蔡州那天,要求得到蔡州将士的妻子女儿当小老婆!"

为此他的部下都愤怒起来,愿以死为叛贼效力。虽然这里本是中原风俗,这时却变得犷悍过于蛮夷。所以它能以三州之众,在全国的军队来围攻时,经过了四年才打下来。

范祖禹评说:

国君统治天下,失掉它比较容易,取得安就很困难。

以唐宪宗的明智果断,将相的忠心贤达,竭尽天下兵力,用来讨伐淮西三州,经过四年才攻下来,其困难竟到如此程度。那么国君哪还有不兢兢业业、谨慎守护他

【原文】

初,吐突承璀为淮南监军,李傆为节度使①,性刚严,与承璀互相敬惮,故未相失。承璀归,引以为相。傆耻由宦官进,及将佐出祖②,乐作,傆泣曰:"吾老安外镇,宰相非吾任也?"十二月,傆至京师,受疾,不入见,不视事,百官到门者,皆辞疾不见。傆固辞相位,明年,以傆为户部尚书。

臣祖禹曰:《管子》有言曰:"礼义廉耻,是谓四维,四维不张,国乃灭亡。"夫士之有耻,所以重朝廷也,况为天子之相,而可以无耻乎?"李傆不与宦者结,而其进由之以为垢污,卒辞相位,可谓知耻者矣。若夫为大臣,而不自重其身,媚左右近习以固宠,顿无耻,见利忘义,闻傆之懈,亦可少愧哉!

【注释】

①李傆:字建侯。德宗时任御史,顺宗时任御史中丞,宪宗时历检校礼部尚书、门下侍郎、同平章事等职。

②出祖:设筵饯行。祖,原有祭路神之义,引申为饯别送行。

【译文】

当初,宦官吐突承璀为淮南节度使的监军,李傆为节度使。李傆性格刚强严厉,与吐突承璀二人互相敬畏,所以在二人关系方面倒不曾有什么失误。承璀还朝,荐引李傆当宰相。

李傆觉得让宦官引进是一种耻辱,当他的将士为他设宴饯行奏起乐来的时候,他哭着说:

"我一直在外镇任职,宰相之职不是我能胜任的啊!"

元和十二年十二月到京师,推辞有病不朝见,也不办理公事;百官来到门口,一概推辞有病不见,坚持辞去相位。第二节,让他作了户部尚书。

范祖禹评说:

《管子》曾经说过:"礼义廉耻,是为人处事的四大纲领,这四大纲领不能发扬光大,国家就要不亡。"

士大夫有羞耻之心,才能郑重地立身于朝廷;何况居天子相辅之位,而可以没有羞耻之心吗?李傆不与宦官交往,而以由宦官作进身之阶为耻辱,到底辞去相位,可以说是懂廉耻的人了。倘若身为大臣而不知自重,谄媚皇帝左右的宦官,迎合他们的嗜好,用来邀宠固位,圆滑无耻,见利忘义,听到李傆的节操,也应该多少感到一些羞愧吧!

【原文】

十三年,淮西既平,帝浸骄侈。户部侍郎判度支皇甫镈、卫尉卿、盐铁转运使程异晓其意①,数进羡余以供其费②,由是有宠。镈又以厚赂结吐突承璀。九月,镈以本官、异以工部侍郎并同平章事,使如故。制下,朝野骇愕,至市道负贩者亦嗤之。裴度、崔群极谏其不可③,帝不听。度耻与小人同列,表求自退下。不许,度复上疏,其略曰:"所可惜者,淮西盐定,河北底宁④,承宗敛手削地,韩弘舆疾讨贼⑤,岂朝廷之力能制其命哉？直以处置得宜，能服其心耳。陛下建升平之业，十已八九，何忍还自随坏，使四方解体乎？"帝以度为朋党，不之省。

臣祖禹曰：人君赏一人，而天下莫不劝，罚一人，而天下莫不惧，岂其力足以胜意兆之众哉！处之中理，而能服其心也，用一不肖，而四方莫不解体，杀一无罪，而百姓莫不怨怒，岂必人人而害之哉！处之不中理而不能服其心也。苟能服其心，则治天下如运之掌，何征而不克，何为而不成，裴度可谓知言矣！其所以启告人主，岂不得其要乎！

【注释】

①皇甫鏄：贞元进士，历任监察御史、户部侍郎。宪宗时擢升同中书门下平章事。制度支：兼管全国财赋的统计和支调。判，以高官兼任称判。程异：字师举，京兆长安人。

②羡余：正赋以外的无名税收，为唐以来巧取豪夺的杂税。羡，多义词，此处意为富余、盈余。制：诏命。嗤：嗤之异体字。

③崔群：字敦诗，贝州武城（今山东武城西北）人。初为秘书省校书郎。翰林学士，迁礼部侍郎，吏部尚书等职。

④底：引，致。

⑤韩弘：颍川（今河南省许昌）人。初为州掾，后迁都知兵马使、工部尚书等职。

【译文】

元和十三年，淮西的反叛既已平定，宪宗逐渐骄傲放纵起来。户部侍郎、判度支皇甫鏄，卫尉卿盐铁转运使程异明白他的意图，经常进献额外税收以供其使用，从此这两个人就得到宠信。

皇甫鏄又用重贿交结宦官吐突承璀。这年九月，皇甫鏄以原来官职，程异以工部侍郎官阶，一起当了宰相，和任命宰相的惯例一样。诏命一下，朝中朝外一片惊讶，连街市上担挑背篓的小贩也嗤之以鼻。宰相裴度、崔群极力谏止，宪宗不听。

裴度耻与小人同列，上表请求辞去相位，皇帝不许。

裴度再次上疏，其内容大致说：

"所可惜的，淮西的反叛扫荡平定，河北的混乱致于安宁，王承宗收敛野心缩小地盘，韦弘带病乘车讨贼，这哪里是朝廷武力能制服他们的，主要是处置适宜，能使他们心服罢了。陛下建树太平盛世的大业，已十有八九，怎么忍心又自行毁坏，使四方解体呢？"

宪宗认为裴度搞宗派，竟不觉醒。

范祖禹评说：

国君赏赐一人而天下人没有不受到鼓励的，惩罚一人而天下人也没有不畏惧的。

哪里是他的膂力能胜过亿万群众呢，只不过是处理合理，而能使人心服而已。任用一个小人，而四方藩镇莫不解体；杀一个无罪之人，而百姓没有不怨恨的，哪里一定是人人都去害他呢，只不过是处理不合理，而不能使人心服而已。

如果能使人心服，那么治理天下就如同运转于手掌中一样，有什么征讨不能攻克，有什么举措不能成功？裴度可以说是懂得谏言的了，用它来启发国君，岂不是很得要领么！

·唐鉴·

图文珍藏版

【原文】

十四年,淄青平①。裴度纂述蔡、郓用兵以来帝之忧勤机略②,因侍宴献之,请内印出付史官。帝曰:"如此,似出朕志,非所欲也。"弗许。

臣祖禹曰:宪宗劳而不伐③,有功而不矜④,此大禹之德也⑤。岂不贤哉!其行已如此,而不能胜其骄侈之心,卒任小人,以随盛业,何其拨乱之易,而守成之难邪?盖危则惧,惧则善心生,安则泰,泰则逸心生,是以天下既平,而祸患常生于所忽也。

【注释】

①淄青:唐方镇名,治所在青州(今山东益都)。

②蔡郓:蔡州、郓州。蔡州是淮西军治所,郓州属兖郓方镇。

③伐:夸耀自己的功劳,才能。

④矜:自负贤能。

⑤大禹之德:《尚书·大禹谟》:舜帝谓禹曰:"汝惟不矜,天下莫与汝争能;汝惟不伐,天下莫与汝争功。"

【译文】

元和十四年,淄青叛乱平定,裴度撰写了对蔡郓用兵以来宪宗的忧勤机略,在陪侍宴饮时献给皇帝,请求盖上御玺,交付史官。

宪宗说:

"这样做好象是我的主意,其实这不是我想做的事。"

没有答应裴度的请求。

范祖禹评说:

宪宗忧劳而不张扬,有功而不自鸣得意,这是大禹的品德啊,不是很贤明的吗?他的品行已这么高,但还不能战胜他骄侈的心,终于任用小人而毁坏大业。为什么拨乱容易,守成就难呢?大概有了危机就容易生畏惧之情,畏惧时易生善心;安定了就容易骄纵,骄纵了就容易生淫逸之心。

所以天下既已太平,而祸患就常产生于微小的易被忽视的地方。

【原文】

三月,横海节度使乌重胤奏①:"河朔藩镇所以能旅拒朝命六十余年②者,由诸州县各置镇将领事,收刺史、县令之权,自作威福。向使刺史各得行其职,则虽有奸雄如安、史,必不能以一郡独反也。臣所领德、棣、景三州,已举牒各还刺史职事③,应在州兵④并以刺史领之。"四月,诏诸道节度使、都团练、防御、经略等使,所统支郡兵马,并以刺史领之。自至德以来⑤,节度使权重,所统诸州各置镇兵,以大将主之,暴横为患,故重胤论之。其后河北诸镇,惟横海最为顺命,由重胤处之得宜故也。

臣祖禹曰:后世郡县,古之诸侯也。委之以土地、人民,而不与之兵,是以匹夫而守一州也。天下有变,则城郭不守,而朝廷无藩篱之固,何异于无郡县乎是故为法者,必并盛衰,使一县之众,必由于令,一郡之众,必由于守,守之权归于按察,按察之权归于天子,则天下如纲纲之相维,臂指之相使矣。唐自中叶郡置镇兵,主将有擅兵之势,而刺史无专城之任,是以郡县愈弱,藩镇愈强,横海一帅制之得宜,而数世顺命,况天下处之,皆得其道,何危乱之有哉!

【注释】

①横海:唐方镇名。又名沧景,后期号义昌军。所在沧州(今河北省沧县)。辖沧、景、德、棣四州。乌重胤:字保君,张掖(今属甘肃省)人,宪宗元和五年(810),擒本军叛帅卢从史有功,迁怀庆刺史,兼河阳三城节度使。

②旅拒:又写作旅距,意为聚众抗拒。

③举牒:发出书面通知。牒,书札。

④应在州兵:所在州兵。应,相应。

⑤至德:唐肃宗年号(公元756—758年)。

【译文】

元和十四年三月,横海节度使乌重胤上奏道:

"河北藩镇所以能聚众抗拒朝命六十余年,是因为各州县设置镇将领署其事,夺了刺史县令的权力,自行作威作福的缘故。假如过去使州刺史各得行其职权,那么虽然有安禄山、史思明那样的奸雄,也必然不能以一州的力量单独造反。臣对所领德、棣、景三州,已发出书面通知,归还各州刺史应掌职务,所在州兵,一并归刺史指挥。"

四月,宪宗下诏各道节度使、都团练、防御经略等,命所统各州兵马,都归刺史统领。

自肃宗至德年间以来,节度使权大,所领各州都设置镇兵,命大将主持。

这些兵将蛮横凶暴,成为祸患,所以乌重胤讲述了它的危害。以后河北各藩镇,只有横海最顺从朝命,是由于乌重胤处置得当的结果。

范祖禹评说:

后代的郡县,就像古代的诸侯,交给他土地人民,而不给他军队。

这样一个人就可以守卫一州。但天下一旦有变,城郭就守不住了,朝廷没有稳固的屏障,和没有郡县有什么不同呢?所以制定国家法度的人,必须要关注国家的安危盛衰。要使一县之众必归县令统辖,一郡之众必归太守统辖,太守的权力又归按察使,按察的权力归于天子。这样天子的统治就如同掌握了网和纲的关系;又如同身体指挥胳臂,胳臂指挥手指一样。

唐自中叶以来,州郡设置镇兵,形成主将独专兵权之势,而刺史却没有主宰一州事务的权力。以致州县越来越弱,藩镇越来越强。

横海一帅处置得当,而几代人顺应朝命,如果天下处置都得其道,那么会有什么危乱发生呢?

【原文】

八月,帝问宰相:"玄宗之政,先理而后乱,何也?"崔群对曰:"玄宗用姚崇、宋璟、卢怀慎、苏颋、韩休、张九龄则理,用宇文融、李林甫、杨国忠则乱。故用人得失,所系非轻。人皆以天宝十四年安禄山反为乱之始,臣独以为开元二十四年罢张九龄相专任李林甫,此理乱之所分也①。愿陛下以开元初为法,以天宝末为戒,乃社稷无疆之福?"皇甫𬤇深恨之。

臣祖禹曰:天下治乱,系于用人,明皇之政,昭然可睹矣。崔群以退张九龄,任李林甫,为治乱之所分,岂徒有激而云哉! 其可谓至言矣。圣人复起不能易也。

【注释】

①理乱之所分:唐玄宗开元二十四年,张九龄被罢相,标志着盛唐开明政治的结束,成为国家治理与混乱的分界线。

【译文】

元和十四年八月,宪宗问宰相道:

"玄宗时候的政治,前段得到治理后来就乱了,是什么原因呢?"

崔群回答说:

"玄宗任用姚崇、宋景、卢怀慎、苏颐、韩休、张九龄,国家就得到治理,任用宇文融、李林甫、杨国忠,国家就混乱。所以用人得失,关系重大。人们都以天宝十四年安禄山反叛,作为国家混乱的开始,我独以为开元二十四年罢去张九龄的宰相,专任李林甫,这才是治理与混乱的分界线。愿陛下以开元初期为尺度,以天宝末年为鉴戒,这是国家无穷的福分。"

皇甫𬤇对崔群的言论十分愤恨。

范祖禹评说:

国家的治理与混乱关系在于用人,这在唐明皇时的政治方面,是看得清清楚楚的。

崔群以斥退张九龄、专任李林甫为治理与混乱的分界,哪里只是他出于激愤才说出来的,这可以说是至理名言,就是圣人复出,也是改变不了这种观点的。

【原文】

十五年正月,帝服金丹,多躁怒,左右宦官往往获罪,有死者,人皆自危。庚子,暴崩于中和殿。时人皆言内常侍陈弘志弑逆,其党类讳之,不敢讨贼,但云药发,人莫能明也。初,左军中尉吐突承璀谋立沣王恽,为太子,帝不许。及帝寝疾,承璀谋尚未息,太子忧之。帝崩,中尉梁守谦与诸宦官马进潭、刘承偕、韦元素、王守澄等共立太子,杀吐突承璀及沣王恽。

臣祖禹曰:宪宗伐叛讨逆,清平河南,唐室威令,赫然复张,而变生于左右近习,身陷大祸,由任相非其人故也。可不为深戒欤!

右,宪宗在位十六年,为陈弘志所杀,年四十三。

臣祖禹曰:陈弘志弑宪宗,而穆宗不讨贼,故旧史于宪宗之崩,疑以传①,疑其后文宗谋诛宦者,本讨元和之乱②。宣宗追怨穆宗,以为预谋穷治,逆党③诛之,殆尽,其子孙皆以为弑则无疑矣。臣故正其事曰"陈洪志所弑"。

【注释】

①旧史于宪宗之崩,疑以传疑:《旧唐书·宪宗纪》:十五年正月庚子夕,"上崩子太明宫之中和殿,享年四十三。时以暴崩,皆言内官陈弘志弑逆,史氏讳而不书。"

②文宗谋诛宦者:唐文宗太和九年(835),与太仆卿兼御史大夫李训、翰林侍讲学士郑注谋诛宦官,史称"甘露之变"。

③宣宗预谋,穷治逆党:大中八年(844),宣宗以为甘露之变惟李训、郑注当死,其余宰相王涯、贾𫗧等无罪,下诏为之昭雪。又与翰林学士韦澳商议诛杀宦官事。

【译文】

元和十五年正月,宪宗服用金丹,常常暴躁,左右宦官往往有因此获罪致死的,弄得人人自危。

正月初八日,宪宗暴死于中和殿。当时人们都怀疑是内常侍陈弘志作乱弑君,他的同党有意隐瞒,不敢讨伐凶手,只说是药物发作,外人难明真相。

当初,左军中尉吐突承璀打算立澧王李恽为太子,宪宗不许。

待到宪宗卧病不起,承璀的阴谋还没有消除,太子李恒很担心。

宪宗死后,中尉梁守谦与诸宦官马进潭、刘承偕、韦元素、王守澄等共同立太子登极,杀了吐突承璀及澧王李恽。

范祖禹评说:

宪宗讨伐叛逆,荡平河南,唐朝的威严,赫然重新振兴起来。然而事变生在左右亲近的人,身遭大祸,这是由于任用宰相不得其人的缘故啊。能不深深引以为戒吗!

以上,宪宗在位十六年,为陈弘志所弑杀,死时四十三岁。

范祖禹评说:

陈弘志杀死宪宗,而穆宗并不讨伐凶手。所以旧的史书上对于宪宗的驾崩,都以疑传疑。

以后文宗打算诛杀宦官,就是出于要讨伐元和之乱的凶手。宣宗回想起来就怨恨穆宗,预谋彻底惩办逆党,把宦官都杀光。其后子孙以为宪宗被弑是无疑的了。

因此,我对这件事明确表示:宪宗是被宦官陈弘志杀死的!

唐鉴第十九卷

穆宗　敬宗

穆宗

【原文】

长庆元年三月①，翰林学士李德裕②，吉甫之子也，以中书舍人李宗闵尝对策讥切其父③，恨之。宗闵又与翰林学士元稹争进取有隙④。右补阙杨汝士与礼部侍郎钱徽善，徽掌贡举，西川节度使段文昌、翰林学士李绅各以书属所善进士于徽；及榜出，文昌、绅所属皆不与焉，及第者，郑朗，覃之弟；裴譔，度之子；苏巢，宗闵之婿；杨殷士，汝士之弟也。文昌言于帝曰："今岁礼部不公，所取进士皆子弟无艺，以关节得之。"帝以问诸学士德裕、稹、绅皆曰："诚如文昌言。"帝乃命中书舍人王起等覆试。四月，诏黜朗等十人，贬徽江州刺史，宗闵敛州刺史，汝士开江令。或劝徽奏文昌、绅属书，上必徽曰："苟无愧心得丧一致，奈何奏人私书，岂士君子所为邪！"取而焚之，时人多之。自是德裕、宗闵各分朋党，更相倾轧，垂四十年。

臣祖禹曰：昔汉之党锢⑤，始于甘陵二部相讥，而成于太学诸生相誉。海内涂炭二十余年。唐之朋党，始于牛僧孺、李宗闵对策⑥，而成于钱徽之贬。皆自小以至大，因私以害公。凡群臣有党，由主听不明，君子小人杂进于朝，不分邪正忠谗，以黜陟之，而听其自相倾轧，以养成之也。是以穆宗以后，权移于下，朝无公政，士无公论，爵赏僭滥，刑罚文纷，士之附会者，不入于牛，则入于李，不忧国家之不治，而唯恐其党之不进也。与夫三君八俊⑦，厉名节，立廉耻，以抗权邪者，斯为下矣。何则汉之党尚风节，故政乱于上，而俗清于下，及其亡也，人犹畏义，而有不为。唐之党趋势利势穷利尽而止。故其衰季，士无操行，不足称也。为国家者可不防其渐哉！

【注释】

①长庆：唐穆宗年号。

②李德裕：字文饶，赵郡（今河北省赵县）人，穆宗时任翰林学士、浙江观察使、西川节度使。武宗时，由淮南节度使入朝为相，宣宗时，为牛派所构陷，贬崖州（今海南省琼山东南）司户，不久去世。李德裕是牛李党争中李派首领。

③李宗闵:字损之,穆宗时为中书舍人,迁监察御史。同牛僧孺结为朋党。大和三年(829)任宰相。

④元稹:字微之,河南(今河南省洛阳市)人。德宗时任左拾遗,出为河南尉,拜监察御史。元稹为唐代著名诗人,与白居易齐名,并称"元白"。

⑤汉之党锢:以房植、周福为首的两派斗争。李膺等养太学游士,交结诸郡生徒,共为部党,诽谤朝廷,疑乱风俗。天子震怒,下令收捕,连及二百余人。禁锢终身,灵帝时又兴党人之狱,李膺、范滂等名士百余人死狱中。

⑥牛僧孺:字思黯,鹑觚(甘肃灵台)人。宪宗时,与李宗闵对策,修指失政,官至御史中丞。穆宗时为相,与李宗闵等结为朋党,排斥异己,权震天下。

⑦三君八俊:《后汉书·党锢传序》:"窦武、刘淑、陈蕃为三"君"。君者,言一世之所宗也。李膺、荀翌、王畅……为"八俊"。俊者,言人之英也。"

【译文】

穆宗长庆元年三月,翰林学士李德裕—李吉甫的儿子,因为中书舍人李宗闵曾在对策时讥刺过他父亲,便对李宗闵怀恨在心。而李宗闵又与翰林学士元稹相争进取权位有矛盾。

当时右补阙杨汝士与礼部侍郎钱徽关系好,他二人掌管科举。西川节度使段文昌、翰林学士李绅,都写信给钱徽,推荐与自己友好的人作进士。等到放榜,段文章、李绅所推举的人都榜上无名。而及第的,有郑覃的弟弟郑朗,裴度的儿子裴譔,李宗闵的女婿苏巢,杨汝士的弟弟杨殷士。

段文昌便对穆宗说:

"今年礼部科举不公,所取进士都是没有才能的子弟,靠关系晋身的。"

穆宗询问诸学士,李德裕、李绅都说,的确像殷文昌说的那样。于是穆宗就命中书舍人王起等进行复试。

四月,穆宗下诏罢免郑朗等十人,并将钱徽贬为江州刺史,李宗闵贬为剑州刺史,杨汝士贬为开江县令。

有人劝钱徽向皇帝奏明段文昌、李绅写信嘱托的事,皇帝一定会明白真相。

钱徽说:

"倘若于心无愧,得失都一样,为什么要把私人信件上奏,那岂是正人君子所应该做的?"

把段文昌、李绅的信取出烧了,受到当时人们的赞许。

从此,李德裕、李宗闵各分党派,互相倾轧,持续了四十年。

范祖禹评说:

过去东汉的党锢之祸,开始于甘陵两部的互相讥讽,而形成于太学诸生的互相赞誉,天下蒙受灾难二十多年。唐朝的朋党,开始于牛僧孺、李宗闵的对策,而形成了钱徽的被贬,都是从小到大,因私而害公。

凡是群臣形成党派,都是由于国君受到蒙蔽,听不到正确意见,君子小人混杂于朝廷之中,罢黜提升不分邪正忠谗,听任他们互相倾轧而养成的。

所以穆宗以后,大权下移,朝廷没有公平的政治,士大夫没有公正的议论,奖赏过滥,刑罚混乱。读书人追求功名的,不是投入牛党,就是投入李党,他们不是担心国家得不到治理,而唯恐他们的党派不能获得权势。与东汉党锢中"三君""八俊"的厉身名节、立志廉耻以抗拒权势奸邪者相比,这些人就属于下流了。

为什么？汉朝的党人崇尚高风亮节，所以上层的政治混乱，而下层的风俗淳厚；即便这些人去世了，人们还担心自己有不义的行为。唐朝的党人追逐势利，权势和利禄没有了就裹足不前。

所以到他们衰败的时候，这些士大夫便丧失操行，是不足称道的。治理国家的人，能不防微杜渐吗！

【原文】

十月，河东节度使裴度讨幽镇①。翰林学士元稹与知枢密魏弘简深相结，求为宰相，由是有宠于帝，每事咨访焉。稹无怨于裴度，但以度先达众望，恐其复有功大用，妨己进取，故度所奏画军事，多与弘简从中沮坏之。度乃上表极陈其朋比奸蠹之状，以为："逆竖构乱，震惊山东奸臣作朋，挠败国政。陛下欲扫荡幽、镇，先宜肃清廷。何者？为患有大小，议事有先后。河朔逆贼，只乱山东；禁闱奸臣，必乱天下；是则河朔患小禁闱患大。小者臣与诸将必能剪灭，大者非陛下觉悟制断无以驱除。"又曰："若朝中奸臣尽去，则河朔逆贼不讨自平；若朝中奸臣尚存，则逆贼纵平无益。表三上，帝虽不悦，以度大臣，不得已，以弘简为弓箭库使，稹为工部侍郎，稹虽解翰林恩遇如故。

臣祖禹曰：昔周宣王任贤使能，吉甫征伐于外②，而王之所与处者张仲，孝友也。夫使文武之臣征伐，而左右前后得正良之士，善其君心，则谗言不至，而忠谋见此，此所以能成功也。苟使谗邪之人，从中制之③，则虽吉甫无以成其功。宣王能复文武之业，以致中兴者，内顺治而外威严也。穆宗庸昏，奸谗在侧，裴度欲先正其本，而后治其末，图其大，而后忧其小，此辅相之职业也。而其君多僻，卒无成功。盖自古命将出师，而小人沮之于内，未有能克胜者也。可不为深戒哉！

【注释】

①讨幽镇：穆宗长庆元年（821）张弘靖、田兴、王庭凑等人一次互相夺权斗争，朝廷震骇，穆宗下诏诸道讨王庭凑，以裴度为幽（卢龙）、镇（成德）两道招抚使讨伐他们。

②吉甫征伐于外：《诗经·小雅·六月》，赞美周宣王大臣尹吉甫奉命出征玁狁之事。

③谗邪之人：奸猾小人。谗，奸邪。

【译文】

长庆元年十月，河东节度使裴度征讨幽（卢龙）、镇（成德）。翰林学士元稹，与执掌框密的宦官魏弘简互相勾结，希求成为宰相，从此在皇帝面前得宠，每件事都要到魏弘简那里请教。

元稹与裴度并无嫌怨，但因裴度德高望重，怕他又立新功得到大用，有碍自己进取，所以裴度上奏的军事计划，多为魏弘简从中阻挠破坏。裴度便上表详述他们互相勾结、为非作歹的情况。

"逆贼作乱，震惊华山以东广大地区；奸臣结党，阻挠破坏国家大事。陛下要想扫荡卢龙、成德藩镇之乱，应先肃清朝廷内部。为什么？对国家造成的祸患有大有小，安排处理国事有先有后。河北的逆贼，只祸乱华山以外；皇宫内部的奸臣，必然祸乱天下。这样,河北的祸患就小,宫廷内部的祸患就大。小祸患我与各位将将领一定能够消除,大的祸患除非陛下醒悟制裁,没有办法驱除。"

又说:

"如果朝中奸臣都除去了,那么河北逆贼不讨自散;如果朝中奸臣继续存在,就是把逆贼讨平了也无大益处。"

上表了三次,穆宗虽然不高兴,因为裴度是元老重臣,不得已,把魏弘简降为弓箭库使,元稹降为工部侍郎。

元稹虽被罢去翰林学士衔,但恩遇依然如故。

范祖禹评说:

过去周宣王任贤用能,尹吉甫在外征伐,而宣王与之相处的,是张仲那样孝友的人。若使身兼文武的大臣出外征伐,而君王左右前后能得到正良之士,使君王保持善心,谗言不到身边,忠谋能被采用,这样征伐就能成功。假使奸邪小人从中捣乱,就是贤如尹吉甫那样的大臣也无法成功。

周宣王所以能使文治武功的大业致于中兴,是因为朝中能按礼义而治,对外则施以严威。

唐穆宗昏庸,被奸佞小人包围。裴度想先为朝廷扶正根本,然后再治末节;先解决大的,而后再考虑小的,这是辅佐国君宰相的责任。而他的国君偏邪,结果使出师不利。

自古以来命将出师,而小人从朝内作梗,没有能取得胜利的,能不深以为戒吗!

【原文】

二年,先是,卢龙节度使刘总弃官为僧①,以卢龙归朝廷奏分所属为三道:以幽、涿、营为一道②,请除张弘靖为节度使;平、苏、妫、檀为一道③,请除薛平为节度使;瀛、莫为一道④,请除卢士玫为观察使⑤。弘靖先在河东,以宽简得众,总与之邻境,闻其风望,以燕人桀骜日久⑥,故举弘靖自代以安辑之。平知河朔风俗,而尽诚于国,故举之。士玫,则总妻族之亲也。总又尽择麾下宿将有功伉健难制者,朱克融等送之京师,乞加奖拔,使燕人有慕羡朝廷禄位之志。又献征马万五千匹,然后削发委去。是时,帝方酣宴,不留意天下之务,宰相崔植、杜元颖无远略,不知安危大体,苟欲崇重弘靖,惟割瀛、莫三州,以士玫领之,自余皆统于弘靖。朱克融辈久羁旅京师,至假坏衣食⑦,日诣中书求官,植、元颖不之省。及除弘靖幽州,勒克融辈归本军驱使,克融辈皆愤怨。弘靖骄贵,庄默自尊,宾客将吏罕行闻其言,情意不接。所辟幕僚韦雍辈多年少轻薄之士,嗜酒豪纵,裁刻军士粮赐,数以反虏诟责吏卒,军中人人怨怒。雍欲杖小将,不服,士卒因作乱。囚弘靖,杀韦雍等,推朱克融为留后。初,成德节度使王承宗卒,朝廷以魏博节度使田弘正为成德节度使。弘正自以久与镇人战,有父兄之仇,以魏兵二千从赴镇,因留以自卫,奏请度支供其粮赐。户部侍郎、判度支崔倰,性刚褊,无远虑,谓魏镇各自有兵,恐开事例,不肯给。弘正四上表,不报;不得已遣魏兵归。弘正厚于骨肉辇魏镇之货以供兄弟子侄之费,河北将士颇不平。诏以钱百万缗赐成德军,度支辇运不时至军士益不悦。都知兵马使王庭凑潜谋作乱,激怒士卒。魏兵既去,庭凑夜结牙兵噪于府署。杀弘正及幕僚、元从将吏并家属三百余人。庭凑自称留后,崔倰于崔植为再从兄,故时人莫敢言其罪。诏起复田弘正之子前泾原节度使布为魏博节度使,又诏魏博、横海、昭义、河东、义武诸军讨庭凑。帝自即位,赏赐左右及宿卫诸军无节,及幽镇用兵久无功,府藏空竭,执政乃议:"王庭凑杀田弘正而朱克融全张弘靖,罪有轻重,请赦克融,专讨庭凑帝从之,以克融为卢龙节度使。田布以魏兵讨镇,魏与幽、镇本相表里,及幽、镇叛,魏人摇心。魏博先锋兵马使史宪诚阴蓄异志,离间鼓扇之。会有诏分魏博军与李光颜,使救幽州布军大溃,多归宪诚,布独与中军八千人还魏。复议出兵诸将益偃蹇,欲布行河朔售事,布无如之何,遂自杀。众拥宪诚还魏,奉为留后。诏以宪诚为魏博节度使。深州围益急,朝廷不得已,二月,以庭凑为成德节度使。帝之初即位也,两河略定,萧俛、段文昌认为:"天下已太平,渐宜消兵,请密诏天下,军镇有兵处,每岁百人之中限八人逃、死。"帝方荒宴,不以国事为意,遂可其奏。军士落籍者众,皆聚山泽为盗。及朱克融、王庭凑作乱,一呼而亡卒皆集。诏征诸道兵讨之,诸道兵即少,皆临时召募,乌合之众。又,诸节度既有监军,其领偏师者亦置中使监陈,主将不得专号令,战小胜则飞驿奏捷,自以为功,不胜则迫胁主将,以罪归之。悉择军中骁勇以自卫,遣羸懦者就战,故每战多败。凡用兵举动皆自禁中授以方略,朝令夕改,不知所从;不度可否,唯督令速战。中使道路如织,驿马不足掠行人马以继之。人不敢由驿路行故虽,以诸道十五万之众,裴度元臣宿望乌重胤、李光颜皆当时名将,讨幽、镇万余之众,屯守逾年,竟无成功,财竭力尽。崔植、杜元颖、王播为相,皆庸才,无远略。史宪诚既逼杀田布朝廷不能讨,遂并朱克融、王庭凑以节钺授之。由是,再失河朔,讫于唐亡,不能复取。

臣祖禹曰:宪宗平河南、开魏博,由宰相得其人也。穆宗拱手而得幽镇,不唯不能有,而并魏博失之,由宰相非其才也。其得之也以相,其失之也以相,相者治乱之所系,岂不重欤。

右穆宗在位五年崩年三十。

【注释】

①刘总:幽州昌平(今属北京市)人,卢龙节度使刘济次子。元和五年(810)毒死其父兄,自领军务,朝廷不知,授以节度使后,削发为僧。

②幽、涿、营:卢龙方镇所辖三州,分别相当于今北京市、河北省涿州市、辽宁省辽阳一带。

③平、蓟、妫、檀:卢龙方镇所属四州,分别相当今河北卢龙、遵化、张家口一带。蓟州治所在渔阳,今天津市蓟州区。

④瀛、英:卢龙所属二州,分别相当今河北保定、任丘一带。

⑤除:拜官授职,就任新官。

⑥桀骜:也作桀傲。凶暴乖戾。

⑦假坿:求借。扞同"丐",讨要。

【译文】

长庆二年。

以前卢龙节度使刘总辞官出家,将卢龙归服朝廷。上奏皇帝建议把卢龙所属州郡分为三道。以幽州、汲州、营州为一道,请调张弘靖为节度使。

平州、蓟州、妫州、檀州为一道,请调薛平为节度使。

瀛州、莫州为一道,请调卢士枚为观察使。张弘靖原在河东任节度使时,以治理宽简得到众人拥护,刘总的割区与他的邻界,听说过他的风节声望,因幽燕一带的人凶暴狂傲时间长了,所以举荐张弘靖代替自己来安抚众人。

刘总一向了解河北一带的风俗，要对国家竭尽忠诚，所以推举张弘靖。

卢士枚则是刘总妻子的亲戚。刘总还挑选部下有功而凶悍难制的宿将朱克融等，把他们送到京师，希望得到朝廷奖拔，使这些幽燕之人产生羡慕朝廷官位的心愿。刘总又向朝廷献战马一万五千匹，然后削发为僧。

这时皇帝正醉心宴乐，不留心国家事务。

宰相崔植、杜元颖没有远见卓识，不懂国家安危大局，尽想加重张弘靖的权威，只割瀛、莫二州让卢士枚统领，其余都归于张弘靖。朱克融这些人长时间困居京师，到了向人借衣求食的地步，每日到中书省求官。

崔植、杜元颖不觉悟，反调张弘靖去幽州，逼迫朱克融这些人归李军驱使，朱克融等都很恼怒。张弘靖为人骄傲，庄严沉默自高自大，宾客将吏很难听到他说话，上下情意不能勾通。

他所征召的幕僚韦雍之流，多是年少轻薄之士，嗜酒豪纵，克扣军士粮饷，多次辱骂士卒为"反虏"。

军中人人怨怒，韦雍想杖责小将，小将不服，士卒因而作乱，囚禁了张弘靖，杀了韦雍之辈，推举朱克融为留后。当初，成德节度使王承宗死了以后，朝廷调魏博节度使田弘正为成德节度使。

田弘正自以为魏博久与成德军交战，父兄有过仇怨，便带领二千名魏兵跟随自己赴镇州，接着就留作自卫，并奏请朝廷度支供应粮饷。户部侍郎兼管度支的崔寔，性情刚愎自用，没有远见，说魏、镇各自有兵，恐开先例，不肯给。田弘正四次上表，都不给回答。田弘正不得已，只得遣魏兵回去。

他又厚赐亲属，用车拉了些魏、镇的财物供应兄弟子侄们花费，河北将士很感到不满。

皇帝曾下诏用一百万缗赏赐成德军的开支，没有及时运到，军士们更不高兴。都知兵马使王庭凑，阴谋作乱，激怒士卒。二千魏兵已经离去，王庭凑于夜间勾结牙兵鼓噪于帅府，杀了田弘正及幕僚、随从、将吏及家属三百余人，自称留后。崔寔是宰相崔植的远房兄长，所以当时人们不敢揭穿他的罪行。皇帝下诏起用田弘正的儿子前泾原节度使田布为魏博节度使。又诏魏博、横海、昭义、河东、义武诸军讨伐王庭凑。穆宗自即位以来，赏赐左右及宿卫诸军没有节制，到对幽州、镇州用兵时久而无功，国库已经空虚。

这时执政大臣动议：王庭凑杀了田弘正，而朱克融却保全了张弘靖，他们的罪有轻有重，请赦朱克融，专讨王庭凑。皇帝听从了这一建议，以朱克融为卢龙节度使。田布用魏兵讨镇州。镇州与幽州互为表里。及幽州镇州叛乱，魏兵人心动摇。

魏博先锋兵马使史宪诚心怀反意，从中扇动离间。又逢皇帝下诏分魏博军与李光颜使救幽州，因而田布的军队大败，军士多投向史宪诚。田布独与中军八千人还归魏州，重议出兵事宜。诸将更加怠惰，想让田布也学河北其他节度使的样子，田布没有办法，遂自杀身亡。众人拥史宪诚回到魏州，推为留后。

皇帝下诏以史宪诚为魏博节度使。王庭凑围攻深州甚急，朝廷不得已，于二月以王庭凑为成德节度使。穆宗初即位时，河南河北局势大致平定，萧俛、殷文昌以为天下已太平，就逐渐削减军队，请皇帝密诏全国各军镇有军队的地方，每年百人之中可允许有八人逃亡。

皇帝沉醉于逸乐，不以国事为重，遂准了他们的奏章。

这样，军士逃离军籍的很多，都啸聚山泽当了强盗。到朱克融、王庭凑作乱，一声呼唤,这些逃亡士卒就都又聚集起来。皇帝下诏诸道兵讨伐,各道兵员既少,都是临时召募的乌合之众;又各节度幕府既有宦官监军,就是统领偏师的将军也有宦官监阵,主将不能独立发号施令。

战斗取得小胜,这些宦官便通过驿道飞马报捷,自以为立了大功;战斗不胜就威胁主将,把罪责归于他们。还把军中骁勇的军士都挑选出来保卫自己,派遣那些瘦弱的去打仗,所以一遇战斗就往往失败。凡有用兵举动,都从宫禁之中授以方略,朝令夕改,不知所从,不明确表示意见,只是督令速战。宦官来来往往交织于驿道,驿站的马不够用,就抢掠行人的马接替,弄得行人不敢在驿道上走路。所以虽然以诸道十五万兵力,有裴度这样有宿望的元老重臣,有乌重胤、李光颜这些一代名将,讨伐幽、镇万余人,屯守超过一年,竟不能成功,却耗尽了财力。崔植、杜元颖、王播为相,都是没有远见的庸才。史宪诚既逼杀田布,朝廷不能讨伐,遂连朱克融、王庭凑一并授予节度使的符节斧钺。

从此,朝廷再次失掉了河北,直到唐朝灭亡再不能收复。

范祖禹评说:

宪宗平定河南,开通魏博,是由于选用的宰相得人。穆宗拱手得到幽州、镇州,不仅不能守住,而且连魏博也失掉了,是由于选用的宰相不是东西。

所以得到是由于宰相,失去也是由于宰相,宰相之职关系国家治理与混乱的大局,岂不是非常重要的吗?

以上是穆宗在位五年,死时三十岁。

敬宗

【原文】

宝历三年正月①,裴度自兴元入朝,李逢吉之党百计毁之②。先是民间谣云③:"绯衣小儿坦其腹,天上有口被驱逐。"又,长安城中有横亘六岗,如乾象④,度宅偶居第五冈。拾遗张权舆上言:"度应名图谶⑤,宅占冈原,不召自来,其心可见。"帝虽年少,察其诬谤,待度益厚。二月,以度为司空同平章事。

臣祖禹曰:孔子言卫灵公无道而不丧,曰:"仲叔圉治宾客,祝鮀治宗庙,王孙贾治军旅。夫如是,奚其丧?"言其国犹有人也。敬宗狂童足以取亡,而能不惑奸言,复相裴度,虽其身不免,而社稷有主天下未乱,由得一相故也。贤人所系岂不重哉!

【注释】

①宝历:唐敬宗年号。

②李逢吉:字虚舟,郑州(今属河南省)人。唐哲宗、穆宗时曾任宰相。

③民间谣:"绯衣小儿"之谣,实为李逢吉奸党中伤之辞。"绯衣"指裴度,"天上有口"为"吴"字,指吴元济。

④六岗如乾象:《旧唐书·裴度传》:"帝城东西,横亘六岗,合'易象乾卦'之数。"乾,天。乾象为天象。

⑤图谶:巫师或方士制作的一种隐语或预言,作为吉凶的符验,也常为帝王膺

受"天命"的征兆。

【译文】

敬宗宝历三年正月,裴度从兴元入朝,李逢吉之党羽千方百计地加以诋毁。先是民间传播歌谣说:"绯度小儿坦其腹,天上有口被驱逐。"还有,长安城中有横贯的土岗如易卦的乾象,裴度的宅第偶尔占据第五岗,左拾遗张权舆上书说:裴度的名字应了帝王之兆,宅第占据岗原,不经召唤私自来京,其野心昭然若揭。"皇帝虽然年少,感觉出来他们是在诬蔑诽谤,对待裴度态度反而更好。二月,用裴度当了宰相。

范祖禹评说:孔子讲卫灵公昏庸无道却没有败亡,说道:"仲叔圉接待宾客,祝鮀管理宗庙祭祀,王孙贾管理军队。像这样,怎么会败亡?"这是说他国内还有人才。敬宗还是孩童,本来容易上当,却能不被奸言迷惑,又让裴度当宰相,虽然他本身后来未能避免灾祸,而国家有了栋梁,天下未乱,是由于得到一名贤相的缘故。贤人一身关系国家安危,这难道不是非常重要的吗!

【原文】

帝游戏无度,狎昵群小,善击球,好手搏,禁军及诸道争献力士,又以钱万缗付内园,令召募力士,昼夜不离侧;又好深夜自捕狐狸。性复褊急①,士或恃恩不逊,辄流配、籍没②;宦官小过,动遭捶挞,皆怨且惧。十二月,辛丑,帝夜猎还宫与宦官刘克明、田务澄、许文端及击球军将苏佐明、王嘉宪、石从宽、阎惟直等二十八人饮酒。帝酒酣,入室更衣,殿上烛忽灭,苏佐明等弑帝于室内。刘克明等矫称帝旨,命翰林学士路隋草遗制,以绛王悟句当军国事③。壬寅,宣遗制绛王见宰相百官于紫宸外庑。克明等欲易置内侍之执权者,于是枢密使王守澄、杨承和、中尉魏从简、梁守谦定策,以卫兵迎江王涵入宫,发左右神策、飞龙兵进讨贼党,尽斩之。克明赴井,出而斩之。绛王为乱兵所害。癸卯,以裴度摄冢宰百官④,谒见江王于紫宸外庑,甲辰,见诸军使于少阳院。乙巳,文宗即位,更名昂。

臣祖禹曰:裴度位为上相,安危所系,君弑而不讨贼君立而不预谋;宫闱有变而外庭不知,惟宦者所立则奉以为君耳。且二日之间而三易君王,废置皆由宦者,不痒宰相,由安用大臣矣。唐之纲纪于是大坏,以度之勋德处之犹如此,而况不贤者乎!

【注释】

①褊急:器量小而性急躁。
②籍没:没收财物入官。
③句当:办理,也作"勾当"。
④冢宰:周代官名,为六卿之首,一称大宰。后来也称吏部尚书为冢宰。

【译文】

敬宗游戏无度,亲近许多少年,善于踢球,又好拳击,禁军及诸藩镇争着向他进献大力士。

他又拿一万缗钱交付内苑小儿,令他们召募力士,让力士们昼夜不离身边。还喜欢深夜自己去抓捕狐狸。他器量狭小而性情急躁,力士有时凭借恩宠态度稍不恭顺,就流放出去,没收家产。宦官有了小过失,动不动就遭到拳打鞭抽,都怨恨而恐惧。

十二月辛丑日,皇帝夜猎还宫,与宦官刘克明、田务澄、许文瑞,以及击球将军苏佐明、王嘉宪、石从宽、阎惟直等二十八人饮酒。

当他正喝得高兴,入室更衣时,殿上灯烛忽然熄灭,苏佐明这些人把皇帝杀死在室内。刘克明等假传圣旨命翰林学士路隋起草皇帝遗诏,让绛王李悟主持军国大事。壬寅日,宣读遗诏,绛王于紫宸殿外廊接见文武百官。刘克明等打算调换内侍掌权的。

于是枢密使王守澄、杨承和,中尉魏从简、梁守谦定计,派衙兵迎江王李涵入宫,发左右神策、飞龙兵进讨贼党,把他们全部杀光。刘克明逃入井中,揪出来斩了。绛王也被乱兵所害。癸卯日,暂以裴度统领百官,拜见江王于紫宸殿外廊。甲辰日,于少阳院接见各军使。

乙巳日,文宗即位,更名李昂。

范祖禹评说:

裴度身为上相,关系着国家安危,可是国君被杀而不能讨贼,新君而不能参与决议;宫廷有变而宫外不知,只凭宦官确立,就奉以为君罢了! 而且天之内三换君主,废弃确立都凭宦官,与宰相无关,这还用大臣干什么! 唐朝的纲纪,从此大坏。

以裴度的大功盛德,还落到这种境地,何况不如他的大臣呢?

【原文】

右敬宗在位三年,为刘克明等所弑,年十八。

臣祖禹曰:周公作《无逸》曰:在昔商王中宗,享国七十有五年,高宗五十有九年,祖甲三十有三年。自时厥后,立王生则逸。或十年、或七八年、或五六年、或四三年。夫人君在位之浅深,享寿之多少系其治之逸勤德之薄厚不可不知也。

【译文】

以上唐敬宗在位三年,为刘克明等所杀,死时才十八岁。

范祖禹评说:

周公作《无逸》说:在以前商王中宗在位七十五年,高宗五十九年,祖甲三十三年。

自此以后即位的国王,生活贪图安逸,在位或十年,或七八年,或五六年,或三四年。

由此看来,国君在位时间的长短,年寿的多少,全靠他的治理是逸是勤,他的道德是薄是厚,这个道理不可不明白啊!

唐鉴第二十卷

文宗　武宗

文宗

【原文】

太和二年①，自元和之末，宦官益横，建置天子在其掌握，威权出人主之右，人莫敢言。三月，帝亲策制举人贤良方正②刘蕡对策③，极言其祸，其略曰："陛下宜先忧者，宫闱将变、社稷将危、天下将倾、海内将乱。"又曰："陛下将杜篡弑之渐，则居正位而近正人，远刀锯之贱，亲骨鲠之直，辅相得以专其任，应职得以守其官，奈何以亵近五六人揽天下大政！祸稔萧墙，奸生帷幄，臣恐曹节、侯览复生于今④。"又曰："忠贤无腹心之寄，阍寺擅废立之权，陷先君不得正其终，致陛下不得正其始。"又曰："陛下何不塞阴邪之路，屏亵狎之臣，制侵凌迫胁之心，复门户扫除之径⑤，戒其所宜戒，忧其所宜忧！既不能治其前，当治于后，既不能正其始，当正其终。"又曰："臣非不知言发而祸应，计行而身戮，盖痛社稷之危哀生人之困，岂忍姑息时忌，窃陛下一命之宠哉！"贤良方正裴休、李郃等二十二人皆中第，考官冯宿等见蕡策，皆叹服，而畏宦官，不敢取。诏下，物论嚣然称屈。谏官、御史欲论奏，执政制之。李郃上疏，自以所对远不及蕡，乞回所授以旌蕡直。不报蕡由是不得仕于朝，终于柳州司。

臣祖禹曰：宦官挟制天子，自宰相以下莫敢指言。刘蕡布衣，无一命之宠，斗升六禄，而怀忠发愤，极言其祸，可谓直矣公，卿大臣岂不愧哉！夫天之生斯人苟有聪明正直之资，必将有用于时，其智必有所发，其才必有所施，不使之汩没，死而后已也。圣人顺天理而感人心，敛天下之贤者而聚之于朝，使之施其所有，以为国之有，则贤无不得其所，贤得其所，则民得其所，民得其所，则物得其所矣。若蕡之直用，用之于谏争之职，纠正之任，举而跻之高位则，则蕡之所有皆在朝廷矣！唐则不然，抑遏之，废斥之使，天下之口莫不称其屈，名塞天地，而身老岩穴，卒不为出用，岂不违天理逆人心乎！

【注释】

①太和：唐文宗年号。

②举人:唐、宋有进士科,凡应科目考试经有司贡举者,通谓之举人。至明、清始专称乡登第者为举人。肾良方正:汉文帝二年下诏举荐贤良方正,能直有谏者。开始。唐宗科举皆有贤良方正科。

③刘蕡:字去华,昌平(今属北京)人。文宗太和二年,应贤良对策,极言宦官祸国,考官叹服。

④曹节:字汉丰,东汉南阳新野(今属河南省)人。宦官,初由小黄门至中常侍。侯览:东汉山阳防东(今山东金乡西南)人,宦官。桓帝初,为中常侍,后封高乡侯。

⑤扫除之径:唐初定制,宦官不授三品官,不任以事,惟门阁守卫,内庭扫除而已。

【译文】

文宗

文宗太和二年。自宪宗元和末年起,宦官更加凶狠,建置天子在他们掌握之中,威权超过了国君,人们都不敢说话。

这年三月,文宗亲临举人参加贤良方正科的选拔。刘蕡在对策中极言宦官祸国,大概是说:

"陛下首先应考虑的,是宫廷将变,社稷将危,天下将倾,海内将乱。"

又说:

"陛下要杜绝篡夺弑君的苗头,就应该居正位而接近正人,疏远受过刀锯的贱人,亲近耿直的辅臣使宰相能行施他的权力,众官能各守其职。为什么使贴近的五六个人,总揽天下大政?这样就会祸起萧墙,奸生帷幄,我担心东汉桓灵时宦官曹节、侯览祸国殃民的局面在当今又会出现。"

又说:

"忠臣贤士的心无所寄托,守宫禁阁门的宦官专擅废立之权,陷害先君不得终其天年,使陛下即位之初就不能顺利治理。"

又说:

"陛下何不堵塞阴邪之路,扫除裹狎之臣,制服侵凌胁迫之心,让他们恢复门户扫除之役,戒其所宜戒,扰其所宜扰?既然不能治于宦官专权之前,就应当治于宦官专权之后;既不能纠正于它的开始,就应当纠正于它的结果。"

又说:

"我深知话说出来祸害也就到了,计策得到实施身体就会遭到杀身之祸。我之所以这样做是痛惜社稷之危难,怜悯民生的困顿,哪里忍心苟且偷安,窃取陛下授予的一官半职!"

贤良方正裴休、李命等二十二人中第。考官冯宿等看了刘蕡的对策,都为之叹服,但害怕宦官,不敢录取。皇帝批准公布了录取名单,舆论哗然,为刘蕡叫屈。谏官御史们要向皇帝上奉章,被宰相压住,无可奈何。李命上疏,以为自己的对策远不如刘蕡,请求收回对自己的录取成命以表彰刘蕡的忠直,没有得到答复。刘蕡从此未能在朝做官,最后只做了柳州司户参军的微官。

范祖禹评说:

宦官挟制天子,从宰相以至文武百官都不敢言语。刘蕡一介布衣,没有朝廷任命的一官半职,没有得到过朝廷一升一斗的利禄,而怀忠发愤,极言宦官之祸,真称得上忠直之士了，和他比起来，公卿大臣们怎能不惭愧！上天养育人类，如果有聪明正直的天资，必将对他所处的时代发挥作用，他的智慧必然会得到发扬，他的才能必然会有所表现，不使其埋没到死。

圣君顺天理而感人心，集天天之贤者而汇聚于朝中，使他们所具有的才智，变为国家的财富，那么贤者也就无不得其所。贤者发挥了他们的才干，老百姓就会安居乐业；老百姓安居乐业了，那么物质财富就会丰富起来。像刘鋽的忠直，任用为谏诤的官职，委以监察的职务，推举出来放在较高的位置上，那么他所具备的才智，就都贡献于朝廷了。

这时的唐却不然。对刘鋽是压抑他，排斥他，使天下人都为他叫屈。他的名声布天地之间，但却身老岩穴之中，终于不被任用，岂不是违天理、逆人心吗？

【原文】

七年，宰相李德裕言："昔玄宗以临淄王定内难，自是疑忌宗室，不令出阁。天下议者皆以为幽闭骨肉，亏伤人伦。向使天宝之末[①]、建中之初[②]，宗室散处方州，虽未能安定王室，尚可各全其生。所以悉为安禄山、朱泚所鱼肉者，由聚于一宫故也。陛下诚因册太子，制书[③]听宗室年高属疏者出阁，且除诸州上佐，使携其男女出入婚嫁。此则百年弊法，一旦因陛下去之，海内孰不欣悦！"帝曰："兹事朕久知其不可，方今诸王，岂无贤才，无所施耳。"八月，庚寅，册太子，因下制诸王：自今以次出阁，授紧、望州刺史、上佐[④]。竟以议所除官不决而罢。

臣祖禹曰：昔三代之王，分封同姓布于天下夏商天命虽改，而杞宋之祀[⑤]与周并傅。其子孙历于百岁，不可得而灭绝也。后世人主疑其骨肉宁为他人侮之唯恐同姓取之禁锢宗室甚于缧囚，其国未亡，而剪落枝叶，以蹶其本[⑥]。故自魏晋以后，一姓有天下，远者百余年，近者数十年，而后裔湮灭，祀奠无主，由其疑忌骨肉故也。有唐之后，五代之际，已无闻焉、者、其祖宗之所致欤。

【注释】

①天宝：唐玄宗年号。

②建中：唐德宗年号。

③册太子：立太子。帝王封立太子的册命。制书：皇帝命令的一种。

④紧望州：重要的州郡。

⑤杞宋：周武王封夏禹后人东楼公于杞。地在今河南杞县。周武王灭商后封纣之庶兄微于此。为宋国。

⑥剪落枝叶，以蹶其本：以根本比喻王室，枝叶比喻宗亲。蹶，颠仆。

【译文】

太和七年，宰相李德裕进言：

"过去玄宗作临淄王时平定韦后之乱，从此疑忌皇亲国戚，不让他们出家门。天下议论这件事的人都认为幽闭骨肉，亏伤人伦。假设玄宗天宝末年，德宗建中初年，宗室散处各州郡，虽然他们不能安定王室，但还可以保全各自的生命。结果全被安禄山、朱泚摧残，是由于都聚集在皇宫里边的缘故。陛下诚能借册封太子之机颁发制书，允许宗室之中年纪大的支系远的走出宫禁，并且授予各州高级辅助官职,使他们携带自己的子女出外婚嫁,这样百年以来的陈规陋习一旦由陛下取消,海内谁不高兴呢?"

文宗说:

"这事我也早就知道它不好。如今诸王之中岂能没有贤才,只是他们的才能无处施展罢了。"

八月二十二日册封太子,就此机会下诏书给各王:从今陆续出朝授为重要州郡刺史的辅佐官员。最后因所授官职议而不决未能施行。

范祖禹评说:

以前三代时的君王,分封同姓,遍布天下。夏商两代虽然灭亡,但他们的后代在杞、宋两地的香火,与周朝一样代代相传,子孙经历千百年,不得灭绝。

后世的国君害怕自己的骨肉取代自己,把他们禁锢在家里,甚至超过囚犯。他的国家没有灭亡,却剪掉枝叶,倾覆它的根本。所以自魏晋以后,一姓取得天下,长远的百余年,短的几十年,他的后裔就湮没了,祭奠都无人主持,是由于疑忌骨肉造成的恶果。

唐灭亡后,到了五代时候,李氏后裔便听不到了,这是他们的祖宗造成的啊!

【原文】

九年十一月,帝与李训、郑注谋诛中官①。训及王璠、郭行余、李孝本、罗立言诛中官,不克,训出奔。仇士良等知帝预谋②,怨愤,出不逊语,帝惭惧,不复言。士良等遣禁兵露刃出阁门,逢人即杀,死者千六百余人,横尸流血,狼藉满地。擒王涯、贾餗、舒元舆等系两军③,或斩李训首送京师,左神策出兵三百人,以李训首引王涯、王璠、罗立言、敦行余;右军出兵三百人,押着贾餗舒元舆、李孝本④,献于庙社,徇于两市。命百官临视,斩于独柳之下,枭其首于与安门外。亲属无问亲疏皆死,孩稚无遗,时数日之间,杀生除拜,皆决于两中尉,帝不预知。凤翔监军斩郑注献其首,枭之,灭其族。仇士良等各进阶迁官。自是天下事皆决于北司⑤,宰相行文书而已。宦官气益盛迫胁天子,下视宰相陵暴朝士,如草芥焉。

臣祖禹曰:文宗愤宦官之弑逆,欲除其逼⑥,当贤相而任之。朝廷既清,纪纲既正,赏罚之柄出于人主,执其元恶付之有司,正典刑而已矣。乃与训注为诡谲之计,欲用甲兵于陛城之门⑦,不以有罪无罪皆夷灭之。召外寇以攻内寇,是以一败涂地,社稷几亡,非徒无益而愈重祸。盖自古不用君子而用小人以去小人,未有不害及国家者也。

【注释】

①中官:宦官。

②仇士良:字匡美,循州兴宁(今广东省兴宁)人。初侍东宫。后迁内给事,出监平卢、凤翔等军,又任内外五坊使、左神策军中尉等职。

③王涯:字广津,太原人。贞元进士。历仕德、顺、宪、穆、敬、文六朝。曾任中书侍郎、同平章事,等职贾餗时任中书侍郎、同中书门下平章事。舒元兴由御史中丞转刑部侍郎,翰林学士。

④王璠为河东节度使,罗立言为京兆尹,郭行余为分宁节度使,李孝本为御史中丞。

⑤北司：唐内侍省，是掌管宫内事务的机构，由宦官组成，在皇宫之北，故名。

⑥逼：同逼，侵迫。

⑦陛墄：殿坛的台阶。

【译文】

太和九年十一月，文宗与礼部侍郎、同中书门下平章事李为、翰林侍讲学士工部尚书充凤翔陇右节度使郑注，计谋诛杀宦官。

李训与王璠、郭行余、李孝本、罗立言诛杀宦官没有成功，李训出逃。

宦官仇士良等知道文宗参与谋划，十分气愤，出言不逊，文宗惧不能答话。仇士良等派禁兵手持利刃出阁门，逢人便杀，死者一千六百余人，尸体遍地血流成河，狼藉涂地。捉拿宰相王涯、贾餗及刑部侍郎舒元兴等，囚禁在左右神策两军。有人斩了李训将首级送到京师。左神策军出兵三百人，用李训的人头引诱着王涯、王璠、罗立言、郭行余；右军出兵三百人，拥着贾餗、舒元兴、李孝本，将这些捉拿来的人献于庙社，示众于两市，命令百官前往观看，然后斩于独柳之下，悬其头于兴安门外。

这些人的亲属不论远近全被杀死，连幼儿也不剩下。

几天之内，是死是活是调是升，都决定于左右两神策军的中尉，皇帝不能参与。凤翔节度使的监军杀了郑注，献其首悬于京师，灭其九族。仇士良等宦官各进阶升官，从此天下事都取决于掌权的内侍省，宰相不过例行文书而已。宦官更加气盛，胁迫天子，蔑视宰相，侵凌朝士，把他们看成草芥一般。

范祖禹评说：

文宗痛恨宦官的弑逆，打算清除君侧，就应当选择贤相而承担此事。朝廷既情，纲纪既正，赏罚的权柄掌握在国君手里，捉住元凶，交付主管部门，按刑法处置就可以了。

但却与李训、郑注预谋诡谲之计，想用武士埋伏殿阶的旁门，不管有罪无罪的宦官都杀死。

召来外寇来进攻内寇，所以一败涂地，社稷几乎灭亡，不但毫无益处，而且宦官之祸越来越大。

自古以来不用君子，而用小人以除去小人，没有不危害国家的。

【原文】

开成元年①，帝自李训之败，意忽忽不乐，两军球鞠之会什减六七，虽宴享音伎盈庭，末尝解颜。闲居或徘徊眺望，或独语或叹息。十月，帝于延英谓宰相曰："朕每与卿等论天下事，则不免愁。"对曰："为理者不可以速成。"帝曰："朕每读书，耻为凡主。"他日，复谓宰相曰："我与卿等论天下事，有势未得行者，退但饮醇酒求醉耳！"对曰："此皆臣等之罪也。"

臣祖禹曰：文宗欲除宦官之祸，以清宫闱，正纪纲，有其志而无其才，暗于知人，是以取败。虽恭俭宽厚，勤于应政，以其时君较之，身无过行，而主威益削，国命益微，愤懑忧郁至于没世。孟子曰："徒善不足以为政②。"其文宗之谓乎？

【注释】

①开成：唐文宗年号（公元836—840年）。

②《孟子·离娄上》:"徒善不足以为政,徒法不能以自行。"

【译文】

文宗开成元年。

文宗自从李训诛宦官失败,精神恍惚不定。两军踢球比赛,减少十分之六七;设宴会群臣,歌会满庭,也未能消解愁容。闲居时要么徘徊远望,要么独语叹息。十月,在延英殿对宰相说:

"我每与你们谈论天下事,就不免发愁。"

宰相回答说:

"治理天下不能要求速成。"

文宗说:

"我每读书,就以自己是个平凡的君主为耻。"

过几天,又对宰相说:

"我与你们讨论天下事,有些迫于形势不能施行,退朝只有饮酒以求一醉罢了!"

宰相回答说:

"这都是我们的罪过啊。"

范祖禹评说:

文宗想除去宦官的权力,澄清宫廷,整顿朝纲,光有其志而无其才,不善于知人用人,所以遭到失败。

他虽然恭俭宽厚,勤于政务,与那时别的国君比较起来,本身没有什么过失。但国君的权威日益削弱,国家的命运日益衰弱,使他愤懑忧郁,以至于去世。孟子说:

"光有善心并不能搞好政治。"这大概就是对文宗说的吧?

【原文】

四年十月,帝疾少间,坐思政殿,召当直学士周墀,赐之酒,因问曰:"朕可方前代何主?"墀对曰:"尧、舜之主也。"帝曰:"朕岂敢比德尧、舜!所以问卿者,何如周赧、汉献耳①。"墀惊曰:"彼亡国之主,岂可比圣德。"帝曰:"赧献受制于强诸侯,今朕受制于家奴以此言之,朕殆不如!"因泣下沾襟,墀伏地流涕,自是不复视朝。

臣祖禹曰:《易》曰:"言行君子之枢机,枢机之发荣辱之主也。"文宗欲立非常之功,为高世之主,发而不中,顾辱如此自取之也。岂不可哀哉!

【注释】

①周赧:周赧王姬延:延亦作诞,东周天子,在位十九年被秦攻灭,周代灭亡。汉献:汉献帝刘协东汉灵帝次子。初封为陈留王。董卓废少帝,立其为帝。后被董卓挟持西迁长安。建安三年(196),被曹操迎往许都(今河南许昌)。

【译文】

开成四年十月,文宗疾病有所好转,坐思政殿,召值班学士周墀,向他赐酒,并问道:

"我能与前代什么样的君主相比？"

周墀回答说：

"陛下是尧舜一样的贤君。"

文宗说：

"我的德行怎么敢与尧舜相比？我所以问你，是说我比起周赧王、汉献帝来怎么样！"

周墀大惊说：

"他们都是亡国之君，怎么能和陛下的圣德相比？"

文宗说：

"周赧王、汉献帝受制于的诸侯，如今我受制于家奴，如此说起来，我还不如他们呢！"

说着泣下沾襟，周墀趴在地上流涕，从此文宗不再上朝理事。

范祖禹评说：

《周易》上说："言论和行动是君子的关键，关键性言行的表现，是其遭受荣辱的主宰。"

文宗想立非常之功，成为盖世的圣主，然而力不从心，以致危辱到这种地步，是他自取的难道不值得哀叹吗？

【原文】

五年正月，帝崩，武帝即位。九月，以李德裕为门下侍郎、同平章事。德裕言于帝曰："致理之要，在于辩群臣之邪正。夫宰相不能人人忠良，或为欺罔，主心始疑，于是旁询小臣以察执政。如德宗末年，所听任者唯裴延龄①辈，宰相署敕②而已，此政事所以日乱也。陛下诚能慎择贤才以为宰相，有奸罔者立黜去之，常令政事皆出中书，推心委任，坚定不移，则天下何忧不理哉！"

臣祖禹曰：古之正者，唯以一相总天下之务。是以治出于一，政无多门，苟非其才，则退之而已矣。不以小臣间之。谗慝③疑之，所以重责任也。德宗之时，宰相失职，故其政谬乱。德裕欲先正其本，而后图，所以为治。其能致会昌之功伐盖以此欤。

右，文宗在位十五年，崩年三十三。

【注释】

①裴延龄：河中（今山西永济）人。唐肃宗时迁太常博士。德宗时擢为膳部员外郎，集贤院直学士，改祠部郎中。

②署敕：在诏命上签字。敕，诏命，告诫文字。

③谗慝：恶言恶意，亦指奸邪上人。

【译文】

开成五年正月，文宗驾崩，武宗即位。九月，任李德裕为门下侍郎、同平章事。李德裕对武宗说：

"搞好政治的关键，在于辨别群臣的好与坏。当宰相的不一定人人都是忠良，有的可能欺骗国君，于是国君开始有了疑心，便询问旁边的小臣，以防察掌权的大臣，就像德宗末年，所听任的只有裴延龄那种人，宰相的职责只不过签署诏命而已。

这样就使国家政事日益混乱。陛下如果真能慎选贤才用作宰相,发现奸邪欺诈的立即罢免,经常把政事交给中书宰相掌管,诚心委托,坚定不移,那么天下还愁得不到治是呀!"

范祖禹评说:

古代帝王,只任用一相总揽天下大事。所以治出于一,政策一贯。如果当宰相的不是那种材料,取消他的资格就行了。不要用小人离间他,不要听谗言怀疑他,用以加重他的责任。

德宗之时,宰相失去他的职责,所以政治紊乱。李德裕想先正其根本,尔后再进行治理,他所以能使武宗会昌年间对外攻伐,大概就是这个原因吧!

以上文宗在位十五年,死时年三十三岁。

武宗

【原文】

会昌三年①,四月,昭义节度使刘从谏卒,其子稹秘不发丧,逼监军奏称从谏疾病,请命稹为留后。帝以泽潞事谋于宰相,宰相多以为:"回鹘余烬未灭②,边鄙犹须警备,复讨泽潞,国力不支,请以刘稹权知军事。"谏官及群臣上言者亦然。李德裕独曰:"泽潞事体与河朔三镇不同,河朔习乱已久,人心难化,是故累朝以来,置之度外。泽潞近处腹心,一军素称忠义。自顷多用儒臣为帅,如李抱真成立此军③,德宗犹不许继袭,使李缄扩丧归东都。敬宗不恤军务,宰相又无远略,刘悟之死④,因循以授从谏。跋扈难制,累上表迫胁朝廷,今垂死之际,复以兵术擅付竖子。朝廷若又因而授之,则四方诸镇谁不思效其所为,天子威令不复行矣!"帝曰:"卿以何术制之,果可克否?"对曰:"稹所恃者河朔三镇。但得镇、魏不与之同,则稹无能为也。若遣重臣往谕王元逵、何弘敬⑤,以河朔自艰难以来,列圣许其傅袭,已成故事,与泽潞不同。今朝廷将加兵泽潞,不欲更出禁军至山东三州隶昭义者,委两镇攻之,兼令偏谕将士,以贼平之日厚加官赏。苟两镇听命,不从旁沮挠官军,则稹必成擒矣!"帝喜曰:"吾与德裕同之,保无后悔。"遂决意讨稹,群臣言者不复入矣。上命德裕草诏赐成德节度使王元逵、魏博节度使何弘敬,其略曰:"泽潞一镇,与卿事体不同,勿为子孙之谋,欲存辅车之势⑥。但能显立功效,自然福及后昆⑦。"丁丑,帝临朝,称其语要切,曰:"当如此直告之是也!"又赐张仲武诏,以"回鹘余未灭,塞上多虞,专委卿御侮。"元逵、弘敬得诏,悚息听命。五月,下诏讨稹,以王元逵为泽潞北面招讨使,何弘敬为南面招讨使。元逵受诏之日,出师屯赵州。七月,帝遣刑部侍郎兼御史中丞李回宣慰河北三镇,令幽州乘秋早平回鹘,镇、魏早平泽潞。回至河朔,何弘敬、王元逵、张仲武皆具橐鞬郊迎⑧,立于道左,不敢令人控马,让制使先行,自兵兴以来,未之有也。回明辩有胆气,三镇无不奉诏。

臣祖禹曰:自天宝以后,河朔世为唐患。宪宗虽得魏博,而穆宗复失之。是以朝廷惟幸姑息,幸其不叛。斯可矣,岂得而使之哉!至于武宗,不惟使三镇不敢助逆,又因以为臂指之用,由德裕所以告之者,能服其决议也。杨雄曰:"御得其道,则天下狙诈咸作使,御失其道则天下狙诈咸作敌。"人主威制天下,岂有不由一相者哉!

【注释】

①会昌:唐武宗年号。

②昭义:唐方镇名,治所在潞州(今山西长治市)。刘从谏:节度使刘悟之子。宝历元年(825),请继父位,得到朝廷许可。回鹘:我国北方民族,原称回纥。

③李抱真:字太玄,河西(今甘肃武威)人,任泽潞观察使留后。

④刘悟:唐穆宗时任昭仪节度使。死后,子刘从谏为师。

⑤王远逵:回纥人,王廷凑子。太和八年(834),继父为成德节度使。

⑥辅车:颊辅与牙床。比喻两物互为依托。

⑦后昆:后代子孙。

⑧张仲武:范阳(在今北京市)人。任雄武军使。橐鞬:藏了箭的袋子。

【译文】

武宗会昌三年四月,昭义节度使刘从谏去世。他的侄儿刘稹秘不发丧,逼迫监军向朝廷奏称刘从谏得了急病,请任命刘稹为留后。武宗与宰相们商议泽潞发生的这件事。

宰相多认为回鹘残余的威胁未除,边界还须加强防卫,再去讨伐泽潞,国力难以支撑,请以刘稹暂且主持军事。谏官和群臣上奏的意见相同。

李德裕独说道:

"泽潞的局面与河北三镇不同,河北因袭叛乱已久,人心难以驯化,所以历朝以来,都置之度外。泽潞临近朝廷中心,全军一向忠实,只需多用儒臣为帅。像李抱真凭建立这支军队之功,德宗还不允许世袭节度使之职。李抱真死后,命李缄护丧归东都洛阳。

敬宗不关心军务,宰相又没有远见方略,节度使刘悟死后,因循陋习就给其子授职。结果刘从谏跋扈难制,不断上表胁迫朝廷。如今他到临死之际,又把兵权擅自交给他的小子,朝廷如果又顺便授给他,那四方各军镇,谁不想仿效他的做法?这样天子的威令就无法施行了。"

武宗说:

"你用什么办法制服他,真能克复吗?"

李德裕回答说:

"刘稹所依靠的就是河北三镇,只要魏博、成德不支持,那刘稹就无能为力了。若派重臣前往晓谕,告诉成德节度使王远逵、魏博节度使何弘敬,因河北自安史之乱以来,列位皇帝允许他们世袭,已成旧例,与泽潞不一样;现在朝廷将加兵泽潞,不想更派出禁军到东部三州,一些隶属昭义之地委托他们两镇攻伐。同时令他们遍告将士,到贼平之日,朝廷将厚加封赏。如果两镇听命,不从帝阻挠官军,那么刘稹一定会被擒获的!"

武宗高兴地说:

"我与德裕意见相同,保证不后悔。"

于是决意征讨刘稹,群臣有不同意见的再听不进去了。

皇帝命李德裕起草诏命,送给成德节度使王元逵、魏博节度使何弘敬,大意是说:

"泽潞一镇,与你们那里局面不一样,不必为考虑你们的子孙,便打算与泽溃唇齿相依。只要能在讨伐泽潞方面显示出功效,自然会造福于你们的子孙。"

四月初十,武宗临朝,称赞李德裕起草的诏书切中要害,说:

"就应当这样直言相告。"

又赐给卢龙节度使张仲武诏书说:

"因回鹘的残余势力未除,边塞尚多忧患,专以此委托你抵御外侮。"

王元逵、何弘敬得到诏书,谨慎从命。五月,武宗下诏讨刘稹,以王元逵为泽潞北面招讨使,何弘敬为南面招讨使。王元逵受招当天,便出师屯于赵州。七月,武帝派刑部侍郎兼御史中丞李回,宣尉河北三镇,令幽州乘秋天早早平定回鹘,魏博、成德早早平定泽潞。李回到河北,何弘敬、王元逵、张仲武皆将武器装上封套到郊外迎接,站立在大道旁边,不敢让人为自己牵马。让皇帝的使者先走。

这种局面,自安史之乱以来,还没有出现过。李回明智有胆气,河北之镇无不奉诏。

范祖禹评说:

自玄宗天宝年以后,河北一代一代都是唐朝的祸患。宪宗虽然得到魏博,而穆宗又把它失掉了。所以朝廷只有加以姑息,希望他不叛乱也就行了,哪里还想让他听从指挥呢?到了武宗时不仅使三镇不敢助逆,又能象胳膊和手指一样为我所用,是由于李德裕起草的诏书所告谕的,能使他们心服。

杨雄说:

"驾驭天下能够得道,那么奸诈的人也都会成为使者;如统治失道,那天下奸诈之徒都会变成敌人。"

国君威临天下,哪有不是由于有一个得力的宰相呢!

【原文】

仇士良以左卫上将军、内侍监致仕[1]。其党送归私第,士良教以固权宠之术曰:"天子不可令闲,常宜以奢靡娱其耳目,使日新月盛,无暇更及它事,然后吾辈可以得志。慎勿使之读书,亲近儒生,彼见前代兴亡,心知忧惧,则吾辈疏斥矣。"其赏拜谢而去。

臣祖禹曰:小人莫不养君之欲以济己之欲,使其君动而不静,为而不止,则小人得以行其计矣。岂独奢靡之娱悦耳目,足以荡君心哉!又有甚焉者矣,或殖货利或治宫室、或开边境、或察臣下,随其君之所好,皆所以窃权宠也。人君乐得其欲,而不知其为天下害,是以致日乱而不自知。惟能亲正直,远邪佞,则可以免斯患矣。

【注释】

①致仕:辞职退休。

【译文】

宦官仇士良以左卫上将军、内侍监的要职辞官归乡。他的党羽送他到个人宅第,仇士良教给他们固权邀宠的手段,说:"对天子不可令他安闲,应经常让他奢侈花费,娱乐他的耳目,花样日新月异,让他没有功夫考虑别的事,然后我们这些人就可以随心所欲。不要让他读书,亲近儒生。他看到前代的兴亡,心里知道忧惧,那我们这些人就可能被疏远或罢斥了。"

他的党徒拜谢而去。

范祖禹评说:

小人都是通过培养国君的欲望来满足自己的欲望的。使他的国君功而不静,做起来就不停业,那样小人就可以施行自己的诡计了。不仅是奢侈浪费欢娱耳目足可以动摇君心,还有更厉害的。或者是藩殖金钱,或者是大修宫室,或者是开拓边境,或者是伺察臣下,随着国君的嗜好,都可以用来窃权邀宠。国君喜欢自己的欲望得逞,却不知这正是对天下的危害,所以政治日益混乱而不自觉。只要亲近正直之士,疏远奸邪小人,就可以避免这种祸患了。

【原文】

八月,帝从容言:"文宗好听外议,谏官言事多不著名,有如匿名书。"李德裕曰:"臣顷在中书,文宗犹不尔,此乃李训、郑注教文宗以术御下,遂成此风。人主但当推诚任人,有欺罔者,威以明刑,孰敢哉!"帝善之。

臣祖禹曰:《易》曰:"天下之动,贞夫一①。朝廷者,四方之极也②。非至公,无以绝天下之私,非至正,无以止天下之邪;人君一不正其心,则无以正万事。苟以术御下,是自行诈也,何以禁臣下之欺乎?是以术行而欺愈多,智用而心愈劳,盖以诈胜,诈未有能相一者也。"《礼》曰:"王忠心无为也,以守至正。"夫惟正不可得而欺,欺则不容于诛矣,岂不约而易守哉。

【注释】

①贞:正。一:统一。
②极:中心。

【译文】

会昌三年八月,武宗从容说道:

"文宗好听外议,谏官进言多不署名,就像匿名信。"

李德裕说:

"我不久前在中书省,文宗还不是这样,这样做是李训、郑注教给他控制臣下的手段,因而形成风气。国君只需对所任用的人用诚心,有欺君罔上的,严格按刑律制罪,谁还敢呢?"

武宗认为他说的对。

范祖禹评说:

《周易》上讲:"社会的运动,要有统一性。"朝廷是四方的中心。自己的态度不至公就无法杜绝天下人的私心,自己的行为不正就无法禁止天下的人不正。

国君一不使自己的心正,就无法正确处理国家的各种事务。如果用权术对待臣下,就是自己在进行欺诈,又怎么能禁止臣下的欺诈行为呢?所以权术越盛行,欺诈行为越长久;越斗智心里就越烦劳,用自己的欺诈行为去战胜别人的欺诈行为,是不可能取得统一的。《礼记》上说:

·唐鉴·

图文珍藏版

"国王心中不要胡思乱想,谨守至正之道就行了。"只要正大光明就不会受到欺骗,也不容许诈骗,这不是很简明而且容易遵守的吗?

【原文】

四年八月,刑、洺、磁三州降,郭谊杀刘稹传首京师,潞州平。初,李德裕以:"贞元以来,将帅出征屡败,其弊有三:一者,诏令下军前者,日有三四,宰相多不预闻。二者,监军各以意见指挥军事,将帅不得专进退。三者,每军各有官者为监使,悉选军中骁勇数百为牙队[1],其在陈战斗者,皆怯弱之士。每战,监使自有信旗,乘高立马,以牙队自卫,视军势小却,辄引旗先走,陈从而溃。"德裕乃与枢密使杨钦义、刘行深议,约敕监军不得预军政,每兵千人听监使取十人自卫,有功随例沾赏。二枢密皆以为然,白帝行之。自御回鹘至泽潞罢兵,皆守此制。自非中书进诏意,更无它诏自中出者。号令既简,将帅得以施其方略,故所向有功。元和后数用兵,宰相不休沐,或继火乃得罢。德裕在位,虽遽书警奏,皆从容裁决,率午漏下[2],还第休沐,辄如令沛然,若若事时。

臣祖禹曰:治天下之繁者,必以至简;制天下之动者,必以至静。夫用兵于千里之外,而君相扰于内,则本先摇矣。何以制其末乎?是故,号令简,则民听不惑,心虑静,则事变不挠,此所以能成功也。

【注释】

①牙队:卫队。
②漏下:漏刻(古计时器)的水面已经下落。指时间已晚。

【译文】

会昌四年八月,刑州、洺州、磁州向朝廷委派的招讨使投降。潞部将郭谊杀了刘稹,把首级传到京师,潞州的乱子得到平定。在这以前,李德裕认为自德宗贞元以来,派师出征屡败,冥弊病有三:

一是号令下到军前,一天能有三四道,而且宰相大多不知道。

二是监军各自指挥军事,将帅不能控制进退。

三是每军各有宦官为监军使,他们尽选军中骁勇士座几百人作为卫队,临阵参战的,就剩下一些软弱之士。

每次作战,监使自有信旗,乘高立马,带着卫队保卫自己,当看到战斗形势稍有不利,就引旗先走,战阵也就随着溃散了。李德裕便与枢密使杨钦义、刘行深商议策划:监军不得干预军政,每一千士卒中可听监使选十人进行自卫,有了功绩随军按例受赏。杨、刘二枢密认为对,奏明武宗施行。

自从抵御回鹘到泽潞罢兵,都遵守这一制度。不是中书省传达诏意,更没有别的诏命从朝中发出的。

这样,号令简明,将帅可以施行其战略,因此所向无敌。宪宗元和以后的几次用兵,宰相不休息洗沐,甚至忙到点灯才罢休。李德裕在相位,就是急速起草报警奏章,都能从容办理,大多在午后很晚才休息,好象有了规律,高高兴兴就像没事的时候一样。

范祖禹评说:

治理天下的烦琐事务必须非常简洁,调理天下的活动必须非常镇静。如果用兵千里之外,而国君在朝内阻挠,那根本就先动摇了,又怎么能制裁未呢?所以号令简明群众听了就不会迷惑,心思宁静遇到事变就不会昏乱,这就是胜利的原因。

【原文】

河朔三镇,每遣使者至京师,李德裕常面谕之曰:"河朔兵力虽强,不能自立,须藉朝廷官爵威命以安军情。归语汝使与其使大将邀宣慰敕使:以求官爵,何知自奋忠义立,立功立事,结知明主,使恩出朝廷,不亦荣乎!且以耳目所及者言之,李载义在幽州^①,为国家尽忠平沧景,及为军中所逐,不失作节度使,后镇太原,位至宰相。杨志诚遣大将遮敕使马求官^②,及为军中所逐,朝廷竟不赦罪。此二人祸福足以观矣。"德裕复以其言白帝,帝曰:"要当如此明靠之是也。"由是三镇不敢有异志。明年,毁天下佛寺,五台僧多亡奔幽州。德裕召邸吏戒曰:"趋语汝使,刘从谏招纳亡命,竟有何益!"张仲武惧,封二刀付居庸关吏曰:"有游僧入境则斩之。"

臣祖禹曰:古之明王,天下有不顺者,必谆谆而告教之,再三不可,然后征之,则其民知罪,而用兵有辞矣。自唐之失河朔,或讨伐之,或姑息之,不闻有文告之命,戒敕之辞也。是以兵加而不服,恩厚而愈骄。李德裕以一相而制御三镇,如运之掌,使武宗享国长久,天下岂有不平者乎!

右武宗在位七年崩年三十三

【注释】

①李载义:字方谷,征伐有功,授卢龙节度副大使知节度事。后迁北都留守,兼河东节度观察使等职。

②杨志诚:初为卢龙节度使李载义牙将,后逐李载义自为兵马使。

【译文】

河北三镇每派使者至京师,李德裕就当面戒谕他们说:

"河北军镇兵力虽强,但不能自立,必须借朝廷官爵威命以安军情。告诉你们节度使:与其令大将威胁朝廷使臣以求官爵,何不自奋忠义,建立功业,通过自己的事迹结知明主?卢龙节度使李载义为国家平沧景李同捷之乱,到他被军中叛将驱逐后,仍不失为作别处的节度使;杨志诚派大将扣留使臣以求官爵,到他被军中驱逐时,朝廷一直不赦他的罪。这两个人的祸福足可以看出这个道理了。"

从此河北三镇的节度使不敢再有非分之想。

范祖禹评说:

古代圣明的君王,对天下不顺从的人,一定是谆谆告诫他。

如果再三告诫仍不生效,然后才征伐他。这样做就使逆臣知罪,而朝廷用兵也有充分理由了。

自唐朝失去对河北的控制,有时讨伐他们,有时宽容他们,但没有朝廷劝勉的文字,告诫的言辞。所以对他们用兵而不服,对他们施厚恩则更骄横。

李德裕作为一位宰相而制服河北三镇,好象玩于手掌之上,使武宗享国时间较为长久。这样天下岂有不太平的吗?

以上武宗在位六年,死时年三十三岁。

唐鉴第二十一卷

宣宗　懿宗

宣宗

【原文】

大中元年二月①,初,李德裕秉政,引白敏中为翰林学士②。及武宗崩,德裕失势,敏中乘上下之怒,竭力排之,使其党李咸讼德裕罪,德裕由是自东都留守以太子少保、分司③。九月,前永县尉吴汝讷,讼其弟湘罪不至死,"李绅与李德裕相表里,欺罔武宗,枉杀臣弟。"十二月,贬德裕为潮州司马。明年九月,再贬德裕为崖州司户。

臣祖禹曰:裴度之相宪宗,李德裕之相武宗,皆有功烈,为唐贤相。大中以后无能继之者。德裕才优于度,而德器不及也。度为小人所倾,无所不至,危亦极矣,而能以功名终④;德裕一失势,斥死海上。何哉?度不为党,德裕为党故也。自今观之,牛僧孺、李宗闵之党多小人,德裕之党多君子,然因私以害公,挟势以报怨,则一也。夫惟天吏可以伐弱,德裕自为党,而欲破朋党,此以燕伐燕也。《孔子》曰:"克伐怨欲不行焉,可以为难矣。"又曰:"君子矜而不争,群而不党。"德裕克伐怨欲必行焉,矜而争,群而党,其能免乎!

【注释】

①大中:唐宣宗年号。
②白敏中:字用晦,下(在今陕西渭南)人,宣宗懿宗时任宰相。
③分司:分别执掌,各司其职。
④以功名终:功业名声保持始终。

【译文】

唐宣宗
宣宗大中元年二月。
以前李德裕执政的时候,推荐白敏中当了翰林学士。到了武宗死后,李德裕失去势力,白敏中趁着上下对李德裕有怨气的机会,极力排斥他,让同党李咸揭发李德裕的罪状。

李德裕因此由东都留守,改为太子少保分司东都。到了九月,前永宁县尉吴汝讷,又投诉他弟弟吴湘罪不至死,说:

"李绅与李德裕互相勾结蒙骗武宗,屈杀了我弟。"

十二月,贬李德裕为潮州司马。第二年九月,再贬为崖州司户参军。

范祖禹评说:

裴度之相宪宗,李德裕之相武宗,都有大功,是唐代的贤相。宣宗大中以后,没有人能继承他们的功业。李德裕的才智优于裴度,而品德器度不如裴度。裴度受小人倾轧,无所不至,危险到了极点,而他的功名却能保持始终。

李德裕一失势,便被罢斥到海上,以至死在那里。他们的结局为什么这样不同呢?是裴度不结党,李德裕结党的缘故。

现在看起来,牛僧孺、李宗闵之党多小人,李德裕之党多君子。然而因私以害公,凭借势力而报私怨都是一样的,只有替天行道的官可以伐燕,李德裕自己结党,却又要破除朋党,这就是以燕国攻打燕国了。

孔子说:

"好胜、自夸、怨恨、贪心这四种毛病都没有发生,可以说是难能可贵的了。"

又说:

"君子庄重矜持而不争执,合群而不结党营私。"李德裕好胜、自夸、怨恨、贪心都表现出来,矜持而奋争,合群而结党,他能避免倒霉的结局吗?

【原文】

九年,帝聪察强记,宫中厮役给洒扫者,皆能识其姓名,才性所任,呼召使令,无差误者。天下奏狱吏卒姓名,一览皆记之。度支奏清污渍,误书"渍"为"清",枢密承旨孙隐中谓帝不之见,辄足成之。及中书覆入,帝怒,推按擅改章奏者罚谪之。

臣祖禹曰:宣宗抉挞细微,以惊服其群臣,小过必罚,而大纲不举,欲以一人之智,周天下之务,而不能与贤人共天职也。譬如廉刻之吏,谨治簿书期会[1],而不知为政,特一县令才耳,岂人君之德哉。

【注释】

[1]期会:指定期限,也泛指政令的施行。

【译文】

大中九年。宣宗聪敏细察,记性很好,宫中供洒扫的仆役,都能记住他们的姓名。一个人的才能禀赋适合做什么,呼唤使用起来,没有出错的。各地上要审狱吏卒姓名,看一遍都能记住。度支奏章的帛书有了污渍,错把"渍"字写成为"清",枢密承旨孙隐中以为皇帝看不出来,就又把"清"改成"渍"字。当中书省送进去,宣宗很生气,查办擅改奏章者,受罚并贬谪出去。

范祖禹评说:

宣宗挑剔细微,以使群臣惊服。臣下有小过失也一定处罚,而国事大纲不举。想以一个人的智慧,总揽全天下的事务,而不能与贤人共尽职责。譬如作风廉刻的办事人员,很谨慎地整理簿书按期呈报,而不懂得治理天下。这仅是做一个县令的才干,哪里是国君的德行啊!

【原文】

十年十二月,以户部侍郎判户部崔慎由为工部尚书同平章事①。帝每命相,左右无知者。前此一日,令枢密宣旨于学士院,以兵部侍郎、判度支萧邺同平章事②。枢密使王龟长、马公儒覆奏:"邺所判度支应罢否?"帝以为龟长等佑之,即手书慎由名付学士院,仍云"落判户部事。"

臣祖禹曰:尧舜畴咨四岳③,询谋金谐,而后用人。既以为可,则用之而不疑矣。二使之请亦有司之常职也,何疑于萧邺而遽易之。宣宗以此为明,防其群下,知臣之道其不然乎?

【注释】

①崔慎由:字敬业,清河武城(在今山东省)人。
②畴:谁。咨:嗟叹词。
③询谋金谐:谋之于人,意见一致。

【译文】

大中十年十二月,将户部侍郎判户部崔慎由晋升为工部尚书、宰相。宣宗每次任命宰相,他身边的臣子都不知道的。在这前一天,令枢密在学士院宣旨,任命兵部侍郎判度支萧邺为宰相。枢密使王龟长、马公儒又问:萧邺的判度支要罢去了吗?宣宗便以为王龟长等人暗中助萧邺,马上用笔批示将崔慎由的名字交付学士院,又说仍让他兼管户部事务。

范祖禹评说:

尧和舜都说过:对掌四时的卿士官,各方面的意见一致了,然后用人。既然认为他胜任,任用了就不要怀疑他。王、马二枢密使的问话,本来是主管部门职分内的事,为什么又怀疑萧邺而马上改变决定?宣宗以此为聪明,提防群臣。

知臣之道,恐怕不是这样的吧?

【原文】

十二年二月,以崔慎由为东川节度使。帝欲御楼肆赦①,令狐绹②曰:"御楼所费甚广,事须有名,且赦不可数。"帝不悦,曰:"遣朕于何得名!"慎由曰:"陛下未建储宫,海内属望。若举此礼,虽郊祀亦可,况于御楼!"时上饵方士药,已觉躁渴,而外人未知,疑忌方深,闻之,俛首不复言。旬日,慎由罢相。

臣祖禹曰:三代之时,自天子至于庶人,皆有常职,以食其力,有常行,以勤其生,壮而强勉焉,老而教训焉,修身以俟死而已。天下无异道,未有众人皆死,而欲一已独不死者也。执左道以乱政者杀,故无迁怪之士。凡药所以攻疾,岂有服之而不死者哉!后世去圣浸远,异端竞起,由秦汉以来,乃有神仙服食不死之说,故人多心惑,圣道不明,此其一端也。而人主尤甘心焉,以唐考之,自太宗至于武宗,惑于方士而饵药以败者六七君,皆求长生而反夭其天年,亦可以为戒矣。而宣宗又败以药,至以储嗣为讳恶,岂不蔽甚矣哉!夫心术不可不慎也,一有所惑,将无所不至,不足以语学矣,而况可为圣贤乎?

【注释】

①肆赦：大赦。

②令狐绹：字子直，京兆华原（今陕西耀州区）人。文宗时官户部员外郎，宣宗时任宰相。

【译文】

大中十二年二月，以崔慎由为东川节度使。

宣宗想到楼上颁布大赦，宰相令狐绹说：

"御楼花费很多，办此事也须有个名目，况且大赦的次数又不能多。"

宣宗生气地说：

"那派我个什么名目？"

崔慎由说：

"陛下尚未立太子，海内殷切企望，若举行立嗣之礼，就是去郊祀也是可以的，何况到楼上大赦？"

当时宣宗刚服食方士的丹药，已经觉得烦躁，而外人不知，疑忌正深，听了这话，低头不言语。

过了十几天，崔慎由便被罢相。

范祖禹评说：

夏、商、周三代的时候，从天子到老百姓，都有自己的职务以食其力，有正常的工作以养其生。

青壮年人努力奋斗，老年人教训后代，终身修养一直到死为止，天下没有邪门歪道。没有天下人都死，而想一个人终生不死的事。用邪门歪道扰乱政事的就要杀头，所以那时没有荒诞不经的人。

凡是药物都是用来治病的，没有病而服药还有不死的吗？后世距前圣渐远，异端竞起。

从秦汉以来，就有神仙服药不死之说，所以人心多受迷惑，圣道不明。这是一条邪路，而国君又特别喜欢它。以唐代来考察，从太宗至于武宗，受方士蒙蔽，因服药而致死的就有六七个君主，都是求长生不老反而丧失天年，足可以作为借鉴了。

而宣宗又因为服药而衰败，以至于以立太子为忌讳，他所受的毒一定很深。人的思想追求不可不慎重。一旦受了蛊惑，就越走越远，无所不至，没法使他再走上正道了，更何况想成为圣贤呢！

【原文】

帝临朝，接对群臣如宾客，虽左右近习，未尝见其有惰容。每宰相奏事，旁无一人立者，威严不可仰视。奏事毕，忽怡然："可以闲语矣！"因问闾阎细事，或谈宫中游宴，无所不至。一刻，许，复整容曰："卿辈善为之，朕常恐卿辈负朕，后日不复得再相见。"乃起入宫。令狐绹谓人曰："吾十年秉政，最承恩过，然每延英奏事，未尝不汗沾衣也！"

臣祖禹曰：古者臣进戒于君，君申敕其臣，上下交修①，所以勤于德也。宣宗视辅相之臣，礼貌虽恭而心实防之。如遇胥史②，惟恐其欺也，拘之以利禄，惮之以威严,故所用多流俗之人,而贤者不能有所设施。白敏中、令狐绹之徒,崇极将相,持宠保位或十余年。其相如此,则其君之功烈亦可知也。

【注释】

①上下交修:上下互相训教。
②胥史:疑是"胥吏"之误。

【译文】

宣宗临朝,对待群臣像接待宾客,虽是左右亲近的臣子,见他也没有倦容。

每当宰相奏事,没有一个人敢站在他旁边,那威严令人不可仰视。奏事已毕,忽然和颜悦色地说:

"可以说说闲话了!"

顺便就问起大街小巷的琐事,或者交谈宫中的游宴,什么话都可以说。

过了一时半刻,面容又严肃起来,说:

"你们好自为之,我常担心你们有负于我,后日我们君臣不能再见面。"

于是起身入宫。令狐绹对人说:

"我执政十年,最受恩宠,可是每逢在延英殿奏事,没有不汗湿衣服的。"

范祖禹评说:

古时候臣进劝勉之辞于其君,君主告诫之言于其臣,上下互相教训,所以能勤于德政。宣宗看待执政大臣,礼貌虽恭,而内心里却在防备他,好像遇到狡猾的胥吏,唯恐他欺骗自己。用利禄吸引他们,用威严震慑他们,故而所任用的多是些流俗之辈,而贤者无法发挥他们的才干。白敏中、令狐绹之流,位至极尊贵的将相,恃宠保位,竟达二十余年。他的宰相如此,那么国君的功业如何,也就可想而知了!

【原文】

十三年六月。初,帝长子郓王温,无宠,居十六宅,余子皆居禁中。夔王滋,第三子也,欲以为嗣,为其非次,故父不建东宫。帝饵医官李玄伯、道士虞紫芝、山人王乐药,疽发于背。余月,疽甚,宰相及朝臣皆不得见,帝密以夔王属枢密使王归长、马公儒、宣徽南院使王居方,使立之。三人及右军中尉王茂玄,皆帝平日所厚也。独左军中尉王宗实素不同心,三人相与谋,出宗实为淮南监军。宗实已受敕于宣化门外,将自银台门出。左军副使亓元实谓宗实曰:"圣人不豫逾月,中尉止隔门起居,今日除改,未可辩也。何不见圣人而出!"宗实感悟,复入,诸门已蹑故事增人守捉矣①。亓远实翼导宗实直至寝殿,帝已崩,东首环泣矣。宗实叱归长等,责以矫诏,皆捧足乞命。乃遣宣徽比院使齐元简迎郓王。壬辰,下诏立郓王为皇太子,权句当军国政事,仍更名漼,收归长、公儒、居方,皆杀之,癸巳,宣遗制,以令狐绹摄冢宰。

臣祖禹曰:古者受遗托孤,必求天下之忠贤,伊周②,圣人不可及已,汉武帝总揽英俊,及其末年,所得者霍光、金日磾而已③。其可谓难也。刘桓公定嗣于易牙,故其国大乱④。宣宗不能早立太子,而以非次属诸官者,至使元实挟正立长,以相屠灭。自文宗以后,立不以正矣,然皆出于官者之专命,非人主使之也。宣宗不惩其祸,而以委之,盖以宰相为外臣,官者为腹心溺于所习,而不自知其非也。安在其为明哉。

【注释】

①踵故事:按照一贯的做法。踵,跟随。

②伊周:伊尹和周公。

③霍光(前? —前68):武帝时为奉东都尉。武帝死后,昭帝八岁即位,政事决于霍光。昭帝死,立宣帝。秉政二十年。金日䃅(前134—前86):本为匈奴休屠王太子,武帝时归汉,武帝死,与霍光同受遗诏辅政。

④齐桓公定嗣:齐桓公死后,易牙与竖刁立公子无诡为君,太子昭奔宋。

【译文】

大中十三年六月。

原先,宣宗的长子郓王温不受皇宠,居住在十六宅,其余的儿子都住在宫禁之中。夔王滋,是第三个儿子,宣宗想让他继位。因为他不是长子,所以长期不立太子。

宣宗吃了医官李玄伯、道士虞紫芝、山人王乐的药,背上长出了毒疮。八月,毒疮越发厉害,宰相及其他朝臣都不能见面。宣宗把夔王的事秘密地嘱托给枢密使王龟长、马公儒以及宣徽南院使王居方,让他们立夔王。

这三个人以及右军中尉王茂玄,都是宣宗平时所看重的。独有左军中尉王宗实一向不同心,三人商量,把王宗实从朝中派出去任淮南节度监军。王宗实已在宣化门外接受诏命,将自银台门出发。

左军副使亓元实对王宗实说:

"皇帝身体不安已一个多月了,中尉中能隔着门问候。今日调动,难辨是否圣命,见过皇帝再走?"

王宗实醒悟,又回宫去,各门已按常例增人把守。亓元实用身躯护卫着王宗实直到寝宫,宣宗已死,在场的人正朝东环立着哭呢。王宗实大声指责王龟长等人假传圣旨,这些人都捧了王宗实的脚乞求饶命。王宗实派宣徽北院使齐元简迎接郓王。八月十六日,下诏立郓王为皇太子,执掌军国政事,依旧更名为李漼。逮捕王龟长、马公儒、王居方,全部杀掉。十七日,宣遗制以令狐绹掌百官。

范祖禹评说:

古时候受遗命托孤,必求天下大忠大贤,象伊尹、周公那样的人,连君王都赶不上的。

汉武帝总揽天下英俊,到了晚年,所能得到的只有霍光、金日禅了,托孤的事已经够难的了。齐桓公定嗣于易牙那样的人,结果齐国大乱。唐宣宗不能早立太子,而不按长幼顺序把第三子嘱托给宦官,致使王宗实挟正立长,宦官互相屠杀。

自文宗以后,立嗣就不正了,但都是出于宦官单方命令,不是国君主使的。宣宗不接受这种祸患的教训,仍然委托给宦官,大概是以为宰相是外臣,宦官是心腹,沉没在亲近的人里边,而不自知它的危害,他哪里是明智的呀!

【原文】

帝性明察沈断,用法无私,从谏如流,重惜官赏,恭谨节俭,惠爱民物,故大中之政，讫于唐亡，人思咏之，谓之小太宗。

臣祖禹曰：宣宗之治以察为明，虽听纳规谏，而性实猜刻；虽吝惜爵赏，而人多侥幸；外则藩方数逐其帅，守而不能治；内则宦者握兵柄，制国命自如也。然百吏奉法，政治不扰，海内安靖，几十五年。继以懿僖不君，唐室坏乱，是以人思太中之政，为不可及。《书》曰："自成汤至于帝乙，罔不明德恤祀①。"若宣宗者，岂不定为贤君哉！

右，宣宗在位十四年，崩年五十。

【注释】

①恤祀：奉其祭祀，能保宗庙社稷。

【译文】

宣宗天性明察沉稳，用法无私，愿意接受劝谏，不轻易奖赏，恭谨节俭，惠民爱物，所以大中年间的政治，一直到唐朝灭亡，人们还怀念赞咏，说宣宗是小太宗。

范祖禹评说：

宣宗治理天下，以仔细访察为聪明，虽然能够采纳规谏，则本性实际上是猜疑苛刻；虽然吝惜官爵赏赐，而群臣多怀侥幸之心。对外，藩镇多次驱逐帅守而不能制服；对内，宦官掌握兵权控制国家命运而听之任之。然而群臣奉法，政治稳定，海内平安，几乎达十五年。后继的懿宗、僖宗不像个国君，唐王朝混乱，所以人们思念宣宗的大中之政，以为比不上那个时代了。

《尚书》上说："从成汤至于帝乙，没有不修明德政奉祀社稷的。"象宣宗这样，难道不能算是贤君吗？以上宣宗在位十四年，死时五十岁。

懿宗

【原文】

咸通七年①，十月，高骈克交趾，斩首三万余级，南诏遁去②。十一月，置静海军于安南，以骈为节度使。自李涿侵扰群蛮，为安南患③殆将十年，至是始乎。

臣祖禹曰：戎锹自古迭为中国患，由秦以来，未有得志于南蛮者也。盖以瘴毒险阻不得天时地利，所恃者人和而已，而民从征役，皆知必死，如往弃市④，则是三者皆亡矣。秦发间左戍五岭⑤，而陈、项起，秦遂以亡。汉初，吕后欲诛赵佗⑥，士卒不能逾岭，武帝击越，发兵江淮，因巴蜀罪人等放弃之。盖不可以中国之师，涉其地也。遂灭南越以为九郡。元帝卒罢珠崖。光武遣马援、击交趾⑦，最为有功，然三年而后克，士卒死者什五六，乃得一女子之首其难也。如是唐太宗欲讨冯盎⑧，而用魏征之策，卒招怀之明。明皇之末，李宓败于云南，死者二十万。自是以后南诏盛强，至于懿宗，陷安南围成都，中国首尾疲于奔命。其后庞勋之乱⑨，起于桂林之戍；黄巢之寇本于徐主之余⑩。唐室之衰，宦者蠹其内南诏扰其外，财竭民困，海内大乱，而因以亡矣。夫蛮夷非能亡中国也，而中国之亡蛮夷常为之资，是以圣主不重外而轻内，不勤远而忘迩，恐征伐不息，变生于内。而摇其本也。《易》曰："高宗伐鬼方,三年克之。"高宗贤王,鬼方小夷也,以贤王伐小夷,三年乃克,言用兵之难也。唐自开元至于咸通,南鄙之师,皆由边臣贪利邀功以启群蛮,自我致寇大为国患,非高宗不得已之伐也。十年而克,亦速矣哉!

【注释】

①咸通:唐懿宗年号。

②高骈:字千里,幽州(今北京市)人。任神策军都虞候。交趾:古代泛指五岭以南地区名。南诏:唐时以乌蛮为主体,包括白蛮等族建立的奴隶制政权。

③安南:唐调露元年(679)在今越南北部置安南都护府,省称安南府。

④弃市:古代在闹市执行死刑,称弃市。

⑤闾左:秦代住里门左侧的平民。富豪居右。后世又借指戍兵。

⑥赵佗(? —前137):秦时真定人。秦二世时为南海龙川令,执掌南海尉事。秦亡,自立为南越武王。

⑦马援击六趾:交趾女子征侧及女弟征贰反,拜马援伏波将军,南击交趾,破之,斩征侧、征贰。

⑧冯盎:字明达,高州良德人。隋时平岭南叛乱有功,拜汉阳太守后降唐。

⑨庞勋(? —869):本桂林徐、泗戍兵粮料判官。咸通九年(868)引兵北归。自称兵马留后。克徐州等地,次年称天册将军。

⑩黄巢(? —884):曹州冤句(今山东菏泽西)人。乾符二年(875)率众响应王仙芝起义。王仙芝战死,被拥为帅,称冲天大将军。广明元年(880)入长安,即皇帝位,国号大齐。

【译文】

懿宗咸通七年十月,高骈攻下交趾,斩首三万余人,南诏入侵者从六趾逃跑。十一月,朝廷在安南设置静海军,以高骈为节度使。自安南经略使李涿扰群蛮,为安南造成祸患以来,差不多过了十年,到此时才平静下来。

范祖禹评说:

北方的戎狄自古不断为中原造成祸患,自秦以来,还没有在南方少数民族地区进行顺利统治的。这是因为那里有瘴疠之气、山川险阻,不得天时地利,所依凭的不过人和;而老百姓出征服役,都知道必死无疑,就像送到街市上杀头示众一般,这样天时地利人和三者便全都丧失了。秦朝征发闾左平民戍守五岭,导致陈胜、项羽起义,秦朝遂亡。汉初吕后想消灭在南越称王称帝的越佗,但士卒遇湿气感疠疾不能越过五岭。汉武帝击南越,派遣江淮兵以及巴蜀罪人,等于把这些人抛弃了,因为不能以中原兵士涉足那种地方,这才消灭了南越的反叛,把那里设为九个郡。到元帝时珠臣郡的山南县又反,不得不取消珠崖郡。

东汉光武帝派马援征交趾,击破造反的征侧姊妹,功劳最大。然而经过三年才攻克,士卒死了十分之五六,最后得到的只是一个女子的首级。其艰难程度竟是这样!唐太宗欲讨南越的冯盎,因为用了魏征的计策,终于招怀了冯盎。唐明皇末年,杨国忠派御史李宓征南诏而败于云南,士卒死了二十万。

从此以后,南诏更加强大。到了懿宗时,安南失陷,成都被围,朝廷首尾疲于奔命。其后庞勋之乱,起于桂林的戍卒;黄巢之反,本于徐方的传统。唐室的衰败,宦官搞乱其内,南诏扰乱于外,财枯民困,海内大乱,因而遂即灭亡。蛮夷不能灭亡中

国学经典文库

资政秘典

·唐鉴·

图文珍藏版

国,而中国的灭亡蛮夷却曾出了力。

因此圣王不因为重视外而轻视内,不勤远,不忘近,恐怕征伐不息,而变乱发生于内,动摇了根本。

《周易》上说:

"殷高宗伐鬼方,三年攻克。"殷高宗是贤王,鬼方是小部族,以贤王伐小部族。三年才攻克,说明用兵之难。唐自玄宗开元至于懿宗咸通年间,南部边界的军旅,都是由于边臣贪利邀功,激怒群蛮,自我招来敌寇,成为国家大患。不是像殷高宗不得已伐鬼方,所以十年才克服。也算快的了。

【原文】

帝好音乐宴,游殿前,供奉乐工,常近五百人,每月宴设不减十余,水陆皆备,听乐观优,不知厌倦,赐与动及千缗。曲江、昆明、灞骃、南宫、北苑、昭应、咸阳、所欲游幸即行,不待供置,有司常具音乐、饮食、幄㡆①,诸王立马以备陪从。每行幸,内外诸司扈从十余万人,所费不可胜纪。

臣祖禹曰:国之将兴,其君未尝不俭;将亡,未尝不侈也。懿宗不德而暴天产、穷人力,其能久有国乎。

右,懿宗在位十五年,崩年四十一。

【注释】

①幄㡆:篷帐。㡆,小账,幕,帐篷中座上承尘的平幕。

【译文】

懿宗喜欢音乐,宴游殿前,供奉的乐工,经常达五百人。每月设宴,不下十余次,水陆皆备。

欣赏音乐,观看优伶,不知疲倦,对优伶们的赏赐动不动就上千缗。名胜之地如曲江、昆明、灞沪、南宫、北苑、昭应、咸阳,想去游玩立即就走,不等待准备好供应。主管部门经常准备着音乐、饮食、帷帐,诸王立马以待陪从。每次出游,内外诸司扈从十余万人,所费金钱不计其数。

范祖禹评说:

国家将兴,其君没有不节俭的;国家将亡,其君没有不奢侈的。懿宗无德,任意挥霍财物,穷尽人力,他能长久地统治国家吗?

以上懿宗在位十五年,死时四十一岁。

唐鉴第二十二卷

僖宗

【原文】

乾符二年,帝之为普王也,小马坊使田令孜有宠①,及即位,使知枢密②,遂擢为中尉③。帝时年十四,专事游戏,政事一委令孜,呼为"阿父"。令孜颇读书,多巧数,招权纳贿,除官及赐绯紫皆不关白于帝。每见帝,自备果食两盘,与帝相对饮啖,从容良久而退。帝与内园小儿狎昵,赏赐乐工、伎儿,所费动以万计,府藏空竭。令孜说帝籍两市商旅宝货悉输内库,有陈诉者,付京兆杖杀之。宰相以下,钳口莫敢言。

臣祖禹曰:唐自明皇、肃宗以来,尊宠宦者,德宗始委以禁兵。文宗以后,天子由其所立,故其末流,子孙至于如此。夫国之兴也,未有不由亲贤,及其衰也,犹以小人取败。况祖宗所任不正,则后世必有甚者,是以明王必慎其所与,恐开祸乱之原也。若僖宗者又何责焉?

【注释】

①乾符:唐僖宗年号(公元874—888年)。
②田令孜:蜀人。僖宗时由小马坊使升任左神策军中尉,倚宠暴横,操纵朝政。知枢:即枢密使。唐代宗时始以宦官掌机密,其后掌权宦官多以枢密使的名义干预朝政。
③中尉:掌京城巡察缉捕。唐代神策军置中尉。

【译文】

僖宗乾符二年。还在皇帝做普王的时候,小马坊使田令孜受宠。到即位后,便升他为枢使,接着又提拔为中尉。

当时皇帝十四岁,只知游戏,一切政事交予田令孜,把他称为阿父。田令孜颇好读书,精通历算,招权纳贿,任命官职及赐予贵官服饰,都不禀告皇帝。每次见皇帝,常自备两盘米食,与皇帝相对,从容吃喝,许久才退出。

皇帝与内园小儿狎昵,赏赐乐工艺人,所费动不动上万,府藏枯竭。田令孜劝皇帝没收两市商旅宝货,全部输入内库。若有人投诉,就发付京兆府打死。从宰相以下百官都闭口不敢说话。

范祖禹评说:

唐自明皇、肃宗以来，尊崇宦官，德宗开始委以禁兵之权。文宗以后，天子由宦官所立，所以唐室末叶子孙，到了这步田地。国家的兴盛，没有不是由君主亲贤士的；到衰亡时，还是由于小人取败。何况皇帝的祖宗任人不正，那后世必定更厉害了。

所以明王必定慎重把权柄给予人，是怕开祸乱之源啊。象僖宗这样的，又有什么可责备的呢！

【原文】

濮州贼王仙芝及其党尚君长①，攻陷濮、曹州，众至数万。冤句人黄巢亦聚众数千人应仙芝。巢少与仙芝皆以贩私盐为事，巢善骑射，喜任侠，精涉书傅，屡举进士不第，遂为盗，与仙芝攻剽州县，横行山东，民之困于重敛者争归之，数月之间，众至数万。

臣祖禹曰：自古盗贼之起，国家之败，未有不由暴赋重敛，而民之失职者众也。《书》曰："夏王率遏众力，率割夏邑。"又曰："降监商民，用刈雠敛②。"此桀纣之所以亡也。秦汉以下莫不皆然。唐之季世，政出阉尹，不惟赋敛割剥复贩鬻百物，尽夺民利，故有私盐之盗。商贾之事，皆官为之，使民无衣食之资，欲不亡其可得乎？

【注释】

①王仙芝：濮州（今山东鄄城北旧城）人，私盐贩出身。于乾符元年（874）起义，称天补平均大将军兼海内诸豪都统。后黄梅为唐将曾元裕所败，战死。

②刈：治理。雠：同"仇"。

【译文】

濮州贼王仙芝及其党羽尚君长，攻陷濮州、曹州，拥兵大数万。冤句人黄巢，也聚众数千人，响应王仙芝。黄巢年轻时与王仙芝都以贩私盐为业。黄巢善骑射，负气仗义，好打不平。读书不认真，几次举进士不中，于是做了强盗。与王仙芝攻掠州县，横行华山以东，老百姓被繁重的赋苛剥削得生活不下去的，纷纷投奔，几个月之间，众至数万。

范祖禹评说：

自古盗贼所以兴起，国家所以衰败，没有不是由于横征暴敛，老百姓失去的太多造成的。

《尚书》说：

"夏桀君臣相率兴工役众，竭尽民力，相率肃割地方。"

又说：

"下视商朝民众，统治者都重赋伤民，聚敛结仇。"这就是夏桀、殷纣王所以灭亡的原因。秦汉以下，也是如此。

唐朝的末世，政出宦官，不令赋敛割剥，还贩卖货物，尽夺民利，因此才有私盐贩起而为盗。商人的事，都让官方做了，使百姓没有衣食来源，国家要想不亡，那可能吗？

国学经典文库

资政秘典

·唐鉴·

图文珍藏版

【原文】

文明元年二月①，左拾遗侯昌业以盗贼满关东，而帝不亲政事，专务游戏，赏赐无度，田令孜专权无上，天文变异，社稷将危，上疏极谏。帝大怒，召昌业至内侍省②，赐死。

臣祖禹曰：昔比干立于纣之朝③，三孤之位④，不可以视天下之乱而不言也；王子之亲，不可以待宗庙之亡而不救也，是以谏而死之。唐之季世，人主蒙弱，阉尹擅朝，四海横流，不可止救贤者遁世不居其位，可也，谏而死职，则忠矣，其未得为仁乎？

【注释】

①广明：唐僖宗年号（公元880—881年）。
②内侍省：掌管宫内事务的机构，由宦官组成，也叫北司。
③比干：商纣王叔父，宫少师。因多次劝谏，被纣王剖心而死。
④三孤：《尚书·周官》："少师、少傅、少保，曰三孤"。孤，谓特殊；低于公，尊于卿。三孤为三公之副。

【译文】

僖宗广明元年二月，左拾遗侯昌业，因为贼贼遍及潼关以东，而皇帝不管理国家政事，一心游戏，赏赐无度，田令孜专权无上，天象出现异常，唐室危急，上疏极谏。僖宗大怒，把侯昌业召至内侍省，赐他自尽。

范祖禹评说：

从前比干于殷纣王之朝，处于少师的高位，看到天下大乱而进言；身为天子的叔父，不可以等待宗庙的灭亡而不挽救。为此因劝谏而被处死。唐朝的末世，君主软弱，宦官当政，四海沸腾，无法救止。

在这种情况下贤者遁世，不居其位是可以的。恪尽职守谏而死。是尽了忠了；但这恐怕算不得仁吗？

【原文】

十二月，黄巢入长安，纵兵大掠，焚市肆，杀人满街，尤憎官吏，得之者，皆杀之。

臣祖禹曰：扬雄有言曰："秦之有司，负秦之法度，秦之法度负圣人之法度。"先王患德之不达于下也，故举仁贤而任之，上有惠泽，下吏犹或不能究宣，而况君为聚敛刻急之政，则其臣阿意希旨①，必有甚者矣。故秦之末，郡县皆杀其守令而叛，盖怨疾之久也。唐之盗贼尤憎官吏，亦若秦而已矣。《诗》曰："岂弟君子②，民之父母。"夫为吏，而使民受之如父母，则爱其君可知矣。苟使民疾吏如寇仇，则其君岂得不危亡乎！

【注释】

①阿意希旨，曲意奉迎上边的意旨。
②岂弟：快乐平易。

【译文】

广明元年十二月,黄巢攻进长安,纵兵劫掠,焚烧市场,杀人满街。尤其痛恨官吏,凡是逮住的,全都杀掉。

范祖禹评说:

扬雄曾经说过:"秦朝的职能部门,背弃秦朝的法度;秦朝的法度,背弃圣人的法度。"

先王担心恩德不能普及到百姓,所以挑选仁人贤士而加以任用。上边有了恩惠,下边的官吏或许还不能贯彻到底,何况国君要行聚敛苛刻之政,那他的臣下一定会曲意奉迎,更加凶狠地苛剥百姓的了。所以秦朝末年,郡县百姓都杀了他们的郡守、县令而造反,那是怨恨太久了。

唐末的盗贼特别憎恨官吏,也像秦时一样!

《诗经》里说:

"祥乐平易的君子,老百姓把他看作父母。"当官吏的能使百姓爱之如父母,那他钟爱君王之心就可想而知了。假如百姓痛恨官吏就像仇寇,那他的君王还能不危亡吗?

【原文】

中和元年①,帝在成都,日夕专与宦官同处,议天下事,待外臣殊疏薄。左拾遗孟昭图上疏,以为:"治安之伐,遐迩犹应同心多难之时,中外尤当一体。去冬西幸,不告南司,遂使宰相、仆射以下悉碎于贼,独北司得全。今朝臣至者,皆冒重险,出百死者也,所宜同休等戚。伏见前夕黄头军作乱,陛下独与令孜、敬瑄及诸内臣闭城自守②,不召宰相,不谋群臣,求入不得,请对不许。且天下者,高祖、太宗之天下,非北司之天下;天子者,四海九州之天子,非北司之天子。北司未必尽可信,南司未必尽无用。安有天子与宰相了无关涉,朝臣皆弃若路人!如此,恐收复之期,尚劳宸虑③,尸禄之士④,得以宴安。已事诚不足谏,而来者冀可追也。疏入,令孜屏不奏。矫诏贬昭图嘉州司户,遣人沈于蠡颐津⑤,闻者气塞而不敢言。

臣祖禹曰:自古大乱之世,亦必有忠义之臣。僖宗播越⑥几于亡矣,而谏争之职,犹有人焉。盖天下未尝元贤,惟其君不能用也。唐之将亡,虽有忠贤亦末如之何矣。昭图岂不知言发而祸应哉!特出于忠义愤激而不能已耳。大明主导天下,而使之言,其贤者乐告以善道,故国家可得而治也。苟上下否隔⑦,不可告语,使人之言者,出于愤激之气,则其国岂不殆哉!

【注释】

①中和:唐僖宗年号(公元881—885年)。南司:唐代宰相官署。唐以中书、门下、尚书三省共议国政,为宰相职务。三省都在大内南石,叫南衙,也称南司。

②敬瑄:印陈敬瑄,宦官田令孜兄(令孜本姓陈)。倚令孜之势,任西川节度使。

③宸虑:帝王的筹策划。宸,北极星所在为宸,后借用为帝王所居,又引申为王位、帝王的代称。

④尸禄:空受俸禄而不治事。

⑤蠡颐津:在四川眉山市东蠡颐山下,为玻璃江的津渡。

⑥播越:离散,流亡。

⑦否隔:闭塞不通。

【译文】

中和元年,僖宗一天到晚只与宦官在一起议论天下事,对待外官特别疏远冷淡。左拾遗孟昭图上疏,以为"治乱的时代,远近应该同心;多难的时候,朝廷内外尤其应当联为一体。

去年冬天陛下西幸,不告诉宰相署衙,遂使宰相、仆射以下官员,全被叛贼践踏,唯独北司宦官得以保全。如今朝臣来到的,都是冒着严重危险,从百死之中走出来的,就应该同甘共苦。

前些天我见黄头军作乱,陛下独与田令孜、陈敬瑄及诸内臣闭城自守,不召宰相,不同群臣商议;群臣求入不得,请对不许。况且天下,是高祖、太宗的天下,不是北司太监的天下;天子,是四海九州人的天子,不是北司太监的天子!北司太监未必全部可信,南司宰臣未必全部无用,哪有天子与宰相毫无关涉,朝臣都被弃若路人的?这样,恐怕到了收复之期,还要劳圣驾筹思,空拿俸禄之辈得享安乐。过去的事诚然不足返回,而未来是可以希望得到的!"此疏送入行宫,田令孜压下不奏,假传圣旨贬孟昭图为嘉州司户,又派人把他沉入蟆颐津中。听到这件事的人屏住气而不敢说话。

范祖禹评说:

自古大乱的时代,必有忠义之臣出现。僖宗颠沛流离,几乎灭亡,而坚守谏争职务的还是大有人在。可见天下未尝没有贤才,只是因为国君不能任用。唐朝即将灭亡,虽有忠贤,也没什么用处了。

孟昭图岂不知话说出来祸就应声而来吗,只是出于忠义激愤而不能不说啊!明主引导天下人使他们说话,贤者乐于将善道宣教于人,所以国家可以得到治理。如果上下闭塞不通,不能说话,而说话的人是为了发泄愤激之气,那国家岂不危险了吗!

【原文】

二年六月,罗浑擎等反,捕盗使杨行迁等与之战,不利求益兵。府中兵尽,陈敬瑄悉搜仓库门庭之卒以给之。是月,大战于乾溪,官军大败。行迁等恐无功获罪,多执村民为俘送府,日数十百人。敬瑄不问,悉斩之。其中亦有老弱及妇女,观者或问之,皆曰:"我方治由绩麻,官军忽入村,系虏以来,竟不知何罪!"

臣祖禹曰:《书》曰:"火炎昆岗玉,玉石俱焚,天吏逸德①,烈于猛火。"自古以来,将非其人而兵无纪律者,多杀戮平民以为俘馘②。而上下之知,其为暴甚于寇盗。何则,民知防寇盗而不虞王师也。先王以用兵为戒,岂非以所害者多软?

【注释】

①天吏:官吏。逸:失。

②俘馘:被活捉的敌人。馘,割下来用以计数的左耳。

【译文】

中和二年六月，罗浑擎等人造反。捕盗使杨行迁等与他们交战失败，请求增加兵力。节度府中已经没有兵卒，陈敬瑄便把仓库、门庭的守卒全部聚集起来送了去。在这个月中，大战于乾溪。结果官军大败，杨行迁等怕无战功而获罪，把乡村中的老百姓抓来许多作为俘虏送到节度使衙门，每天都抓来几十几百人。节度使陈敬瑄也不审问，把抓来的人全部杀掉。被抓的这些人中也有老人小孩和妇女。旁观者有的问他们是怎么回事，都说："我们正在耕田绩麻，官军忽然闯入村里绑俘了来，到底也不知犯了什么罪。"

范祖禹评说：

《尚书》说："火烧山冈，玉石俱焚；官吏失德，烈于猛火。"

自古以来，做将帅的如果是无德之人，兵卒没有纪律，多杀戮平民而作为俘虏，上面却不知道，这样的军队对百姓的暴虐超过强盗。为什么？老百姓知道防备强盗，而不提防王师啊。先王以用兵为戒，难道不是由于它所造成的危害太大吗？

【原文】

四年五月，李克用破黄巢①，还至汴州，馆于上原驿。朱全忠与之宴②，发兵围驿而攻之，克用缒城得出，引兵还晋阳，上表自陈为全忠所图，将佐以下从行者三百余人，并牌印皆没不返，乞遣使按问，发兵诛讨。时朝廷以大寇初平，方务姑息，得克用表，大恐，但遣中使优诏和解之。克用前后凡八表，称："全忠妒功疾能，阴狡祸贼，异日必为国患。惟乞下诏削其官爵，臣自率本道兵讨之，不用度支粮饷。"帝累遣杨复恭等谕旨，称："吾深知卿冤，方事之殷，姑存大体。"克用终郁郁不平。时藩镇相攻者，朝廷不复能为之辩曲直。由是互相吞噬，唯力是视皆无所禀畏矣！

臣祖禹曰：天子所以制御天下者，赏善罚恶辩是非枉直，使人各当其所物，各安其分而不相陵暴也。克用有复唐室之大功，而全忠辄欲杀之。番夷之人不敢专兵复雠，而赴诉于朝廷，是诸侯犹有尊王室之心也。为天子者，宜诘其孰是孰非，直者佑之，不直者黜之，使征伐号令出于天子，则诛一镇而天下莫敢不从矣。僖宗则不然，知其直者而不恤，置其不直者而不问，是犹一郡一县之长不能听讼，而使民以其强弱自相胜也。不惟全忠无所忌惮，而克用心亦不服，欲两存之乃两失之。自是以后，藩镇擅相攻伐，不复禀命，以天子不足诉也。唐之政令不行于藩镇，实自此始，后虽复欲为强，其可得乎？《书》曰："有罪无罪，予曷敢有，越厥志。"刑罚者，所以为天讨也，王者之于天下惩劝可不明哉！

【注释】

①李克用：沙陀部人，中和元年(881)，被召为代州刺史。率沙陀兵镇压黄巢起义军。三年，破长安，命为河东节度使。

②朱全忠：又名朱温宋州砀山(今属安徽省)人。初从黄巢起义，后降唐，被任为河中行营招讨副使，赐名全忠。天祐四年(907)代唐称帝，国号梁，史称后梁，都汴州。

【译文】

中和四年五月，李克用破黄巢，回到汴州，住在上源驿馆。朱全忠为他设宴，派兵包围馆驿而袭击他。

他用绳子缒城逃出,领兵回到晋阳(太原)。向朝廷上表说明朱全忠的阴谋,自己的将佐以下从行者三百余人,并牌印全没入汴州不能返回,请求派使者审查讯问。发兵诛讨。

当时朝廷因为大寇初平,正行姑息,得到李克用所上表,大为惊恐害怕,但只派中使优诏和解。李克用前后共上表八次,称"全忠妒功嫉能,是阴狠狡诈造祸之贼,改日必为国家大患,请求下诏削其官爵,臣自率本道兵前去讨伐,不用朝廷供应粮饷。"僖宗连续派宦官杨复恭等宣谕旨意:

"我深知你的冤枉,当前多事之秋,应姑存大体。"

李克用一直郁郁不平。当时藩镇互相攻伐的,朝廷也不能为他们分辨曲直,从此互相吞并,只看谁的力量大,都不需要要经过批准了。

范祖禹评说:

天子用以驾驭天下的,必须赏善罚恶,明辨是非曲直,使人各得其所,使物各安其分,而不互相侵犯。李克用有恢复唐室的大功,而朱全忠却想杀他。李克用作为蕃夷之人不敢专兵复仇,而赴诉于朝廷,是诸侯还有尊重王室的心啊。

当天子的,应问明谁是谁非,正确的一方给予保护,不正确的一方给予罢斥,使征伐号令出于天子,那么除掉一镇全国的方镇就不敢不从命了。僖宗却不这样做,知道有理的一方而不给与抚恤,对无理的一方搁下不管,就像一郡一县的长官,不能听诉讼,而让百姓凭强弱自相争胜。不仅朱全忠无所忌惮,而李克用心也不服。想两方面都保存,结果两方面都失掉。

从此以后,藩镇擅自相互攻伐,不再受命,因为不值得向天子诉说。唐朝的政令不行于藩镇,就是从此开始的。以后朝廷虽然想图强,那还能办到吗?

《尚书》说:"伐纣之举有罪也罢,无罪也罢,我都不敢违背本来的志愿。"

刑罚,是用作天讨的。王者对于治理天下,惩戒劝善能不分明吗?

【原文】

光启元年六月,乙巳①,右补阙常浚上疏,以为:"陛下姑息藩镇太甚,是非功过,骈首业足,致天下纷纷若此,犹未之悟,岂可不念骆谷之艰危,复怀西顾之讨乎!宜稍振典刑以威四方。"田令孜之党言于帝曰:"此疏传于藩镇,岂不致其积忿!"庚戌贬浚万州司户,寻赐死。

臣祖禹曰:杀谏臣者其国必亡,故侯昌业、孟昭图、常浚皆以谏而死。自是以后。无敢言者,唐亡之兆亦已著矣,何必天变彗孛之为妖乎②!夫忠臣欲救社稷之危,人君不惟弃其言,而又戮其身,不祥莫大焉,此其国所以为虚也。

【注释】

①光启:唐僖宗年号(公元885—888年)。

②彗孛:彗星,又名孛星,俗名扫帚星。

【译文】

僖宗光启元年六月初九日,右补阙常浚上疏,以为"陛下姑息藩镇太甚,是非功过,骈头并足地搅在一起,天下混乱竟到了如此地步,至今还不醒悟。怎能不念及逃难骆谷的艰危,又得考虑西方的讨伐吗?应逐渐恢复法制的威严,以震慑四方。"

田令孜之党对僖宗说:

"此疏传于藩镇,肯定会招致他们的猜疑和气忿?"六月十四日,贬常浚为万州司户参军,不久又赐死。

范祖禹评说:

杀谏臣的,他的国家必然灭亡。所以侯昌业、孟昭图、常浚都因谏而死。从此以后,没有敢进言的。

唐朝灭亡的征兆,已经很显著的了,何必天象变异、彗星出现才算怪异呢?忠臣想挽救国家的危机,国君不仅废弃他的意见,还杀戮他的生命,不祥的征兆没有比这更大的了。这就是他的国家变成废墟的根源。

【原文】

先是,安邑、解县两池盐皆隶盐铁,置官榷之①。中和以来,河中节度使王重荣专之②,田令孜奏复如旧制。令孜自兼两池榷盐使,收其利以赡军。重荣上章论诉不已,遣中使往谕之,重荣不可。时令孜多遣亲信觇藩镇,有不附己者,辄图之。令孜养子匡祐使河中,重荣待之甚厚,而匡祐傲甚,举军皆愤怒。重荣乃数令孜罪恶,责其无礼,监军为讲解,仅得脱去;匡祐归,以告令孜,劝图之。令孜乃徙重荣为泰宁节度使,以王处存为河中节度使。重荣累表论令孜离间君臣,数令孜十罪。令孜结邠宁节度使朱玫、凤翔节度使李昌符以抗之。重荣求救于李克用,方怨朝廷不罪朱全忠,玫、昌符亦阴附全忠克用乃上言,请讨二镇。十二月,战于沙苑,玫、昌符大败,克用逼京城,帝幸凤翔。明年,令孜劫帝幸兴元③。

臣祖禹曰:僖宗播迁,两京陷贼,皆令孜之为也。其养子傲狠于河中,而重荣、克用背叛,再幸兴元,不去其本,祸难不已。书曰:"怨不在大。"岂不信哉!

【注释】

①榷:专利,专卖。榷盐,食盐专卖,后过指征收盐税。
②河中:唐开元八年升薄州为河中府,治所在今山西永济市蒲州镇。
③兴元:陕西汉中。

【译文】

以前安邑、解县两地池盐专卖都隶属朝廷的盐铁司,设专职官员征收盐税。僖宗中和年以来,河中节度使王重荣专门管理。田令孜奏请皇帝恢复旧制,亲自兼任河南河北榷盐使,把收来的税利供养军队。王重荣上奏章论诉不停,朝廷派中使前去对他进行说服,他不接受。当时田令孜多派亲信观测藩镇有不附和自己的,就要收拾他。田令孜的养子匡祐出使河中,王重荣厚加款待,而匡祐特别骄傲,使全军都愤怒起来。王重荣就列举田令孜的罪恶,斥责匡祐无礼;多亏监军为他们双方调解,匡祐回去禀告田令孜,劝他收拾王重荣。田令孜便把王重荣调为泰宁节度使,任命王处存为河中节度使。王重荣接连上表说田令孜离间君臣,列举田令孜十大罪状。田令孜联合分宁节度使朱玫、凤翔节度使李昌,以抗拒王重荣。王重荣求助于李克用。李克用正怨恨朝廷不治朱全忠的罪,而朱玫、李昌符又暗附朱全忠,李克用便上言请讨伐分宁、凤翔二镇。

光启元年十二月,李克用与朱玫、李昌符战于沙苑,朱玫、李昌符大败。李克用近逼京城,僖宗奔凤翔。

第二年,朱玫犯凤翔,田令孜挟持僖宗奔兴元。

范祖禹评说:

僖宗奔波,两京沦陷于贼手,都是田令孜造成的。他的养子在河中逞威斗狠,而王重荣、李克用背叛,致使僖宗再驾临元,不除掉根本,灾难就不会完结。《尚书》说:"怨不在大",它会从小变大,岂不确实如此吗!

【原文】

文德元年①,三月,壬寅,帝疾,大渐,皇弟吉王保,长而贤,群臣属望。十军观军容使杨复恭请立其弟寿王杰②。是日,下诏,立杰为皇太弟,监军国事。

臣祖禹曰:懿宗之崩,中官废长而立幼,遂倾唐室。僖宗疾革,杨复恭亦如之。大抵宦者,利于幼弱,欲专威权,以长而立则已无功,故必有所废置,谓之定策,夫立君以为天下,而宦者以私一已,既以援立为功,未有不乱国家者也。

右,僖宗在位十六年,崩年二十七。

【注释】

①文德:唐僖宗年号(公元888年)
②杨复恭:宦官,因定策立昭宗,专典禁兵,操纵朝政。

【译文】

文德元年三月初五,僖宗病情加剧。僖宗的弟弟吉王李保年龄大些也有贤德,群臣瞩目。十军观军容使杨复恭请立吉王的弟弟寿王李杰。当天,下诏立李杰为皇太弟,监军国事。

范祖禹评说:

懿宗之死,宦官废长而立幼,遂倾侧唐室。僖宗病危,杨复恭也一样办理。大抵宦官利于立幼弱君主,打算独揽权威。按定例立长,那就显不出自己的功劳,所以必定要有所废立,叫作定策。立君本是为了天下,而宦官只不过为自己的利益。既然以拥立为功,没有不祸害国家的。

以上僖宗在位十六年,死时二十七岁。

唐鉴第二十三卷

昭宗上

【原文】

大顺元年四月①，赫连铎、李匡威请讨李克用。朱全忠亦上言："克用终为国患，今因其败，臣请帅汴、滑、孟三军，与河朔三镇共除之。乞朝廷命大臣为统帅。"初张浚因杨复恭以进，复恭中废，更附田令孜而薄复恭。复恭再用事，深恨之。帝知浚与复恭有隙，特亲佩之。浚亦以功名为己任，每自此谢安、裴度②。克用之讨黄巢屯河中也，浚为都统判官。克用薄其为人，闻其作相，私谓诏使曰："张公好虚谈而无实用，倾覆之士也。主上采其名而用之，它日交乱天下，必是人也。"浚闻而衔之。帝从容与浚论古今治乱，浚曰："陛下英睿如此，而中外制于强臣，此臣日夜所痛心疾首也。"帝问以当今所急，对曰："莫若强兵以服天下。"帝于是广募兵于京师，至十万人。及全忠等请讨克用，帝命三省、御史台四品以上议之，以为不可者什六七，杜让能、刘崇望亦以为不可。浚欲所外势以挤杨复恭，乃曰："先帝再幸山南，沙陀所为也。今两河藩镇共请讨之，此千载一时。但乞陛下付臣兵柄，旬月可平。"孔纬曰："浚言是也。"帝曰："克用有与复大功，今乘其危而攻之，天下其谓我何？"纬曰："陛下所言，一时之体也；张浚所言，万世之利也。"帝以二相言叶俋俷③从之，五月诏削夺克用官爵、属籍，以浚为河东行营都招讨制置宣慰使，京兆尹孙揆副之。八月，揆为克用将李存孝所擒，克用锯杀之。十月，禁军自溃；张浚战，又败。克用上表讼冤。制以孔纬为荆南节度使，浚为岳鄂观察使，再贬纬均州刺史，浚连州刺史，悉复李克用官爵，使归晋阳，明年二月加克用守中书令，再贬浚绣州司户。

臣祖禹曰：李克用有复唐社稷之功，苟无大害于天下，犹将十世宥也。朱全忠欲杀之，而朝廷不诘全忠与诸镇，一请讨克用，则遽从之，盖以克用出于蕃夷，而陵蔑之耳。然有功者见讨，有罪者不诛，则无以为国。故夫昭宗所以失政，而海内愈乱者，由张浚为此役也。唐之将亡，譬如人有必死之疾，使秦和扁鹊救之，未必能起也。而庸医妄药以攻之，所攻非疾，所疾不攻，岂不速其死乎！

【注释】

①大顺：唐昭宗年号。
②谢安：字安石，东晋阳夏人。任尚书仆射，领吏部。公元383年，前秦苻坚攻晋，加谢安征讨大都督，其侄谢玄等大破苻坚于肥水。谢安以总帅之功拜太保。
③叶：和，合，一致。俋俷：奋勉。

【译文】

昭宗大顺元年四月,云州防御使赫连铎、卢龙节度使李匡威奏请讨伐李克用。朱全忠也上奏说:

"李克用到底是国家的大患,如今趁他失败,我请统率汴、滑、孟三州军队,与河朔三镇联合共同除掉他。请求朝廷任命大臣作为统帅。"

这之前,张浚靠着宦官杨复恭进身,杨复恭曾一度失势,他改换门庭依附田令孜,而疏远杨复恭。杨复恭再次受到重用,非常恨张浚。

昭宗知道张浚与杨复恭有隔阂,格外亲近依重张浚。张浚以建立功业为己任,经常把自己比作东晋贤相谢安、宪宗时贤相裴度。李克用攻打黄巢屯兵河中时,张浚担任都统判官,李克用很看不起他的为人。听说他当了宰相,私下对皇帝派来的使者说:"张公好说大话而没有实际本领,是倾覆国家的官僚。主上图其名用他,以后搅乱国家的,必定是此人。"

张浚听了李克用对他的议论,怀恨在心。

昭宗从容与张浚议论古今治乱,张浚说:

"陛下如此英明睿智,而在朝廷内外受制于强卧,这是我日夜为之痛心疾首的事啊。"

昭宗问目前当务之急是什么,他回答说:

"不如强兵以威服天下。"

于是昭宗命招募兵士集于京师,招至十万人。到朱全忠等请讨李克用,昭宗命中书、门下、尚书三省及御史台四品以上官员讨论,认为不可用兵的占十分之六七,宰相杜让能、刘崇望也以为不可。张浚想依靠朝廷以外的势力来排挤杨复恭,就说:

"先帝两次逃往山南,都是沙陀军千万的,如今两河藩镇共请讨伐,这是千载难逢的好机会。只求陛下交给我兵权,个把月时间就可以把他消灭。"

宰相孔纬说:

"张浚说的是。"

昭宗说:

"李克用有兴复大功,今乘其危而攻之,让天下人怎么看我呢?"

孔纬说:

"陛下所说的,是短时间的情况,张浚说的可是万世的利益啊。"

昭宗以张、孔二位宰相意见奋勉相合,予以采纳。五月,下诏削夺李克用官爵和赐姓属籍,委任张浚为河东行营都招讨制置宣慰使,京兆尹孙揆为副手。八月,孙揆被李克用部将李存孝活捉,李克用将他锯死。十月,禁军溃败;张浚交战又败。李克用上表诉冤,昭宗降孔纬为荆南节度使,张浚为岳鄂观察使;再贬孔纬均州刺

史,恢复李克用全部官爵,使归晋阳。第二年二月,加李克用守中书令,再贬张浚为肃州司户参军。

范祖禹评说:

李克用有恢复大唐社稷之功,如没有大害于天下,还将十世赦罪。朱全忠要杀他,而朝廷不责问。

朱全忠与诸镇一请讨李克用,就立即答应,大概是因为李克用出身于少数民族。而看不起他吧。然而有功者被讨,有罪者不杀,那怎能治理国家! 看来昭宗所以失政,而海内更加纷乱,原因就在张浚对李克用的讨伐。

唐之将亡,就像人得了不可医治的疾病,即便古代的名医秦和、扁鹊进行抢救,也未必能救得活。而庸医胡乱用药来医治,治的不是病,疾病没治着,岂不是让他死得更快吗?

【原文】

乾宁元年七月①,李茂贞遣兵攻阆州②,杨复恭、杨守亮、杨守信帅其族党犯围走。将自商山奔河东,至乾元,遇华州兵,获之。八月,乾建献于阙下,斩于独柳。李茂贞献复恭与守亮书,诉致仕之由云:"承天门乃隋家旧业,大任但积粟训兵,勿贡献。吾于荆榛中立寿王③,才得尊位,废定策国老,有如此负心门生天子!"

臣祖禹曰:惟君子可以有功,小人不可以有功也。君子有功而不伐,小人有功而益骄,先王戒小人勿用者,以其不可立功也。夫元功犹不可长也,况其有功何以堪之,故小人而有非常之功者,国之不幸也。复恭刑臣至与天子为敌,昭宗亲战用大师,而后克之。其言不臣如此,由其恃援立之功故也。岂不足永为戒哉!

【注释】

①乾宁:唐昭宗年号。

②李茂贞:深州博野(今属河北)人。僖宗时历武定、凤翔、陇右节度使,封陇西郡王。

③寿王:光启四年三月,僖宗病重,寿王李杰为皇太弟,僖宗死,皇太弟即位。

【译文】

昭宗乾宁元年七月,凤翔节度使李茂贞发兵攻阆州。宦官杨复恭及其养子山南西道节度使杨守亮,领着人他们的族党突围逃走,准备从商山奔河东。走到乾元,遇到滑州军队,被抓获。八月,镇国军节度使韩建献杨复恭、杨守亮于京师,斩于独柳。李茂贞献出杨复恭写给杨守亮的信,信中诉说退休缘由,并说:

"承天门本是隋家的旧业,大任只屯粮练兵,不要向朝廷贡献。我于草莽中立寿王为帝,他才得到至尊之位,就废斥定国策的元老,竟有这样负心的门生天子!"

范祖禹评说:

只有君子能有功,小人不能有功。君子有功而不居功自傲,小人有功便会更骄横。先王告诫不要用小人,就是因为他们不能立功。他们无功还不可长久,何况他们有了功,那可怎么让人忍受? 所以小人有了非常的功劳,是国家的不幸。杨复恭是个宦官,竟至于敢与天子为敌。昭宗亲自参与战事,用重兵而后才攻下来,他的言论叛如此,都是由于凭仗援立昭宗即位的功绩的缘故啊。这很值得永远引以为戒吗!

【原文】

三年七月,李茂贞犯京师,帝将幸太原。韩建请幸华州,帝从之。茂贞入长安,宫室市肆燔烧俱尽。帝愤天下之乱,奇得可杰之士,不次用之①。国子博士朱朴自言得为宰相,月余可致太平,帝以为然。八月以朴为左谏议大夫同平章事。朴为人庸鄙迂僻,无它长,制出中外大惊。

臣祖禹曰:国之将亡,如大厦之将颠。扶其东而西倾,支其南而北壤,况所以扶而支之者,非其任哉。

【注释】

①不次:破格。

【译文】

乾宁三年七月,李茂贞进犯京师,昭宗逃往太原。镇国军节度使蠡建请帝至华州,昭宗听从了。李茂贞入长安,宫室街市都焚烧一空。昭帝愤天下之乱,思得杰出人才,将破格任用。国子博士朱朴自己说,他要能当宰相,一个多月就可以使天下太平。昭宗听信了他的话,八月,任朱朴为左谏议大夫、同平章事。朱朴为人鄙俗迂僻,没什么专长,诏命一出,朝廷内外大为惊讶。

范祖禹评说:

国家将要灭亡的时候,就像大厦将要颠覆,扶了它的东面而西面倾倒,支起了它的南面而北面倒塌。何况靠来扶和支的人,全不能胜任的呢!

【原文】

四年,帝在华州。右拾遗张道古上疏称:"国家有五危三乱,昔汉文帝即位未几,明习国家事,今陛下登极已十年,而会不知为君驭臣之道。太宗内安中原外开夷,海表之。国莫不入臣,今先朝封域,日蹙几尽,臣虽微贱,窃伤陛下朝廷社稷,始为奸臣卖弄,终为贼臣所有也。"帝怒贬道古施州司户,仍下诏罪状道古,宣示谏官。

臣祖禹曰:昭宗之在华州,唐室日趋于亡,当求贤如不及,听言如在已社稷宗庙未可冀也。而斥逐言责之臣,杜绝谏争之路,是自蔽耳目,长奸谀也。终于颠坠厥绪①。诚不知君道哉!

【注释】

①厥:代词。他的,那个。绪:统系,世系。

【译文】

乾宁四年,昭宗在华州。右拾遗张道古上奏说"国家有五危三乱,以前汉文帝即位不久,就熟悉国家政事;今陛下登极已十年,还不清楚国王驾驭臣子之道。太宗内安中原,外开四夷,海上国家,莫不称臣;如今先朝的封疆领地,日渐缩小,几乎丢失殆尽。我虽然很微贱,也私下可惜陛下的朝廷社稷,开始时为奸臣卖弄,最后为贼臣所有。"

昭宗恼怒,贬张来施州司户,接着下诏将道古的罪状宣示谏官。

范祖禹评说:

昭宗逃到华州,唐室日趋灭亡,这种时候求贤还来不及,听人言如同己出,这样社稷宗庙能不能保住还不敢指望。反而斥逐以言尽职之臣,杜绝谏争之路,是自我蒙蔽耳目。滋长奸臣风气。昭宗终于断绝了唐室宗绪,他实在是不知为君之道啊!

【原文】

光化三年初①,崔胤与帝密谋尽诛宦官②,及宋道弼景务修死,宦官益惧。帝自华州还,忽忽不乐,多纵酒,喜怒不常,左右尤自危。于是中尉刘季述、王冲先、枢密使王彦范、薛齐偓等谋废立。十一月,帝猎苑中,夜,醉归,手杀黄门侍女数人。明日辰巳,宫门不开。李述率标兵千人破门而入,问得其状,谓崔胤曰:"主上所为如此,岂可理天下?庚寅,季述陈兵殿廷,召集百官使书奏请太子监国,胤等不敢违。帝在乞巧楼,季述、冲先与宣武进奏官程岩等帅兵入,将士大呼,至思政殿,逢人,辄杀。帝见兵入,惊堕床下,起,将走,季述、冲先掖之令坐。皇后趋至,拜曰:"军容忽惊宅家,有事唯军容议。"季述出,百官奏曰:"愿奉太子监国,陛下保颐东宫。"帝曰:"昨与卿曹乐饮,不觉太过,何至于是?"后曰:"宅家趣依军容语!"宦官扶帝与后同辇,适少阳院。季述以银挝画地数帝曰:"某时某事,汝不从我言,其罪一也。"如此数十不止。乃手锁其门,镕铁锢之,遣李师虔将兵围之,穴墙以通饮食,凡兵器针刀皆不得入,帝求钱帛俱不得,求纸笔亦不与。时大寒,嫔御公主与衣衾,号哭闻于外。季述矫诏太子监国,又矫诏太子嗣位,以帝为太上皇。十二月季述遣养子希虔诣朱全忠,许以唐社稷输之;李振劝全忠讨季述,全忠乃囚希度遣振如京师。崔胤密遣人说神策指挥使孙德昭诛季述等,德昭乃与董彦弼、周承诲谋,伏兵诛之。

天复元年正月乙酉朔③,德昭斩王仲先。崔胤迎帝御长乐门楼,率百官称贺。周承诲擒刘季述,王彦范继至,方诘责,已为乱梃所毙。薛齐偓赴井死,出而斩之。灭四人之族,以韩全海、张彦弘为左右中尉,袁易简周敬容为枢密使。

臣祖禹曰:刘季述劫太子,而幽帝、宦者,皆预谋。昭宗不能因天下仇疾之心,穷治逆党,以清宫闱,夺其兵柄,归之将相。而以乱易乱,复任宦者,既赦而不问,又稍以法诛之,至使反侧不安,外结藩镇,以致劫迁之祸,由除恶不绝其本,而大信不立故也。昔阳虎作乱于鲁④,因季桓子,劫其国君,《春秋》书曰:"盗窃宝玉、大弓。"若季述等家臣贱人,不得曰废立,为唐史者,宜书曰"盗",则名实正矣。

【注释】

①光化:唐昭宗年号。
②崔胤:字昌遐,武城(今属山东)人。昭宗时先后四次拜查,时号"崔四入"。
③天复:唐昭宗年号。
④阳虎作乱:阳虎也叫阳货,春秋后期鲁国季孙氏家臣。挟持季桓子,据有阳关(在今山东泰安南),掌握国政。

【译文】

昭宗光化三年。起先,宰相崔胤与皇帝密谋尽诛宦官,到枢密使宗道弼、景务修一死,宦官们更恐惧了。

昭宗从华州回长安,精神恍惚不定,常纵情饮酒,喜怒无常,左右宦官近侍,感到自危。于是中尉刘季述、王仲先、枢密使王彦范、薛齐偓等阴谋废君立嗣。十一月,昭宗到苑中打猎,夜里醉酒,亲手杀死黄门侍女数人。第二天早晨宫门未开。刘季述率禁兵千人破门而入,问明情况,对崔胤说:

"皇上这样的所作所为,怎能治理天下?"

至次日凌晨前,刘季述陈兵殿廷,召集百官,使书奏请太子监国,崔胤等不敢违抗。当时昭宗正在乞巧楼。刘季述、王仲先与宣武进奏官程岩等帅兵闯入,将士大呼,至思政殿,逢人就杀。昭宗见兵进来,吓得坠落床下,爬起来想跑,被刘季述、王仲先抓住,命令坐下。皇后急忙出来,一边作揖一边说:

"军容使不要惊吓官家,有事全凭你们议处。"

刘季拿出百官奏章,说:

"愿奉太子监国,陛下在东宫保养。"

昭宗说:

"昨天与卿等欢饮,不觉太过,但你至于这样吗?"

皇后说:

"陛下快按军容使的话做就是了。"

宦官便挽扶昭宗与皇上了一辆车,送到少阳院。刘季述用银挝画地数落昭宗说:"某时某事,你不听从我的话,这是罪状之一。"

这样说了几十条还没完。北手锁了门,熔铁封死,派李师虔带兵包围墙穴,只留穴以送饮食。凡兵器针刀,都不许送入。昭宗要钱帛,不给。求纸笔,也不给。

当时天很冷,妃嫔公主没有衣服被子,号哭之声传到外面。刘季述假传圣旨令太子监国,又假传圣旨令太子继位,以昭宗为太上皇。

十二月,刘季述派养子希虔去见朱全忠,答应把唐的天下送给他。李振劝朱全忠讨伐刘季述,朱全忠就把希虔囚禁起来,派李振去京师。崔胤秘密派人劝说神策指挥使孙德昭杀刘季述等。孙德昭就与董彦弼、周承海商议伏兵杀刘季述等。

天复元年正月十二日天一亮,孙德昭斩王仲先。崔胤迎昭宗驾临长乐内楼,率百官称贺。周承海擒刘季述、王彦范也接着到了,正要审问,已被乱棍打死。薛齐偓跳井寻死,捞出来斩了。灭了刘季述、王仲先、薛齐偓、王彦范四个宦官的家族。以韩全海、张彦弘为左右神策军中尉,袁易简、周敬容为枢密使。

范祖禹评说:

刘季述劫持太子而囚禁昭室,宦官基本上都参加了。昭宗不能顺天下人仇恨宦官之心,彻底惩治逆党,以肃清宫闱,夺取宦官兵权,归之于将相,而是以乱治乱,又任用宦官。

对一些宦官既赦而不问,又以法诛杀几个,致使宦者心中反侧不安,对外勾结藩镇,又导致劫持之祸,这是由于除恶没有消灭根本,而大信没有树立的缘故。过去阳虎作乱于鲁,囚禁季桓子,劫持鲁国国君,《春秋》上写道:"强盗窃取了宝玉大弓。"刘季述这样的家臣贼人,不能说他们废立皇帝,写唐史的人,应该写作"盗",就名实相副了。

【原文】

六月,崔胤请帝尽诛宦官。宦官属耳,颇闻之,韩全海等涕泣求哀于帝。帝乃令胤:"有事密封疏以闻,勿口奏。"宦官求美女知书者数人,内之宫中,阴令洞察其事[①]，尽得胤密谋。全诲等大惧，每宴聚流涕相诀，日夜谋所以去胤之术。时胤领三司使，全诲等教禁军喧哗，诉胤减损冬衣。帝不得已，解胤盐铁使。时朱全忠、李茂贞各有挟天子令诸侯之意，全忠欲帝幸东都，茂贞欲帝幸凤翔。胤知谋泄，急遣朱全忠书，称被密诏令全忠以兵迎车驾，且言："上反正，公之力。而凤翔入朝引功自归。今不速至，必成罪人，岂唯功为它人所有，且见征讨。全忠得书，十月，举兵发大梁。全忠至河中，表请车驾幸东都，京城大骇。士民亡窜山谷，百官皆不入朝。十一日，壬子，全诲等陈兵殿前，奏曰："全忠以大兵逅京师，欲劫天子幸洛阳，求傅禅。臣等请陛下幸凤翔。收兵拒之。"帝不许，仗剑登乞巧楼。全诲等急即火其下。帝降楼，乃与皇后、妃嫔、诸王百余人皆上马，恸哭声不绝。全诲等遂火宫城，壬戌车驾至凤翔。

二年六月全忠败李茂贞之师于虢县之北。进军攻凤翔。九月，全忠围凤翔。十月茂贞出兵击之，又败还。汴军每夜鸣鼓角，城中地如动。是冬，大雪，城中食尽，冻馁死者不可胜计，或臣未死肉已为人所骨[②]。市中卖人肉，斤直钱百，犬肉直钱五百。茂贞储备亦竭[③]，以犬彘供御膳。帝鬻御衣及小皇子衣于市以充用，削溃松柿以饲御马。十二月帝召李茂贞等食议与朱全忠和，帝曰："十六宅诸王以下，冻馁死者日有数人。在内诸王及公主、妃嫔，一日食粥，一日食汤饼，今亦竭矣。卿等意如何？"皆不对，帝曰："速当和解耳！"

三年正月茂贞请诛韩全诲等，与朱全忠和，奉车驾还京。帝即遣内养帅凤翔卒四十人，收全诲等斩之。以第五可范、仇承垣为左右军中尉，王知古、杨虔朗为枢密使。是夕，又斩李继筠等十六人。遣使囊全诲等首以示全忠，时凤翔所诛宦官已七十二人。全忠使京兆捕诛九十人。甲子，帝幸全忠管，己已入长安。庚午，崔胤奏诛宦官。是日，全忠以兵驱第五可范以下数百人于内侍省，尽杀之，冤号之声彻于内外。其出使者，诏所在捕诛之，止留黄衣幼弱者三十人以备洒扫。帝愍可范等或无罪，为文祭之。自是，宣傅诏命皆以宫人。其两军内外八镇，兵悉属六军，以崔胤兼判六军、十二卫事[④]。

臣祖禹曰：崔裔本与韩全诲争权，因昭宗惩幽辱之祸，谋尽诛中官，故全诲党李茂正，而裔结朱全忠，各倚强藩以为外援。而歧、汴亦凭宦官、宰相内为城社[⑤]，以制朝廷。故裔召全忠以兵入朝，而全诲劫帝西幸。唐室之亡，由南北司相吞灭，而人主受其祸，岂不足为将来之永鉴哉。

【注释】

①诇察：侦察。诇，侦察，刺探。
②姡借作"姡"。
③储待：储备。
④六军：周制，天子有六军。
⑤城社：城狐社鼠，城墙上的狐狸，土地神社中的老鼠。

【译文】

天复元年六月，崔胤请求昭宗杀尽宦官，宦官们颇有些耳闻。韩全诲等痛哭流涕向昭宗哀求。

昭宗令崔胤所有的奏事疏章密封了再呈进，不要口头奏闻。宦官找了几个能认字的美女纳入宫中，暗中让她们窥视，完全了解了崔胤的密谋。

　　韩全海等大为恐惧，每闲聚在一起，就流涕诀别，日夜考虑除掉崔胤的办法。当时崔胤兼领盐铁、户部、度支三司使，韩全海等教唆禁军喧哗，揭发崔胤克扣冬衣。昭宗不得已，解除崔胤盐铁使之职。

　　那时朱全忠、李茂贞各有挟天子令诸侯之意。朱全忠想让昭宗去洛阳，李茂贞想让昭宗去凤翔。崔胤知道阴谋败露，赶紧给朱全忠送信，称接到诏书令朱全忠出兵迎驾，并说：

　　"皇帝归正是你的功劳；而凤翔方面入朝，李茂贞就会把功劳都归于自己。今不速来，必成罪人，岂止功绩为他人所有，而且会受征讨。"

　　朱全忠收到信，十月，从大梁（开封）发兵。朱全忠至河中，上表请车驾去东都。

　　京城长安人大为恐慌，士民百姓逃窜到山谷里边，百官都不敢入朝。十一月十九日，韩全海等陈兵殿前，奏道：

　　"朱全忠以大量兵士逼近京师，要劫天子去洛阳，谋求禅位于他。臣等请陛下去凤翔，招集兵马抗拒朱全忠。"

　　昭宗不许，仗剑登乞巧楼。韩会海等急忙在楼下点火。昭宗下楼，与皇后、妃嫔、诸王百余人都上马，恸哭之声一直不断。于是韩全海等火烧皇城。

　　十一月二十九，车驾至凤翔。第二年六月，朱全忠在虢县之北打败李茂贞，进军攻凤翔。

　　九月，朱全忠包围凤翔。十月，李茂贞出击，又被打败。环绕凤翔的汴军，每夜鸣鼓吹角，城中好象地动山摇。

　　这年冬天雪大，城中食粮已尽，冻饿而死的人不计其数。有的人躺倒还没死，肉已被人刮走。市中买人肉每斤值一百钱，狗肉值五百钱。李茂贞的储备也用光了，用狗肉供御膳。

　　昭宗在市上出卖自己和小皇子的衣服以充急用，削碎松木、柿木用来饲养皇帝的马。

　　十二月，昭宗召李茂贞等吃饭，讨论与朱全忠讲和。

　　昭宗说：

　　"十六宅诸王以下，每天冻饿而死的都有好几个人；在行宫内的诸王及公主、妃嫔，一天吃稀粥，一天吃汤饼，如今连这些也没有了。你们认为如何？"

　　李茂贞等都不回答。

　　昭宗说：

　　"应当赶快和解了！"

　　天复三年正月，李茂贞请杀韩全海等，与朱全忠讲和，奉送车驾还京。

　　昭宗派宫中供养的人率领凤翔兵座四十人捉到韩全晦等杀了。任命第五可范、仇承坦为左右神策军中尉，王知古、杨虔朗为枢密使。当天傍晚又杀李继筠等十六人。派使者用口袋装了韩全海等人的头让朱全忠看。

　　当时凤翔所杀宦官已七十二人，朱全忠又派人在京城逮捕宦官九十人。正月初六，昭宗到朱全忠军营。正月十二入长安。十三日，崔胤奏请诛宦官。当天，朱全忠派兵驱赶第五可范以下数百宦官入内侍省，全部杀掉，呼号冤枉之声，传于宫内外。派往外地的宦官使者，诏令所在地捕捉杀掉。只留下黄衣幼弱的三十人，以备洒扫。

　　昭宗伤感第五范等无罪被杀，写祭文祭奠。

　　从此宣传诏命，都用宫女，神策两军及内八镇、外八镇兵权全都归六军，以崔胤兼管六军二十卫。

范祖禹评说：

崔胤本与韩全诲争权，因昭宗苦于被幽辱之祸，考虑尽诛宦官，所以韩全诲勾结朱茂贞，而崔胤则勾结朱全忠，各依强盛藩镇，作为外援。而凤翔李茂贞和汴州朱全忠，也分别依凭宦官和宰相，作为内线，以控制朝廷。

因而崔胤召朱全忠带兵入朝，而韩全诲则劫持皇帝西去。

唐室之衰亡，是因南司的宰相和北司的宦官相互吞灭，而国君遭受祸患，难道不是可以作为将来永久的鉴戒吗？

唐鉴第二十四卷

昭宗下　昭宣帝

昭宗下

【原文】

天祐元年正月①,全忠杀崔胤,将劫帝迁都,引兵屯河中。丁巳帝御延喜楼,全忠遣牙将冠彦卿奉表称邠、歧兵逼畿②甸,请宰迁都洛阳。帝未及下楼,宰相裴枢已得全忠移书,促百官东行。戊午驱士民,号哭满路,骂曰:"贼臣崔胤召朱温来倾覆社稷,使我曹流离至此。"老幼缱属,月余不绝。壬戌,车驾发长安,全忠以张廷范为御营使,毁长安宫室、百司及民间庐舍取其材,浮渭讼河而下,长安自是遂丘墟矣。甲子,帝到华州,民夹道呼万岁,帝泣谓:"勿呼万岁,朕不复为汝主矣。"馆于兴德宫,谓侍臣曰:"鄙语云:'纥千山头冻杀雀③,何不飞去生处乐。'朕今漂泊不知竟落何所,因泣下沾襟,左右莫能仰视。"二月,乙亥,帝至陕,全忠自河中来朝,帝延全忠入寝室见何后,后泣曰:"自今大家夫妇委身全忠矣。"帝遣间使以御扎告难于王建④,建使王宗将兵会岐兵迎车驾,至兴平,遇汴兵,不得进,而还。三月帝复遣间使以绢诏告急于王建、杨行密、李密、李克用等⑤,令纠率藩镇以图匡复,曰:"朕至洛阳,则诏敕皆出其手,朕意不复得通矣。"四月全忠请车驾早发,表章相继。帝屡遣官人,谕以皇后新产,未任就路,请候十月东行。全忠疑帝徘徊候变,怒甚,谓冠彦卿曰:"汝速至陕,即日促官家发来。"闰月,丁酉,车驾发陕。癸卯帝憩于谷水。自崔胤之死,六军散亡俱尽,所余击球、供奉、内园小儿共二百余人,从帝而东。全忠犹忌之,为设食于崿,尽缢杀之。豫选二百余人大小相类者,衣其衣服,代之侍卫,帝初不觉,累日乃悟。自是,帝之左右职掌使令皆全忠之人矣。甲辰,车驾至洛阳。帝自离长安日忧不测,与皇后终日沈饮或相对沸泣。全忠使蒋玄晖侯察帝动静,皆知之。帝从容问玄晖曰:"德王⑥,朕之爱子,全忠何故坚欲杀之?"因泣下,啮中指血流。玄晖具以语全忠,全忠愈不自安。时李茂贞等移檄往来皆以兴复辞。全忠方引兵西讨。以帝有英气恐变生于中,欲立幼君,易谋禅代。乃遣李振至洛阳,与玄晖及朱友恭、氏叔琮图之。八月,壬寅,帝在椒殿,诣晖选龙武牙官史太等,夜叩宫门,言军前有急奏欲面见,帝夫人裴贞一开门⑦,见兵曰:"急奏何以兵为?"史太杀之。玄晖问:"至尊安在?"昭仪李渐荣临轩呼曰:"宁杀我曹,勿伤大家⑧。"

帝方醉,遽起单衣绕柱走,太追而杀之。渐荣以身蔽帝,太亦杀之。又欲杀何后,后求哀于玄晖,乃释之。癸卯玄晖矫诏称李渐荣裴贞一杀逆,宜立辉王柞为皇太子,更名桅监军国事。又矫皇后令,太子于枢前即位。宫中恐惧不敢出声哭。丙午昭宣帝即位,年十三。

臣祖禹曰:昔周之兴也,以诸侯归之,其亡也,以诸侯叛之。平王以后,周室微弱,政令不行,历数百年而不亡者,亦以诸侯持之也。唐之乱也以藩镇,及其末也,藩镇割裂,疆土皆尽,而唐室遂亡。僖昭之时,惟李克用最为有功,虽尝跋扈而终不失臣节,王室可倚以为藩扞⑨,使太原之势常重,则诸镇未敢窥唐也。而唐以其戎狄之人疑而不信,外而不亲,有震主之势而无朝廷之助,是以不竞于汴,而全忠独强,吞噬诸镇,卒灭唐室。自古忠者不见信,所信者不忠,岂有不亡者乎?

右,昭宗在位十七年,为朱全忠所杀,年三十八。

【注释】

①天绅:唐昭宗年号(公元 904 年)。
②畿甸:京城地区。
③纥干山:又称纥真山,现在山西大同以东。
④王建(847—918):字光图,许州舞阳(今属河南)人。唐昭宗天复三年(903)封蜀王,公元 907 年乘朱温代唐之机称帝,国号蜀,史称前蜀。
⑤杨行密(852—905):字化源,庐州合肥人。唐朝末年起兵,占据庐州,朝廷授庐州刺史。乾宁二年(897),大破朱温将庞师古于淮阴西,天复二年(902)受封吴王。唐朝灭亡,建立吴国。
⑥德王:名裕,昭宗爱子。乾宁四年(897),刘季述囚昭宗,奉德王即帝位后被杀。
⑦夫人:帝王之妾。
⑧大家:官家,皇帝。
⑨藩扞:护卫遮挡。

【译文】

昭宗下

天祐元年正月,朱全忠杀死宰相崔胤,打算劫持昭宗迁都,领兵屯于河中。

正月初六,昭宗驾临延喜楼,朱全忠派牙将寇彦卿奉表称分歧方面李茂贞的兵逼近京郊,请迁都洛阳。

昭宗还没赶上下楼,宰相裴枢因为得到朱全忠给的信,已督促百官东行。初七,驱赶士民号哭满路,百姓骂道:

“贼臣召来朱温,倾覆国家,使我们流离失所到这种地步!”老幼连续一个多月尚未断绝。正月十一,车驾从长安出发。朱全忠以张廷范为御营使,毁长安宫室、各署衙及民间房舍,取其木料漂浮渭河,沿河而下。从此长安成为一片废墟!正月十三,昭宗至华州,老百姓夹道高呼万岁。昭宗哭着说:“别呼万岁,我不会再是你们的君主了!”

住进兴德宫,对侍臣说:

“俗语说:纥干山头冻杀雀,何不飞去生处乐。我现在漂泊,不知最终流落到什么地方!”

因而哭泣沾湿了衣襟,左右的人都难过得不能抬头看他。二月二十四日,昭宗到达陕州,朱全忠自河中来朝。

昭宗请朱全忠入寝室见何皇后,皇后哭着说:

"从今以后我们夫妇的性命就交给你朱全忠了!"

昭宗委派密使送书札告难于王建。王建使王宗率兵会合李茂贞的兵去迎车驾。至兴平,遇到朱全忠的军队,不能前进而退回。三月,昭宗又委派使以绢诏告急于王建、杨行密、李克用等,令他们联合藩镇以图恢复社稷。

诏书里说:

"朕至洛阳,就会被朱全忠幽闭,诏命敕令都将出于他的手里,朕意不会再和你们沟通了。"

四月,朱全忠催车驾早发,表章接车送进。昭宗几次让宫女告诉他皇后刚生了小孩,无力上路,请等到十月里再东行。朱全忠怀疑昭宗徘徊待变,很生气,对寇彦卿说:

"你速到陕州,催促官家即日发"闰四月十七日,车驾从陕州出发。二十三日在谷水休息。自崔胤被杀,六军散逃已尽,所剩下的只有击球供奉、内园小儿共二百多人,随从皇帝东行。朱全忠对这些人还有猜疑,为他们在帷帐里设食,全部用绳子勒死。预选了体貌相似的二百余人,穿上他们的衣服,代他们侍卫。

昭宗开始没有发觉,几天以后才明白。从此皇帝左右职掌使令的,全部是朱全忠的人了。二十四日车驾至洛阳。昭宗自从离开长安,担忧发生不测,与皇后终日沉饮,或相对哭泣。朱全忠使蒋玄晖侦察昭宗动静,情况全都知道。

昭宗从容问蒋玄晖说:

"德王是朕的爱子,朱全忠为什么一定要杀他?"说着流下泪来,咬自己中指流血。蒋玄晖全都告知朱全忠,朱全忠感到不安。这时李茂贞等信函往来,都说是兴复的话。朱全忠正引兵西讨,因昭宗有英气,害怕朝中有变,欲立幼君,觉得容易禅代。

于是派李振到洛阳,与枢密使蒋玄晖及左右龙武统军朱友恭、氏叔琮设法除掉昭宗。八月二十四日,昭宗在椒殿。

蒋玄晖选龙武牙官史太等夜扣宫门,说军前有急奏,要面见皇帝。夫人裴贞一开门,看见兵士,说:

"上奏派兵来干什么?"史太便把她杀了。

蒋玄晖问皇帝在哪里,昭仪李汽车荣临轩喊道:

"宁杀我们,不要伤害皇上!"

昭宗正醉卧,慌忙起来,穿着单衣绕殿柱跑。史太追上把他杀了。李渐荣用自己的身体掩护皇帝,史太也把她杀了。又要杀何皇后,皇后哀求于蒋玄晖,就把她放了。

二十五日,蒋玄晖假传圣旨称李渐荣、裴贞一叛逆弑君,应立晖王李祚为皇太子,更名祝,监军国事。又假传皇后谕令太子在枢前即位。宫中恐惧,不敢出声哭。二十八日,昭宣帝即位,年十三。

范祖禹评说:

从前周朝的兴盛,靠诸侯归顺;它的衰亡,因诸侯的叛离。平王以后,周室微弱,政令不行。但经历数百年而不灭亡,也是因为诸侯的挟持。唐之乱是因为方镇,到了末世,藩镇割据,疆土失尽,唐室灭亡。僖宗、昭宗之时,只有李克用最为有功,虽然曾经飞扬跋扈,而终没失臣节,王室是可以依靠为屏障的,若使太原之势加强,那么其他藩镇就不敢窥视唐室。而唐室因为李克用是戎狄之人,疑而不信,外而不亲,有震上之势而无朝廷之助,因而比不上汴军。朱全忠独强,吞噬诸镇,终于灭了唐室。

自古以来忠臣得不到信任,而所信任者又不忠心,哪里有不灭亡的呢?

以上,昭宗在位十七年,为朱全忠所杀,时年三十八岁。

昭宣帝

【原文】

天祐二年三月,独孤损、裴枢、崔远并罢政事。初,柳璨及第,不四年,为宰相,性倾巧轻佻。时天子左右皆朱全忠腹心,璨曲意事之。同列裴枢、崔远、独孤损皆朝廷宿望,意轻之。璨为为憾。和王傅张廷范,本优人,全忠欲以为太常卿,枢以为太常卿常以清流为之①,廷范以梁客将不可。乃曰:"廷范勋臣,自有方镇,何藉乐卿!"恐非元帅之旨。持之不下。全忠闻之怒,璨因此并远、损谮于全忠。故三人皆罢。五月乙丑,彗星竟天②,占者曰:"君臣俱灾,宜诛杀,以应之。"柳璨因疏其素所不快者,于全忠曰:"此曹皆聚徒,横议怨,望腹非,宜以之塞灾异。"李振亦言于全忠曰:"王欲图大事,此曹皆朝廷之难制者也,不若尽去之。"全忠以为然。乃贬独孤损、裴枢、崔远皆为刺史,陆、房、王、溥、赵、崇、王赞皆为司户,其余或门胄高华③,或科第自达,居三省台阁以名检自处,声迹稍著,皆指以为浮薄,贬逐无虚日房绅为之一空。辛巳,再贬枢、损、远、为泷、琼、白州司户。六月全忠聚枢等及朝士贬官者三十余人,于白马驿。一夕,尽杀之,投尸千河。初,李振屡举进士不中第,故深疾房绅之士。言于全忠曰:"此辈常自谓清流,宜投之黄河,使为浊流。"全忠笑而从之。

臣祖禹曰:白马之祸至今悲之,欧阳修有言曰:"太常卿与社稷孰为重?使枢等不死,尚惜一卿,其肯以国与人乎?虽枢等之力不能存唐,必不亡唐而独存也。"臣以为不然,昭宗反自凤翔,而全忠篡夺之势已成,人无愚智皆知之矣。枢乃其党被其荐引以为宰相,不恤国之将亡,方且宴安于宠禄。全忠之劫迁洛阳,昭宗未及下楼,枢受贼旨,已率百官出长安东门,昭宗卒以杀殂,而唐遂亡。由此观之,枢为忠于李氏乎,忠于朱氏乎?且长安与一太常卿孰重,国亡君杀与流品不分孰急,枢不惜长安以与全忠,乃惜一卿不与廷范,不恤国亡君杀而恤流品之不分,其愚岂不甚哉!夫枢非有忠义之心④,能为社稷者也,不胜其利欲之心,畏全忠而附之,杀其君父既从之矣！以为除太常卿，小事也，持之不与，未必咈全忠之心，而微以示人至公。从其大而违其细，欲以窃天下之虚誉，不意全忠怒之至此也。全忠以为此小事也，犹不从已，其肯听已之取天下乎？是以肆其诛锄无所不至，不知枢等实非能为唐轻重，乃全忠之过也。响使枢有存唐之心，当全忠之劫迁，端委而受刃于国门，天下忠义之士闻之必有奋发而起者矣！枢不为此而惜一卿，不死于昭宗之杀，而死于廷范之事，处身如此，岂能为国虑乎？迹其附会全忠以为相，进，不由其道矣。乃欲上不失贼臣之意，下不失士大夫之誉，其可得乎！白马之祸盖自取之也！然自古如此而死者多矣，贪躁之士，亦可少戒哉！

【注释】

①清流：指品行高尚负有名望的士大夫。
②竟天：满天，直至天边。
③门胄：门阀世系，门第。
④夫：违背。

【译文】

天祐二年三月，独孤损、裴枢、崔远一起被罢相。

这之前，柳璨进士及第，不到四年就当了宰相。柳璨性格乖巧轻佻，当时君主左右都是朱全忠的心腹，想象曲意交往。同僚裴枢、崔远、独孤损都是朝中元老，看不起柳璨，柳璨感到气愤。和王傅张廷范，本是优伶出身，朱全忠打算让他做太常卿。裴枢以为太常卿这一职务应当让清流的人充当，张池作为汴梁方面的宾客，一定不合适。

于是他说：

"张范是有功之臣，自有方镇可以委任，何乐于践卿之位？恐不是元帅的旨意。"

因有不同意见，张廷范的任命僵持不下。朱全忠听说了很生气。柳璨因此在朱全忠面前连崔远、独孤损一起诬陷，所以三个人都罢了相。五月初二日，彗星满天，占卜的人说：

"君臣都有灾，应当通过诛杀以回应天象。"

柳璨趋机把平时不好人开出名单给朱全忠，说：

"这些人都聚集党徒，议朝政，心怀不轨，应当用他们来平灾异。"

李振也对朱全忠说：

"梁王您要图谋大事，这些人都是朝廷里边难以制服的，不如都除掉。"

朱全忠认为他们说得对，就把独孤损、裴枢、崔远都贬为刺史，陆袭、王溥、赵崇、王赞都贬为司户。其他或由于门第高贵，或通过科举自身达于三省台阁，以名声规矩处世，稍有声望政绩的，都被指为浮薄，贬逐没有虚日，朝中缙绅为之一空。五月十八日，再贬裴枢、独孤损、崔远分别为泷、琼、白州司户。六月，朱全忠聚集裴枢等及朝士被贬官者三十余人于白马驿，一晚上全部杀死，把尸体投入河水里。以前李振多次考进士都不中第，所以深恨缙绅之士，这时对朱全忠说：

"这些人常说自己是清流，应当投到黄河里边变成浊流！"朱全忠笑着答应了。

范祖禹评说：

白马驿灾祸，至今使人悲慨。欧阳修曾经说："太常卿一职与国家社稷哪个为重？如果裴枢等不死，他们尚且为一卿职珍惜，还肯把国家送给人吗？虽然裴枢等人的力量不能保存唐朝,但必定不会亡唐而独自生存。"我以为不然。

昭宗从凤翔返回,朱全忠篡夺之势已成,无论聪明人或愚蠢的,都是明白的。裴枢本是朱全忠一党,被朱全忠荐引当了宰相。他不体恤国家将亡,却安然于宠禄。朱全忠劫持昭宗迁都洛阳,昭宗还没下楼,裴枢接受了朱贼的旨意,已率百官出长安东门。

昭宗终于被杀死,唐室灭亡。

由此看来,裴枢的行为是忠于李氏呢?还是忠于朱氏?且长安与一太常卿哪个重?君弑,与流品不分哪个紧急,裴枢不惜把长安交给朱全忠,却爱惜一卿职不给张廷范,不惜国亡君弑而惜流品不肖他不是太愚昧了吗!裴枢不是有忠之心,能为着国家的人;他不克制自己对利欲的追求,害怕朱全忠而依附于他。弑其君父,既已服从了,以为任命一太常卿不过是一件小事,抓住不给,未必就违背了朱全忠的心意,而还多少可以向人表示自己的至公。

在大的方面跟随朱全忠而在细小的方面有点违拗,想用以窃取天下的虚誉,没想到朱全忠一生气竟到如此地步。朱全忠以为这样的小事都不顺从,还肯听自己取天下吗?所以任意诛杀,无所不至。不知道裴枢等对唐朝来说实在起不了什么作用,只是朱全忠疑心过重。先前假使裴枢有存唐之心,当朱全忠劫持皇帝迁都的时候,就应当穿上端庄而宽长的朝服,受刃于国门,以身殉国,天下忠义之士听说了,必有奋发而跃起的人。裴枢不这样做,而只珍惜一卿职;不死于昭宗的被弑,而死于张廷范之事。这样的处世态度,还能为国家考虑吗?看他从附会朱全忠而当上宰相,进身就不是正道,还妄想上不失贼臣之意,下不失士大夫之清誉,这能办得到吗?白马译之祸,是他自找的啊。

然而自古像这样而死的人多了,心怀贪欲而性情浮躁的人,也可多少引以为戒啊!

【原文】

十二月。王殷赵殷衡嫉蒋玄晖之权宠,欲得其处,潜玄晖。云与柳璨、张廷范于积善宫夜宴,对太后焚香为誓,欲与复唐室。全忠信之,斩玄晖,焚其尸。令殷殷衡弑太后,追废为庶人。斩璨于上东门,辕廷范于都市[1]。

臣祖禹曰:孟子曰:"不仁而得国者有之矣,不仁而得天下者,未之有也。"三代以后,盖有不仁而得天下者焉。朱全忠之篡唐,以悖逆取之,以暴虐守之。虽为天子数年,不免其身,子孙殄戮,廑有遗类,是以一身易一族之富贵也。五代之际,起匹夫而为天子,或五六年,或三四年,或一二年,皆宗族夷灭,世绝不祀。乱臣贼子,曾莫惩也。《书》曰:"惠迪吉[2],从逆凶,惟影响。"岂不信哉!

【注释】

①辕:车裂人的酷刑。
②惠迪吉,从逆凶,惟影响:顺道者吉,从逆者凶,吉凶之报若影之随形,响之应声。

【译文】

天祐二年十二月。王殷、赵殷衡二人,妒忌蒋玄晖受宠权重,想得到他的位置,就诬陷蒋玄晖。

说：

"蒋玄晖与柳璨、张廷范在积善宫夜宴，对太后焚香发誓，要兴复唐室。"

朱全忠相信了他的话，斩了蒋玄晖，并烧毁了他的尸体。令王殷、赵殷衡杀太后，追令把太后废为平民。在上东门斩了柳璨，在街市上五马分尸了张廷范。

范祖禹评说：

孟子说：

"不仁道却能得到一个国家的事是有的；不仁道要想得到天下，这样的事就从来没有过了。"

夏、商、周三代以后，却有了不仁道而得天下的事。朱全忠的篡唐立国，靠忤逆背叛取得，用暴虐的手段守护。虽然天子也当了几年，自身却不能避免惨死，子孙被杀绝，绝了后代，他只是用自己一身换取一族的富贵，不是为了天下人。五代的时候，出身匹夫而当天子，或五六年，或三四年，或一二年，结果都是宗族被消灭，断绝了香烟。乱臣贼子，都不曾接受教训。

《尚书》上说："顺道者吉，逆道者凶，吉凶的回报就像影之随形，响之应声。"返话不是非常正确的吗！

【原文】

三年正月，天雄节度使罗绍威[①]与朱全忠密谋帅兵攻牙军。阖营殪之，凡八千家，婴孺无遗。全忠引兵入魏州，自是魏兵衰弱，绍威悔之。

臣祖禹曰：昔商民化纣之恶，周公迁之于洛邑。既历三纪，而其风未殄，以累圣人之治犹如此甚矣。污俗之难变也。自天宝以后，燕赵魏不为唐有，其人安于悖逆，不复知有君臣。声教之所不及，政刑之所不加，历十五世，然后歼夷殄灭，靡有遗类，而其俗犹不改也。其后梁之亡也始于魏[②]，庄宗之亡也亦始于魏。其得之也以魏，其失之也以魏，由其习乱之久，故易动也。而燕人至于晋氏，遂沦于左衽[③]，岂非诸夏之礼，其亡有渐乎？赵居二冠之间或逆或顺，不若燕魏之甚也。故其祸浅深。论者或谓绍威诛牙军以弱魏，而全忠无后顾之虑，因以篡唐。夫唐与魏离亦久矣，牙军适足，乱魏以拒朝廷而已，其能为唐室轻重，岂其然乎？

【注释】

①天雄：即魏博军。魏博方镇是广德元年（763）为收抚安史余众而设的河北三镇之一，辖境相当于今鲁西北、豫北、冀南广大地区。

②晋王李克用及其子李存勖，长期在魏州与后梁军战，梁亡后李存勖灭梁建立后唐。

③左衽，衣襟。我国古代少数民族的服装，前襟向左，不同于中原人民的右衽。后因以左衽指受外族统治。

【译文】

天祐三年正月。天雄节度使罗绍威，与朱全忠密谋，率兵攻打天雄军的牙兵，把全营杀光，共八千家，连婴儿也不留下。朱全忠统兵入魏州，从此魏兵衰弱，罗绍威后悔办了这件事。

范祖禹评说：

过去商代的士民被纣王的恶劣作风腐蚀，周公把他们迁往洛邑。已经过了三纪，他们的恶劣之风还没有除尽。以几位圣人的治理尚且如此，恶习的改变实在是不容易啊！自从玄宗天宝年间安史之乱以后，燕、赵、魏这些地方已不归唐朝所管辖，那里的人安于叛逆藩镇的管治，不知有君臣之礼了。朝廷声教不能达到那里，朝廷的政刑不能用在那里，已经过了十五代皇帝，然后被铲平消灭，不留遗种，而那里的习俗还来不及改变。后梁的灭亡，从魏开始；后唐庄宗的灭亡，也从魏开始。得到也是由于魏，失掉也是由于魏，是由于那里的人习乱已久，容易动荡的缘故。而北方的燕人到了后晋的时候，已沦为异帮统治。是不是华夏礼教的消亡也有个过程呢？赵地位于燕、魏之间，有时叛变有时归顺，不象燕、魏叛逆之甚，所以祸患有浅有深。有的论者说罗绍威消灭牙军以削弱魏镇，而朱全忠却没有了后顾之忧，因而得以篡唐。其实魏与唐分离已很长时间了，它的牙军只不能够乱魏并抗拒朝廷而已，它哪能担负挽救唐室的重任？难道是这样的吗？

【原文】

四年三月，帝禅位于梁①，以杨涉为押传国宝使，涉子直史馆凝式，言于涉曰：“大人为唐宰相，而国家至此，不可谓之无过，况手持天子玺绶与人，虽保富贵，奈千载何？盍辞之②。”涉大骇，曰：“汝灭吾族。”神色不宁者数日。

臣祖曰：自古易姓之际，必有仗节死义之臣，忠于本朝。故贼臣禅焉，唐之亡也，其宰相皆奸险趋利卖国与盗。惟一倾覆，宗社士之立于朝者皆小人也。故以玺绶与人而不以为不可，劝进贼庭而不以为耻。惟凝式一有言，而其父大骇，以为狂惑，不祥之人矣。岂其贤人君子遭世之乱，而隐伏不见歟。抑其累世之，君不能养其风俗，而无礼义廉耻之习歟。何三百年之天下③而无一忠义之士扶持之也？人君岂可不养士之廉耻以重其国哉？

【注释】

①禅位：让位。梁：指梁王朱全忠。
②盍：何不。
③三百年之天下：唐从618年（唐高祖武德元年）建国，到907年（唐哀帝天祐四年）被朱全忠所篡，共历二十一帝，二百八十九年。三百年是举其大数。

【译文】

天祐四年三月，哀帝（昭宣帝）让位于梁王朱全忠，以宰相杨涉等为押运传国使。杨涉的儿子名叫凝式，官直史馆，对杨涉说：

“大人身为国家宰相，而国家到了这种地步，你不能说没有过错。为何还要手持天子玺绶送给别人，这样做虽然保住了富贵，怎奈千载以后落下骂名？为什么不辞去这份差使？”

杨涉听了大为惊慌，说：

“你说这话要灭我们九族啊！”好多天为之神色不安。

范祖禹评说：

自古改朝换姓之际，必有仗节死义之臣，忠于本朝，因此为贼臣所畏惧。唐朝的灭亡，其宰相奸诈趋利，把国家卖给强盗，只管倾覆宗庙国家。立于朝堂的士大夫,都是小人。所以把天子绶玺给人,而不认为不可;到贼庭去劝进帝位,而不以为羞耻。只有杨凝式说了一句话,而他当宰相的父亲却大为惊慌,认为他儿子是狂惑不吉祥的人。难道是贤人君子遭逢乱世都隐伏不见了? 还是一代接一代的国君不能培养风气而没有礼义廉耻的风尚了呢? 为何三百年的天下,而没有忠义之士来扶持它呢? 国君难道不以不培养之廉耻,以加强国家的道德水准吗?

【原文】

右昭宣帝在位四年,禅位于梁。梁封帝为济阴王。明年,为梁所弑。年十七。

臣祖禹曰:三代之得天下也以仁,其失天下也以不仁①。人心悦而归之,则王,离而去之,则亡。故凡有德则与无德则废。君人者勤于德,以待天下之归而已。至于后世有天下者,其德不足,而以势力劫持之,天下之人,非心服也,力不能胜也,故天下易离。然而汉唐之有天下也,除其暴乱而代之以宽,人心悦而从之,故其享天下皆长久,虽不足以及三代亦其次也。魏之代汉非由积德,故天下不服,分而为三,数十年而亡。若朱全忠之篡唐,又不足以及曹氏,直为盗贼见已矣。言之可丑②,岂足道哉,然唐之所以亡,不可不戒,乱臣贼子不可不惩也。臣故举其犬略而著之。

【注释】

①出自《孟子·离娄》孟子曰:"三代之得天下也以仁,其失天下也以不仁。"
②"言之可丑",出自《诗经·庸风·墙有茨》:"意思是说:说出来难听得叫人觉得害臊。"

【译文】

以上唐昭宣帝(哀帝)在位四年,让位给梁。梁把昭宣帝封为济阴王,第二年,又把他杀害了,他当时十七岁。

范祖禹评说:

"夏、商、周三代的得天下是由于仁德,他们失去天下是由于不仁。"人们心悦诚服地归顺就可以管理天下,遭逢离乱而人们纷纷逃去就失掉天下。所以君王有德就兴盛,无德就会被废弃。

当君主的,勤于以待天下人归顺就行了。至于三代以后据有天下的君主,他的仁德不足;而以势力劫持众人;天下之人不是心服,是力量不够,所以天下容易叛离。然而汉唐的有天下,除其暴乱而待之以宽,众人心悦而诚服,因而他们享有天下都长久。虽不足以赶上三代,也是仅次于三代的了。魏之代汉,不是由于积德,所以天下人心不服,分而为三,而魏几十年就灭亡了。像朱全忠的篡唐,又连曹氏也赶不上了,简直是盗贼罢了! 说出来话很难听,不值得说它! 然而唐朝的所以灭亡,不能不引以为戒;对乱臣贼子,不能不引起警惕。所以我举其大略把它写出来。

【原文】

右唐起高祖武德元年,终昭宣帝天佑四年。凡十四世二十帝,二百九十年。

臣祖禹曰:唐自高祖取隋,五年而四方底平,九年而太宗立,贞观之治,几于三代,然一传而有武氏之篡①,国命中绝二十余年,中、睿享国日浅②,朝廷浊乱,明皇以兵取,而后得之开元之治,几于贞观,而终之以天宝大乱,唐室遂微,肃宗以后,无足称者,惟宪宗元和之政,号为中兴,凡唐之世,诒日如此其少,乱日如彼其多也。昔三代之君,莫不修身齐家,以正天下,而唐之人主,起兵而诛其亲者,谓之定内难,逼父而夺其位者谓之受内禅,此其闺门无法,不足以正天下乱之大者也。其治安之久者,不过数十年,或变生于内,或乱作于外,未有内外无患承平百年者也。杨雄曰:"阴不怪则阳不生,乱不极则德不形。"唐室之乱极于五代,而天祚有宋③。

太祖皇帝顺人之心,兵不血刃,市不易肆,而天下定,神武所临,海外有截④。继以太宗文治,四宗守成⑤,太平百有余年,虽三代之盛,未有如此其久者也。其取之也,虽无以远过于前代,其守之也,则不愧于三王。内则家道正,而人伦明,其养民也仁,其奉已也俭,德泽从厚,刑罚从薄。外则县之政听于令,郡之政听于守,守之权归于按察,按察之权归于朝廷,上下相维,轻重相制,藩镇无擅兵之势,郡县无专杀之威,士自一命以上刑辱不及也。故无大臣之诛,施及群生功利无穷,较之唐世,我朝为优。夫唐事已如彼,祖宗之成效如此,然则今当何监,不在唐乎,今当何法? 不在祖宗乎? 夫惟取监于唐,取法于祖宗,则永世保民之道也。

【注释】

①武氏之篡:指唐高宗死后,武则天称帝,国号大周。
②中、睿、唐中宗、唐睿宗。享国:君主在位的年数。
③天祚有宋:天祚,天赐福绅。五代末,显德六年(595),周世宗柴荣病逝,年仅七岁的皇子柴宗训继位。殿前都点检赵匡胤率兵出征。行军到陈桥驿,部将赵普等举行兵变,赵匡胤"黄袍加身",当了童帝,建立宋王朝。
④海外有截:四海之外都来归顺。截,整齐。
⑤四宗守成:宋太祖赵匡胤之后,继位的是太宗赵光义,以下四宗是真宗赵恒、仁宗赵祯、英宗赵曙、神宗赵顼。

【译文】

唐起自高祖武德元年(618),灭亡于昭宣帝天祐四年(907),共十四世,二十帝,二百九十年。

范祖禹评说:

唐自高祖取代隋朝,经过五年而四方平定,经过九年而太宗继位,出现贞观之治的盛世,差不多可以比上夏、商、周三代时的圣人之世了。然而仅传了一代就有了武氏的篡位,唐室国运中断了二十余年。

中宗、睿宗在位时间不长,朝廷混乱,明皇通过武力取得皇位。

开元之治,接近于贞观。而明皇晚年导致天宝大乱,唐室接着就衰败轻微了。

肃宗以后的皇帝没有可以称道的,只有宪宗元和之政,号称中兴。整个唐代治日是如此的少,乱日是那样的多。

从前三代的君王,莫不修身齐家,以正天下。而唐朝的君主,起兵诛杀亲属,叫作"定内难";逼父而夺其位者,叫作"受内禅"。其实这种家庭内部矛盾没有法度,不足以定天下,是很大的祸乱。

唐朝治安时间久的,不过是几十年,接着不是变生于内,就是乱作于外,没有内外无患太平百年的时候。

扬雄说:

"阴不到极点则阳不生,乱不到极点则德无从表现。唐室之乱到五代达到了极点,而上天赐福给宋朝。太祖皇帝顺应天人之心,兵器没有杀人见血,市场没有停止贸易,而天下已定,神武所临,海外归顺。接着太宗以文治天下,真、仁、英、神四宗保住了既有的成就,出现一百多年的太平盛世。就是夏、商、周三代的盛世,也没有这么长久的。宋朝所取得的疆域,虽然不能超过前代;但在守成方面却不压于尧、舜、禹三王。国君内部则家道正,而人伦明;养育百姓施以仁政,奉养自己则从俭;德泽从厚,刑罚从溥。外部则一县之政听于县令,一郡之政听于太守,太守之权归于按察,按察之权归于朝廷。这样,上下互相关联,轻重互相制约,藩镇没有独擅兵权之势,郡县没有专断杀戮之威。

从最低级的官员以上都不受刑辱,所以没有诛杀大臣之事。恩泽施于群众,国家功利无穷。和唐朝比较起来,我朝为优。那唐朝的事体已是这种情况,我朝祖宗的成效却是这样卓著。然而如今应当以何为鉴戒?鉴戒不是在唐朝吗?如今当以何为法?取法是不在我朝祖宗吗?如此借鉴于唐,取法于祖宗,这就是永世保国安民之道了!

·唐鉴·

图文珍藏版

国学经典文库

资政秘典

图文珍藏本

正 经

[清] 宋宗元 ◎ 著

导读

　　《正经》是一部讲述中国人立身处世方法和技巧的谋略书，全书共收录了500多个历史故事，阐述了从政技巧、理乱之术、用兵之道、驭人之术、用人之道、言辞应对以及断案、救荒、理则、进谏、平叛、诡智、奇谋等等，几乎涵盖了人生的各种境遇及每个不同阶段的主要问题。《正经》不以阴谋诡诈蛊惑人心，注重"正心术"的奇谋奇智，提倡光明磊落的为人处世风尚，是一部光明正大地反映中国传统政治智慧与人生智慧的必读书。

序

【原文】

余曩颇耽书,顾惰于记诵,而健于忘,虽涉日者屡,掩卷辄复茫然,还叩腹笥,空空如也。矧自一行作吏,雅俗殊轨,仕优而学,有志未逮,即于簿书之旁偶参剩简,轮蹄之会间挟残编,十寒一暴,尤仅事耳!而结习难镯,调饥徒切,未遑务博于知新,漫思守约于温故。兴言曩哲有写经以藏之巾箱,用备遗轶便稽览者。窃师其义,随所睹闻纂集百一,频年咄咄聊亦成编。纪近敢云及远?日知期免,月忘未堪,持赠差可偿慵,爰即命之曰《巾经纂》,因类而聚者,亦以群而分、条而列之,得二十种云。乾隆辛未夏五,梅花铁石主人宋宗元悫庭甫识。

【译文】

我以前十分酷嗜书籍,却懒于默记背诵,而容易于忘事,虽然历经很长时间,合上书卷总是重又茫然无知,回头探寻腹中的学问,一无所有的样子。况且自己一经为官,雅俗差距甚大,做官闲暇学习,有志向未能实现,就在文书簿册的旁边偶尔检阅剩余的书简,在车马出行的聚会间或夹带残缺的书籍,时而懈怠、时而抓紧,过失在于只是应付差事罢了!然而积久的习惯难以除去,饥渴的心情空自急切,来不及致力扩充新得到的体会,姑且思考保持省减温习过的知识。古代哲人有抄写经书来将它收藏到巾箱,用来防备遗忘便于稽览的,我私下效法其中的道理,随着自己亲见亲闻编撰汇集百中之一,历经多年勉强也成为一部书。记录近事岂敢说及久远?每日只知希望努力,每月健忘却不能忍受,持书赠人勉强可以补偿懒惰,于是就将它命名为《巾经纂》,依据类列而汇聚的原因,也是用来加以按类区分、分条列举,得到二十个种类。乾隆辛未年夏季五月,梅花铁石主人宋宗元悫庭谨记。

仁帙

【题解】

"仁"是中国古代一种含义极广的道德范畴,本指人与人之间一种相互亲善的关系,后成为儒家思想的核心内容和儒家学派道德规范的最高原则。孔子把"仁"作为最高的道德原则、标准和境界,第一次把整体的道德规范集于一体,形成了以"仁"为核心的伦理思想结构,其中包括孝、弟(悌)、忠、恕、礼、知(智)、勇、恭、宽、信、敏、惠等内容。此后,人们多用"仁"的标准,评判人和事,它对中国文化和社会的发展产生了重大影响。

本帙设立《卓鉴》《远猷》《伟度》《慧力》四篇。士人为官从政应具有练达经验与高明见识,做到深谋远虑、高瞻远瞩,拥有成就一番事业的伟大度量、宽广胸怀,从政处世要宽容,做到智勇兼备、慧力并生,从这四个方面举例阐释了"仁"的内在含义。这些含有深刻道理的历史故事,对于我们今天为人处世是大有帮助的。

卷一　卓鉴

【原文】

目虽明不能见其睫,蔽于近也;登高而望远,视非加察而瞭若指掌。人之识量相万,岂不信欤?懵者暗于当事,智者烛于先几,如鉴斯悬,维高莫掩矣。夫前人已事,卓尔有立,其辨妍媸,规得失,料成败,超超乎鉴无遗照者。余不敏,窃愿于此借鉴焉,爰约揽而备论之。

宋范纯夫言:"曩子弟赴官,有乞书于蜀公者。蜀公不许,曰:'仕宦不可广求,人知受恩多,难立朝矣。'"

悫庭曰:"慎厥终,惟其始",此所贵因不失其亲也。然非阅历之深,鲜弗视为不合时宜之论者,迨至动多瞻顾,坐失名节,悔无及矣。言近指远,堪为入仕者终身模范,故亟录之弁于简端。

悫庭又曰:蜀公所谓不可坐病,只在求字耳。若以公义相知,而恩非私受,则人知虽广,亦何负于立朝?不然既已求之,而但曰不可广,又曷异月攘一鸡之请乎?

【译文】

眼睛虽然明察却不能看见自己的睫毛,是因为被近距离遮蔽;登到高处而瞭望远方,视力并没有增加却能像指着自己手掌给人看一样清楚。人的识见与度量相差万倍,难道不是真的吗?糊涂的人被眼前事情所蒙蔽,聪明的人却能洞察预先征兆,如同明镜悬挂一样,高度无法遮掩了。前人过去的事情,超群出众地存在,他们

图文珍藏版

辨别美好和丑恶，区分得到和失去，预料成功和失败，高超得像明镜般遍照无余。我不才，私下希望从这当中有所借鉴，于是简要归纳出来而加以详细论述。

宋朝的范纯夫说："以前子弟赴官上任，有向蜀公请求题字的人。蜀公不答应，说：'为官不能到处求人，别人知道承受恩惠多，就难以在朝为官了。'"

悫庭说："谨慎地对待结局，只有从开始做起"，这就是重视起因而不失去自己的亲近。然而不是阅历的深厚，很少不看成是不合时宜的观点的，等到做事经常瞻前顾后，白白地失去名誉与节操，后悔也来不及了。语言浅近而含义深远，能够成为入朝做官的人一生的原则，所以迅速抄录下来放在全书的开头。

悫庭又说：蜀公所说的不能平白受辱，只在求人题字罢了。如果因为国家大义互相知心，而且恩惠不是私自承受，那么人们知道得虽然广泛，对在朝为官又有什么拖累？否则既然已经向人请求了，却只是说不能广为人知，这与一个月偷一只鸡的请求又有什么区别呢？

【原文】

汉马援尝谓梁松、窦固曰："凡人贵当可贱，如卿等殆不可复贱，居高坚自持，勉思鄙言。"松后果以贵满致灾，固亦几不免。

悫庭曰：贵为境遇之适，然驭贵之权，操之自上，非己所能与也。惟能处贵而不淫者，斯能处贱而不挠，则可贵可贱之，具在我矣。《书》曰："满招损。"《易》曰："危者所以安其位者也。"其即居高坚自持之谓乎！

汉建武中，诸王皆在京师，竞修名誉，招游士。马援谓吕种曰："国家诸子并壮，而旧防未立，若多通宾客，则大狱起矣。卿曹戒慎之。"后果有告诸王宾客生乱。帝诏捕，更相牵引，死者以千数。种亦与祸，叹曰："马将军神人也！"

悫庭曰：诸王之门，最易招嫌召祸。前汉梁孝王筑忘忧馆，延诸名流，极一时文雅之盛。其末也，附和日众，邪慝怂恿作奸，几成骨肉之衅。嗣后三国时，曹氏兄弟互立党援，卒之友于否隔，如主簿杨修辈，亦不能保其令终。新息此言，实千古金鉴，岂独为吕种设哉？

悫庭又曰：读《书》至《酒诰》《梓材》之篇，母弟就封，反复告诫，何其至欤！夫天潢皆一体之亲，自古帝王必先立之防者，正所以维持而安全之也。盖诸王地亲位尊，地亲则易生觊觎，而依附之辈必多；位尊则难为禁制，而骄纵之渐浸启，故法行自近，防之宜立，唯诸王尤不可缓。光武中兴，宗支寥落，且祸患方平，朝廷谅亦未暇及此，然卒至宾客生乱，收捕牵引。防不早立，壅溃实多，伏波先见，圣人复起，岂能易此！徒以椒房之故，不居台鼎，未得预为曲突徙薪之计，良可太息。

【译文】

汉朝的马援曾经对梁松、窦固说:"一般人富贵后应当能够经受贫贱,像你们等人大概不能再次经受贫贱,身居高位要牢牢把握住自己,尽量想想我说的话。"梁松后来果然因为富贵至极招致灾祸,窦固也差一点不能免除。

惢庭说:富贵是境遇的舒适,然而驾驭富贵的权力,却掌握在上司手里,不是自己所能干预的。只有能够处于富贵而不过分的人,才能处于贫贱而不屈挠,那么富贵也好贫贱也好,都在于我了。《尚书》说:"满盈招致亏损。"《周易》说:"危险在安于其位的人。"这就是身居高位要牢牢把握住自己的意思吧!

汉朝建武年间,各诸侯王都住在京城,竞相树立名望与声誉,招揽游说之士。马援对吕种说:"皇帝各位儿子同时成年,然而旧有的禁例未能建立,如果过多交通宾客,那么重大的案件就会兴起了。你们对此要警惕谨慎。"后来果然有人告发各诸侯王的宾客作乱。皇帝下令搜捕,相互连累,被处死的人数以千计。吕种也遭遇灾祸,感叹说:"马将军真是神奇非凡的人!"

惢庭说:各诸侯王的门上,最容易招致嫌疑招引灾祸。前汉梁孝王修建忘忧馆,延请各位知名人士,达到一时文雅的高潮。到了后来,附和的人日益众多,邪恶的人鼓动做坏事,几乎酿成兄弟间的猜忌。以后的三国时期,曹氏兄弟各自建立结援相助的党羽,结果亲近相爱变成隔绝不通,像主簿杨修这类人,也不能保全自己有好的结果。新息侯马援这些话,实在是千古的明镜,难道是单独对吕种讲的吗?

惢庭又说:读《尚书》到《酒诰》《梓材》等篇,周公派同母的弟弟到封地去时,反复告诫,多么的周到啊!帝王后裔都是关系密切的亲戚,自古以来的帝王必定首先确立预防的规矩,正是为了维系而保全他们。大概各诸侯王领地临近、地位尊贵,领地临近就容易产生非分想法,而依赖投靠的人就必然增多;地位尊贵就难以约束控制,而骄傲放纵之心就逐渐增加,所以法律行使始于身边,防范的措施应该建立,对待各诸侯王尤其不能拖延。光武帝中兴时,同宗族的支派稀少,而且祸患刚刚平定,朝廷实在也没有时间顾及这些,这样最终导致宾客作乱,拘捕连累。防范措施不及早建立,堵塞漏洞实在众多,伏波将军马援的预见,即使圣人重出,又怎能改变这种局面!只是因为后妃的原因,不居三公要位,未能事先采取防患于未然的措施,实在是令人深深叹息。

【原文】

申屠蟠生于汉末。游士汝南范滂等,非讦朝政,自公卿以下,皆折节下之。太学生争慕其风,以为文学将兴,处士复用。蟠独叹曰:"昔战国之世,处士横议,列国之王,互相拥彗先驱,卒有坑儒烧书之祸,今之谓矣。"乃绝迹于梁砀山间,因树为屋,自同佣人。居二年,滂等果罹党锢,或死或刑,惟蟠超然免于评论。

惢庭曰:党祸之烈,玉石同焚,唐之牛李,明季之东林,皆其明验也。《记》云:"独言惟恐人闻,独行惟恐人知。"其明哲保身之道乎?

太公封于齐,齐有华士者,义不臣天子,不友诸侯,人称其贤。太公使人召之三,不至,命诛之。周公曰:"此齐之高士也,奈何诛之?"太公曰:"夫不臣天子,不友诸侯,望犹得臣而友之乎?望不得臣而友之,是弃民也;召之三,不至,是逆民也。使一国效之,望谁与为君乎?"

惢庭曰:按《国策》载赵后问齐使语,谓于陵子仲,"率民而出于无用,胡为至今不杀?"亦是此意。然太公所以诛之者,特为其士而以华著者耳。若徒以三召不至而诛,则巢由恐不免于尧舜之世,而伊尹之三聘亦岌岌乎殆矣。唯其为华士,殆所谓行僻而坚,言伪而辨,记丑而博,顺非而泽者。本非高士,而故为畸行以欺人,其罪盖无可宥。孔子之诛少正卯,同此旨也。不然,伯夷亦上不臣天子,下不友诸侯,当左右欲兵之时,太公且以为义士而释之矣,何独于彼而必诛之乎?虽事之有无不足深据,然观此可知伪行之不容于圣世矣。

【译文】

申屠蟠生于汉朝末年。游士汝南郡范滂等人,指责朝廷政事,从公卿以下,都屈身跟随他们。太学生争相仰慕其作风,认为儒学即将兴盛,在野士子将重新启用。申屠蟠独自感叹说:"过去的战国时代,在野士子广泛议论,各诸侯国的国君,互相手拿扫帚前行开路,结果引发坑杀儒生焚烧书籍的灾祸,说的就是现在这种状况了。"于是隐藏踪迹在梁山、砀山中,利用树木筑建房屋,把自己看成佣人。过了两年,范滂等人果然遭遇结援朋党造成的禁锢,有的处死有的判刑,只有申屠蟠远远地免于批评议论。

悫庭说:结援朋党灾祸的惨烈,结果是玉石俱焚,唐代的牛李两党之争,明代末年的东林党,都是明显的验证。《礼记》说:"独自说话只怕被人听见,独自行动只怕被人发现。"说的就是明哲保身的道理吧?

太公被封于齐国,齐国有位名叫华士的人,从道义上不臣服天子,不亲近诸侯,人们称赞为贤明。太公派人征召他再三,都不到来,于是下令诛杀他。周公说:"这是齐国志行高洁之士,为什么要诛杀他?"太公说:"不臣服天子,不亲近诸侯,我吕望还能够使他为臣子而亲近他吗?我吕望不能使他为臣子而亲近他,这就是被抛弃的民众;征召他再三,都不到来,这就是叛逆的民众。假使全国都效仿他,我吕望还给谁做国君呢?"

悫庭曰:考察《战国策》记载赵太后询问齐国使者的话,说到于陵的子仲,"率领民众然而出于没有用处的人,为何到现在还不杀掉他呢?"也是这个意思。然而太公之所以诛杀他的原因,只是因为这个士人以浮华著称罢了。倘若只是因为再三征召不肯到来而诛杀他,那么巢由恐怕在尧舜之世也不能幸免,而伊尹的再三征聘也是岌岌可危了。正因为他是浮华之士,大概是所说的行为邪僻而固执、言语虚伪而善辩、记住丑恶而放大、顺从错误而润饰之人。本来就不是志行高洁之士,却故意用与众不同的行为来欺骗世人,他的罪过大概是不能宽免的。孔子诛杀少正卯,和这个意思相同。不这样的话,伯夷也是对上不臣服天子,对下不亲近诸侯,当身边的人主张对他用兵时,太公还认为他是义士而释放了他,为什么偏偏对那人就必须诛杀他呢?虽然事情有没有不值得深究,然而看到这里就可以知道虚假的行为在圣明的时代是不能被容纳了。

【原文】

管仲有疾,桓公往问之曰:"仲父疾矣,将何以教寡人?"管仲对曰:"愿君之远易牙、竖刁、常之巫、卫公子启方。"公曰:"易牙烹其子以慊寡人,犹尚可疑耶?"对曰:"人之情非不爱其子也,其子之忍,又何有于君?"又曰:"竖刁自宫以近寡人,犹尚可疑耶?"对曰:"人之情非不爱其身也,其身之忍,又何有于君?"公又曰:"常之巫审于死生,能去苛病,犹尚可疑耶?"对曰:"死生命也,苛病失也,君不任其命,守

国学经典文库

资政秘典

·正经·

图文珍藏版

其本，而恃常之巫，彼将以此无不为也。"公又曰："卫公子启方事寡人十五年矣，以父死而不敢归哭，犹尚可疑耶？"对曰："人之情非不爱其父也，其父之忍，又何有于君？"公曰："诺。"管仲死，尽逐之。食不甘，宫不治，苛病起，朝不肃。居三年，公曰："仲父不亦过乎？"于是皆复召而反。明年公有病，常之巫从宫出曰："公将以某日薨。"易牙、竖刁、常之巫相与作乱，塞宫门，筑高墙，不通人，公求饮不得。卫公子启方以书社四十下卫。公闻乱，慨然流涕曰："嗟乎！圣人所见，岂不远哉！"

悫庭曰：苏老泉著《辨奸论》有云："凡事之不近人情者，鲜不为大奸慝。"而引易牙、竖刁、开方为鉴。惜乎！桓公为五霸之首，狃于便安，以致不能正其终也。明天顺中，指挥马良有宠。良妻亡，上每慰问。适数日不出，上问及，左右以新娶对。上怫然曰："此厮夫妇之道尚薄，而能事我耶？"杖而疏之。又宣德中，金吾卫指挥傅广，白宫请效用内廷。上曰："此人已三品，更欲何为？自残希进，下法司问罪。"是二君洞鉴之精，固有超出乎齐桓上者，虽王介甫之深情厚貌，当亦无由售其技矣。繄昔吴起杀妻求将，鲁人谮之；乐羊伐中山，对使者食其子，文侯赏其功而疑其心。盖凡能为不近人情之事者，其中诚未可测矣，何桓公之独不悟乎？

卫有胥靡，亡之魏。嗣君以五千金买之不得，乃以左氏（地名）易之。左右曰："以一都买一胥靡可乎？"嗣君曰："治无小，乱无大。法不立，诛不必，虽有十左氏无益也；法立，诛必，虽失十左氏无害也。"

悫庭曰：一都与一罪人孰重？非独见其大，安能力持此议？匪轻左氏也，重胥靡也；亦非重胥靡也，重诛必而法立也。惟重于所得，因觉所失之少；轻于所失，乃知所得为多。

【译文】

管仲有病，齐桓公前去问候他说："仲父病重了，将用什么话来教诲我？"管仲回答说："希望您远离易牙、竖刁、常之巫、卫公子启方。"桓公说："易牙烹煮了他的孩子来满足我，仍然值得怀疑吗？"回答说："人之常情并不是不疼爱他的孩子，连他的孩子都这么忍心，对您又有什么不忍心的呢？"又说："竖刁阉割自己来侍奉我，仍然值得怀疑吗？"回答说："人之常情并不是不爱惜他的身体，连他的身体都这么忍心，对您又有什么不忍心的呢？"桓公又说："常之巫对死亡和生存明察，能够除去疾病，仍然值得怀疑吗？"管仲回答说："死亡和生存是命中注定，疾病是元气的失调，您不听任天命，守住根本，却依赖常之巫，他将会因此无所不为。"桓公又说："卫公子启方侍奉我十五年了，连父亲死去都不敢回去哭丧，仍然值得怀疑吗？"回答说："人之常情并不是不敬爱他的父亲，连他的父亲都这样忍心，对您又有什么不忍心的呢？"桓公说："好。"管仲死后，全部驱逐了他们。但吃饭不得香甜，宫廷不得治理，疾病再次发生，朝政不得整肃。过了三年，桓公说："仲父不也过分了吗？"于是都重新召集回来。第二年桓公有病，常之巫从宫中出来说："桓公将要在某一天死去。"易牙、竖刁、常之巫一起作乱，堵塞宫门，筑起高墙，不通外人，桓公请求喝水都不能得到。卫公子启方带领四十书社投靠了卫国。桓公听说大乱，感慨地流泪说："唉！圣人的见识，难道不是深远吗！"

悫庭说：苏老泉所著《辨奸论》有这样的话："凡是不近人情的事情，很少不隐藏着大的奸恶。"而且引用了易牙、竖刁、开方作为借鉴。可惜啊！齐桓公作为五霸之首，贪图便利安适，以至于不能寿终正寝。明朝天顺年间，指挥马良得到宠信。马良的妻子死去了，皇上经常去安慰问候。正赶上几天不出来，皇上问及此事，左右以新娶对答。皇上不高兴地说："这小子夫妇之道尚且这样少,还能侍奉我吗?"杖打并疏远了他。还有宣德年间,金吾卫指挥傅广,阉割自己请求效力内宫。皇上说:"这个人已经是三品官位,还想干什么? 自我残身希图仕进,下到司法机关问罪。"这两位君主洞察的精微,本来有超出齐桓公之上的地方,即使是王介甫的深情厚貌,应当也没有办法兜售他的伎俩了。从前吴起杀妻求将,鲁国人中伤他;乐羊讨伐中山国,面对使者吃掉他的儿子,魏文侯奖赏他的功劳而怀疑他的用心。大概凡是能做出不近人情的事情的人,他内心的真情是不能推测出来的了,为什么桓公独自不能觉悟呢?

卫国有一刑徒,逃到魏国。继位的国君用五千赏金购买他不能得到,就用左氏(地名)来换取他。身边的人说:"用一座都邑买一个刑徒值得吗?"继位的国君说:"治安没有小的,乱事没有大的,法度不能确立,诛杀不能必行,即使拥有十个左氏也没有用处;法度确立,诛杀必行,即使失去十个左氏也没有害处。"

悫庭说:一座都邑和一个罪犯哪个重要? 如果不是独自看到这个问题重大,怎么能竭力坚持这种意见? 这不是轻视左氏,看重刑徒;也不是重视刑徒,而是重视诛杀必行从而使法度确立。只有重视所得到的人,才觉得所失去的较少;轻视所失去的人,才知道所得到的较多。

【原文】

钱俶进犀带于宋太祖,太祖却之曰:"朕有三条带,与此不同。"俶求宣示。太祖笑曰:"汴河一条,惠民河一条,五丈河一条。"俶大愧服。

悫庭曰:见得到才说得出。大哉王言! 琐琐者直苦无地能入。按《庄子·说剑篇》,有"以燕豁石城为锋,齐岱为锷,晋魏为脊,周宋为镡,韩魏为铗"等语。宋祖非规仿《南华》,而语恰吻合。

唐肃宗子建宁王倓,性英果,有才略。上自马嵬北行,兵众寡弱,屡逢寇盗。倓自选骁勇居上前后,血战以卫上。上或过时未食,倓悲泣不自胜,军中皆属目向之。上欲以倓为天下兵马元帅,使统诸将东征。李泌曰:"建宁诚元帅才,然广平兄也,若建宁功成,岂使广平为吴泰伯乎?"上曰:"广平,冢嗣也,何必以元帅为重?"泌曰:"广平未正位东宫,今天下艰难,众心所属在于元帅。若建宁大功既成,陛下虽欲不以为储副,同立功者其肯已乎? 太宗太上皇,即其事也。"上乃以广平王俶为天下兵马元帅,诸将皆以属焉。俶闻之,谢泌曰:"此固倓之心也。"

悫庭曰:此邺侯不肯为焦头烂额之客也。观倓之谢泌,则倓亦大有心人,谁谓曲突徙薪类无恩泽耶?

悫庭又曰:邺侯先事弥缝,具见卓识,乃建宁不为怏怏,转谓实获我心。子臧、延陵之节,何以尚兹? 卒为良娣、辅国谗构,以致不得其死,肃宗愦愦乃尔! 君子于是知唐之不复振也。

【译文】

钱俶向宋太祖进献犀带,太祖推却说:"我有三条带,与你这条带不同。"钱俶请求展示。太祖笑着说:"汴河一条,惠民河一条,五丈河一条。"钱俶十分惭愧而心服。

悫庭说:见得到才能说得出。君王的言语伟大啊! 专注琐碎事情的人只苦于没有地方能够钻入。考察《庄子·说剑篇》,有"把燕豁的石城当作剑锋,把齐国的泰山当作剑刃,把晋国、魏国当作剑脊,把周朝、宋国当作剑环,把韩国、魏国当作剑柄"等语。宋太祖并不是模拟仿效《南华》的话,然而语意恰好吻合。

唐肃宗的儿子建宁王李倓,性情英明果断,拥有才华谋略。皇上从马嵬向北行,士兵数量又少又弱,经常遇上盗贼。李倓自己挑选勇猛的士卒跟在皇上前后,浴血奋战来保卫皇上。皇上有时到了时间还未吃上饭,李倓悲伤哭泣不能自我克制,军中都注目向他看着。皇上想要让李倓担任天下兵马元帅,让他统领众将东征。李泌说:"建宁王确实有元帅的才干,然而广平王是兄长,倘若建宁王大功告成,难道要让广平王成为吴泰伯一样的人吗?"皇上说:"广平王,是正妻所生的长子,何必把元帅看重?"李泌说:"广平王还未正式主位东宫,如今天下艰难,众人之心所向往的都在于元帅。倘若建宁王大功告成,陛下您虽然想要不把他作为君位的继承人,一同建立功劳的人肯罢休吗? 太宗太上皇,就是这种事例。"皇上于是就任用广平王李俶担任天下兵马元帅,众将都归他统领。李倓听说这事后,感谢李泌说:"这本来就是我李倓的心愿。"

惩庭说:这是邺侯李泌不肯作焦头烂额的人。看李倓感谢李泌,那么李倓也是个十分有心的人,谁说曲突徙薪之人没有恩泽呢?

惩庭又说:邺侯李泌事先调和,充分体现出高超的见识,以至于建宁王不再闷闷不乐,反倒说正合我的心意。子臧、延陵的节操,怎么能胜过这样? 李倓最终被张良娣、李辅国谗害构陷,以至于不得善终,唐肃宗竟昏庸成这样! 君子从这事就知道唐朝不能再次振兴了。

【原文】

魏许允为吏部郎,多用其乡里。明帝遣虎贲收之。其妇出,诫允曰:"明主可以理夺,难以情求。"既至,帝核问之,允对曰:"举尔所知。臣之乡人,臣所知也。陛下检校为称职与否,若不称职,臣受其罪。"既检校,皆官得其人,于是乃释。

惩庭曰:称非其人,惟尔不慎,此事岂容暗中摸索者? 持此立言,诚哉理直气壮! 况主如魏明。苟舍是而以情求,策斯下矣。许夫人先见及此,其视习氏之料琅玡王,何以异?

明少保胡世宁(仁和人)为左都御史,掌院事。时当考察,执政请禁私谒。公言:"臣官以察为名,人非接其貌,听其言,无以察其心之邪正,才之长短。若屏绝士夫,徒按考语,则毁誉失真,而求激扬之当,难矣!"上是其言,不禁。

惩庭曰:内举不避亲。魏世以乡人为嫌,其防密矣。至并欲屏绝士夫,是殆将以名之察察而受物之汶汶者乎! 胡少保侃侃以争,其识力视许吏部有过之,而名言更为剀切。

【译文】

魏国的许允担任吏部郎,大多任用他的家乡人。魏明帝派遣虎贲将他拘捕。他的妻子出来,告诫许允说:"英明的君主可以用道理说服,难以用人情请求。"到达以后,魏明帝审核此事,许允回答说:"要举用那些所了解的人。臣下我的同乡人,是臣下我所了解的人。陛下您核查他们是不是胜任所担当的职务,如果不能胜任所担当的职务,臣下我承受其罪责。"经过检查,都是胜任职务的人,因此就释放了他。

惩庭说:举用不称职的人,只在于不谨慎,这事怎么能允许暗中勾结? 拿这种观点来发表见解,确实是理直气壮啊!况且是遇上魏明帝这样的君主。如果丢掉这个道理反而用人情请求,策略就不如这个高明了。许夫人预先料到这一点,这和习氏预料琅玡王的结局相比,有什么不同呢?

明朝少保胡世宁(仁和人)担任左都御史,执掌都察院事。当时正要对官吏政绩考核,主管官员要求禁绝私下拜访。胡公说:"臣下的官职以监察为名,对人如果不见其容貌,听其言谈,就没有办法考察出他心术的邪恶与正直,才能的长处和短处。如果屏绝士大夫,光是根据考核评语,那么诋毁和赞誉就会失去真实,而要求极力宣扬准确,就难了!"皇上认为他说的正确,不再禁止。

悫庭说:推荐人才在内不避开自己的家人。曹魏时代把乡人当作嫌疑,其防范已经严密了。至于一同想要屏绝士大夫,这大概是将要用名义上的明察从而接受外物的玷辱之人吧!胡少保直抒己见来力争,他的见识能力比吏部郎许允有超过的地方,而且说出的理由更为切中事理。

【原文】

宋寇莱公尝以丁晋公之才,荐于李文靖,而终未用。一日,寇谓李曰:"比屡言丁谓之才,而相公终不用,岂其才不足用耶?"李曰:"如斯人者,才则才矣,顾其为人,可使之在人上乎?"莱公曰:"如谓者,相公终能抑之使在人下乎?"文靖笑曰:"他日后悔,当思吾言也。"晚年与谓权宠相轧,交互倾夺,至有海康之祸,始服文靖之识。

悫庭曰:按丁晋公得志后,结内侍,倾朝贤,盗权窃柄,果为国之大蟊。而观其初权三司使时,议大礼经费,上手诏嘉奖,及监修宫室,省费亿万,诸皆其可以小知处,亦即其小有才未闻君子之大道处。莱公谓其不能抑之终在人下,意亦即在此类,然误以其一时肆应小才为可用,而不知其非大受之器也。文靖已一眼觑破底里,而先事之见,每难共喻,遂致酿成奸慝。故为国用才者,当先别其才之大小,不当于急功近利之徒,概以国器相许,他日自无后悔。至于权宠相轧,卒有海康之祸,在莱公远见虽不及文靖,而举贤为国,不计此身利害,正大臣公正之心,殊未可以此为病。然以君子误用小人,致小人为君子之敌,则其贻侮于国事亦已不小。吁!用人难,而观人尤难。微文靖,其谁与归!

曹魏时,何晏、邓飏、夏侯元并求傅嘏交,而嘏终不许。诸人乃因荀粲说合之,谓嘏曰:"夏侯太初,一时之杰士,虚心于子,而卿意怀不可交,合则好成,不合则致隙。二贤若睦,则国之休,此蔺相如所以下廉颇也。"傅曰:"夏侯太初,志大心劳,能合虚誉,诚所谓利口覆国之人。何晏、邓飏,有为而躁,博而寡要,外好利而内无关钥,贵同恶异,多言而妒前。多言多衅,妒前无亲。以吾观之,此三子者,皆败德之人尔,远之犹恐罹祸,况可亲之耶?"后皆如其言。

悫庭曰:夏侯太初为魏懿亲,当主少国疑,不务职业,日与何、邓诸人,朋比曹爽,高谭老庄,互相标帜,实为夷甫辈清谈之倡,宜其俱见屠于司马氏也。利口覆国,多言召衅,傅嘏早鉴及此矣。

悫庭又曰:人知才之美,不知才之累。夫才足累己,亦足累人。累己而以小有才杀其躯,犹可言也;累人而毒流于当世,祸被于同人,不可言也。故君子非忌才,而常若抑之不使伸;君子非不爱才,而每求远之莫敢近。是非具其先见之明,鲜能免后事之悔。吁!可畏矣。

【译文】

宋朝的寇莱公曾经因为丁晋公的才能,推荐给李文靖,然而最终未能任用。一天,寇莱公对李文靖说:"近来多次说起丁谓的才能,然而相公最终不加任用,难道他的才能不足以任用吗?"李文靖说:"像这样的人,才能是有才能了,但看他的为人,可以让他在众人之上吗?"寇莱公说:"像丁谓这样的人,相公最终能压抑他使他在众人之下吗?"李文靖笑着说:"将来事后懊悔,应当想到我的话。"寇莱公晚年与丁谓因为权力和宠幸互相倾轧,互相争夺,以至于发生海康的灾祸,才佩服李文靖的见识。

愿庭说:考察丁晋公在得志以后,结交内侍宦官,倾轧朝中贤臣,盗窃权力窃夺权柄,果然成为国家的大害虫。然而观察他最初暂任三司使时,议定重大典礼的经常费用,皇上亲手写诏称赞奖励,等到监督修造宫殿房屋,节省费用亿万,这些都是他可以使用小聪明的地方,也就是他小有才能却不知道君子大道的地方。寇莱公说最终不能压抑他在众人之下,意思也就在这些方面,然而误把他一时善于应付各种事情的小聪明当作可以任用,却不知道他不是可以委以重任的人。李文靖已经一眼看穿内情,然而事前的先见之明,往往难以让大家都明白,于是导致酿成奸恶行为。所以为国家任用人才的人,应当先区分其才能的大小,不应对于急于谋求眼前功利的人,一律把国家大权相许,日后自然没有事后懊悔。至于权力和宠幸互相倾轧,终于发生海康的灾祸,在寇莱公来说深远的见识虽然不如李文靖,然而为国家举荐人才,不计较自身的利益与损害,正是大臣的公正之心,还不能把这种做法当作缺点。然而由于君子误用小人,导致小人成为君子的敌人,那么其对国家政事的耽误也已经不小了。唉!用人难,然而观察人更难。如果不是李文靖,我还将和谁一致呢!

曹魏时期,何晏、邓飏、夏侯元一并请求和傅嘏结交,然而傅嘏始终不应允。众人就通过荀粲进行说合,对傅嘏说:"夏侯太初,是当今杰出的人,对您一心向往,然而您心中认为不可结交,结交就会形成和睦,不结交就会导致裂痕。二位贤士倘若和睦,那便是国家的喜庆,这就是蔺相如对廉颇表示谦下的原因。"傅嘏说:"夏侯太初,志向远大费尽心思,能够迎合虚假的名声,实在是所说的能言善辩覆亡国家之人。何晏、邓飏,有所作为却性格急躁,学识渊博却不得要领,对外贪图财利而对内没有控制,重视相同厌恶不同,多讲闲话而忌妒能人。多讲闲话就会祸患众多,忌妒能人就会无人亲近。以我看来,这三个人,都是败坏道德的人罢了,疏远他们还怕遭到灾祸,况且可以亲近他们吗?"后来都如他所说的那样。

愿庭说:夏侯太初为魏国最近的亲戚,当君主年少国家未稳时,不做职分应做之事,每天与何晏、邓飏等人,阿附曹爽,凭空谈论老子、庄子,互相独树旗帜,实际上为王夷甫等人首开空谈玄理的风气,理应都被司马氏屠杀。能言善辩覆亡国家,多讲闲话祸患众多,傅嘏早已明察到这一点了。

愿庭又说:人们知道才华的美好,不知道才华的拖累。才华完全可以拖累自己,也完全可以拖累别人。拖累自己而因为小有才能杀掉他自身,还可以说;拖累别人而传播毒害于当代,灾祸殃及一起的人,就不可以说了。所以君子并不是忌妒有才华的人,而是常常好像抑制他们不使施展;君子并不是不爱惜有才华的人,而是经常要求远离他们不敢接近。这方面如果不是具有先见之明,很少能够避免事后的后悔。唉!令人畏惧了。

【原文】

宋神宗时,王安石行新法,任用新进。司马温公贻以书曰:"忠信之士,于公当路时,虽龃龉可憎,后必得其力。谄谀之人,于今诚有顺适之快,一旦失势,必有卖公以自售者。"已而,吕惠卿代安石为相,果如温公言。

悫庭曰:苏老泉《辨奸论》,直指荆公王安石为大奸慝,亦稍过当。盖荆公不近人情处,诚无解于讥评,然按其生平清节始终不渝,固与慕势位、揽权利者迥别。特以好读书而不识世务,拘泥曲说,勇于自信,冀以见之行事,好同恶异,任用非人,致为吕惠卿等所误耳。迨至惠卿继相,而畔涣之迹遂彰,凡可以阻荆公之人者,无所不至。荆公晚年退居金陵,常书"福建子"三字,殆其悔心之萌,而国是之坏已不可救。温公此书,实为忠告。

晋士鞅奔秦,秦伯问于士鞅曰:"晋大夫其谁先亡?"对曰:"其栾氏乎!"秦伯曰:"以其汰乎?"对曰:"然。栾黡汰侈已甚,犹可以免。其在盈乎!"秦伯曰:"何故?"对曰:"武子(栾书,黡之父,盈之祖)之德在民,如周人之思召公焉,爱其甘棠,况其子乎!栾黡死,盈之善未能及人,武子所施没矣,而黡之怨实彰。将于是乎在!"秦伯以为知言。

悫庭曰:善恶视所积,祸福视所流。积分浅深,故流亦分久暂。书之德,黡之怨,积之身,而各流之于子。迨至福不足以荫,而祸不容于攘,则苟非有挽回造化之德,将孽所难逭,即数所难逃。盈虽善,庸能免乎?

【译文】

宋神宗的时候,王安石推行新制定的法令,任用新得科第的人。温公司马光给他写信说:"忠诚信实的人,在您执掌政权时,虽然不相投合令人厌恶,日后必定得到他的帮助。谄媚阿谀的人,在如今确实有顺心适意的愉快,有朝一日失去权势,必然有出卖您来表现自己的人。"不久,吕惠卿代替王安石担任宰相,果真像温公说的那样。

悫庭说:苏老泉的《辨奸论》,直言指出荆公王安石为大奸恶,也是稍微失当。大概荆公不合乎人之常情的地方,对于讥讽批评确实不能消除,然而考察他一生高尚的节操自始至终一直不变,本来和那些贪慕权势地位、揽取权势财货的人大不相同。只是因为喜好读书而不懂世情,拘泥邪曲之说,勇于相信自己,希望表现在办事上,喜欢相同厌恶不同,信任重用不称职的人,以至于被吕惠卿等人所迷惑罢了。等到吕惠卿继任宰相以后,从而专横跋扈的迹象于是显现,凡是可以用来阻碍荆公入朝的手段,没有用不到的地方。荆公晚年退职移居金陵,常常书写"福建子"三个字,大概是他后悔之心的萌发,然而国家大事的败坏已经不可挽救。温公这封信,确实是真诚的劝告。

晋国的士鞅出奔秦国,秦伯向士鞅问道:"晋国的大夫大概谁先灭亡?"回答说:"大概是栾氏吧!"秦伯说:"因为他奢侈吗?"回答说:"是的。栾黡骄奢已经过度,还可以身免。或许是在栾盈吧!"秦伯说:"什么缘故?"回答说:"栾武子(即栾书,栾黡的父亲,栾盈的祖父)的恩德留在百姓中,如同周人思念召公一样,热爱那美好的棠梨,何况是他的儿子呢!栾黡死,栾盈的善行未能遍及人民,栾武子所施行的恩德没有了,然而对栾黡的积怨却充分表现出来。将在这时灭亡吧!"秦伯认为这是有见识的话。

惢庭说:善恶看它的积聚,祸福看它的流布。积聚分为浅与深,所以流布也分为长久与短暂。栾书的恩德,栾黡的怨恨,都积聚于自身,却各自流布给儿子。等到幸福不足以荫庇,而且灾祸不允许禳除,那么如果没有扭转造化的恩德,灾祸就要在所难免,历数就将在所难逃。栾盈即使做了善事,怎么能够避免灭亡呢?

【原文】

宋曹玮久在秦州,累章求代。真宗问王旦谁可代者,旦荐李及。上从之。众咸谓及虽谨厚有行检,非守边才。杨亿以众言告旦,旦不答。及至秦州,将吏心亦轻之。会有屯驻禁军白昼掣妇人银钗于市,吏执以闻。及方观书,召之使前,略加诘问,其人服罪。及不复下吏,亟命斩之,复观书如故。将吏俱惊服,不日声誉达京师。亿闻之,复见旦曰:"向者相公初用及,外廷之议皆恐及不胜其任。今及才器乃如此,信乎相公知人之明也。"旦笑曰:"外廷之议何浅也! 夫以禁军戍边,白昼为盗于市,主将斩之,事之常也。旦之用及者,非为此也。夫以玮知秦州七年,羌人詟服。边境之事,玮处之已尽其宜矣。使他人往,必矜其才能,多所变置,败玮成绩。旦所以用及者,以及重厚,必能谨守玮之规模而已。"亿由是服旦之识。

惢庭曰:法难立而易紊,未可为好事者道也。曹参继萧何而相,李及继曹玮而将,其得人一也,而特难乎其将将者之能见到此。

唐武攸绪,后族也。则天称制改号,封为平安王。嗣圣十三年,弃官。隐于嵩山之阳,优游岩壑,冬居茅椒,夏居石室,太后所赐服器皆置不用,买田使奴耕种,与民无异。

惢庭曰:武后之时,何时也? 三思、承嗣辈,方且倚势稔恶,非识鉴高卓者,能独萧然远引若是乎? 厥后诸武骈戮,而攸绪清节益彰,奕叶弗替。史称其少有志行,恬澹寡欲,盖素所树立然也!

【译文】

宋朝曹玮长期在秦州为官,多次上书请求替代。宋真宗问王旦谁是可以替代的人,王旦推荐李及。皇上听从了他的意见。众人都认为李及虽然谨慎笃厚有操行,但并不是守卫边境的人才。杨亿把众人的议论告诉了王旦,王旦没有回答。李及到达秦州,武将文吏心中也轻视他。正赶上驻守禁军白天在街市上拔取妇人银钗,官吏将其拘捕并把此事上报。李及正在看书,召他上前,略加追问,那人承认了罪责。李及不再交付司法官吏审讯,立即命令将他斩首,又跟原来一样看书。武将文吏都震惊佩服,不久声望名誉传到京城。杨亿听到后,再次谒见王旦说:"前些时候相公刚任用李及,朝臣的议论都担心李及不能胜任。现在李及的才能和器局竟然这样,这才相信相公的知人之明了。"王旦笑着说:"朝臣的议论多么浅薄! 派禁军驻守边疆,白天在街市上进行盗掠,主将将他斩首,这是常事。我王旦任用李及,并不是因为这种事。用曹玮治理秦州七年,羌人畏惧服从。边境上的事情,曹玮处理的已经全部妥当了。假使派别人前去,必定夸耀自己的才能,许多地方变动处置,败坏曹玮成功的业绩。我王旦任用李及的原因,是因为李及持重敦厚,一定能够严格遵守曹玮的制度罢了。"杨亿由此佩服王旦的见识。

惢庭说:法度难以建立而容易紊乱,不可对爱兴事端的人讲出来。曹参继萧何而为相,李及继曹玮而为将,其用人得当是一样的,然而那些驾驭将帅的人能看到这一点特别困难。

唐朝的武攸绪,是皇后的亲族。武则天代行皇权、改换年号,封为平安王。嗣圣十三年,解职去官。隐居在嵩山的南面,悠闲游玩在山峦溪谷间,冬天住在用茅草做顶、椒泥涂壁的房屋,夏天住在石造之室,太后所赏赐的服饰、器具都放着不用,购买田地让奴仆耕耘种植,和普通民众没有差别。

悫庭说:武后的时代,是什么时代?武三思、武承嗣一类人,尚且依仗权势长期作恶,不是识见高超卓越的人,能够独自这样潇洒地远去吗?后来武后宗族同被杀戮,而武攸绪高洁的节操更加彰显,代代没有改变。史书上称他小时候就有志向和操行,清静淡泊节制欲望,这大概是平时所养成的吧!

【原文】

宋狄青奉命征侬智高,谏官韩绛请以侍从文臣为之副。时庞籍独为相,对曰:"属者王师屡败,皆由大将望轻,偏裨自用不能制也。青起于行伍,若以侍从之臣副之,号令复不得行。青沉勇有智略,专以委任,必能办贼。"诏从之。

悫庭曰:监军之说,最足偾事。况以不习军旅之人,互相牵制,所谓两人牵一羊,未有不彊于路者,历代覆辙可鉴。韩绛于宋,本属庸臣,故为此说,赖庞籍驳之而止,乃以克奏肤功。

明杨文定公溥执政时,其子自乡来省,至京邸。公问曰:"一路守令闻孰贤?"其子曰:"儿道出江陵,其令殊不贤。"曰:"云何?"曰:"即待儿苟简甚矣。"乃天台范理也,文定默识之,即荐升德安府知府,甚有惠政,再擢为贵州左布政使。或劝范当致书谢公,范曰:"宰相为朝廷用人,非私理也,何谢?"竟不致一书。逮后文定卒,乃祭而哭之,以谢知己云。

悫庭曰:长于交际者,未必尽短于设施;懒于应酬者,宁保遂勤于政治。顾非即同求异,无由得异于同。要在略其应酬交际之虚文,以觇其政治设施之实用,而异者果见其不同,斯同者不嫌于立异。此物色人材者所为独具只眼也。

【译文】

宋朝的狄青奉命征讨侬智高,谏官韩绛请求用侍从文臣担任他的副将。当时庞籍独自担任宰相,应答说:"近来国家的军队屡次失败,都是由于主将声望轻微,将佐自行其是不能控制。狄青出身于行伍,倘若用一侍从之臣担任副将,发布命令还是不能执行。狄青深沉果敢拥有才智谋略,专门委以重任,必定能够惩治贼人。"皇帝下诏听从了。

悫庭说:监督军队的说法,最能败坏事情。况且任用不熟悉军事的人,互相牵制,所说的两个人牵着一头羊,没有不倒毙在路上的,历代失败的教训可以借鉴。韩绛在宋朝,本来属于平庸之臣,所以才有这种说法,靠庞籍加以驳斥才停止,于是能够取得大功。

明朝的文定公杨溥执掌朝政时,他的儿子从家乡前来探望,到达京城寓所。文定公问道:"沿途听说郡守县令哪个贤能?"他的儿子说:"孩儿道经江陵,那里的县令特别不好。"问:"为什么?"回答说:"就是招待孩儿太过草率简略了。"正是天台人范理,文定公暗中记住了他,立即推荐升任德安府知府,他很有德政,再次提升为贵州左布政使。有人劝说范理应当写封信感谢文定公,范说:"宰相为朝廷任用人才,不是对我范理有私情,感谢什么?"竟然没写一封信。等到后来文定公去世,才祭奠并痛哭他,来感谢赏识自己。

悫庭说:长于交际的人,不一定全都不擅长于措施的实施;懒于应酬的人,怎能保证全都勤于政事的治理。如果不是就同求异,就没有办法得异于同。关键在于省略那些应酬交际的空话,来观察那些政事治理、措施实施的实用,而异中果然看到其不同,这才是同中不嫌于立异。这是物色人才的人所具有的独特见解。

【原文】

《北史》:吐谷浑阿柴疾,有子二十人。召母弟慕利延曰:"汝取一只箭折之。"慕利延折之。又曰:"汝取十九箭折之。"慕利延不能折。阿柴曰:"汝曹知乎?单者易折,众者难摧。戮力同心,然后社稷可固。"

悫庭曰:大厦非一木可支。离志解体,内衅成,外侮踵之矣,岂特萧墙之忧哉?

南唐徐铉,以博洽闻中朝。会使铉来修贡,例差官押伴。朝臣皆以词令不及,艰其选,请于艺祖。艺祖曰:"姑退,朕自择之。"有顷,左珰传宣殿前司,具殿侍中不识字者十人,以名人,宸笔点其一,曰:"此人可。"在廷皆惊。中书不敢复请,趣使行。殿侍中莫知所以,弗获已竞往。铉词锋如云,旁观骇愕,其人不能答,徒唯唯。铉不测,强聒而与言。居数日,既无酬复,铉亦倦且默矣。

岳珂云:当陶窦诸名儒,端委在朝,若令角辩骋词,庸讵不若铉?艺祖正以大国之体,不当如此耳。其亦不战屈人之上策欤!

悫庭曰:角辩骋词,非徒伤国体也。言为风波,巧言偏辞,则传言者殆。语不如默,宋祖筹之详矣。兴王识鉴,固非在廷所测。

【译文】

《北史》记载:吐谷浑阿柴生病,有儿子二十人。召来同母弟慕利延说:"你取一支箭把它折断。"慕利延把它折断了。又说:"你取十九支箭把它折断。"慕利延不能折断。阿柴说:"你们知道吗?单只箭容易折断,多只箭就难以折断。齐心协力,然后国家就可以巩固。"

悫庭说:大厦不是一根木头可以支撑的。人心离散,内部的祸乱形成,外部的凌辱就跟随到来了,难道只是内部萧墙的忧患吗?

南唐的徐铉,因学识广博而闻名于北宋。正赶上派遣徐铉前来献纳贡品,按照惯例派遣官员陪伴客使。朝臣都因为词翰策令赶不上,难以选派官员,向艺祖请示。艺祖说:"姑且退下,朕自己选择。"一会儿,宦官传令宣召殿前司,准备不识字的殿待中十人,把名单报上,艺祖用笔点批其中一人,说:"这个人可以。"在朝的大臣都很吃惊。中书不敢再次请示,督促前去。殿侍中不知道情由,不得已竞直前往。徐铉犀利的口才如同行云,在旁观看的人吃惊发愣,那个人不能回答,只是唯唯诺诺。徐铉不知底细,唠叨不休而和他谈论。过了几天,既然没有应对回复,徐铉也就倦怠并且静默了。

岳珂说:当时陶谷、窦仪各位著名的儒者,始终列于朝堂,倘若让他们较量争辩驰骋文辞,难道比不上徐铉?艺祖正是因为大国的体统,不应该这样做罢了。这也是不用交战而使人屈服的高明计策吧!

悫庭说:较量争辩驰骋文辞,不只是伤害国家的体统。说话就像由风吹起的波浪,言词虚伪又是片面之词,那么传话的人就会危险。多语不如静默,宋太祖筹划的周详了。开创基业君王的见识,本来就不是在朝的朝臣所能臆测的。

【原文】

宋御史有阖吏,隶台中四十余年,历事二十余中丞,每声诺之。时以所执之梃,视中丞之贤否,中丞贤,则横其梃。此语喧于梧绅,凡为中丞者,唯恐其梃之直也。范讽为中丞,闻望甚峻,阖吏每声诺,必横其梃。一日,范视事次,阖吏报事。范大惊,立召问曰:"尔梃忽直,岂睹我之失耶?"吏初讳之,苦问,乃言曰:"昨日见中丞召客,亲谕庖人以造食。中丞指挥者数四,庖人去,又呼之丁宁教诫者数四。大凡役人者,授以法而观其成,苟不如法,有常刑矣,何事喋喋之繁? 今使中丞宰天下事,岂止一庖人之事也? 若皆如此喋喋,不亦劳而可厌乎? 某心鄙之,不知其梃之直也。"范大笑惭谢。明日视之,梃复横。

悫庭曰:处小事而不惮三复,鲜有不临大事而莫措一词者。是止堪人役,不堪役人,岂直劳而可厌哉? 有法以树之于先,有刑以绳之于后,事何患不理? 而喋喋焉,舌敝耳聋,役人适以自役,奚为者?

悫庭又曰:造食细事而喋喋不休,可鄙孰甚焉。若政教号令,古人亦不惮三令五申,又岂可尽安于简默? "不教而杀,不戒视成",有明训矣,何尝徒恃法与刑哉? 是又在临事者能分别大小轻重耳。

唐制,尚书令史不得宿外,夜则锁之。韩愈为吏部侍郎,乃曰:"人所以畏鬼,以其不见鬼;如可见,则人不畏矣。选人不得见令史,故令史势重,任其出入则势轻。"自后乃不复禁。

悫庭曰:疏至于无可疏,济之以密,则获效;密至于无可密,济之以疏,乃见功。治所贵通其穷以矫其过也,喻畏吏以畏鬼,语奇而确,情曲而中。

【译文】

宋朝御史台有个守门的小吏,隶属禁中四十多年,先后侍奉二十多位中丞,每次都扬声致敬。当时用所执的梃杖,比拟中丞的贤能与否,中丞贤能,就横起他的梃杖。这话喧哗于官宦中,凡是担任中丞的,唯恐他的梃杖挺直。范讽担任中丞,声望十分崇高,守门的小吏每次扬声致敬,必定横起他的梃杖。一天,范讽办事结束,守门的小吏禀报事情。范讽大为震惊,立即叫来询问说:"你的梃杖忽然挺直了,难道是看到我的过失了吗?"小吏起初避讳,再三追问,才回答说:"昨天看见中丞召见客人,亲自告诉厨师来做饭。中丞指示多次,厨师离去,又把他叫来嘱咐教戒多次。大凡役使别人,教授给他方法而观看他的成效,假如不遵守方法,就有日常处罚了,为什么唠叨不停呢? 现在让中丞主宰全国事情,何止是一个厨师的事情? 倘若都像这样唠叨,不也是费力而不讨好吗? 我心中鄙视这件事,不知道自己梃杖的挺直。"范讽大笑羞惭谢过。第二天一看,梃杖又横起来了。

悫庭说:处理小的事情而不怕再三重复,很少有面临大事而不说一句话的。这样的人只配被别人役使,不配役使别人,难道只是费力而不讨好吗? 有方法在事先来确立,有处罚在事后来制裁,事情还担心有什么不能治理? 然而唠叨不停,自己舌头说破听者耳朵震聋,役使别人正好用来役使自己,为什么要这样做呢?

悫庭又说:做饭小事而唠叨不停,没有比这更令人鄙视的了。倘若政治教化发布命令,古人也是不怕三令五申,又怎么能够完全安于简静沉默呢? "不加教导而残酷杀害,不加训诫而责其成功",早有明确的训诫了,何曾只是依靠方法与处罚呢? 这又在于遇到事情的人能够分别出大小轻重罢了。

唐朝制度,尚书令史不能在外住宿,夜间就把自己锁在家里。韩愈担任吏部侍郎,于是说:"人们畏惧鬼的原因,是因为他们看不到鬼;如果能够看到,那么人们就不畏惧了。候选的官员不能见到令史,所以令史权势重大,任由他们出入就会权势轻小。"从此以后便不再禁止。

惢庭说:宽疏到无法宽疏时,用严密来调剂,就会获得成效;严密到无法严密时,用宽疏来调剂,就会见到功效。治理国家贵在畅通其阻隔来矫正其过失,把畏惧官吏比喻为畏惧鬼,语言新奇而准确,实情详尽而中肯。

【原文】

宋曹武惠王既下金陵,降后主,复遣还内治行。潘美忧其死不能生致也,止之。王曰:"吾适受降,见其临渠犹顾左右扶而后过,必不然也。且彼有烈心,自当君臣同尽,必不生降,而又安肯死乎?"

惢庭曰:于生降视其所以,于临渠顾左右观其所由,于扶而后过察其所安,观人之法尽于此矣。

唐侍郎潘炎夫人,刘晏女也。炎于德宗时为翰林学士,恩渥极异。有京兆谒见不得,赂阍者三百缣。夫人知之,谓潘曰:"为人臣而京兆尹愿一谒见,遗奴三百缣,其危可知也。"劝潘公避位。

吴丹阳太守李衡,数以事侵琅玡王,其妻习氏谏之不听。及琅玡即位,衡忧惧不知所出。妻曰:"王素好善慕名,方欲自显于天下,终不以私嫌杀君,明矣。君宜自囚诣狱,表列前失,明求受罪。如此当逆见优饶,非止活也。"衡从之。吴主诏曰:"丹阳太守李衡,以往事之嫌自拘,司狱其遣衡还郡。"

惢庭曰:刘夫人知危于机先,习氏转危为安于事后,虽用心各殊,而见理无异。孰谓妇人言概不可听耶?彼宸濠作乱,临刑之叹,识者讥其晚,宜矣。

【译文】

宋朝的曹武惠王既已攻下金陵,使后主投降,又让他回到宫内整理行装。潘美担心他自杀不能活着送到,加以阻止。武惠王说:"我刚才接受投降,看见他临近水渠时还等待左右的人挽扶然后过渠,必定不会这样。再说他有刚烈之心,自然应当君臣同归于尽,必定不会活着投降,因而又怎么肯去死呢?"

惢庭说:从活着投降看出其原因,从临近水渠等待左右的人看出其缘由,从挽扶然后过渠看出其安生,观察人的方法全在这里了。

唐朝侍郎潘炎的夫人,是刘晏的女儿。潘炎在德宗时担任翰林学士,恩泽非常奇特。有位京兆尹进见不能,贿赂守门的人三百匹细绢。夫人知道这件事后,对潘炎说:"作为臣子而京兆尹希望进见一面,送给家奴三百匹细绢,其危险可以知道了。"劝潘公辞去官职。

吴丹阳太守李衡,多次因事侵犯琅玡王,他的妻子习氏劝谏他不听从。等到琅玡王即位,李衡忧愁恐惧不知道该怎么办。妻子说:"吴王平时乐闻善言仰慕名声,正想自我扬名于天下,最终不会因为私人间的嫌隙杀死您,这很明白了。您应当自我囚禁下到监狱,上表列举以前的过失,公开请求承受罪责。这样应当预见到宽容,不只是活命。"李衡听了她的话。吴主下诏说:"丹阳太守李衡,因为过去事情的嫌隙拘囚自己,掌管刑狱的官员应当释放李衡回到丹阳郡。"

惢庭说:刘夫人在事机萌动未发之时知道危险,习氏在事情发生之后把危险转化为平安,虽然用心各不相同,然而显现的道理没有差别。谁说妇人的话一概不能听从呢？那个朱宸濠制造叛乱,将受死刑之时的叹息,有见识的人讥刺其为时已晚,应该了。

【原文】

明分宜严相,以正月二十八日诞。亭州刘巨塘令宜春,时入觐,随众往祝。祝后严相倦,其子世蕃令门者且阖门,刘不得出,饥甚。有严辛者,严氏纪纲仆也,导刘往间道过其私居。留刘公饭已,辛曰："他日望台下垂目。"刘公曰："汝主正当隆赫,我何能为？"辛曰："日不常午,愿台下无忘今日之托。"不数年,严相败,刘公适知袁州,辛方以赃二万滞狱。刘公忆其昔语,为减赃若干,始得戍。

蟫庭曰：隆赫在耳目之前,而祸患在数年之后,能鉴及此者实鲜。此仆既有先见,则当早自引去,而卒以赃败,则此日之托刘,与刘他日之报仆,皆私耳。顾"日不常午"一语,实足为履丰怙侈者当头棒、午夜钟,君子固不以人废言也。

明时,丹阳县东关三里外有阁巍然,万历己丑进士荆某所建也。上塑汉昭烈暨关张比肩坐,颜曰"三义"。荆与董宗伯同年友适至,张席阁上,饮甚欢,酒半以书额请,文敏唯唯然。文敏留半月,以书法干者率皆欣然应之,终不及书额。荆复介某为言,文敏曰："二杰翼汉,谊虽兄弟,分乃主臣,并坐窃所未安。某非悋情毫素,第吾辈为词臣冒昧书之,无乃贻诮千古乎！"一时服为高识。

蟫庭曰：思翁亦煞高自位置矣,其议论实足以持世。

【译文】

明朝分宜人严嵩相国,在正月二十八过生日。亭州人刘巨塘担任宜春县令,当时入朝觐见皇帝,跟随众人前去祝寿。祝贺完毕严嵩相国疲倦,他的儿子严世蕃命令守门的人暂且关闭门户,刘巨塘不能出去,饥饿得厉害。有个叫严辛的人,是严氏管家的仆人,引导刘巨塘从小道到达自己私人的住所。留刘公吃完饭后,严辛说："日后希望台下您照顾。"刘公说："你的主人正处于显赫之时,我能做什么？"严辛说："日不常午,希望台下您不要忘记今日的托付。"不几年,严嵩相国倒台,刘公正好担任袁州知府,严辛因为赃款二万下到监狱。刘公回忆起他过去说的话,为他减去赃款若干,才得以守边。

蟫庭：显赫在耳目之前,而祸患在数年之后,能看到这一点的人实在不多。这位仆人既然有先见之明,就应当早早自己离去,然而最终因为赃款落败,那么此日对刘公的托付,与刘公他日对仆人的报答,都是私事罢了。回顾"日不常午"这一句话,实在足以成为身处富贵放纵奢欲之人的当头棒、午夜钟,君子本来就不能因为其人不好而对其言论也加以否定。

明朝时,丹阳县城东门三里外有座楼阁巍然屹立,是万历己丑年进士荆某所建造。上面塑造汉昭烈帝及关羽、张飞并肩坐着的人像,匾额题写"三义"。荆某与董宗伯同科进士好友正好来到,在楼阁上摆开酒筵,喝得十分高兴,酒过数巡以书写匾额相请,文敏应而不置可否的样子。文敏停留半月,因书法请求的全都高兴地答应了,最终也不提及书写匾额。荆某又通过某人去说,文敏说："二位英杰辅佐汉昭列帝,情谊虽是弟兄,名分却是君臣,并肩而坐我私下感到不安。我不是吝惜纸笔,假如我们担任文学侍从之臣的冒昧地加以书写,恐怕会见笑千古吧！"当时佩服为高明的见识。

蟫庭说：思翁也的确珍惜自己的位置了,他的议论确实完全可以维持世道。

【原文】

元巴东僧得一青瓷碗,携归折花供佛前,明日花满。其中置少米,经宿米亦满,银及钱皆然,自是院中富盛。院主年老,一日取碗掷于江,弟子惊愕。师曰:"吾死,汝辈宁能谨饬乎? 弃之不使汝增罪也。"

憨庭曰:贤而多财,则损其智;愚而多财,则益其过。巴东僧之掷碗于江,同此指也。乃知为子孙作马牛者,直是驱子孙为马牛耳。

宋李太宰邦彦,起家于银工。既贵,其母尝语昔事,诸孙以为耻。母曰:"宰相家出银工则可耻,银工家出宰相,正为嘉事,何耻焉?"

憨庭曰:版筑土应旁求,栾、郤降为皂隶。自古人才之出,不拘于世,类也。以先世之微,而曲为讳之,诬其祖矣。李母具此卓识,则发闻于其子也,岂偶然哉!

【译文】

元朝巴东僧人得到一只青瓷碗,携带回去折取花朵供奉在佛像前,第二天花朵充满。其中放置少量米,经过一夜米也满了,银子和铜钱都是这样,从此院中富裕昌盛。寺院住持年纪老迈,一天取碗投到江中,弟子非常震惊。师父说:"我死后,你们难道能够谨慎自饬吗? 扔掉它是不使你们增加罪过。"

憨庭说:贤能的人如果多财,就会损害他的智慧;愚昧的人如果多财,就会增加他的过错。巴东僧人把碗投到江中,和这个意思相同。于是知道为子孙作牛马的人,简直就是驱使子孙去做牛马罢了。

宋朝太宰李邦彦,出身于制作银器的工匠。显贵以后,他的母亲曾经谈起过去的事情,各位孙儿认为是羞耻。他的母亲说:"宰相家出制作银器的工匠才可耻,制作银器的工匠家出宰相,正是好事,有什么可耻的呢?"

憨庭说:版筑土墙的人才应当四处搜求,栾、郤却二个名族沦为低贱的吏役。自古以来人才的诞生,不拘于一代,与此相类似。因为祖先的微贱,而蓄意加以隐瞒,这就是对祖先的欺骗了。李邦彦的母亲具有这样卓越的见识,并说出来叫儿子听到,难道是偶然吗!

【原文】

国朝陆墩豪迈好客,一日设宴,忽失金杯,家人四觅。有爱妾苏氏诳曰:"杯已收得,不须寻矣。"及客散,语陆曰:"杯实失去,寻亦不得。公平日爱客任侠,岂可因一杯故,令名流各怀不安,致失欢洽乎?"陆称善。

憨庭曰:此有得乎绝缨之遗意者,苏在姬侍中而能有此识鉴,可谓佼佼不凡。

【译文】

本朝陆墩豪放不羁喜欢待客,有一天置备酒宴,忽然丢失金杯,家人四处寻找。有位爱妾苏氏欺骗说:"杯子已经收起来,不用寻找了。"等到客人散去,对陆墩说:"杯子确实丢失,寻找也不能得到。您平时喜欢交友行侠仗义,怎么可以因为一只杯子的缘故,叫知名人士各自心怀不安,以致失去欢乐和洽呢?"陆墩称好。

憨庭说:这是有所领悟扯断结冠之带遗留意旨的事,苏氏在侍妾中能有这种见识,可以说是美好出众不同寻常。

卷二 远猷

为一身计者,谋止一身;为一家计者,谋止一家;为天下计者,谋及天下。若夫一日之纬繣,终身用之,数世赖之,则固非戈戈小知之所及矣。《语》曰:"人无远虑,必有近忧。"《诗》曰:"远猷辰告。"盖以见目前之不可狃也。

齐人攻鲁,由单父,单父之老请曰:"麦已熟矣,请任民出获,可以益粮,且不资寇。"三请而宓子不许。俄而齐寇逮于麦,季孙怒,使人让之。宓子蹙然曰:"今兹无麦,明年可树,若使不耕者获,是使民乐有寇。夫单父一岁之麦,其得失于鲁不加强弱。若使民有幸取之心,其创必数世不息。"季孙闻而愧曰:"地若可入,吾岂忍见宓子哉!"

悫庭曰:豆区釜钟之利,无补一时,而风俗人心之害,远贻数世,说破时鲜不灼然于大小轻重之权衡也。顾当其害隐于事后,而利在于目前,非具深心渊见,谁能舍目前所必争以防于事后所未见者?宓子之于政事,加冉求、季路一等矣。

悫庭又曰:春秋时列国兵争,取成而反。鲁为秉礼之国,尤赖信义结民心。玩宓子"一岁之麦,于鲁不加强弱"语,可见当日世风。若后世攻城略地,不夺不餍,曲守其说,是赍寇粮而长仇敌也,邑非其邑矣。刘璋之于先主,南燕之于刘裕,可为殷鉴。

【译文】

为独自一人打算的,谋划到独自一人;为一个家族打算的,谋划到一个家族;为天下人打算的,谋划到天下人。至于一时独特的见解并不能马上理解,但却要终身使用它,几代依赖它,因此本来就不是有点小聪明的人所能知道的了。《论语》说:"人没有深远的计虑,必定有近在眼前的忧患。"《诗经》说:"远大的谋略要按时告诫。"大概用来说明眼前的利益不可贪图。

齐国人攻打鲁国,经过单父。单父的老年人请求说:"麦子已经熟了,请求听任百姓出去收获,可以增加粮食,而且不资助贼寇。"多次请求而宓子不允许。不久齐国贼寇抢走麦子,季孙大怒,派人责备他。宓子忧愁地说:"今年没有麦子,明年可以种植。倘若让不耕种的人收获,这是使百姓乐于有贼寇。单父一年的麦子,其得失对于鲁国没有增加强弱。倘若使百姓有了侥幸获得的心思,那种祸患几代也不能停止。"季孙听后惭愧地说:"地下如果可以钻入,我怎么忍心见到宓子呢!"

悫庭说:数量不多的谷物的利益,对于一时无所帮助,然而风俗人心的危害,却远传几代,说破时很少不比大小轻重的权衡更明显。但是正当其危害隐藏于事后,而利益摆在眼前时,如果不是拥有深远的用心、深邃的见识,谁能舍弃眼前所必争的利益来预防发生于事后所没有看到的危害?宓子处理政事,比冉求、季路高出一筹了。

悫庭又说:春秋时各个国家以兵争战,媾和后便返回。鲁国是遵从礼义的国家,尤其依赖信用和道义来团结人心。体会宓子"一年的麦子,对于鲁国没有增加强弱"的话,可以看出从前的社会风气。如果后世攻打城池、掠夺土地,不掠夺就不满足,迂腐地遵守着这种说法,这就是送给贼寇粮食而帮助仇敌,城邑就不是自己的城邑了。刘璋对于先主,南燕对于刘裕,可以作为借鉴的往事。

【原文】

鲁国之法,鲁人为人臣妾于诸侯,有能赎之者,取金于府。子贡赎鲁人于诸侯,而让其金。孔子曰:"赐失之矣。夫圣人之举事,可以移风易俗,而教道可施于百姓,非独适己之行也。今鲁国富者寡而贫者多,取其金则无损于行,不取其金则不复赎人矣。"子路拯溺者,其人拜之以牛,子路受之。孔子喜曰:"鲁人必多拯溺者矣。"

悫庭曰:圣人之立法也,唯其可久而已。子贡之却金,其廉甚小,而事莫为继,世阴受其祸矣;子路之受馈,于义无伤,而人乐踵行,世阴受其福矣。一责之,一予之,而圣人救世之苦心,济世之大权,悉于此焉寓。彼沾沾思立异于众,而以小廉自矜者,直是作法于凉,圣人所不取也。

齐靖郭君将城薛,客进曰:"君不闻大鱼乎?网不能止,钩不能牵,荡而失水,则蝼蚁得意焉。今夫齐亦君之水也,君长齐,奚以薛为?失齐虽隆薛之城到于天,犹之无益也。"君曰:"善。"乃辍城薛。

悫庭曰:此客远识,冯谖三窟之计所滥觞也。按靖郭专制齐政,一去齐则权移,况大都耦国,易起猜嫌。城薛不足为重,而适足肇衅,故客以鱼之水为喻。迨孟尝时主臣疑贰,窜逐已形,非薛无以为藏身之固,故冯谖始终以一薛打就三窟。父子之所处时事不同,故机宜亦异。或谓《孟子》"齐人将筑薛"即此时,竟以客议未筑,故《孟子》他日不复见有及此事者。今按其时世适合,其非任仲后之薛可知。朱子仍赵岐注,倘亦未暇深考。附志之,以俟好古者折衷焉。

【译文】

鲁国的法令,鲁国人给诸侯国人做臣妾,有能赎回他们的人,向官府领取酬金。子贡从诸侯国赎回鲁国人,却推让掉那酬金。孔子说:"赐在这事上不对了。圣人办事,可以用来转移风气、改变习俗,而且教化的方法可以施加给百姓,并不只是自己感到得意的行为。如今鲁国富裕的人少而贫穷的人多,领取那酬金就会无损于品行,不领取那酬金就不会再有赎买的人了。"子路拯救溺水的人,那人用一头牛拜谢,子路接受了。孔子高兴地说:"鲁国人必定多有拯救溺水的了。"

悫庭说:圣人制定法令,只希望它长久罢了。子贡推却酬金,他的清廉是很小的,然而事情没人跟着去做,世代就暗里接受其祸了。子路接受馈赠,对于道义没有伤害,然而人们乐意仿照实行,世代就是暗里接受其福了。一个受到责备,一个受到赞许,因而圣人匡救世弊的良苦用心,拯济世人的重大力量,全都寄托在这里面了。那沾沾自喜想着在众人中标新立异,而以小事上的廉洁自我夸耀的人,简直就是创制法律的轻薄,这是圣人所不赞成的。

齐国的靖郭君将要在薛地修筑城墙,门客进言说:"您没有听说过大鱼吗?渔网不能捕获它,鱼钩不能钓起它,游荡而离开水,那么蝼蛄和蚂蚁就称心了。如今齐国也就像您的水,您统治着齐国,还要薛地干什么?失掉齐国即使把薛地的城墙筑到天上,仍然没有用处。"靖郭君说:"好。"于是停止在薛地修筑城墙。

悫庭说:这个门客高远的见识,是冯谖三窟之计的起源。考察靖郭君统治齐国,齐国政权一旦离开,齐国就会权力转移,况且大邑大城,容易引起猜忌嫌疑。在薛地修筑城墙不足为重,反而正好引起事端,所以门客用鱼与水做比喻。等到孟尝君时君臣因猜忌而生异心,放逐已经形成,不是薛地就没有办法保全自身,所以冯谖始终以一薛地打就三个洞穴。靖郭君、孟尝君父子所处的当时情况不同,所以依据情势所采取的对策也不同。有人说《孟子》所载"齐国人将要在薛地修筑城墙"就在这时,最终因为门客的议论没有修筑,所以《孟子》以后不再看到有提到这事的。现在考察符合其时代的情况,可以知道那并不是任仲的后代到达薛地。朱子沿袭赵歧的注解,或许也没有时间细加研求。附带写在这里,来等待喜爱古事的人调和不同意见。

【原文】

晋惠帝太子通,自幼聪慧。宫中尝夜失火,武帝登楼望之,太子乃牵帝衣入暗中。帝问其故,对曰:"暮夜仓卒,宜备非常,不可令照见人主。"时遹才五岁耳,帝大奇之。常从帝观豕牢,言于帝曰:"豕甚肥,何不杀以养士,而令坐费五谷?"帝抚其背曰:"是儿当兴吾家。"

恚庭曰:无益之用宜省,顾省所用而不知用所省,亦封殖耳。知用之矣,要其所以用之之大小轻重,又判若径庭。惟用以养士,则其为大且重孰加焉?此老成经国之鸿猷,不图小时了了至是。至其牵衣入暗,为备非常,殆又由忠爱以生其智慧者欤!遭晋不造,而谗废以死,谥曰愍怀,不诚可愍而可怀哉?

汉班超久于西域,及召还,以戊己校尉任尚代之。尚谓超曰:"君侯在外域三十余年,而小人猥承君后,任重虑浅,宜有以诲之。"超曰:"塞外吏士,本非孝子顺孙,皆以罪过徙补边屯。而蛮夷怀鸟兽之心,难养易败。今君性严急,水清无鱼,察政不得下和,宜荡佚简易,宽小过,总大纲而已。"超去后,尚私谓所亲曰:"我以班君尚有奇策,今所言平平耳。"尚留数年而西域反叛,如超所戒。

恚庭曰:治乱国用重典,亦有不容执著死法者。譬之于医,端须对病发药。班定远知任尚性严急,而诫以察政失下和,此药因人发也;且审吏士之难驯,蛮夷之易变,而教以宽小过、总大纲,此药因地发也;汉祖除秦苛政,与父老约法三章,斯则为药因时发也。从来猛以济宽,宽以济猛,未可偏废,故识时务者为俊杰。

【译文】

晋惠帝太子司马通,从小就聪明而有智慧。宫中曾经夜间失火,武帝上楼看火,太子就拉着武帝的衣服进入暗处。武帝问他缘故,回答说:"夜间匆忙急迫,应该防备非常事变,不能让火光照见君主。"当时司马通才五岁罢了,武帝感到十分惊奇。曾经跟随武帝去看猪圈,对武帝说:"猪很肥,为什么不杀掉来养士,反而叫它白白浪费五谷?"武帝抚摸他的背说:"这孩子将会使我家兴盛。"

恚庭说:没有好处的费用应该节省,只是节省所使用的费用而不知道使用所节

省的费用,也是一种聚敛财货的办法罢了。知道使用所节省的费用了,审察其用来使用的费用的大小轻重,又判若径庭。只有用来养士,那么这种做法重大而且重要哪个能超过呢?这是年高有德之人治理国家的深远谋划,不料司马通幼年时候聪慧达到了这种程度。至于他拉着武帝的衣服进入暗处,是为了防备非常之变,大概又是由于忠诚与仁爱而生出他的智慧的吧!赶上西晋的不幸,因而遭谗言被废黜而死,谥号叫作"愍怀",不是确实值得怜悯而且值得怀念吗?

汉朝的班超在西域很久了,等到被召还,用戊己校尉任尚代替了他。任尚对班超说:"君侯您在外域三十多年,而小人我继承您的职务,责任重大思虑浅薄,应当有话教诲我。"班超说:"塞外的官兵,本来并不是孝顺的子孙,都是因为罪行过失迁移补充戍边屯田的。然而蛮夷怀着飞禽走兽一样的心思,难以教养容易坏事。如今您性格严厉躁急,水太清澈就会没有鱼,明察政事就不能得到下属和睦,应当听任简单易行,宽恕小的过错,总揽主要法纪罢了。"班超离去后,任尚私下对他亲信的人说:"我以为班超还有奇妙的策略,如今所言平常罢了。"任尚停留数年而西域反叛,正如班超所告诫的那样。

愚庭说:治理动乱的国家使用严酷的刑法,也有不免执着为法而死的人。譬如医病,开始必须针对病症下药。班超知道任尚性格严厉躁急,因而告诫他明察政事就会失去下属和睦,这是药剂因人而发;而且清楚官兵的难以驯服,蛮夷的容易变诈,而教给他宽恕小的过错、总揽主要法纪,这是药剂因地而发;汉高祖除去秦朝苛刻的法令,与父老约法三章,这又是药剂因时而发。历来严厉用宽大来调剂,宽大用严厉来调剂,不能偏废,所以认清形势的人是才智杰出的人。

【原文】

宋程琳为三司使日,议者患民税多名目(大麦、纩、绢、细、鞋钱、食盐钱),恐吏为奸,欲除其名而合为一。琳曰:"合为一而没其名,一时之便,后有兴利之臣,必复增之,是重困民也。"议者虽唯唯,然当时亦未知其言之为利。至蔡京行方田之法尽并之,乃始思其言而咨嗟焉。

愚庭曰:徒取目前之便,必有日后之大不便者。在此旧章未可轻为变乱,而识不足以计长久者之难与议民瘼也。

宋张咏在银台时,张永德为并代帅,小校犯法,杖之而死。有诏按罪,咏封还诏书曰:"永德方被边寄,若责一小校,遂摧辱之。臣恐帅体轻而小人慢上矣。"不纳。既而果有营卒胁制其大校者。上始悟公言,面加慰劳。

愚庭曰:上之于下,要使之见得分位截然悬殊,夫然后能知所敬忌而不敢肆,若但以一卒按一帅,又安得以一帅驭众卒,而俾共凛然于朝廷任帅之重哉?

【译文】

宋朝的程琳担任三司使时,议事的人担心老百姓赋税名称(大麦钱、丝绵钱、绢钱、粗绸钱、鞋钱、食盐钱)太多,恐怕官吏做不法之事,想要除去其名称从而合为一体。程琳说:"合为一体而取消其名称,这是一时的便利,以后有倡导财利的臣子,必定还会增加名目,这是重新困扰百姓。"议事的人虽然唯唯称是,然而当时也不知道他的话是有利的。等到蔡京实行方田法全部把税收的名目合并,才开始想起他的话从而发出叹息。

愚庭说:只是贪图眼前的便利,必定出现以后的大不便利。在这里旧有的典章不能轻易变更,而见识不足以计虑长久的人是很难同他谈论民众疾苦的。

宋朝张咏在银台司时,张永德为并州、代州的统帅,小校违反法令,用棍杖将他打死。下诏问罪,张咏缄封退还诏书说:"张永德刚刚接受防守边疆的任务,如果惩处一个小校,于是就摧折侮辱他。臣下我担心统帅的身份被看轻从而小人怠慢上级了。"不采纳。不久果然有士兵挟制其大校的事。皇帝才领悟张公的话,当面加以慰问犒劳。

惢庭说:上级对于下级,要使他们看出地位截然不同,然后下级才能知道有所恭敬畏惧从而不敢放肆,如果只因一个士卒就查办一个统帅,又怎么能够用一个统帅驾驭众多的士兵,从而使他们共同敬畏朝廷任用统帅的重任呢?

【原文】

明天顺中,朝廷好宝玩。中贵言宣德中,尝遣太监王三保使西洋,获奇珍无算。帝乃命中贵至兵部,查王三保至西洋水程。时刘大夏为郎,尚书项公忠令都吏简故牒。刘先简得匿之,都吏简不得,复令他吏简。项诘都吏曰:"署中牒焉得失?"刘微笑曰:"昔下西洋费钱谷数十万,军民死者亦万计。此一时弊政,牒即存尚宜毁之,以拔其根,犹追究其有无耶?"项竦然,再揖而谢,指其位曰:"公达国体,此不久属公矣。"

惢庭曰:息事宁人,功莫钜焉。然吾谓行其志者刘公,而所以能行其志,非刘公得而自为也。向令郎官匿之,而尚书索之,恐后朝廷督之不已,纵使竟焚其牒,而前此使西洋,又岂必有故牒之可稽者?是故刘公得行其志,尚书也,亦朝廷也。

宋靖康中,都城受围,器甲刷敝。或言太常寺有旧祭服数十,闲可以藉甲。少卿刘钰具稿以献。有老吏故脱误其稿,至于三。钰怒责之,吏曰:"非敢误也,小人窃有管见。在《礼》:'祭服敝,则焚之。'今国家诚迫急,然容台之职,惟当秉礼,不如俟朝廷来索纳之,犹贤于背礼而自献也。"钰愧叹而止。

惢庭曰:冠虽敝不以苴履,矧以祭服藉甲!此吏据礼以争,持论极得大体。勿谓胥役中无人也。

【译文】

明朝天顺年间,朝廷爱好珍贵的赏玩品。宦官说宣德年间,曾经派遣太监王三宝出使西洋,获得奇珍异宝无数。皇帝于是命令宦官到兵部,查找王三宝到西洋水路的里程。当时刘大夏担任兵部侍郎,兵部尚书项忠命令都吏查找原来的文书。刘大夏先查到并藏匿起来,都吏查不到,又命令别的官吏去查。项忠诘问都吏说:"官署中的文书怎么能丢失?"刘大夏微笑着说:"从前下西洋耗费钱财和谷物钱几十万,军民死去的也数以万计。这是一个时期的弊政,文书即使保存尚且应当毁掉它,来拔掉其根本,还应追究其有没有吗?"项忠惊惧,二次作揖而感谢,并指着自己的座位说:"您通晓治国之法,这位置不久就属于您了。"

惢庭说:平息事情安定别人,没有比这再大的功劳了。这样我认为按照这个想法办事的是刘公,而能按照这个想法办事的原因,并不是刘公能够自己做到的。假如兵部侍郎把文书藏起来,而兵部尚书索要它,恐怕以后朝廷会督促不停,即使最终焚烧掉那些文书,而在此之前出使西洋,又何必有原来的文书可以查考?因此刘大夏得以按照这个想法办事,是由于兵部尚书.也是由于朝廷。

宋朝靖康年间,都城受到围攻,兵器铠甲摩挲损坏。有人说太常寺有旧祭服数十具,闲置可以用来充当铠甲。少卿刘钰写下底稿准备奉献。有个精于吏事的小吏故意将其底稿漏字写错,以至于多次。刘钰发怒斥责他,小吏说:"并不敢误写,小人私下有小小看法。依据《礼记》:'祭服破旧,就焚烧掉它。'现在国家确实危急,然而礼部的职责,只应当奉守礼法,不如等待朝廷来索要它,还要胜过违背礼法而自己奉献。"刘钰自愧不如地感叹而停止。

恐庭说:帽子即使破旧也不能用来做鞋中草垫,何况是用祭服来充当铠甲!这位小吏根据礼法来争取,提出主张极其符合大体。不要认为小吏与差役中没有人才。

【原文】

宋祥符中,天下大蝗,真宗使人于野得死蝗以示大臣。明日,宰相有袖蝗以进者,曰:"蝗实死矣,请示于朝,率百官贺。"王旦独以为不可。后数日,方奏事,飞蝗蔽天,真宗顾公曰:"使百官方贺而蝗如此,岂不为天下笑耶?"

恐庭曰:唐太宗吞蝗,而蝗自死;宋廷臣欲贺死蝗,而蝗飞蔽天。朝廷举动,与天地相通,使非文正之力持不可,宋君臣不免为后世口实矣,故宰相不可无识。

宋刘豫揭榜山东,妄言御药监冯益,遣人收买飞鸽。因有不逊语,知泗州刘纲奏之,张浚请斩以释谤。赵鼎乃奏曰:"益事诚暧昧,然疑似间有关国体,恐朝廷略不加罚,外议必谓陛下实尝遣之,有累圣德。不若暂解其职,姑与外祠,以释众惑。"上欣然出之浙东。浚怒鼎异己,鼎曰:"自古欲去小人者,急之则党合而祸大,缓之彼自相挤。今益罪虽诛不足以快天下,然群阉恐人君手滑,必力争以薄其罪,不若谪而远之,既不伤上意,彼见谪轻,必不致力营求,又幸其位,必以次规进,安肯容其人耶?若力排之,此辈侧目吾人,其党愈固而不可破矣。"浚始叹服。

恐庭曰:此与吕文靖处置监军事,皆是以毒攻毒法。其得手处在使之人各自谋,不复暇代人谋,则其势分而其志左,曾不必自我毒之,而有不啻自我毒之者。否则我之毒未中于彼,而彼之毒已归于我,是毒人而适自毒,计顾若是疏乎!

【译文】

宋朝祥符年间,天下发生严重蝗灾,真宗让人到野外捕捉死蝗虫给大臣们看。第二天,宰相有人用袖子装着死蝗虫来上朝,说:"蝗虫确实死了,请给朝中人看,率领百官祝贺。"王旦独独认为不可以。几天后,正在陈奏事情,飞来的蝗虫遮蔽天空,真宗回头看着王旦说:"假使百官在祝贺而蝗虫这样,难道不被天下人取笑吗?"

恐庭说:唐太宗吞食蝗虫,而蝗虫自己死去;宋朝朝臣正想祝贺蝗虫已死,然而蝗虫遮蔽天空。朝廷一举一动,与天地相通,假如不是文正公竭力坚持不可以,宋朝君臣不免给后世留下话柄了,所以宰相不能没有见识。

宋朝刘豫在山东张贴文告,胡说御药监冯益,派人收买飞鸽。因为有傲慢无礼的话,泗州知州刘纲上奏此事,张浚请求诛杀来消除谤言。赵鼎于是上奏说:"冯益的事情确实含糊,然而疑似其间有关国家的体统,恐怕朝廷一点也不加惩罚,外界的舆论必定说是陛下实际曾经派遣他们,有所连累圣上的道德。不如暂时解除他的职务,姑且到外地管理道教宫观,来消除众人的疑惑。"皇上高兴地把冯益贬到浙东。张浚谴责赵鼎与自己见解不同,赵鼎说:"自古以来想除掉小人,过急就会党羽联合而祸害重大,宽缓他们就会自我相互排挤。如今冯益的罪恶即使诛杀也不足以使天下人心大快,然而众多宦官唯恐君主不加节制,必然尽力争取来减轻他的罪行,不如把他贬谪到远处,既不伤皇上的心意,他们看到贬谪从轻,必定不竭尽全力营救,又期望他的位置,必定按次序谋求提升,还愿意让他再次入朝吗?如果极力排斥他,这些人必定对我们斜目而视,他们结党就更加牢固而不可破了。"张浚这才赞叹佩服。

悫庭说:这与吕文靖处理监军的事情,都是以毒攻毒的方法。其得心应手的地方在于使他们人人各自为自己打算,不再有空替别人打算,那么他们的势力就会分散而且他们的志气就会低落,曾经未必自己对自己下毒手,然而有等同自己对自己下毒手的效果。否则我们的毒害没有中伤他们,而他们的毒害已经归于我们了,这是毒害别人反而正好毒害了自己,考虑问题难道像这样疏忽吗!

【原文】

宋真宗朝,唃厮啰与元昊交兵,使来献捷。执政以夷狄相攻,中国之福,议加唃厮啰节度使。韩亿独不可,曰:"二族俱藩,当谕使解仇释憾,以安远人。且元昊尝赐姓,今彼攻之,而反加恩赏,恐徒激其怒,无益也,而且生边患。"乃厚赐其使而遣之。

悫庭曰:二族既同属藩臣,自以谕令解纷,为得王朝大体,况使激怒致敌衅,祸将未艾。所谓无远虑,而有近忧也。

宋仁宗不豫,国嗣未立。范镇首发其端,司马光继之,上令以所言付中书。久之光复上疏曰:"向者所言,陛下欣然无难色,谓即行矣。今寂无所闻,此必有小人言陛下春秋鼎盛,何遽为此不祥之事?小人无远虑,特欲仓卒之际,立其所厚善者耳。唐自文宗以来,立嗣皆出于左右之意,至有称定策国老、门生天子者,此祸可胜言哉?"上大感悟,命即送中书。光至中书,见韩魏公曰:"诸公不及今议定,异日夜半禁中出寸纸以某人为嗣,则天下莫敢违。"琦曰:"唯敢不尽力。"诏英宗判宗正寺,寻立为皇子。

悫庭曰:将金壬惑听处,一语道破;将仓卒兆祸处,和盘托出。惟其虑之周,故其言之力。

【译文】

宋真宗朝,唃厮啰与元昊交战,派使者前来报捷。执政的人认为夷狄相互攻打,这是中原国家的福分,商议加封唃厮啰为节度使。韩亿独自认为不可行,说:"二个民族都是藩臣,应当告诉使者消除怨仇,来安定边远地区的人。并且元昊曾经受赐过姓氏,如今唃厮啰攻打他,反而增加恩赏,恐怕只能激起他的愤怒,没有好处,而且引发边境遭到侵犯的祸患。"于是丰厚地赏赐其使者然后打发他回去了。

悫庭说:二个民族既然同属于藩臣,自然下令排解纠纷,是懂得朝廷的大体,况且如果激怒导致敌人的挑衅,祸乱将要不能平息。这就是所说的没有深远的计虑,而有近在眼前的忧患。

宋仁宗有病,皇位继承人还没有确立。范镇首先提出意见,司马光跟着提出意见,皇上命令把他们所说的意见交付中书省。时间一长司马光又上疏说:"前些时候所说的话,陛下欣然同意没有为难的表情,说是立即实行了。如今寂静没有听到任何消息,这必定是有小人说陛下年龄正当壮年,为什么要做这种不吉祥的事情?小人没有深远的计虑,只是想在匆忙急迫之际,来拥立他们交情深厚的人罢了。唐朝自从文宗以来,确立皇位继承人都是出于左右近臣的想法,以至于有称定策国老、门生天子的,这种祸患能够说得过来吗?"皇上大有感触醒悟,命令立即送到中司马光到达中书省,见到韩魏公说:"诸公不趁现在议定,以后半夜里从皇宫中送出短纸以某人为继承人,那么天下没有人敢违抗。"韩琦说:"怎敢不竭尽全力。"于是诏命英宗兼管宗正寺,不久立为皇太子。

　　悫说:将小人迷惑视听的地方,一句话说穿;将仓促预示灾祸的地方,说出全部意见。只因为考虑问题周到,所以说出的话才有力。

【原文】

　　宋杨和王沂中,携杖微行郊外,遇一相字者。王以所携杖大书地作一画,相者起拜曰:"土上加一画,王字也。阁下其膺王爵者乎?何微行至此,宜自爱重。"王笑索纸笔,手批赏钱一百千,令于明日诣府向司帛者支取。明日,相者持帖往,司帛佯不认,叱曰:"汝何人?敢以膺帖来脱钱。"相者具言其故,且大声称屈。于是司谒者与同辈醵钱五千与之,相者泣詈而去。王闻之,召司帛问曰:"此真吾所批,汝其不识耶?"司帛顿首曰:"固识之。但彼艺术者流,一言偶中,即获厚赏,倘向人夸诩,更添胡说,则吾王将滋谤矣。且吾王已居王爵,何所复用相为?"王大悦,抚其背曰:"尔言是也。"即以赏相者钱赏之。

　　悫庭曰:只"已居王位,何复用相"一语,已足震聋警聩。至料及其以获赏而胡说,以胡说而滋谤,尤为事势所必至。宁失信于目前,毋贻忧于日后,其所利于王者,岂复可以数计酬哉!

　　悫庭又曰:识王手批,而佯叱为赝,为王分谤,实为王弭谤。不谓笑库之贱得此解人,而姓名不著,其殆仕隐者流耶!

【译文】

　　宋朝和王杨沂中做王爷,携带手杖易服出行郊外,遇到一个相字的人。和王用他携带的手杖在地上大大地写下一划,相字的人起身下拜说:"土上加一划,是个王字。阁下您是承受王爵的人吗?为什么易服出行来到这里,应该自重自爱。"和王笑着要过来纸和笔,亲手批示赏给钱财十万,叫他在第二天到府中向管财帛的人支取。第二天,相字的人拿着批示前往,管钱帛的人假装不认识,呵斥说:"你是何人?竟敢拿着臆造的批示来兑换钱?"相字的人详细告诉其原因,并且大声叫屈。于是负责谒见的人与他的同僚凑集了五千钱给他,相字的人哭骂着离开了。和王听说这事后,召来管钱帛的人问道:"这真是我批的,你难道不认识吗?"管钱帛的人叩头说:"当然认识。只是那些术数方技一类人,一句话偶然说中了,就获得丰厚奖赏,倘若向别人夸耀,再加上胡乱瞎说,那么我王将滋生诽谤了。并且我王已经位居王爵,哪里还再用得着相字?"和王非常高兴,抚摸着他的背说:"你说的对。"立即把赏给相字人的钱赏给了他。

　　悫庭说:只"已经位居王爵,哪里还用得着相字"一语,已经足以振聋发聩。至于料到他因为获得赏赐而胡乱瞎说,因为胡乱瞎说而滋生诽谤,这尤其是情势所必然到来的结果,宁肯在眼下失去信用,也不要给日后留下祸患,那种有利于和王的地方,难道又能够用数目计算报酬吗?

　　悫庭又说:认识和王的亲手批示,然而佯装呵斥为臆造,为和王分担诽谤,实际上是为和王消除诽谤。不料保管仓库的低级官吏能出现这样见识高明的人,然而姓名不显扬,他大概是任职隐名一类的人吧!

卷三　伟度

【原文】

置一器于此，受一斗者，加升焉则溢矣；受一石者，加斗焉则溢矣。黄河之大，泰山之高，何所不受哉？度量之于人，亦若是也已矣。《传》曰："川泽纳污，山薮藏疾。"《书》曰："实能容之。"不有伟度，何称伟人？编其事于左。

宋太祖既得天下，赵普屡以微时所不惬者言之，欲潜加害。上曰："不可。若尘埃中总教识天子宰相，则人皆物色之矣。"自后普不复言。

悫庭曰：责备则有隙必乘，原情则无憾弗释，故旧怨难忘，适见襟期之不广，赵普有焉。前愆可恕，斯征度量之独宏，宋祖尚也。

【译文】

放置一件器物在这里，容纳一斗的，在里面加上一升就溢出了；容纳一石的，在里面加上一斗就溢出了。黄河那么大，泰山那么高，什么不能容纳呢？度量对于人，也像是这样罢了。《左传》说："江河湖泊里容纳污泥浊水，深山密林里隐藏毒虫猛兽。"《尚书》说："内心能够容纳他。"没有宏大的度量，哪里称得上伟大的人物？编辑这类事情在后面。

宋太祖既已取得天下，赵普多次对太祖谈起卑贱时不称心的人，想暗中加害他们。皇上说："不可以。如果尘世中全让人们认出天子宰相，那么人们都要访求这样的人物了。"从此以后赵普不再说起。

悫庭说：求全责备就会一有嫌隙必定利用，推究本情就会没有怨恨不能消除，所以旧有怨恨难以忘怀，正好表现出胸怀的不宽广，赵普就有这种缺点。以前的过失可以宽恕，这表明度量特别宽广，宋太祖高明了。

【原文】

宋元丰六年冬祀，群臣导驾即进辇。辇中忘设衾褥，遽取未至。上觉之，乃指顾问他事，少选褥至，遂升辇，官吏得以无事。

悫庭曰：语有云："不聪不明，不得为王；不瞽不聋，不能为公。"神宗殆兼为公之道为王矣，而要其故为聋瞽处，正其善用聪明处。向使显觉之而曲原之，顾恐未足以警后，是惟若为不察也者，而我因得以行其宽，而人亦未尝不知警。孰谓浑厚之与精明，不交相为济而能成一人之大度者哉？

宋吕文穆公问诸子曰："我为相，外议如何？"对曰："大人为相，四方清宁，惟人言无能为事，权多属同列。"公曰："我诚无能，但有一能，能用人耳。"

悫庭曰：为相论度不论才，休休有容，所以能保我子孙黎民也。王荆公辈，正坐不能容物；不能容物，则不欲以事权假人；不以事权假人，则必不安于无能为，而岸然果于自任，天下从此多事矣。吕文穆不自用而用人，其曰"但有一能"者，正天下所莫与争能者哉！故曰："好善优于天下。"

国学经典文库

资政秘典

·正经·

图文珍藏版

【译文】

宋元丰六年冬季祭祀,众位大臣们导引车驾近前请皇帝上车。车中忘记铺设被子和褥子,马上去取还没到来。皇帝察觉这事后,就指点顾盼询问其他事情,一会儿被褥到来,于是上车,官吏得以无事。

愚庭说:俗语说:"不耳聪不目明,不得做帝王;不装瞎不做聋,不能当公公。"神宗大概兼得为公公之法为帝王了,然而考察他故意装聋作瞎的地方,正是他善于使用聪明的地方。假使明显察觉这事然后曲加原谅他们,恐怕未必足以警示以后,这里只是装成没有察觉的样子,而在我因此得以表示我的宽容,而在别人也未曾就不知道警觉。谁说质朴厚重与精细明察,不是互相补充才能成就一个人的大度的呢?

宋朝的文穆公吕蒙正问他的各位儿子说:"我担任宰相,外界的舆论怎么样?"回答说:"大人担任宰相,天下太平,只是有人说没有能力做事,权力大多归于同僚。"吕公说:"我确实没有能力,只有一种能力,能用人罢了。"

愚庭说:担任宰相论度量不论才能,心地宽厚有所包含,所以能够保护我的子孙百姓。王荆公一类人正因为不能容人,不能容人就不想把权力授予人,不把权力授予人就必定不安于没有能力作为,因而高傲地当真自行其是,天下从此就多事了。吕文穆不自行其是而是任用别人,他说的"只有一种能力",正是天下没有人和他比能力的地方吧! 所以说:"乐闻善言有利于天下。"

【原文】

宋韩公琦帅定武,夜作书,令卒持烛,误燃公须。公以袖掩之,作书如故。少顷视其人,已易矣,恐主吏鞭卒,急呼曰:"勿易,我命剔灯,故致焚须。幸书不燃,何罪之有?"

韩公又尝以百金酬一玉盏,珍之。吏误碎于地,坐客惊愕,吏伏地待罪。公笑曰:"物破有定数,汝非有心也,奚罪?"

愚庭曰:须已焚,盏已碎,怒亦何补? 乃有发于不能自制者。惟韩公识量过人,直一眼觑破,故触处皆坦坦荡荡,非人遽能学也。学之者则有转一念法。一念维何? 曰:"书幸不焚",曰:"物有定数。"

宋太宗端拱初,孔守正拜殿前都虞候。一日侍宴北园,守正大醉,与王荣论边功,于驾前忿争失仪。侍臣请以属吏,上弗许。明日,俱诣殿堂请罪。上曰:"朕亦大醉,漫不复省。"

愚庭曰:汉朱虚侯以军令行酒,而遂杀逃酒者,折诸吕之势也。太宗于孔守正侍宴失仪,而谓"漫不复省"者,示人君之度也。君道之与臣道,相去远矣。臣则恩不可恃,而上下之辨,不敢不严;君则物无不容,而杯杓之间,不妨曲赏。

【译文】

宋朝的韩琦公统兵定武,夜里写信,命令士卒拿着蜡烛,误烧了韩公的胡须。韩公用袖子捂着胡子,写信跟原来一样。一会儿看那人,已经换了,恐怕主管的官吏鞭打士卒,急忙呼叫:"不要换,我命他拨动灯火,所以导致烧到胡须。幸亏信不曾烧到,有什么罪呢?"

韩公又曾经用百金的酬金换回一只玉饰的酒杯,十分珍爱它。吏卒失误摔碎在地上,座上的客人吃惊而发愣,吏卒趴在地上等待治罪。韩公笑着说:"物品破碎是有定数的,你又不是有意的,有什么罪?"

悫庭说:胡须已经烧了,杯子已经碎了,发怒又能弥补什么?竟有不能自我控制发怒的人。只有韩公识见与度量超过常人,只一眼就看穿,所以到处都坦坦荡荡,并不是人很快就能学到的。学习这样的人就要有改变一个念头的办法。一个念头是什么?说:"幸亏信不曾烧到",又说"物品自有定数"。

宋太宗端拱初年,孔守正官拜殿前都虞候。一天在北园陪同宴饮,孔守正大醉,和王荣谈论守边的功劳,在皇帝面前愤怒相争失去礼仪。侍奉廷臣请求把他交给主管官吏,皇帝不答应。第二天,一起到宫殿朝堂请求治罪。皇帝说:"朕也大醉了,模糊不再记得。"

悫庭说:汉代朱虚侯按照军令监督饮酒,因而杀掉逃酒的人,剪除诸吕的势力。太宗对孙守正陪同宴饮失去礼仪,却说"模糊不再记得"的做法,显示了君主的气度。为君之道和为臣之道,相差太远了。作为臣子那么君恩是不可倚仗的,然而君臣上下的区别,不敢不严格;作为国君那么任何事情无不包容,然而酒杯和勺子之间,不妨曲加宽免。

【原文】

宋真宗朝,王文正旦在中书,有事关送密院,事碍诏格。寇莱公在枢府,特以闻。上以责,文正拜谢引咎,堂吏皆遭责罚。不逾月,密院有事送中枢,亦违旧诏。堂吏得之,欣然呈于文正,止令送还密院。吏白寇公,寇公大惭。翌日见王,曰:"同年,甚得许大度量?"

悫庭曰:报必期复,有复还有报矣;复安避报,无报自无复矣。盖惟此中不设城府,则所在化为康庄。我诚以犯而不校者往,彼必以悔而思悛者来,岁莱公固亦贤者哉!

唐武后谓狄梁公曰:"卿在汝南有善政,然有谮卿者,欲知之乎?"谢曰:"陛下以为过,臣当改之;以为无过,臣之幸也。谮者乃不愿知。"后叹其为长者。

明白沙陈公甫访定山庄孔旸,庄携舟送之。中有一士人素滑稽,肆谈亵昵,甚无忌惮。定山怒不能忍,白沙则当其谈时,若不闻其声,及其既去,若不识其人。定山大服。

悫庭曰:恩不可不明,而怨不可明。狄公不愿知谮之之人,微特存心之厚也,盖意中一有其人,则一时便难化去,正不若空空洞洞,相忘于无事之为尤得耳。陈白沙之遇士人肆谈亵昵于舟中,亦同此处置,向非学问涵养之深,岂易臻此浑融地位?

【译文】

宋真宗时期,文正公王旦在中书省,有行文送到枢密院,行文违背诏令的格式。寇莱公在枢密院,特意把这件事上报。皇帝因此责备,王文正行拜礼感谢并归过失于自己,中书省的吏员都遭受了责备处罚。不过一个月,枢密院有行文送到中书省,也违反了旧有的诏令格式。中书省的吏员得到这个公文,高兴地呈交给王文正,只命令送还枢密院。吏员报告寇莱公,寇莱公非常惭愧。第二天,见到王文正,说:"同年进士,为什么修得这般大的度量?"

悫庭说:报必定期望复,有复还会有报了;复怎能避免报,没有报自然就没有复

345

了。大概这其中不设城池和府库,那么所到之地就会变成康庄大道。我确实用被触犯而不计较的态度去对待别人,他必定用后悔思改的态度来对待我,何况寇莱公本来也是个贤德的人呢!

唐朝武后对狄梁公说:"爱卿在汝南有好的政绩,但也有谗毁爱卿的人,想知道这个人吗?"谢罪说:"陛下您认为我有过错,臣下我应当改正;认为我没有过错,这是臣下我的幸运。谗毁我的人就不希望知道了。"武后赞叹他是个德高望重的人。

明朝白沙先生陈公甫拜访定山先生庄孔旸,庄孔旸用船送他。船上有一个读书人一向诙谐风趣,放肆谈论猥亵亲昵,一点儿也没有顾虑畏惧。庄定山愤怒地不能容忍,陈白沙却在他谈笑时,像没有听到他的声音,等他离去以后,又像不认识他这个人。庄定山非常佩服。

悫庭说:恩惠不能不明白,然而怨恨却不能明白。狄公不希望知道谗毁自己的人,不但存心仁厚,大概心中一旦有了那个人,那么一时就难以除掉,正不如空空洞洞,彼此相忘在无事发生更合适罢了。陈白沙遇到读书人在船上放肆谈论猥亵亲昵,也和这件事的处理方法一样,假如不是学问涵养的深厚,怎么容易达到这样融会不显露的地步?

【原文】

宋富郑公弼少时,人有骂者。或告之曰:"骂汝。"公曰:"恐骂他人。"又曰:"呼君名姓,岂骂他人耶?"公曰:"恐同姓名者。"骂者闻之大惭。

悫庭曰:人固有未尝骂之,而辄疑为骂者矣;即有不必指其名以骂之,而直认为骂之者矣。君子则反是,其度量之相越,岂不远哉?闻国朝娄东顾织帘居乡里,和易接物,从无疾言遽色。偶邻人夜醉,往詈其门,仆以告。曰:"彼自詈人,与我何涉?"醉者复呼名詈之,仆又以告。曰:"同名者多矣,何必我?"绝不为意。及邻人既醒,大惭,叩门谢罪。顾慰谕之,有加厚焉。一时感其盛德,相戒为善,或有微过,至不敢使之知。可知容人之度,不独自家受用,且可化及乡人。彼褊急者,徒自扰耳。事与郑公相类,因并记之。

明吴郡杨仲举禥,邻家搆舍,甬溜滴其庭,公不问。家人以为言,公曰:"晴日多,雨日少。"或又侵其址,公有"普天之下皆王土,再过些儿也不妨"之句。

悫庭曰:眼界宽,觉天下无不可顺受之境;胸襟旷,觉世间无足容计较之私。是凡失便宜处,转成得便宜处,其受用正尔无穷。

【译文】

宋朝的郑国公富弼年少时,别人有骂他的。有人告诉他说:"骂你。"郑国公说:"恐怕是骂别人。"又说:"叫着您的姓名,怎能是骂别人呢?"郑国公说:"恐怕是同名同姓的人。"骂的人听了这件事非常惭愧。

悫庭说:人本来就有不曾骂他,却总是怀疑是骂他的人了;就有不一定指着他的名字来骂他,却一直认为是骂他的人了。君子却与此相反,他们度量的相互差距,难道不是很远吗?听说本朝娄东的顾织帘住在乡里,温和平易与人交往,从来没有急遽地说话、严厉的脸色。碰上邻近的人夜里喝醉,到他家门骂他,仆人把这事告诉。他说:"他自己骂人,与我有什么关系?"喝醉的人又叫着他的名字骂他,仆人又把这事告诉。他说:"同名的人多了,为什么一定是我?"一点儿也不在意。等那个邻近的人酒醒后,非常惭愧,登门谢罪。顾织帘宽慰晓谕他,对他比以前更好。一时间被他的高尚品德所感动,相互告诫做善事,有的人有轻微的过失,到了不敢让他知道的地步。可以知道容人的度量,不但自己得到好处,而且可以感化到同乡的人。那些气量狭隘性情急躁的人,只是自我扰乱罢了。此事和郑国公相类似,于是一并记下来。

明朝吴郡的杨仲举杨翥,邻居盖房,水道流水滴落到他家庭院,杨公不过问。家人把这事对杨公说了,杨公说:"晴天多,雨天少。"有人又侵占他家的地方,杨公有"普天之下都是天子的土地,再占过一些儿也不碍事"的话。

悫庭说:眼界宽广,就会觉得天下没有不可以顺从地接受的处境;胸襟坦荡,就会感到世间没有值得需要计较的私事。这就是大凡失去便宜的地方,反倒变成得到便宜的地方,那种受益正是这样无穷无尽的。

【原文】

汉丙吉居相位,尚宽大。驭吏嗜酒,尝醉吐丞相车上。西曹主吏白欲斥之。吉曰:"以醉饱之失去士,使此人将复何所容? 西曹第忍之,此不过丞相车茵耳。"遂不去。

悫庭曰:按《汉书》,此吏习知边境事,后适出府,见驿骑驰书来至,知敌人云中、代郡,遽归白状,因曰:"恐所人边郡,二千石长吏有老病不任兵马者,可豫视。"吉如言,召东曹按边长吏,科条其人。未已,诏召丞相、御史,问敌所入郡吏,吉具对。御史大夫以不能逆知谴让,而吉见为忧边思职。吉乃叹曰:"士无不可容,能各有所长,向不先闻驭吏言,何劳勉之有?"余则谓丞相应早心识此吏,故不惜委曲优容。盖凡明察之人,断不肯贸贸焉为刻薄寡恩之事,而其安心刻薄者,必其糊涂到底者也。况以糊涂而好为刻薄,更令人侧足无地,其戾气感召,不特离志解体已也。吁可鉴哉!

唐开元初,张嘉贞为天兵军大使,入朝。有告其奢僭赃贿,按验无状。上欲反坐告者,嘉贞奏曰:"今若罪之,恐塞言路,使天下之事,无由上达。"其人遂得减死。上以嘉贞为忠,用为同平章事。

悫庭曰:张公为朝廷广辟言路,而不以私憾为嫌,洵乎其有相度矣。历按史鉴,南唐冯延巳在相位,为大理卿萧俨所劾。会俨坐失出人死罪,钟谟、李德明辈,欲置之死。延巳独上言:"俨有直声,今所坐已会赦,宜从宽宥。"俨由是得免。宋太祖将郭进,尝有军校诬讼其不法事。宋祖诘知其情,令进杀之。会北汉来伐,进曰:"汝敢论我,信有胆气。汝能掩杀敌兵,我即荐汝,如败可自投河东。"其人踊跃赴战,大致克捷,进即以闻迁其职。元耶律楚材任事,权贵不得志,燕京路长官咸得卜,激怒皇叔斡真,使奏楚材有异志。帝察其诬,逐其使者。已而咸得卜为人所诉,使楚材鞫治。楚材奏曰:"此人倨傲,故易招谤,今正有事南方,他日治之未晚也。"此三事与张嘉贞相似,为在上位者所难能,因备识之。

【译文】

汉朝丙吉身处丞相的职位,崇尚宽容大度。驾驭车马的役吏嗜爱喝酒,曾经吐在丞相车上。西曹的主管官吏上报此事想要斥退他。丙吉说:"因为酒食过度的过失就打发士人,让这个人又将去什么地方容身呢? 西曹暂时容忍他,这不过是丞相车的坐垫罢了。"于是没有叫他离去。

悫庭说:考察《汉书》记载,这位役吏十分了解边境的事情,以后正好从府第出来，看见乘马传递公文的人急速送信来到，得知敌人侵犯云中、代郡，赶紧回府报告情况，并说："恐怕所侵犯的边境郡邑，二千石长官有年老多病不能胜任战事的，可以预先审察。"丙吉按照他说的话，召集东曹考察边郡辅佐官吏，将他们的情况分类整理成条目。不久，皇帝下诏召集丞相、御史大夫，询问敌人所侵犯的边郡官吏的情况，丙吉详细对答。御史大夫因为不能事先了解情况受到责备，而丙吉却被认为是忧虑边患尽忠本职。丙吉于是感叹地说："士人没有不能包容的，才能各有所长，假如不事先听到驾驭车马的役吏的话，有什么慰问勉励呢？"我却认为丞相应当早就了解这位役吏，所以不惜迁就宽容。大概凡是明察的人，断然不肯轻率地做刻薄少恩的事情，而那些居心刻薄的人，必定是糊涂到底的人。何况因为糊涂而喜好做刻薄的事情，更让人侧转其足没有地方，他们被邪恶之气感召，不只是让人异心离散了。唉，可以借鉴啊！

唐朝开元初年，张嘉贞担任天兵军大使，入京谒见皇帝。有人诬告他奢侈逾礼贪赃纳贿，查验没有事实。皇帝想要把被诬告的罪名所应得的刑罚加在诬告人身上，张嘉贞上奏说："现在如果给他定罪，恐怕要堵塞向朝廷进言的途径，使天下的事情，没有途径上达了。"那个人于是得以减免死刑。皇帝认为张嘉贞忠诚，任用他担任同平章事。

悫庭说：张公为朝廷广泛开辟进言的途径，而不把私人间的怨恨当作嫌疑，他确实具有宰相的度量了。周遍考察历史典籍，南唐冯延巳在宰相的职位，被大理卿萧俨所弹劾。正赶上萧俨犯了放过犯人的死罪，钟谟、李德明一类人，想把他置于死地。冯延巳却独自上言说："萧俨有正直的名声，现在他所犯的死罪已经赶上大赦，应当从宽赦免。"萧俨因此得以免死。宋太祖的大将郭进，曾经有军校诬告他有违法的事情。宋太祖询问了解到其中的真情，命令郭进把他杀了。正赶上北汉前来进犯，郭进说："你敢告我，确实具有胆量和勇气。你要能袭击敌军，我就推荐你，如果失败可以自己去投奔河东。"那个人踊跃参战，大获全胜。郭进当即上报皇帝提升了他的职务。元朝耶律楚材任职理事，权贵不得志，燕京路的长官咸得卜，故意激怒皇叔斡真，让他上奏耶律楚材有异心。皇帝察明其中的诬陷，驱逐了其使者。不久咸得卜被人所控告，派耶律楚材审理处治。耶律楚材上奏说："这个人傲慢不恭，所以容易招人毁谤，现在南方正有战事，日后治他的罪也不晚。"这三件事和张嘉贞相类似，为在显达职位的人所难以做到的，因此全部记载下来。

【原文】

唐娄师德宽厚清慎，犯而不校。狄仁杰之入相，师德实荐之，而仁杰不知，意颇轻之。太后问仁杰曰："师德贤乎？"对曰："不知。"又曰："师德知人乎？"对曰："未闻其知人也。"太后曰："朕之知卿，师德所荐也。"仁杰既出，叹曰："娄公盛德，我为其所包容久矣！"

悫庭曰：按《唐书·娄师德传》，师德为将相三十余年，恭勤朴忠，心无适莫。孽后临朝，酷吏残鸷，人多不免，而独能以功名终。梁公辅政，反周为唐，为当时第一勋德，而娄实荐之。史谓其深沉有度量，信矣。

宋王韶罢副枢，知鄂州。宴客，出家妓。座客张绩醉，挽妓，不前，将拥之。妓泣诉于韶，客皆失色。韶曰："出尔曹以娱宾，乃令客失欢。"命大杯罚妓，人服其量。

悫庭曰：挽妓而妓诉，主虽恕，客勿惭乎？特假令客失欢之罚作转关。所以为客地者，得此妙用，乃成此渊度。

【译文】

唐朝的娄师德宽容厚道、清廉谨慎，被触犯而不计较。狄仁杰入朝为宰相，娄师德实际上推荐了他，然而狄仁杰并不知道，心里特别看不起他。太后问狄仁杰说："师德贤能吗？"回答说："不知道。"又问："师德知人吗？"回答说："没有听说过他知人。"太后说："朕了解到你，是师德所举荐的。"仁杰出来以后，感叹道："娄公品德高尚，我被他所包容太久了。"

恳庭说：考察《唐书·娄师德传》，娄师德担任将相三十多年，恭敬勤勉朴实忠诚，心中没有对谁亲疏厚薄。邪恶的武后临朝理政，滥用刑法的官吏残酷凶猛，人们大多不免受害，然而他独能以功业和名声得以善终。梁国公辅佐治理政事，返周为唐，是当时第一功勋与德行，然而娄师德实际上举荐了他。史书说他深沉有度量，是真的了。

宋朝王韶解除枢密副使的职务，主持鄂州政事。宴请客人，请出家中的歌妓。在座的客人张绩喝醉，拉住歌妓，歌妓不肯向前，他将要拥抱歌妓。歌妓向王韶流泪诉说，客人都改变了神色。王韶说："请出你们这些人来娱乐宾客，竟然叫客人不高兴。"命人用大杯罚歌妓喝酒，人们都佩服他的度量。

恳庭说：拉住歌妓而歌妓诉说，主人虽然宽恕，客人就不感到惭愧吗？只是假借叫客人不高兴的惩罚作为转折的关键。用来作为招待客人的场所，掌握这神妙的作用，才成就这样渊深的气度。

【原文】

明徐文贞公阶归里，适海刚峰、蔡春台莅吴按其事，乡人多登门骂詈。文贞谕仆云："慎勿报复，譬之犬啮人，人亦啮犬耶？"口占云："昔年天子每称卿，今日烦君骂姓名。呼马呼牛俱是幻，黄花白酒且陶情。"

恳庭曰：人犬之喻，意尚有不平者然。然其若笑若骂，亦庄亦谐，适成语趣。为浅人说法，不如此不足以消其愤懑之气。

【译文】

明朝的文贞公徐阶回乡，正赶上海刚峰、蔡春台来吴地查办他的事，很多乡里人都登门骂他。徐文贞告诉仆人说："千万不要报复，这就像狗咬了人，人也去咬狗吗？"口占了一诗说："当年天子称我卿，今日烦君骂姓名。呼马呼牛都是影，黄花白酒将怡情。"

恳庭说：人和狗的比喻，是心中还有愤愤不平造成的。然而他的话又像是笑又

349

像是骂，又庄重又诙谐，正好形成话语的风趣。对识见短浅的人措辞，不这样就不能够消除他的抑郁烦闷之气。

卷四　慧力

【原文】

山鬼之伎俩有限，老僧之不见不闻无穷。非真无见闻也，此中有定慧焉，有定力焉。惟吾儒亦然，明理者不可惑以虚无，知命者不稍怵于利害。知者不惑，勇者不惧，知勇合，而慧力出其中矣。夷考古今纪载，择其言尤雅者著于篇。

魏文侯时，西门豹为邺令，会长老问民疾苦。长老曰："苦为河伯娶妇。邺三老、廷掾，常岁赋民钱数百万，用二三十万为河伯娶，与祝巫共分其余。当其时，巫行视人家女好者，云是当为河伯妇，即令洗浴，易新衣，治斋宫于河上，设绛帐床席，居女其中。卜日，浮之河，行数十里乃灭。俗语曰：'不为娶妇，水来漂溺。'人多持女远窜，故城中益空。"豹曰："及此时，幸来告我，亦欲往送。"至期，豹往会之河上。三老、官属、豪长者皆会，聚观者数千人。其大巫，老女子也，女弟子十余从其后。豹曰："呼河伯妇来。"既见，顾谓众曰："是女不佳，烦大巫妪为人报河伯，更求好女，后日送之。"即使吏卒共抱大巫妪投之河。有顷，曰："妪何久也？弟子趣之。"复投弟子一人。有顷，曰："弟子何久也？复使一人趣之。"凡投三弟子。豹曰："是皆女子，不能白事，烦三老为人白之。"复投三老。豹簪笔磬折，向河立待良久，傍观者皆惊恐。豹顾曰："巫妪、三老不还报，奈何？"复欲使廷掾与豪长者一人人趣之。皆叩头流血，色如死灰。豹曰："且俟须臾。"须臾，豹曰："廷掾起矣，河伯不娶妇也。"邺吏民大惊恐，自是不敢复言河伯娶妇。

悫庭曰：欲夺之，姑与之，即其人之道，治其人之身，而后其根永拔。按宋均著令："为唐后二山婆者，皆婆巫家，勿扰良民。"事以遂绝。较此更不恶而严。

悫庭又曰：大抵此等事，始于一人倡其说，又巧为征验，以妄相煽动，无知者遂为其所愚。迨至人人心中有其事，即有邪魅凭之以作祟而为祸福，所谓妖由人兴，非事之所必无者也。自非有定识定力，鲜不为其所动者。后世如乌将军、蒋侯神、五圣祠之事，大率类此。一经慧眼看破，夺矛反攻，彼邪物亦遽失其所凭而无能为厉，斯一时人心之惑顿解矣。观西门豹事，妙在声色不动，能使奸徒褫魄，自斩葛藤，可知醒世救俗，固不可不有作用。

【译文】

山中鬼魅的伎俩有限，年老的和尚看不到听不到的事情无穷。并不是真的没有看到听到，这里面有一定的智慧，有一定的力量。我们儒生也是这样，明察事理的人不能用虚无去迷惑，懂得天命的人对利害不会稍微害怕。有见识的人不会迷惑，勇敢的人不会畏惧，智勇双全，而智慧力量就从中产生了。考察从古到今的文字记录，选择其中语言特别高雅地写在本篇中。

魏文侯的时候，西门豹担任邺城的县令，会集老年人询问百姓感到痛苦的事情。老年人说："苦于给河伯娶媳妇。邺城的三老、廷掾，正常的年成要向老百姓征收赋税几百万钱，用二三十万给河伯娶媳妇，再和巫婆一起分掉剩下的钱。每当此时,巫婆巡视看到人家女孩漂亮的,说是应当作河伯的媳妇,当即叫她洗浴,换上新衣,在河边盖上斋戒的房子,张设绛色绸帐床席,让女孩住在里边。选择吉日,把它放在河面上,漂行几十里后就沉没了。俗话说:'不给娶媳妇,洪水来淹没。'人们大多带着女儿远远地逃走了,所以城里越来越空虚。"西门豹说:"等到了这个时候,希望来告诉我,我也想前去送行。"到了河伯娶亲的日子,西门豹到河边和大家相会。三老、官府属吏、豪绅都参加了,围观的有几千人。那个大巫婆,是个老女人,女弟子十多人跟在她身后。西门豹说:"叫河伯的媳妇过来。"看到以后,回头对众人说:"这个女孩长得不漂亮,烦劳大巫婆替我进去报告河伯,另外寻找漂亮的女孩子,后天送给他。"当即让胥吏与衙役一起抱起大巫婆把她扔到了河里。过了一会儿,西门豹说:"巫婆怎么去了这么久?弟子去催促她。"又把一个弟子扔进河里。过了一会儿,说:"弟子怎么去了这么久?再派一个人去催促她。"总共扔进河里三个弟子。西门豹说:"这几个都是女人,不能陈说事情,烦劳三老替我进去报告情况。"又把三老扔进了河里。西门豹头上插着笔,如磬一样弯着腰,面对河水站立等待很长时间,在旁边观看的人都惊吓恐惧。西门豹回过头来说:"巫婆、三老不回来报告,怎么办?"又要派廷掾和豪绅中的一个进去催促他们。他们都磕头流血,脸色像死灰一样。西门豹说:"暂且等一会儿。"过了一会儿,西门豹说:"廷掾起来了,河伯不娶媳妇了。"邺城的官吏和百姓十分惊恐,从此以后不敢再说给河伯娶媳妇了。

恚庭说:想要夺取它,姑且给予它,就用那个人对付别人的办法,返回来对付那个人自己,然后将其根基永远拔除。考察宋均下达命令:"为唐、后两座山神所娶的媳妇,都要从巫术人家中嫁娶,不要打扰善良的百姓。"嫁娶的事情于是断绝了。和此事相比更是不为恶声厉色而严厉。

恚庭又说:大概这类事,开始在于有一人提倡某种说法,又想方设法进行应验,以虚妄互相煽动,无知的人于是被他们愚弄。等到人人心中有了这回事,就有作祟害人的人依靠它来作怪从而给人灾殃与幸福,所说的妖怪是由人产生的,不是说事情一定是没有的。如果不是具有主见定力,很少有不被这类事情感动的。后代像乌将军、蒋侯神、五圣祠一类的事情,大体上和这事类似。一经被慧眼看穿,夺取长矛反击,那些妖邪之物也就失去其所凭依而不能为害,这一时人心的疑惑就顿时消除了。看西门豹这件事,妙在不动声色,能使奸邪之人夺去魂魄,自然就斩断了纠缠,可以知道唤醒世人、挽救时俗,本来就不能不有所作为。

【原文】

明嘉靖间,戚贤为归安县令。有萧总管祠,豪右欲诅有司,辄先赛庙。一日过之,值赛期,入庙中,列赛者阶下,谕之曰:"天久不雨,若能祷神得雨则善,不尔庙且毁,罪不赦也。"昇木偶置桥上,竟不雨,遂沉木偶如言。又数日,舟行,忽木偶自水跃入舟中,侍人失色走曰:"萧总管来,萧总管来。"贤复曰:"是未之焚也。"命系之,顾岸傍有社祠,别遣黠隶易服人祠,戒之曰:"伺水中人出,械以来。"已而果然。盖策知赛者贿没人为之也。

恚庭曰:赛庙以诅有司,乱之阶也。庙不可以不毁,昇其像而投之水,当矣。阅数日而忽跃入舟中,一任奸计之百出,而慧眼已早为觑破。使选软者处此,少有改容易虑,将反为之推波助澜。而被若辈瞒过,奸究何时而绝迹耶?

汉会稽多淫祠,民以一牛祭,巫祝赋敛受贿。太守第五伦到官,先禁绝之。掾吏皆谏,伦曰:"为政当信经,经云:'非其鬼而祭之,谄也。'律不当屠杀少齿,令鬼神有知,不妄饮食民间;使其无知,又何能祸人?"遂移书属县,晓谕百姓,不得有出门之祀,屠生辄行罚。民初恐怖,救之愈急。后遂断,亦无祸祟。

悫庭曰:本经义以正祀典,自是学有定力,故能不惑于祸福之说。尝读朱子之论,有云:"天有显道,厥类惟彰。人之祸福,皆其自取,未有不为善而以谄祷得福者也,未有不为恶而以守正得祸者也。自天子至于庶人,报本享亲皆有常典,牲器时日皆有常度,苟礼之所不载,即神之所不享。其或恍惚之间,如有影响,乃是心无所主,妄有忧疑,遂为巫祝妖人乘间投隙,以逞其奸欺诳惑之术。"旨哉斯论! 诚箴世之良规也。汉去圣未远,第五伦实先得我心者。

【译文】

明朝嘉靖年间,戚贤担任归安县令。有萧总管的祠堂,富豪大族想要诅咒官吏,就先在庙里举行祭神活动。有一天经过萧总管的祠堂,正赶上祭神的日期,就进入庙里,让祭神的人排列在阶下,告诉他们说:"天长久不下雨,如果能祈祷鬼神下雨就好了,不这样庙就将被拆毁,罪不可赦。"把木雕神像抬出来放在桥上,最终没有下雨,于是像他所说的把木雕神像沉到河里。又过了几天,船在行走中,木雕神像忽然从水里跳进船中,随从改变神色跑开说:"萧总管来了,萧总管来了。"戚贤又说:"这是没能把它烧掉。"命人把它捆起来,回头看到岸边有座土地庙,就另外派遣机敏的下级更换衣服进庙,告诫他说:"等到水里的人出来,就把他拘捕来。"一会儿果真如此。大概推测知道祭神的人贿赂潜水的人做出这件事。

悫庭说:借祭神活动来诅咒官吏,这是祸乱的途径。庙不可以不拆毁,抬起庙里的木雕神像而把它扔到水里,应当了。过了几天而木雕神像忽然跳进船里,听任奸邪的计谋层出不穷,然而慧眼已经早就看穿。假如让那些怯懦不前的人处理这件事,稍有改变神色、改变想法,就会反过来为他们助长声势。如果这些人欺瞒逃过,违法作乱的人什么时候才能绝迹呢?

汉代会稽郡淫祠众多,百姓常用一头牛去祭祀,巫祝乘机征收赋税接受贿赂。太守第五伦到任后,先下令禁止杜绝这种邪风。掾吏都劝谏,第五伦说:"执政的人应当相信经书,经书上说:'不是自己应该祭祀的鬼神却去祭祀他,这是谄媚。'按照律令规定不应当屠杀幼畜,假使鬼神有知,不会随意享受民间的供品;假使鬼神无知,又怎能降祸给人呢?"于是给所属各县发送公文,明白开导百姓,不能有出门的祭祀行动,屠杀生灵的就进行处罚。百姓起初很害怕,但对他们的禁令也越紧。后来于是断绝,也没有灾祸了。

悫庭说:依照经书的义理来端正祭祀的礼仪,自然是学有定力。所以能不迷惑于灾殃与幸福的说法。我曾经阅读朱熹的议论,有这样的话:"上天有明显的常理,它的法则应当显扬。人的灾殃与幸福,都是人自己招来的,没有不做好事却因为谄媚祈祷而得福的人,也没有不做坏事却因为坚守正道而得祸的人。从天子到一般老百姓,报答先人、孝敬父母都有一定的法则,祭祀的牲畜、器皿、时辰、日子都有固定的制度,如果礼书上没有记载,就是神不享用的。大概有时在心神不宁的时候,好像有影子和声响,这是心中没有什么主见,胡思乱想产生忧虑疑惧,于是被巫祝妖人乘机钻空子,从而施展他们虚伪欺诈、欺骗迷惑的法术。"这种论断美好啊! 的确是劝诫世人的有益规谏。汉代离圣人时代并不遥远,第五伦实在是先说出了我心里想说的话的人。

【原文】

明陆贞山粲所居,前有小庙,吴俗以礼五通神谓之五圣,亦曰五王。陆病甚,卜者谓五圣为祟,家人请祀之。陆怒曰:"天上有名为正神,爵称侯王,而挈母妻就人家饮食者乎?且胁诈取人财,人道所禁,何况乎神?此必山魅之类耳。今与神约,如能祸人,宜加某身。某三日不死,必毁其庙。"家人咸惧。至三日病稍间.陆乃命仆撤庙焚其像。陆竟无恙。

悫庭曰:《传》云:"神聪明正直,依人而行者也。"嗜饮食而作威福,则为淫昏之鬼矣。世传五通神为五行疹气,人之正气有亏,则疹气得中之而为祟。若其清明在躬,素无失德者,安得而祸之乎?陆公此举,与汤潜庵先生抚吴时,折毁上方山五圣祠,同一识力。

唐魏元忠未达时,一婢出汲方还,见老猿于厨下看火,婢惊白之。元忠徐曰:"猿悯我无人,为我执爨,甚善。"又常呼苍头未应,狗代呼之,又曰:"此孝顺狗也,乃能代我劳。"常独坐,有群鼠拱手立其前,又曰:"鼠饥,就我求食。"乃令食之。夜中,鸺鹠鸣其屋端,家人将弹之,又止之曰:"鸺鹠昼不见物,故夜飞。"后遂绝无怪。

悫庭曰:是谓见怪不怪,其怪自败。此公煞有定识,终不以至再至三见摇,故难。

【译文】

明代陆贞山陆粲所住的地方,前面有座小庙,吴地的风俗把他们礼拜的五通神称为五圣,也叫作五王。陆贞山病得很重,占卜的人说是五圣作怪,家里的人请求祭祀五通神。陆贞山发怒说:"天上有名号的才是正道之神,爵位称侯称王,难道是带着母亲妻子到人家去吃喝的人吗?而且以胁迫的手段骗取别人的钱财,这是为人之道所禁止的,何况是神呢?这一定是山中精怪一类的东西罢了。现在我和五通神约定,他如果能祸害人,就应当加到我的身上。我三天不死的话,一定拆毁他的庙。"家里人都很害怕。到第三天病情稍稍好转,陆贞山于是命令仆人拆除了庙,烧毁了庙里的神像。陆贞山最终没了疾病。

悫庭说:《左传》说:"神聪明正直,按照不同的人而办事。"贪图吃喝而且作威作福,就成为淫乱昏聩的鬼了。世上流传的五通神是五行所形成的病气,人的正气如有亏损,那么病气就能够进入而且作怪。倘若清明在身,一向没有失德的地方,怎么能够进入而又给他降祸呢?陆公这一举动,和汤潜庵先生在吴地做巡抚时,毁掉上方山的五圣祠堂,具有同样识别事物的能力。

唐朝的魏元忠没有显达的时候,一个婢女出去提水刚回来,看见老猿猴在厨房里给看火,婢女惊慌地报告这件事。魏元忠慢慢地说:"猿猴怜悯我没有人手,替我司管炊事,很好。"又曾经叫奴仆没有答应,狗就代替他叫呼,他又说:"这是条孝顺的狗,才能替我效劳。"曾经一个人坐着,有一群老鼠拱着手站在他的跟前,他又说:"老鼠饿了,找我来要食物。"就让它们吃食。夜间,鸺鹠在他家房顶上鸣叫,家人要用弹丸射它们,他又阻止他们说:"鸺鹠白天看不见东西,所以在夜里飞。"后来就没有怪现象了。

悫庭说:这就叫作见到怪异现象而不奇怪,那些怪异现象就自行消除了。此公的确有一套明确的见识,最终也不因为再二再三到来被动摇,所以难以冒犯。

【原文】

宋孔道辅知宁州,道士缮真武像,有蛇穿其前,数出近人,人以为神,州将欲视验上闻。公率其属往拜之,而蛇果出,公即举笏击杀之。州将以下皆大骇,已而又皆大服。

懿庭曰:真武像前蛇,当是道士豢养以惑众耳。何州将等群相信奉,而至欲上闻耶?举笏击杀,省却无数纠纷,正与斩蛇当道,均为千古快事。

唐时政事堂有会食案,相传移之则宰臣当罢,不迁者五十年。李公吉甫曰:"朝夕论道之所,岂可使朽蠹之物秽而不除?俗言拘忌,何足听也?"遂撤而焚之,其下锄去积壤十四畚。议者伟焉。

懿庭曰:中书出政之地,秽而不除,何以肃体制而昭示百官?忠懿此举,极得大体。前执政之拘牵禁忌,因循成习者,何其陋也!

【译文】

宋朝的孔道辅主持宁州政事,道士修复了真武的神像,有蛇穿过它的前面,多次出来接近人,人们把它当作神灵,州将打算察验向朝廷呈报。孔公率领他的手下前去礼拜它,而蛇果然出来,孔公当即举起笏板把它打死。州将以下的人都十分惊骇,旋即又都十分佩服。

懿庭说:真武神像前的蛇,应当是道士驯养来迷惑众人罢了。为什么州将等众人共同信奉它,而达到想要向朝廷呈报的程度呢?孔公举起笏板打死它,省去无数纠纷,正和汉高祖斩杀挡路之蛇一样,都是千古令人感到痛快的事。

唐时的政事堂里有张相聚进食的桌子,相传如果移动它那么宰相当被罢免,不移动的时间达五十年。李吉甫说:"从早到晚谈论治国方法的地方,怎么可以让腐烂虫蛀的东西污秽着而不加以清除?民间流传的禁忌,哪里值得听从?"于是撤去桌子然后把它烧了,在它的下面锄出积年的脏土十四簸箕。议论这事的称其伟大。

懿庭说:中书省是政令制定的地方,污秽而不加以清除,怎么整肃体制从而昭示百官?忠懿的这一举动,十分符合大体。以前掌管国家政事的人拘泥于忌讳,因循成为习惯的做法,是多么的浅陋啊!

【原文】

宋范仲淹一日携子纯仁访民家。民舍有鼓为妖,坐未几,鼓自滚至庭,盘旋不已,见者皆股栗。仲淹徐谓纯仁曰:"此鼓久不击,见好客至,故自来庭以寻槌耳。"令纯仁削槌以击之,其鼓立碎。

懿庭曰:春秋时,石言于晋,师旷曰:"石不能言,或凭焉!"鼓之盘旋,其亦有所凭而然耶!文正以谈笑处之,一击立碎,亦邪不干正之明验也已。

宋建隆三年五月,诏增修大内。时太岁在戌,司天监以兴作之禁,移有司,毋缮西北隅。艺祖按视见之,怒问所繇,司天以其书对。上曰:"东家之西,即西家之东,太岁果何居焉?使二家皆作,太岁且将谁凶?"司天不能答。于是即日苃撤一新之。

懿庭曰:"阴阳之家拘泥而多忌",此太史公语也。后世往往故为拘忌,而兴作不敢自由者,皆祸福之说有以怵之耳。太岁尤为阴阳家所最忌,司天移文,固是其职。艺祖以数语折之,遂乃莫能置对。大哉王言!直破千古梦梦。

【译文】

宋朝的范仲淹，有一天带着儿子纯仁访问老百姓家。百姓的房舍里有鼓成为妖物，坐了没一会儿，鼓自动滚到了厅堂，旋转不停，看见的人都大腿发抖。范仲淹慢慢地对纯仁说："这个鼓好久没有击打了，看见嘉宾到来，所以自己来到厅堂寻找鼓槌罢了。"命令纯仁削支鼓槌去击打它，那个鼓立刻就碎了。

悫庭说：春秋时，石头在晋国说话，师旷说："石头本身不能说话，有什么凭借着它吧！"鼓的旋转，大概也有什么凭借才这样的吧！文正公以谈笑的方式处置它，一敲击立刻就碎了，也是邪不犯正的明显的证验。

宋朝建隆三年五月，皇帝下诏扩建皇宫。当时太岁在戌的方向，司天监认为这是兴建的禁忌，向有关部门移交公文，请求不要修缮西北角。艺祖巡视看到后，气愤地责问这样做的原因，司天以司天监的公文对答。皇上说："东家的西边，就是西家的东边，太岁究竟居于哪里？假如两家都兴建，太岁将要给谁家降祸？"司天不能回答。因此当日立即拆除全部更新了西北角。

悫庭说："阴阳家拘泥而多忌讳"，这是太史公的话。后代的人往往故意制作避忌的事物，因而兴建不敢随意的原因，都是灾殃与幸福的说法使人有所害怕罢了。太岁尤其是阴阳家所最忌讳的，司天移交公文，本来就是他的职责。艺祖用几句话就使他们折服了，于是不能答对。君王的言语伟大啊！直接击破千古的昏乱不明。

【原文】

唐傅弈不信佛法，有僧善咒，能死生人，上试之有验。傅弈曰："僧若有灵，宜令咒臣。"僧奉敕咒弈，弈无恙，而僧忽仆。

悫庭曰：咒术果灵，一左道僧人耳，亦不应引置朝端。其偶验者，必其人之命适当绝也，岂能加于正直之士？弈请以身当之，而咒人者，转复自毙，快哉！

后唐明宗时，有僧游西城，得佛牙以献。明宗以示大臣。学士赵凤进曰："世传佛牙水火不能伤，请验其真伪。"即举斧击之，应手而碎。时宫中施物已及数千，赖碎而止。

悫庭曰：韩昌黎《佛骨表》，"投诸水火"诸语，议论正大，适激上怒。而赵公以佯验真伪，举斧击碎，俾上无以罪我，而奸僧自莫由售其欺诈矣。此君饶有机智。

【译文】

唐朝的傅弈不相信佛教教义，有个僧人擅长咒语，能使活人死去，皇上试过很有灵验。傅弈说："僧人如果有灵验，应该让他咒我。"僧人奉皇上的命令咒傅弈，傅弈无恙，然而僧人忽然向前跌倒。

悫庭说：咒术果真灵验，不过是一个邪门旁道的僧人罢了，也不应该把他带进朝廷。那偶然应验的，一定是某个人的命正好该死了，怎么能加害到正直人士？傅弈请求以自身试验，然而咒人的人，反而自行仆倒，痛快啊！

后唐明宗时，有个僧人云游西域，得到佛牙把它呈献。明宗拿着给大臣看。学士赵凤进谏说："世上传说佛牙水火不能伤害，请试验它的真伪。"立即举行起斧子击打它，随手就碎了。当时宫中施舍物品已经达到几千件，依赖佛牙碎了才停止。

愍庭说:韩昌黎的《佛骨表》,"投到水里火里"等话,议论雅正宏大,正好激起皇上发怒。然而赵公却用假装试验真伪,举起斧子击碎了它,使得皇上没有办法怪罪我,因而奸邪的僧人自然没有途径来施展他的欺诈了。这位真富有机敏聪慧。

【原文】

宋南山僧舍有石佛,岁传其首放光,远近男女聚观,昼夜杂处,为政者畏其神,莫敢禁止。程子颢始至,诘其僧曰:"吾闻石佛岁现光,有诸?"曰:"然。"戒曰:"俟复见,必先白吾,职事不能往,当取其首就观之。"自是不复有光矣。

愍庭曰:石何由有光,民听滥也。下令欲取其首,而虚诳之徒不禁而自戢,较之簪笔磬折者,更为光明正大。

宋苏文忠公知扬州,一夕梦在山林间见一虎来噬。公方惊怖,一紫袍黄冠者,以袖障公,叱虎使去。及旦,有道士投谒曰:"昨夜不惊畏否?"公叱曰:"竖子乃敢尔,正欲杖汝脊。吾岂不知汝夜来术邪?"道士惶骇而走。

愍庭曰:梦生于因,无因致梦,而羽士突如其来,此无疑其惑人之术也,一语道破,彼能不望而却走耶?闻昔王文成微时,有妖道以术炫众,众信奉之,公独不为礼。比夜,忽有公差数人,排闼直入。公方读书,知妖道所为,遽挥之,其人应手而倒,乃剪纸所为也。先生戏取藏之书中。翌日,道士叩首请罪,自是远遁去。事与坡公相似,皆先以术试之,稍有隙,即乘之而人矣。两公惟见得透,故信得坚,而不为所动。彼世之惊畏之者,直自堕其术而不觉耳。

愍庭又曰:人以妖术惑人,人即妖矣,我已洞烛其奸,何弗拔去根株,绝其流毒。文成以微时听其远遁,犹曰:"事权不属,无能为耳。"若坡公守扬州,势处得为,而任其骇走,置不复问,是宁免以邻国为壑?抑公当日亦曾有术以处此,而未尝轻纵乎?

【译文】

宋朝南山僧人住处有尊石佛,传说它的头顶每年放出光芒,远方和近处的男女群聚观看,白日和黑夜混杂共处,处理政事的人畏惧它的神灵,不敢禁止。程颢刚到,就诘问那僧人说:"我听说石佛每年出现光芒,有这回事吗?"僧人说:"是这样。"程子告诫说:"等到再现光时,一定要先来报告我,因职务之事不能前去的话,应当取来它的头就近观看。"从此不再有光了。

愍庭说:石头怎么能有光,民众的听闻虚妄不实。下令要取它的头,从而欺骗之徒不用禁止就自行收敛了,比插笔于冠、如磬弯腰的人,更是光明正大。

宋朝的苏文忠公主持扬州政务时,一天晚上梦到自己在山林里看见一个老虎来咬他。苏公正在惊恐,一个穿着紫袍戴着黄帽的人,用袖子挡着苏公,呵斥老虎使它离去。等到早晨,有个道士投递名帖求见说:"昨天夜里不惊慌害怕吗?"苏公呵斥说:"你小子竟敢这样,正想要用棍子打你的背。我难道不知道你夜里来搞邪术吗?"道士惊骇而逃走了。

愍庭说:梦产生于原因,没有原因产生梦,然而道士突然来到,这无疑是他迷惑人的法术,一句话说穿,他能不望见就退走吗?听说从前王文成卑贱时,有个妖道用法术迷惑众人,众人信奉他,王公唯独不礼拜他。等到夜里,忽然有公差数人,推门直接进入。王公正在读书,知道这是妖道所为,赶快驱赶他们,那些人随手而倒下,原来是剪纸做成的。先生戏弄着捡起来把它藏在书里。第二天,道士磕头请罪,从此逃往远处去了。事情与东坡公相类似,都是先用法术试探人,稍有空隙,就乘虚而入了。两公只是看得透彻,所以信得坚定,因而不被妖术所动。世上那些惊慌害怕妖术的人,只是自己掉进了他们的法术却不觉悟罢了。

愙庭又说:有人用妖术迷惑他人,这样的人就是妖了,我已经洞察到其奸恶,何不拔掉根基,杜绝其流毒。文成公在卑贱时听任其逃往远处,还说:"权力不在我手,无能为力罢了。"至于东坡公担任扬州太守,权力正处在有所作为的时候,然而听任其惊骇逃走,搁置不再过问,这是宁可免去自己灾祸而把它推给别人呢? 还是东坡公当日也曾经有方法来处理这事,因而不曾轻易放走他了呢?

【原文】

梁钱元懿牧新定,一日间里间辄数火起,居民颇忧恐。有巫杨妪因之,遂兴妖言曰:"某所复当火。"皆如其言,民由是竞祷之。元懿谓左右曰:"火如巫言,巫为火也。"乃斩媪于市,自此火遂息。

愙庭曰:巫言火而即知火之出于巫,其明敏与坡公相似,乃东坡则逐而不问,元懿则斩以示徇。盖道士以梦怵人,而女巫则以火肆虐,为祸更烈。斩徇于市,孽不可活也。

明季,京师闾阎多信女巫。有武人陈五者,厌其家崇信之笃,莫能禁。一日,含青李于腮,绐家人疮瘇,痛甚,不食而卧者竟日,其妻忧甚,召女巫治之。巫降,谓五所患是名疔疮,以其素不敬神,神不与救。家人罗拜恳祈,然后许之。五佯作呻吟甚急,语家人云:"必得神师人视救我乃可。"巫入按视,五乃从容吐青李视之,捽巫批其颊,而叱之门外,自此家人无信巫者。

愙庭曰:师巫邪说,妇女酷信者多,禁之不易禁也。以诡疾破诡道,令家人辈蹶然一笑,自翻然愧悔矣。武人中顾有具此慧心慧力者,安用毛锥?

【译文】

后梁的钱元懿主持新定政务时,一天里巷一会儿就有数次火灾发生,居民很是忧愁恐惧。有个巫师杨老太婆利用这个时机,于是放出妖言:"某个地方还应着火。"都像她说的那样,百姓因此争相向她祈祷。钱元懿对身边的人说:"着火如同巫婆所说,那就是巫婆放的火。"于是在集市上把巫婆斩首,从此火就熄灭了。

愙庭说:巫婆谈论火灾因而就知道火灾是出于巫婆,其聪明机敏和东坡公相似,可是东坡却驱逐道士而不再过问,钱元懿则将巫婆斩首示众。大概道士是用梦幻让人害怕,而女巫却用火灾恣意破坏,造成的灾祸更为惨烈。在集市上将她斩首示众,是罪孽不能再让她活着。

明朝末年,京城里巷多数人相信女巫。有个叫陈五的武人,嫌他的家人尊崇信奉的虔诚,但不能禁止。有一天,他含青李放在腮帮,欺诳家人说是疮肿,痛得厉

害,不吃饭躺卧了整整一天,他的妻子非常担忧,召来女巫给他治病。巫婆来临,说陈五所得的是有名的恶性小疮,因为他一向不敬神,神不让救治。家人环绕下拜祈求,这样以后女巫才答应了。陈五假装呻吟得很厉害,对家人说:"一定要神师进来看看救我才行。"女巫进去查看,陈五才从容地吐出青李让女巫看,揪住女巫打她耳光,而且把她大声呵斥到门外。从此以后家人没有相信巫术的。

悫庭说:巫师的邪恶言论,妇女深信不疑的人很多,禁止她们是不容易禁止的。用诡称有病破除诡诈的手段,让家人们辗然一笑,自然很快地惭愧懊悔了。武人中反而具有这样慧心慧力的人,哪里还用得着毛笔呢?

义帙

【题解】

"义"是中国古代又一种含义极广的道德范畴,本指公正、合理的道德、道理或行为。它最早由孔子提出。后成为儒家最高的道德标准之一,与"仁""礼""智""信"合称为"五常"。

作者在本帙设立《仁方》《政术》《粒民》《折狱》四篇,从施行仁道的方法与途径、治理国家的权术和计谋、为官理政的责任和技巧、判案决狱的微妙和机智四个方面,选取了一些与此相关的历史故事,进行了评述,其中有不少的真知灼见。这些有关清代以前事例的客观记述,为我们了解中国古代政治、经济等方面的制度和政策,提供了宝贵的资料,如其中有关户籍和税制等记载,对认识古代经济政策是大有裨益的。将为官理政、判案决狱等故事汇集在一起,对启迪我们的智慧也有重要作用。

卷五　仁方

【原文】

韩子曰:"博爱之谓仁。"然四海大矣,万民众矣,博施济众,尧舜其犹病诸。闻之程子:"一命之士,苟存心于爱物,于人必有所济。"可谓仁之方也已。

晋陶渊明为彭泽令,不以家累自随,送一力给其子。书曰:"汝旦夕之费,自给为难,今遣此力助汝薪水之劳。此亦人子也,可善遇之。"

悫庭曰:仁民爱物,端自近始。臧获虽贱,徒以饥寒之故,来投托命耳。既用其力,自当恤其身。世俗不察,以其下贱,操之如束湿,践之如犬马,独不思彼亦父母之体,其堪恣我暴戾耶?"此亦人子"一语,仁者之言蔼如也。

【译文】

韩子说:"广泛地爱一切人称之为仁。"然而四海广大,人民众多,普遍施舍救助众人,尧舜大概还将对此忧虑。听程子说过:"低微的官吏,如果心中怀有爱护万物,对人一定有所救济。"可以称为施行仁道的方法了。

晋代陶渊明担任彭泽县令,不让家属跟随自己,送一个仆人给他的儿子。写信说:"你每天的费用,自给有困难,现在派遣这个仆人帮助你解决打柴汲水的辛劳。这也是别人的儿子,要好好对待他。"

悫庭说:仁爱百姓、爱护万物,开端从近处的事做起。奴婢虽然卑贱,只是因为饥饿寒冷的缘故,才来投靠寄托性命罢了。既然使用他的劳力,自然应当体恤他的身体。世俗的人不体察这一点，因为他卑贱，操纵他如同捆缚湿物一样，践踏他如同狗马一样，唯独不想想他也是父母给予的身体，难道能任凭我残暴酷虐吗？"这也是别人的儿子"一句话，真是有德行之人和蔼可亲的话啊。

【原文】

唐元宗西幸，车驾自延英门出，杨国忠请由左藏库而去，从之。望见千余人持火炬以候，上驻跸曰："何用此为？"国忠对曰："请焚库积，无为盗守。"上敛容曰："盗至，若不得此，当敛于民，不如与之，无重困吾赤子也。"命撤火炬而后行。闻者皆感激流涕，迭相谓曰："吾君爱民如此，福未艾也。虽太王去邠，何以过此乎？"

悫庭曰：当去国之时，犹不忘爱民之计，可想见开元初政，足以系属民心，而终获还京，以副民望也夫。

悫庭又曰：杨国忠不欲留左藏库积以资盗，未为非计，乃明皇则惟重困赤子是虑，而宁为盗守，其度量之相越远矣。说者谓即此可见国忠曾不以民为念，宜其召怨而卒致杀身之祸也，洵哉！

唐肃宗宴于宫中，时有蕃将阿思布伏法，其妻配掖庭，因隶乐工。是日，为假官之长，上及侍宴者笑乐，政和公主独侥首不视。上问其故，公主曰："禁中乐工不少，何必须此人？使阿思布真逆人，其妻亦同刑人，不合迫至尊之座；果冤耶，岂忍使其妻与群优杂处为笑谑之具？妾深以为不可。"上亦悯恻，为之罢戏。

悫庭曰：不恤彼之辱，以恣吾乐。其习而安焉者，或正以罪无可原为说耳。公主即"刑人不宜迫至尊"一语勘破，舍日不然，则怜悯之心当有动于不能已者。是罪之固不可狎，而原之更不忍狎。上闻而罢戏，殆所谓法语之言，能无从乎？

【译文】

唐玄宗向西巡幸时，车驾从延英门出来，杨国忠请求经由左藏库离开，听从了他的意见。看到有一千多人拿着火把在等候，皇上停下车驾问道："用这些做什么？"杨国忠回答说："请焚烧库存物资，不要给敌寇留下。"皇上脸色严肃地说："敌寇来到，如果得不到这些财物，就会从百姓那里敛取，不如给了他们，不要让我的百姓加重困苦了。"命令撤去火把然后上路。听到这件事的人都感激流泪，相互传颂说："我们的君主这样爱护百姓，他的福分还没有享尽。即使是太王离开邠地，怎么能超过这样呢？"

悫庭说：当离开国都的时候，还不忘记爱护百姓的考虑，可以推想而知开元初年的政治，足以使人心归附，因而最终能够返回京城，来符合民众的愿望。

悫庭又说：杨国忠不想留下左藏库的积存去资助敌寇，也并非不是良策，可是唐明皇只考虑百姓将加重困苦，因而宁愿给敌寇留下，他们二人的度量相去太远了。评论的人认为就此可以看出杨国忠从来都不为百姓打算，他招来怨恨从而最终导致杀身大祸是应该的，的确这样啊！

唐肃宗在宫中宴饮，当时有蕃部将领阿思布依法被处死刑，他的妻子发配到掖庭，于是隶属于乐工。这一天，担任表演假官戏的主角，皇帝和侍宴的人欢笑取乐，政和公主独自低着头不看。皇帝问她其中的缘故，公主说："皇宫里的乐工不少，为什么一定需要这个人呢？假使阿思布真是叛逆的人，他的妻子也是一同刑的人，不应该接近至尊您的宝座；果真冤枉呢，怎么忍心让他的妻子和众多优人混杂在一起当作嬉笑戏谑的工具？妾认为极不合适。"皇帝也感到哀怜，为此而停止了演戏。

悫庭说：不体恤她的屈辱，来满足我们取乐。他们习惯并且安心于此的原因，或许正是把犯罪不可原谅当作借口罢了。公主只是"加刑的人不应该接近皇上"一句话把事情看破，不说这样做不对，那么怜悯的心情就应当冲动得不能控制。这些犯罪的人本来就不能戏弄，而宽宥他的罪过就更不忍心去戏弄了。皇帝听后因而停止了演戏，大概所说的是合乎礼法的言语，能不听从吗？

【原文】

宋熙宁中，新法方行，州县骚然。邵康节闲居林下，门生故旧仕宦者，皆欲投劾而归，以书问康节。答曰："正贤者所当尽力之时。新法固严，能宽一分，则民受一分之赐矣。投劾而去何益？"

悫庭曰：无偏可补，无弊可救，则曷需乎贤者？有偏勿补，有弊勿救，又安贵夫贤者？惟是偏而补之，弊而救之，苍生之望，吃紧在此。而苟力之有可尽，即为分之无可辞。投劾而归，自为善矣，如斯民何？康节先生独见其大觉，言下便有恫瘝在躬气象。

悫庭又曰：宽与猛常相须，一于宽与一于猛，其失则同。政所贵宽而有制也，而新法之猛，猛于朘民，是虐耳，而宁直猛焉？故此所谓宽亦直对虐说，非对猛说。正惟能一于宽，乃可少杀夫虐，纵不获悉反其所为，亦庶几姑去其已甚，是则仁人君子不得已之苦心。凡有民社责者，所宜随事体察，勿宝山空回可也。

宋庆历中，郎官吕觉者，勘公事回，因登对，自陈："衣绯已久，乞改章服。"仁宗曰："待别差遣，与卿换章服。不欲因鞫狱与人恩泽，虑刻薄之徒，望风希进，加入人罪耳。"

悫庭曰：朝廷之赏罚，天下之趋向系焉。以推勘蒙恩，必争以锻炼希宠，其流极有不忍言者。仁宗防微杜渐之意深矣。

【译文】

宋朝熙宁年间，新制定的法令刚刚实行，州县骚动不安起来。邵康节避人独居山林，门生旧友中为官的，都想呈递弹劾自己的状文而还乡，写信问康节。答复说："这正是有才德的人所应当尽力的时候。新制定的法令固然严苛，能放宽一分，那么老百姓就受到一分的好处了。呈递弹劾自己的状文去有什么用处？"

悫庭说：没有偏颇可以弥补，没有弊病可以挽救，又需要什么有才德的人？有偏颇不弥补，有弊病不挽救，又推崇什么有才德的人？只是有偏颇就弥补它，有弊病就挽救它，百姓的愿望，切中要害在这一点上。然而如果力量有可能尽到，就为百姓分担没有什么可推辞的。呈递弹劾自己的状文而还乡，对自己是好了，对百姓怎么样呢？康节先生独自表现出他的大觉悟，顿时便有关怀百姓疾苦在自己身上的气度。

悫庭又说：宽松和严猛往往互相依存，统一于宽松与统一于严猛，它的过失却是一样的。为政推崇的是宽松而有所节制,然而新制定的法令的严猛,猛在于剥削百姓,这是虐害罢了,岂止是严猛呢?所以这里所说的宽松也只是针对虐害说的,不是针对严猛说的。正是只能统一于宽松,才可以稍微减少虐害,纵然不能完全一反其所为,也差不多姑且去掉新制定的法令太过分的地方,这就是仁人君子不能不如此的良苦用心。凡是对百姓与社稷有责任心的人,所应该做的是根据所担任的职务体验观察民情,不要进入蕴藏宝物的山却空手出来就可以。

宋朝庆历年间,郎官吕觉,勘验审问罪犯回京后,乘上朝对答皇帝询问,自己陈述说:"穿绯色的官服已经很久了,请求改换成章服。"仁宗说:"等待另外派遣别人,再给爱卿换成章服。不想因为审理案件给人恩泽,是担心那些对犯人冷酷无情的人,听到风声希图仕进,加深犯人的罪名罢了。"

恝庭说:朝廷的赏罚,关系着天下人的归向。因为审讯犯人蒙受皇帝的恩泽,一定会争相罗织罪名陷人于罪希望取得宠爱,那些人特别有不忍心说出口的,仁宗防微杜渐的用意很深了。

【原文】

宋神宗朝韩绛议复刖刑。吕公著以为后世礼教未备,而刑狱繁,刖辟不可复,将有踊贵屦贱之议。王珪欲取开封死囚,试以劓刖。公曰:"刖而不死,则刖刑复矣。"议遂寝。

恝庭曰:死者不可复生,断者不可复属。刖刑之惨,使人欲自新而无由,古法之不可行于今者此也。汉文除刖刑,实三代后第一美政,韩绛议欲复之,不仁甚矣。夫三代盛时,德教振兴,民情敦朴,故狱讼简少,而犯者寡也。至后世人情日浇,法网亦日密,万一刖刑竟复,恐天下几无复全人矣。赖申国始终力持,其议得寝,人之阴受其福者,不亦多乎?

宋曹武惠王彬下江南,金陵受围凡三时,吴人樵采路绝。彬每缓师,冀李煜来归,使人谕之曰:"事势如此,所惜者一城生聚,若使归命,策之上也。"城垂克,彬忽称疾不视事,诸将来问。彬曰:"余疾非药石所能愈,惟须诸公诚心自誓,以克城日不妄杀一人,则自愈矣。"诸将许诺,共焚香而誓。明日城陷,李煜既归,凯旋人见,刺称:"奉敕江南斡事回。"其谦恭不伐又如此。

恝庭曰:须看其步步迟留,无非为民命起见。为将而不嗜杀人,允推曹王第一。闻昔南唐攻建州,故太傅章仔钧妻练氏居州城。城破其将以旧隶太傅麾下,蒙练恩,因遣使遗练金帛,且以一白旗授之曰:"吾将屠此城,夫人植旗于门,当戒士卒勿犯也。"练还金帛并旗曰:"将军幸思旧德,愿全此城之人。必欲屠之,有与众俱死耳,何忍独生?"将感其言,城中人得以保全。此足与武惠功德相埒,而练以女流,尤足愧虎而冠者。

【译文】

宋神宗时,韩绛提议恢复刖刑。吕公著认为后代的礼义教化尚未完备,而且刑罚繁多,刖刑不能恢复,将会有踊贵鞋贱的议论。王珪想要取消开封死囚,尝试着以劓刑、刖刑代替。吕公说:"受了刖刑而死不了,就是恢复刖刑了。"提议于是停止。

恝庭说:死去的人不能再生还,截断的肢体不能再恢复。刖刑的残酷,让人想要改过自新而没有门径,古代的法令不能实行到现在就是因为这一点。汉文帝除去剕刑,实在是三代以后的第一件好的政治措施,韩绛提议要恢复它,太没有仁德了。三代兴盛时,道德教化振兴,民情敦厚朴素,所以案件简单诉讼很少,而且犯法的人也少。到了后代人情日益浇薄,法网也日益严密,万一剕刑真要恢复了,恐怕天下几乎没有肢体齐全的人了。依赖申国公始终竭力坚持,恢复肉刑的提议才得以停止,人们在暗地里蒙受他的好处的,不是也很多吗?

宋朝的武惠王曹彬攻打江南,金陵共遭受围困三个季节,吴人打柴的路断。曹彬常常延期进军,希望李煜前来归顺,派人劝解他说:"形势已经这样,所痛惜的是一城的生命财产,如果能投诚,就是上策了。"城快要攻破了,曹彬忽然声称有病不能处理政事,诸位将领都来问候。曹彬说:"我的病不是药剂和砭石能够治愈的,只需要各位真心诚意自我发誓,在攻下城那天不乱杀一个人,就自然治愈了。"诸位将领答应了,并在一起烧香发誓。第二天城陷落,李煜归顺以后,曹彬凯旋入朝拜见皇帝,上书称:"奉诏去江南办事回朝。"他谦虚恭敬不自我夸耀又是这样。

悫庭说:要看他一步一步地停留,无非是为了老百姓的性命着想。作为将帅而不喜好杀戮,应当推许曹王为第一。听说以前南唐攻打建州,原太傅章仔钧的妻子练氏住在州城里。城被攻陷时南唐将领因为过去隶属太傅的部下,受过练氏的恩惠,因此派人送给练氏钱物,并且把一面白旗交给她说:"我将要屠杀此城军民,夫人把白旗立在门前,当告诫士兵不要侵犯。"练氏退还钱物和白旗说:"希望将军考虑旧有的恩德,但愿能保全此城之人。一定要屠杀他们,只有和众人一起去死罢了,怎么忍心独自活下来?"将领被她的话感动,城里的人得以保全。这足可以和武惠王的功业与德行相媲美,而练氏以一个女子之辈,尤其值得那些穿戴衣冠而凶暴如虎的人感到惭愧。

【原文】

宋蔡文忠公齐通判潍州,民有告某氏私刻税印,为奸利者十余年,踪迹连蔓至数百人。公叹曰:"尽利于民,民无所逃,是为政者之过也。"为缓其狱,得减死者十余人,余皆不问。潍人皆曰公德于我,使我自新为善。由是风化大行。

悫庭曰:利者人所同欲,专之自上,而作奸犯科者多矣,然后从而罗织之,是罔民也,焉有仁人在上而罔民者乎?缓狱灭死,而民皆改行自新,既不严刑以朘利,亦非废法以养奸。文忠公所为,遗爱在民,而卒为有宋名臣也。

悫庭又曰:宋王质通判苏州,州守王宗旦得盗铸钱百余人以付公。公曰:"事发无迹,何从得之?"宗旦曰:"吾以术钩致之。"公愀然曰:"仁人之政,以术钩人,置之死而又喜乎?"宗旦惭服,遂缓出其狱。按此则子野之用心,与蔡文忠相似,盖皆有得乎哀矜折狱之意,而以仁心为质者!宗旦即从事钩致,旋亦惭服而缓出其狱,犹为不失其本心者,因附志之。

明夏原吉天性宽平恺恺,无矫饰,人无识不识,皆谓吉君子长者。夜阅文书,抚案太息,笔欲下而止者再。夫人问之,吉曰:"我所批者,岁终大辟奏也。吾笔一下,死生决矣,是以惨沮而笔不忍下也。"

悫庭曰:欧阳公《泷冈阡表》载,崇公为吏时,尝夜烛治文书,屡废而叹。夫人问之,曰:"此死狱,我求其生不得尔。"夫人曰:"生可求乎?"曰:"求其生而不得,则死者与我皆无恨也,矧求而有得耶?以其有得,则知不求而死者有恨也。"意与此正同。曾子曰:"如得其情,则哀矜而勿喜。"若二公者,其殆庶几乎!

【译文】

宋朝的文忠公蔡齐在潍州任通判时，有人告发某氏私自雕刻验税的印章，非法牟利十多年，行为蔓延牵连到几百人。文忠公感叹说："谋取利益于民众，民众无法逃避，这是执政之人的过错。"为此宽缓其刑狱，得以减除死刑的有十余人，其他人不再追问。潍州人都说文忠公对我们有恩德，让我们改过自新做善事。从此风俗教化大大好转。

悫庭说：利益是人人都想得到的，集中利益来自上面，因而为非作歹、违法乱纪的人就多了，然后跟着无中生有地多方构陷，这是欺骗陷害百姓，哪有仁人在上位却欺骗陷害百姓的呢？宽缓刑狱减少死罪，因而百姓都改变行为、改过自新，既不用严厉的刑法来盘剥财利，也不废弛法律去纵容奸邪。文忠公的做法，遗留仁爱给百姓，因而最终成为宋朝的名臣。

悫庭又说：宋朝的王质在苏州任通判时，州守王宗旦抓到偷着铸钱的一百多人交给王公。王公说："事情暴露没有痕迹，从哪里抓到他们的？"王宗旦说："我是用手段诱捕他们的。"王公忧愁地说："仁人实施政务，用手段诱人，把人置于死地却还能高兴吗？"王宗旦羞愧而心服，于是从宽放他们出狱。考察这就是子野的用心，和蔡文忠相类似，大概都是有所领悟用怜悯的心情来判决诉讼案件的意图，因而以仁爱之心为本吧！王宗旦开始进行诱捕，随后又羞愧心服而且从宽放他们出狱，还算是没有失去他的天性，因此把这事附带记载下来。

明朝夏原吉天性宽仁公平、待人至诚，没有矫揉造作，不论认识他还是不认识他的人，都说夏原吉是个才德出众德高望重的人。夜里批阅文书，手拍桌子出声长叹，笔要落下而停止两次。夫人问他，夏原吉说："我所批阅的文书，是年终死刑的奏本。我的笔一落下，死生就决定了，因此忧伤沮丧而笔不忍心落下。"

悫庭说：欧阳公《泷冈阡表》记载，崇公做官时，曾经在夜里点着蜡烛批阅文书，屡次停下来叹息。夫人问他，他说："这是应判死刑的案件，我为他们寻找生路却找不到。"夫人说："生路能够寻找吗？"他说："为他们寻找生路如果找不到，那么被判死刑的人和我就都没有遗憾了，何况寻找而有得到生路的呢？因为他们有人得到生路那么我知道不为他们寻找的话，被处死的人是有遗憾的。"意思和这段文字正好相同。曾子说："假如能够审出罪犯的真情，就应当同情可怜他而不要自鸣得意。"像上述二公这样，大概差不多做到了吧！

【原文】

明宣德间，永丰贼既平，时有告富民与贼通者三百余人。布政陈智方赈饥，乃下令曰："苟无实，宜自来。"众悉诣官自白。智曰："果若人言，下诸吏鞫讯，尚能保家乎？今尔曹自赴官，若能出粟济饥，可转祸为福。"众稽颡，流涕，乞如命，得粟万余石，全活甚众。遂释不究。

悫庭曰：富为众怨所集，告与贼通，其中定有别情。不然富翁类顾惜身家，胡蹈不测以通贼者三百余人之多耶？陈公烛见其情，而正值赈务旁午之际，令其出粟自赎，既不开讦讼之门，即藉以活疮痍之命。一事而两善备焉，可谓一路福星。

叶南岩刺蒲时，有群哄者诉于州。一人流血被面，经重创，胸几裂，命且将尽。公见之恻然。时家有刀疮药，公即起入内，自捣药，令昇之幕廨，委一谨厚廨子及幕官曰："善视之，勿令伤风。此人死，汝辈责也。"其家人不令前。乃略加审核，收仇家于狱，而释其余。一友问其故，公曰："凡人争斗无好气。此人不即救，死矣。此人死，则偿命一人，寡人之妻，孤人之子，又干证连系，不止一人破家。此人愈，特一斗殴罪耳。且人情欲讼胜，虽骨肉甘心焉，吾所以不令其家人相近也。"未几伤者平，而讼遂息。

愚庭曰：刺史亲自捣药，以疗受伤之人，置伤人者而不详加审核，当时或有笑叶公为迂阔者矣。然息事宁人，多所全活，而民不知其为谁之赐。且"人情欲讼胜"数语，体贴入微，洵为千古听讼者未发之覆。苟非子谅性成，其用心岂能如此周至？《诗》曰："恺悌君子，民之父母。"其在斯乎！

【译文】

明朝宣德年间，永丰的贼乱平息后，当时有人告发富民和贼人交往的有三百多人。布政使陈智正在赈济灾民，于是下令说："如果不真实，应当自己前来。"富人们都到官府自我表白。陈智说："真的要像别人告发的那样，把你们交给官吏审问，还能保全自己的家庭吗？现在，你们这些人自己到官府来，如果能拿出粮食救济饥民，可以变祸为福。"富人们屈膝下拜以额触地，痛哭流涕，乞求依照命令行事，得到粮食一万多石，保全救活的人很多。于是把他们释放不再追究。

愚庭说：富人被众人怨恨所集结，告发他们和贼人交往，这里面一定有别的情况。不然的话富翁大都爱惜身家性命，为什么冒着危险来交往贼人的有三百人之多呢？陈公洞察到其中的隐情，然而正赶上赈济的事务纷繁之时，让他们拿出粮食自赎其罪，既不开控告诉讼之门，当时又靠他们救活了困苦民众的生命。做一件事却具备了两件善行，可以称得上是一路给大家带来幸福的人。

叶南岩担任蒲州刺史时，有一群打架的人告到州府。有一个人流血满面，受了重伤，胸几乎开裂，生命即将完结。叶公看到后感到哀怜。当时家中有刀疮药，叶公立即起身走入内室，亲自捣药，命令抬到幕府官署，委托一名恭谨朴实的官署子弟和幕府的官吏说："好好看护他，不要让他受了风。这个人要是死了，是你们的责任。"让他的家人不准靠前。于是简要地加以审查核实，把仇家收到牢狱，而释放了其他人。一个朋友问他原因，叶公说："凡是人们争夺斗殴都没有好气。这个人要不立即救助，就死了。这个人死了，就得有一个人抵命，使别人的妻子成了寡妇，使别人的儿子成为孤儿，再加上与讼案有关的证人相互牵连，不止一个人要毁灭家庭。这个人痊愈，只不过是一场斗殴罪罢了。况且人之常情都想诉讼取胜，即使是骨肉至亲也愿意牺牲，这就是我不让他的家人接近他的原因。"不久受伤的人没事了，诉讼于是平息。

愚庭说：刺史亲自捣药，来治疗受伤的人，把伤人的人置于一边而不详细加以审查核实，当时或许有人笑话叶公是个不切合实际的人了。然而平息事端安定民众，保全存活的人很多，而人们不知道这是谁的恩赐。况且"人之常情都想诉讼取胜"几句话，体贴入微，的确是千古听理诉讼的人没有揭示出来的隐微义旨。假如不是慈爱诚信天性养成，他的用心怎能这样周到？《诗经》说："和乐简易的君子，是百姓的父母。"大概就表现在这里吧！

【原文】

明吕叔简著《刑戒》九章：一曰"五不打"，谓老不打，幼不打，病不打，衣食不继不打，人打我不打。二曰"五莫轻打"，谓宗室莫轻打，官莫轻打，生员莫轻打，童生莫轻打,妇人莫轻打。三曰"五不就打",谓人急勿就打,人忿勿就打,人醉勿就打,人随远路勿就打,人跑来喘息勿就打。四曰"五且缓打",谓我怒且缓打,我醉且缓打,我病且缓打,我见不真且缓打,我不能处分且缓打。五曰"三莫又打",谓已拶莫又打,已夹莫又打,要枷莫又打。六曰"三怜不打",谓严寒酷暑怜不打,佳节良辰怜不打,人方伤心怜不打。七曰"三应打不打",谓尊长该打,与卑幼讼,不打;百姓该打,与衙役讼,不打;工役铺行为修理衙门及买办日用物,不打。八曰"三禁打",谓禁重杖打,禁后下打,禁佐贰非刑打。九曰"五禁甚于打",小事用夹棍甚于打,夜间用刑甚于打,决责不如法甚于打,滥禁淹禁甚于打,重罚甚于打。

悫庭曰:教笞不可废于家,扑责不可弛于国,是刑之不可已也审矣。夫可已而不已,则小人之过于忍;不可已而已,则君子之过于爱。惟君子时存不获已之心,以曲求得已之路,而遂似有不得不已之情,则吕氏《刑戒》其宪章也。

明吴兴沈万三,家富敌国,太祖欲杀之。马后谏曰:"彼虽富,然未尝为不法事,奈何以疑而杀之?"遂得免。后病剧,不肯服药,上强之。曰:"死生有命,虽扁鹊何益?使服药不瘳,陛下宁不以爱妾之故而杀诸医乎?"

悫庭曰:后性慈惠有大识,明祖以威武治天下,后常济之以宽仁,多所规益。当初渡江时,尝谓太祖曰:"今豪杰并争,未知天命所归。以妾观之,惟以不杀人为本,人心所归,即天命所在。"上深然之,尝以比唐之长孙皇后。即此二事以观,知其仁厚性生,乃至弥留之际,且虑及身后之妄杀。呜呼!虽唐长孙,洵何以加兹?

【译文】

明朝吕叔简著《刑戒》九章。一叫作"五不打",说的是年老的不打,年幼的不打,有病的不打,衣食接济不上的不打,别人打的我不打。二叫作"五不轻打",说的是皇族不轻打,做官的不轻打,生员不轻打,童生不轻打,妇女不轻打。三叫作"五不当下打",说的是犯人着急时不要当下打,犯人愤怒时不要当下打,犯人喝醉后不要当下打,犯人从远路押来不要当下打,犯人跑来喘息不要当下打。四叫作"五要慢打",说的是我发怒时要慢打,我喝醉时要慢打,我生病时要慢打,我看不真时要慢打,我不能处分时要慢打。五叫作"三不要又打",说的是已经受了拶指酷刑的不要又打,已经挨过夹棍的不要又打,要戴枷锁的不要又打。六叫作"三怜悯不打",说的是极冷的冬天和极热的夏天怜悯犯人不打,欢快的节日和美好的时辰怜悯犯人不打,犯人正伤心的时候怜悯他们而不打。七叫作"三该打不打",说的是尊长该打,和晚辈打官司的,不打;百姓该打,和衙役打官司的,不打;土木工程、店铺商行为了修理衙门及置办日用物品的,不打。八叫作"三禁打",说的是禁止用重棍打,禁止往人体下部打,禁止辅佐官员不按刑法打。九叫作"五禁超过打",小事动用夹棍超过打,夜里用刑超过打,杖责不按法令行事超过打,没有限度长久关押超过打,严厉惩罚超过打。

悫庭说:教训鞭笞在一个家庭里不能废除,杖击责罚在一个国家里不能解除,这是刑法不能停止使用已经清楚了。可以使用而不使用,那么小人就将过于忍心;不可以停止而停止,那么君子就将会过于爱惜。只有君子常常怀着不得不如此的心情,来设法寻求能够从宽处理的办法,因而就好像有了不得不停止使用的心情,那么吕氏的《刑戒》就是这方面的典章制度。

明朝吴兴的沈万三,家中财产多得可以和国家相匹敌,太祖想要杀了他。马后进谏说:"他虽然富有,然而未曾做不合法度的事,怎么能因为怀疑就杀了他?"于是沈万三得以幸免。后来马后病得厉害，但不肯吃药，皇帝强迫她吃。马后说："死和生都是命中注定的，即使是扁鹊又能有什么用？假使吃了药疾病不愈，陛下您难道不会因为爱妾我的缘故而杀掉医生们吗？"

悫庭说：马后性情仁爱有远大见识，明太祖用威武治理天下，马后常常用宽厚仁慈辅佐他，在很多地方规劝补益。当初渡江的时候，曾经对太祖说："如今豪杰一起争夺天下，不知道天命的归向。以妾看来，只有把不杀人作为根本，人心的归向，就是天命所在的地方。"皇帝认为她的话很对，曾经把她比作唐朝的长孙皇后。就这两件事来看，知道她的仁爱宽厚是天性生成，以至于在病重濒死的时候，还要考虑到死后的乱杀。唉！即使是唐朝的长孙皇后，确实又凭什么能超过她呢？

【原文】

明于令仪者，市井人也，长厚不忤物。晚年家颇丰富。一夕盗入其家，诸子擒之，乃邻子也。令仪曰："汝素寡悔，何苦而为盗耶？"曰："迫于贫耳。"问其所欲，曰："得十千足以衣食。"如其欲与之。既去，呼之，盗大恐，谓曰："汝贫甚，夜负钱以归，恐为人所诘。"留之至明使去。盗大感愧，卒为良民。

悫庭曰：一盗耳，委曲矜全如是。既征厚德，亦具苦心，非仁心为质者，岂易有此？安得以市井目之？

悫庭又曰：近太仓有胡半痴者，素有善行。一日夜归，遇贼入其室，乃所识卖菜佣也。遽呼家人具酒食与之对饮，诘其何因作此。曰："无本。"因出千文与之，曰："汝将此善自贩易，可免饥寒矣。"其人急求去，且留之，曰："汝一贫汉，今携钱夜行，倘遇逻者见之，我钱反累若矣。"天明始麾之去。其人大感悔，卒为良民。胡之子名桂，今已登贤书。此与于事相类，因并记之，且以见报施之不爽云。

【译文】

明朝的于令仪，是市井中的人，恭谨宽厚不触犯人。年老之时家中十分充裕富厚。一天晚上小偷进入他的家，儿子们把小偷抓住，竟是邻居的儿子。于令仪说："你一向很少懊悔，何苦要做贼呢？"小偷说："迫于贫困罢了。"问他所想得到的，回答说："得到一万钱就完全可以吃穿。"于令仪按他想要的数目给了他。走了以后，又叫他回来，小偷非常恐惧，于令仪对他说："你太穷，夜里背钱回家，恐怕被人所追问。"留他到天明才让离去。小偷既感激又惭愧，终于成了一个安分守法的人。

悫庭说：只不过是一个小偷罢了，还要像这样委屈自己怜惜保全他。这既表现出深厚的恩德，也具有良苦的用心，如果不是以仁心为本的人，怎么轻易有这样的做法？又怎能用市井中的人看待他？

悫庭又说：近来太仓有个胡半痴，一向有美好的品行。一天夜里回家，碰到小偷进入他家的内室，竟是所认识的卖菜的佣工，赶紧呼家人准备酒饭和他对面喝酒，追问他什么原因做这种事。他说："没有本钱。"于是拿出一千文钱给他，说："你拿这些钱好好自己贩卖，可以免除饥饿寒冷了。"那个人急忙请求离去，胡半痴暂时留下他，说："你一个穷汉子，现在带着钱在夜里行走，倘或遇上巡察的看见你，我的钱反而连累你了。"天明才打发他离去。那个人大受触动而悔改，最终成为安分守法的人。胡半痴的儿子叫作胡桂，现在已经科举登第。这和于令仪的事相类似，因此一并记下来，并且用来让人们看到报应是没有差错的。

卷六　政术

【原文】

政有术乎？曰：有！徒善不足以为政，徒法不能以自行。苟无术，何有政？术者何？有心术以端其本，有学术以拓其用，夫然后因时因地因人，化而裁之，推而行之，庶有济乎？不然，祖宗之法，胥吏能言，乌在其为南面临之者哉？因撷囊轨，凡有关治要者著于篇。

宋刘器之初登第，与二同年谒李若谷，请问所以为政之目。曰："勤谨和缓。"一人应声曰："勤谨和既闻命矣，缓之一字，某所未闻。"李曰："何尝教贤缓不及事？且道世间甚事不因忙错了。"

悫庭曰：需为事贼，若之何以缓训也？此所谓缓，盖专为欲速者言。能无欲速，庶治不流于苟且，而民亦汔可小康。故昔赵豫遇讼，非急事每谕以明日来，时因有"松江太守明日来"之谣。盖讼者率一时之忿，经宿气平，或为和解，因而息者多矣。则缓字之诀，不但自不错，并可救人之错。又闻陆子静知荆门军，尝与僚属夜坐，有老者诉其子为群卒所杀，语甚急。陆判翌日至，僚属怪之。陆曰："子安知不在？"凌晨究问，其子故无恙也。夫象山之学，以捷得为宗，而莅政治事，乃复如许细心。然则世有鲁莽从事，动多舛错者，更何所藉口哉？

【译文】

从政有方法吗？回答说：有！只有善心不足来处理政事，只有法规不能来自己实行。假如没有方法，有什么政治呢？方法是什么呢？有心术来端正它的根本，有学问来拓展它的用途，然后根据时间、根据地点、根据人物，教化而加以裁节，推广而加以施行，或许有所帮助吧？不这样，祖宗的法规，官府小吏都能说出来，何必在于那些面南而坐统领天下的人呢？因此摘取以前的法规，凡是有关施政要领的记述在篇中。

宋朝的刘器之刚刚考中进士时，与两个同科考中的人去拜见李若谷，向他请教治理政事的看法。回答说："勤奋、谨慎、温和、缓慢。"一个人随着声音说道："勤奋、谨慎、温和已经听从了，对于'缓'这个字，我们从来没有听说过。"李若谷说："哪里是教你们缓慢不去办事呢？只是说世上好多事情不要因为匆忙而搞错了。"

悫庭说：迟疑是办理事情的危害，为什么要用"缓"字来教导呢？这里所说的缓，大概是专门针对急于求成的人说的。能够不急于求成，也许治理不流于草率，而百姓也差不多可以过上小康生活。因此从前赵豫遇到诉讼，不是急事总是告谕他们明天再来，当时于是有"松江太守明日来"的民谣。大概诉讼都是因为一时的愤怒，经过一夜心气就会平和，或许可以进行和解，因而平息的事多了。那么"缓"字的秘诀，不但使自己不出错误，还可以补救别人的错误。又听说陆九渊在总领荆门军的时候，曾经与他的属官夜里闲坐，有位老人控告他的儿子被一群士兵所杀害，说话很急切。陆九渊却评判要他明天再来，属官都感到奇怪。陆九渊说："他的儿子怎么就知道不在呢？"清早再查问，他的儿子本来好好的。象山的学派，以迅速领会为宗旨，然而当他们从政处理事情，竟然又像这样细心。既然这样那么世上有轻率办事、行动多出差错的人，再拿什么作为借口呢？

【原文】

宋时辇运卒有私质市者。上闻之，曰："倖门如鼠穴，何可尽塞？但去其尤者可也。篙工、楫师，有少贩鬻，第无妨公，不必究问。"吕蒙正对曰："水至清则无鱼，人至察则无徒。曹参不扰狱市者，以其能兼受善恶也，若穷之则奸慝无所容，故告以慎勿扰耳。"

悫庭曰：尽塞鼠穴，欲专利也；穷及狱市，望绝弊也。抑思兴一利，必有一弊，亦且除一弊，必又滋一弊。宋以宽政开基，故其君臣相与儆诫如此。昔闻明太祖尝游一废寺，戈戟外卫，而内无一僧，壁间画一布袋和尚，墨痕犹新，傍题偈曰："大千世界浩茫茫，收拾都将一袋藏。毕竟有收还有散，放宽些子又何妨？"帝索其人不得。时政尚严猛，故以此讽。可与蜂丈人语参观（蜂丈人事载《仁方》）。

明王阳明先生为政，务以元默化民。其知庐陵时，县庭宴然，民有讼者，亦不令人拘捕，但书一木牌付讼者，俾人随牌至而已。其不扰类如此。

悫庭曰："游心于澹，合气于漠，顺物自然，无所容私焉，而天下治矣。"此《庄子·应帝王》中语也。王公聪明盖世，故宜见地到此。彼本领不济者，反多自矜其智，自炫其才，日驱小民而奔走之，日取前规而更张之，殊不知上日劳，下日困矣，所谓天下本无事，庸人自扰之也。老子烹鲜之喻，柳子种树之说，父母斯民尚其三复之。

【译文】

宋代时运输的士卒有人私下在市场上抵押财物。皇上听说后，说道："奸邪小人晋身的门户就像是老鼠洞，哪里能够全都堵住呢？只要除掉其中特别突出的就可以。掌篙的船工、划船的船工，有少量的贩卖，只要不妨碍国家，就不必去追究查问。"吕蒙正回答说："水太清了就会没有鱼，人过于明察就会没有朋友。曹参不去干扰诉讼和市场交易，是因为他能够同时容纳好人和坏人，假如追查到底那么奸恶的人就会没有地方容身，所以告诉继任人千万不要去干扰他们罢了。"

悫庭说：把老鼠洞全部堵住，是想垄断厚利；对诉讼和市场交易追查到底，是希望除掉弊端。如果想要兴起一种利益，必定产生一种弊端，也就是除掉一种弊端，必定又会滋生另一种弊端。宋朝以为政宽大开创基业，所以其君臣能这样相互警戒。从前听说明太祖曾经游览一个废弃的寺庙，手拿戈戟的士兵在外面保卫，然而里面没有一个和尚，墙壁上画着一个布袋和尚，墨黑的痕迹还是新的，画旁题有一篇偈语说："大千世界浩茫茫，收拾都将一袋藏。毕竟有收还有散，放宽些子又何妨？"明太祖下令搜索画像题偈的人不能得到。当时为政崇尚严厉，因此用这篇偈语讽刺。这可以与蜂丈人的话对照察看（蜂丈人的事记载在《仁方》篇）。

明代的王阳明先生处理政务时，致力于用沉静无为教化百姓。他在庐陵任知县时，县衙门庭十分平静，有诉讼的百姓，也不命人拘留逮捕，只是写一块木牌交给诉讼的人，让被告人跟随着木牌到来罢了。他不扰民的做法都跟这一个样。

悫庭说："使内心处在淡泊中，使精神处于寂寞中，顺从物理自然而然，就没有地方容纳私心杂念了，从而天下就达到大治了。"这是《庄子·应帝王》一篇中的话。王公的聪明高出当代之上，所以他的见识应当达到这种地步。那些本领不如他的人，反而自我夸耀自己的聪明，自我吹嘘自己的才能，天天驱使百姓奔忙，常常取来前人的规范而加以变更，殊不知在上日益操劳，在下日益困乏了，这就是所说的天下本来没有变故,只是见识浅陋的人自我扰乱罢了。老子治国使民之道如同烹小鱼的比喻,柳宗元为官治民之道如同种树的方法,管理百姓的父母官还望再三加以思考。

【原文】

明朱胜知吴郡事,廉静寡欲,勤政爱人。尝曰:"吏书贪,吾词不付房;隶卒贪,吾不妄行杖;狱卒贪,吾不轻系囚。"

愙庭曰:廉而不明,无以止贪风;勤而不慎,亦无以绝弊窦。观此数语,固为政之善经,亦驭吏之良法。

愙庭又曰:为政无术,弊在权归胥吏,词不发房,杖不妄行,囚不轻系,充此以往,亦何事不可稍为变通以清弊源乎?

宋韩持国尝患在下者多欺,曰:"欺有三:有为利而欺者,则固可罪;有畏罪而欺者,在所恕;事有类欺者,在所察。"

愙庭曰:为政者使人不忍欺,上也;其次则明足以烛奸,而使之不敢欺。顾欺所由来,有迫于不得已,亦有蹈于不自主者,非原之隐曲之中,辨之行迹之外,而概曰欺也,则鲜有获免者矣。君子于此,不恃浑厚而恃精明。要之,君子精明处,正君子浑厚处。唯浑厚,故有所不忍不恕不察;唯精明,夫乃知恕所当恕,察所当察,是精明适所以全浑厚。彼惟欲使人之不我欺,而有犯必惩,不复暇致详者,其于精明、浑厚,不将两失之哉?故吾尝谓人患不厚,尤患不明,明而能厚,益见其明厚,而未明并伤其厚。御下者宜留意焉。

【译文】

明朝的朱胜主持吴郡政务时,廉洁清静节制欲望,勤于政事爱护百姓。曾经说过:"文书贪婪,我的讼词就不交到文书的房间;差役贪婪,我就不随意用杖责打;狱卒贪婪,我就不轻易捆绑囚犯。"

愙庭说:廉洁而不明察,就无法制止贪贿的风气;勤劳而不谨慎,也无法杜绝弊害的漏洞。从这几句话来看,确实是治理政事的好法则,也是控制役吏的好办法。

愙庭又说:治理政事没有方法,弊病在于权利落到小吏手中,讼词不发到书房中,杖打不任意使用,囚犯不轻易捆绑,将这些做法扩充开来,又有什么事情不能稍为变通来清除弊害的根源呢?

宋朝的韩持国曾经担心部属经常欺骗自己,说:"欺骗有三种情况:有为了利益而欺骗的,当然应该惩处;有畏惧罪行而欺骗的,在于有所宽恕;事情有类似欺骗的,在于有所明察。"

愙庭说:治理政事的人能做到让人不忍心欺骗,这是最好的;其次是明察足以照见邪恶作奸的人,从而让他不敢欺骗。考察一下欺骗的由来,有迫于不得已的,也有出于自己做不了主的,如果不能在难言之隐中推究,在行为之外辨别,而一概说是欺骗,就很少有人获得免除了。君子对于这种事情,不是依仗质朴厚重而是依仗精细明察。概要说来,君子精细明察的地方,正是君子质朴厚重的地方。只因为质朴厚重,所以在有的地方才不忍心不宽恕、不明察;只因为精细明察,才知道宽恕所应当宽恕的地方,明察所应当明察的地方,这是精细明察正好成全了质朴厚重的原因。如果只是想要让人不敢欺骗我,因而有所冒犯就必定加以惩治,不再抽空去了解详细实情的话,对于精细明察、质朴厚重来说,不是将要两方面都失去吗?因此我曾经认为人担心的是不厚重,尤其担心不能明察,如果明察而又能厚重,就更加显示他既能明察而又能厚重,因而未能明察一并伤害了他的厚重。驾驭部下的人是应该注意这个问题的。

【原文】

宋范文正公仲淹为参政,每取班簿,视监司不才者,一笔勾之,以次更易。富文忠公弼曰:"六丈则是一笔,焉知一家哭矣?"公曰:"一家哭,何如一路哭耶?"遂悉罢之。

悫庭曰:安民必先察吏,此政本所由清也。顾昔贤,又尝有以若辈去,若辈来,徒烦迎送而不轻于更易者,似与范公意旨相背驰。然文正所谓不才者,殆指监司之罔恤民瘼者言,试玩"一路哭"之语可见。盖古穷奇、浑敦之辈,《左传》亦止以不才子称,是正不容于明盛之世者也。若寻常供职之人,则弃其所短,录其所长,或加之训饬以成其材,或需之岁月以责其效。夫人才既不甚高下,而器使亦无容求备。范公素称长厚,岂有轻于弃置,而徒滋新故迎送之烦哉?且监司职司廉察,为吏民所表率,而乃颓惰阘冗,甚至植苞苴以自营其私,此而不黜则尤而效之者,且遍当路矣,其何以澄吏治而除民瘝?此公较量于一路一家之间,毅然举笔而不恤者也。然则两贤所云,虽相反而实相济。有察吏之责者,惟权衡于二者之中,而不失之纵,亦不失之苛,其庶几乎!

宋明镐为龙图阁直学士,知并州时,边任多纨绔子弟。镐乃取尤不职者杖之,疲软者皆自解去,遂奏择习事者守堡砦。军行,娼妇多从之。镐欲驱逐,恶伤士卒心,会有忿争杀娼妇者,吏执以白。镐曰:"彼来军中何邪?"纵去不治。娼妇皆散走。

悫庭曰:不驱之驱,真得个中三昧。

【译文】

宋朝文正公范仲淹担任参知政事时,常常取来登记官员姓名等级的名册审阅,看到监司中没有才能的人,就一笔将他的姓名勾掉了,按照名册次序改换官员。文忠公富弼对他说:"对您范六丈来说这只是一笔,哪里知道他们一家人会哭了?"范仲淹回答说:"一家人哭,怎么能比得上一路哭呢?"于是全都罢免了他们。

悫庭说:安定百姓一定首先要考察官吏,这是为政的根本,清明的来源。回顾历史上的贤能们,又曾经有人因为这些人离去,这些人到来,只是增加迎来送往而不轻易更换官员的,似乎与范文正公的意向背道而驰。然而范文正公所说的没有才干的人,大概是指监司中那些不体恤民众疾苦的人而说的,好好把玩"一路哭"的话就可以看出。大概古时候对穷奇、浑敦一类的凶恶的人,《左传》中也只以没有才干的人相称,这正是不容于昌明兴盛时代的人。倘若只是一般任职的人,就要抛开他的短处,发挥他的长处,或者加以教训诫勉来使他成才,或者需要一定时间来要求他取得成效。人的才能既然都相差不多,所以量材使用也就不应求全责备。范文正公向来以恭谨宽厚著称,哪里会轻易撤换官员,而无缘无故地增加送旧迎新的麻烦呢?况且监司主管考察,是官员和百姓的表率,如果自身就颓废懒惰庸碌低劣,甚至收受贿赂来自己营私,对这种人不加以罢免反而对其恶劣行为效仿的话,就将普遍都是掌握权力的人了,又怎么能澄清吏治而消除百姓的疾苦?这正是范文正公权衡一路和一家之间,毅然提笔除去他们名字而不顾惜的原因。然而两位

图文珍藏版

·正经·

贤人所说的话,虽然表面相反而实际上是相互补充的。有考察官吏责任的人,只有在这二者之中权衡,而不失于纵容,也不失于苛刻,大概就差不多了吧!

宋朝的明镐担任龙图阁直学士,兼任并州的地方官时,边境地区的任职大多是高贵人家的子弟。明镐于是选取特别不称职的人加以杖责,拖沓无能的人都自请解职离开了,于是奏请选择熟悉边事的人守堡寨。军队出发,许多妓女都跟随着。明镐想要驱逐她们,又担心伤士兵的心,正赶上发生愤怒相争杀害妓女的事,官吏抓住杀人者前来报告。明镐说:"那些妓女来军中干什么呢?"释放杀人者离去而没有惩治。妓女都四散奔逃了。

悫庭说:用不驱逐的办法达到了驱逐的目的,真正掌握了妓家的奥妙。

【原文】

后汉廉范,字叔度,为蜀郡太守。成都地迫屋狭,百姓夜作以供衣食,又禁火,覆蔽之,失火者日属。范放令夜作,但使储水。百姓皆悦而歌曰:"廉叔度,来何暮?不禁火,民安作。昔无襦,今五袴。"

悫庭曰:小民衣食之原,上不得而禁也。虑失火而禁夜作,此与防噎废食何异?叔度亦无奇术,不过因民之利,以阜其财,储火之备,以御其患而已。而来暮之歌,至今犹传颂人口,为政者盍审诸?

汉陈仲弓为太邱长,有劫贼杀财主,将往捕之。未至发所,道闻民有在草不收育子者,回车往治之。主簿曰:"贼大,宜先按讨。"仲弓曰:"盗杀财主,何如骨肉相残!"

悫庭曰:不先治劫贼,而先弃子者,杀人者死。盗已杀人,业当抵罪,即收捕少迟,要不虞其漏网。若在草不育,顷刻问系一命之死生,缓即无及,而又不可以杀人之罪罪之,则其祸更惨于劫杀矣。盖杀婴一事,伤天地之和,贼父子之性,其为害于人心风俗者,实非浅鲜。而小民无知,往往习为常事。为民父母者,忍坐视而不一救乎?仲弓处此,与邴吉不问斗殴而问牛喘事相类,可谓识政本矣。

【译文】

后汉时的廉范,字叔度,担任蜀郡太守。成都地方拥挤房屋狭窄,百姓夜间工作来供给衣食,却禁止夜里燃火,百姓只好掩盖起来,火灾天天接连不断发生。廉范废除禁令允许夜间工作,只是让家家都储备好水。百姓都高兴地唱道:"廉叔度,来得为什么这么晚?不禁止燃火,百姓安心夜里工作。过去没有短袄穿,今日都有五条裤。"

悫庭说:一般百姓衣食的来源,做官的不能加以禁止。忧虑发生火灾而禁止夜间工作,这与为了防止噎着而不吃饭有什么区别呢?廉叔度也没有特别的方法,只不过是顺从老百姓的利益,来增强他们的财富,储存防火的设施,来防御发生火灾罢了。而来得晚的歌谣,至今仍在人们的口中传扬称颂,治理政事的人对此为什么不加以审察呢?

汉朝陈仲弓担任太邱县长时,有强盗杀害了资财的主人,即将前去抓捕。还没有到达事发地点,路上听说有个刚刚分娩却不收养婴儿的人,回转其车前去处治。主簿说:"强盗事大,应当先去查验究治。"陈仲弓说:"强盗杀死资财的主人,怎能比得上骨肉相互残杀!"

悫庭说:不先去处治强盗,而先去处治遗弃婴儿的人,是因为杀人的人要判死罪。强盗已经杀人,早晚应当受到相应的处罚,只是拘捕稍微迟一些,关键是不忧虑他侥幸逃脱法网。如果分娩婴儿不加养育,顷刻之间就关系到一条命的死亡和生存,迟缓就来不及了,而且又不能够用杀人的罪责去给她定罪,那么她造成的祸害就比强盗杀人更加悲惨了。大概杀害婴儿这件事,妨碍天地的和谐,毁坏父子的人性,它对于人心风俗所造成的祸害,实在不是轻微的。然而百姓不明事理,往往习以为常事。当百姓父母官的人,忍心坐着观看不进行一次抢救吗?陈仲弓处理这件事情,与邴吉不过问争斗打架而去问牛因热而喘气的事相类似,可以说是懂得为政的根本了。

【原文】

《南史》齐高帝时,王敬则为吴兴守。郡旧多剽掠,敬则录得一偷,召其亲属于前,鞭之数十,使之长扫街路。久之,乃令举旧偷自代。诸偷恐为所识,皆逃走,境内以清。

悫庭曰:一郡之中,至罔不小大好草窃奸宄,诘之不可胜诘也。株连逮系,则波累者多矣。治一偷而境内以清,祛除奸慝之术,可云善哉!

悫庭又曰:令举旧偷以自代,或诬指良民,妄希免脱奈何?抑或利众偷之所有,藉此养奸,不为举首,又奈何?曰敬则之为此者,必更有道以制之,俾不致诬指而养奸也审矣。

明平湖陆太宰光祖,初为浚令,有富民枉坐重辟,相沿数年。官以其富,恐涉嫌疑,不敢为之白。陆至访实,即日破械出之,然后闻于上台。或曰:"此人素以富名,奈何骤出之?"陆曰:"但当问其事之枉不枉,不必问其家之富不富。果不枉,夷齐恐无生理;如枉,陶朱亦无死法。"

悫庭曰:法者天下之公器也。徇人之私而故出之,避己之嫌而故人之,皆戕法耳,其失政均也。君子亦平其政而已。陆公立言侃侃,允为持平之论。

【译文】

《南史》中记载齐高帝时,王敬则任吴兴太守。郡里原来抢劫掠夺的事情众多,王敬则抓到一名小偷,召集他的亲属到跟前,鞭打他几十下,让他长期打扫街道。过了很久,才命令他检举过去的小偷代替自己。小偷们怕被他所认出,都逃跑了,全郡境内得以安宁。

悫庭说:一郡之中,到了不分大小喜好掠夺盗窃、违法作乱的地步,查究都查究不过来。如果把牵连到的人全都逮捕起来,那么连累的人就多了。惩治一名小偷全郡之内得以安宁,除去奸恶行为的办法,可以说是好的吧!

悫庭又说:让他检举过去的小偷来代替自己,有时会无中生有地指控安分守法的百姓,企图免除罪罚该怎么办?或者是贪图小偷们所拥有的东西,借此机会纵容奸邪,不检举头目,又该怎么办?由于王敬则能采用这种办法,一定还有别的办法来牵制小偷,使他不至于无中生有地指控从而纵容奸邪是很清楚的了。

明朝平湖县的吏部尚书陆光祖,最初担任浚县县令,有富裕之民被冤枉判处死罪,递相延续几年。官吏因为他家富有,恐怕涉及嫌疑,不敢为他辩白。陆光祖到县察访实情后,当天就去掉枷锁放他出去,然后报告给上司。有人说:"这个人向来以富裕闻名,为什么马上放他出去?"陆光祖说:"只应当追究他的事情冤枉不冤枉,不必问他家里富裕不富裕。果真不冤枉,伯夷和叔齐恐怕也没有活下去的道理;假如冤枉,对陶朱公也没有判死刑的法律。"

悫庭说:法律是天下人共用的器具。顺从别人的私情从而故意放他出来,避免自己的嫌疑而故意抓他进去,都是歪曲法律罢了,他们失去了施政的公正。君子也不过是公正施政罢了。陆公提出见解理直气壮,实在是持守公平的言论。

卷七　粒民

【原文】

天生五材,人利赖焉。土爱稼穑,而金饥木穰火燠水淫,岁或不登,则粒食之道几穷,区画而泄注之,长民者之责也。夫民为邦本,食为民天。酌盈剂虚,良法具在,可勿亟讲欤?

汉宣帝时,大司农耿寿昌,请籴三辅宏农诸郡谷以供京师,又令边郡皆筑仓。以谷贱时增价而籴,谷贵时减价而粜,名曰"常平"。民甚便之。

悫庭曰:"常平"之法,始于李悝,以为谷甚贵伤民,甚贱伤农。善为国者,使民无伤而农甚劝,视岁上中下熟,上熟则籴三而舍一,中熟则籴二,下熟则籴一,价平则止。小饥则发下熟之所敛,中饥则发中熟之所敛,大饥则发上熟之所敛而粜之。虽有凶年,籴不贵而民不散。行之魏国,国以富强。耿寿昌亦师其法而行之耳,而民食於以充裕,斯诚救荒之善策。顾委之不得其人,且将丛奸而滋弊。故曰:"有治人,无治法。"

【译文】

天然生成金、木、水、火、土五种物质,人们依赖它们。土地是用来耕种和收获的,然而金少、木盛、火旺、水多,一年有时歉收,那么以谷物为食的方法将要穷尽,筹划而加以浇灌,就是为民官长的责任。民众是国家的根本,粮食是民众的上天。挹取满盈调剂空缺,良好的办法全部存在,能够不迅速讲说吗?

汉宣帝的时候,大司农耿寿昌,请求买进三辅地区弘农等郡的谷物来供应京城,又命令靠近边境的郡邑修建粮仓。当谷物便宜时就提高价格而买进谷物,当谷物涨价时就降低价格而卖出谷物,名字叫作"常平"。百姓对此感到十分便利。

悫庭说:"常平"的办法,开始于李悝,认为谷物价格太贵会妨碍百姓,太贱又会妨碍农耕。所以善于治理国家的人,使百姓不受妨碍从而使农耕得到鼓励,根据一年上中下的收成,上等收成年就买进百姓余粮三百石而留给百姓一百石,中等收成年就买进两百石,下等收成年就买进一百石,价格平抑就停止。粮食小歉收年就发放下等收成年所买进的谷物,粮食中等歉收年就发放中等收成年所买进的谷物,粮食大歉收年就发放上等收成年所买进的谷物,从而全部卖给百姓。即使遇到庄稼歉收的年头,卖出谷物的价格不贵因而百姓不会离散。在魏国实行这种方法之后,国家因此得以富强。耿寿昌也是效仿他的办法而推行它罢了,而百姓的粮食富足宽裕,这实在是救济灾荒的好办法。但是委派如果得不到适当的人,就将聚集奸邪从而滋长弊病了。所以说:"有治理政事的人,却没有治理政事的办法。"

【原文】

隋开皇三年，以京师仓廪尚虚，议为水旱之备。工部尚书长孙平，请令诸州百姓及军人劝课当社，共立义仓。收获之日，随其所得，劝课出粟及麦，于当社造仓窖贮，即委社司简校每年收积，勿使损败。若时或不熟，当社有饥者，即以此谷赈给。

悫庭曰：义仓之法，为救荒之善政。然委任社长，而舞弊或不减胥吏，则遴委宜慎。当社立仓，而道里或相隔辽远，则稽察宜勤。以至劝民出粟，多寡贵从其愿。市陈易新，出入必当其时。故社仓虽以民主之，而凡所以筹画而经理之者，皆长吏责也。自唐以来，此法至今不废，而奉行之善者，莫如朱子编甲之法，后人诚仿其意而行之，庶无弊耳。

周显德中，淮南大饥，上命以米贷。或曰："民贫恐不能偿。"上曰："民犹子也，安有子倒悬而父不为解者？安必其偿也？"

悫庭曰：民饥而贷以米，已为补救一时之计，若凶荒有备，固不藉假贷小惠耳。或且以贫不能偿为虑，此后世俗吏之见，岂足与筹国计哉？夫元后作民父母，自是休戚相关。乐岁，则小民竭蹶输鞔以急上供，是子之养其父母；岁或不登，而发仓出粟以赈救之，是即父母之食其子也。君民实属一体，"安有子倒悬而父不为解"一语，大哉王言！可谓民之父母矣。

【译文】

隋开皇三年，因为京城贮藏米谷的仓库还很空虚，商议防备水涝与干旱之灾。工部尚书长孙平，请求命令各州百姓和军人鼓励与督责本社，共同建立义仓。收割农作物的时候，根据每户的收入，鼓励与督责交出谷子和麦子，在本社中建造仓库贮存起来，立即委派社司检查核对每年收藏的数量，不使它遭到损失。假如有时谷物歉收，本社有饥饿的人，就用这些谷物救济施与。

悫庭说：建立义仓的办法，是救济灾荒的好措施。但是委任的社长，竟然弄虚作假有时不减于小吏，因此挑选委派应当谨慎。本社建立义仓，然而道路村落有的相隔遥远，因此检查视察应当勤快。至于鼓励百姓交出粮食，出多出少贵在遵从他们的心愿。把多年的旧粮换成新粮，卖出买入一定要适合时宜。所以社仓虽然是用百姓进行管理，然而大凡进行谋划而经营管理它，都是长吏的职责。从唐代以来，这种方法至今没有废除，然而奉行得最好的，莫如朱熹的编甲之法，后人真正仿效他的意图去做，差不多就没有弊病了。

后周显德年间，淮南发生严重的饥荒，皇帝命令借给老百姓谷米。有人说："百姓贫困恐怕不能偿还。"皇帝说："百姓就像是我的子女，哪有子女处境极其困苦而父亲不去解救的呢？为什么一定要他们偿还呢？"

悫庭说：百姓饥饿而借给他们米，已经成为补救一时的措施，倘若对荒灾事先有所防备，本来就用不着靠借贷来施舍小恩惠了。或者把百姓贫困不能偿还放在心上，这是后代才智凡庸的官吏的看法，难道值得与他们筹划治国大计吗？天子作为百姓的父母，自然是喜乐和忧虑彼此关联。在丰收的年份，百姓就竭尽全力运送物资来及时供应朝廷的需要，这就是子女供养他们的父母；年份有时不能丰收，因而朝廷打开粮仓拿出谷物来赈济救助他们，这就是父母让自己的子女吃饭。君主和百姓其实属于同一个整体，"哪有子女处境极其困苦而父亲不去解救"一句话，君主说的话伟大啊！可以说他是百姓的父母了。

【原文】

宋赵清献知越州，两浙旱蝗，米腾贵，诸州竞平其价。公独榜通衢，有米者许增价粜之，于是商贾辐辏，价因顿减。

悫庭曰：物价贵贱，谓之行情，明非法与势所能强之使一也。设彼方居奇，而我特厉其禁，则商贾裹足，米愈少，价愈昂矣。要知足民之计，首在通商。商贩云集，价不期其减而自减，则粟自有余。而岁不能灾，不必其自我平之也。赵清献故昂其价，以招商贾之来，其智虑奚啻加人一等耶？

宋文潞公在成都，米价涌贵，因就诸城门相近寺院凡十八处，减价粜卖，不限其数，张榜通衢，米价顿减。前此，或限升斗，或抑市价，适足以增其气焰，而价终莫平，乃知临事须当有术也。

悫庭曰：此与赵清献事略同。赵增价，潞公减价，而一时市价皆为之平。盖商米宜增，增则米之来其地者多；官米宜减，减则市之射其利者夺，而其价皆可不抑而自平矣。两公所值之时地不同，而所以为民筹其食者则一。后世有司牧之责者，倘遇荒歉，而境内少米，则清献之法可行；或廪有余粟，则潞公之策可举，亦因时因地以补救之可耳。若第区区限升斗，抑市价，以冀民食之无缺也，岂不谬哉？

【译文】

宋朝的赵清献任越州知府时，两浙地区发生旱灾和蝗灾，米价上涨，各州长官争相平抑它的价格。赵公却独自在四通八达的道路上发布文告，有米的人允许他们提高价格将米卖出，此时商人像辐一样聚集到当地来，价格因而顿时降低下来。

悫庭说：物价的贵贱，叫作行情，明显不是法律和权利所能强使它们一致的。假如对方囤积奇货，而我却特别严厉地加以禁止，那么商人就将裹足不能前来，米越少，价格就越贵了。要知道让百姓富足的办法，首先在于通商。商贩像云一样集中，价格就会不期望它降低而自然降低，那么粮食自然就供应有余了。如果年份不能发生灾害，价格就不一定靠自己去平抑它。赵清献故意抬高粮食的价格，用来招致商人们的到来，他的智谋哪里只是高人一等呢？

宋朝的文潞公在成都时，米价涨得很贵，于是在各城门附近的所有十八所寺院里，降价卖米，不限制购买的数量，在四通八达的道路上张贴文告，米价顿时降低下来。在这之前，有的人限制购买的数量，有的人压低市场的价格，正好足以助长米商的气焰，而价格最终不能平抑下去，于是知道治理政事是应当采取办法的。

悫庭说：这与赵清献的事大致相同。赵清献抬高价格，文潞公降低价格，而当时的市场价格都因此平抑了。大概供人贩卖的米价应该提高，价格提高那么运米到当地来卖的人就要增多；而官府所发放的米价应当降低，价格降低那么想谋取财利的人就要夺取，因而米的价格都可以不加抑制而自动平抑下来了。两位所处的时间地点不相同，然而为百姓筹划粮食的目的却是一样的。后世有管理责任的人，假如遇上荒年歉收，而境内缺米，那么赵清献的做法就可以实行；如果官仓里有足够的粮食，那么文潞公的策略就可以推行，也可以因时因地来补救。倘若只是拘泥于限制购买的数量，压低市场的价格，来希望百姓的食粮不缺乏，难道不是错误吗？

【原文】

宋曾子固通判越州，岁饥，度常平不足以赈给，而田野之人，不能皆至城郭。至者群聚,又有疾疬之虞。前期谕属县召富民自实谷数,总得十五万石,即令所在富民出粟,视常平价稍增以予民。民得从便受粟,不出田里,而食有余粟,价遂平。

悫庭曰:移民就粟,不特有转徙之劳,而饥民所聚,秽气郁蒸,恒有疫疬之患。固天灾之流行,亦人事之未尽也。即令所在富民出粟,视常平价增以予之,而贫民得就近受粟,既无奔走之烦,而亦不患疫疬,此平粜救荒之善策也。后世劝民平粜之法亦似此。而故抑其价,则富者不甚踊跃,而市价亦卒不能平,于荒政曾何裨焉?

范忠宣公在襄城时,久旱不雨。公度来岁必阙食,遂尽籍境内客舟,召其主而谕之曰:“民将无食,尔等商贩唯以五谷贮于佛寺中,候缺食时,吾为汝主粜。”众贾从命,运贩不停,以至春首,所蓄无虑十数万。诸县饥,独境内之民不知也。

悫庭曰:文正筹之于既荒之后,而米价得平;忠宣筹之于未荒之前,而民食无缺,是皆救荒之良策。牧民者所贵随时尽心也。

【译文】

宋朝的曾子固任越州通判时,正碰上灾荒年,估量到常平仓中的粮食不够用来救济施与,而住在农村的人不能都到城市来,到城里来的人群体拥挤在一起,又有发生瘟疫的担心。在此之前告诉所属各县召集富裕之民如实自报所藏谷物的数量,总计有十五万石,立即命令各个地区的富裕之民拿出粮食,以比平抑的价格稍高的价格卖给百姓。百姓得以从便利地方购到粮食,用不着走出乡间,因而有足够的粮食吃,价格于是平稳下来。

悫庭说:迁移百姓到城里买粮,不只是有辗转迁移的劳苦,而且饥饿的百姓聚集的地方,秽气凝聚蒸腾,经常有发生瘟疫的忧患。这固然是天灾的流行,也是人为的事没有做好。立即命令各个地区的富裕之民拿出粮食,以比平抑的价格略高的价格卖给百姓,因而百姓得以就近购到粮食,既没有往来奔走的劳苦,而且也不担忧发生瘟疫,这是平价售粮救济灾荒的好办法。后世鼓励百姓平价售粮的方法的也和这相类似。如果特地去压低粮价,那么富裕之民不太争先恐后地卖粮,因而市场的价格也最终不能平抑,这对赈济饥荒的措施又有什么好处呢?

宋朝的范忠宣公在襄城任职时,长期干旱不下雨。范公想到明年必定缺少粮食,于是全部登记境内的商船,召集它们的主人而告谕他们说:“百姓将没有粮食吃,你们这些商人只能把全部粮食贮存在佛寺之中,等到缺粮的时候,我替你们做主卖出去。”商人们听从了他的命令,贩运粮食不停,等到开春的时候,所储存的粮食大约十几万石。其他各县都发生了饥荒,唯有襄城境内的百姓不知道。

悫庭说:范文正在发生灾荒之后进行筹划,因而米价得以平抑;范忠宣在未发生灾荒之前进行筹划,因而百姓不缺粮食,这都是救济荒灾的好措施。管理百姓的人贵在切合时宜竭尽心力。

【原文】

宋皇祐二年,吴中大饥,时范仲淹领浙西,发粟及募民存饷,为术甚备。吴人喜竞渡,好为佛事。仲淹乃纵民竞渡,太守日出宴于湖上,自春至夏,居民空巷出游。又召诸佛寺主守,谕之曰:“饥岁工价至贱,可以大兴土木。”于是诸寺工作并兴,又新仓廒吏舍,日役千夫。监司劾奏杭州不恤荒政,游宴兴作,伤财劳民。公乃条奏:“所以如此,正欲发有余之财以惠民,使工役佣力之人,皆得仰食于公私,不致转徙沟壑耳。”是岁惟杭饥而不害。

恁庭曰:损有余,补不足,为政之善经也。而富室恒乐自据其有余,而不恤人之不足,道在因其情而顺导之。杭俗好游,而纵民竞渡;杭俗佞佛,而大兴土木,则富室已为贫民之母矣。寓衰多益寡之意,于随俗逐波之中,此文正善于补救处。不识时务之监司,何足以语此?

宋陈尧佐知寿州,岁大饥,公自出米为糜以食饿者。吏民以公故,皆争出米,活数万人。公曰:"我岂以是为私惠哉?盖以令率人,不若身先而使其乐从也。"

恁庭曰:为糜食饿,小惠未徧也。然身先率属,而所活至数万人,则其惠甚大,异乎后世之仅仅以劝捐塞责者矣。观公为河东转运时,奏除石炭税,减冶铁课岁数十万以便民,可谓识政本矣,岂徒以噢咻为仁,如孟子所讥"惠而不知为政者"哉?

【译文】

宋皇祐二年,吴中发生大饥荒,当时范仲淹兼领浙西路,发放粮食和招募百姓干活挣钱,采取措施十分完备。吴地人喜欢比赛划船,又好办佛事,范仲淹于是发动百姓比赛划船,太守每天到湖上举办宴会,从春天到夏天,全城居民倾巷而出游。又召集各佛寺的主持,告诉他们说:"荒年的工价特别便宜,可以大兴土木工程。"这时各佛寺工程制作一并兴起,又翻新储藏粮食的处所和官吏居住的房子,每天使用劳工达千人。监司向皇帝检举弹劾杭州不顾惜赈济饥荒的措施,游览宴饮兴造制作,浪费钱财劳苦百姓。范公于是逐条上奏陈述:"之所以这样做,正是想获取富余的财物来施恩惠于百姓,使土木工程受雇出卖劳力的人,都得以依靠公家和私人而得到饭食,不致流离失所饿死山沟罢了。"这一年只有杭州遇到饥荒而没有造成灾害。

恁庭说:减少有余的,补足不够的,这是处理政事的好原则。然而富裕的人家常常自己据其有余而快乐,而不忧悯别人的不足,办法在于依据情况而加以引导。杭州风俗喜好游览,就发动百姓比赛划船;杭州风俗谄媚于佛,就大兴土木工程,这样富裕的人家已经成为贫苦百姓的衣食父母了。寓含减少多余以增补不足的道理,在顺应时尚跟着潮流之中,这正是范文正善于补救灾荒的地方。不了解当时情势的监司,哪里值得跟他讲这个道理呢?

宋朝的陈尧佐担任寿州知府时,当年发生了大饥荒,陈公自己拿出米熬粥来给饥民吃。官员和百姓因为陈公的缘故,都争着拿出米来,救活了数万人。陈公说:"我哪里是把这样做当作个人的恩惠呢?因为用命令去率领别人,还不如自己带头而让他们乐意跟从。"

恁庭说:熬粥给饥民吃,是小恩惠而未能普遍。然而能自己带头率领部属,而救活的人达到几万,因此这种恩惠就特别大,这跟后世仅仅鼓励捐献来补过尽责是大不相同的了。考察陈公任河东转运使时,奏请朝廷免除石炭税,减少冶铁税每年几十万钱来便利百姓,可以说是懂得为政的根本了,哪里只是把抚慰病痛当作仁慈,犹如孟子所讽刺的"只知道小恩惠而不懂得为政的那种人"呢?

【原文】

元大德中,行红帖粮。初赈粜粮,多为豪右嗜利之徒用计巧取,不能周及贫民。于是令有司籍两京贫乏户之数,置半印号簿文帖,各书其姓氏口数,逐月对帖以给。大口三斗,小口半之,其价视赈粜之值,三分常减其一,与赈并行。

悫庭曰:此与宋广惠仓之意略同,皆所以赈贫穷者,亦善政也。盖天下唯鳏寡孤独为无告之民,籍其户口之数以赈给之,使得仰食于官,而吏不得因缘为奸矣。后世之留养局、养济院,可仿其意而行之。

【译文】

元朝大德年间,推行红帖粮。最初发放救济粮时,大多被富豪家族的嗜利之徒用计策巧妙地夺取了,不能全都发到贫困百姓的手中。在这时命令有关官员登记两京地区贫困户的数目,设置了分别盖有半个印的簿册和契据,分别写上各户的姓名和人口的数目,按月对照契据发给救济粮。成年人给三斗,未成年人减半,其价格比售米赈救的价格,常减少三分之一收费,这办法与救济一起施行。

悫庭说:这与宋朝广惠仓的用意大致相同,都是为了救济贫穷的人,也都是好的措施。大概天下只有鳏寡孤独是无处投诉的百姓,登记他们户口的数目来救济施与他们,使他们能够依靠官府得到饭食,从而官吏也不能勾结做奸邪之事了。后世的留养局、养济院,都可以仿照这个意图而加以实行。

卷八　折狱

【原文】

法吏之案如山,小民之口如川。钩深而文致之,折其词矣,无以折其心,奈何?夫简于五辞,征于五听,尚多疑焉,乃或片言判决,而两造帖然者,抑又何钦?因集其事,以资明慎者之考鉴云。

唐柳公绰节度山东,行部至邓。吏有纳贿舞文二人,同系。县令谓公绰素持法,必杀贪者。公绰判曰:"赃吏犯法,法在;奸吏坏法,法亡。"竟诛舞文者。

悫庭曰:上之所以治下者,法而已矣,法亡则何事不可为耶?二者相较孰重孰轻,必有能辨之者,柳公非臆断也。

【译文】

司法官吏的案件像山一样,一般老百姓的口像河一样。探索深奥而舞文弄法,在文辞上使人折服了,却无法折服人心,怎么办?核实原告被告双方的五种述词,验证言辞、脸色、气息、神色、眼神五种表现,尚且还存有很多疑惑,竟然有人用简短的语言做出裁决,然而诉讼的双方原告和被告服服帖帖,又是为什么呢?因此汇集这方面的事情,用来资助明察审慎的人查考借鉴。

唐朝的柳公绰任山南东道节度使时,巡行所属部域来到邓州。官吏中有接受贿赂和舞文弄法的两个人,同时被关押。县令认为柳公绰向来严于执法,必定会杀掉贪赃受贿的人。柳公绰判决说："赃官虽然犯法，但法律条文还在；奸吏破坏了法，法律就名存实亡了。"最终诛杀了舞文弄法的人。

惹庭说：上级治理下属的原因，是法律罢了，没有法律那么什么事不能干出来呢？二者相互比较哪个重要哪个轻微，必定有能辨别的人，柳公并不是凭臆测而下的决断。

【原文】

宋欧阳烘治鄂州，民有争舟而相殴至死者，狱久不决。烘自临其狱，出囚坐庭中，去其桎梏而饮食讫，悉劳而还之狱，独留一人于庭，留者色动惶顾。公曰："杀人者汝也！"囚不知所以。曰："吾观食者皆以右手持匕，而汝独以左，今死者伤在右肋，此汝杀之明验也。"囚涕泣服罪。

惹庭曰：饮食慰劳间，而能决人所久不决之狱，盖其体察人微，乃能洞照如神。《易》曰："君子以明慎用刑，而不留狱。"惟慎则明，故刑罚中而无留狱也，其斯之谓与！

明正德中，殷云霄知清江，县民朱铠死于文庙西庑中，莫知杀之者。忽得匿名书曰："杀铠者某也。"某系素仇，众谓不诬。云霄曰："此嫁贼以缓治也。"乃集群胥于堂曰："吾欲写书，各呈若字。"有祝明者，字类匿名书。诘之曰："尔何杀铠？"明大惊，曰："铠将贩于苏，独吾候之，利其赀，故杀之耳。"

惹庭曰：写书呈字，恐字迹适有雷同，而无辜难免被累，况奸徒或先已窥测及之，则笔迹何难稍为变易以逃法网。云霄当亦苦一时无从下手，特假此以发其机，而恰为凑合耳。惟是得匿揭而知嫁贼缓治，其见实有超出乎人者，故吾谓云霄之政术在此。苟舍此而仅以比较字迹为可操之术，则其术亦未遂尽善也。

有富民张老者，妻生一女，无子，赘某甲于家。久之，妾生子，名一飞，育四岁而张老卒。张病时谓婿曰："妾子不足任，吾财当畀汝夫妇耳。但养彼母子，不死沟壑即汝阴德矣。"于是出券书，云："张一，非吾子也，家财尽与吾婿，外人不得争夺。"婿乃据有张业不疑。后妾子壮，告官求分。婿以券呈官，遂置不问。他日，奉使者至，妾子复诉，婿仍前赴质。奉使者因更其句读，曰："张一非，吾子也，家财尽与。吾婿外人，不得争夺。"曰："尔妇翁，明谓'吾婿外人'，尔尚敢有其业耶？诡'飞'作'非'者，虑彼幼为尔害耳。"于是断给妾子，人称快焉。

惹庭曰：据其赀而不顾其子，无良已极。鸣之于官，张老纵有遗言，亦不得为治。命使者更其句读以示之，令彼无所置喙，遂至今传为美谈。盖婿所恃者券书耳，夺其所恃，不烦言而自判。而情理允协，乃能简孚有众，其殆师《吕命》"察辞于差"之意，而善用之者乎！

【译文】

宋朝的欧阳烘治理鄂州时，百姓有争夺船只而相互斗殴至死的人，案件长久不能决断。欧阳烘亲自审理这个案件，让囚犯出来坐在厅堂中，去掉他们的刑具而且吃喝结束，全部安慰而让他们回到监狱，唯独留下一个人在厅堂，留下的人脸色改变张皇地四处顾盼。欧阳烘说："杀人的人就是你！"囚犯不知原因。欧阳烘说："我观察吃饭的人都是用右手拿勺匙，然而你单单用左手。如今死者伤在右肋，这就是你杀人的明显证验。"囚犯哭泣承认了罪责。

惹庭说：吃喝慰劳间，而能够判定别人长期判定不了的案件，大概是他体验观察深入到细微之处，于是能够明察如神。《易经》说："君子因此明察审慎地动用刑罚，而不拖延诉讼。"只有审慎才会明察，所以刑罚准确而没有拖延诉讼，大概说的就是这种情况吧！

明朝正德年间，殷云霁任清江知县，县民朱铠死在孔子庙的西廊屋中，没有知道杀他的人。忽然收到匿名信说："杀死朱铠的是某人。"某人是朱铠原来的仇人，众人都说不假。殷云霁说："这是嫁祸于人的贼人为了延缓惩处。"于是召集所有小吏到厅堂上说："我想抄写书籍，各自呈上你们的字。"有个叫祝明的人，字迹类似匿名信。盘问他说："你为什么要杀死朱铠？"祝明大惊，说："朱铠要到苏州贩货，只有我稽查到他，贪图他的财物，所以杀死了他。"

憩庭说：抄写书籍呈字，恐怕字迹正好有所雷同，因而无辜的人难免被拖累，况且歹徒或许事先已经窥探测度到了这种用意，那么笔迹不难稍微变换一下来逃脱法网。殷云霁也苦于一时无从下手，特意假借这种方式来发现其中的迹象，而恰恰巧合了。只是得到匿名的揭帖从而得知嫁祸于人的贼人是为了延缓惩处，这个见解确实有超出常人的地方，所以我认为殷云霁的为政方法表现在这里。如果舍掉这个而仅仅把比较字迹当作可以操作的方法，那么这种办法也并不是十分完善的。

有一富裕的姓张的老人，妻子生下一个女儿，没有儿子，将某甲赘婿到家里。过了很久，妾生下一个儿子，取名一飞，养到四岁而姓张的老人死了。张老人生病时对女婿说："妾生的儿子不值得信任，我的财产应当给予你们夫妇。但要养活他们母子，使他们不要死在野外就是你暗中做的有德之事了。"在这时拿出契约，说："张一，非吾子也，家财尽与吾婿，外人不得争夺。"女婿于是毫无疑问地占据拥有张家的产业。后来妾的儿子长大，告到官府要求分得财产。女婿把契约呈给官府，官府于是搁置不再过问。过些天，奉命出使的官员来到，妾的儿子又去告状，女婿仍然前去对质。奉命出使的官员于是改变契约的断句，念道："张一非，吾子也，家财尽与。吾婿外人，不得争夺。"并且说："你妻子的父亲，明明说'吾婿外人'，你还敢占有他的家业吗？变'飞'为'非'，是担心他年幼被你害死罢了。"在这时把财产断给妾的儿子，人们都十分称赞。

憩庭说：占有他的财物却不照顾他的儿子，没良心已经达到顶点了。将他告到官府，姓张的老人纵然有遗言，也是不能这样做的。奉命出使的官员改变断句来告诉他内容，是叫他无法还嘴，于是至今传为令人称道的好事。大概女婿所依仗的是契约罢了，夺取他所依仗的，不用多说就自然判决了。而人情与道理确实符合，才能够核实可信为大众所称道，这大概就是师法《吕刑》中的"在矛盾处考察供词"的意思，而善于运用的范例吧！

【原文】

汉颍川有富室，兄弟同居，妇皆怀妊。长妇胎伤，弟妇生男，长妇遂盗取之。争讼三年，州郡不能决。丞相黄霸，令走卒抱儿去两妇各十步，叱令自取。长妇抱持甚急，儿大啼叫。弟妇恐致伤，因而放手，而心甚怀怆。霸曰："此弟子。"责问乃服。

憩庭曰：史称黄霸治郡，米盐琐碎，无不经理精密，所以治行为天下第一。即此一事，而察言观色，备极周详，虽威凤片羽，已足征其五德矣。

宣彦昭仕元，为平阳州判官。天大雨，民与军争簦，各认己物。彦昭裂而为二，并驱出，使卒踵其后。军忿噪不已，民曰："汝自失簦，于我何与？"卒以闻，彦昭杖民，令买簦偿军。

范郃为浚仪令,二人挟绢于市互争,令断之各分一半。去后,遣人密察之,有一喜一愠之色,于是擒喜者。

悫庭曰:"两造具备,师听五辞",此古折狱之法也,而辞之难于阅实者多矣。裂簦与绢,退而察其言色,则真情自露,具见巧心浚发。

【译文】

汉代的颍川郡有一富户,兄弟共同居住,妇人都怀孕了。嫂子的胎儿夭折,弟媳生下男孩,嫂子于是将他偷偷抢了过来。因争论而诉讼三年,州郡官府不能判决。丞相黄霸,命令差役抱着男孩离开两位妇人各十步,喝令自己夺取。嫂子抱抢十分急切,男孩大声啼哭。弟媳唯恐男孩受伤,因而放手,然而心里却非常悲伤。黄霸说:"这是弟弟的儿子。"诘责究问于是折服。

悫庭说:史书记载黄霸治理郡政,繁杂琐碎,无不处理得精致细密,所以为政的成绩是天下第一。就这一件事,察言观色,十分周到详尽,虽然是有威仪的凤凰的一片羽毛,已经足以显示出他的五德了。

宣彦昭在元朝为官,任平阳州的判官。天下大雨,百姓与军人争笠,各自认为是自己的东西。宣彦昭将笠撕成两块,并驱赶他们出去,派隶卒跟在他们的后面。军人愤怒地叫个不停,百姓却说:"你自己丢了笠,跟我有什么关系?"隶卒将这情况报告,宣彦昭杖责百姓,叫他买笠赔偿军人。

范郃担任浚仪县令,有两个人抱着绢在集市上相互争夺,范郃命令剪开绢各分一半。两人离开之后,派人秘密观察,发现一个高兴一个生气的神色,于是抓获高兴的人。

悫庭说:"原告和被告陈辞结束,负责考察的官员就要从五个方面去考察案情",这是古代判决诉讼案件的法则,然而陈辞难于看得真实的地方太多了。撕裂笠剪断绢,下来观察双方的言语和脸色,那么真实的情况就自然显露出来,完全可以看出巧妙心思的迅速开发。

【原文】

吉安州民娶妇,有盗乘人冗杂,入妇室潜伏床下,伺夜行窃,不意明烛达旦者三夕,饥甚,奔出,执以闻官。盗曰:"吾非盗,医也。妇有癖疾,令我相随用药耳。"宰诘问再三,盗言妇家事甚详,盖潜伏时所闻枕席语也。宰信之,逮妇供证。恳免,不从。谋之老吏,吏曰:"彼妇初归,不论胜负,辱莫大焉。盗潜人突出,必不识妇,请以他妇出对,盗若执之,可见其诬矣。"宰曰:"善。"选一妓,盛服舆至。盗呼曰:"汝邀我治病,乃执我为盗耶?"宰大笑,盗遂服罪。

悫庭曰:无故拘系妇女,律有明禁,所以厉廉耻而肃闺范也。老吏深得政体,更妙以他妇出对,而黠盗之破绽立见,谁谓胥役中无干才耶?

宋张咏在崇阳,一吏自库中出,视其鬓旁下有一钱。诘之,乃库中钱也。咏命杖之。吏勃然曰:"一钱何足道,乃杖我耶?尔能杖我,不能斩我也。"咏笔判曰:"一日一钱,千日千钱。绳锯木断,水滴石穿。"自仗剑下阶斩其首,申府自劾。崇阳人至今传之。

咏知益州时,尝有小吏忤。咏械其颈。吏恚曰:"枷即易,脱即难。"咏曰:"脱亦何难?"即就枷斩之,吏俱悚惧。贼有杀耕牛逃亡者,咏许自首。拘其母,十日不出,释之。再拘其妻,一宿而来。因断曰:"拘母十夜,留妻一宿。倚门之望何疏,结发之情何厚。"就市斩之。于是首身者继至,并遣归业。

惷庭曰:首二条,忠定用法诚似过于严峻。然蜀当兵火之后,人心反侧,非加惩创,不足以伸威信,所谓刑乱国用重典,盖亦因地制宜耳。《湘山野录》载其在蜀时断事必为判语,蜀人镂版,谓之《戒民集》,大抵以厚风俗,笃孝义为本,则公之治行可知矣。东坡谓张公治蜀,用法之严似孔明。两公遗爱,皆至今尸而祝之也。然则公岂专尚刑杀,可与酷吏同日语哉?

【译文】

吉安州有位百姓娶妻,有一小偷乘人事冗杂,进入妻房潜伏在床下,伺机在夜里行窃,没料到整整三个晚上明亮的蜡烛点到天明。小偷饿得厉害,只得跑出来,被抓住告到官府。小偷说:"我不是小偷,是医生。这新娘有癣病,叫我跟随她使用药物罢了。"州宰盘问再三,小偷说起这新娘娘家的事十分详细,大概是隐藏时所听到的枕席话。州宰信了他的话,要抓来新娘证实供词。新娘恳求免除,不听从。州宰同精于吏事的小吏商量,精于吏事的小吏说:"那个新娘刚当新娘,不论胜负,对她都是莫大的侮辱。小偷悄悄进去突然跑出来,必定不认识新娘,请用别的妇女出来与小偷对质,小偷如果说认识她,就可以看出他骗了人了。"州宰说:"好。"于是选了一名妓女,服饰齐整乘着车子来到。小偷喊道:"你邀请我治病,怎么抓我当小偷呢?"州宰大笑,小偷于是认罪。

惷庭说:无缘无故地拘禁妇女,法律有明文禁止,是为了激励廉耻之心从而整肃妇女的道德规范。精于吏事的小吏深深领会为政的要领,更妙的是用别的妇女出来对质,因而狡猾的小偷的破绽马上露出,谁能说小吏和差役中没有有办事才能的人呢?

宋朝的张咏在崇阳任职时,一名役吏从钱库中出来,看到他的鬓角下有一枚钱。诘问他,是钱库中的钱。张咏命令杖责他。役吏生气地说:"一枚钱有什么可说的,就要杖责我吗?你能杖责我,却不能问斩我。"张咏提笔判决道:"一天偷一枚钱,一千天就偷一千枚钱。绳子可以锯断木头,滴水可以穿透石头。"亲自持剑走下台阶将他斩首,然后申报州府检举自己的过错。崇阳人至今还在传颂这件事。

张咏任益州知府时,曾有小吏顶撞他。张咏用枷锁枷住他的头。小吏愤怒地说:"你枷起来容易,卸掉就难了。"张咏说:"卸掉又有什么难的呢?"立即连着枷锁将他斩首了,官吏们全都恐惧。有杀了耕牛后就逃跑的贼人,张咏准许他自首。拘留他的母亲,过了十天贼人不出来,就把他母亲放了。再拘留他的妻子,过了一夜贼人就来自首了。张咏因此判决说:"拘留母亲十夜,拘留妻子一晚。对倚门而望的母亲多么疏远,对结发妻子的感情多么深厚。"在集市上将他斩首了。在此之际前来自首的陆续到来,张忠定全都遣送他们回去从事正业。

惷庭说:前面的二条,张忠定用法确实好像过于严峻。然而蜀地正当战乱之后,人心反复无常,如果不加严惩,不足以提高官府的威望与信誉,所说的治理乱政要用重法,大概也是要根据不同地区的情况制订适宜的措施罢了。《湘山野录》记载他在蜀地时决断事情必定都写判决书,蜀人雕版印刷,将它叫作《戒民集》,大要是把敦厚风气习俗、重视行孝重义作为根本,那么张公施政的措施就不难理解了。苏东坡说张公治理蜀地,用法的严明像孔明。二公遗留仁爱于后世,都至今受到祭祀。既然这样,那么张公怎么能是专门崇尚处以死刑,可以与滥用刑法残害人民的官吏相提并论的呢?

【原文】

魏雍州厅事有燕争巢,斗已累日。刺史李惠令人掩护,试命纪纲断之,并辞。惠乃使卒以弱竹弹两燕,既而一去一留。惠笑谓属吏曰:"此留者自计为巢功重,彼去者既经楚痛,理无固心。"群下服其深察。

悫庭曰:张汤幼作《磔鼠文》,其父见之,以为如老吏断狱。今此公出自游戏,而居心平恕,善推物情,另是一种手笔。

宗元窃按,听断之法不一,酷者锻炼之,能者折服之,最上愧厉之。昔韩忠献守安阳,人将斗讼,辄自止曰:"吾非畏汝,愧见侍中耳。"夫为守令,而能令民以讦讼为耻,则其德政之人人者深矣。夫子尝曰:"必也使无讼乎?"又曰:"有耻且格。"若忠献者,庶其近之。吾故叙折狱之良,而尤于道德齐礼者,有厚望焉。

【译文】

魏雍州官署视事问案的厅堂有燕子争巢,斗了多天。刺史李惠命令人将它们遮盖起来,试着让州郡掾属来判决,他们全都推辞。李惠于是让隶卒用小竹竿拨动两只燕子,不久一只飞去一只留了下来。李惠笑着对下属官吏说:"这只留下来的燕子是自己估量筑巢费了很多力气,而那只飞去的燕子受到痛楚后,理当没有坚持下去的想法。"众多部下都佩服他观察仔细。

悫庭说:张汤小时候写作《磔鼠文》,他的父亲看后,认为像精于吏事者审理和判决案件一样。如今这个李公出于游乐嬉戏,然而存心持平宽仁,善于研究物理人情,另是一种手笔。

宗元我私下认为,听讼断狱的方法各不一样,滥用刑法的官吏罗织罪名陷人于罪,能干的官吏让人折服,最上等的官吏是让人有所惭愧而自勉。过去韩忠献担任安阳太守时,有人将要因争论而诉讼,就自己制止说:"我并不是怕你,是以见到韩侍中而感到惭愧罢了。"他作为一郡的太守,然而能叫百姓把控告诉讼当作耻辱,那么他的仁德的为政措施就是深入人心了。孔子曾经说过:"一定要让百姓不要打官司!"又说:"不但要让人有知耻之心,而且要做到人心归服。"像韩忠献,差不多是接近做到的人。我因此叙述判决诉讼案件做得好的,而且尤其对于那些用道德来诱导人们、用礼教来整齐人们的人,寄有很大的期望。

礼帙

【题解】

"礼"在中国古代是社会的典章制度和道德规范。作为观念形态的礼,在孔子的思想体系中是同"仁"分不开的。孟子把仁、义、礼、智作为基本的道德规范。在长期的历史发展中,礼作为中国社会的道德规范和生活准则,对中华民族精神素质的修养起了重要作用;同时,随着社会的变革和发展,礼不断被赋予新的内容,不断地发生着改变和调整。

作者在本帙设立《师谋》《经务》《讽谕》《说辞》四篇,从古人用兵打仗的经典范例、运筹经营的日常事务、著名讽谏故事和讽谕策略、精辟的说辞四个方面,对他所理解的"礼"从反面进行了阐释,这些经典故事从正面给我们提供了许多为人处世的智慧。

卷九　师谋

【原文】

将而无谋,以其师予敌也,而谋之不臧,与无谋同。世所传韬略奇正之书,与其说之散著于史传百家者,非无可考。顾为将之道,在乎一心,临机御变,不可端倪。脱执纸上陈言,以为阃外秘略,此读书佣,赵括所以败也。慎无令孙吴笑人哉。

魏庞涓攻韩,齐田忌救韩,直走大梁。涓闻之,去韩而归。孙子谓田忌曰:"彼三晋之兵,素悍勇而轻齐。善战者因其势而利导之。兵法:'百里而趋利者,蹶上将;五十里而趋利者,军半至。'使齐军入魏地,为十万灶,明日为五万灶,又明日为三万灶。"庞涓大喜,曰:"吾固知齐军怯,士卒亡者过半矣。"乃弃其步军,与其轻锐,兼程逐之。孙子度其行,暮当至马陵。马陵道狭而旁多阻隘,可伏兵。乃斫大树,白而书之曰:"庞涓死此树下。"令齐军善射者万弩夹道而伏,期日暮见火而俱发。涓果夜至,见白书,钻火烛之。齐军万弩俱发,魏军乱,大败,庞涓自刭。

悫庭曰:救韩而直走魏都,此出奇捣虚法也。减灶以致师,伏兵以歼将,尤其善于用怯处。

【译文】

作为将领如果没有计谋,等于把自己的军队交给敌人,然而谋划得不好,跟没有计谋是一样的。世上所流传的用兵谋略、奇正兵法方面的书,与人们讲说的分散著录在史书传记、诸子百家的计谋,并非不能考察。但是为将之道,在于一心,随机应变,不可捉摸。假使持守纸上陈旧的言辞,作为外任将帅秘密的谋略,这是诵读书籍的奴仆,是赵括所以失败的原因。小心不要令孙武、吴起笑话啊!

魏国将领庞涓攻打韩国,齐国将领田忌救援韩国,直接奔向魏都大梁。庞涓知道后,离开韩国而回国。齐国孙膑对田忌说:"他们韩、赵、魏三国的军队向来勇猛而轻视齐国。善于作战的人顺应形势的发展而加以引导。兵法上讲:'到百里之外去谋取利益的,要损失上将;到五十里之外谋取利益的,只能有一半军队能达到。'让齐国军队进入魏地之后,建十万个军灶,第二天建五万个军灶,第三天建三万个军灶。"庞涓看后十分高兴,说:"我早就知道齐国的军队怯懦,士兵逃亡的已经超过半数了。"于是抛开他的步兵,只带领他轻捷精锐的部队,以加倍速度赶路追逐齐军。孙膑计算他们的行程,傍晚应当到达马陵。马陵道路狭窄而且路旁多有险要之处,可以埋伏军队。于是砍倒大树,刮去树皮而在白色树干上面写道:"庞涓死此树下。"命令齐军中善于射箭的一万名弓箭兵夹道埋伏两旁,等到傍晚看到火光后一起发射。庞涓果然在夜里到达此地,看见白色树干上写着的字,就钻木取火要将它烧掉。齐军万箭一起发射,魏军大乱,大败而逃,庞涓割颈自杀。

悫庭说:救援韩国而直接奔向魏国都城,这是出奇兵攻打敌方空虚之处的办法。减少灶数来引诱魏军追赶,埋伏士兵来歼灭敌将,尤其是善于制造胆小的假象的地方。

【原文】

宋王德征秀城贼邵青,谍言将用火牛。德曰:"此古法也,可一不可再。彼不知变,只成擒耳。"先命合军持满,阵始交,万矢齐发,牛皆反奔。我师乘之,遂歼贼众。

悫庭曰:田单用火牛以杀骑劫而破燕师,何邵青用之而以自歼其众耶?盖单乘燕人之所不及觉,而青先为谍者所告,飞矢发而牛却走,固其宜耳。至如陈涛斜之车乘,亦是古制。而车牛股栗,以致四万义兵,同日就死。前人成法,有用之而胜,有用之而败,可知行兵之道,全在操纵一心也。

晋祖逊将韩潜,与后赵将桃豹,分据东川故城,相守四旬。逊以布囊盛土,使千余人运以馈潜,又使数人担米息于道。豹兵逐之,即弃而走。豹兵久饥,以为逊士众丰饱,大惧,宵遁。

宋檀道济伐魏累胜,至历城。魏以轻骑邀其前后,焚烧谷草。道济军食尽引还,有卒亡降魏,告之。魏人追蹑,众汹惧,将溃。道济夜唱筹量沙,以所余少米覆其上。及旦魏兵见之,谓道济资粮有余,以降者为妄而斩之。道济全军而归。

悫庭曰:以虚为实,祖与檀同一机括。一则示以有余,而驱之速去;一则掩其不足,而令彼不逼。均妙术也。然亦逊之智略,济之威名,有以慑服敌人耳。向使殷深源、到彦之辈为此,必被敌窥破底蕴矣。此亦止可有一,不可有再。

【译文】

宋朝的王德征讨秀城的贼人邵青,间谍报告敌人将用火牛进攻。王德说:"这是古代的用兵方法,能用一次而不能用两次。他们不知道变通,只能就擒罢了。"先命令集合军队拉满弓弦,军阵刚一接触,就万箭齐发,火牛全都掉头奔跑。我军乘机追击,于是歼灭了贼军。

悫庭说:田单用火牛杀掉骑劫从而打败燕国军队,为什么邵青用它反而自己歼灭了自己的军队呢?大概田单是乘燕人还来不及发觉时,而邵青的做法事先已被从事间谍的人所报告,飞箭发射而火牛退避,本来是应该的事罢了。至于在陈涛斜使用车战，也是效法古代的用兵制度。然而拉车的牛大腿发抖，以致使四万义兵，同一天全都牺牲。前人既定的作战方法，有的用它能取胜，有的用它却失败，可知用兵的方法，全都在于掌握对方的整个心思。

晋朝祖逖手下将领韩潜，与后赵的将领桃豹，分别据守东川的故城，相互防守四十天。祖逖用布袋装上土，派千余人运送给韩潜，又派几个人担米在路上歇息。等桃豹的士兵追来，就弃掉米担而逃跑。桃豹的军队长期饥饿，以为祖逖的众士兵丰衣足食，十分惧怕，夜里逃跑了。

刘宋时的檀道济进攻北魏多次获胜，到达历城。北魏用轻装的骑兵截击檀道济军的前后，把粮草全都烧光了。檀道济的军用粮秣吃尽率军退回，有士兵逃跑投降北魏，报告了缺粮的情况。魏军跟踪追寻上来，宋军惶恐不安，即将溃败。檀道济在夜里高声呼叫将沙当米计量的数字，用所剩下的少量米覆盖在沙子上。等到天亮时北魏的士兵看到了，都说檀道济的粮食还有剩余，认为投降的人是胡说而将他斩首。檀道济因此得以保全军队而回。

悫庭说：把虚假当成真实，祖逖与檀道济用的是同样的计谋。一个显示自己粮食还有剩余，从而驱赶敌人迅速离去；一个掩盖自己粮食不足，从而让敌人不敢来进攻。这都是巧妙的办法。然而也是祖逖的才智与谋略，檀道济的威望与名声，能够使敌人畏惧而屈服的缘故吧。假若殷深源、到彦之一类人去这么做，必然会被敌人看透底细了。这也是只可有一次，不能有两次的道理。

【原文】

梁刘鄩败晋王于河曲，欲乘胜潜走太原，虑为晋军追，乃结刍为人，缚旗于上，以驴负之，循堞而行。数日，晋人方觉。

宋毕再遇与金人对垒，一夕拔营去，留旗帜于营，豫缚生羊，置其前二足于鼓上。击鼓有声，金人不觉，相持数日始觉之，则已远矣。

悫庭曰：史称刘鄩用兵，一步百计。设疑兵以缀师，潜走太原以袭晋也，为存勖所觉，而其计不遂。晋军方盛，为两方阵以攻鄩，而鄩为圆阵以居中，争持日久，全师而还，则鄩之智勇可知矣。毕再遇留旗帜以愚敌，亦祖鄩之故智，盖皆馁于中，而布疑于外者乎！

晋元兴问，桓元既败，留何澹之守溢口。澹之空设羽翼旗帜于一舟，而身寄他舟。时何无忌欲攻之，诸将曰："澹之不在此舟，虽得无益。"无忌曰："彼不在此，守卫必弱，我以劲兵攻之，成擒必矣。擒之而我徒扬言已得贼帅，则我气盛，而彼必惧。惧而薄之，迎刃之势也。"果一鼓而舟获，鼓噪唱曰："斩何澹之矣。"贼骇惑，竟瓦解。

悫庭曰：澹之虚设羽翼，亦是疑兵之计。乃明知之而故即之，兵法所谓先攻其瑕也。行军之道，随机应变，斯学古而不死句下矣。

【译文】

后梁的刘鄩在河曲击败了晋王，想要乘胜悄悄奔向太原，又担心被后晋军队追击，于是将草秆扎成人形，绑在旗帜上面，用驴载着，沿着城上的矮墙行走。几天后，晋人才发觉。

宋朝的毕再遇与金人对峙相持，一天夜晚拔营而去，留旗帜在空营中，预先绑上一只活羊挂起来，将它前面的两只蹄子放在鼓上。羊蹄敲击皮鼓发出声音，金人没有发觉,相持了好几天才发觉,宋军已走远了。

悫庭说:史书上说刘郿用兵,走一步有一百计。设置疑兵来牵制敌军,悄悄奔向太原去袭击后晋,被李存勖发现,因而他的计谋没能实现。后晋军队正当强盛,排成两个方阵来攻击刘郿,而刘郿布下圆阵在方阵中间,争夺相持很长时间,保全军队而回,那么刘郿的智谋与勇敢就可以知道了。毕再遇留旗帜来愚弄敌人,也是效法刘郿旧有的计谋,大概都是内部空虚,因而在外部布置假象吧!

东晋元兴年间,桓玄已经战败,留下何澹之守溢口。何澹之虚置辅佐军队旗帜在一条船上,而自己躲在另一条船里。当时何无忌打算进攻,众位将领说:"何澹之不在这条船里,即使攻下也没有用处。"何无忌说:"他不在这里,防守一定虚弱,我用精锐部队攻打他,必定就擒了。擒获他而我只要大声地说已经擒获敌人统帅,那么我军的士气就会高涨,而他们必定恐惧。恐惧而再进攻他们,是迎向刀锋的不可阻挡之势。"果然一进攻就夺取了船只,擂鼓呐喊道:"已经斩杀何澹之了。"贼兵惊恐惶惑,全部瓦解了。

悫庭说:何澹之虚置辅佐的军队,也是疑兵的计策。何无忌明明知道假象然而仍然去攻打,这就是兵法所说的先进攻其空虚的地方。用兵的方法,在于随着时机的变化灵活应付,这就是学古代典籍而不死抱着句子不放了。

【原文】

唐天宝中,令狐潮围睢阳。城中矢尽,张巡缚蒿为人,披黑衣,夜缒城下。潮兵争射之,得箭数十万。其后复夜缒人,贼笑不设备,乃以死士五百斫潮营,焚垒幕,追奔十余里。

悫庭曰:借矢于敌,束蒿之策甚奇。迨敌知其赚,而又即出死士以乘其不备,愈出而愈奇矣。按巡守睢阳日,与尹子奇战,欲射子奇而不识,令刘蒿为矢。中者谓巡矢尽,走白子奇。乃令南霁云射之,一发中其左目。睢阳固多奇计,卒以援兵不至,力尽而败,惜哉!

宋开禧中,毕再遇被围于六合,军中矢尽。再遇令人张青盖往来城上,金人意主兵官也,争射之,须臾矢集楼墙如猬,获矢二十余万。又敌尝以水柜败我,再遇夜缚蒿人数千,衣以甲胄,持旗帜戈矛,俨立戎行。昧爽鸣鼓,敌人惊视,急放水柜,旋知其非也,意甚沮。急出师攻之,敌遂大败。

悫庭曰:此即张睢阳故智,亦善于用疑者。

【译文】

唐朝天宝年间,令狐潮围困睢阳。城中箭矢用尽,张巡捆扎蒿秆当作人形,披上黑色的衣服,夜里用绳子拴着放到城墙下面。令狐潮的士兵争着向它们射箭,张巡得到箭只数十万支。此后又在夜里用绳子拴着放下去一批士兵,叛军发笑而不设防,于是用放下的五百敢死之士偷袭令狐潮的军营,焚毁了军营的营帐,追击逃敌十余里。

悫庭说:向敌人借箭,捆扎蒿秆的策略是很奇妙的。等到敌人知道被哄骗后,而又马上放出敢死之士来乘其不备,计策越出越奇妙了。考察张巡坚守睢阳的日子,与尹子奇作战,想射杀尹子奇而又不认识,就下令割取蒿秆当箭射。被射中的人认为张巡箭只用尽,跑去报告给尹子奇。张巡于是命令南霁云向他射箭,一箭就射中了尹子奇的左眼睛。张巡防守睢阳虽然用了很多奇计,最后终因增援部队不到,力量用尽而失败,令人痛惜啊!

南宋开禧年间,毕再遇被围困在六合,军中的箭矢已经用尽。毕再遇命令士兵张开青色的车盖在城墙上走来走去,金兵猜测是统率部队的军官,争着向它射箭,不一会箭矢堆集在城楼上就像刺猬一样,获得箭矢二十多万支。还有一次敌人曾经用水柜战败我军,毕再遇在夜里捆扎蒿秆为人形数千,给它们披甲戴盔,拿着旗帜和戈矛,整齐站立像支军队。拂晓敲响战鼓,敌人惊奇地注视,急忙放下水柜防守,不久才知道是假的,心情非常沮丧。毕再遇趁机出兵攻击,敌人于是大败。

悫庭说:这就是张巡守睢阳的老办法,也是善于运用疑兵的例子。

【原文】

侯景之围台城也,初为尖顶木驴来攻,矢石不能制。羊侃作雉尾炬,施铁镞,灌以油,掷驴上,焚之立尽。俄又东西两面起土山临城,城中惊骇。侃命为地道,潜引其土,山不能立。贼又作登城楼车,高十余丈,欲临射城内。侃曰:"车高堑虚,彼来必倒,无劳设备。"车动果倒。贼既频攻不克,乃筑长围。朱异等议出击之,侃不可。异不从,一战败退,争桥,赴水死者大半。后大雨城崩,贼乘之,垂入。侃令多掷火把为穴城,以断其路,而徐于内筑城,贼卒不能进。未几侃遭疾卒,城遂陷。

悫庭曰:梁武暮年,老将至而耄,及侯景之变,朱异实为厉阶。迨台城被围,势在孔急,羊侃多方布置,聊固我围。又复不用其言而取败,以致国士扼腕。身亡而城亦随陷,庸臣之误国如此。按宋徽钦时,汴都初被围,李纲居中调度,以退金师,迨纲出而金人复至,二帝相随北狩矣。国之存亡,系于一人,长城之寄,岂虚语哉?

吴人于江碛要害处,并以铁锁横截之。又作铁锥,长丈余,暗置江中,以逆拒舟舰。晋王浚作大筏数十万,令善水者以筏先行,遇铁锥,锥辄著筏而去。又作大炬,灌以麻油,遇锁燃炬烧之,须臾熔液断绝,舟行无碍。

悫庭曰:长江天堑,尚不可以限南北,岂铁锁之所能断绝者?吴之君臣,谁为此谋,斯亦愚矣。每读唐人"千寻铁锁沉江底"之句,不觉哑然失笑。

【译文】

侯景围困台城时,最初用尖顶的木驴来进攻,矢箭和垒石不能抵挡。羊侃创制雉尾炬,装上铁箭,灌上油,抛到驴上,焚烧它马上就烧光了。不久贼军又在东西两面垒起土山面对台城,城中人惊慌害怕。羊侃命令挖地道,偷偷拉走土山的土,土山不能立起。贼军又制造登城的楼车,高达十多丈,想站在车上射击城内。羊侃说:"楼车虽高壕沟的土却很虚,对方的车来了必定倒下,用不着设置防备。"车一启动果然倒下。贼军多次攻不下城来,于是筑成长长的围墙。朱异等人建议出城攻击贼军,羊侃不同意。朱异不听从,出战一次就战败退回,抢着过桥,掉进水里淹死的人有一大半。后来下大雨城墙崩塌,贼军乘机进攻,眼看就要进城。羊侃命令将大量的火把丢到城墙的塌陷处,来截断贼军的道路,然后再慢慢地在城内建筑城墙,贼军终于不能攻进城来。不久羊侃因遭遇疾病而死去,台城于是陷落。

悫庭说:梁武帝晚年时,老年将要到来而昏乱,等到侯景发动叛乱,朱异实际上是祸端。等到台城被围困时,形势特别急迫,羊侃多方布置,才勉强巩固我军的防御。但朱异又不听他的话而招致失败,以至于一国士人扼腕而叹。羊侃身亡而台城也紧跟着被攻陷,平庸之臣贻误败坏国家大事就像这样。考察宋徽宗、钦宗时,汴都刚被围困,李纲居中指挥调遣,来击退金军,等到李纲被排斥出京而金军再次到来，徽宗和钦宗二帝一起被掳到北方去了。国家的存亡，系在一人身上，可资倚重的人像长城一样，怎能是空话呢？

吴人在长江浅水中的沙石要害处，连起铁锁横断江面。又制造铁锥，一丈多长，偷偷地放在长江中，用来抵御战船。晋军将领王浚制造大筏几十万只，命令善于游泳的人划着木筏在前面开路，碰上铁锥，铁锥就被木筏牵引而去。又制作大火炬，里面灌满麻油，遇到铁锁就点燃火炬焚烧，不一会就熔化断绝了，使船只通行没有阻碍。

悫庭说：长江是天然的壕沟，尚且不能用来阻挡南北来往，怎么是铁锁所能断绝的呢？吴国的君臣，是谁想出这样的计谋，这也太愚蠢了。每当读到唐人"千寻铁锁沉江底"的诗句，不由得哑然失笑。

【原文】

金有劲兵，皆重铠，贯以韦索，三人为联，名拐子马，号常胜军。堰城之役，以万五千骑来。岳武穆戒兵卒以麻扎刀入阵，勿仰视，但斫马足。拐子马相连，一马仆，二马不能行。官军奋击，大败之。

悫庭曰：索贯拐子马，金之所恃以制中原而百战百胜者也。武穆以麻扎刀斫马足，独出心裁，遂以取胜。学古兵法，能如是乎？

【译文】

金人有精锐的骑兵，都穿着坚固的铠甲，并用皮绳连接起来，三个人为一联，名叫拐子马，号称常胜军。在堰城战役中，用一万五千骑兵前来进犯。岳武穆吩咐士兵拿着麻扎刀进入敌阵，不要抬头仰视，只是专砍马腿。拐子马相互连接，一匹马倒地，其余两匹马就不能奔走。宋朝的军队奋勇攻击，大败金兵。

悫庭说：用皮绳连起拐子马，这是金兵所依靠用来控制中原而百战百胜的主要做法。岳武穆用麻扎刀砍马腿，独创一格与众不同，于是取得胜利。学习古代的兵法，能做到这样吗？

卷十　经务

【原文】

昔周公制作，号称多才，六官所载，事无巨细，莫不经理有方。学者读书十年，出而不能办一事，经事之谓何矣？夫能者身逸而功倍，不能者心劳而功半，盖才地之相悬，洵未可同日语也。故亦有其人曾不足取，而一事之智，并从节录，是犹集腋采葑之意云。

宋祥符中，禁中火。时丁谓营复宫室，患取土远。谓乃命凿通衢取土，不日皆成巨堑。乃决汴水人堑中，引诸道竹木篇筏及船运杂材，尽自堑中人。至宫门事毕，却以拆毁瓦砾灰壤，人于堑中，复为街衢，省费以亿万计。

悫庭曰：大凡经营之始，务须通体筹画，方免临事周章。是役也，一举而三善备焉。凿衢而取土近便，一也；成堑而庀材易达，二也；事竣而朽壤沉灰，即以实堑，不烦更事征发，而复成街衢，三也。三者既得，费不期省而自省矣。具此区画，晋公才自不凡。

【译文】

从前周公创建制度,以富于才智著称,据六官所记载,事情无论大小,无不治理得法。做学问的人读书十年,外出却不能办好一件事,治理世务的意思是什么呢?能力多的人自身安逸而收效很大,能力差的人内心操劳而收效甚微,大概才华质地相差悬殊,实在不可同日而语。所以也有些人曾经不值得收取,然而一件事情上的智慧,一并听从节录,这仍旧是积少成多、取其精华的意思。

宋朝祥符年间,皇宫内发生火灾。当时丁谓营建修复宫室,担心取土遥远。丁谓于是命令凿通大街取土,不久都挖成大沟。接着决开汴水引入沟中,导引各路木排、竹筏和船只运输各种建筑材料,都从沟中行驶进入。等到宫门修建事情结束,就把拆毁的瓦砾灰土,填在水沟中,重又变成通衢大道了,节省费用数以万计。

悫庭说:大凡筹划营造的开始,必须全面谋划,才能避免遇事慌张。这个工程,一次行动而三件好处具备了。凿通大街而取土近捷方便,这是第一个好处;凿成水沟而备齐材料容易到达,这是第二个好处;工程竣工而腐土黑灰,当即用来填实水沟,无须烦劳再生事征集调遣人力物力,而又修成通衢大道,这是第三个好处。三种好处得到后,费用不期望节省而自然就节省了。具有这种筹划,丁谓的才思自是不同寻常。

【原文】

宋赵从善尹京日,宦寺欲窘之,科降设醮,红桌子三百只,内批限一日办集。从善命于酒坊茶肆,取桌相类者三百,净洗,糊以白纸,用红漆涂之,如期而备。两宫幸聚景园,夜过万松岭,立索火炬三千。从善命取诸瓦舍妓馆,不拘竹帘芦帘,实以脂,卷而绳之,系于夹道松树左右,照耀比于白日。

悫庭曰:辇下征发,本无期会,承办正费周章,况中官有意窘之乎?乃一日之内,俄顷之间,而醮桌列炬应之裕如,由其经理有法也。赵尹洵不易才!

宋高宗南渡,驻跸临安,草创行在,方造一殿,无瓦而天雨,郡与漕司忧之。忽一吏白曰:"多差兵丁,以钱锱分俵关厢铺店,赁借楼屋腰檐瓦若干,旬月新瓦到,如数倍还。"郡司从之,殿瓦咄嗟而办。

宋辛幼安在长沙,欲于后圃建楼赏中秋,时已八月初旬矣。吏白:"他皆可办,惟瓦不及。"幼安命于市上,每家以钱一百赁檐前瓦二十片,限两月,以瓦收钱,于是瓦不可胜用。

悫庭曰:猝办之事,每每令人棘手。要在任事者出自心裁,因事制宜,庶可克期取办。若胶柱鼓瑟,则跬步不可行矣。临安令之造殿,辛幼安之建楼,与夫赵从善之猝办红桌火炬,皆有得乎裁制妙用,于以成务无难矣。

【译文】

宋朝的赵从善主管京城的时候,太监想要为难他,就传旨设立道场祈福消灾,要红桌子三百张,宫内传旨限期一日办成。赵从善命令从酒坊、茶馆中,选取形状相似的桌子三百张,洗得干干净净,用白纸糊好,用红油漆涂过,如期而完成。皇帝和皇后欢聚景园,夜里路过万松岭,马上索要三千只火炬。赵从善命令从各瓦市妓馆，不论是竹帘还是芦帘，全部浇灌油脂，卷起来用绳子捆好，系在夹道松树两边，点燃起来，照耀如同白昼一般。

壸庭说：京城征集调遣人力物力，本来没有限定的一段时间，接受办理正费周折，何况太监有意给他出难题呢？然而在一日之内，片刻之间，而祭桌火炬应付得绰绰有余，这是由于他经办处理拥有方法的缘故。赵从善这个京官确实是不可代替的人才！

宋高宗南渡，停留暂住在临安，开始兴办行宫，刚刚造好一座宫殿，没有瓦而天降雨，郡守与漕司十分担忧。忽然一名役吏禀报说："多派些兵丁，把成串的钱分给城门外大街和附近地区店铺，租借楼房的腰檐瓦若干，等十天至一个月新瓦运到，如数加倍奉还。"郡守和漕司听从了他的意见，殿瓦迅速就解决了。

辛弃疾在长沙时，要在后园建一座楼观赏中秋明月，当时已经是八月上旬了。役吏禀报说："别的都可以办到，只是瓦来不及准备。"辛弃疾命人到集市上，每家用一百文钱租借檐前瓦二十片，限期两个月，根据瓦数收钱，当时瓦用都用不过来了。

壸庭说：仓促间要办理的事情，常常叫人难以对付。关键在于承担事务的人自出心裁，根据事情的不同情况采取妥善的处理方法，差不多才可以按期完成。如果胶柱鼓瑟，就是迈步不能前行了。临安令建造宫殿，辛弃疾建造楼阁，与赵从善仓促间置办红桌、火炬，都是成功在安排神妙的作用上，因此办成事情自然没有困难了。

【原文】

明正统时，边事甚急。工部移文巡抚周忱，索造盔甲腰刀数百万，其盔甲俱要水磨。公取所积余米，依数成造，且计水磨明盔，非岁不可，暂令摆锡，旬日而办。

壸庭曰：事关军需，较诸寻常兴作尤重。公则取诸羡余，依数立办，具见平日撙节物力，未雨绸缪至计。至以摆锡易水磨，既不至于愆期，而外观有耀，亦可藉壮军容，此尤其善于变通处。

明汪应轸守泗州，邮卒驰报武宗驾且至。他邑彷徨，勾摄为具，民至塞户逃匿，轸独凝然弗动。或问其故，轸曰："吾与士民素相信，即驾果至，费旦夕可贷而集。今驾来未有期，而仓卒措办，科派四出，胥吏易为奸。倘费集而驾不果至，则奈何？"他邑用执炬夫役以千计，伺候弥月，有冻饿死者。轸命缚炬榆柳间，以一夫掌十炬，比驾夜历境，炬伍整饬，反过他州。

壸庭曰：明武宗时，中涓用事，车驾所至，每多驿骚之忧。汪公以谪官典州，而能从容静镇，不为仓猝所摇，卒之事集而民不以为病，洵经世之能臣也。观其自言曰"吾与士民素相信"，则知其平日惠泽之及人者深矣。

【译文】

明朝正统年间，边境上的战事十分紧急。工部送来公文给巡抚周忱，索要制造的盔甲、腰刀数百万件，这些盔甲都要加水精细打磨的。周忱公取来所积蓄的余米换成资金，依照数目造就，而且他考虑加水精细打磨的明亮盔甲，非要一年时间不可，于是暂时先令工匠包层锡，十天就完成了。

壸庭说：事情关系到军队需求，比各项平常的兴造制作更加重要。周忱公却从盈余财物中取为资金，依照数目立即完成，足以看出他平时节省物资，有未雨绸缪的长远计划。至于用包层锡的办法代替加水精细打磨，既不至于耽误期限，而外观看起来又光耀鲜明，也可以借此壮大军队的气势，这尤其是他善于变通的地方。

明朝的汪应轸担任泗州知府时，驿站士卒驰马飞报武宗车驾即将到来。其他几个州邑的官员坐立不安，拘捕捉拿进行准备，百姓甚至关门出逃，汪应轸独自安然不动。有人问他原因，汪应轸说："我与百姓一向互相信任，即使皇帝车驾真的到来，费用短时间就能筹借齐备。如今皇帝车驾到来没有准确日期，如果匆忙筹集，摊派四出，小吏容易作奸邪的事情。倘若费用筹集起来而皇帝车驾不再真的到来，那怎么办呢？"其他州邑使用拿着火炬的役夫就数以千计，守候等待整整一个月，有受冻挨饿而死的人。汪应轸叫人把火炬绑在榆树、柳树之间，用一个役夫掌管十把火炬，等到武宗车驾夜里经过州境，火炬队伍整齐有序，反而超过其他州邑。

悫庭说：明朝武宗时，宦官当权，皇帝车驾所到之处，经常增加骚扰的祸害。汪公以被贬官员的身份主管泗州，却能举动从容安静镇定，不被匆忙急迫所动摇，最终把事情也办好而百姓不认为受害，确实是治理政事的干练之臣。看他自己所说的话"我与百姓一向互相信任"，就知道他平时的恩泽施予百姓已经很深了。

【原文】

魏曹冲，字仓舒，自幼聪慧。孙权尝致巨象于曹公，公欲知其轻重。以访群下，莫能得策。冲曰："置一大船之上，而刻其水痕所至，称物以载之，一较可知矣。"冲时仅五六岁，公大奇之。

悫庭曰：称物比较轻重，自可立剖。冲以毁齿之年，而能见事如此，三国多才，皆当逊其凤慧。

宋初，两浙献龙船，长二十余丈，上为宫室层楼，设御榻以备游幸。岁久，腹败，欲修治，而水中不可施工。熙宁中，宦官黄怀信献计，于金明池北凿大澳，可容龙船，其旁置柱，以大木梁其上，乃决汴水人澳，引船当梁上，即车出澳中水。完补讫，复以水浮船，撤去梁柱，以大屋蒙之，遂为藏船之室，永无暴露之患。

苏郡葑门外，有灭渡桥。相传水势甚急，工屡不就。有人献策，度地于田中，筑基建之。既成，浚为河，导水繇桥下，而塞其故处，人遂通行，故曰"灭渡"。此桥巨丽坚久，俗云鲁班现身也。

悫庭曰：水次工作，而于陆地设施，其说似创，而一则舟腐而复新，一则桥成而不圮，备见匠心之巧。

【译文】

魏国的曹冲，字仓舒，自小聪明而有智慧。孙权曾经送给曹操一头大象，曹操想知道这头大象的重量。用这事来询问僚属们，没有人能够想出办法。曹冲说："放在一条大船上，然后在船的浸水之处刻上记号，称量物品来装在船上，一比较就能够知道了。"曹冲当时仅仅五六岁，曹操对此感到十分惊奇。

悫庭说：称量物品来比较轻重，自然可以马上断定结果。曹冲以他换奶牙时的年龄，而能够这样见识事情，三国人才众多，都应当比不上他年少时的聪慧。

宋朝初年，两浙地区向皇帝进献龙船，长二十多丈，上面建有宫室、高楼，设置坐卧具以备皇帝出游巡幸。年岁长久，龙船的肚子腐朽了，想要修理整治，然而在水中不能施工。熙宁年间，宦官黄怀信献上计策，在金明池的北边开凿港湾，大小可以容下龙船，在它的旁边立柱子，用大木头架在上面作梁，于是放汴水进入港湾，

资政秘典

·正经·

图文珍藏版

393

牵引龙船到木梁上方,就用水车汲出港湾中的水,修复结束后,再放水浮起龙船,落下木梁和柱子,用大屋子遮蔽在港湾上,就成为掩藏龙船的库房,这样龙船永远没有暴露的忧患了。

苏州郡葑门的外面,有一座灭渡桥,相传水势特别湍急,工程多次不能完成。有人献出计策,在田中丈量土地,筑桥基建桥梁。建成后,深挖成河道,引导水从桥下流过,然后堵塞原来的河道,人于是可以通过了,因而把这座桥叫作"灭渡"。这座桥极其美好坚固耐久,一般人都说鲁班现身了。

悫庭说:水边上的工程制作,而在陆地上搞设施,这种说法类似创新,因而一条船腐朽后修复一新了,一架桥修成而不毁坏了,都可以充分看到工匠心思的巧妙。

【原文】

晋王丞相茂宏,善于国事。初渡江,帑藏空竭,唯有练数千端。丞相与朝贤共制练布单衣,一时士人翕然竞服,练遂涌贵。乃令主者卖之,每端至一金。

悫庭曰:练布单衣,想见茂宏高致,而敛重敛轻之术,已隐寓于其间。即小征大,藉以纾国用而拯匮乏,时人每比之管夷吾,良不爽也。

晋谢安乡人,有罢官者还,诣安。安问其归资,答曰:"唯有蒲葵扇五万。"安乃取一中者握之。士庶竞市,价遂数倍。

悫庭曰:此与王丞相之练布同意,乃茂宏以之裕国库,安石以之济所亲,其用有公私之异,斯仁风所扇,亦有广狭之殊。

【译文】

晋丞相王茂宏,善于处理国家大事。刚刚渡过长江时,国库空虚,只有白绢好几千匹。王丞相就与朝中贤臣共同制作白绢单衣,一时士大夫一致争相做这种衣服穿,白绢于是价格猛涨。王丞相于是命令主管人员卖掉库中的白绢,每匹竟卖到一金。

悫庭说:用白绢制作单衣,推想而知王茂宏的高雅情致,然而敛重敛轻的手段,已经暗中包含在其间了。从小的事情验证大的事情,借此用来宽裕国家的费用从而拯救资金的缺乏,当时的人常常把他比作管仲,实在是没错。

晋朝谢安同乡的人有辞官弃职的,回家前来拜见谢安。谢安问他回去的路费,回答说:"只有蒲葵做的扇子五万把。"谢安于是选取一把中意的握在手上。士族和庶族竞相购买,价格于是翻了几倍。

悫庭说:这与王茂宏丞相用白绢制单衣的用意相同,只不过王茂宏是用它来充裕国库,谢安石是用它来接济亲友,他们的用途有公私的区别,这种仁义之风所流布的地方,也有宽广和狭窄的不同罢了。

【原文】

宋起居舍人毋湜,至和中,上言乞废陕西铁钱,朝廷虽不从,其乡人多知之,争以铁钱货物,卖者不肯受,长安为之扰乱,民多闭肆。僚属请禁之,文彦博曰:"如此是愈惑扰也。"乃召丝绢行人,出其家缣帛数百匹,使卖之,曰:"纳其直尽以铁钱,勿以铜钱也。"于是众知铁钱不废,市肆复安。

悫庭曰:出缣帛以纳铁钱,而市中之讹言自息,无事令行禁止也。潞公一生,总以静镇为表率，即此可概其余。

唐刘晏为转运使时，兵火之余，百费倚办。尝以厚直募善走者，置递相望，觇报四方物价，虽远方不数日皆可达，使食货轻重之权，悉制在掌握，入贱出贵，国家获利，使四方无甚贵甚贱之病。

悫庭曰：制利权于掌握，使民不加赋，而国用自充，晏之有造于唐室大矣。而议者动以言利黜之，何耶？

【译文】

宋起居舍人毋湜，在至和年间，进呈言辞乞求废除陕西所流通的铁钱，皇帝虽然不听从，他的同乡人多数知道了这件事，争着用铁钱买东西，卖东西的人不肯接受，长安城为此混乱起来，百姓大多关闭铺子。下属官吏请求加以禁止，文彦博说："这样就更加疑惑混乱了。"于是召集丝绢行的商人，拿出自己家中的绢帛几百匹，让他们代卖，说："全部用铁钱收纳它的价钱，不要用铜钱。"这样百姓都知道铁钱不会作废，市场重又安定起来。

悫庭说：拿出绢帛来收纳铁钱，因而市场上的谣传自然就停止了，没有必要有令即行、有禁即止。文潞公先生的一生，总是以安静镇定作为表率，就此可以概括其他的事情了。

唐朝的刘晏担任转运使的时候，战乱之余，各种费用都靠他办理。曾经用重金招募善于奔走的人，用车马传递文书信息相望于路，察访报告各地货物的价格，即使是距离很远的地方不几天都可以到达，使粮食货物价格高低的衡量标准，全部控制在掌握之中，用低价买进用高价卖出，使国家获得利益，没有过贵过贱的弊病。

悫庭说：控制利益的权力在掌握之中，使百姓不增加赋税负担，而国家的用度自然就充足，刘晏对唐王朝有大的贡献了。然而议论的人动不动就用谈论利益贬斥他，为什么呢？

【原文】

晋陶侃在荆州时，敕监船官录锯木屑，不限多少。始莫解其意，后大会。值积雪始晴，厅事前余雪犹湿，于是悉用木屑覆之。官用竹，皆令录厚头，积之如山。后桓宣武伐蜀，装船悉以作钉。

悫庭曰：竹头木屑，皆适于用。惟士行精神足以贯注，乃觉天下曾无废物。彼以细故为弗屑者，适见本领之不济，而众材之弃者不少矣。其于用人亦然。

宋王钦若为亳州判官，监会亭仓，天久雨，仓司以米湿不为受纳。民自远方来输租者，深以为苦。钦若悉命输之仓，奏请不拘年次，先支湿米。太宗大喜，因识其名，由是大用。

悫庭曰：米湿而不听输租，其困在民；贮诸仓而不即支发，势必泡澜而不可食，其累在官。纳其租而为之奏请先支，则民不困，而官亦无所累矣。于此可见小人之尤者，必非无才。

【译文】

晋朝的陶侃在荆州为官时，命令监船官收集锯制木屑，不限数量多少。开始时没有谁了解他的意图，后来才全明白了。时值积雪开始放晴，视事问案的官署厅堂前余雪仍然潮湿，于是全部用木屑覆盖在上面。对于官家用竹，都叫人收集较厚的一端，堆积如山。后来桓温讨伐蜀国，全部把它们用作装配船只的木钉。

悫庭说：竹头、木屑，都有适合的用途。只有陶士行能够把精神全部集中，才觉得天下从来没有无用的东西。那些认为细小就不值得计较的人，正好表现出本事的不行，因而各种材木被丢弃的不少了。这对于任用人才也是同样的道理。

宋朝的王钦若担任亳州判官，监管会亭仓，天长期下雨，仓司因为米湿不肯收纳。百姓从远方前来交纳租税的人，深深以之为苦。王钦若命令全部输入粮仓，上奏请求不论年份的顺序，提前支用湿米。宋太宗十分高兴，于是记住了他的名字，从此委以重任。

悫庭说：因为米湿而不让百姓交纳租税，其困苦在于百姓；储存在仓库里而不当即拨付发给，势必发霉腐烂从而不能吃了，其损害在于官府。收纳百姓的租税而为此上奏请求提前支用，那么百姓就不困苦，从而官府也没有损害了。从这件事情可以看出最卑鄙无耻的人，并非一定没有才华。

卷十一 讽谕

【原文】

苦口者，良药也；逆耳者，忠言也。顾或戆或激，直且贾祸，岂尽听者之过哉？夫纳约者，牖其明。君有诤臣，父有诤子，士亦有诤友，其用广而其揆一也。罕譬者，曲为喻。于《易》取诸《巽》，于《诗》取诸《风》。进言者之前事，有足征者。

陈惠公大城，因起凌阳之台。未终，而坐法死者数十人，又执三监吏。夫子适陈，闻之，见陈侯，与俱登而观焉。夫子曰："美哉斯台！自古圣王之为城台，未有不戮一人而能致功若此者也。"陈侯默而退，遂窃赦所执吏。

悫庭曰：夫子论五谏，而曰："我从其讽谏乎！"所谓言者无罪，闻者足戒，谏之最善者也。"未有不戮一人"句，似非圣人语气，然观此可以喻知道矣。

【译文】

味苦难尝的，是疗效高的药物；不顺耳朵的，是忠直的言论。但是有的刚直有的偏激，正直就将招致灾祸，难道全是听者的过错吗？结纳信约的人，窗户要通明。君主有直言谏诤的大臣，父亲有直言劝谏的儿子，士人也有直言规劝的朋友，它的用途广泛而其道理是一样的。很少通晓的，就间接晓喻，从《周易》采取《巽》卦的卑顺谦逊，从《诗经》采取《国风》的委婉讽谏。进言人以前的事情，有足以证验的。

陈惠公大筑城池，于是兴建凌阳之台。还没有完工，然而犯法获罪而死的便有数十人，还拘捕了三个负有监督之责的官吏。孔夫子到陈国，听到了这件事，谒见陈惠公，和他一起登上凌阳之台观看。孔夫子说："这凌阳台美啊！自古以来圣明的帝王修筑城台时，没有不杀戮一人就能获得这样功效的。"陈惠公听后静默不语而退去，于是私下赦免了所拘捕的官吏。

悫庭说：孔夫子论忠臣向君王劝谏的五种形式，因而说："我同意用婉言隐语相劝谏！"所谓的说话的人没有罪过，听话的人足以戒免，这是最好的劝谏方法。"没有不杀戮一人"这句话，好像不是孔圣人说话的口气，然而看到这事就能够明白如何劝谏的道理了。

【原文】

秦始皇尝议欲大苑囿,东至函谷关,西至雍、陈仓。优旃曰:"善。多纵禽兽于其中,使寇从东方来,令麋鹿触之足矣。"始皇以故辍止。二世时,又欲漆其城。优旃曰:"善。主上虽无言,臣固将请之。漆城虽于百姓劳费,然佳哉!漆城荡荡,寇来不能上。即欲就之,易为漆耳,固难为荫室。"于是二世笑而止。

悫庭曰:始皇刚愎自用,固难批其逆鳞,而二世昏暗,尤未易理喻。不逆其意,而使之自觉其不可,所谓巽而善人也。俳优中有此大奇。

齐景公有马,其圉人杀之。公怒,援戈将自击之。晏子曰:"此不知其罪而死,臣请为君数之。"公曰:"诺。"晏子举戈临之曰:"汝为我君养马而杀之,而罪当死。汝使吾君以马之故杀圉人,而罪又当死。汝使吾君以马故杀圉人,闻于四邻诸侯,而罪又当死。"公曰:"夫子释之,勿伤吾仁也。"

悫庭曰:人主之势,非特万钧也。盛怒之下,逆鳞难批,况圉人固不能无罪,特不至死耳。历数其罪,而失刑之愆,隐然见于言外,宜景公之改容易虑也。诚善于畜君者矣。

【译文】

秦始皇曾经考虑要扩大皇家园林,东边划到函谷关,西边划到雍县和陈仓。优旃说:"好。多放些禽兽在里面,假使贼寇从东方到来,让麋鹿用角去抵挡他们就足够了。"秦始皇因此便停止了。秦二世时,又想用漆涂刷城墙。优旃说:"好。主上即使不说,臣下本来将要请求这样做。用漆涂刷城墙虽然给百姓造成耗费,可是很美啊!涂了漆的城墙光亮明净,贼寇来到不能爬上来。就是要做成它,容易用漆涂刷罢了,但是难办的是给它找一所阳光照射不到的阴暗屋舍。"当时秦二世笑着停止了。

悫庭说:秦始皇倔强固执自以为是,本来难以触犯他的强权之怒,而且秦二世昏庸愚昧,尤其不容易用道理开导。不违反他们的心意,反而让他们自己感觉到那样做不可以,这就是所说的卑顺而善于诱导别人。滑稽艺人中竟有这样才能出众的奇人。

齐景公有匹马,他养马的人把它杀了。齐景公大怒,举起戈就要亲自杀掉他。晏子说:"这个人不知道他的罪过就死了,臣下请求替您列举他的罪过。"齐景公说:"行。"晏子举着戈面对那个养马的人说:"你为我们国君养马而把它杀了,你的罪过应当处死。你使我们国君因为一匹马的缘故杀掉养马的人,你的罪过又应当处死。你使我们国君因为一匹马的缘故杀掉养马的人,使这事被四方的诸侯国国君听到,你的罪过还应当处死。"景公说:"先生放了他吧,不要伤害我的仁德了。"

悫庭说:人君的权势,不只是万钧之力。大怒之下,强权之怒难以触犯,何况养马的人原本不能无罪,只是不至于死罪罢了。——列举他的罪过,而用刑不当的过失,就隐微地见于言外了,难怪齐景公改变仪容和改变主意了。晏子确实是善于匡正君主之失的人了。

【原文】

齐有得罪于景公者。公大怒,缚置殿下,召左右肢解之,敢谏者诛。晏子左手持头，右手磨刀，仰而问曰："古者明王圣主，肢解人不知从何处始?"公离席曰："纵之，罪在寡人。"

惫庭曰：此与数圉人之罪，同一谏法。皆假将顺之术，以济其匡救之权，正善于匡救者也。晏子长于谲谏，其卒以君显，宜哉!

楚庄王即位，日夜为乐，不听政者三年。令国中曰："敢谏者死。"伍举入见，王左抱郑姬，右抱越女，坐钟鼓之间。伍举曰："愿有进隐。有鸟在阜，三年不蜚不鸣。是何鸟也?"王曰："三年不蜚，一蜚冲天;三年不鸣，一鸣惊人。举退矣，吾知之矣。"遂罢淫乐，听政，楚因以霸。

惫庭曰：以隐语为谏，大奇。后淳于髡谏齐威王，并用此语，而齐亦治。然亦唯遇英明之主，故进隐易入耳!

【译文】

齐国有获罪于齐景公的人。景公大怒，把他绑在宫殿下，召集左右的人肢解他，敢于劝谏的人就被诛杀。晏子左手抓住人头，右手磨刀，抬头问道："古代英明的天子圣明的君主，分解人的四肢不知道从何处开始下手?"齐景公离席起立说："放了他吧，罪过在寡人身上。"

惫庭说：这与列举养马人的罪过，是同一种劝谏方法。都是凭借将要顺从的方法，来成就匡正补救的权变，这正是善于匡正补救的办法。晏子擅长委婉地规谏，他最终因为国君而显名，应当啊!

楚庄王即位为君，日夜寻欢作乐，不处理政务已经三年。在国内下令说："敢于劝谏的人处死。"伍举入朝谒见，楚庄王左手抱着郑国的美姬，右手抱着越国的美女，坐在钟鼓之间。伍举说："希望奉献谜语。有只鸟在土山上，三年不飞不叫。这是只什么鸟?"楚庄王说："三年不飞，一飞直上天空;三年不叫，一叫使人惊奇。伍举你退下去吧，我知道你的意思了。"于是停止荒淫嬉乐，上朝处理政务，楚国因此而称霸诸侯。

惫庭说：用谜语劝谏，是一大奇事。后来淳于髡劝谏齐威王，也使用这个谜语，因而齐国也大治。然而也只有遇到英明的君主，所以奉献谜语才容易听从罢了!

【原文】

吴大帝权，尝怒校尉殷模，罪至不测。群下多为之言，权怒益甚。与相反覆，惟诸葛瑾默然。权曰："子瑜何独不言?"瑾避席曰："瑾与殷模等，遭本州颠覆，生类殄尽，弃坟墓，携老幼，披草莱，归圣化。在流离之中，蒙生成之福，不能躬相督厉，陈答万一。至今模孤负大恩，自陷罪戾。臣纠过不暇，诚不敢有言。"权闻之怆然，乃曰："特为君赦之。"

惫庭曰：现身设法，而隐然动其故旧之思，故能不烦言而自解。按《吴志》称诸

葛瑾与孙权谈说谏谕,未尝切愕,微见风采,粗陈指归。如有未合,则舍而及他,复托事造端,以物类相求,于是权意往往而释。即此可以概其生平。

贾诩事曹操,时临淄侯植才名方盛。操尝欲废丕立植,一日屏左右问诩。诩嘿不对。操曰:"与卿言不答,何也?"对曰:"属有所思。"操曰:"何思?"诩曰:"思袁本初、刘景升父子。"操大笑。丕位遂定。

悫庭曰:父子之际,人所难言。以操之奸雄,立嫡以长之说,岂不知之?而顿思废立,则其溺爱之私,难以理夺矣。然操能不顾名理,不能不惧后祸。袁、刘之事,乃其生平所目击而嗤笑者,今日肯自我而蹈之乎?不再计而割爱正嫡,操非能顺乎理也,惕于祸也,知惧祸自顺乎理矣。事有反言之而曲当者,此之谓也。诩于当涂谋士中,最称多智。即此见其立言之妙。

【译文】

贾诩侍奉曹操,当时临淄侯曹植才华与名望正在盛大。曹操曾经想要废除曹丕而扶立曹植,一天屏退左右询问贾诩。贾诩沉默不回答。曹操说:"与爱卿说话不回答,为什么?"回答说:"属下正在思考。"曹操说:"思考什么?"贾诩说:"思考袁绍、刘表父子。"曹操大笑。曹丕的地位于是确定。悫庭曰:父子的关系,别人很难说清楚。凭曹操的奸雄称号,确立继承人要以长子充当的说法,怎能不知道?然而顿时萌生废长立幼的念头,可见他过分宠爱的私情,难以用道理改变了。但是曹操能不顾忌名分与道理,却不能不畏惧日后的祸患。袁绍、刘表废长立幼的事情,是他生平所亲眼看见而且嗤笑的,现在岂肯自己重蹈他们败亡的覆辙吗?不再计议而舍弃所宠爱的儿子、使嫡子正名定位,曹操并不是能顺从道理,而是对祸患的畏惧,知道畏惧祸患自然就顺从道理了。事情有正话反说而委曲得当的,说的就是这个道理。贾诩在掌权设谋献计的人中,最称智慧众多。从这件事便可看出他提出看法的巧妙了。

【原文】

唐文德皇后既葬,太宗即苑中作层观,以望昭陵,引魏徵同升。徵熟视曰:"臣吒目,不能见。"帝指示之。徵曰:"此昭陵耶?"帝曰:"然。"徵曰:"臣以陛下为望献陵,若昭陵,则臣固见之矣。"帝泣,为之毁观。

悫庭曰:孝衰于妻,子大孝之终身慕父母者罕矣。太宗闻献陵、昭陵之语,而为之毁观,所谓发乎情,止乎礼义也。而徵之善于讽谏,此可概推。明天顺复辟,一日登翔凤楼,见石亨新第,极伟丽,顾问恭顺侯吴瑾、抚宁伯朱永曰:"此何人居?"永谢不知。瑾曰:"此必王府。"上笑曰:"非也。"瑾曰:"非王府谁敢僭妄如此?"上始疑亨。此事迹涉倾陷,然亨等贪夺门功,恃宠恣行,驯致乱阶,未易以卒除也。吴瑾所对,与魏徵献陵之语,同一口气。而"僭妄"一语,遂为石亨谳词定案,直觉字挟风霜,其作用与王文正去丁崖州等。

【译文】

唐朝文德皇后已经下葬,唐太宗就在皇家园林中修筑高耸的楼观,来观望昭陵,带领魏徵一起登上楼观。魏徵注目细看说:"臣下我眼睛昏花,不能看见。"太宗用手指点给他。魏徵说:"这是昭陵吗?"太宗说:"是的。"魏徵说:"臣下我以为陛下是在眺望献陵，倘若是昭陵，那么臣下我本来就看见它了。"唐太宗哭泣，为此而拆毁了楼观。

嵩庭说：孝顺减退是由于妻子，儿子长大孝顺终身思慕父母的很少了。唐太宗听到关于献陵、昭陵的话，因而为此拆毁楼观，这就是所说的由情感而产生，由礼法道义而控制。而魏徵善于用婉言隐语相劝谏，由此可以大略推知。明朝天顺年间英宗恢复皇位，一天登上翔凤楼，看见石亨新建的住宅，非常宏伟壮丽，回头问恭顺侯吴瑾、抚宁伯朱永说："这是什么人住的地方？"朱永推辞不知道。吴瑾说："这必定是王爷的府第。"皇帝笑着说："不是。"吴瑾说："不是王爷的府第，谁敢这样越分而狂妄？"皇帝开始怀疑石亨。这件事迹象上涉及倾轧陷害，然而石亨等人贪图复辟的功劳，依仗宠爱任意横行，逐渐招致灾祸的开端，是不容易最终除掉他们的。吴瑾所回答的话，与魏徵关于献陵的话，是同一口气。然而"越分而狂妄"一句话，于是成为石亨罪案判决词的定论，真是觉得用字挟带风霜，其作用与王文正除掉丁崖州的话相同。

【原文】

明解缙应制，题《虎顾众彪图》，曰："虎为百兽尊，谁敢触其怒。唯有父子情，一步一回顾。"文皇见诗有感，命夏原吉迎太子于南京。

嵩庭曰：甚矣诗之能感人也！五言一绝，当作二十字章奏读。盖当时高煦萌夺嫡之谋，两宫猜忌渐成。缙借此进讽，卒全文皇父子之亲。此等应制诗，乃非无所为而作者。杨龟山谓："诗尚谲谏。不知风雅之意，不可以作诗。"旨哉！

【译文】

明朝解缙应皇帝之命作诗，题名《虎顾众彪图》，说："虎为百兽尊，谁敢触其怒。惟有父子情，一步一回顾。"明成祖看见诗有感触，命令夏原吉从南京接回太子。

嵩庭说：诗的确能感动人啊！这一首五言绝句，应当作为二十个字的奏章阅读。大概当时朱高煦萌生了夺取皇位继承人的阴谋，皇帝与太子之间猜忌渐渐形成。解缙借助这首题诗进行委婉劝谏，最终保全了明成祖父子间的亲情。这种应皇帝之命写的诗，就不是无所为而作的了。杨龟山认为："诗歌崇尚委婉地规谏。不知风雅教化的意图，不可以作诗。"说得多好啊！

【原文】

唐庄宗好猎，践民田，中牟令当马切谏。庄宗怒，叱出，将杀之。伶人敬新磨率诸伶追令，前，责之曰："汝为县令，奈何纵民稼穑以供赋税？何不饥汝民而空其地，以备天子之驰驱？汝罪当死。"因请亟行刑。庄宗悟，笑释之。

嵩庭曰：绝奇罪案，绝好谏书。

唐穆宗见柳公权书迹，爱之，问曰："卿书何能如是之善？"对曰："用笔在心，心正则笔正。"帝默然改容，知其以笔谏也。

嵩庭曰：因事纳诲，古大臣格心之道类然。

【译文】

后唐庄宗喜好打猎,踩踏民家田地,中牟县令拦着马头直言极谏。庄宗大怒,呵斥退出,将要杀掉他。乐人敬新磨率领各位乐人追赶到县令,来到马前,责备他说:"你担任县令,为什么听任百姓种植庄稼来交纳赋税?为什么不让你的百姓挨饿而空出这块地方,来满足天子策马疾驰?你的罪过应当处死。"于是请求迅速执行死刑。庄宗醒悟,笑着释放了他。

悫庭说:无比奇特的犯罪案件,无比美好的进谏奏章。

唐穆宗看到柳公权的书法墨迹,喜欢它,问道:"爱卿的书法为什么能这样好?"回答说:"运笔在心,心意纯正就会笔法端正。"穆宗沉默不语改变脸色,知道他是借用书法运笔的道理讽谕劝谏。

悫庭说:根据事情进献善言,古代大臣匡正君心的方法都是这样。

【原文】

唐贞观中,王珪多所规切。一日进见,有美人侍侧,帝指谓曰:"庐江不道,贼其夫而纳其室,能不亡乎?"珪避席曰:"陛下以庐江为是耶?非耶?"帝曰:"朕已明言之,乃问朕是非,何也?"曰:"陛下知庐江之亡,而姬仍在侧,窃谓陛下以为是耳。"帝默然。

悫庭曰:责人则明,恕己则昏,以太宗之贤而犹不免此。珪因其问而折之,正因其明以导之也。

蜀汉时,天旱,禁私酿。吏于人家索得酿具,欲论罚。简雍与先主游,见男女行道,谓先主曰:"彼欲行淫,何不缚?"先主曰:"何以知之?"对曰:"彼有其具。"先主大笑而止。

悫庭曰:先主初定巴蜀,武侯为政,承刘焉父子积玩之余,济之以猛,权时变也。然至以酿具为人罪,殊非修省之道。简雍以谑语出之,不觉令人失笑,而酿具之禁,其失显然矣。殆滑稽之流与!

【译文】

唐朝贞观年间,王珪在很多地方劝诫谏正。有一天进见,有美人陪侍皇帝身边,皇帝指着美人说:"庐江王无道,杀了她的丈夫而娶其妻室,能不败亡吗?"王珪离开座席起立说:"陛下您认为庐江王是对的呢?还是错的呢?"皇帝说:"朕已经明白地说了,还要问朕是对的还是错的,为什么?"王珪说:"陛下知道庐江王灭亡的原因,然而他的姬妾仍然留在身边,我私下以为陛下认为庐江王是对的。"皇帝沉默不语。

悫庭说:责备别人就明白,宽恕自己就糊涂,像唐太宗这样的贤明然而还是免不了如此。王珪利用他问话而说服他,正好是利用他的贤明来开导他。

蜀汉时,天旱,禁止私人酿酒。役吏在民宅搜到酿酒的器具,想要论罪处罚。简雍与先主巡行,看见男女在路上行走,对先主说:"他们想要进行淫荡,为什么不捆绑起来?"先主说:"怎么知道的?"回答说:"他们都有淫荡的器具。"先主大笑从而停止了处罚。

悫庭说:先主刚刚平定巴蜀,武侯处理政事,承继刘焉父子积久玩忽的弊端,用严厉的手段加以纠正，这是审度时世的变化。然而以至于用酿酒器具给人定罪，实在不是修身反省的办法。简雍用开玩笑的语言提出，不觉叫人不自主地发笑，而酿酒器具的禁令，其失误非常明显了。这大概是能言善辩一类的人物吧！

卷十二　说辞

【原文】

士掉三寸舌，强于百万师，固非辞不为功，而或者概以骋辩少之，何欤？夫言语之科，圣门所贵；专对之才，智者其难。正笏而决大议，奉圭而修邻好，茹吐之间，荣辱随之矣。《书》曰："惟口出好兴戎。"《诗》曰："辞之辑矣，民之洽矣；辞之怿矣，民之莫矣。"盖辞之不可已也如是！

吴征会于诸侯，卫侯后至，吴人藩卫侯之舍。子贡说太宰嚭曰："卫君之来，必谋于其众。其众或欲或否，是以缓来。其欲来者，子之党也；其不欲来者，子之仇也。若执卫侯，是堕党而崇仇也。"嚭说，乃舍卫君。

惢庭曰：黄池之会，争长中夏。夫差侈然有霸诸侯之心焉，卫后至而藩其舍，以讨贰也。说之以"堕党崇仇"，不特能动宰嚭之听，千古来两国相交时，众人心事，事机成败，四字中实已包括尽净。语奇字警，他人纷纷争论，从未尝出此窠臼，却说来总不能如此明白了当。圣门言语之科，首推端木，有以哉！

【译文】

士人鼓动三寸的舌头，强于百万的军队，所以不是辞令就不能成功，然而有人大概因为纵横辩论受轻视，为什么呢？善于辞令的科目，是孔子的门下所看重的；单独应对的才能，有智慧的人也是困难的。端正笏板而决定重大决策，捧着圭玉而修睦邻国友好，吐纳出入之间，光荣与耻辱也就随之而来了。《尚书》说："嘴里既能说出好话又能引起争端。"《诗经》说："辞令和悦，民众就和谐了；辞令喜悦，民众就安定了。"大概辞令就像这样不能停止！

吴国征召诸侯会盟，卫侯迟到，吴人便用篱笆围住了卫侯的馆舍。子贡劝说太宰嚭说："卫国国君前来，必定同他的众臣商量。他的众臣中有的愿意有的不愿意，因此迟缓而来。那些愿意他来的人，是您的朋友；那些不愿意他来的人，是您的仇人。倘若拘捕卫侯，这就伤害了朋友而帮助了仇人。"太宰嚭很高兴，于是放掉了卫国国君。

惢庭说：黄池之会，是争夺中原地区诸侯之长。吴王夫差狂妄自大，有称霸诸侯的野心。卫侯迟到而用篱笆围住了他的馆舍，是为了惩罚对吴怀有异心的人。用"伤害了朋友而帮助了仇人"加以劝说，不仅能打动太宰嚭的听闻，就是千古以来两国相互交往时，众人的心事，时机的成败，这四个字里实际上已经包括全部不剩。语言新奇用字机警，别人纷纷争辩讨论，从来不曾超出这个格式范围，但却说起来总不能这样明白干脆。孔子门下善于辞令的科目，首推端木赐，有原因啊！

【原文】

契丹乘宋有西夏之忧，遣使来言关南之地（地是石晋所割，后为周世宗所取）。

富弼奉使往见契丹主曰:"两朝相好垂四十年,一旦求割地,何也?"契丹主曰:"南朝违约,塞雁门,增塘水,治城隍,籍民兵,将何以为? 群臣请举兵而南,吾谓不若遣使求地,求而不获,举兵未晚。"弼曰:"北朝忘章圣皇帝之大德乎? 澶渊之役,苟从诸将言,北兵无得脱者。且北朝与中国通好,则人主专其利,而臣下无所获;若用兵,则利归臣下,而人主任其祸。故劝用兵者,皆为身谋耳。今本国提封万里,精兵百万,北朝欲用兵,能保必胜乎? 就使幸胜,所亡士马,群臣当之与,抑人主当之与? 若通好不绝,岁币尽归人主,群臣何利焉?"契丹主大悟,首肯者久之。弼又曰:"塞雁门者,备元昊也;塘水始于何承矩,事在通好前;城隍修旧,民兵亦补阙,非违约也。"契丹主曰:"虽然,吾祖宗故地,当见还耳!"弼曰:"晋以卢龙赂契丹,周世宗复取关南地,皆异代事。若各求地,岂北朝之利哉?"既退,刘六符:"吾主耻受金币,坚欲十县,何如?"弼曰:"本朝皇帝言:'为祖宗守国,岂敢妄以土地与人? 北朝所欲,不过租赋耳。朕不忍多杀两朝赤子,故屈己增币以代之。'若必欲得地,是志在败盟,假此为辞耳。"明日,契丹主召弼同猎,引弼马自近,谓曰:"得地,则欢好可久。"弼曰:"北朝既以得地为荣,南朝必以失地为辱。兄弟之国,岂可使一荣一辱哉?"猎罢,六符曰:"吾主闻公荣辱之言,意甚感悟。今惟结姻可议耳。"弼曰:"婚姻易生嫌隙。本朝长公主出嫁,赍送不过十万缗,岂若岁币无穷之利哉?"弼还报,帝许增币。契丹主曰:"南朝既增我币,辞当曰'献'。"弼曰:"南朝为兄,岂有兄献于弟乎?"契丹主曰:"然则为'纳'。"弼亦不可。契丹主曰:"南朝既以厚币遗我,是惧我矣,于二字何有? 若我拥兵而南,得无悔乎?"弼曰:"本朝兼爱南北,故不惮更成,何名为惧? 或不得已而至于用兵,则当以曲直为胜负,非使臣之所知也。"契丹主曰:"卿勿固执,古有之矣。"弼曰:"自古惟唐高祖借兵突厥,当时赠遗,或称'献''纳'。其后颉利为太宗所擒,岂复有此哉?"契丹主知不可夺,自遣人来议。帝用晏殊议,竟以"纳"字与之。

悫庭曰:使臣立言,亢则易启衅端,卑则自伤国体。矧宋当日者,西陲不靖,讵可复挑北敌? 富公所处极难。观其应对之间,不亢不卑,有卓然不拔之概,而无溢美迁令之失,可谓不辱君命者矣。

汉建安二十四年,先主为汉中王,遣司马费诗拜关羽为前将军。羽闻黄忠为后将军,怒曰:"大丈夫终不与老兵同列。"不肯受拜。诗谓羽曰:"夫立王业者,所用非一。昔萧曹与高祖少小亲旧,而陈韩亡命后,至论其班次,韩最居上,未闻以此为怒。今王以一时之功,隆崇于汉室,然意之轻重,宁当与君侯齐乎? 且王与君侯,譬犹一体,休戚共之。愚谓君侯不宜计官号之高下,爵禄之多少。仆一介之使,衔命之人,君侯不受拜,于是便还,但惜此举动,恐有后悔耳。"羽大感悟,遽即拜受。

悫庭曰:说来入情入理,关壮缪纵然护前,不得不心折而退听矣。

【译文】

契丹利用宋朝有西夏的忧患,派遣使者来索要瓦桥关以南的地方(地方是后晋石敬瑭所割让,后来被周世宗所夺取)。富弼奉命出使前往谒见契丹国主说:"两个国家彼此友好将近四十年,忽然要求割让土地,这是为什么?"契丹国主说:"南方的宋朝违反盟约,关闭雁门,增加塘水,修治城池,登记民兵,将要用来做什么? 各位大臣都请求发兵南下,我说不如派遣使者去要求割让土地,要求如果不答应,再发兵也不晚。"富弼说:"北方王朝忘记显扬圣宗皇帝的大功德吗? 澶渊那次战役,如果听从各位将领的意见,北方士兵就没有能够逃脱的。而且北方王朝同中原国家往来交好,那么君主就要独享其好处,而臣下就会无所收获;倘若用兵,那么好处就要归于臣下,而君主就会承受其祸患。所以劝说用兵的人,都是为自身谋虑罢了。如今我国疆域万里,精兵百万,北方王朝要想用兵,能够保证一定取胜吗? 即使侥幸取胜,所损失的兵马,是各位大臣承担呢,还是君主承担呢? 如果往来交好不断,每年送来的钱物全部归于君主,各位大臣有什么好处呢?"契丹国主豁然醒悟,点头同意好久。富弼又说:"关闭雁门,是为了防备元昊;塘泊贮水始于何承矩,事情在往来交好之前;城池修理是原本的事,民兵也是补充缺员,并不是违反盟约。"契丹国主说:"即使这样,我祖先旧时所有的地区,应当被归还吧!"富弼说:"后晋用卢龙贿赂契丹,周世宗又夺取关南地区,这都是前代的事情。倘若各自要求土地,难道是北方王朝的好处吗?"退下后,刘六符说:"我们国主把接受金属货币当作耻辱,坚持要割十县的地方,怎么样?"富弼说:"我们宋朝皇帝说过:'为祖先守卫国土,怎么敢随便把土地送给别人? 北方王朝所想要的,不过是租税罢了。朕不忍心更多杀害两个王朝的百姓,所以委屈自己增加钱物来代替它。'倘若一定要得到土地,这是决心要违背盟约,借这个做托词罢了。"第二天,契丹国主召唤富弼一同打猎,引富弼的马靠近自己,说:"得到土地,那么欢悦和好就可以长久。"富弼说:"北方王朝既然把得到土地作为荣耀,南方宋朝就必定把失去土地当作耻辱。兄弟关系的国家,怎么可以使一国荣耀一国耻辱呢?"打猎完毕,刘六符说:"我们国主听到您荣耀耻辱的言论,心中很受感动而醒悟。如今只有结为婚姻可以讨论罢了。"富弼说:"婚姻容易产生因嫌疑而形成的仇怨。我宋朝长公主出嫁,陪送不过十万贯钱,哪里比得上每年送来的钱物有无穷的好处呢?"富弼返回报告,皇帝允许增加钱物。契丹国主说:"南方宋朝既然增加给我的钱物,用词应当叫作'献'。"富弼说:"南方宋朝是兄,难道有兄向弟'献'的吗?"契丹国主说:"既然这样就用'纳'吧。"富弼也不答应。契丹国主说:"南方宋朝既然把丰厚的钱物送给我,这是惧怕我了,对于'献'、'纳'二字有什么关系呢? 倘若我率兵南下,能不后悔吗?"富弼说:"我宋朝同时爱护南北双方,所以不怕重修旧好,为什么叫作惧怕? 假使不得已而至于用兵,就应当把有理无理当作胜利失败,不是使臣我所能知道的了。"契丹国主说:"您不要坚持己见,古代有过这样的事情了。"富弼说:"自古以来只有唐高祖向突厥借兵,当时赠送礼物,有时候称为'献''纳'。后来颉利可汗被唐太宗擒获,难道还有这样的事情吗?"契丹国主知道不能使他改变,自己派人前来商议。皇帝采纳了晏殊的意见,竟然用"纳"字给契丹写了文书。

悫庭说:出使大臣提出见解,高傲的就容易引发争端,自卑了就会自己损害国家的体面。何况宋朝当时,西部边疆不安定,怎么可以再挑起北方的对抗? 富弼公所处的境地极其艰难。看他对答之间,既不高傲也不自卑,有卓越不可动摇的气概,而没有过分赞美改变命令的过失,可以说是不辱没君主使命的人了。

汉朝建安二十四年,先主刘备为汉中王,派遣司马费诗任命关羽为前将军。关羽听说黄忠为后将军,大怒说:"大丈夫最终不能与老兵同一班列。"不肯接受任命。费诗对关羽说:"创建帝王大业的人,所用人才不可能整齐划一。从前萧何、曹参与汉高祖从小就是亲近故旧,然而陈平、韩信却是逃亡后来的,等到论功排列他们的班位名次时,韩信却位居最上头,没有听说他们因此愤怒。如今汉中王因为一时的大功,受到汉朝的尊崇,然而在心中的轻重,怎能把他与君侯您等同呢? 况且汉中王与君侯您的关系,譬如一个整体,喜乐和忧虑共同承担。我认为君侯您不应当计较官职名称的高低,爵位俸禄的多少。我只是一个使者,接受使命的人,君侯您不接受任命,在此就回去,只是惋惜您这一举动,怕有事后懊悔罢了。"关羽大受感动而醒悟,立即跪拜接受了任命。

悫庭说:说起来合乎实情、合乎道理,关羽即使回护以前的错误,也不得不心中佩服而退让顺从了。

【原文】

宋李纲欲用张所,然所尝论宰相黄潜善。纲颇难之,一日遇潜善,款语曰:"今当艰难之秋,负天下重责,而四方士大夫号召未有来者。前议置河北宣抚司,独一张所可用,又以狂妄得罪。第今日势迫,不得不试用之。如用以为台谏,处要地,则不可。使之借官为招抚,冒死立功以赎过,似无嫌。"潜善欣然许之。

悫庭曰:伯纪当国步艰难之时,需才孔急。而潜善为上所信任,若显示异同,势必从中掣肘。善为说辞,使之欣然乐就。其言愈婉,而其用心益苦矣!

汉成帝幸赵飞燕,飞燕谗班婕妤好祝诅。于是考问,辞曰:"妾闻死生有命,富贵在天。修善尚不多福,为邪欲以何望?若鬼神有知,不受邪妄之诉;若其无知,诉之何益?故不为也。"

悫庭曰:入宫见嫉,此《纨扇》之悲所由来也。乃谣诼之伤,至诬以祝诅,危矣。引对何等正当,心迹不辨而自明。千古女师,匪兹谁属?"鬼神有知"四语,崇信鬼物者,当书之座右。

【译文】

宋朝李纲想要任用张所,然而张所曾经弹劾过宰相黄潜善。李纲感到十分为难,一天遇到黄潜善,亲切交谈说:"如今正当艰难的时刻,担负天下的重大责任,然而四方士大夫召唤没有来的。以前商议设置河北宣抚司,只有一个张所可以任用,他又因为放肆妄为获罪于您。但是目前形势紧迫,不得不试用他。如果用他担任台官谏官,处于枢要地位,固然不可以。让他暂时担任招抚使,不顾生命危险建树功绩来补偿过失,好像没有妨碍。"黄潜善高兴地同意了。

悫庭说:李伯纪正当国家命运艰难的时刻,需要人才十分急迫。然而黄潜善为皇帝所信任,倘若明显地表示反对意见,他势必在这当中从旁牵制。善于用言辞劝说,使他高兴地乐于接受。他的言辞越是委婉,从而他的用心就越是辛苦了!

汉成帝宠幸赵飞燕,赵飞燕进谗言说班婕妤喜欢祝告鬼神加害成帝。因此拷打审问,班婕妤辩解说:"妾听说生死由命运主宰,富贵由上天掌握。做善事尚且不能多福,做坏事又想指望什么呢?倘若鬼神有知觉,就不会接受奸邪诈伪的祝祷;倘若鬼神没有知觉,祝祷又有什么用处呢?所以不做这些事。"

悫庭说:进入宫中遭到嫉妒,这是《纨扇》诗悲伤的由来。于是造谣毁谤伤害她,以至于用祝告鬼神加害成帝进行诬陷,真是危险了。召见对答是多么正确切当,心迹不用辩解而自然明白。千古女子的楷模,除了她还有谁是这类人?"鬼神有知"四个字,对于崇信鬼怪的人来说,应当写在座位的右边。

【原文】

唐天后尝召徐有功,责之曰:"公比断狱,多失出,何邪?"有功对曰:"失出,人臣小过;好生,陛下大德。"

恭庭曰:武氏临朝,大开告密之门,来俊臣、周兴辈,锻炼周内,不恤民命。唯有功治狱平允,所全活甚多。引对二语,歆动其恻隐之心,亦自见忠爱之意。蔼然仁者之言也!

【译文】

唐朝武则天曾经召见徐有功,责备他说:"你近来审理和判决案件,大多放过犯人,为什么呢?"徐有功回答说:"放过犯人,是作为臣子的小过失;爱惜生命,则是陛下的大功德。"

恭庭说:武则天临御朝廷处理政事,大开告密之门,来俊臣、周兴一类人,罗织罪名周密无遗,毫不顾惜百姓生命。只有徐有功审理案件公平允当,保全救活了很多人。召见回答的两句话,触动了武则天的同情之心,也就自然表现出忠君爱民之意。仁爱之人的言论真是和蔼可亲啊!

智帙

【题解】

　　"智"在儒家的道德规范体系中，是最基本最重要的德目之一，也是儒家理想人格的重要品质之一，被视为"三达德""四德"及"五常"之一。孔子是首先把"智"视为道德规范、道德品质或道德情操的，并且把"智"与"仁""勇"两个道德规范并举，定位为君子之道。

　　作者在本帙设立《控驭》《妙应》《利导》《沉几》四篇，从统治和驾驭人的方法、解决问题要因势利导、随机应变、沉着冷静把握时机四个方面，评述了历史上的经典事例，体现了其对儒家道德规范体系中"智"慧的理解，也反映出了他的智慧光辉。这些驭人的方法和解决问题的原则，无疑会使我们变得更加聪明。

卷十三　控驭

　　马之力大于人，乃执策而临之，进退惟命者，六辔在手也。惟人亦然，驭之得其策，则疆以戎索，远人可以羁縻，入我牢笼。奸宄随所操纵，虽有覂驾之材，踶啮之性，无难鞭箠使之矣。《诗》曰："抑罄控忌，抑纵送忌。"盖不独善驾马者有良造也！

　　宋真宗时，曹克明官融桂等十州都巡检。蛮来献药一器，曰："此药凡中箭者敷之，创立愈。"克明曰："何以验之？"曰："请试鸡犬。"克明曰："当试以人。"遂以箭刺蛮股，傅以药，蛮立死。群蛮惭惧而去。

　　悫庭曰："'未达，不敢尝'，圣有明训，况新附之蛮，其心叵测乎？药由蛮献，而即以蛮验药，则蛮之诈伪立见，而不敢复施其诡计矣。此为控制苗蛮设也。若羊叔子之于陆抗，馈问互通，而坦怀相与，又不可同年而论。

【译文】

　　马的力气比人大，竟然拿着鞭子而面对它，前进后退听从命令，是因为六条缰绳在人手上。人也是这样，驾驭他们掌握其要领，那么按照戎人的办法来划定疆界，远方的外族人就可以笼络，进入我的控制之中。违法作乱的人任凭被我操纵，即使有翻车的本领，踢咬的烈性，也不难用鞭子驱使他们了。《诗经》说："有时勒马缓缓进，有时放马往前奔。"大概善于驾马的人不只有王良、造父啊！

　　宋真宗时，曹克明担任融、桂等十州都巡检。蛮人前来进献药物一瓶，说："这种药凡是中箭的人敷上它，创伤立刻痊愈。"曹克明说："用什么方法验证它？"回答说："请试验鸡狗。"曹克明说："应当用人来试验。"于是用箭刺伤蛮人的大腿，把药物敷上，蛮人立即死亡。众位蛮人羞愧恐惧而离去。

　　悫庭说："未弄明白药性，不敢服试"，圣人已有明确的训诫，况且是新近归附的蛮人,他们的心思还不可测知呢?药物由蛮人进献,因而立即就用蛮人试验药物,那么蛮人的奸诈虚伪立即显现,从而不敢再来施展他们的诡计了。这是专为控制苗蛮设计的办法。至于像羊叔子对于陆抗,馈赠慰问互相交往,从而敞开胸怀相互友好,又不能相提并论。

【原文】

宋熙宁中,高丽入贡,使者凌蔑州郡。押伴使臣皆本路筦库,乘势骄横,至与钤辖亢礼。时苏轼通判杭州,使人谓之曰:"远夷慕化而来,理必恭顺。今乃尔暴恣,非汝导之不至是,不悛当奏之。"押伴者惧,为之小戢。使者发币于官吏,书称甲子。公却之,曰:"高丽于本朝称臣,而不禀正朔,吾安敢受!"使者亟易书,称"熙宁"。然后受之。

愚庭曰:外藩不奉正朔,不共孰甚焉。易书而后受,所以定名分也。至严饬押伴者,以驾驭远夷,与希亮同是一法。

东汉真定王杨某反,光武使耿纯持节收杨。纯既受命,若使州郡者,至真定,止传舍。杨称疾不肯来,与纯书,欲令纯往。纯报曰:"奉使见侯王牧守,不得先往,宜自强来。"时杨弟让,从兄绀,皆拥兵万余。杨自见兵强,而纯意安静,即从官属诣传舍,兄弟将轻兵拒在门外。杨入,纯接以礼,因延请其兄弟,皆至。纯闭门悉诛之,勒兵而出。真定震怖,无敢动者。

愚庭曰:乘其犹豫之际,好言以劝其来,镇静以安其心,优礼以招其党,使杨氏兄弟不觉而尽人其彀中,遂聚而歼焉。不烦扰攘而祸乱已弭,非智勇过人者,而能如是乎?

【译文】

宋朝熙宁年间,高丽进献贡物,使者欺凌蔑视沿途州郡官员。陪伴使臣都是本路保管仓库的役吏,乘机骄纵横行,甚至同钤辖用对等的礼节。当时苏轼担任杭州通判,让人对他说:"远方外族向慕归化而来,按理必定恭谨顺从。如今却如此暴戾恣睢,如果不是你引导他不至于这样,不加改正定当上奏朝廷。"陪伴使臣惧怕,为此稍有收敛。使者给官吏致送礼物,文书中用甲子纪年。苏公把它退了回去,说:"高丽对本朝称臣,然而不秉承本朝颁布的历法,我怎么敢接受!"使者赶快改变写法,称"熙宁"。然后才接受下来。

愚庭说:外部藩国不奉行朝廷新颁布的历法,没有比这更厉害的不恭敬了。改变了写法然后再接受,是为了确定名位与身份。至于严厉申饬陪伴使臣,来驾驭远方夷人,这与陈希亮用的是同一种办法。

东汉真定王刘杨谋反,光武帝派耿纯带着符节去拘捕刘杨。耿纯接受命令后,像出使州郡的样子,到达真定,住到旅舍里。刘杨借口生病不肯前来,给耿纯写信,想让耿纯前去见面。耿纯回复说:"奉命出使来见诸侯王和州郡长官,不能先去见面,应该自己勉强支撑病体前来。"当时刘杨的弟弟刘让、堂兄刘绀,都掌握军队一万余人。刘杨自知兵力强大,而耿纯的意态安定平静,便让属官跟着前往旅舍,兄弟率领行动迅疾的士兵守在门外。刘杨进入,耿纯以礼相待,于是邀请他的兄弟,全部到来。耿纯关上门全部诛杀他们,陈列士兵而出来。真定震动而恐惧,没有敢乱动的。

愚庭说:乘他迟疑不决的时候,用好言好语来劝导他前来,用持重沉静来安定他的心,用优待的礼遇来招待他的同党,使刘杨兄弟不知不觉而全部落入自己牢笼之中,于是集中起来加以消灭。无须烦劳忙乱而祸乱已经平定了,如果不是智谋与勇敢过人的人,而能够做到这样吗?

【原文】

宋太宗大渐,内侍王继恩忌太子英明,阴与参知政事李昌龄等谋立楚王元佐。吕端问疾禁中,见太子不在旁,疑有变,乃以笏书"大渐"二字,令亲密吏趣太子入侍。太宗崩,李皇后命继恩召端。端知有变,即绐继恩,使入书阁,检太宗先赐墨诏,遂镢之而入。皇后曰:"宫车已晏驾,立子以长,顺也。"端曰:"先帝立太子,正为今日。今始弃天下,岂可遽违命有异议耶?"乃奉太子。真宗既立,垂帘引见群臣。端平立殿下不拜,请卷帘,升殿审视,然后降阶,率群臣拜,呼"万岁"。

悫庭曰:易代之际,内竖最易弄权,唐之季世可鉴。绐继恩而镢之书阁,则中宫之异议片言可息。吕公临大事而详审如此,所谓小事胡涂者,恐亦是大度包容,不屑以察为明耳,岂真胡涂者哉?

汉袁盎,患为宦者赵谈所害。兄子种为常侍骑,谓盎曰:"君众辱之,后虽恶君,上不复信。"于是上朝东宫,赵谈骖乘。盎伏车前曰:"臣闻天子所与共六尺舆者,皆天下英豪。陛下独奈何与刀锯之余共载?"于是上笑下赵谈,谈泣下车。自是谈不复能陷盎。

悫庭曰:附大义以行其私,几为倾轧故伎。然用此以阴制近幸,实亦足以远害,且车前数语,至今读之犹凛凛有气色。君子不以人废言可也。

【译文】

宋太宗病危,内侍宦官王继恩忌恨太子英明,暗中和参知政事李昌龄等谋划另立楚王赵元佐。吕端到宫中探问皇帝病情,看见太子不在皇帝身边,怀疑发生变故,就用笏板书写"病危"二字,命令亲近密切的役吏去催促太子入宫侍奉。太宗死后,李皇后命王继恩宣召吕端。吕端知道发生变故,就欺诳王继恩,让他进入藏书阁,检验太宗生前所赐亲笔书写的诏旨,就将他锁在里面然后入宫。李皇后说:"皇帝已经死亡,立太子以长,是合乎情理的。"吕端说:"先帝立太子,正是为了今天。如今才抛弃天下,怎么可以很快就违背遗命而有不同意见呢?"于是拥戴太子为帝。真宗即位后,垂下帘子接见群臣。吕端端正站立殿下而不跪拜,请求卷起帘子,登殿仔细察看,然后走下殿阶,率领众位大臣跪拜,呼喊"万岁"。

悫庭说:更换朝代的时候,宦官最容易玩弄权柄,唐朝的衰败时期可以鉴戒。欺诳王继恩而把他锁入藏书阁,那么皇后宫内的不同意见和闲言碎语就可以止息。吕公面对大事如此周详审慎,所说的对待小事糊涂,恐怕也是他大度宽容,不介意把明察当作聪明罢了,难道真是糊涂的人吗?

汉朝的袁盎,担心被宦官赵谈所陷害。侄子袁种担任常侍骑,对袁盎说:"您当众羞辱他,以后即使再说您坏话,皇帝也不会再相信了。"当时皇帝朝见东宫,赵谈陪乘在车右。袁盎跪伏在车驾前说:"臣下我听说同天子共乘六尺车辆的,都是天下的英雄豪杰。陛下为什么单单同受过刀锯之刑的人共乘一车呢?"当时皇帝笑着叫赵谈下车,赵谈哭着下了车。从此赵谈就不再能陷害袁盎了。

悫庭说:依靠君臣大义来做私人的事情,近于排挤打击倾轧的旧伎俩。然而用这种办法来暗中控制皇帝亲近宠幸的人,确实也完全可以远离祸害,而且在车驾前说的几句话,至今读起来仍然威严而有气色。君子不要因为说话人不好而对其言论也加以否定就行了。

【原文】

晋王敦用温峤为丹阳尹,置酒为别。峤惧钱凤有后言,因行酒至凤。未及饮,峤伪醉,以手板击之堕帻,作色曰:"钱凤何人?温太真行酒敢不饮!"凤不悦,敦以为醉,两释之。明日,凤曰:"峤与朝廷甚密,未必可信,宜更思之。"敦曰:"太真昨醉,小加声色,岂得以此便相谗贰?"由是峤得还都,尽以敦谋告帝。

悫庭曰:此与袁盎事相类。一则止为身图,一则乃心王室,作用虽同,而秉心各异也。醉后击帻,遂为千古佳话。江左多才,应推太真为第一流人物。

【译文】

晋朝王敦任用温峤为丹阳尹,陈设酒宴为他饯别。温峤担心钱凤有背后的非议,利用依次斟酒来到钱凤跟前。钱凤还没来得及喝,温峤佯装喝醉,用手板打落他的头巾,脸上变色说:"钱凤是什么人? 我温太真依次斟酒竟敢不喝!"钱凤很不高兴,王敦以为他喝醉了,便两下都劝开了。次日,钱凤说:"温峤与朝廷非常亲密,不一定可以信任,应当再考虑一下。"王敦说:"温太真昨天喝醉,稍加疾言厉色,怎么能够因此便对他谗害猜疑?"由此温峤才得以返回都城,把王敦的阴谋全部报告给皇帝。

悫庭说:这同袁盎的事情相类似。一个只是为自身着想,一个则是为朝廷尽忠,作用虽相同,然而用心是各不相同的。醉后打落头巾,于是成为千古被传诵的美谈。东晋人才众多,应当推举温太真为第一流人物。

卷十四 妙应

【原文】

事来而不知所以应之,有手足无措者矣。或乃仓卒谈笑,而随机赴节,动中窾卻,抑又何欤? 夫人之才分,各有所至,灵心辟而特进一筹,更事多而倍饶肆应。节取其事,不惟其人试探夫囊底智,要足以博因应之资云。

齐晏婴使吴,吴王谓行人曰:"吾闻婴也辨于辞,娴于礼。命傧者客见,则称天子。"明日晏子将事,行人曰:"天子请见。"晏子慨然者三,曰:"臣受命敝邑之君,将使于吴王之所,不佞而迷惑,入于天子之朝,敢问吴王乌乎存?"然后吴王曰:"夫差请见。"见以诸侯之礼。

悫庭曰:《春秋》不书楚越之王丧,不斥其僭,而僭王之罪自见矣。使人其国而必明斥其称号之失,不足以正其罪,适足以启其衅耳。晏子以冷语折之,而夫差已帖然自革其号。于此见名之不容假易。至战国而秦王称天子,虽唐雎亦顺之矣,又时世之不同也。吁! 可慨已夫!

【译文】

事情来临而不知道应付的办法,有手足无措的人了。有的人却在匆忙急迫之中从容说笑,而且依照情势应和节奏,采取行动切中要害,这又是为什么呢?人的才能天分,各自有所运用,聪慧心灵开辟从而特别提高一种应变能力,经历世事众多从而更加善于应付各种事情。节录选取一些这样的事情,不但试着探究这些人囊中的智慧,希望完全可以扩大随机应变的积蓄。

齐国的晏婴出使吴国,吴王夫差对行人说:"我听说晏婴善于辞令,精通礼节。告诉导引宾客的人有客人拜见,就说是拜见天子。"第二天,晏子将要拜见,行人说:"天子请你入见。"晏子感慨再三,说:"臣下我接受我国国君的命令,将要到吴王的地方去出使,不才却辨不清是非进入了天子的朝廷,冒昧地问一下吴王在哪里呢?"然后吴王说:"夫差请你入见。"于是以诸侯的礼节拜见。

恳庭说:《春秋》不记载楚国、越国的国王丧葬礼仪,不直接指明他们超越本分,因而越分称王的罪过就自然可见了。使者进入他们的国家,如果一定要明白地指明他们称号的错误,不能够纠治他们的罪行,正好足以引发两国的嫌隙罢了。晏子用含有嘲讽意味的话指出对方的错误,因而夫差已经顺从地自己去掉他的称号了。从这里看出名号是不允许假借改变的。到战国时而秦王僭称天子,即使是唐雎也顺从他了,又是时代不同的缘故。唉!值得感叹啊!

【原文】

吴魏濡须之战,孙权尝乘大船来观曹军。曹军弩弓乱发,箭著船旁,船偏重。权令回船,更一面以受箭,箭均船平。

恳庭曰:箭均,则船自平,自是一定之理。乃于矢石猬集时,而能从容整暇如此。"生子当如孙仲谋",此碧眼之所以见推于魏武也。

岳飞知金恶刘豫,可间而动。会军中得金谍者,飞阳责之曰:"汝非吾军人张斌耶?吾向遣汝至齐,约诱致四太子,汝往不复来。吾继遣人问齐,已许我以会合寇江为名,致四太子于清河。汝所持书竟不至,何背我耶?"谍冀缓死,即诡服。乃作蜡书,言与刘豫共计谋金事,复遣至齐问举兵期,刲股纳书,戒勿泄。谍归,以书报金太子。太子大惊,驰白其主,遂废豫。

恳庭曰:金之立刘豫,出自粘不罕,非兀术意。武穆何等机警,自所稔知,因其谍而蒏除之,可以不劳而定,此行军神机,非诡谲小智者所能测。观此知武穆之战则必克者,岂徒以神勇为能事哉?

【译文】

吴国与魏国在濡须的战役,孙权曾经乘坐大船来观察曹军。曹军弩弓乱箭齐发,箭支落在船的一边,船的一边偏重。孙权命令掉转船身,换另一面来承受箭支,两边箭支等同船就平稳了。

恳庭说:两边箭支等同,船就自然平稳,自然是有一定的道理。而在箭支和垒石纷然聚集时,却能这样从容不迫。"生儿子应当像孙仲谋那样",这就是长着绿色眼睛的孙权之所以被魏武帝推重的原因。

岳飞知道金人憎恶刘豫,可以利用嫌隙而采取行动。正赶上军中抓到金国的间谍,岳飞假装责备他说:"你不是我的军人张斌吗?我以前派遣你到齐国去,商议引诱金四太子到来,你前去后就不再回来。我接着派遣人询问齐国,已经答应我用会合长江抗击敌寇作名义,把四太子引到清河来。你所带的书信竟然没有送到,为什么背叛我呢?"间谍期望宽赦死罪,立即假意服罪。岳飞于是制作封在蜡丸中的书信，说是和刘豫共同计议谋虑金军的事情，再次派遣张斌到齐国询问发兵的日期，割开大腿藏人书信，告诫不要泄露。间谍回到金营，把书信交给金国太子。太子大惊，派人骑马报告金国国主，于是废掉了刘豫。

悫庭说：金人拥立刘豫，出自粘不罕，并不是兀术的意思。岳武穆是多么机智灵敏，自然一向了解，通过金国间谍而剪除他，可以不用辛劳而办成事情，这种用兵灵巧机变的谋略，不是狡诈小聪明的人所能料到的。看这里可以知道岳武穆作战就必定取胜，哪里只是把神威勇武作为所擅长之事呢？

【原文】

安禄山反，破东都，遣段子光传李憕、卢奕、蒋清首，以徇河北。颜真卿绐诸将曰："吾素识憕等，其首皆非是。"乃斩子光而藏三首。

悫庭曰：唐天宝之季，承平日久，人不知兵，所以渔阳一鼓，而天下风靡。河北正当贼冲，尤易动摇，持头以徇，禄山之猖獗极矣。给之以伪以安人心，收斩来使，以申天讨，而后众志始固。此虽鲁公应变一端，而四十六州中，已为有一无两。

汉元帝不喜太子，时中山哀王薨，太子前吊。哀王者，帝之少弟，与太子同学相长大。上望见太子，感念哀王，悲不自止。睹太子不哀，大恨曰："安有人不慈仁而可奉宗庙为民父母者乎？"太傅史丹免冠谢曰："臣诚见陛下哀痛中山王，至于感损。向者太子当进见，臣切戒属无涕泣，感伤陛下。罪乃在臣，当死。"上以为然，意乃解。

悫庭曰：猜嫌一启，往往易于见过，且恐有小人从而中伤之，国本便易动摇矣。史丹身自引咎，以善全父子之间，可谓老臣深识矣，而措辞婉妙，所以易于感动。

【译文】

安禄山造反，攻破东都，派遣段子光传送李憕、卢奕、蒋清的人头，来河北示众。颜真卿欺诳各位将领说："我向来认识李憕等人，这些人头都不是他们的。"于是将段子光斩首而把三颗人头收藏起来。

悫庭说：唐朝天宝末载，太平的时日长久，人们不再懂得用兵，所以渔阳一响战鼓，因而天下降伏。河北正处在叛贼的要冲地带，尤其容易动摇，拿着人头前来示众，安禄山任意横行到极点了。骗大家说人头是假来安定人心，拘捕斩杀叛贼派来的使者，来表明上天的惩治，然后众人的意志才开始坚定起来。这虽然只是颜鲁公应付事变的一个方面，然而四十六州之中，已经是独一无二了。

汉元帝不喜欢太子，当时中山哀王去世，太子前来吊唁。哀王，是元帝的最小之弟，与太子一同读书一起长大。元帝从远处看到太子，思念哀王，悲痛不能自我控制。看到太子不悲哀，十分恼恨说："怎么有不慈善仁爱却可以供奉宗庙为民父母的人呢？"太傅史丹脱帽谢罪说："臣下我的确看到陛下哀痛中山王，以至于因感伤而损害身体。刚才太子正要进见时，臣下我再三告诫嘱咐他不要哭泣，使陛下有所感触而悲伤。罪过在臣下我身上，应当死罪。"皇帝认为是这样，怀疑这才去掉。

悫庭说：猜忌嫌疑的念头一萌生，常常容易发现过错，并且担心有小人跟着造谣中伤，皇太子的地位就容易动摇了。史丹亲自归过失于自己，用好话弥合了元帝父子的嫌隙，可以说是老臣的深远见识了，而且措辞婉转巧妙，所以容易触动感情。

【原文】

唐肃宗为太子,常侍膳。尚食置熟,俎有羊臂臑,上顾使太子割。肃宗既割,余污漫在手,以饼洁之,上熟视不怿。肃宗徐举饼啖之,上甚悦,谓太子曰:"福当如此惜。"

悫庭曰:人子之事亲也,视于无形,听于无声。肃宗非能尽孝者,特当时操危虑深耳。一转移间,而亲之喜怒顿易,此其善承颜色处。

汉世以来,始有佛像,形制未工。宋世子铸丈六铜像于瓦官寺。既成,恨面瘦,工人不能改。戴颙曰:"非面瘦,乃臂胛肥耳。"为减胛,遂不觉瘦。

悫庭曰:达摩入中国,对梁武帝曰:"廓然无圣。"可知佛未涅槃前,此身尚为虚幻,于像设何有?乃铸丈六铜像,而更为之较量肥瘦,亦惑之甚矣。仲若斟酌裁损,以通工之穷,不曰面瘦,而曰臂肥,机巧过人。

【译文】

唐肃宗做太子时,曾经陪从皇帝用膳。尚食摆上了熟食,砧板上有羊臂臑,皇帝回头示意让太子切割。肃宗切割后,剩余的油污沾在手上,用饼将它擦拭干净,皇帝注目细看很不高兴。肃宗慢慢举起饼把它吃掉,皇帝十分高兴,对太子说:"福泽就应当这样珍惜。"

悫庭说:为人之子侍奉父母,应该看到没有露出的形迹,听到没有发出的声音。肃宗不是能尽孝道的人,只是当时志向高大思虑深远罢了。一转一移之间,而父亲的喜怒顿时改变,这正是他善于察言观色的地方。

汉代以来,开始有佛像,形态体制尚未精致。宋世子在瓦官寺铸造了一丈六尺的铜佛像。完成后,遗憾的是面庞消瘦,做工人员不能改动。戴颙说:"不是面庞消瘦,而是肩膀太肥罢了。"为此削减了肩胛,于是不觉得瘦了。

悫庭说:达摩进入中国后,对梁武帝说:"廓然无圣。"可以知道佛没有涅槃之前,这个肉身还是虚无缥缈的,对于塑造佛像有什么关系呢?竟然铸造出一丈六尺高的铜佛像,而且还要为此比较肥瘦,也是迷惑到一定程度了。戴仲若思量削减,来解决做工人员的困窘,不说面庞消瘦,而说肩膀肥大,聪慧灵巧超过常人。

【原文】

宋太宗时,一宫女逾垣潜出,捕获。太宗迟回不欲杀之,然恐无以示惩。皇城使刘承规会其意,奏曰:"法不可容,臣须是活取心肝进呈。"即时领出,潜纳尼寺中,远嫁之。旋取猪心肝一具,盒子贮来,六宫围而哭之。良久密揭,以慰太宗。由是宫掖肃然。

悫庭曰:行仁不能尽法,则宫闱无以著儆;尽法不能行仁,而君心又恐重伤。承规于此,既以全君之仁,亦复彰国之法,可谓应变之巧。

明白瑾妻,山阴葛氏女也。成化中,瑾为分宜令,病逾时,库贮银千两。邻境有因饥作乱者,聚徒百人,将劫取之。县故无城郭,寇卒至,诸簿丞挈家走匿。葛分命家人力拒其两门,迁瑾于他室,埋其银于污池中,著瑾之服,升堂以候贼。贼至,阳为好语相劳苦,尽出其私藏钗珥衣服诸物以与贼,贼谢而去,不知阴已表识。竟物色捕得之。

悫庭曰:盗贼卒至,恒情最易张皇,而闺阃尤甚。葛氏以游戏应之,出私橐以全帑金,且复密为表识,仍乃取之如寄。巾帼中有此妙才,簿丞具有须眉,当为愧死矣。

【译文】

宋太宗时,一名宫女翻越宫墙偷偷出宫,被捕捉回来。太宗迟疑犹豫不想杀她,然而担心无法表示惩戒。皇城使刘承规领会他的意图,上奏说:"依法不能宽容,臣下我定要活活取出她的心肝进献。"立刻带领宫女出去,暗藏到尼姑所住的寺院中,将她嫁到远处。随即取来猪心肝一副,用盒子盛装送来,六宫之人围住而哭泣。过了好长一会才把秘密揭开来安慰太宗。从此皇宫庄严起来。

悫庭说:施行仁义不能完全依法办理,那么后宫就无法明示告诫;完全依法办理不能施行仁义,而君主的心意又恐怕受到严重的伤害。刘承规处理此事,既成全了君主的仁爱,也又彰显了国家的法度,可以说是应付事变的巧妙了。

明代白瑾的妻子,是山阴葛氏的女儿。成化年间,白瑾担任分宜县令,疾病痊愈时,府库储存银子上千两。邻近地区有人因为饥饿制造叛乱,聚集党徒上百人,将要抢劫强取这批银两。分宜县本来没有城墙,贼人突然到来,各位主簿、县丞携带家眷逃走躲避。葛氏命令家人奋力拒守县衙两门,迁移白瑾到别的房间,埋藏那些官银到水池里,穿上白瑾的官服,登上厅堂来等候贼人。贼人来到,她假装用好话进行慰劳,全部取出她私人积蓄的首饰、衣服等各种物品来送给贼人。贼人们感谢而离去,不知道葛氏暗中已经做了标记。后来竟然根据标明的记号,捕获到了贼人。

悫庭说:盗贼突然到来,通常情况最容易惊慌,而且女眷尤其厉害。葛氏用游乐嬉戏应付他们,拿出私人的钱财来保全国库所藏的银两,并且又秘密做上标记,仍然能够取回如同寄存的东西。妇女中有这样才华出众的人,主簿、县丞具有胡须和眉毛的男子,应当为此极其羞愧了。

卷十五 利导

【原文】

固防塞堤,不如决之使流,因其势也。夫纳约自牖,则听若转圜;披郤中窾,则涣若冰释。善因者不更化而成,不易民而理,若禹之行水也,行其所无事,则导之而已矣。导者以利为本,因区其事以资取法焉。

田单复齐,立襄王,相之。过淄水,有老人涉淄而寒,出不能行,坐于涉中。单解裘而衣,襄王恶之,曰:"田单之施,将以取我国乎?不早图,恐后。"左右顾,无人。岩下有贯珠者,呼而问之,曰:"汝闻吾言乎?"对曰:"闻之。"王曰:"汝以为何若?"对曰:"王不如因以为己善。下令曰:'寡人忧民之饥也,单收而食之;寡人忧民之寒也,单解裘而衣之。'单有是善,而王嘉之善,单之善亦王之善矣。"王曰:"善。"乃赐单牛酒,嘉其行。数日,贯珠者复见王,曰:"王至朝日,宜召田单而揖之于庭,口劳。乃布令求百姓之饥寒者,收谷之。"乃使人听于闾里,闻相与语曰:"田单之爱人,乃我王之教泽也!"

悫庭曰:功高震主,遂以忠而见疑,此古今所同慨。夫使田单有不臣之心,阖阳城而王,孰敢不听,岂俟此日哉?乃国社新复,猜嫌顿起,则履险乘危,其流毒有不独在一人者矣。贯珠者一言，而上免相臣之祸，下结国人之心。逆而导之使顺，具此作用，天下何事不可转败为功？惜史氏不著其名姓。

【译文】

加固堤岸筑堤阻塞，不如掘开堤防使水流泻，这是顺应了水的走势。结纳信约通过明窗，那么听从就像转动圆形器物一样；批入缝隙切中大空，那么离散就像坚冰融化消失一样。善于顺应的人不用改变教化就能成功，不用改变百姓就能治理，这就像大禹使水流通一样，行其无为之事，就是加以引导罢了。引导把利益作为根本，因此区别那些事情以供效法。

田单复兴齐国，迎立襄王并辅佐他。经过淄水时，有位老人涉渡淄水而受寒，出水不能行走，坐在河岸边。田单脱下皮衣给他穿上，襄王憎恨他，说："田单施舍，将要因此夺取我的国家吗？不及早谋划，恐怕落在他后面。"向左右环视，无人。山崖下面有个贯珠的人，呼喊而问他，说："你听到我说的话了吗？"回答说："听到了。"襄王说："你认为怎样？"回答说："大王不如趁机把它变作自己的善行。下命令说：'寡人忧虑百姓的饥饿，田单就收留而抚养他们；寡人我忧虑百姓的寒冷，田单就脱下皮衣而给他们穿。'田单有这种善行，因而大王表彰他的善行，田单的善行也就是大王的善行了。"襄王说："好。"于是赏赐给田单牛和酒，表彰他的善行。几天后，贯珠的人又来见襄王，说："大王到了坐朝听政之日，应该召见田单而且在朝廷上向他作揖，亲口慰劳他。就发布命令寻求百姓中饥饿寒冷的人，收留抚养他们。"于是派人到里巷打听，听到相互议论说："田单爱护百姓，原来是我们大王教化的恩泽！"

悫庭说：臣子功劳太大会引起君主震惊，于是因为忠诚而受到怀疑，这是从古到今所共同感慨的事。假使田单有不守臣节的想法，何不在阳城称王，谁敢不听从，难道要等到现在吗？然而国社刚刚恢复，猜忌嫌怨顿时产生，就会身处险境踏上危途，它流传的毒害又不只是一个人了。贯珠的人一番话，对上避免了辅佐大臣的灾祸，对下凝聚了国人的心。不顺畅就加以引导使其顺畅，具有这种作用，天下什么事情不能够转失败为成功？可惜史官没有记下他的姓名。

【原文】

宋赵开，既疏通钱引，民以为便。一日，有司获伪引三十万，盗五十人，议法当死，张浚欲从之。开曰："相君误矣。使伪引，加宣抚使印其上，即为真矣。黔其徒，使治币，是相君一日获三千万之钱，而起五十人之死也。"浚称善。

悫庭曰：化无用为有用，网开而法不废。如此处置国事，则贪诈无不可使矣。

宋宝元问，西鄙用兵，大将刘平战死。议者以朝廷委宦者监军，主帅节制，有不得专者，故平失利，诏诛监军黄德和，或请罢诸帅监军。仁宗以问吕夷简。夷简对曰："不必罢，但择谨厚者为之。"仁宗委夷简择之。对曰："臣待罪宰相，不当与中贵私交，何由知其贤否？愿诏都知押班，但举有不称者与同罪。"仁宗从之。翼日，都知叩头乞罢诸监军宦官，士大夫喜夷简之有谋。

悫庭曰：吕公作用，全在"举不称者与同罪"上。

【译文】

宋朝的赵开，使钱引流通以后，百姓认为很方便。一天，有关部门查获伪造的钱引三十万,盗贼五十人,依据法律论罪应当判处死刑,张浚想要听从这样做。赵开说:"宰相您错误了。假使钱引是伪造的,加盖宣抚使的大印在它上面,就变成真的了。在这些罪犯脸上刺字涂墨,让他们制造钱引,这就等于宰相您一天获得三千万的钱引,而且挽救了五十人的死亡。"张浚称好。

冯庭说:变没有用处为有用处,网开三面而法令又不废弛。像这样处理国家的政事,那么贪婪狡诈的人就没有不能使用的了。

宋朝宝元年间,西部边境动用军队,大将刘平战死。议事的人认为朝廷委派宦官监督军队,主帅受到节制,有不能自主的地方,所以导致刘平失利,请求下诏诛杀监军黄德和,有的请取消各路将帅的监军。宋仁宗就这事询问吕夷简。吕夷简回答说:"没有必要取消,只是要选择谨慎笃厚的宦官担任监军。"仁宗便委托吕夷简进行选择。回答说:"臣下我这位不胜其职而将获罪的宰相,不应当和宦官私下交往,怎么能知道他们的好坏?希望下诏命令都知、押班举荐,只要有举荐不称职的人就和他们同样论罪。"仁宗听从了这个意见。次日,都知叩头请求取消各位监军的宦官,士大夫们都为吕夷简拥有谋略而高兴。

冯庭说:吕夷简的作用,全在于"举荐不称职的人就和他们同样论罪"上。

【原文】

宋王德用为定州路总管,日训练士卒,久之,士殊可用。会契丹有谍者来觇,或请捕杀之。德用曰:"第舍之,吾正欲其以实还告。百战百胜,不如以不战胜也。"明日,故大阅,士皆踊跃思奋,乃阳下令:"具糗粮,听旗鼓所向。"觇者归告,谓汉兵且大人,遂来议和。

宋王子醇枢密,帅熙河日,西戎欲入寇,先使人觇我虚实,逻者得之,索其衣缘中,获一书,乃是尽记熙河人马刍粮之数。官属皆欲支解以徇,子醇忽判杖背二十,大刺"番贼决讫放归"六字,纵之。是时适有戍兵马骑甚众,刍粮亦富。房人得谍书,知有备,其谋遂寝。

冯庭曰:行兵之道,虚实互用,或示之以赢,或耀之以威,尤妙因其间而善用之,则我不劳而敌自慑。大约有图人之志者,则赢师以诱之,如鬬伯比之于随少师是也。为固圉之计者,则虚声以詟之,如檀道济之于北魏是也。当宋之时,北有辽,西有夏,屹然与中国并峙,疆场之吏,凡以固吾圉而已,所当詟以先声,不战而屈人者也。德用与子醇皆善于因问而用之,定州之间谍归辽,而辽人请和;熙河之间谍归夏,而夏人不敢人寇,其将略加人一等矣。

明朱潮镇漳泉时,有老人告其子,情殊迫切。询其:"父有妻乎?子乃其所生乎?"曰:"有,则继母也。"又询其:"母与父年当乎?"曰:"少。"朱曰:"此必父昵其妻,妻凌其子。"而中证乃其姑夫,叩头称善。于是命父立其上,用小板连衣轻扑之,与父叩头陪礼。示其父曰:"尔晚年靠子,胡不念前妻之情?"戒其子曰:"亲年无几,家庭小隙,乃至此耶?"遂父子抱头大哭,军校无不下泪者。

冯庭曰:父子天性,而至于乖违,后母为之间也。使一以法断之,其子固罪无可辞,而或无以服其心,非化民之善术也。为之深原其情,而薄责其罪,使激发其天良,以导之于慈孝之经,虽有顽父悖子,无不翻然悔,欣然向化矣。后之学断斯狱,朱公其可法也夫!

【译文】

宋朝王德用担任定州路总管,每天训练士兵,长久训练后,士兵很适合使用。

正赶上契丹有间谍前来侦察,有人请求捉住杀掉他。王德用说:"姑且放过他,我正想让他回去报告实情。多次作战多次胜利,比不上不用作战就能胜利。"第二天,故意大规模阅兵,士兵都踊跃奋发,于是假装下令:"准备干粮,听从旗鼓的指挥。"间谍回去报告,说汉兵将要大规模进攻,契丹于是前来进行和平谈判。

宋朝王子醇担任枢密使,统帅熙河的时候,西戎打算入侵进犯,事先派人侦察我方虚实,巡逻的士兵捉住他,搜查他衣服边缘中,得到一封信,却是全部记载熙河人马粮草的数目。下属官吏都想要将他碎裂肢体来示众,王子醇忽然判决杖打后背二十下,大大刺上"番贼决讫放归"六个字,就放掉了他。这时正有戍边步兵骑兵特别众多,粮草也十分充足。西戎人得到间谍的书信,知道早有防备,入侵的图谋于是停止。

悫庭说:用兵的方法,要虚实交错运用,有时向敌人显示疲弱,有时向敌人炫耀威武。尤其绝妙的是通过敌人的间谍而善加利用,那么我军就不用辛劳而使敌人自己慑服。大约有进攻别人意图的,就用疲弱军队来引诱他们,像鬬伯比对于随少师就是这样。为固守边境之计的,就虚张声势来震慑他们,像檀道济对于北魏就是这样。在宋朝的时候,北有辽国,西有西夏,屹然与中国同时存在,战场上的守将,大多来巩固我方边境罢了,所以应当先发出声威震慑敌人,来达到不用作战而使敌人屈服的目的。王德用和王子醇都善于通过敌人的间谍而加以利用,在定州的间谍回到辽国,因而辽国人请求和好;在熙河的间谍回到西夏,因而西夏人就不敢入侵进犯,他们用兵的谋略确实胜人一筹了。

明朝的朱潮镇守漳州、泉州时,有位老人控告他的儿子,心情特别迫切。询问儿子:"父亲有妻子吗?你是她所生的吗?"回答说:"有,是后母。"又询问儿子:"后母和父亲年龄相当吗?"回答说:"年轻。"朱潮说:"这一定是父亲昵爱他的妻子,妻子欺凌他的儿子。"而作证的人是儿子的姑夫,叩头称是。于是命令父亲站在堂上,用小木板轻轻责打穿着衣服的儿子,向父亲叩头施礼认错。告诉父亲说:"你晚年要依靠儿子,为什么不思念和前妻的感情?"告诫儿子说:"父亲没有多少年纪了,家中小怨恨,竟然弄到这种地步吗?"于是父子抱头痛哭,辅佐军官没有不流泪的。

悫庭说:父子之情本是天性,然而竟然弄到势不两立的地步,是后母从中挑拨的缘故。假如完全依法判决,儿子固然无法推辞罪责,然而或许无法使他心悦诚服,这并不是教化百姓的好办法。为此深深地推究他们的感情,从而轻微地责罚他们的过错,让他们激发自己天赋的善心,用父慈子孝的道理来开导他们,即使有愚顽的父亲、悖逆的儿子,无不迅速地悔悟,喜悦地接受教化了。后人学习判决这类案件,大概可以效法朱公吧!

【原文】

宋李孝寿为开封尹,有举子为仆所凌,忿甚,具牒欲送府,同舍生劝解乃释,戏取牒效孝寿花书判云:"不勘案,决杖二十。"仆明日持诣府,告其主仿尹书判,私用刑。孝寿即追,主备言本末。孝寿幡然曰:"所判正合我意。"如数与仆杖,而谢举子。时都下数千人,无一仆敢肆者。

悫庭曰:主仆为名分攸关。杖仆而谢举子,中人固优为之,妙在"所判正合我意"一语。否则举子亦当服私行书判之辜矣,其何以惩一儆百?

明尚书刘南垣请老家居,有直指使以饮食苛求属吏,有司患之。公曰:"此我门生,当晓谕之。"俟其来,留款之,曰:"老夫欲设席,恐妨公务,家常便饭,能对食乎?"使不敢辞,自朝过午,连进苦茗,饥甚。比食至,惟脱粟饭,腐一盂而已。各食三梳,使已过饱。少顷,佳肴美酝,罗列盈前,不复下箸。公故强之,对曰:"饱甚,不能矣。"公笑曰:"可见饮馔原无精粗,饥则易为食,饱则难为味,时势使然耳。"使喻其讽己,后不复以盘餐责人。

悫庭曰:师生之谊,原无不可尽言,然法语之言,从而不改,则未如之何矣。婉曲开导,使之幡然悔悟,而自愫于后,此则刘公之善于诱谕也!所言具有至理,岂特足为贪饕者炯戒哉!

【译文】

宋朝李孝寿担任开封府尹,有位举子被仆人所欺凌,很气愤,准备诉状本想送到官府,由于同学的劝宽解就放弃了,开玩笑地取来诉状模仿李孝寿的签名笔迹写下判词说:"不需调查案情,处以杖刑二十下。"仆人第二天拿着判词到官府去,告发他的主人模仿府尹笔迹书写判词,私自使用刑罚。李孝寿当即追查,主人详细说明原委。李孝寿迅速转变态度说:"所判决正符合我的心意。"照数杖打仆人,而且让他向举子谢罪。当时京都几千个仆人,没有一个敢于放肆的。

悫庭说:主人和仆人是名位与身份的关键。杖责仆人而向举子谢罪,常人本来嘉奖这么做,妙在"所判决正符合我的心意"一句话。否则举子也应当承担私自行刑书写判词的罪责了,将怎么惩罚一人警戒百人呢?

明朝尚书刘南垣请求退休养老在家里闲住,有位直指使因为吃喝过分地要求下属官吏,有关官员对此感到忧虑。刘南垣说:"这是我的学生,我应当明白劝导他。"等到他来时,挽留款待他,说:"老夫我本想摆设宴席,怕妨碍你公家的事务,平日家居日常吃的饭食,能共同进餐吗?"直指使不敢推辞。从早晨过了中午,接连进献苦茶,直指使非常饥饿。等到食物到来,只是去了皮的米饭、豆腐一盘罢了。各吃了三碗,直指使已经很饱了。一会儿,味美的菜肴美酒,排列充满眼前,也不再用筷子取食。刘南垣故意劝他吃,回答说:"太饱了,不能再吃了。"刘南垣笑着说:"可见饮食原本没有精良和粗劣,饥饿就容易进食,饱了就难以有味,这是形势使它这样罢了。"直指使明白他是在劝告自己,以后不再因盘中的食物责怪别人了。

悫庭说:师生的情谊,原本没有不能直说的。然而合乎礼法的言语,听从却不改正,就没有别的办法了。委婉曲折地启发劝导,能使他幡然悔悟,从而今后自我警戒,这就是刘南垣善于诱导教喻吧!所说的话包含最精深的道理,难道只是足以成为贪食者明显的鉴戒吗!

卷十六 沉几

【原文】

几者动之微,少纵则逝,不密害成,故非明无以辨之,非柔无以克之,是沉之为用尚焉。《易》曰:"尺蠖之屈,以求信也;龙蛇之蛰,以存身也。"又曰:"惟深也,故能通天下之志;惟几也,故能成天下之务。"因摭曩轨,并巾帼之饶智术者,略著其梗概云。

张耳、陈馀皆魏名士。秦灭魏,悬金购两人。两人变姓名俱之陈,为里监门以自食。吏尝以过笞陈馀,馀怒欲起。张耳蹑之,使受笞。吏去,耳乃引馀之桑下,数之曰:"始吾与公言何若?今见小辱而欲死一吏乎?"

悫庭曰:苏长公论刘项兴亡,在能忍不能忍之间。厥后成安君遽解将印,以致刎颈之交,凶终隙末,又不听左车之计,身死、泜上者,皆其虚懦之气,有以酿之也。观张耳桑下两言,其用意固已深且远矣,卒以佐汉而王赵也,宜哉!

【译文】

几微是事物变动的微小征兆,稍一放松就过去了,不慎密就会造成祸害,所以不是明察就无法分辨它,不是柔顺就无法战胜它,这说明隐藏产生的作用是重大的。《周易》说:"尺蠖幼虫的回缩身体,是为了求得伸展;巨龙长蛇的潜伏深藏,是为了保存自己。"又说:"只有穷究幽深事理,才能会通天下的心志;只有探研细微征象,才能成就天下的事物。"因此拾取以前的事迹,连同妇女中富有智术的人,大致撰述其梗概。

张耳、陈馀都是魏国的知名人士。秦国灭掉魏国,悬赏缉捕两人。两人改变姓名一同来到陈县,充当里门看守来养活自己。小吏曾经因为过错鞭打陈馀,陈馀愤怒想要起来反抗。张耳踩他,让他忍受鞭打。小吏离去,张耳便拉着陈馀到桑树下,数落他说:"当初我怎么对您说的?现在受到小小委屈就想跟一个小吏拼命吗?"

悫庭说:苏长公评论刘邦、项羽的兴亡,在于能忍和不能忍之间。之后成安君陈馀当即解下将印,以致生死与共的交情,最终变成仇人,又不听从李左车的计策,身死在泜水之边,这都是他的虚骄之气,有所影响酿成的后果。从张耳桑树下两人的谈话来看,他的用意本来已经深刻而且长远了,最终因为辅佐汉室而在赵地称王,是应该的啊!

【原文】

唐元和九年冬,召六道巡边使还京师。初王守澄恶宦者田全操等六人,李训、郑注因遣巡边,诏六道使杀之。会训败,六道得诏,皆废不行。至是召还,全操等追忿训、注之谋,扬言人城,凡儒服者皆杀。京师讹言寇至,民皆惊走,诸司奔散。时惟郑覃、李石在中书,覃谓石曰:"耳目颇异,宜出避之。"石曰:"宰相位尊望重,人心所属,不可轻也。今事虚实未可知,坚坐镇之,庶几可定。若宰相亦走,则中外乱矣。且果有祸乱,避亦不免。"覃然之。石坐视文案,决判沛然,至晡乃定。

悫庭曰:甘露之变,搢绅涂炭,天下事皆决于北司,文宗仅亦守府,宰相直几上肉耳。李石能于群言蠭起,人情恟扰之时,不震不惊,坚坐中书。其持重深沉,有足多者。史称敕使传呼闭皇城诸司门,左金吾卫大将军陈君实曰:"贼至,闭门未晚,请徐观其变,不宜示弱。"是日坊市恶少皆望皇城闭,即肆剽掠,非石与君实镇之,京城几再乱矣。

汉末杨彪与袁术婚,曹操恶之,欲诬以图废立,收彪下狱,使许令满宠按之。孔融与荀或嘱宠曰:"但受词,勿加考掠。"宠不报,考讯如法。数日,见操言曰:"杨彪考讯无他词。此人有名海内,若罪不明白,必大失民望。窃为明公惜之。"操于是即日赦出彪。初,或与融闻宠考掠彪,皆大怒,及因是得出,乃反善宠。

悫庭曰:杨太尉累叶清德,品望素著,为阿瞒所深忌之人。假姻娅为名,收系逮问,阴以觇士从违。不加考讯,非徒速杨公之死,势必滋蔓株累,浸成大狱。宠惟不徇情面,故能片言解释。孔文举、荀文若姑息之仁,未识事机权变,宜乎其身之亦

【译文】

唐元和九年冬季,召六道巡边使返回京城。起初王守澄憎恶宦官田全操等六人,李训、郑注于是差遣他们去巡视边防,诏命六道派人杀掉他们。赶上李训失败,六道得到诏命,都中止没有执行。到这时召回,田全操等人追溯以往愤恨李训、郑注的计谋,扬言进入京城,凡是穿儒生服装的人都杀掉。京城谣传贼寇到来,百姓都受惊出逃,各官署的人奔逃离散。当时只有郑覃、李石在中书省。郑覃对李石说:"耳闻目睹很不一样,应当出去躲避。"李石说:"宰相地位尊贵、名望重大,是人心归属的地方,不能轻率行动。如今事情的真假还不知道,安稳地坐着镇守,差不多可以安定下来。倘若宰相也逃跑,那么朝廷内外就混乱了。况且果真有祸害变乱,躲避也不能免除。"郑覃认为说的对。李石坐着观看公文案卷,裁断迅速,到晡时才安定下来。

悫庭说:甘露事变,缙绅受摧残,天下的事情都由北司决定,文宗仅仅也是守在府中,宰相简直就是桌上的肉罢了。李石能在各种流言纷然并起、众人的情绪开始扰乱的时候,不震动、不惊慌,安稳地坐在中书省。他的稳重沉着,有足以称美的地方。史书称皇帝的使者传声呼喊关闭皇城各官署的大门,左金吾卫大将军陈君实说:"贼寇到来,关闭城门也不晚,请慢慢观看事态的变化,不应当表示软弱。"这一天,街市品行恶劣的年轻男子都盼望皇城关闭,就任意地抢劫掠夺,不是李石和陈君实镇守,京城几乎再次混乱了。

汉朝末年杨彪和袁术联姻,曹操憎恶他,想要以图谋废置太子另立新君的罪名诬陷他,收捕杨彪关进牢狱,然后指使许县令满宠查办他。孔融和荀彧叮嘱满宠说:"只听取供词,不要进行拷打。"满宠没有答复,依法拷打审讯。几天后,拜见曹操说:"杨彪拷打审讯没有其他供词。这个人在全国拥有名气,倘若定罪不明白,必定大失民众的心愿。我私下替明公您感到惋惜。"曹操因此当天免罪释放出了杨彪。起初,荀彧和孔融听说满宠拷打杨彪,都十分气愤,等到因此得以放出,这才反过来赞许满宠。

悫庭说:杨彪太尉接连几代高洁的品德,人品声望一向显著,是曹阿瞒所深深忌恨的人。假借有婚姻关系的亲戚为名义,拘禁逮捕问罪,暗中来窥视朝廷官员的依从或违背。不进行拷打审讯的话,不但加速杨公的死亡,势必祸患滋长扩大株连牵累,逐渐成为重大的案件。满宠只有不顺从情分和面子,所以能用简短的语言就解救释放了他。孔文举、荀文若姑息的仁慈,未能懂得根据行事的时机随机应变,无怪他们自身也不能幸免于难啊!

【原文】

魏曹爽擅政,司马懿谋诛之,惧事泄,乃诈称疾笃。会河南尹李胜将莅荆州,来候懿。懿使两婢侍持衣,指口言渴。婢进粥,粥皆流出沾胸。胜曰:"外间谓公旧风发动耳,何意乃尔?"懿微举声言:"君今屈并州,并州近敌,好为之备。吾死在旦夕,恐不复相见,以子师、昭为托。"胜曰:"当忝本州,非并州。"懿故乱其辞曰:"君方到并州。"胜复曰:"忝荆州。"懿曰:"年老意荒,不解君语。"胜退告爽曰:"司马公尸居余气,形神已离,不足复虑。"于是爽遂不设备。寻诛爽。

悫庭曰:曹爽豚犬耳,非司马宣王匹也。然于魏为宗室,兄弟各掌兵柄。而懿之威名,又素为爽等所畏,倘不深自韬晦,一旦下尺一之诏,先去其所患,而徐以为我所欲为,则蛟龙失水,容有受困于井鼋者矣。懿佯为疾笃状,以消其疑忌之心,然后伺衅而动,动无不克。爽之党何晏等,尝语人曰:"唯几也,故能成天下之务。司马仲达是也。"乃知其几,而仍堕其术中而不悟。斯则司马氏之能杜其几也!

唐颜真卿为平原太守,禄山逆节颇著。真卿托以霖雨,修城浚隍,阴料丁壮,实储廪,佯命文士饮酒赋诗。禄山密侦之,以为书生不足虑。及禄山反,河朔尽陷,惟平原有备。

愚庭曰:按唐史,天宝末,安禄山兼领三镇,气凌上都。识者久抱隐忧,而朝廷方倚为干城腹心。斯时为郡守者,若倡为有备无患之说,必以多事而蒙严谴,往往因循颓堕,遂至突骑一发,而不可复制,此四十六州所以无一义士也。颜公之守平原也,妙在托以阴雨,而阴为固圉之计,使强藩泄视我,而不我觉。寓情诗酒,而显居文士之目,使强藩轻视我,而不我虞。卒能坚守孤城,扼贼之吭,与李、郭相犄角。向非中人促战,哥舒失守,则西京晏然,明皇无幸蜀之狼狈矣。唐室中兴之功,虽谓鲁公第一可也。

【译文】

魏国的曹爽独揽朝政,司马懿阴谋杀害他,惧怕事情泄露,就谎称病势沉重。正赶上河南尹李胜要到荆州去,前来问候司马懿。司马懿让两个婢女拿着衣服,指着嘴说渴了。婢女喂粥,粥都流出来沾在胸上。李胜说:"外边说您旧有的风病发作了,不料竟然是这个样子!"司马懿微微地抬高声音说:"现在委屈您去并州,并州靠近敌人,好好地对此进行防备。我很快就死了,恐怕不再彼此会面,把儿子司马师、司马昭作为托付。"李胜说:"我应当忝任本州,不是并州。"司马懿故意错乱他的言辞说:"您刚到并州。"李胜又说:"忝任荆州。"司马懿说:"上了年纪心意荒忽,不理解您的话。"李胜回来报告曹爽说:"司马公像尸体存在剩点气息,形骸与精神已经分离,不值得再忧虑了。"因此曹爽就不设防了。不久司马懿诛杀了曹爽。

愚庭说:曹爽是猪狗罢了,不是宣王司马懿的对手。然而在魏是与君主同宗族的人,兄弟各自掌握兵权。而司马懿的威望名声,又向来被曹爽等人所畏惧,倘若不把自己的才能行迹深深地隐藏起来,一旦下达一尺一寸的诏书,先除去他们的隐患,从而慢慢地做他们自己要做的事,那么蛟龙失去水,大概会有受困在井底的青蛙的命运了。司马懿假装成病势沉重的样子,来消除他们猜疑妒忌的心理,然后寻找可乘之机而采取行动,行动就没有不能取胜的。曹爽的党羽何晏等人,曾经对人说:"只有探研细微征象,才能成就天下的事物。司马仲达就是这样。"他们知道事情的迹象,然而仍然掉进司马懿的圈套里面而不觉悟。这就是司马氏能够杜绝事情发生的危险吧!

国学经典文库

资政秘典

·正经·

图文珍藏版

唐朝的颜真卿担任平原太守,安禄山叛逆的行为十分显著。颜真卿就以连绵大雨为借口,修理城墙疏浚护城河,暗中挑选壮丁,充实储藏粮谷的仓库,假装命令能文之士喝酒吟诗。安禄山秘密侦察他,认为读书人不值得顾虑。等到安禄山反叛,河朔地区全部陷落,只有平原有防备。

悫庭说:考察唐史记载,天宝末载,安禄山一并管领三镇,气焰超过京都。有见识的人早就怀着深深的忧虑了,然而朝廷正在依仗他作为京城的捍卫者。这时担任郡守的,倘若倡导事先有准备就没有灾祸的说法,必定被认为是多事而蒙受严厉遣责,常常因循颓废堕落,于是导致突击骑兵一经发动,从而不能继续控制,这就是四十六州所以没有一个义士的原因。颜公防守平原,妙在以天阴下雨为借口,从而暗中作固守抵御的打算,让强大有力的藩镇轻视我,从而不觉察我。寄托情志于吟诗与饮酒,从而明显地处于能文之士的行列,使强大有力的藩镇轻视我,从而不防范我。最终能坚决守卫孤立无援的城池,控制叛贼的咽喉要冲,和李光弼、郭子仪相互成为掎角之势。如果不是有权势的朝臣催促出战,使得哥舒翰失守潼关,那么西京安定,明皇就没有驾临蜀地的艰难窘迫了。唐王室衰而复兴的功劳,即使认为鲁公第一也是可以的。

【原文】

宋庆历中,仁宗服药,久不视朝。一日圣体康复,思见执政,坐便殿,促召二府宰相。吕许公闻命,移刻方赴召。比至,中使数促公,同列亦赞公速行,公愈缓步。既见,上曰:"久疾方平,喜与公等相见,而迟迟其来,何也?"公从容奏曰:"陛下不豫,中外颇忧。一旦闻忽召近臣,臣等若奔驰以进,虑人惊动耳。"上以为得辅臣之体。

悫庭曰:在官不俟屦,在外不俟车,此礼之常然。当久不视朝之后,一旦中使猝召,执政倘急遽奔命,外廷耳目骇惊,必有妄生拟议者。许公故迟其行,以安人心,具见老成持重。

明范希阳(涞)为南昌太守,先是府官自王都院作势以来,跪拜俱在阶下蓬外,风雨不问。希阳欲复旧制,乃于陈都院初上任时,各官俱聚门将见,希阳且进且顾曰:"诸君今日随我行礼。"进至堂下,竟人蓬内行礼。各官俱随而前,旧制遂复。希阳退至门外,与众官作礼为别,更不言及前事而散。

悫庭曰:上官妄自尊大,诚为非制,然前政相沿日久,一旦欲仍复旧制,每每易于招尤。妙在不露圭角,而于既出后,更无一言自诩。居官者,遇此等事,当以希阳为法。

【译文】

宋朝庆历年间,仁宗因为服食药物,很久不再临朝听政。一天皇帝身体恢复健康,想要见掌管国家政事的人,坐在便殿,催促召集两府的宰相。许国公吕夷简听到命令后,一会儿才去应朝廷征召。等到达宫中,宫中派出的使者几次催促许国公,同僚也引导许国公快速行走,许国公越是缓慢步行。见面以后,皇帝说:"长期生病刚刚康复,高兴和你们彼此会面,然而迟迟到来,为什么呢?"许国公从容上奏说:"陛下有病,朝廷内外非常担忧。一旦听说忽然召见亲近大臣,臣下等人倘若奔走而进见,担心别人受到惊动罢了。"皇帝认为举止符合辅弼之臣的身份。

悫庭说:在官不等鞋,在外不等车,这是礼节的常态。当很久不再临朝听政以后，一旦宫中派出的使者突然召见，掌管国家政事的人倘若仓促奔走应命，朝臣的视听惊骇，一定有随意加以揣度议论的人。许国公故意放慢他的行走，来安定人心，足见他的老练稳重。

明朝范希阳（涞）担任南昌知府，在此之前府中的官员自从王都院制造气势以来，跪拜都在阶下的篷外，不管是刮风还是下雨。范希阳想要恢复旧有的制度，就在陈都院刚上任时，各位官员都聚集在门外将要拜见，范希阳边前行边回头说："各位今天跟着我行礼。"进到堂前，直接进入篷内行礼。各位官员都跟着往前走，旧有的制度于是恢复了。范希阳退到门外，与众位官员行礼告别，再不谈起前面的事就散了。

悫庭说：长官狂妄自大，确实建立起不合情理的制度，然而前任官员递相沿袭时日长久，一旦想要再恢复旧有的制度，常常容易招致怪罪。范公妙在不露锋芒，而且在出来以后，再没有一句话自我夸耀。担任官职的人，遇到这类的事情，应当把范希阳作为效仿对象。

【原文】

梁末，襄州都军务周景温移职于徐，有劲仆自恃拳勇，独与妻策驴而行。至芒砀泽间，大声曰："闻此素多豪客，其无一人与吾曹决胜负乎？"言毕有五六盗自丛薄间跃出，一人自后双手交抱，搏而扑之，抽短刃以断其喉，盖掩其不备也。唯妻在侧，殊无惶骇，但大呼曰："快哉！今日方雪吾之耻也。吾本良家之子，遭其俘掠，以至于此，孰谓无神明哉！"贼谓其诚而不杀，与行李并甲驴，驱以南。迈近五六十里，至亳之北界，达孤庄南而息焉。庄之门有器甲，盖近戍巡警之卒也。此妇遂径入村人之中堂，盗亦谓其谋食不疑。乃泣拜其总首，具告其夫遭屠之状。总首潜召其徒，一时执缚，械送亳城，咸弃市。妇返襄阳为尼终焉。

悫庭曰：此妇智略机警，与三国时孙翊妻略同。而孑身蒙难，能于仓卒间诡辞自免，不崇朝而歼厥群凶，以报夫雠，为尼终老，尤不可及。

【译文】

梁朝末年，襄州都军务周景温调动职务到徐州，有位强健有力的仆人仗着自己勇壮，独自和妻子赶着驴行走。到达芒山、砀山一带的水草丛杂之地，大声说："听说这里平时侠客很多，难道没有一个人和我们一决胜负吗？"话音结束有五六个强盗从丛生的草木中跳了出来，一个人从背后双手交叉把他抱住，搏斗而把他仆倒，抽出短刀来切断他的喉管，大概是乘没有防备袭击他。只有他的妻子在旁边，竟然没有惊骇，只是大声呼叫说："痛快啊！今天才洗掉我的耻辱。我本来是清白人家的孩子，遭到他俘获抢劫，以至于到了这个地步，谁说没有神明呢！"强盗认为她真诚因而不加杀害，与行李连同铠甲、驴，驱赶着往南走。行进将近五六十里，到达亳州的北部地界，抵达孤庄的南边就在那里休息了。庄的门外有武器、盔甲，大概是附近防守巡查警戒的士兵。这个妇人于是径直进入村人正中的厅堂，强盗也认为她去找食物不再怀疑。于是就流着泪拜见他们的总头领，详细告诉她丈夫遭到屠杀的情况。总头领秘密召集他的徒众，立刻逮捕强盗，加刑具押送到亳城，都被处以死刑。妇人返回襄阳当尼姑一直到老。

悫庭说：这个妇人才智与谋略机智灵敏，与三国时期孙翊的妻子大致相同。然而单身遭受灾难，能在匆忙急迫间说假话求得脱身，不到一个早晨的时间从而歼灭了那群恶人，报了丈夫的仇恨，当尼姑到老，尤其做不到这样。

国学经典文库

资政秘典

·正经·

图文珍藏版

信帙

【题解】

"信"既是儒家实现"仁"这个道德原则的重要条件之一,又是其道德修养的内容之一。孔子及其弟子提出"信",是要求人们按照"礼"的规定互守信用,借以调整统治阶级之间、对立阶级之间的矛盾。儒家把"信"作为立国、治国的根本。"信"作为儒家的伦理范畴,意为诚实,讲信用,不虚伪。

作者在本帙设立《穷变》《处嫌》《释纷》《奇谲》四篇,从诸种穷尽万般变化的方法和策略、如何排解遭人嫌疑的境遇、如何应对突发事件、关于贤俊奸雄的谋略心计等四个方面,用历史上关于这方面的经典故事对"信"作了较全面的诠释,在要求人们守"信"和如何守"信"的同时,对历史上那些不守"信"的人和事进行了批评。

卷十七 穷变

【原文】

人情之变态甚矣!如夏云,如海市,倏忽万状,诡幻百出。我乌能穷其所至哉?《语》曰:"不逆诈,不亿不信,抑亦先觉。"此固圣贤之能事,下此则识微知著,亦智者之所尚也。未事而先为之备,未形而显为之烛,知彼知己,百不失一,穷其变,斯变穷焉尔。

齐隰斯弥见田成子,田成子与登台四望,三面皆畅,南望,隰子家之树蔽之。田成子亦不言。隰子归,使人伐之。斧离数创,隰子止之,其相室曰:"何变之数也?"隰子曰:"谚云:'知渊中之鱼者,不祥。'夫田子将有事,事大而我示之知微,我必危矣。不伐树,未有罪也。知人之所不言,其罪大矣。"乃不伐也。

悫庭曰:大智所以若愚,强作解事者,当以隰子此论书绅。因鸡肋而戒偎装,杨修之所以见杀也。遇猜忌之人而自露其智,危矣。绌明黜聪,患乃不生。斯弥其有得于全身远害之道者乎!

【译文】

人情的变化太大了!如同夏天的云彩,如同海上的幻景,极短时间多种形态,诡谲变幻层出不穷。我怎么能够穷尽它的所到之处呢?《论语》说:"不预先怀疑别人的欺诈,不主观地推测别人不诚实,或许也能事先认识觉察。"这本来是圣贤所擅长的事情,次一等就是看到事物的苗头而能察知它的显著,这也是有智慧的人所看重的。尚未发生事情而预先对它防备,尚未显露迹象而明显对它明察,了解对方也了解自己,万无一失,穷尽其中的变化,这就是变化穷尽了。

齐国的隰斯弥拜见田成子，田成子与他登上高台四处眺望，三面都畅通无阻，向南望去，隰斯弥家的树却把远方遮蔽住了。田成子也没说什么。隰斯弥回到家中，让人砍掉树木。斧头刚砍出几个伤口，隰斯弥就阻止了砍树，他的管家说："为什么改变主意这么快呢？"隰斯弥说："谚语说：'知道深渊中有鱼的人，不吉祥。'田成子将篡夺公室，事关重大而我如果向他显示出知道事情的苗头，我必定危险了。不砍伐树木，没有罪过。知道别人不愿意讲出来的事情，那罪过就大了。"于是就不砍伐树木了。

悫庭说：才智极高的人所以表面上看来好像愚笨，勉强装作通晓事理的人，应当把隰子的这番论述牢记住。因解释"鸡肋"是命令而告诫整理行装，是杨修所以被杀的原因。遇到猜疑忌恨的人而自我显露自己的智慧，就危险了。摈弃聪明，祸患便不会发生。隰斯弥大概是有所领悟保全自身远离祸害的方法的人吧！

【原文】

晋中行文子出亡，过县邑，从者曰："此啬夫公之故人，奚不休舍，且待后车？"文子曰："吾尝好音，此人遗我鸣琴；吾好佩，此人遗我玉环。是振我过以求容于我者，吾恐其以我求容于人也。"乃去之。果收文子后车二乘，而献之其君矣。

赵蔺相如为宦者缪贤舍人。贤尝有罪，窃计欲亡走燕。相如问曰："君何以知燕王？"贤曰："尝从王与燕王会境上，燕王私握其手曰：'愿结交。'以故欲往。"相如止之曰："夫赵强燕弱，而君幸于赵王，故燕王欲结君。今君乃亡赵走燕，燕畏赵，其势必不敢留君而束君归赵矣。君不如肉袒负斧锧请罪，则幸脱矣。"贤从其计。

悫庭曰：以势交者，势尽则绝。非徒绝而已，必将市夫失势之友，以自结于乘势之人。如后梁赵俨之投温韬，未易指数。中行文子早见及此，而已亡其后乘，人心之可畏如此。至于得一夫而失一国，中主不为。微蔺相如，则缪贤之往托于燕，必为宋万之续矣。赠遗握手，讵可轻信哉？参观二事，势利之交宜慎之又慎矣。

晋王右军少时，大将军甚爱之，恒置帐中眠。大将军尝先出，右军未起。须臾钱凤人，屏人论事，却忘右军在帐中，便及逆谋。右军觉，既闻所论，知无活理，乃剔吐头面被褥，诈熟眠。敦论事造半，方意右军未起，相与大惊曰："不得不除之。"及开帐，见吐唾纵横，信其实熟眠，于是得全。

悫庭曰：羲之为人，清真潇洒，晚年见晋室卑陋，时事难挽，乃极东方山水以自娱，遂泛舟沧海，不可复强以仕，终于会稽内史。盖以君子而涉末流，举世瞆瞆，不得以而为明哲保身之计也。观其髫稚之年具此急智，则异日之能冥冥高蹈，早可略见一斑矣。

【译文】

晋国的中行文子出逃，路过县城，随从的人说："这个县的农夫是您的旧交，为什么不在这里留宿，暂且等一下后面的车子？"中行文子说："我曾经喜欢音乐，这个人就送给我鸣琴；我曾经喜欢佩饰，这个人就送给我玉环。这是助长我过失来讨我欢心的人。我担心他会用我去讨好别人。"于是离开县城。农夫果然扣押了中行文子后面的车子二辆，并把它们献给自己的国君了。

赵国的蔺相如是宦官缪贤的舍人。缪贤曾经有犯法的行为，私自计划准备逃到燕国去。蔺相如问道："您怎么知道燕王？"缪贤说："曾经跟随赵王与燕王在边境上会晤，燕王私下握住我的手说：'希望和你交往。'因此我想要前去投奔。"蔺相如阻止他说:"当初赵国强大燕国弱小,而您受到赵王宠幸,所以燕王想要结交您。如今您竟然逃离赵国前往燕国,燕王畏惧赵国,势必不敢收留您反而会将您捆缚送回赵国了。您不如去衣露体、背负斧子与铁锚请求谢罪,就能侥幸免罪了。"缪贤听从了他的计策。

愚庭说:凭借权势结交的人,权势丧失就会断绝交情罢了,不但是断绝交情,必定将会出卖失去权势的朋友,来自我结交正在掌握权势的人。像后梁赵俨投靠温韬一样,难于屈指计数。中行文子早就预料到这一点,然而已经丧失了后面的车马,人心令人畏惧竟然到了这种地步。至于得到一个人而失去一个国家,中等才德的君主是不会这么做的。没有蔺相如,那么缪贤就会前去投靠燕国,必然是宋万的延续了。赠送握手,怎么可以轻易相信呢? 对照察看这两件事情,对于权势和财利的交往应当谨慎再加谨慎了。

晋朝王右军年幼时,大将军王敦非常喜爱他,常常把他放在军帐中睡觉。大将军曾经提前出去,王右军还没起床。不一会儿钱风进入,屏退别人谈论要事,却忘记王右军还在军帐中,就说到叛逆的阴谋。王右军醒来,听到他们的谈论后,知道没有活命的道理,就往外挑出口水掉在头部、面部、被子、褥子上,假装沉睡。王敦谈论要事过半,才想起王右军还没有起床,共同大惊说:"不能不除掉他。"等到打开帐子,看见他唾沫横流,相信他确实沉睡,因此获得保全。

愚庭说:王羲之的为人,纯真朴素洒脱超逸,晚年看到晋王室地位低下,局势难以挽回,就探究东方山水来自寻乐趣,于是坐船游玩大海,不能再勉强他做官,最终死在会稽内史任上。大概作为君子而经历颓风弊俗,整个社会不明事理,不得已才做出明哲保身的考虑。看他幼年就具备这种应付紧急情况的智慧,那么他以后能够远隐深居,早就可以略见一斑了。

【原文】

汉末袁尚、袁熙奔辽东,尚有数千骑。初辽东太守公孙康恃远不服,及曹操破乌丸,或说操遂征之,尚兄弟可擒也。操曰:"吾方使康斩送尚、熙首来,不烦兵矣。"九月,操引兵自柳城还,康即斩尚、熙,传其首。诸将问其故,操曰:"彼素畏尚等,吾急之则并力,缓之则相图,其势然也。"

愚庭曰:冀州虽平,遗蘖尚在,操岂能须臾忘者? 而故置之,盖逆知公孙、袁氏之必不相容矣。"急则并力,缓则相图"。观操之言,诚狡矣哉!

唐姚崇与张说同为宰辅,各怀疑阻。张衔之。崇病,戒诸子曰:"张丞相与我隙甚深,然其人素行奢侈,尤嗜服玩。吾殁后来吊,汝具陈我平生服玩,罗列帐前。若不顾,汝家族无类矣;若顾之,当录玩用致之。仍以神道碑为请,先砻石以待,既获其文,即时镂刻。张见事每迟,数日后必当有悔,若征碑文,即引视镂石,仍告以闻上。"崇卒,张果至,目其服玩者三。诸子悉如崇戒。张为文叙致该详,时谓极笔。数日,果遣使取本,以为辞未周密,欲加删改。诸子引使者视其碑,并告以奏御。使者还报,张悔恨,抚膺曰:"死姚崇能算生张说,吾今方知才之不及远矣!"

愚庭曰:当开元时,姚相假足疾,奏张罪状数百言。上怒,下御史按其事,赖门下生营救,事得寝。两人由是有隙,曲不尽在张也。迨姚死,而犹不能忘情于诸子,张则溢矣。崇能逆料身后,历历如所言。张虽饶智数,已入其范围而不觉,其才诚难及哉。

【译文】

汉朝末年,袁尚、袁熙逃奔辽东,还有数千骑兵。起初辽东太守公孙康凭借地处偏远不肯归服,等到曹操击破乌丸,有人劝说曹操乘机征讨他,袁尚兄弟就可以被擒获。曹操说:"我正要让公孙康斩杀袁尚、袁熙的人头送来,无须烦劳用兵了。"九月,曹操领兵从柳城归来,公孙康斩杀袁尚、袁熙,送来他们的人头。各位将领询问其中的原因,曹操说:"他向来畏惧袁尚等人,我们迅速进攻他们就会一同用力,我们延缓进攻他们就会相互图谋,其形势就是这样。"

悫庭说:冀州虽然平定,但袁氏的后代还存在,曹操怎么能够片刻忘记呢?然而故意搁之一旁,大概是早就预先料到公孙康、袁氏兄弟必定不能互相包容了,"急于进攻就会一同用力,延缓进攻就会相互图谋"。从曹操所说的话来看,确实是狡猾啊!

唐朝的姚崇与张说一同担任宰相,各自心怀疑惑隔阂。张说对姚崇怀恨。姚崇病重,告诫各位儿子说:"张丞相与我怨恨很深,然而他这个人平素品行奢侈,尤其嗜好服饰器玩。我死后前来吊唁,你们将我一生的服饰器玩摆设齐备,排列在帐前。如果他不理会,你们家族就没有幸存者了;如果他看这些东西,应当收录玩赏使用的东西送给他。因此把书写碑文作为请求,事先磨好石碑等待,得到他书写的碑文后,立刻雕刻。张说遇到事情经常反应迟钝,数日以后必定应当产生后悔,倘若索要碑文,就带领他观看刻好的石碑文字,并告诉他已经奏报皇帝。"姚崇死后,张说果然到来,再三地观看了服饰器玩。各位儿子全部遵照执行姚崇的告诫。张说所写碑文叙述事理完备详尽,当时称作上等笔墨。几天后,张说果然派遣使者来取回底本,认为用词尚未周到细密,想要加以删除改动。姚崇的儿子带领使者观看刻好的石碑文字,并告诉他已经上奏皇帝。使者返回报告,张说懊悔,抚摩胸口说:"死姚崇能算计我活张说,我现在才知道才能远远赶不上他了!"

悫庭说:正当开元时期,姚崇宰相假借脚病,上奏张说犯罪的事实几百字。皇帝发怒,下令让御史查办此事,依赖门下学生的援救,事情才得以平息。两人由此产生怨恨,理亏并不全在于张说。等到姚崇临死,却还不能忘记在感情上牵挂着各位儿子,张说却奢侈无度了。姚崇能够预料死后的事情,一一都像他所说的那样。张说虽然富于心计,已经落入他的圈套却没有发觉,他的才能确实难以赶得上啊!

【原文】

唐德宗贞元中,张延赏在西川,与东川节度使李叔明有隙。上人骆谷,值霖雨,道路险滑,卫士多亡归朱泚。叔明子昇等六人,恐有奸人危乘舆,相与啮臂为盟,更控上马以至梁州。及还长安,上皆以为禁卫将军,宠遇甚厚。张延赏知昇出入郜国大长公主第(郜国大长公主,肃宗女。适驸马都尉萧昇,女为德宗太子妃),密以白上。上谓李泌曰:"郜国已老,昇年少,何为如是?"泌曰:"此必有欲动摇东宫者。谁为陛下言此?"上曰:"卿勿问,第为朕察之。"泌曰:"必延赏也。"上曰:"何以知之?"泌具言二人之隙,且曰:"昇承恩顾典禁兵,延赏无以中伤,而郜国乃太子萧妃之母,故欲以此陷之耳。"上笑曰:"是也。"

悫庭曰:以暧昧之事,中伤凤嫌之人,挟私怨而倾国本,延赏罪不容诛矣。郇侯明指其人,而直穷其致衅之由,使奸轨无所遁情,而储位不致动摇。其有功于社稷者岂浅鲜哉?

宋韩魏公一日至诸子读书堂,见卧榻枕边有一剑。公问仪公何用。仪公言夜间以备缓急。公笑曰:"使汝果能手刃贼,贼死于此,汝何以处? 万一夺入贼手,汝不得为完人矣。古人青毡之说,汝不记乎? 何至于是也? 吾尝闻前辈云:'夜行且不可以刃物自随。'吾辈安能害人? 徒起恶心,非所以自重也。"

悫庭曰:魏公当刺客夜入寝室之时,坦然应之,坚卧不起,卒之贼不敢动,此是应变之智。今观其戒仪公数语,又见其虑变之识。盖惟其平日之计虑者熟,斯临时猝应,不动声色而挫贼人之锋也。合两事观之,乃知魏公识量真不可及。

【译文】

唐德宗贞元年间,张延赏在西川任职,与东川节度使李叔明有怨恨。皇帝进入骆谷,正遇上连绵大雨,道路危险光滑,负责警卫的兵士大多逃归朱泚。李叔明及其子李昇等六人,害怕有奸人危害到皇帝所乘坐的车子,相互咬臂出血盟誓,轮流驾驭皇帝的车马到达梁州。等到返回长安,皇帝把他们都任命为禁卫将军,恩遇非常优厚。张延赏得知李昇出入郜国大长公主的府第(郜国大长公主,是肃宗的女儿。嫁给驸马都尉萧升,所生女儿为德宗太子的妃子),秘密将此事报告皇帝。皇帝对李泌说:"郜国公主已经年老,李昇年轻,为什么这样?"李泌说:"这必定有想动摇太子地位的人,谁给陛下讲的这些事?"皇帝说:"爱卿你不要问,姑且替朕考察这件事。"李泌说:"必定是张延赏。"皇帝问:"怎么知道是他?"李泌详细说明二人之间的嫌隙,并且说:"李昇蒙受皇恩眷顾掌管禁军,张延赏无法加以中伤,而郜国大长公主是太子萧妃的母亲,所以想借这种事来诬陷他罢了。"皇帝笑着说:"正是他。"

悫庭说:用含糊的事情,中伤平素怨恨的人,怀着私人的怨恨而倾覆国家的根本,张延赏罪大恶极,处死也不足以抵偿所犯的罪恶了。邺侯李泌明确指出这个人,从而直接彻底推求这件事引发嫌隙的缘由,使违法作乱的人没有地方隐瞒实情,从而太子的地位不致动摇。他有功劳于国家难道轻微吗?

宋朝韩魏公一天到儿子们的读书堂,看见床上枕头旁边有一把剑。韩魏公问仪公干什么用,仪公说夜间用来防备危急之事。韩魏公笑着说:"假使你果真能够亲手杀死贼人,贼人死在这里,你怎么处置? 万一夺到贼人手中,你就不能成为身体健全的人了。古人关于青毡的传说,你不记得了吗? 为什么这样做? 我曾听前辈说:'夜间出行就不能把锋利的器物随身携带。'我们怎能伤害别人? 这只能引起罪恶的念头,不是自珍自爱的办法。"

悫庭说:韩魏公正当刺客夜里进入卧室的时候,坦然应付,安定躺着不动,最后贼人不敢动手,这是应付事变的机智。如今看他告诫仪公的几句话,又看到他考虑事变的见识。大概正因为他平时计议谋虑这种事情成熟,才能临时应付突然情况,不动声色就能挫败贼人的锋芒。结合这两件事情来看,就知道韩魏公的识见与度量确实不能赶上。

卷十八　处嫌

【原文】

君子防未然,不处嫌疑间,嫌疑之于人甚矣哉! 周公有流言之避,孔子有微服之行。彼圣且然,矧伊下此? 夫长者为行,不使人疑之,顾所以先事而预远之者,则固有道矣。今裒其可述而识者,斯亦前事之师也。

秦伐楚,使王翦将兵六十万人,始皇自送之灞上。王翦行,请美田宅园池甚众。始皇曰:"将军行矣,何忧贫乎?"王翦曰:"为大王将,有功终不得封侯,故及大王之飨臣,臣亦及时以请园池,为子孙业耳。"始皇大笑。王翦既至关,使使还请善田者五辈。或曰:"将军之乞贷亦已甚矣。"王翦曰:"不然。夫秦王怚而不信人,今空秦国甲士而专委于我,我不多请田宅为子孙业以自坚,顾令秦王坐而疑我耶?"

恁庭曰:挈空国之兵,而制之阃外,震主之嫌,人臣之大患也。翦之乞贷者,正以安始皇之心耳。藉令信越之伦,早知此意,解兵柄而多请田宅,何至菹醢之及哉?

【译文】

君子防于未成事实前,不处在被怀疑的境地,怀疑对人来说太厉害了吧!周公有没有根据议论的躲避,孔子有隐蔽身份而改换常服的出行。他们圣人尚且如此,何况不如他们的人呢?那些德高望重的人行仁义之事,不让人怀疑他们,考察他们先于事情就能预料将来的原因,那么本来就有方法了。现今搜集那些可以撰述而且记住的事情,这也是从前事情的借鉴。

秦国讨伐楚国,派遣王翦率领军队六十万人出征,秦始皇亲自到灞上送行。王翦出发时,请求良田房屋、园林池塘数量很大。秦始皇说:"将军出发了,为什么忧虑贫困呢?"王翦说:"担任大王的将领,拥有功劳最终不能得到封拜侯爵,所以趁着大王宴请臣下,臣下我也及时向大王请求园林池塘,作为子孙的基业罢了。"秦始皇大笑。王翦到达函谷关后,派遣使者回朝请求良田五次。有人说:"将军求讨也太过分了。"王翦说:"不是这样,秦王畏惧多疑而且不相信别人,今天倾空秦国的披甲士兵而专门交付给我,我如果不多多请求田地房屋作为子孙的基业来固位自保,难道让秦王平白无故地怀疑我吗?"

恁庭说:率领全国的军队,而控制他们在国境之外,引起君主震动的嫌疑,这是臣下的最大祸患。王翦的求讨,正是用来安定秦始皇的心罢了。假使韩信与彭越这类人,能够早点知道这个意思,解除兵权从而多多请求田地和房屋,何至于被剁成肉酱呢?

【原文】

陈平间行,渡河,船人见其美丈夫独行,疑为亡将,腰中当有金宝,数目之。平恐,因解衣裸而佐刺船。船人知其无有,乃止。

恁庭曰:"慢藏诲盗",《大易》所戒。然有一无所藏,而误以致寇者。嫌疑之际,不可不慎也。平之解衣盘礴,可谓善于御患者矣。昔人有出行,怀两大桃以备热渴,盗窥之,疑其金也,从而尾其后。其人会意,取桃啖之而始解。语出野史,颇与平事相类,因附载之。

魏丞相主簿杨修,谋立曹植为嗣。曹丕患之,以车载废簏,纳吴质,与之谋。修白操,丕惧,告质。质曰:"无害也,明日复以簏载绢人。"修复白之,推验无人,操由是不疑。

恁庭曰:车载吴质,可谓密矣,而杨修能知之。修知之以白操,可谓险矣。而质仍试为之,以释操之疑。曹氏君臣父子间,如鬼如魅,无非以机械相处。

【译文】

陈平沿小路行走，横渡黄河，船夫看到他这么一个美男子独自行走，怀疑他是逃亡的将领，腰中应当藏有黄金珠宝，多次打量他。陈平害怕，因而脱掉衣服裸露上身帮助划船。船夫知道他一无所有，就停止了。

恳庭说："疏于保管就会诱人盗窃"，这是《周易》中的告诫。然而有什么收藏都没有，却不慎招致盗寇的。被怀疑的时候，是不能不谨慎的。陈平脱掉衣服箕踞而坐，可以说是善于防备祸患的人了。过去有个人出外远行，怀揣两只大桃子用来防备炎热干渴，盗贼暗中偷看他，怀疑那是金子，因而尾随在他的后面。这个人领会到盗贼的意图，取出桃子吃这才化解。文字出自野史，与陈平的事情很类似，因此附带记载在这里。

魏国的丞相主簿杨修，图谋拥立曹植为曹操的继承人。曹丕对这件事很担心，用车装载废旧竹箱子，藏入吴质进府，与他商量。杨修向曹操禀报，曹丕害怕，告诉了吴质。吴质说："不妨害，明天再用竹箱装绢进入。"杨修又向曹操禀报，推问验证竹箱无人，曹操因此不再怀疑。

恳庭说：用车装载吴质，可以说是机密了，然而杨修却能知道。杨修知道这事后向曹操禀报，可以说是危险了。然而吴质仍然试着这样做，用来消除曹操的怀疑。曹氏君臣父子之间，如同鬼蜮一样，无一不是用机巧诈伪相处的。

【原文】

晋王绪素谮殷荆州于王国宝。殷甚患之，求术于王东亭。曰："卿但数诣王绪，往辄屏人，因论他事。如此则二王之好离矣。"殷从之。国宝见王绪，问曰："比与仲堪何所道？"绪云："故是常谈。"国宝谓绪于己有隐，情好日疏，谮言用息。

恳庭曰："谮人罔极，交乱四国"，古之所深恶也。然进谮之人，必其平日所深信之人，疑心一起，谮何由人？巧哉东亭之为此谋也。

唐主畏宋祖威名，用间于周主，遣使遗宋祖书，馈以白金三千。宋祖悉输之内府，间乃不行。

恳庭曰：宋太祖天锡智勇，不迩财贿，讵以白金动其心者？输之内府，而世宗之信任益专，是唐之间太祖者，适以赞太祖也。迨受禅后，复以黄金遗赵普。南唐伎俩，盖止于此矣，岂若宋祖之以图像间林仁肇者？有鬼神不测之机哉！

【译文】

晋朝王绪平时向王国宝谮毁殷荆州。殷荆州非常忧虑，向王东亭请教办法。王东亭说："您只要多次造访王绪，去了之后就屏退别人，于是跟他谈论其他的事情。这样一来王绪和王国宝二人的友好就疏远了。"殷荆州听从了他的话。王国宝见到王绪时，问道："近来你与殷仲堪都说了些什么？"王绪回答说："都是平常的言论。"王国宝认为王绪对自己有所隐瞒，交情日益疏远，谮言因此止息。

恳庭说："谮人之言不止，交相混乱天下国家"，是古人所深深憎恨的。然而进献谮言的人，必定是平时所深深相信的人，猜疑之心一产生，谮言怎能再进入？王东亭所出的这个计谋巧妙啊！

南唐后主畏惧宋太祖的威望名声，对后周君主使用离间计，派遣使者送给宋太祖书信，馈赠给他白银三千两。宋太祖把它全部转交到皇室的仓库，离间计于是无法实现。

悫庭说:宋太祖上天赐予智谋与勇敢,不接近财物,怎能用白银去打动他的心呢?转交到皇室的仓库,因而周世宗对他的相信并加以任用就更加专一了,这是南唐君主离间宋太祖,正好帮助了宋太祖。等到宋太祖接受禅让帝位以后,南唐又把黄金馈赠给赵普。南唐的手段,大概就到此为止了,怎能比得上宋太祖用画像离间林仁肇呢?有鬼神难以意料的玄机啊!

【原文】

周遣阁门使曹彬以兵器赐吴越,事毕亟返,不受馈遗。吴越人以轻舟追与之,至于数四。彬曰:"吾终不受,是窃名也。"尽籍其数,归而献之。后奉世宗命,始拜受,尽以散于亲识,家无留者。

悫庭曰:人臣无境外之交,却而不受,使臣之常节也。受之以献于世宗,拜赐而散之亲识,其规模更以远矣。厥后为太祖佐命,削平僭逆,推宋初功臣之冠,良有以夫。晋鬲令袁毅为政贪浊,馈遗朝贵,以营荐举。尝遗山巨源丝百斤,巨源不欲为异,受之,命悬诸梁。后毅事露,案验众官吏。至巨源,于梁上得丝,已数年尘埃,封印如故。此与曹王同一,受而不受之意,然却不可为训。夫墨吏之贿,非外藩馈遗可比,受与不受,毋庸再计,岂得复以权宜中立之说处之?且使袁毅幸而竟不败露,将终受之已乎?世传山公为吏部,选举号为公正,如此墨吏,谓宜亟按劾矣。顾犹以优容为长厚耶?岂当其时山公犹未知选举耶?盖晋世风气颓靡,中朝士夫不以荡检踰闲为非,故虽以巨源之贤,于此且不欲为异,其他更可知矣。因附识于此。至曹以武臣奉使,于馈遗之物,处置尽善如此,讵不加人一等欤?

宋韩世忠既罢,杜门谢客,口不言兵,时跨驴携酒,从一二奚童,纵游西湖以自乐,尝议买新淦县官田。高宗闻之甚喜,赐御札,号其庄曰"旌忠"。

悫庭曰:此亦祖萧何之智以自全者,况功成者退,物理本应如是。彼有久踞要地,而唯恐失之者,往往与既为邻,卒至求一日之无事而不可得。夸者死权,直与贪夫殉财等。《易》戒"亢龙"有以哉!

【译文】

后周派遣阁门使曹彬把兵器赐给吴越国,事情结束后马上就返回来,不接受馈赠。吴越人用轻快的小船追赶送给他,至于多次。曹彬说:"我最终不接受,这是用不正当手段获得名声。"全部登记礼品的数量,回国之后献给了周世宗。后来接受周世宗的命令,这才跪拜接受,全部分发给亲戚朋友,家里没有留下的。

悫庭说:臣下没有国境之外的交往,推却而不接受,是使臣的固有节操。接受礼物把它献给周世宗,拜受赐赠后而分发给亲戚朋友,他的气概是更加远大了。此后成为宋太祖的辅佐创业之臣,消灭篡权叛逆之人,被公认居于宋朝初年有功之臣的首位,确实是有原因的。晋朝鬲县的县令袁毅治理政事贪污,馈赠朝廷中的权贵,来求得推荐。曾经送给山巨源蚕丝一百斤,山巨源不想与众不同,就收下了,叫人悬挂在屋梁上。后来袁毅的事情败露,查询验证众多官吏。到山巨源家,在屋梁上找到蚕丝,已经好几年布满了尘埃,封存的钤印跟原来一样。这跟武惠王曹彬是相同的,接受反而是不接受的意思,然而却不能当作准则。贪官污吏的贿赂,不是外部藩国馈赠可以比拟的,接受与不接受,无须重新考虑,怎么能够再用权宜中立的说法去处理呢?假使袁毅侥幸从而最终没有败露,将要最终接受了吗?世上流传山公任吏部尚书,选拔举用号称公平正直,对这样的贪官污吏,应该立即查验弹劾了。难道仍然把优待宽容当作恭谨宽厚吗?难道当时山公还没有主持选拔举用吗?大概晋代风尚习俗萎靡不振,西晋的士大夫不把放荡不法、超越法度当作是错误的,所以即使像山巨源这样的贤明,对待这种事情尚且不想与众不同,其他的人就更可想而知了。因此附带记载在这里。至于曹彬武臣的身份奉命出使,对于馈赠的礼物,处理得如此完善,难道不是高人一等吗?

宋朝的韩世忠罢官后,关闭大门谢绝会客,嘴里再不谈论用兵的事情,经常骑着毛驴携带美酒,跟着一两个小男仆,畅快地游览西湖来自我娱乐,曾经谋划购买新淦县的官田。宋高宗听说后十分高兴,赐给他书信,将他的田庄命名为"旌忠"。

悫庭说:这也是效法萧何的智谋来保全自己的事情,况且大功告成的人就要隐退,事物的道理本来就应该是这样的。那些长期占据显要地位,然而唯恐失掉它的人,常常与灾祸成为邻居,到最终要求一天没有事情却不能得到。炫耀的人为权势而死亡,简直与贪婪的人为财物而殒身是等同的。《周易》中以"居高位的人不要骄傲自满"为戒是有原因的吧!

【原文】

明洪武中,郭德成为骁骑指挥。尝入禁内,上以黄金二锭寘其袖,曰:"第归,勿宣。"德成敬诺。比出宫门,纳靴,佯醉,脱靴露金。闻人以闻,上曰:"吾赐也。"或尤之,德成曰:"九阍严密如此,藏金而出,非窃耶?且吾妹侍宫闱,吾出入无间,安知上不以相试?"众乃服。

悫庭曰:禁地严密,怀金难免涉嫌。然赐出上方,何妨受之坦如。盖以太祖素性猜忌,不得不有此曲折耳。观"安知非相试"一语,可见其情。

明御史袁凯以忤旨,引风疾归。太祖使人觇之,见凯方匍匐往篱下食猪犬屎,还报,乃免。盖凯逆知有此,使家人以炒麪和沙糖,从竹筒中出之,潜布篱下耳。

悫庭曰:明祖性多猜忌,又果诛戮,尊信如宋潜溪,既予告归,而密使人伺之,知其无疾,遂置其子琏孙慎于法,潜溪亦加远谪以死,况袁本以忤旨去者耶?使得其实,首领不保矣。逆知必有是使而谪以自全,凯亦智矣哉!

悫庭又曰:凯之诡谲,亦太甚矣!然原其心,不过欲君父之释然于我,不至于引疾去后,或有意外之虞也。迹虽似诈,要与欺诳者迥别。否则身家性命不克自保,不且贻君父以务为已甚之名乎?

【译文】

明朝洪武年间,郭德成担任骁骑指挥。曾经进入皇宫中,皇帝将黄金二锭放进他的衣袖,说:"姑且回去,不要宣扬。"郭德成恭敬地答应。等到走出宫门,放进靴子里,佯装喝醉,脱掉靴子露出金锭。把守宫门的人上报此事,皇帝说:"是我赏赐的。"有人责备他,郭德成说:"皇宫如此严密,藏着金子出来,不是盗窃吗?而且我的妹妹侍奉宫廷,我出入没有阻挡,怎么知道皇帝不是用这事来进行试探呢?"众人这才佩服。

悫庭说:皇宫禁地防范严密,怀揣金锭难免要涉及嫌疑。然而赏赐出自皇帝,不妨坦然地接受它。大概因为明太祖生性猜疑忌妒,才不得不有这种错综复杂的情节罢了。看他"怎么知道不是进行试探"这句话,可以想见当时的情景。

明朝的御史袁凯因为违背皇帝的旨意,以生疯病为借口辞官回家。明太祖派人去窥视他,看到袁凯正爬行到篱笆下去吃猪狗的屎,返回报告,这才免死。大概袁凯预先料到有这样的事,让家人用炒面拌和砂糖,从竹筒里将它挤出来,偷偷地撒在篱笆下面罢了。

悫庭说:明太祖生性多猜疑忌妒,又好诛杀,尊重相信的人像宋潜溪,已经赐予告老还乡,然而仍然秘密派人窥探他,知道他没有生病之后,于是就将他的儿子宋璲、孙子宋慎依法处死,宋潜溪也加以贬到边远的地方而致死。何况袁凯本来就是因为违背旨意而离开朝廷的呢?假使得到他的实情,脑袋和脖子就保不住了。预先知道必定会有这样的使者,因而欺诳来保全自己,袁凯也是聪明了啊!

悫庭又说:袁凯的阴谋诡计,也太厉害了!然而推究他的本心,不过是想让君父对我消除疑虑,不至于在托病辞官离开朝廷以后,又有意料之外的忧患。形迹上虽然好像欺诈,总之与一般的欺骗是大不相同的。如果不这样那么本人和家人性命都不能自我保全,不是将要把昏乱过分的名声留给君父吗?

卷十九　释纷

【原文】

扬汤不可止沸,抱薪不可救火。事变乘于仓猝,而方寸先乱,犹治丝而棼,益之纷耳。人扰我静,人忙我闲;坐镇如泰山,应变如流水,则天下复何事不办哉?

汉高帝已封功臣一十余人,其余日夜争功不决。上在洛阳南宫,望见诸将往往相与坐沙中偶语,以问留侯。对曰:"陛下起布衣,以此属取天下。今为天子,而所封皆故人,所诛皆仇怨,故聚谋反耳。"上曰:"奈何?"留侯曰:"上平生所憎,群臣所共知,谁最甚者?"上曰:"雍齿数窘我。"留侯曰:"今急封雍齿,则群臣人人自坚矣。"乃封雍齿为什方侯。群臣喜曰:"雍齿且侯,吾属无患矣。"

悫庭曰:安反侧于仓猝之际,惟有先其最甚者一着。子房于此,所谓逆而导之以顺也,其佐汉,功在社稷,岂直运筹决胜已耶?

悫庭又曰:按古史,晋文公过曹,里凫须盗其资而亡。公馁,介子推割股以食之。至是,里凫须请见,曰:"君去国久,民臣多过自危。凫须为贼大矣,君诚使骖乘,游于国中,百姓见之自安。"文公说而从之。民臣皆曰:"里凫须不诛,吾何惧也?"留侯之策,与此暗合,岂亦有所本耶?

【译文】

搅动热水不能制止沸腾,抱着柴火不能救灭火灾。事情的变化起于匆忙急迫,然而心已先乱,这就像理丝而紊乱,使它更加纷乱罢了。别人骚动我镇静,别人忙乱我安闲;安坐如同泰山,应变如同流水,那么天下还有什么事办不成呢?

汉高祖已经分封有功之臣十多个人,其他的人日夜争夺功劳不能决定高下。当时皇帝在洛阳南宫,看到各位将领常常一起坐在沙地上窃窃私语,就拿这件事询问留侯。回答说:"陛下您从平民起家,靠着这些人取得天下。如今做了天子,而所分封的都是老朋友,所诛杀的都是仇恨的人,因此聚集在一起图谋反叛罢了。"皇帝说:"那怎么办?"留侯说:"皇上平常所憎恨的,群臣所共同知道的,谁最为突出呢?"皇帝说:"雍齿多次使我难堪。"留侯说:"如今赶紧分封雍齿,那么群臣就都对自己能受封坚信不疑了。"于是分封雍齿为什邡侯。群臣高兴地说:"雍齿尚且分封为侯,我们这些人就不用担忧了。"

惌庭说:在匆忙急迫的时候安定惶恐不安的人,只有先安定其中最突出的这一招。张良在这件事上,用的是所说的将不顺服用顺服加以疏导,他辅佐汉高祖,功劳在国家,哪里只是制定策略取得胜利而已呢?

惌庭又说:考察古史记裁,晋文公经过曹国时,里凫须盗窃他的盘缠而逃跑了。晋文公饥饿,介子推割下大腿上的肉来给他吃。到回国后,里凫须请求接见,说:"您离开国家很久,百姓与官吏大多开罪于您,自我感觉处境危险。我里凫须做贼名声很大了,您假使让我作陪乘在右的人,在国中周游,老百姓看见后自然就安定下来。"晋文公高兴地听从了。百姓与官吏都说:"里凫须都不诛杀,我们害怕什么呢?"留侯的计谋,与这事暗中巧合,难道也有这样做的根据吗?

【原文】

汉光武帝诛王郎,收文书,得吏人与郎交关谤毁者数千章。光武不省,会诸将烧之,曰:"令反侧子自安。"

惌庭曰:曹操平邺后,得朝士与袁绍通问书一箧,尽焚之,曰:"绍强盛之时,孤犹惧不免,况他人乎?"亦同此意。又宋桂阳王休范,举兵浔阳,萧道成击斩之,而众贼不知,尚破台军而进。宫中传言:"休范已在新亭。"士庶惶恐,诸垒投名者以千数,比至乃道成也。道成随得,辄烧之,登城谓曰:"刘休范父子已戮,死尸在南冈下。我是萧平南,汝等名字,皆已焚烧,勿惧也。"是特递祖光武故智。可见成大业之人,未有不以安反侧为先务者。

唐开元初,民间讹言上采女子以充掖庭。上闻之,令选后宫无用者,载还其家,讹言乃息。

惌庭曰:讹言繁兴,奸人从中取事,最是古今通患。出宫人以息浮言,可谓善于止讹者。前明天启中,吴中讹言中官来采绣女,民间若狂,一时嫁娶殆尽。此皆恶少无妻者,造为不根之谈,以惑众而自便其私。当时有司无识,不知禁戢,男女之失所者多矣。有守土之责者,遇此等事,可置若罔闻乎?

【译文】

汉光武帝诛杀王郎,查抄文书,得到官吏与王郎往来勾结诽谤诋毁朝廷的书信几千件。光武帝不察看,会同各位将领将它们烧掉,说:"这是为了让那些惶恐不安的人自我安下心来。"

惌庭说:曹操平定邺地后,得到朝廷官员与袁绍互相问候的书信一小箱子,全部将它们烧掉,说:"袁绍强盛的时候,我还担心无法幸免,何况别人呢?"也和这个用意相同。还有刘宋的桂阳王刘休范,在浔阳起兵,萧道成斩杀了他,然而众位贼人还不知道,仍然打败官军而前进。皇宫中传出消息说:"刘休范已经到达新亭。"士族和庶族恐惧,到军营投递名帖表示拥戴的人数以千计,等到军营里一看原来是萧道成。萧道成随时得到名帖就烧掉,登上城楼说:"刘休范父子已经被杀,死人的遗体在南岗之下。我是平南将军萧道成,你们的名字,都已经焚烧,不用再恐惧了。"这只是承袭效法光武帝用过的计谋。可以看出成就大事业的人,没有不把安定惶恐不安的人作为首要事务的。

唐朝开元初年,民间流传谣言说皇帝要挑选美女来充实后宫。皇帝听说后,命令挑选后宫中没有用处的宫女,用车送回她们的家中,谣传的话就停止了。

　　惢庭说:谣传的话兴起甚多,邪恶狡诈的人就会从中行事,是古代和现今最普遍的弊病。放出宫女来平息没有根据的话,可以说是善于制止谣言的办法。明朝天启年间,吴中地区流传谣言说宦官要来挑选少女,民间像发疯一样,一个时期嫁女与娶妇几乎竭尽。这都是品行恶劣的年轻男子没有妻子的人,伪造出没有根据的话语,来迷惑众人从而方便自己的私欲。当时有关官员缺少见识,不知道禁止杜绝,青年男女不般配的人多了。负有掌治所辖区域责任的地方官,遇到这种事情,能放在一边好像没有听见似的吗?

　　【原文】

　　汉周亚夫将兵讨七国,军中尝夜惊。亚夫坚卧不起,顷之自定。

　　吴汉为大司马,尝有寇夜攻汉营,军中惊扰。汉坚卧不动。军中闻汉不动,皆还按部。汉乃选精兵夜击,大破之。

　　魏张辽受曹公命,屯长社。临发,军中有谋反者,夜惊乱火起,一军尽扰。辽谓左右曰:"勿动,是不一营尽反,必有造变者,欲以乱动人耳。"乃令军中曰:"不反者安坐。"辽将亲兵数十人,中阵而立。有顷,即得首谋者杀之。

　　惢庭曰:为将之道,在不动心,所谓"泰山崩于前而色不变,麋鹿兴于左而目不瞬"。两汉之周亚夫、吴汉,魏之张辽,皆能不动其心者也。惟心不动,则在乱而能整矣。论者谓非纪律素严,虽欲不动不可得。吾则谓非不动其心者,其纪律要必不能严明。

　　【译文】

　　汉朝的周亚夫率领军队讨伐七国,军中曾经夜里惊扰。周亚夫静卧不起,顷刻自己就安定下来了。

　　吴汉担任大司马时,曾经有敌寇夜晚进攻汉军的营垒,军中惊慌骚乱起来。吴汉静卧不动。军中听说吴汉不动,都回去巡视部属。吴汉于是挑选精锐的士卒乘夜出击,大败敌人。

　　魏国的张辽接受曹操的命令,驻扎在长社。将要出发时,军中有图谋反叛的人,在夜里惊动扰乱放起大火,全军都骚乱起来。张辽对身边的部下说:"不要动,这不是全营都反叛,必定是有制造事变的人,想用骚乱引人注意罢了。"于是命令军中说:"不反叛的人安稳地坐着。"张辽率领随身的卫兵几十人,站在居中的阵地。一会儿,就将图谋反叛的首领抓来杀了。

　　惢庭说:担任将领的原则,在于不动心,这就是所说的"泰山崩塌在面前然而脸色不变,麋鹿起舞在身边然而眼睛不眨"。两汉的周亚夫、吴汉,魏国的张辽,都是能不动其心的人。只有心不动,在发生变乱时就能整治了。议论的人认为如果不是纪律一向严明,即使想要不动也不能做到。我却认为如果不是不动其心的人,他的纪律大体总是不能严明的。

　　【原文】

　　宋寇准在藩镇生辰,造山棚大宴,排设如圣节仪,晚衣黄道服簪花,为人所奏。帝怒,谓王旦曰:"寇准每事欲效朕。"旦微笑徐对曰:"准许年纪,尚骏耶。"真宗意解,曰:"然,此正是矣耳。"不问。

恁庭曰:世传寇莱公出知军州,不屑吏事,往往张饮娱乐宾,以高自位置,奢侈过度,为人媒孽,几蹈僭拟之愆。得王旦一字之评,而君臣之际,涣然冰释。此真善于解纷者。

恁庭又曰:莱公罢枢密,求使相于王文正公。公拒其请,准深衔之。比平章命下,入见真宗,始知出于文正之荐,准深叹愧,以为不可及。合此事观之,莱公始终赖文正成全。两公俱为宋贤相,而优劣判矣。

【译文】

宋朝的寇准在藩镇过生日,搭建彩棚大摆宴席,铺设布置如同皇帝生日仪式,晚上身穿黄色道袍头冠插花,被人奏报到朝廷。皇帝大怒,对王旦说:"寇准每次做事总想效法朕。"王旦轻微地笑着缓缓回答说:"寇准这般年纪,近似傻子了。"宋真宗消解怒气,说:"是啊!这确实是傻子的行为罢了。"不再问罪。

恁庭说:世上流传寇莱公在军州任职时,不介意政事,常常张设帷帐饮酒娱乐宾客,因为抬高自己的地位,奢侈超越常度,被人借端诬告陷害,几乎构成越分妄比的罪过。得到王旦一个字的评论,因而君臣之间的嫌隙,涣然冰释。这真是善于排解纠纷的人。

恁庭又说:寇莱公罢黜枢密使后,向文正公王旦请求出使相州。文正公拒绝了他的请求,寇准因此十分痛恨王旦。等到担任平章事的诏书下达,入宫进见宋真宗,才知道是出于文正公的推荐,寇准十分感叹惭愧,认为比不上文正公。把这两件事合在一起来看,寇莱公自始至终依赖文正公的成全。两位都是宋朝的贤明宰相,然而高下可以评定了。

【原文】

宋丁谓虽险,然亦有长者言。真宗尝怒一朝士,再三语之,辄稍退不答。上作色曰:"如此叵测!辄问不应?"谓进曰:"雷霆之下,臣若更加一言,则齑粉矣。"真宗欣然嘉纳。

恁庭曰:此朝士必晋公曾有往还,或疏远不同利害之人。然其言婉而曲中,且得奏对大体,故君子不以人废言。

【译文】

宋朝的丁谓虽然阴险,然而也有过忠厚长者所说的话。宋真宗曾经对一个朝臣发怒,再三说到这个人,丁谓总是稍稍后退不作应答。皇帝脸色改变说:"这样诡诈莫测!询问却不回答?"丁谓上前说:"皇帝盛怒之下,臣下我倘若再加上一句话,他就粉身碎骨了。"宋真宗高兴地赞许并采纳他的意见。

恁庭说:这个朝臣必定是丁谓曾经有过交往,或者是关系疏远不同利害的人。然而他言辞委婉而且详尽中肯,并且符合臣下当面回答皇帝提问的大要,所以君子不由于其人不好就对其言论也加以否定。

【原文】

汉景帝时,梁孝王使人刺杀故楚相袁盎。帝召田叔案梁,具得其事。时太后忧梁事,不食,日夜泣不止。田叔还,至霸昌厩,尽烧梁狱词,空手来见。帝曰:"梁有之乎?"对曰:"死罪有之。"上问:"其事安在?"叔曰:"上无以梁事为问也。今梁王不伏诛，是汉法不行也；伏法，而太后食不甘味，卧不安席，此忧在陛下也。"上大然之，使叔等谒太后，曰："梁王不知也。为之者，幸臣羊胜、公孙诡之属耳。梁王无恙也。"梁王因上书请来朝谢罪。太后大喜。至相泣，复如故。

悫庭曰：按《汉书》，梁王宠信公孙诡、羊胜，因太后求为继嗣，袁盎引《春秋》宋宣公事折之，太后议格。梁王由此怨盎，用诡、胜阴谋，使人刺杀盎，犯上禁，干明法，罪莫可逭。而上关太后，事有极难处者。田叔悉烧狱辞，空手来见，可谓善处人母子兄弟间者也，其担当处，正不可及。

国初，泰兴柳敬亭以说平话擅名，吴梅村为之立传。马进宝镇海上，招致署中。一日侍饭，马饭中有鼠矢，怒甚，取置案上，将俟饭毕，穷治膳夫。进宝残忍酷虐，杀人如戏。柳悯之，乘间取鼠矢啖之，曰："是黑米也。"进宝既失其矢，遂已其事。

悫庭曰：按柳虽技士，而以排难解纷为心。其往来钜公之门，谈言微中，有古诙谐风。以是一时争致幕下，率礼待之。即此一事以观，孰谓技术中无人耶？

【译文】

西汉景帝时，梁孝王派人刺杀原楚王相国袁盎。景帝征召田叔审理梁孝王，全部掌握了其中的事实。当时窦太后忧虑梁孝王的事情，不吃饭，日夜哭泣不停。田叔回来，到达霸昌厩，全部烧掉梁孝王的供词，空手来见景帝。景帝问："梁孝王有罪吗？"回答说："有应该判处死刑的罪行。"景帝又问："这事证据在什么地方？"田叔说："皇帝请不要再拿梁孝王的事情来询问。如今梁孝王如果不被处死，这是汉朝的法律制度不能推行；如果依法被处死刑，然而窦太后吃饭感觉不到美好滋味，睡觉不能安然熟睡，这种忧虑就在于陛下了。"景帝十分同意他的话，就让田叔等人去拜见窦太后，说："梁孝王不知情。做这件事的人，只有他宠幸的臣子羊胜、公孙诡等人罢了。梁孝王没有忧患。"梁孝王于是上书请求前来朝觐谢罪。窦太后十分高兴。到来后兄弟相对哭泣，感情又和以前一样。

悫庭说：考察《汉书》记载，梁孝王宠爱信任公孙诡、羊胜，他们通过窦太后请求立梁孝王为皇位继承人，袁盎援引《春秋》中宋宣公的事情加以反对，窦太后的建议被搁置。梁孝王由此怨恨袁盎，采用公孙诡、羊胜的秘计，派人刺杀袁盎，违反了皇帝的禁令，触犯了严明的法令，罪责不能逃避。然而景帝关心太后，事情有非常难于处理的地方。田叔烧毁全部证词，空手来见景帝，可以说是善于处理别人母子、兄弟之间关系的人，他敢于承担责任的地方，正是别人不能赶上的地方。

国朝初年，泰兴人柳敬亭凭借说平话享有名声，吴梅村为他撰写传记。马进宝镇守上海时，招请柳敬亭到官署中。有一天陪同吃饭，马进宝的饭中有老鼠屎，他十分生气，取出放在桌子上，准备等到吃饭结束，彻底查办厨师。马进宝为人狠毒残酷暴虐，杀人如同儿戏。柳敬亭怜悯厨师，利用机会取过老鼠屎吃掉，说："这是黑米。"马进宝已经失去老鼠屎，于是停止了这件事。

悫庭说：考察柳敬亭虽然只是一个艺人，然而把排除危难调解纠纷放在心上。他往来于王公大臣的门第，言谈精妙中肯，有古人诙谐幽默的风趣。因此当时争相请到府中，全都对他以礼相待。就这一件事来看，谁说技艺中没有人才呢？

卷二十　奇谲

【原文】

大丈夫行事,光明磊落,如青天白日,岂屑为机变之巧哉?顾世道日漓,阴谋获济,晋文且竟以谲而霸,盖所由来久矣。间观载籍,上自贤俊,下逮奸雄,胸中饶智数,遇事具机权,洵有别才,正不得概为抹倒。

伍员奔吴,至昭关,关吏欲执之。伍员曰:"王所以索我者,以我有美珠也。今执我,我将言尔取之。"关吏因舍焉。

悫庭曰:国之设关吏,所以稽察非常也。亡人而为所得,难乎免矣。悚之以害,片言而规以白脱。按此与《战国策》载张丑事同,殆并善于用诡者乎!

【译文】

大丈夫做事情,应光明磊落,如同青天白日,怎能屑于去干机谋权诈的巧伪之事呢?但是社会风气日益浅薄,阴谋诡计获得成功,晋文公尚且最终因为诡诈而称霸,大概其由来已久了。偶尔观看典籍,上自才德出众的人,下到奸诈称雄的人,胸中多有谋术心计,遇事拥有机智权谋,实在别具才干,的确不能一概抹杀。

伍员逃奔吴国,来到昭关,守关口的官吏要拘捕他。伍员说:"楚王之所以搜查我,是因为我有美丽的珍珠。如今拘捕我,我就说你将它拿走了。"守关口的官吏于是放掉了他。

悫庭说:国家设置守关口的官吏,是用来检查不同寻常的人。逃亡的人被他们抓住,就很难逃脱了。用利害使他惶恐,简短的语言进行规劝已经自行解脱了。考察这事与《战国策》所记载的张丑的事是相同的,大概都是善于运用诡计的事情吧!

【原文】

孙子同齐使之齐,客田忌所,忌素与齐诸公子逐射。孙子见其马足不甚相远,马有上中下,乃谓忌曰:"君第重射,臣能令君胜。"忌然之,与王及诸公子逐射千金。及临质,孙子曰:"今以君之下驷与彼上驷,取君上驷与彼中驷,取君中驷与彼下驷。"既驰三辈毕,田忌一不胜,而再胜,卒得五千金。

悫庭曰:屈一而伸二,善于用短,正其善于用长处。厥后马陵之战,示怯以致敌,亦即逐射时先以下驷故智乎!

汉末,程昱守鄄城,兵仅七百人。曹操闻袁绍在黎阳将南渡,欲以兵三千益之。昱不肯,曰:"袁绍拥十万众,自谓所向无前。今见昱兵少,必不来攻。若益以兵,则必攻,攻则必克。"绍果以昱兵少,不肯攻。操谓贾诩曰:"程昱之胆,过于贲、育。"

悫庭曰:兵少不足措意,或可相忘于无事。益以三千,所益无多,而反启戒心,是速之攻也。昱之料事如此,不徒以胆勇胜者。

【译文】

孙子同齐国使者到齐国,在田忌的住所受到宾客的礼待。田忌经常跟齐国的各位公子赛马时下赌注。孙子看到他们的马脚力相差不多,马都有上、中、下三种,就对田忌说:"您只管下重的赌注,臣下我能让您取胜。"田忌答应了,和齐王及各位公子比赛下了千金的赌注。到临场对射比赛时,孙子说:"今天用您的下等马对付他们的上等马,拿您的上等马对付他们的中等马,拿您的中等马对付他们的下等马。"奔驰完三次结束,田忌一次没有取胜,然而有两次取胜,终于赢得了五千金。

　　悫庭说:屈服一次而伸展二次,这是善于利用短处,也正是善于利用长处。在这以后的马陵之战,表示怯懦来引诱敌人,也就是赛马时下赌注先用下等马的旧计谋吧!

　　汉朝末年,程昱防守鄄城,士兵仅有七百人。曹操听说袁绍在黎阳将要南渡,想派士兵三千人去增援他。程昱不同意,说:"袁绍拥有十万兵众,自己认为所指向的地方无所阻挡。现在看到我程昱兵力很少,必定不会来进攻。倘若增加我的兵力,他就必定会来进攻,进攻就必定取胜。"袁绍果真因为程昱兵力很少,不愿来进攻。曹操对贾诩说:"程昱的胆量,是超过孟贲、夏育的。"

　　悫庭说:兵力很少不值得在意,或许可能彼此忘记而没有战事。如果增加三千人,所增加的数量没有多少,然而反倒引发入侵的野心,是加速其前来进攻。程昱预测未来的事情就是这样,不只是靠胆量和勇气取胜的。

【原文】

　　魏武帝行役,失汲道,军皆渴。乃令曰:"前有大梅林,饶子,甘酸可以解渴。"士卒闻之,口皆出水,乘此得达前源。

　　悫庭曰:古之盛王解愠以荫喝,不闻诡词而民信也。然当众军道渴之时,壶浆不继,一言而令烦郁顿解,可谓奇想横生。

　　宋时,南俗尚鬼。狄武襄征侬智高时,大兵始出桂林之南,因佯祝曰:"胜负无以为据。"乃取百钱自持之,与神约:"果大捷,则投此钱,尽钱面。"左右谏止:"倘不如意,恐阻师。"武襄不听,万众方耸视,已而挥手倏一掷,百钱皆面,于是举兵欢呼,声震林野。武襄亦大喜,顾左右取百钉来,即随钱疏密,布地而帖钉之,加以青纱笼,手自封焉,曰:"俟凯旋,当酬神取钱。"其后平邕州还师,如言取钱,幕府士大夫共视,乃两面钱也。

　　悫庭曰:田单之守即墨也,佯奉神师,以固众志,而遂能复有齐国。武襄此举,亦踵是以鼓舞军心耳。行军之道,奇正相生,事苟有济,不妨间出于谲也。

【译文】

　　魏武帝在行军途中,失去取水的通道,士兵们都很干渴。于是下令说:"前面有一大片梅树林,果实很多,酸甜可以用来解渴。"士兵们听说后,嘴里都流出了口水,利用这个办法得以到达前面有水源的地方。

图文珍藏版

冯庭说:古代盛世有德的帝王消除怨怒采用将中暑人放在树荫下的办法,没有听说过说假话而使百姓信任的。然而正当众多的士兵在道路上干渴的时候,壶中盛着的酒浆茶水断绝,一句话就使全军烦躁郁闷顿时解除,可以说是奇思妙想意外地发生。

宋朝的时候,南方习俗崇尚鬼神。狄武襄征讨侬智高时,大军刚到桂林的南部,就假装祝祷说:"胜败没有什么可以拿来作为根据。"于是取来一百个钱币亲自拿着它,与神灵约定:"果真取得重大胜利,那么投下这些钱币,就全部是钱币的正面。"身边的人劝阻:"倘若不符合心意,恐怕会妨碍进军。"狄武襄不听从,众人正敬畏地注视,不久他挥动手臂忽地一扔,一百个钱币都是正面,这时士兵举起兵器欢呼,声音震动了山林旷野。狄武襄也非常高兴,叫身边的人取一百个钉子来,立即依照钱币的疏密,分布在地上而将它们贴地钉上,再用青纱笼罩,用手亲自将它们封好,说:"等到获胜归来,应当祭谢神灵取回钱币。"后来平定邕州回师时,按照所说的取回钱币,军府中将佐一起观看,原来都是两边正面的钱币。

冯庭说:田单在坚守即墨时,假装尊奉神人为师,来坚定众人的信心,因而终于能够重新拥有齐国。狄武襄的这一举动,也是继承这种办法来激励军队的战斗意志罢了。用兵的原则,在于奇正相生,事情只要能够成功,不妨偶尔采用欺诈的办法。

【原文】

宋议曹华信家富,议立海防塘。始开募,有致土石一斛,即与钱一斗。旬日间,来者如云,塘未成,而谬云不复取土,于是载土者皆弃置而去。塘成,遏绝湖鱼,一境蒙利。县本名泉亭,于是改为钱塘。百姓怀德,立碑塘所。

冯庭曰:非大昂其值,则无以致招徕之众;非悠谬其词,则难以裁已定之价。费不奢而事易集,遂成奕世之利。此君诡智胜人远矣。

宋种世衡知渑池,县旁山有庙。世衡葺之,其梁重大,众不能举。世衡乃令县干勠发如手缚者,驱数对于马前,云欲诣庙中教手缚,倾城人随往观。既至,谓观者曰:"汝曹先为我致庙梁,然后观手缚。"众欣然趋下山,共举之,须臾而上。

雄山在南安,其上有飞瓦岩。相传僧初结庵时,因山伐木,但恐山高运瓦之难,积瓦山下,诳欲作法,飞瓦砌屋,不用工师。卜日已定,远近观者数千人。僧伪为佣人,挑瓦上山,观者欲其速于作法,争为搬运,顷刻都尽。僧笑曰:"吾飞瓦即如是耳!"

冯庭曰:此可偶为之耳。君子信而后劳其民,今以诈使之,设事更有大于此者,召之不来,奈何?周幽举燧,可为前鉴。至山高以运瓦为艰,用智相赚,其谲正复相类。僧家动言藉力十方,抑又无足深论矣。

【译文】

刘宋的议曹华信家中富裕,筹划修筑海堤来保护湖塘。才开始招募,就规定凡运来土石一斛,就付钱一斗。十天内,前来的人非常多,湖塘还没修成,却假装说不再取土,当时运土的人们都扔掉土石离去。湖塘筑成后,堵住了湖里的游鱼,全县境内都蒙受好处。这个县本来名叫泉亭,从此以后改称钱塘。老百姓感念他的恩德,在塘边竖立石碑。

冯庭说:不大大抬高运土的价钱,就无法使招揽的人们到来;非常不合情理地说那些话,就难以裁减已经定好的价钱。费用不浪费而事情轻易办好,于是成为世世代代的利益。这个人狡诈的智谋超出常人很远了。

宋朝的种世衡担任渑池知县,县衙旁边山上有座庙。种世衡修葺它时,所做的屋梁又重又大,众人不能抬起来。种世衡于是命令县里的衙役们剪掉头发如同徒手搏斗的样子,驱赶几对走在自己的马前,说是想要到庙中教练徒手搏斗,全城的人都跟随前往观看。到达以后,对观看的人说:"你们先替我将庙梁抬上山来,然后观看徒手搏斗。"众人都高兴地奔跑下山,共同抬起庙梁,片刻就抬上山来。

雄山在南安县,山上有座飞瓦岩。相传僧人开始建造这座庵堂时,利用这座山砍伐树木,但担心山高运瓦困难,于是就在山下堆积好瓦,欺骗说想要施展法术,飞瓦砌屋,不用工匠。占卜的吉日已经确定,远方和近处前来观看的有数千人。僧人伪装成受雇用的人,挑瓦上山,观看的人都想看到僧人尽快施展法术,争着帮助搬运,片刻都运光了。僧人笑着说:"我说的飞瓦就是这样罢了!"

悫庭说:这种办法可以偶尔做一下罢了。君子诚实然后才能使百姓劳作,现在用欺诈役使他们,假设事情有比这更大的,招集百姓不来,该怎么办?周幽王燃起告警烽烟,可以作为前车之鉴。至于山高认为运瓦困难,用计谋骗人运瓦,这种欺骗正又跟周幽王的做法相类似。僧人动不动就说能借助十方之力,这就又不值得深入议论了。

【原文】

宋刘贡父为馆职,节日,同舍有令从者以书筒盛门状,遍散于人家。贡父知之,乃呼住所遣人,坐于别室,犒以酒炙,因取书筒视之。凡与贡父有一面之旧者,尽易贡父门状。其人既饮食,再三致谢,遍走陌巷,实为贡父投刺,而主人之刺,遂不得达。

悫庭曰:此小慧耳。当是贡父故为狡狯,博同人之一笑。若概施于僚友间,心术不可问矣,吾恐人将不食其余。

明伊庶人为王时,以残暴历见纠于台使者,迫则行十万余金于严嵩,得少缓。及嵩败家居,则遣军卒十辈,造嵩家胁偿金。嵩置酒款之,乃好语曰:"所惠金十万,实无之,仅得半耳!而又半费,请以二万金偿。"因尽以上所赐金有印识者,予之而去。急闻于郡曰:"有江盗劫吾家二万金去矣,速掩之,可获也。"郡发卒追,得金,悉捕军卒,下狱论死。

悫庭曰:世传分宜计心计绝人,故能固结主知,排沮同列。此特暮年失势,出其囊底智耳,而诡谲可畏如此!

【译文】

宋人刘贡父在史馆任职,过节日时,同舍有人命令仆从用盛书信的筒装着拜帖,普遍散发给他人之家。刘贡父知道这件事后,就呼喊所派遣的人到居住的地方,坐到另一间屋子,用酒肉犒劳他,乘机取出盛书信的筒观看拜帖。凡是与刘贡父有一面之交的人,全部更换成刘贡父的拜帖。这个人吃喝之后,再三表示谢意,他走遍大街小巷,实际上是替刘贡父投递拜帖,然而自己主人的拜帖,就不能送达了。

悫庭说:这只不过是小聪明罢了。应当是这个刘贡父故意开玩笑,博得同事的一笑。如果一概施行到同事中间,他的心计就不能过问了,我担心别人将不吃他用过的这一套。

明朝的伊庶人为王时,因为残忍凶暴曾经多次被御史台使者举发弹劾,情况急迫时就行贿十多万银两给严嵩,得以稍微缓解。等到严嵩失势在家里闲住,就派遣兵卒十多人,到严嵩家威胁偿还银两。严嵩摆设酒宴款待他们,于是好语相劝说:"所赠送的十万银两,实际上没有全部得到,只得到一半罢了!而且办事又花费了一半,请允许用二万银两来偿还。"于是全部把皇帝所赏赐的银两有印记的,给了兵卒让他们离去。并赶忙报告郡署说:"有江洋大盗抢劫了我家二万银两离开了,迅速捕捉他们,就可以抓获。"郡署派兵追捕,得到了银两,全部捉拿了兵卒,关进牢狱判处死刑。

恧庭说:世上流传分宜人严嵩心计超过常人,所以能够牢固守住皇帝的知遇,排斥抑制与自己地位相同的人。这里只不过是晚年失去权势,拿出他的老年的小智谋罢了,而其狡诈是这样的令人畏惧!

【原文】

吴中俞羡章,刻《唐类函》将成,先出讼牒,谬言新印书若干,载往某处,被盗劫去,乞官为捕之。因出赏格,募盗书贼。繇是《类函》盛行,无敢翻板者。

恧庭曰:南中市侩恶习,一书方成,往往即有翻板,纸叶既劣,鲁鱼亥豕,尤多舛误。得此以治之,虽有市心,实为快事。

明时濠州定远县一弓手,善用矛。有一偷亦精此技,每欲与决生死。一日弓手因事至村,值偷适在市饮,势不可避,遂曳矛而斗。观者如堵,久之各未能进。弓手忽谓偷曰:"尉至矣,我与尔皆健者,汝敢与我尉前决生死乎?"偷曰:"诺。"弓手应声刺之而毙。盖乘其隙也。又有人曾遇强寇,斗方接刃,寇先含水满口,忽喷其面,其人愕然,刃已堪胸。后有一壮士复与寇遇,已先知喷水之事,寇复用之,反为所刺。

恧庭曰:力均则斗智,乘其懈而击之,方可制胜。用矛一人敌也,推之万人敌当亦复然。

【译文】

明朝吴中的俞羡章,刊刻《唐类函》将要完成时,先发出诉状,谎称新刊印书籍若干册,运载前往某个地方,被盗贼抢去,请求官府捉拿他们。于是定出悬赏的报酬条件,招求盗书的贼人。于是《唐类函》广泛流行,没有敢于翻印版本的。

恧庭说:南方商人有坏习气,一本书刚刚出版,常常就有人翻印版本,纸张书页已经很差,又把"鲁"写成"鱼",把"亥"写成"豕",错误尤其众多。想出这种方法来惩罚他们,虽然有做买卖的心思,实际上是令人感到痛快的事情。

明朝濠州定远县有一个弓箭手,善于使用矛。有一个小偷也精通这种技术,屡次想要与弓箭手决一生死。一天弓箭手因为有事到村里,正赶上小偷正在买酒,情势不能回避,于是拉出矛而搏斗,观看的人如同墙壁,很久各自未能取胜。弓箭手忽然对小偷说:"县尉到了,我和你都是勇健的人,你敢和我在县尉面前一决生死吗?"小偷说:"好。"弓箭手随着声音刺他而倒毙。这大概是利用他说话的机会。又有人曾经遇到强盗,争斗才接触兵刃,强盗先在嘴中含满了水,忽然喷到这个人的脸上,这个人正在惊讶,刀刃已经刺入胸口。后来有一个壮士又和强盗相遇,已经事先知道喷水的事情,强盗又用这种方法,反而被壮士所刺杀。